施茂林教授
七秩華誕祝壽論文集 上冊

●召集人：邱太三　●總策劃：唐淑美

五南圖書出版公司 印行

序一

　　施茂林講座教授是台灣嘉義縣人，於台灣大學法律系以優異成績畢業後，隨即考上司法官，並完成受訓，分發至法院及檢察署歷練服務，民國74年間任職台灣高等法院台中高分院，辦案精勤練達，績效優異。

　　當年，我在中國醫藥學院（現為中國醫藥大學）附設醫院服務時，施教授應扶輪社之邀請演講，我特別前往聆聽，他將枯燥乏味，冷峻難懂的法律，以及生活上現實發生的案例，用淺顯易懂的白話娓娓道出其中法律的規範與訴訟的關鍵，讓我印象深刻。後來特別邀請他來學校為醫學系學生專題演講：醫病關係與醫療契約，經他簡明扼要解析，配合實際案例，生動活潑，學生獲益良多，迄今仍有醫師反應他的論述很具啟發與實用性。

　　2000年，我與眾多熱心高等教育的好友，共同創立了台中健康暨管理學院時，施教授認為作育英才、百年樹人、為國家培養未來的棟樑，非常贊成。創校隔年特別規劃增設法律系，當時也曾諮詢擔任台中地檢署檢察長的施教授，他認為面對21世紀全球化國際社會，各國在科技與財經的競爭勢必使法律成為跨科技整合的應用學科，也因此亞洲大學不設立傳統法律系，而分設科技法律組與財經法律組，以順應新時代需求與挑戰，為使同學具備法律職場需求人才的專業學識與才能，施教授也推薦學有專精的老師前來任教，並引進許多律師授課及業界老師，增加師資多元化，擴大學生法律視野。

　　2008年，施教授卸任法務部長後，我極力邀請他到亞洲大學擔任講座教授，施教授深受師生愛戴。同時，他也應邀到美國、新加坡、越南、日本、韓國等世界各國做演講與交流。此外，施教授更創立「中華法律風險管理學會」，宣傳法律風險管理理念，以推廣法律風險之預測、識別、反應與控制之功能與策略，協助實踐公司治理與經營效能，並建

立政府、企業與民間團體連繫平台。亞洲大學財經法律系方主任體認法律風險管理新學識的重要，乃以研究法律風險管理爲主軸，申請教育部成立研究所，吸引許多企業界及法律實務人員前來就讀，在現有法律研究所開闢出一條新航路。

多年來，施教授除了授課、寫作著書、指導研究生論文外，每年更舉辦二十多場國內、兩岸與國際法律學術研討會，結合有志學者、專家與政府官員，探討 AI、財經發展等趨勢法律，加深傳統法學理論之探究，深入研究法學各領域，題材寬廣，面向多元，廣度深度並重，並積極推動法律風險管理學門與柔性司法理念，深獲法律界與企業界廣泛支持與響應，也讓法律界及學術界更瞭解亞洲大學財經法律學系研究之能量與貢獻。

今年，欣逢施教授 70 大壽，爲祝賀與感謝他長年來爲司法實務與法學研究的努力付出與卓越貢獻，亞洲大學財經法律系邀集各界司法俊彦、門生故舊共同爲文，匯集成冊，以表達最崇高及誠摯的敬意與賀意。

亞洲大學董事長暨創辦人

蔡長海

2020 年 6 月 3 日

序二

　　亞洲大學秉承關懷、健康、創新、卓越精神，創辦 19 年來，獲多
項世界級排名佳績，名列「五個百大」美譽。2008 年，施茂林前法務
部長接受本校禮聘擔任本校講座教授，協助亞洲大學落實關懷、健康、
創新、卓越之治校精神。今年適逢施茂林講座教授七十華誕，本校特出
版「施茂林教授七秩華誕祝壽論文集」，表彰施茂林講座教授對國家社
會之長遠貢獻。

　　施講座教授服務司法界，以擅長辦案出名，又勤於法學研究，理論
實務兼備，口才便給，舉例生動，上課活潑有趣，學生如沐春風，很受
歡迎，而且樂於課後指導學生，為鼓勵財法系學生學以致用，積極輔導
成立法律實習工場，引薦鄉鎮公所配合辦理鄉里法律服務，回饋社會。
同時，前後五年帶領本校學生、研究生前往北京、中山、重慶、廣州等
地研習，發表論文，與大陸學生互動交流，並推薦學生前往北京相關企
業及律師事務所參訪實習，積累學識，提昇視野，又從 2011 年起，引
薦與台中地檢署聯繫，連續多年辦理緩起訴處分金及認罪協商實施計
畫，包括受保護管束人輔導計畫、法治教育計畫、更生保護計畫、犯罪
被害人保護計畫，由財法系負責執行，增加學生學習機會，也得到參與
者之高度認同。最特別的是大陸師生參訪團前來本校研習時，施講座教
授主講：臺灣歷史與地理印記，系統性介紹臺灣地理圖景與歷史文化，
展現他跨領域的才識，讓大陸學生驚艷，增加對臺灣的深層認識。

　　英國首席大法官科技顧問理察‧薩斯金（Richard Susskind）認為
明日世界的法律新工作，最缺乏又最迫切需求的人才是專業而優秀的法
律風險管理者。施茂林講座教授有鑑於法律風險管理之專業需求，成立
「中華法律風險管理學會」、「企業法律風險諮詢中心」，提供工商企
業法律諮詢、法律扶助及訴訟輔導等服務，協助亞大 EMBA 校友、亞
大產學處企業及鄰近亞大工業區廠商或中小型企業，處理企業法規事

務。進而針對企業提供公司法、勞基法及公司治理等相關法律諮詢服務，定期協助企業辦理法規修正、新進實務見解、企業法律風險案例等講習。學術領域上，施茂林講座教授協助亞洲大學舉辦「兩岸民商財經法制發展」學術研討會、「法律風險管理」國際學術研討會、「長照法律」論壇、「AI 與醫療法律風險」國際研討會、「智慧財產權維權實務與 AI 法律風險」國際研討會，積極協助亞洲大學學生培養具備「法律風險管理」專業能力、溝通能力、分析與問題解決能力之高階財經法律人才，並培養學生具備以「法律風險管理」為特色之財經法律跨領域科際整合學術發展專業能力；使學生具備職場倫理與服務人群之胸襟，落實學用合一之溝通能力；以法律風險管理預防與問題解決創新策略為導向，使學生具備邏輯思辨與整合分析能力，讓亞洲大學財經法律系契合趨勢法學之發展軌向。

除了法律專業性之協助，施茂林講座教授自 102 學年度擔任亞洲大學三品書院院長，精心規畫建構綠色學習環境、藝術情境教室、人文情境教室、生態情境教室等，讓學生置身情境教育之中，潛移默化學生之心靈，讓三品教育蘊育學生成為「生活有品味」、「工作有品質」、「為人有品德」，三品兼具的亞大人，成為亞洲大學經典特色，在兩岸高校品德教育論壇中表現極為亮眼凸出。

本校前法務部長邱太三講座教授，召集全國基礎法學、公法學、民商事法、刑事法、科技法、醫事法、智財權等學者專家，合力撰述「施茂林教授七秩華誕祝壽論文集」一書兩大冊共 50 篇論文，旨在推崇施茂林講座教授對國家社會之貢獻，其立意精神值得讚揚，特書此序。

亞洲大學校長

蔡進發

2020 年 6 月

序三

施講座教授任教於本系之前，已歷經各級法院法官及檢察署檢察官之實務工作與奉獻，並長期擔任檢察長，領導有方，業績丕著。公餘之暇更編纂、著作各類六法全書與法學書籍，於任法務部長期間劈劃甚多法務革新政策，建樹良多，除積極修訂民事與刑事相關法律外，極為重視司法保護業務，更提倡修復式柔性司法之概念與機制，先後推出一監所數特色政策，讓各監所受刑人於服刑期間能學得一技之長，於復歸社會後能自力更生回饋社會。

卸任部長後，應學校創辦人與校長之邀，擔任本系講座教授，除親自授課外，更積極指導研究生論文，也指導學生組讀書會，傳授學生國家考試經驗、解題與竅門。此外施教授更創立「中華法律風險管理學會」，積極推動法律風險管理新學門，鼓勵各界探究此新學識。為此，施教授除自己研究撰寫編著社會各領域，大凡工商事業活動、醫病關係、證券交易、科技發展、政府執法…等事項，涉及民事、刑事與行政責任之法律風險，作學理之論述與案例之分析，並在國內、兩岸與國際舉辦各項學術研究會，廣邀各界學者專家、政府官員、企業領導人，做系列與系統性討論，以作為政府立法與施政，企業經營與管理之參考與依據。

施講座教授為司法界學長，雖沒有在同一院檢工作，本人及內子宋富美法官與施講座教授常有業務交流，離開檢察界後，參加扶輪社，常在例會後，與蔡創辦人、朱界陽總務長等社員一起去他住家喝茶敘歡，暢談專業與經驗，其後本人擔任立委、台中縣副縣長、高雄市副市長期間，相關業務間皆有往來互動。本人於2010年起擔任亞洲大學財經法律學系系主任三年，面對台灣少子化的浪潮，大學教育變得更具競爭性與挑戰性，除了培養學生具備傳統法學之基本知識外，並須具面對複雜變遷國際經貿環境所需之財稅、經貿、科技專業法學知能。施講座教授

大力協助系務，提供課程規劃意見，推薦多位律師來系兼課與聘請老師，協助系上每學期舉辦研討會，引進社會資源，每年定期與臺中市、彰化縣、南投縣、苗栗縣政府舉辦法制論壇，也促成法務部行政執行署與本系簽訂實習計畫合作協議、協助國際性研討會及法律學術交流，培養學生具備科際整合與財經法學之能力、具國際觀之視野與參與國際之能力、並具企業倫理、人文素養與關懷社會的健全人格。爾後，本人自亞洲大學借調擔任桃園市副市長、法務部長，施講座教授仍全力推動預防法學風險概念，致力於推廣法律風險管理之理念，實踐大學法學教育於新興時代之涵養。

今年係逢施講座教授七十大壽，本人發起出版「施茂林教授七秩華誕祝壽論文集」，恭祝施講座教授華誕，響應者眾，財經法律學系特邀請施講座教授在司法實務、學術與企業界之門生故舊及專業人士撰寫專論爲其祝壽，感謝大家共襄盛舉，祝壽論文集共計 50 篇專論，分爲上下兩大冊，上冊專論收錄包括 (1) 基礎法學與公法學十一篇 (2) 民、商事法十篇 (3) 科技法學五篇；下冊專論收錄包括 (1) 刑事法十篇 (2) 醫事法四篇 (3) 智財權十篇。附論部分共計四篇，包括 (1) 獻身司法，伸張公義與關懷價值、(2) 我心目中的現代司法諸葛—施茂林檢察長、(3) 施茂林先生臺北地檢署聿煥新猷事蹟、(4) 施茂林資歷與經歷總覽。各論文內容詳實，研究深入，法學理論精深，頗具研修參考價值。

在此，非常高興能擔任「施茂林教授七秩華誕祝壽論文集」召集人，感謝及恭祝施講座教授七秩華誕。

施茂林教授七秩華誕祝壽論文集召集人　前法務部長

邱太三

2020 年 6 月 10 日

序四

　　施前部長學養豐富，對國家、社會之貢獻是多方面且具深遠影響。三十多年的公職生涯，完整的院檢實務資歷，堪爲司法實務工作者最佳楷模。有關施前部長擔任檢察長、法務部長之重要事蹟與影響，本書附論「獻身司法，伸張公義與關懷價值」、「我心目中的現代司法諸葛—施茂林檢察長」、「施茂林先生台北地檢署聿煥新猷事蹟」，可以仰望到施前部長做事之高度、用人之胸襟、辦案之細心。

　　施前部長卸任法務部長後，2008 年受亞洲大學創辦人及校長盛情邀請下，擔任亞洲大學講座教授，本人使得有機緣親獲施講座教授之指點與提攜。爾後，本人擔任系主任一職，面對繁冗及沉重系務工作時，施講座教授總是不辭辛苦給予提點，大力協助本系系務工作之推動。此外，施講座教授不僅在司法公職實務工作上總是獲選全國檢察長評鑑第一名，卸任法務部長後的施講座教授，在學術研究上也是法律教育界之翹楚，短短數年，已完成多本重要巨著及發表多篇 I 級文章。施講座教授常與我們分享擔任公職時的經驗，他希望學生就讀大學的期間，除了財法系必修的科目外，學生能夠選修企業法務實務課程，明白課程規矩及尊師重道的道理；另外，他也希望學生能多經歷一些不一樣的社會歷練，如協辦學術活動、參與學術計畫及競賽，這些學習都是在社會上用得到之做人做事的道理。在施講座教授親身授課下，學生能學習到這些一般課堂上學不到的學問，一生受用不盡，許多學生於今仍感懷滿胸，讓他們日後不論是就學或是在公司企業工作，備受好評。

　　參與施講座教授舉辦的「檜樂遊登山會」活動，讓我認識到施講座教授「望之儼然，即之也溫」的一面。登山會成員來自各種不同層面，包括各大學、中小學教師、校長、藝術家、建築師、會計師、工程師、律師及企業界總裁等。大家因爲施講座之召集而能共享我國山林之美、大塊朵頤當地美食饗宴，經常帶領山友探訪當地知名藝術家並有緣親睹藝術家之私藏作品。我國大文學家余光中先生在「朋友四型」一文

中，將人一生中會結交的朋友分析成四型：高級而無趣、低級而無趣、低級而有趣、高級而有趣，我們一般人一生常遇到前三者，而第四種朋友則最屬難得。余先生認為「世界上高級的人很多，有趣的人也很多，但是又高級又有趣的人卻少之又少。高級的人使人尊敬，有趣的人使人歡喜，又高級又有趣的人，使人不敬而不畏，親而不狎，交接愈久，芬芳愈醇。」而施講座教授無疑是我們「朋友四型」之中最難得的典範。有關施講座教授卸任法務部長後，對亞洲大學財經法律學系之提攜及影響，簡述如下：

(一) 成立「中華法律風險管理學會」、強化師生預防法學風險概念

　　施講座教授創立「中華法律風險管理學會」，推動預防法學風險概念，致力於推廣法律風險管理之理念，增強預防風險處理能力，協助實踐公司治理目標，提昇企業經營效能，建立政府機關、企業及民間團體聯繫平臺。在高度全球化的時代，世界每一個角落都有可能有「意外」發生，這種不確定性的影響即是所謂的風險，在傳統的風險評估時，往往僅評估政策或計畫之可行性，例如重大工業發展政策，政府僅評估科技本身的風險或科技的建置、導入、商業風險等，卻錯估、低估或忽略倫理、社會或法律的風險，導致政策執行的成本大幅上升，甚至於無法控制與彌補。

　　施講座教授指出「法律風險管理」為目前科技、企業、機關團體所大力暢談之顯學，其理念精神即是「預防勝於治療」，藉由法律風險因子之評估，有效成功達到防非止爭的境界。近年來，風險管理已成為顯學，無論工商企業界或政府機關均已大力推動，使風險管理觀念在一般人逐步有所體會，運用到日常生活亦有其著力點，可使個人日常事務免陷於風險情境，避免使風險實現，而風險管理可分成預防管理，危機處理與復原管理三階段，其中預防管理最為重要，對個人而言能有風險

預測與風險控管以及預防風險之作法，必可使自身免陷危險漩渦。犯罪被害之預防，其實在於避免置於犯罪危險情境，而何者為危險情境或危險邊緣，與當時空背景、周遭環境、個人衣著、攜帶物品、表現言行、與旁人互動、行進動態……等有關，繫於個人之敏感度與反應，對一般人而言，平日宜有所體認，並能內化為行為之成分，自自然然能有所防備。要培養或引導一般人有此信念與認識，其方法多端，若從犯罪理論反推其預防之道與保護要領，恰亦可供社會參鏡之處。本人認同法律風險管理之重要，鼓勵系上同仁撰寫相關論文，經彙集成冊，出版法律風險管理一書，供研究參讀之用。

(二) 籌設「企業法律風險諮詢中心」、協助企業法律風險治理

施講座教授協助亞洲大學管理學院策劃成立「企業法律風險諮詢中心」，邀請全國前五大律師事務所之一的建業法律事務所、執業律師，結合財法系聘任的律師身分兼任教師等人組成顧問群，為工商企業或亞大校友服務。此一諮詢中心，在亞大財法系講座教授施茂林策劃下，由亞大財法系、中華法律風險協會、台灣法學交流協會、大肚山創業協會共同成立。中心將提供工商企業法律諮詢、法律扶助及訴訟輔導等服務，協助亞大 EMBA 校友、亞大產學處企業及鄰近亞大工業區廠商或中小型企業，處理企業法規事務。進而針對企業提供公司法、勞基法及公司治理等相關法律詢服務，定期協助企業辦理法規修正、新進實務見解、企業法律風險案例等講習。

(三) 致力教學研究、法學交流、培養法律人才

施講座教授於擔任公職繁忙期間，已經常撥冗於國內各大學擔任講座，卸任法務部長後到亞洲大學擔任講座教授，作育英才，深受師生愛戴。施講座教授指導之學生包括檢察官、法官、律師、醫師及企業各行各業菁英，可謂桃李滿天下。施講座教授不僅指導菁英學生，對於學習

落後學生，施講座教授成立讀書會，並開放旁聽機會，耐心輔導成績落後同學並多次給予補考機會，讓學生肯定自我，回饋社會。在今日功利主義掛帥的教育環境裡，人師難求，施講座教授不愧是「經師易得，人師難求」的特殊典範。

施講座教授感觸海峽兩岸交流密切，兩岸法律制度或有不同，但法律風險控管的領域，以管理學觀察法律風險，以法律角度看管理學，目標是一致的，近年來致力兩岸法律學者研究、整合，俾利企業經營管理，也曾多次舉辦兩岸法律風險管理論壇，引起兩岸法學界回響。此外，施講座教授學術論著更是豐富且具相當影響力，包括法律風險管理跨領域融合新論、工商事業活動與法律風險管理、醫病關係與法律風險管理防範、法律風險管理：理論與案例等共 78 本。

施講座教授對吾輩之影響可謂「仰之彌高，鑽之彌堅」，欣逢施講座教授七十大壽，吾輩僅能以論文集恭祝施講座教授七秩誕辰。本論文集經邱前法務部長太三發起後，響應者眾，計六大類 (1) 基礎法學與公法學 (2) 民、商事法 (3) 科技法學 (4) 刑事法 (5) 醫事法 (6) 智財權，共計 50 篇專論，分為上下兩大冊。這些收錄論文均經外審審查程序，每一卷冊均按體系編輯排列論文順序。於此，特別誠摯感謝邱前部長太三擔任召集人，謝如蘭、顏上詠教授協助共同擔任策劃，陳縈菲及許采潔女士協助擔任編務，感謝所有參與撰稿之教授、學者及業界專家，對本祝壽論文集之參與及貢獻，感謝多位審稿委員之細心斧正，使得本書得以順利付梓。

謹以此「施茂林教授七秩華誕祝壽論文集」，恭祝 施講座教授福同海闊、壽比南山、日月長明、松柏長青。

施茂林教授七秩華誕祝壽論文集總策劃
亞洲大學財經法律學系系主任
唐淑美
2020 年 6 月 8 日

目　錄

第二篇　民、商事法

第三篇　科技法

第一篇

基礎法學與公法學

第一章

儒家的法律思想：內聖外王的王道法律思想

陳清秀[*]

*東吳大學法律學系專任教授

摘　要

　　儒家提倡之聖賢的法治思想，首重人民之倫理道德教育，使人民心存善念而有善行。而法律制度也順應人性與物之性質，符合人情義理，具有合理性、適宜性與可行性，人民容易遵守，且規範內容符合人民生活需要，深得民心，自然民風善良純樸，社會秩序安定，人民各得其所而安居樂業，從而可以實現大同世界。因此刑期無刑，備而不用。由於徒善不足以為政，徒法不足以自行，故特別強調選賢與能，舉薦「賢能人才」為國做事，才能制定良法美制，也才能國泰民安。

關鍵詞：儒家，法律思想，孝道、德治，天人合一。

壹、前言

　　孔子的儒家思想，乃是效法天地孕育萬物之自然法則的大道思想，屬於聖賢的教化理論，中庸第三十章即謂：「仲尼祖述堯舜，憲章文武；上律天時，下襲水土。辟如天地之無不持載，無不覆幬，辟如四時之錯行，如日月之代明。萬物並育而不相害，道並行而不相悖，小德川流，大德敦化，此天地之所以爲大也。」

　　儒家思想自從漢武帝罷黜百家，獨尊儒術以後，對於我國歷史上法律制度影響巨大，儒家思想屬於中華文化之精華之一部分，其所主張之法律思想，也值得我們從法律觀點進行分析研究，本文爰以論語、孟子、中庸、大學四書以及其他相關儒家思想典籍，作爲參考題材，進行初步分析探討其法律思想。

貳、德治優先於法治原則：教化人民提升道德素養

　　論語・爲政篇：子曰：「爲政以德，譬如北辰，居其所而眾星共之。」子曰：「道之以政，齊之以刑，民免而無恥；道之以德，齊之以禮，有恥且格。」主張國家治理應以道德爲基礎，提升國民之人格道德素養，進而維持社會善良風俗與秩序，預防人民違法犯紀行爲。

　　子曰：「聽訟，吾猶人也，必也使無訟乎！」（論語・顏淵篇）若夫慶賞以勸善，刑罰以懲惡，先王執此之正，堅如金石，行此之信，順如四時；處此之功，無私如天地爾，豈顧不用哉？然如曰禮云禮云，貴絕惡於未萌、而起信於微眇，使民日從善遠罪而不自知也。孔子曰：「聽訟，吾猶人也，必也使無訟乎。」此之謂也（大戴禮記・禮查篇）。孔子曰：「道者，所以明德也；德者，所以尊道也。是故非德不尊，非道不明。」提倡道德教育，使人民皆從事善行而爲善民，不爲惡

行，化解紛爭於無形。

孔子曰：「聖人之治化也，必刑政相參焉。太上以德教民，而以禮齊之。其次以政言導民，以刑禁之，刑不刑也。化之弗變，導之弗從，傷義以敗俗，於是乎用刑矣。」（孔子‧家語刑政篇）

孟子曰：「善政，不如善教之得民也。善政民畏之，善教民愛之；善政得民財，善教得民心。」（孟子‧盡心篇上）

一、提倡孝道倫理

儒家思想主張要提升國民人格道德修養，首先應提倡「孝道」的倫理觀念。所謂「百善孝為先」，論語‧學而篇，子曰：「弟子入則孝，出則弟，謹而信，汎愛眾，而親仁。行有餘力，則以學文。」論語‧學而篇有子曰：「其為人也孝弟，而好犯上者，鮮矣；不好犯上，而好作亂者，未之有也。君子務本，本立而道生。孝弟也者，其為仁之本與！」曾子曰：「慎終追遠，民德歸厚矣。」

子曰：「夫孝，德之本也，教之所由生也。復坐，吾語汝。身體髮膚，受之父母，不敢毀傷，孝之始也。立身行道，揚名於後世，以顯父母，孝之終也。夫孝，始於事親，中於事君，終於立身。大雅云：『無念爾祖，聿脩厥德。』」（孝經‧開宗明義篇）

「資於事父以事母，而愛同；資於事父以事君，而敬同。故母取其愛，而君取其敬，兼之者父也。故以孝事君則忠，以敬事長則順。忠順不失，以事其上，然後能保其祿位，而守其祭祀。蓋士之孝也。詩云：「夙興夜寐，無忝爾所生」。」（孝經‧士篇）

子曰：「夫孝，天之經也，地之義也，民之行也。天地之經，而民是則之。則天之明，因地之利，以順天下。是以其教不肅而成，其政不嚴而治。先王見教之可以化民也，是故先之以博愛，而民莫遺其親，陳之德義，而民興行。先之以敬讓，而民不爭；導之以禮樂，而民和睦；示之以好惡，而民知禁。詩云：『赫赫師尹，民具爾瞻。』」（孝經‧

三才篇）

「聖人因嚴以教敬，因親以教愛。聖人之教，不肅而成，其政不嚴而治，其所因者本也。父子之道，天性也，君臣之義也。父母生之，續莫大焉。君親臨之，厚莫重焉。故不愛其親而愛他人者，謂之悖德；不敬其親而敬他人者，謂之悖禮。以順則逆，民無則焉。不在於善，而皆在於凶德，雖得之，君子不貴也。君子則不然，言思可道，行思可樂，德義可尊，作事可法，容止可觀，進退可度，以臨其民。是以其民畏而愛之，則而象之。故能成其德教，而行其政令。詩云：『淑人君子，其儀不忒。』」（孝經・聖治篇）

子曰：「君子之事上也，進思盡忠，退思補過，將順其美，匡救其惡，故上下能相親也。」（孝經・事君篇）子曰：「武王、周公，其達孝矣乎！夫孝者：善繼人之志，善述人之事者也（禮記・中庸篇）。

在忠孝不能兩全之情形，儒家思想於基於家庭倫理之期待可能性以及對於人類自然本性之尊重，偏向盡「孝道」優先[1]。例如：葉公語孔子曰：「吾黨有直躬者，其父攘羊，而子證之。」孔子曰：「吾黨之直者異於是：父為子隱，子為父隱，直在其中矣。」[2]（論語・子路篇）因此在法律制度設計上，即不宜要求子女作證，證明其父母之違法犯紀行為，導致父母被處罰。

現行訴訟法規定親屬間得拒絕證言（例如：刑事訴訟法第 180 條第 1 項第 1 款規定：「證人有下列情形之一者，得拒絕證言：一、現為或曾為被告或自訴人之配偶、直系血親、三親等內之旁系血親、二親等內之姻親或家長、家屬者。」，亦係此一家庭倫理之表現。

1　姜曉敏（2015），《中國法律思想史》，2版，頁25，北京：高等教育出版社。

2　有關父子相隱之道德問題，參見王慶節（2017），〈親親相隱，正義與儒家倫理中的道德兩難〉，《中國文哲研究集刊》，51期，頁39-64。http://www.litphil.sinica.edu.tw/public/publications/bulletin/51/51-39-64.pdf.（最後瀏覽日：02/27/2020）。

在例外情形，才主張「大義滅親」（左傳·隱公四年），亦即在親屬有大逆不道之特別重大犯罪行為時，為了維護正義，才對於犯罪的親屬不循私情，使其受到應得的懲罰。

二、重視義理之德育教育

政府為政之道，應培養人民重視義理之德育教育，使其不致於偏重於物質利益，而導致違法亂紀。且為政者應以身作則，維持良好人格風範，以為民之表率。亦即「政者，正也。子帥以正，孰敢不正？」（論語顏淵篇）所謂「志於道，據於德，依於仁，游於藝。」（論語·述而篇），故為政之道，焉用殺？「子欲善，而民善矣。君子之德風，小人之德草。草上之風，必偃。」（論語·顏淵篇）「上好禮，則民易使也。」（論語·憲問篇）

在培養人格教育中，何以為身？子曰：「恭、敬、忠、信而已矣。恭則遠於患，敬則人愛之，忠則和於眾，信則人任之。勤斯四者，可以政國，豈特一身者哉！」（孔子·家語賢君篇）「子以四教：文，行，忠，信。」（論語·述而篇）如能行君子之道，即可「仁者不憂，知者不惑，勇者不懼。」（論語·憲問篇）。其中「智、仁、勇」又稱三達德。而「仁、義、禮、智、信」則為五常的倫理道德規範。孔子將「仁義禮」組成一個系統，曰：「仁者人也，親親為大；義者宜也，尊賢為大；親親之殺（差別），尊賢之等，禮所生焉。」孟子在仁義禮之外加入「智」，構成四德或四端，曰：「仁之實事親（親親）是也；義之實從兄（尊長）是也；禮之實節文斯二者是也；智之實，知斯二者弗去（背離）是也。」董仲舒又加入「信」，並對於仁義禮智信，認為是與天地長久的經常法則（常道），曰：「仁義禮智信五常之道」（賢良對策）[3]。

---

[3] 每日頭條，傳統文化：「仁、義、禮、智、信」，2017-09-14由啟達教育發表於文化，原文網址：https://kknews.cc/culture/kan6lyv.html.（最後瀏覽日：02/27/2020）。

漢朝董仲舒於「春秋繁露」身之養重於義篇中亦表示：「天之生人也，使人生義與利。利以養其體，義以養其心。心不得義不能樂，體不得利不能安。義者心之養也，利者體之養也。體莫貴於心，故養莫重於義，義之養生人大於利。奚以知之？今人大有義而甚無利，雖貧與賤，尚榮其行，以自好而樂生，原憲、曾、閔之屬是也。人甚有利而大無義，雖甚富，則羞辱大惡。惡深，非立死其罪者，即旋傷殃憂爾，莫通能以樂生而終其身，刑戮夭折之民是也。夫人有義者，雖貧能自樂也。而大無義者，雖富莫能自存。吾以此實義之養生人，大於利而厚於財。民不能知而常反之，皆忘義而殉利，去理而走邪，以賊其身而禍其家。此非其自為計不忠也，則其知之所不能明也。詩云：『示我顯德行。』此之謂也。先王顯德以示民，民樂而歌之以為詩，說而化之以為欲。故不令而自行，不禁而自止，從上之意，不待使之，若自然矣。故曰：聖人天地動、四時化者，非有他也，其見義大故能動，動故能化，化故能大行，化大行故法不犯，法不犯故刑不用，刑不用則堯舜之功德。此大治之道也，先聖傳授而復也。故孔子曰：『誰能出不由戶，何莫由斯道也。』今不示顯德行，民暗於義，不能炤；迷於道不能解，因欲大嚴以必正之，直殘賊天民而薄主德耳，其勢不行。仲尼曰：『國有道，雖加刑，無刑也。國無道，雖殺之，不可勝也。』其所謂有道無道者，示之以顯德行與不示爾。」

三、教育機會平等原則

子曰：「有教無類。」（論語・衛靈公篇）子曰：「自行束脩以上，吾未嘗無誨焉。」（論語・述而篇）孟子曰：「設為庠序學校以教之：庠者，養也；校者，教也；序者，射也。夏曰校，殷曰序，周曰庠，學則三代共之，皆所以明人倫也。人倫明於上，小民親於下。」（孟子・滕文公上）

參、法律制度之指導原則(一)：實體正義理念

一、國家治理應建立法制

儒家認為治理天下不可無法度。孟子・離婁章上：孟子曰：「離婁之明，公輸子之巧，不以規矩，不能成方員：師曠之聰，不以六律，不能正五音；堯舜之道，不以仁政，不能平治天下。今有仁心仁聞而民不被其澤，不可法於後世者，不行先王之道也。故曰，徒善不足以為政，徒法不能以自行。詩云：『不愆不忘，率由舊章。』遵先王之法而過者，未之有也。」「上無道揆也。下無法守也，朝不信道，工不信度，君子犯義，小人犯刑，國之所存者幸也。」認為國家治理應建立法制，以為共同遵循之規範，維持社會秩序。

荀子・性惡論亦謂：「凡古今天下之所謂善者，正理平治也；所謂惡者，偏險悖亂也：是善惡之分也矣。今誠以人之性固正理平治邪，則有惡用聖王，惡用禮義哉？雖有聖王禮義，將曷加於正理平治也哉？今不然，人之性惡。故古者聖人以人之性惡，以為偏險而不正，悖亂而不治，故為之立君上之執以臨之，明禮義以化之，起法正以治之，重刑罰以禁之，使天下皆出於治，合於善也。是聖王之治而禮義之化也。今當試去君上之執，無禮義之化，去法正之治，無刑罰之禁，倚而觀天下民人之相與也。若是，則夫彊者害弱而奪之，眾者暴寡而譁之，天下悖亂而相亡，不待頃矣。用此觀之，然則人之性惡明矣，其善者偽也。」認為考量人心有險惡之處，為能導正之，必須依法治國，則社會不致於弱肉強食，以強凌弱，以眾暴寡，而使社會秩序公平和諧。此一思想觀念表達依法治國，在法律之前，人人平等，同時可以伸張社會公平正義之價值理念[4]。

---

4 諸子百家中國哲學書電子化計畫，〈守道章〉，《韓非子》，http://ctext.org/han-feizi/shou-dao/zh.（最後瀏覽日：08/16/2017）。

二、法制應符合人民生活需要

(一) 民本思想

在我國「尚書夏書」之五子之歌章中表示：「民惟邦本，本固邦寧。」尚書‧周書泰誓篇章：「天視自我民視，天聽自我民聽。」孟子‧盡心下：「民爲貴，社稷次之，君爲輕。是故得乎丘民而爲天子，得乎天子爲諸侯，得乎諸侯爲大夫。」強調民本思想，主張國家治理者應體察人民生活需要，作爲國家治理之依據。從而有關法制建構，即應以滿足人民需求爲導向。

(二) 法制應遵循民情，以得民心

孔子‧家語入官篇：「君子莅民，不可以不知民之性而達諸民之情。既知其性，又習其情，然後民乃從命矣。故世舉則民親之，政均則民無怨。故君子莅民，不臨以高，不導以遠，不責民之所不爲，不強民之所不能。以明王之功，不因其情，則民嚴而不迎；篤之以累年之業，不因其力，則民引而不從。若責民所不爲，強民所不能，則民疾；疾則僻矣。……故德者、政之始也。政不和，則民不從其教矣；不從教，則民不習；不習，則不可得而使也。」

孟子曰：「仁言，不如仁聲之入人深也。善政，不如善教之得民也。善政民畏之，善教民愛之；善政得民財，善教得民心。」（孟子‧盡心上）孟子曰：「桀紂之失天下也，失其民也；失其民者，失其心也。得天下有道：得其民，斯得天下矣；得其民有道：得其心，斯得民矣；得其心有道：所欲與之聚之，所惡勿施爾也。」（孟子‧離婁章上）認爲執政者應以得民心爲首要，以滿足人民需求爲執政方向。

三、法制應「符合義理」之禮治原則

儒家強調國家治理應建立符合義理之典章規範與制度（禮治原則），以維持社會秩序。在禮記・仲尼燕居篇，孔子曰：「禮者何也？即事之治也。君子有其事，必有其治。治國而無禮，譬猶瞽之無相與？伥伥其何之？譬如：終夜有求於幽室之中，非燭何見？若無禮則手足無所措，耳目無所加，進退揖讓無所制。是故，以之居處，長幼失其別；閨門，三族失其和；朝廷，官爵失其序；田獵，戎事失其策；軍旅，武功失其制；宮室，失其度；量鼎，失其象；味，失其時；樂，失其節；車，失其式；鬼神，失其饗；喪紀，失其哀；辯說，失其黨；官，失其體；政事，失其施；加於身而措於前，凡眾之動，失其宜。如此，則無以祖洽於眾也。」「禮也者，理也；樂也者，節也。君子無理不動，無節不作。」「制度在禮，文為在禮，行之，其在人乎！」

論語・學而篇，有子曰：「禮之用，和為貴。先王之道斯為美，小大由之。有所不行，知和而和，不以禮節之，亦不可行也。」「故禮者、義之實也。協諸義而協，則禮雖先王未之有，可以義起焉。義者、藝之分、仁之節。協諸藝，講於仁，得之者強，失之者喪。仁者、義之本、順之體，得之者尊。故治國不以禮，猶無耜而耕；為禮而不本於義，猶耕而不種；為義而不講於學，猶種而不耨；講之以學而不合之以仁，猶耨而不穫；合之以仁而不安之以樂，猶穫而不食；安之以樂而不達於順，猶食而不肥。」（禮記・禮運大同篇）

「禮乎！夫禮所以制中也。」故「敬而不中禮，謂之野；恭而不中禮，謂之給；勇而不中禮，謂之逆。」（孔子・家語論禮）

儒家的仁義思想，提倡仁愛與正義的價值理念，例如：孟子曰：士之尚志，「仁義而已矣。殺一無罪，非仁也；非其有而取之，非義也。居惡在？仁是也；路惡在？義是也。居仁由義，大人之事備矣。」（孟子・盡心上篇）

　　孟子‧梁惠王篇，孟子對曰：「王何必曰利？亦有仁義而已矣。……苟為後義而先利，不奪不饜。未有仁而遺其親者也，未有義而後其君者也。王亦曰仁義而已矣，何必曰利？」孟子公孫丑篇，孟子曰：「我知言，我善養吾浩然之氣。」曰：「其為氣也，至大至剛，以直養而無害，則塞於天地之間。其為氣也，配義與道；無是，餒也。是集義所生者，非義襲而取之也。行有不慊於心，則餒矣。」此一仁義思想，運用在法律制度的建構上，一方面要能符合公平正義，另一方面也要仁愛地照顧保護人民生活需要。

　　漢朝董仲舒認為為了建立社會倫常秩序，應建立禮節制度，才不致於倫常混亂。故「聖人之道，眾堤防之類也。謂之度制，謂之禮節。故貴賤有等，衣服有制，朝廷有位，鄉黨有序，則民有所讓而不敢爭，所以一之也。……若去其度制，使人人從其欲，快其意，以逐無窮，是大亂人倫，而麋斯財用也，失文采所遂生之意矣。上下之倫不別，其勢不能相治，故苦亂也。嗜欲之物無限，其勢不能相足，故苦貧也。今欲以亂為治，以貧為富，非反之制度不可。」（春秋繁露‧度制第二十七）

　　因此，儒家的法思想，可謂兼有下列二者[5]：

1. 成己、成人的「仁法」思想，在此強調人際間的倫理規範，以及
2. 成物、成天的「理法」思想，在此著重在宇宙間事物存在之應然規律。

　　從而追求人與自己內在之和諧、人際間之和諧、人與大自然之和諧關係。

四、中庸之道：各方利益平衡原則

　　尚書‧大禹謨表示：「人心惟危，道心惟微，惟精惟一，允執厥

---

[5] 江山（2008），《人際同構的法哲學》，頁100以下，台北：元照。

中。」又儒家禮記・中庸章：「子曰：舜其大智也與，好察邇言，隱惡而揚善，執其兩端，用其中於民，其斯以爲舜乎。」論語・雍也篇子曰：「中庸之爲德也，其至矣乎！民鮮久矣。」喜怒哀樂之未發，謂之中；發而皆中節，謂之和。中也者，天下之大本也；和也者，天下之達道也。致中和，天地位焉，萬物育焉。中不偏，庸不易；子程子言之詳矣！

　　子程子曰：「不偏之謂中，不易之謂庸。中者，天下之正道，庸者，天下之定理。」[6]是以中者大中至性，不易謂其常而不變也。「不偏之謂中者，即無過與不及。執其兩端，用其中也；不易之謂庸者，即一定而不可移，日常應用之定理也。」[7]

　　提倡中庸之道的思想。以此原則處理政務，制定相關法令，務求公平合理，本於各方「利益平衡原則」，則能兼顧各方人民之利益，能平衡國家社會之公共利益與人民利益，營造各方可以共存共榮的永續生存環境。

五、「寬厚待民」之施行仁政原則

(一) 減輕稅課等人民負擔，藏富於民

　　儒家主張政府應寬厚待民，施行仁政，減輕人民租稅及徭役負擔，以藏富於民。論語・雍也篇，子貢曰：「如有博施於民而能濟眾，何如？可謂仁乎？」子曰：「何事於仁，必也聖乎！堯舜其猶病諸！夫仁者，己欲立而立人，己欲達而達人。能近取譬，可謂仁之方也已。」

　　子謂子產，「有君子之道四焉：其行己也恭，其事上也敬，其養

---

[6] 中庸篇乃孔門傳授心法，子思恐其久而差也，故筆之於書，以授孟子。

[7] 中庸淺言新註（呂祖註釋），http://www.taolibrary.com/category/category9/c9035. htm.（最後瀏覽日：02/25/2020）。

民也惠，其使民也義。」（論語・公冶長篇）在孔子・家語賢君篇中，哀公問政於孔子，孔子對曰：「政之急者，莫大乎使民富且壽也。」公曰：「爲之奈何？」孔子曰：「省力役，薄賦歛，則民富矣；敦禮教，遠罪疾，則民壽矣。」子曰：「道千乘之國：敬事而信，節用而愛人，使民以時。」（論語・學而篇）

孔子認爲爲政應「尊五美」，所謂五美，乃是「君子惠而不費，勞而不怨，欲而不貪，泰而不驕，威而不猛。」亦即「因民之所利而利之，斯不亦惠而不費乎？擇可勞而勞之，又誰怨？欲仁而得仁，又焉貪？君子無眾寡，無小大，無敢慢，斯不亦泰而不驕乎？君子正其衣冠，尊其瞻視，儼然人望而畏之，斯不亦威而不猛乎？」（論語・堯曰篇）

(二) 明德慎刑原則

1. 刑期無刑之理念

古代聖人治國，以德治爲先，刑罰輔助之，因此採取「明德慎罰」、「刑期於無刑」的教化理念[8]。尚書・大禹謨記載，舜帝曰：「皋陶，惟茲臣庶，罔或干予正。汝作士，明于五刑，以弼五教。期于予治，刑期于無刑，民協于中，時乃功，懋哉。」表示「堯舜時代以德治國，注重教化，如果教化完全成功，便不須刑罰，惟在實際行動方面，有人有時不能自治，以致做出傷害別人、圖利自己的行爲，爲防範作姦犯科者，危害社會安寧，仍有設置刑罰之必要；以教育防患於未然，用刑罰補救於已然之。」[9]

8　林素英（2017），《《禮記》之先秦儒家思想》，頁343，台北：台灣師大出版社。

9　傅元龍，詞條名稱：刑期於無刑，教育大辭書，https://pedia.cloud.edu.tw/Entry/ Detail/?title=刑期於無刑（最後瀏覽日：02/27/2020）。

2.罪疑惟輕原則

又依據尚書‧大禹謨記載，皋陶曰：「帝德罔愆，臨下以簡，御眾以寬；罰弗及嗣，賞延于世。宥過無大，刑故無小；罪疑惟輕，功疑惟重；與其殺不辜，寧失不經；好生之德，洽于民心，茲用不犯于有司。」在對於人民違規處罰上，採取「罪疑惟輕」原則。充分體現教化優先、刑罰為輔的精神，亦即採取「明德慎刑」的原則（刑罰謙抑原則）。

3.防患未然

孔子喟然嘆曰：「嗚呼！上失其道而殺其下，非理也；不教以孝而聽其獄，是殺不辜；三軍大敗，不可斬也；獄犴不治，不可刑也。何者？上教之不行，罪不在民故也。夫慢令謹誅，賊也；徵斂無時，暴也；不試則成，虐也。故無此三者，然後刑可即也。書云：『義刑義殺，勿庸以即汝心，惟曰未有慎事。』言必教而刑也。陳道德以先服之，而猶不可，尚賢以勸之；又不可，即廢之；又不可，而後以威憚之。若是三年而百姓正矣。其有邪民不從化者，然後待之以刑，則民咸知罪矣。詩云：『天子是毗，俾民不迷。』是以威厲而不試，刑錯而不用。今世則不然，亂其教，繁其刑，使民迷惑而陷焉，又從而制之，故刑彌繁而盜不勝也。夫三尺之限，空車不能登者，何哉？峻故也；百仞之山，重載陟焉，何哉？陵遲故也。今世俗之陵遲久矣，雖有刑法，民能勿踰乎？」（孔子‧家語始誅篇）

「刑罰之所從生有源，不務塞其源而務刑殺之，是為民設陷以賊之也。刑罰之源，生於嗜慾好惡不節。故明堂，天法也；禮度，德法也；所以御民之嗜慾好惡，以慎天法，以成德法也。刑法者，所以威不行德法者也。」（大戴禮記‧盛德篇）

「陽為德，陰為刑。刑反德而順於德，亦權之類也。雖曰權，皆在權成。是故陽行於順，陰行於逆。順行而逆者，陰也。是故天以陰為

權，以陽爲經。陽出而南，陰出而北。經用於盛，權用於末。以此見天之顯經隱權，前德而後刑也。故曰：陽天之德，陰天之刑也。陽氣暖而陰氣寒，陽氣予而陰氣奪，陽氣仁而陰氣戾，陽氣寬而陰氣急，陽氣愛而陰氣惡，陽氣生而陰氣殺。是故陽常居實位而行於盛，陰常居空位而行於末。天之好仁而近，惡戾之變而遠，大德而小刑之意也。先經而後權，貴陽而賤陰也。」（董仲舒‧春秋繁露‧陽尊陰卑篇）「爲人主者，予奪生殺，各當其義，若四時；列官置吏，必以其能，若五行；好仁惡戾，任德遠刑，若陰陽。此之謂能配天。」（董仲舒‧春秋繁露‧天地陰陽篇）

(三) 衡平法理（反經合道）

在特殊情況，如適用一般規範，勢必產生不合理之結果時，則採取有別於一般規範之例外處理，反而可以獲得合理之結果。此種觀念運用於法律制度上，即是「衡平法理」。在孟子一書中，闡明（反禮而合義之）衡平法理（從權[10]，採取通權達變的權宜變通措施，亦即不墨守常規，根據實際情況作適當的處置，而使其符合中庸之道與義理）者有二：

1. 舜不告而娶

孟子曰：「不孝有三，無後爲大。舜不告而娶，爲無後也，君子以爲猶告也。」（孟子‧離婁篇上）趙氏曰：「於禮有不孝者三事：謂阿意曲從，陷親不義，一也；家貧親老，不爲祿仕，二也；不娶無子，絕先祖祀，三也。三者之中，無後爲大。」。舜告焉則不得娶，而終於無

---

10 「權者，反於經，然後有善者也。」（春秋公羊傳‧桓公十一年），亦即「反經合道」。三國演義第73回：「孔明曰：「主公平生以義為本，未肯便稱尊號。今有荊、襄兩川之地，可暫為漢中王。」玄德曰：「汝等雖欲尊吾為王，不得天子明詔，是僭也。」孔明曰：「今宜從權，不可拘執常理。」

後矣。告者禮也。不告者權也。猶告，言與告同也。蓋權而得中，則不離於正矣。范氏曰：「天下之道，有正有權。正者萬世之常，權者一時之用。常道人皆可守，權非體道者不能用也。蓋權出於不得已者也，若父非瞽瞍，子非大舜，而欲不告而娶，則天下之罪人也。」[11]

2.嫂溺援之以手

　　淳于髡曰：「男女授受不親，禮與？」孟子曰：「禮也。」曰：「嫂溺則援之以手乎？」曰：「嫂溺不援，是豺狼也。男女授受不親，禮也；嫂溺援之以手者，權也。」（孟子·離婁篇上）

六、社會主義之大同世界

　　儒家思想提倡仁義，應發揮惻隱之心，仁民愛物，抱持人道關懷的精神，人飢己飢，人溺己溺的同理心，以救助弱勢群體。孟子曰：「君子之於物也，愛之而弗仁；於民也，仁之而弗親。親親而仁民，仁民而愛物。」（孟子·盡心篇上）在禮記·禮運篇中提倡：「大道之行也，天下為公。選賢與能，講信修睦，故人不獨親其親，不獨子其子，使老有所終，壯有所用，幼有所長，矜寡孤獨廢疾者，皆有所養。男有分，女有歸。貨惡其棄於地也，不必藏於己；力惡其不出於身也，不必為己。是故謀閉而不興，盜竊亂賊而不作，故外戶而不閉，是謂大同。」此一大同世界的理想，充分具有平均社會財富、讓人民各得其所而安居樂業之社會主義的思想。

七、環境保護，永續發展原則

　　儒家思想提唱仁民愛物，人民生活在運用大自然產物時，應符合天

---

11 朱熹，《四書章句集註》，《孟子集註》，〈離婁章句上〉，https://ctext.org/si-shu-zhang-ju-ji-zhu/li-lou-zhang-ju-shang/zh.（最後瀏覽日：02/27/2020）。

時地利原則，以維持生態永續發展。例如：孔子的作風，乃是「子釣而不綱，弋不射宿。」（論語・述而篇），給動物生存發展空間，避免竭澤而漁，趕盡殺絕。

又如孟子曰：「不違農時，穀不可勝食也；數罟不入洿池，魚鱉不可勝食也；斧斤以時入山林，材木不可勝用也。穀與魚鱉不可勝食，材木不可勝用，是使民養生喪死無憾也。養生喪死無憾，王道之始也。」（孟子・梁惠王篇上）。

又荀子・王制篇也提倡環保觀念：「聖主之制也：草木榮華滋碩之時，則斧斤不入山林，不夭其生，不絕其長也。黿鼉魚鱉鰍鱣孕別之時，罔罟毒藥不入澤，不夭其生，不絕其長也。春耕、夏耘、秋收、冬藏，四者不失時，故五穀不絕，而百姓有餘食也。汙池淵沼川澤，謹其時禁，故魚鱉優多，而百姓有餘用也。斬伐養長不失其時，故山林不童，而百姓有餘材也。」

八、抵抗權思想

孟子提倡民貴君輕之觀念，孟子曰：「君之視臣如手足，則臣視君如腹心；君之視臣如犬馬，則臣視君如國人；君之視臣如土芥，則臣視君如寇讎。」孟子曰：「無罪而殺士，則大夫可以去；無罪而戮民，則士可以徙。」（孟子・離婁篇下）

孟子・梁惠王篇下，齊宣王問曰：「湯放桀，武王伐紂，有諸？」孟子對曰：「於傳有之。」曰：「臣弑其君可乎？」曰：「賊仁者謂之賊，賊義者謂之殘，殘賊之人謂之一夫。聞誅一夫紂矣，未聞弑君也。」認為如果君主施政違反仁義之道，而行暴政時，則人民可以誅伐暴君，行使抵抗權推翻之。

肆、法律制度之指導原則(二)：程序正義理念

一、民主參與原則：察納雅言、集思廣益

(一) 下情上達與上情下達

易經‧地天泰卦，觀察地氣上升，天氣下降的自然法則，從「天地交而萬物通」（天地陰陽交合，萬物的生養之道暢通，二氣來往，能成雨澤，雨澤成而萬物生育），進而推論出「上下交而其志同也」（易經‧象傳），認為要政通人和，必須能夠「上情下達與下情上達」，以使上下一心，同心協力，完成共同任務。故可吉祥亨通。「以此卦擬國家，政府體天地造化之原理，公明正大，以布人民化育之政。」[12] 其失「泰」之道，上下睽隔，民情離散，國家自亂也。

(二) 專家審議式民主：察納雅言、集思廣益

子曰：「舜其大知也與！舜好問而好察邇言，隱惡而揚善，執其兩端，用其中於民，其斯以為舜乎！」（禮記‧中庸篇）

孔子讀易，至於損、益，喟然而嘆。子夏避席問曰：「夫子何嘆焉？」孔子曰：「夫自損者必有益之，自益者必有決之，吾是以歎也。」子夏曰：「然則學者不可以益乎？」子曰：「非道益之謂也，道彌益而身彌損。夫學者損其自多，以虛受人，故能成其滿博也。天道成而必變，凡持滿而能久者，未嘗有也。故曰：自賢者，天下之善言不得聞於耳矣。昔堯治天下之位，猶允恭以持之，克讓以接下，是以千歲而益盛，迄今而逾彰。夏桀、昆吾，自滿而無極，亢意而不節，斬刈黎民，如草芥焉；天下討之，如誅匹夫，是以千載而惡著，迄今而不滅。

---

12 高島斷易，泰卦解說。

滿也。如在輿遇三人則下之，遇二人則式之，調其盈虛，不令自滿，所以能久也。」（孔子・家語六本篇）

孟子曰：「子路，人告之以有過則喜。禹聞善言則拜。大舜有大焉，善與人同。舍己從人，樂取於人以爲善。自耕、稼、陶、漁以至爲帝，無非取於人者。取諸人以爲善，是與人爲善者也。故君子莫大乎與人爲善。」（孟子・公孫丑章）

二、誠信原則

左傳・昭公八年：「君子之言，信而有徵。故怨遠於其身。」子夏曰：「賢賢易色，事父母能竭其力，事君能致其身，與朋友交言而有信。雖曰未學，吾必謂之學矣。」有子曰：「信近於義，言可復也。」（論語・述而篇）「儒有居處齊難，其坐起恭敬，言必先信，行必中正。」（禮記・儒行篇）「儒有不寶金玉，而忠信以爲寶；不祈土地，立義以爲土地；不祈多積，多文以爲富。」（禮記・儒行篇）

子曰：「主忠信，徙義，崇德也。」並認爲：「民無信不立。」（論語・顏淵篇）。

儒家的信用有三層涵義：一是指忠誠無欺，言而有信；二是指內在誠實品德與外在不欺詐行爲的統一，做到童叟無欺；三是指人們立身處世及社會存在和有序發展的一種必要條件。[13]

人類居處於社會中，營造共同生活，其交易往來行爲，必須秉持誠實信用原則爲之[14]，以確保交易安全與生活安定，此即爲信義之要求。亦即鼓勵人民善良與誠實，禁止詐欺之邪惡行爲。

---

[13] 儒家「信」文化築基社會誠信，2016-11-04由曙光教育發表於文化，https://kknews.cc/culture/89mxl9g.html.（最後瀏覽日：02/21/2020）。

[14] 沈敏榮、姚繼東（2019），〈義與正義：法律與倫理的分離與整合〉，《甘肅理論學刊》，1期，頁87。

然而誠信原則，仍應建立在符合義理之基礎上。子曰：「言必信，行必果，硜硜然小人哉！」（論語・子路篇）。孟子曰：「大人者，言不必信，行不必果，惟義所在。」（孟子・離婁下篇）

三、正名原則（名實相符原則）

(一) 名正言順

孔子認為為政首應正名。所謂正名，乃是正其所實也，使其名實相符（公孫龍子・名實篇）。蓋「名不正，則言不順；言不順，則事不成；事不成，則禮樂不興；禮樂不興，則刑罰不中；刑罰不中，則民無所措手足。故君子名之必可言也，言之必可行也。君子於其言，無所苟而已矣。」（論語・子路篇）

有關萬物之名稱，目的在明瞭其「物之體用」（性質特徵及其功用）。「夫萬物自有體質。聖人象類、而制其名。故曰名以定體。無名乃天地之始、有名則萬物之由（或稱母）。以其因功涉用、故立稱謂。」亦即先立其名，然後明其體用。[15]

亦即「名生於真，非其真，弗以為名。名者，聖人之所以真物也。名之為言真也。故凡百譏有者，各反其真，則者還昭昭耳。欲審曲直，莫如引繩；欲審是非，莫如引名。名之審於是非也，猶繩之審於曲直也。詰其名實，觀其離合，則是非之情不可以相讕已。」（董仲舒・春秋繁露・深察名號）[16]

---

15 蕭吉撰《五行大義》，卷1，〈釋名章〉，http://www.zinbun.kyoto-u.ac.jp/~takeda/kyoudou/gogyou/gogyoutaigi/gogyo_gogyo_01_g.html.（最後瀏覽日：09/09/2019）。

16 諸子百家，中國哲學書電子化計畫，儒家，春秋繁露，https://ctext.org/chun-qiu-fan-lu/shen-cha-ming-hao/zh.（最後瀏覽日：09/09/2019）。

(二) 名實相符，即可循名究理，明辨是非

萬物名稱應名實相符，才能「辨同異」（正名字，分別辨明事物之異同），「定名分」（辨明各類事物位階順序與貴賤之別），「寓褒貶」（禁民爲非），以符合人類共同生活倫理規律與正義之要求[17]。

倘若萬事萬物能夠名實相符，即可循名究理，明辨是非善惡。亦即「名實相應則定，名實不相應則爭。名自命也，物自正也，事之定也。三名察則盡知情僞而不惑矣。」（黃帝四經·經法、論）「故執道者之觀於天下也，必審觀事之所始起，審其形名。形名已定，逆順有位，死生有分，存亡興壞有處，然後參之於天地之恒道，乃定禍福死生存亡興壞之所在。是故萬舉不失理，論天下無遺策。故能立天子，置三公，而天下化之：之謂有道。」（黃帝四經·經法·論約）

「天下有事，必審其名。名理者，循名究理之所之，是必爲福，非必爲災。是非有分，以法斷之；虛靜謹聽，以法爲符。審察名理終始，是謂究理。唯公無私，見知不惑，乃知奮起。故執道者之觀於天下也，見正道循理，能與曲直，能與終始。故能循名究理。形名出聲，聲實調和。禍災廢立，如影之隨形，如響之隨聲，如衡之不藏重與輕。故唯執道者能虛靜公正，乃見正道，乃得名理之誠。」（黃帝四經·經法·名理）[18]

(三) 正名以防止社會秩序混亂

荀子認爲正名的功用，包括「別同異」與「明貴賤」（明是非）二者[19]，以防止是非善惡不明，而導致社會秩序混亂。「故王者之制名，

---

[17] 胡適（2016），《中國哲學史大綱》，頁73以下，天津：天津人民出版社。

[18] 諸子百家，中國哲學書電子化計畫，維基→帛書《黃帝四經》→黃帝四經，https://ctext.org/wiki.pl?if=gb&chapter=387844#經法名理，（最後瀏覽日：09/09/2019）。

[19] 胡適（2016），《中國哲學史大綱》，頁265以下，天津：天津人民出版社。

名定而實辨，道行而志通，則慎率民而一焉。故析辭擅作名，以亂正名，使民疑惑，人多辨訟，則謂之大姦。其罪猶爲符節度量之罪也。故其民莫敢託爲奇辭以亂正名，故其民愨；愨則易使，易使則公。其民莫敢託爲奇辭以亂正名，故壹於道法，而謹於循令矣。如是則其跡長矣。跡長功成，治之極也。是謹於守名約之功也。今聖王沒，名守慢，奇辭起，名實亂，是非之形不明，則雖守法之吏，誦數之儒，亦皆亂也。若有王者起，必將有循於舊名，有作於新名。然則所爲有名，與所緣以同異，與制名之樞要，不可不察也。」（荀子・正名篇）[20]

在名實相符下，對於文武百官之治理績效，即可循名而責實，以求良法善治。「術者，因任而授官，循名而責實，操殺生之柄，課群臣之能者也，此人主之所執也。法者，憲令著於官府，刑罰必於民心，賞存乎愼法，而罰加乎姦令者也，此臣之所師也。君無術則弊於上，臣無法則亂於下，此不可一無，皆帝王之具也。」（韓非子・定法篇）

由於名號爲「天意」之表現，如能正名，即可順應天人合一之道。亦即「治天下之端，在審辨大。辨大之端，在深察名號。錄其首章之意，以窺其中之事，則是非可知，逆順自著，其幾通於天地矣。是非之正，取之逆順，逆順之正，取之名號，名號之正，取之天地，天地爲名

---

[20] 道家思想，也提倡正名。例如：莊子・天道篇：「書曰：『有形有名。』形名者，古人有之，而非所以先也。古之語大道者，五變而形名可舉，九變而賞罰可言也。驟而語形名，不知其本也；驟而語賞罰，不知其始也。倒道而言，迕道而說者，人之所治也，安能治人！驟而語形名賞罰，此有知治之具，非知治之道；可用於天下，不足以用天下。此之謂辯士，一曲之人也。禮法度數，形名比詳，古人有之，此下之所以事上，非上之所以畜下也。」（莊子・天道篇）。

又法家思想也強調正名的重要性。例如：韓非子・揚權篇謂：「審名以定位，明分以辯類。」「用一之道，以名爲首。名正物定，名倚物徙。故聖人執一以靜，使名自命，令事自定。不見其采，下故素正。因而任之，使自事之。因而予之，彼將自舉之。正與處之，使皆自定之。上以名舉之，不知其名，復脩其形。形名參同，用其所生。二者誠信，下乃貢情。」

號之大義也。古之聖人，而效天地謂之號，鳴而施命謂之名。名之為言，鳴與命也，號之為言，而效也。而效天地者為號，鳴而命者為名。名號異聲而同本，皆鳴號而達天意者也。天不言，使人發其意；弗為，使人行其中。名則聖人所發天意，不可不深觀也。……物莫不有凡號，號莫不有散名，如是。是故事各順於名，名各順於天。天人之際，合而為一。同而通理，動而相益，順而相受，謂之德道。詩曰：『維號斯言，有倫有跡。』此之謂也。」（董仲舒·春秋繁露·深察名號）[21]

故「有形者，必有名；有名者，未必有形。形而不名，未必失其方圓白黑之實。名而不可不尋，名以檢其差，故亦有名以檢形。形以定名，名以定事，事以檢名，察其所以然，則形名之與事物，無所隱其理矣。……今萬物具存，不以名正之，則亂；萬名具列，不以形應之，則乖。故形名者，不可不正也。……善名命善，惡名命惡，故善有善名，惡有惡名。……使善惡盡然有分，雖未能盡物之實，猶不患其差也。故曰：名不可不辨也。」（尹文子·大道上篇）[22] 故正名可以明辨事物之客觀狀態，可供區別善惡之準則，從而魚目不可混珠，野雞不可冒稱鳳凰，寶玉不可詐稱為奇異怪石。

四、法令預先發布原則與期待可能性原則

「凡事豫則立，不豫則廢。言前定則不跲，事前定則不困，行前定則不疚，道前定則不窮。」（禮記·中庸篇）

為政之道，應「屏四惡，斯可以從政矣」。所謂「四惡」，係指

---

[21] 諸子百家，中國哲學書電子化計畫，儒家，春秋繁露，https://ctext.org/chun-qiu-fan-lu/shen-cha-ming-hao/zh.（最後瀏覽日：09/09/2019）。

[22] 尹文子，大道上，諸子百家，中國哲學書電子化計畫，https://ctext.org/yin-wen-zi/zh. 名有三種類型，一曰命物之名，方圓白黑是也；二曰毀譽之名，善惡貴賤是也；三曰形容事物之名，賢愚愛憎是也。

「不教而殺謂之虐；不戒視成謂之暴；慢令致期謂之賊；猶之與人也，出納之吝，謂之有司。」（論語・堯曰篇）唐律疏議附錄・進律疏表第125段：「刑靡定法，律無正條，徽纆妄施，手足安措！」[23]

故國家法令應事先發布，讓人民知悉並事先準備遵守，否則人民將欠缺遵守法令之期待可能性，導致強人所難，強民之所不能。

伍、文官法律制度：菁英政治與選賢與能

子曰：「人能弘道，非道弘人。」「工欲善其事，必先利其器。居是邦也，事其大夫之賢者，友其士之仁者。」（論語・衛靈公篇），孔子對曰：「舉直錯諸枉，則民服；舉枉錯諸直，則民不服。」（論語・為政篇）故賢君治國，所先者「在於尊賢而賤不肖。」「任能黜否，則官府治理。」（孔子・家語賢君），亦即選賢與能，才能提升施政品質。

哀公問政。子曰：「文、武之政，布在方策，其人存，則其政舉；其人亡，則其政息。人道敏政，地道敏樹。夫政也者，蒲盧也。故為政在人，取人以身，修身以道，修道以仁。仁者人也，親親為大；義者宜也，尊賢為大。親親之殺[24]，尊賢之等，禮所生也。在下位不獲乎上，民不可得而治矣！故君子不可以不修身；思修身，不可以不事親；思事

---

[23] 諸子百家，中國哲學書電子化計畫，唐律疏議附錄・進律疏表，http://ctext.org/wiki.pl?if=gb&chapter=54453.（最後瀏覽日：08/16/2017）。

[24] 此處「殺」之解釋，有認為是指「差別」，亦即儒家思想之親疏遠近之分。亦有認為是指「消滅」之意，亦即一視同仁，仁愛待人，天下為公，公正處世之意（中庸本義（4.3）「親親之殺、尊賢之等」到底應該作何解？2017.08.07.老慢發表於遊戲，原文網址：https://kknews.cc/game/gqpak6e.html（最後瀏覽日：02/25/2020），孟子曰：「君子之於物也，愛之而弗仁；於民也，仁之而弗親。親親而仁民，仁民而愛物。」（孟子・盡心篇上）儒家思想有親疏遠近之分別之倫理體系層級化觀念，與墨子兼愛或佛教中眾生平等不盡相同。故似以第一說為可採。

親，不可以不知人；思知人，不可以不知天。天下之達道五，所以行之者三，曰：君臣也，父子也，夫婦也，昆弟也，朋友之交也，五者天下之達道也。知仁勇三者，天下之達德也，所以行之者一也。或生而知之，或學而知之，或困而知之，及其知之，一也；或安而行之，或利而行之，或勉強而行之，及其成功，一也。」（禮記・中庸篇）

孟子曰：「尊賢使能，俊傑在位，則天下之士皆悅而願立於其朝矣。」（孟子・公孫丑章）孟子曰：「知者無不知也，當務之為急；仁者無不愛也，急親賢之為務。堯舜之知而不遍物，急先務也；堯舜之仁不遍愛人，急親賢也。」（孟子・盡心篇上）

「儒有內稱不辟親，外舉不辟怨，程功積事，推賢而進達之，不望其報；君得其志，苟利國家，不求富貴。其舉賢援能有如此者。」（禮記・儒行篇）

「氣之清者為精，人之清者為賢。治身者以積精為寶，身以心為本，國以君為主。精積於其本，則血氣相承受；賢積於其主，則上下相制使。血氣相承受，則形體無所苦；上下相制使，則百官各得其所。形體無所苦，然後身可得而安也；百官各得其所，然後國可得而守也。夫欲致精者，必虛靜其形；欲致賢者，必卑謙其身。形靜誌虛者，精氣之所趣也；謙尊自卑者，仁賢之所事也。故治身者務執虛靜以致精，治國者務盡卑謙以致賢。能致精則合明而壽，能致賢則德澤洽而國太平。」（董仲舒・春秋繁露・通國身篇）也強調舉賢治國之重要性。

儒家思想提倡格物致知、正心誠意、修身齊家，培養聖賢智慧人格，進而為國為民服務，以利益天下蒼生之價值理念。子謂子產，「有君子之道四焉：其行己也恭，其事上也敬，其養民也惠，其使民也義。」（論語・公冶長篇）就此學者指出中國傳統儒家政治哲學把民本觀念放在外王事功上來看，屬於推行王道（別於霸道）、施行仁政（別於暴政）之一環。「外王」對應於「內聖」而言，「內聖外王」（莊子・天下篇）是耆碩儒者一生追求的最高目標，指士人在內在人格修養的基

礎上，把聖賢的王道文化理想，在社會生活和國家政治中體現出來，進而實現治國、平天下的理想[25]。

陸、天人合一思想：以道治國

一、天人合一思想

天人合一，在道家思想，意指人類與大自然融合為一體，老子·道德經所謂：「人法地、地法天，天法道，道法自然。」人類應與大自然和平共存共榮。易經乾卦文言：「夫『大人』者、與天地合其德，與日月合其明，與四時合其序，與鬼神合其吉凶，先天而天弗違，後天而奉天時。天且弗違，而況於人乎？況於鬼神乎？」「昔者聖人之作易也，幽贊於神明而生蓍，參天兩地而倚數，觀變於陰陽而立卦，發揮於剛柔而生爻，和順於道德而理於義，窮理盡性以至於命。」（周易·說卦）「昔者聖人之作易也，將以順性命之理，是以立天之道曰陰與陽，立地之道曰柔與剛，立人之道曰仁與義。」認為人類應效法天地之德，遵循天道處世[26]。

---

[25] 陳運星（1994），〈從民本到民主：儒家政治文化的再生〉，《中山人文社會科學期刊》，12卷2期，頁90，http://nccur.lib.nccu.edu.tw/bit-stream/140.119/97768/1/12(2)P87-112.pdf.（最後瀏覽日：11/30/2017）。

[26] 太平經亦謂：「夫師，陽也，愛其弟子，導教以善道，使知重天愛地，尊上利下，弟子敬事其師，順勤忠信不欺。二人并力同心，圖畫古今舊法度，行聖人之言，明天地部界分理，萬物使各得其所，積賢不止，因為帝王良輔，相與合策共理致太平。」「聖人者象陰陽，陰陽者象天地以治事，合和萬物，聖人亦當和合萬物，成天心，順陰陽而行。賢人象山川，山川主通氣達遠方，賢者亦當為帝王通達六方。凡民者象萬物，萬物者生處無高下，悉有民，故象萬物。」，《太平經》卷56-64，http://www.guoxue123.com/zhibu/0101/03tpjhx/026.htm（最後瀏覽日：02/27/2020）。

　　就此有認爲「天人合一」，在儒學傳統中並非意指「人與自然的合一」，而是一種重視人文，以「人爲主體」的天人合一觀，當然能使人類知道向善，並以天亦爲善，更易體天而行，能與天地合其德[27]。「儒、道兩家各自成爲強調天人合一的文化體系，因其最終均追求的是以文化體系引領現實社會符合天理；道家發天道，明自然，發展文化體系的思路是由天之人，即以自然之理，作爲其體系的基礎，欲使社會機制不違背天道自然；先秦儒家的由人之天和道家的由天之人，均是一種建構文化的理想。」[28]

　　「孟子由義理之天來說明天人合一思想，其後爲宋明理學家所光大，如張載「天良能本吾良能」（正蒙·誠明），天與人合一，都合在於性本善良之上；換言之，先秦儒家思想的天人合一觀，並非是宇宙論、本體論上的思辨，而是落實到現實人生，爲「人」的價值理想尋求一種基礎和源泉，亦是一種對「人道」觀念的看重，因之會形成對善觀念的確立，與對善行爲的實踐[29]。」

二、盡人之性與盡物之性

　　「天命之謂性，率性之謂道，脩道之謂教。」[30]「自誠[31]明，謂之性；

---

27 呂宗麟（緒麟），試論孔孟與老子的天人合一觀，https://www.tienti.tw/node/992（最後瀏覽日：02/21/2020）。

28 前揭註。

29 前揭註27。

30 白話解說：「上天所賦予人的本質特性叫做本性（天性），遵循著本性以做人處事叫做道，聖人的教化，就是遵循本性，來修正過與不及的差別現象，使一切事物皆能合於正道，這稱之為教化。」，中庸·菁華選粹白話解，http://www.dfg.cn/big5/chtwh/ssjz/2-zhongyongjinghua.htm.（最後瀏覽日：02/26/2020）。

31 誠：説文解字解釋為「信也」，亦即真實無妄，忠實不欺。【廣雅】敬也。【增韻】純也，無偽也，真實也。【易·乾卦】閑邪存其誠。【疏】言防閑邪惡，當自存其誠實也（康熙字典，誠字解釋）。

自明誠，謂之教。誠則明矣，明則誠矣。唯天下至誠，為能盡其性；能盡其性，則能盡人之性；能盡人之性，則能盡物之性[32]；能盡物之性，則可以贊天地之化育；可以贊天地之化育，則可以與天地參矣。」（禮記・中庸篇）「誠者自成也，而道自道也。誠者物之終始，不誠無物。是故君子誠之為貴。誠者非自成己而已也，所以成物也。成己，仁也；成物，知也。性之德也，合外內之道也，故時措之宜也。故至誠無息。不息則久，久則徵，徵則悠遠，悠遠則博厚，博厚則高明。博厚，所以載物也；高明，所以覆物也；悠久，所以成物也。博厚配地，高明配天，悠久無疆。如此者，不見而章，不動而變，無為而成。」（禮記・中庸篇）「唯天下至誠，為能經綸天下之大經，立天下之大本，知天地之化育。夫焉有所倚？肫肫其仁！淵淵其淵！浩浩其天！苟不固聰明聖知達天德者，其孰能知之？」（禮記・中庸篇）以至誠能明性命之理，天地化育之道。

「凡事豫則立，不豫則廢。言前定則不跲，事前定則不困，行前定則不疚，道前定則不窮。在下位不獲乎上，民不可得而治矣；獲乎上有道：不信乎朋友，不獲乎上矣；信乎朋友有道：不順乎親，不信乎朋友矣；順乎親有道：反諸身不誠，不順乎親矣；誠身有道：不明乎善，不誠乎身矣。誠者，天之道也；誠之者，人之道也。誠者不勉而中，不思而得，從容中道，聖人也。誠之者，擇善而固執之者也。博學之，審問之，慎思之，明辨之，篤行之。」（禮記・中庸篇）

孟子曰：「誠者，天之道也；思誠者，人之道也。」（孟子離婁上）「誠者不勉而中，不思而得，從容中道，聖人也。」誠身有道，明乎善。「君子所性，仁義禮智根於心。」（孟子・盡心上篇）孟子曰：

---

[32] 所謂盡物性者，即順物之性，以盡其所能也。如是則天地得位，萬物得育，人物各盡其性矣〔中庸：淺言新註（呂祖註釋），http://www.taolibrary.com/category/category9/c9035.htm.（最後瀏覽日：02/25/2020）〕。

「盡其心者，知其性也。知其性，則知天矣。存其心，養其性，所以事天也。殀壽不貳，修身以俟之，所以立命也。」

三、明德（行善）於天下

孟子曰：「君子之於物也，愛之而弗仁；於民也，仁之而弗親。親親而仁民，仁民而愛物。」（孟子・盡心篇上）

「大學之道，在明明德，在親民，在止於至善。知止而后有定，定而后能靜，靜而后能安，安而后能慮，慮而后能得。物有本末，事有終始，知所先後，則近道矣。」儒家強調行善天下，所謂「善」，乃是「致中和，天地位焉，萬物育焉」的境界[33]。

「古之欲明明德於天下者，先治其國；欲治其國者，先齊其家；欲齊其家者，先修其身；欲修其身者，先正其心；欲正其心者，先誠其意；欲誠其意者，先致其知，致知在格物。物格而後知至，知至而後意誠，意誠而後心正，心正而後身修，身修而後家齊，家齊而後國治，國治而後天下平。自天子以至於庶人，壹是皆以修身爲本。其本亂而末治者否矣，其所厚者薄，而其所薄者厚，未之有也！此謂知本，此謂知之至也。」（禮記・大學篇）

子曰：「好學近乎知，力行近乎仁，知恥近乎勇。知斯三者，則知所以修身；知所以修身，則知所以治人；知所以治人，則知所以治天下國家矣。凡爲天下國家有九經，曰：修身也，尊賢也，親親也，敬大臣也，體群臣也，子庶民也，來百工也，柔遠人也，懷諸侯也。修身則道立，尊賢則不惑，親親則諸父昆弟不怨，敬大臣則不眩，體群臣則士之報禮重，子庶民則百姓勸，來百工則財用足，柔遠人則四方歸之，懷諸

---

[33] 林素英（2017），《《禮記》之先秦儒家思想》，頁277以下，台北：台灣師大出版社。

侯則天下畏之[34]。齊明盛服，非禮不動，所以修身也；去讒遠色，賤貨而貴德，所以勸賢也；尊其位，重其祿，同其好惡，所以勸親親也；官盛任使，所以勸大臣也；忠信重祿，所以勸士也；時使薄斂，所以勸百姓也；日省月試，既稟稱事，所以勸百工也；送往迎來，嘉善而矜不能，所以柔遠人也；繼絕世，舉廢國，治亂持危，朝聘以時，厚往而薄來，所以懷諸侯也。凡爲天下國家有九經，所以行之者一也。」（禮記·中庸篇）

柒、儒家思想與時代變遷

一、夫唱婦隨與男女平等原則

古代農業社會，女主內，女子負責家庭管理以及養兒育女的教養責任，男主外，負責在外工作謀生，以維持家庭生計，由於丈夫負擔家庭經濟之主要責任，相對地也承擔主導家庭秩序之權責，而形成男性中心社會。在此一分工模式下，爲維持家庭倫理，儒家認爲「男女之別，男尊女卑。」（孔子·家語六本篇），似乎認爲男女有別，主張「夫唱婦

---

34 解說：「修身曰立本，本立而道生焉。尊其人，覺性於內，賢德溢外，則我效之，恪奉格致之功，自性乃不受物慾所惑也。親其先後之親，報先後親恩，本也。復以親親之道以事諸父，友諸昆弟，則無怨尤矣。敬心則性明，敬相則國治，信任專一，則又何昏迷乎！體忠除奸，量質取用，使群臣各盡其才，各制其宜，則士子仰德，咸知禮義之為重也。君之慈係由性中所發，以自性之宏慈啓萬民之性慈，而君以道待民，則民以親親君也。百姓勸者，具先後解之，姓者，後天也；性者，先天也。萬民互相勸善，則百姓之自性同歸於無極而後已焉。來百工以振興實業，則財自足用也。柔遠人者，以柔和溫讓之德，以撫天下之旅，則四方之心歸之。大德大威，感之制之，則諸侯懷德畏威，天下莫不畏服也。」〔中庸：淺言新註（呂祖註釋），http://www.taolibrary.com/category/category9/c9035.htm.（最後瀏覽日：02/25/2020）〕。

隨」，亦即「天下之理，夫者倡，婦者隨。」（關尹子・三極）[35] 認爲妻子必須服從丈夫，以維持夫妻和好相處。

又由於女性承擔家庭事務管理責任，足不出戶，難免視野較爲狹隘，心胸也較不開闊，故在易經・觀卦六二爻辭中表示：「闚觀，利女貞。」意指女性以門縫觀察，相當偏狹而不完整，比較適於女子的貞靜，屬於「微觀」觀察。在此毋寧應「觀國之光，利用賓于王。」「象曰：大觀在上，順而巽，中正以觀天下。觀，盥而不薦，有孚顒若，下觀而化也。觀天之神道，而四時不忒，聖人以神道設教，而天下服矣。」「象曰：風行地上，觀。先王以省方，觀民設教。」應當志在四方，放眼外面的大世界，注重大的問題與事情，因此強調「宏觀」觀察。

在現代社會，女子上學讀書，接受高等教育，又可以行萬里路，「讀萬卷書，行萬里路」而增廣見聞，其智慧增長，並無男女之別，故現代社會提倡男女平等，其家庭倫理觀念已有變動。

二、言論自由之限制

孔子・家語刑政篇：「孔子曰：「巧言破律，遁名改作，執左道與亂政者，殺；作婬聲，造異服，設伎奇器以蕩上心者，殺；行僞而堅，言詐而辯，學非而博，順非而澤，以惑眾者，殺；假於鬼神時日卜筮以疑眾者，殺。此四誅者，不以聽。」對於邪僻言論巧言惑眾者，應以法律嚴屬制裁。

現代民主國家強調尊重價值多元思想，保障人民之言論自由，故不適宜統一人民思想及言論。但對於仇恨性言論或危害基本憲政秩序者，

---

[35] 關尹子曰：「天下之理：夫者倡，婦者隨；牡者馳，牝者逐；雄者鳴，雌者應。是以聖人制言行，而賢人拘之。」〔諸子百家電子化計畫，先秦兩漢→道家→文始真經→三極，https://ctext.org/wenshi-zhenjing/san-ji/zh.（最後瀏覽日：01/11/2020）〕。

仍有可能加以管制之必要[36]。

三、儒家思想之影響：道德規範法律化？

學者有認為儒家思想主要著重倫理道德規範，唐朝以後，儒家人倫思想法律化，乃是將家庭倫理道德規範（父慈子孝等倫理觀念）以法律強制之，所謂「出禮則入刑」，自唐朝唐律以降，刑律多以維護儒家思想之禮教為目的，使法律之執行與人民非善惡之標準一致，實際上法律僅是最低限度之道德，如果將道德法律化，人民不容易遵守。此當非孔孟思想之本意。蓋道德是聖賢之人所樹立的理想行為準則，只有聖賢才能完全實現，而法律規範是一般普通人民所應遵守之規範，超越常人所能遵守之理想，不應訂入法律，更不應強制執行，否則強人所難[37]。

捌、結論

禮記・中庸篇：「唯天下至聖，為能聰明睿知，足以有臨也；寬裕溫柔，足以有容也；發強剛毅，足以有執也；齊莊中正，足以有敬也；文理密察，足以有別也。……唯天下至誠，為能經綸天下之大經，立天下之大本，知天地之化育。」孔子曰：「所謂聖人者，知通乎大道，應

---

[36] 為維護民主的憲政體制，打擊個人與組織的憲法敵對行為，稱為「防衛性民主」。在德國威瑪憲法時代，由於採取價值相對主義，對於各種不同意見均加以寬容，包括納粹政黨的主張。導致納粹政黨取得政權後，卻對於其他人不寬容，將所有其他政黨解散，實行獨裁專制統治。因此為保護憲法，必須把反民主而違憲的政黨加以排除。德國基本法第20條第4項規定，凡從事排除上述自由、民主之基本秩序者，如別無其他救濟方法時，任何德國人皆有權反抗之。即採取「防衛性民主」之作法。

[37] 馬漢寶（1991），〈儒家思想法律化與中國家庭關係的發展〉，《台大法學論叢》，21卷1期，頁12。

變而不窮，能測萬物之情性者也。大道者，所以變化而凝成萬物者也。情性也者，所以理然、不然、取、舍者也。故其事大，配乎天地，參乎日月，雜於雲蜺，總要萬物，穆穆純純，其莫之能循；若天之司，莫之能職；百姓淡然，不知其善。若此，則可謂聖人矣。」（大戴禮記・哀公問五義篇）由於聖人智慧高超，能知天下事物之道理，能通天下之志（周易・繫辭上）。故能順性而為，依理行事，表現於法制規劃設計上，則能上應天理，中通人情，下順事理，而可實現「良法善治」的目標。

在漢書・董仲舒傳，引述董仲舒「冊曰：『善言天者必有徵於人，善言古者必有驗於今。』臣聞天者群物之祖也，故遍覆包函而無所殊，建日月風雨以和之，經陰陽寒暑以成之。故聖人法天而立道，亦溥愛而亡私，布德施仁以厚之，設誼立禮以導之。春者天之所以生也，仁者君之所以愛也；夏者天之所以長也，德者君之所以養也；霜者天之所以殺也，刑者君之所以罰也。繇此言之，天人之徵，古今之道也。孔子作春秋，上揆之天道，下質諸人情，參之於古，考之於今。故春秋之所譏，災害之所加也；春秋之所惡，怪異之所施也。書邦家之過，兼災異之變，以此見人之所為，其美惡之極，乃與天地流通而往來相應，此亦言天之一端也。古者修教訓之官，務以德善化民，民已大化之後，天下常亡一人之獄矣。」

儒家提倡之聖賢的法治思想，首重人民之倫理道德教育，使人民心存善念而有善行，而法律制度也順應人性與物之性質，符合人情義理，具有合理性、適宜性與可行性，人民容易遵守，且規範內容符合人民生活需要，深得民心，自然民風善良純樸，社會秩序安定，人民各得其所而安居樂業，從而可以實現大同世界。因此刑期無刑，備而不用。由於徒善不足以為政，徒法不足以自行，故特別強調選賢與能，舉薦「賢能人才」為國做事，才能制定良法美制，也才能國泰民安。

誠如大戴禮記・盛德篇所言：「夫民善其德，必稱其人；故今之

人稱五帝三王者，依然若猶存者，其法誠德，其德誠厚。夫民思其德，心稱其人，朝夕祝之，升聞於皇天，上帝歆焉，故永其世而豐其年。不能御民者，棄其德法。譬猶御馬，棄銜勒，而專以筴御馬，馬必傷，車必敗；無德法而專以刑法御民，民心走，國必亡。亡德法，民心無所法循，迷惑失道，上必以爲亂無道；苟以爲亂無道，刑罰必不克，成其無道，上下俱無道。故今之稱惡者，必比之於夏桀殷紂，何也？曰法誠不德，其德誠薄。夫民惡之，必朝夕祝之，升聞於皇天，上帝不歆焉；故水旱並興，災害生焉。故曰：德法者，御民之本也。」

倘若教育失道、法治敗壞、民風不良、上下不和、小人當道、賢人引退，則國家勢必走向敗亡之路。大戴禮記‧盛德篇即謂：「過，失也。人情莫不有過，過而改之，是不過也。是故官屬不理，分職不明，法政不一，百事失紀，曰『亂』也；亂則飭冢宰。地宜不殖，財物不蕃，萬民飢寒；教訓失道，風俗淫僻，百姓流亡，人民散敗，曰『危』也；危則飭司徒。父子不親，長幼無序，君臣上下相乘，曰『不和』也；不和則飭宗伯。賢能失官爵，功勞失賞祿，爵祿失則士卒疾怨，兵弱不用，曰『不平』也；不平則飭司馬。刑罰不中，暴亂姦邪不勝，曰『不成』也；不成則飭司寇。百度不審，立事失禮，財務失量曰『貧』也；貧則飭司空。故曰：御者同是車馬，或以取千里，或數百里者，所進退緩急異也；治者同是法，或以治、或以亂者，亦所進退緩急異也。」[38]

---

[38] 道教經典中有關國家治理，也提出類似觀點：「夫天治法，化人為善。」「助帝王治，大凡有十法：一為元氣治，二為自然治，三為道治，四為德治，五為仁治，六為義治，七為禮治，八為文治，九為法治，十為武治。」，《太平經合校卷》，卷67，http://www.guoxue123.com/zhibu/0101/03tpjhx/029.htm.（最後瀏覽日：02/26/2020）。

第二章

身心障礙者權利公約上權利性質之研究

李惠宗[*]

*國立中興大學法律學系教授

摘　要

從人權有不同世代的發展。身心障礙者權利公約所保護人權，非屬「國民權」，而爲「人權」性質，係屬「保護規範理論」中的具有保護性的規範，具有主觀公權利的性質，可以獨立作爲訴訟上請求權的基礎。個案上，「獨臂禁考大卡車司機案」中，手臂一肢欠缺者僅得報考小客車的法規規定，應屬過度限制身心障礙者的基本工作權。如果透過大卡車設備的改裝，獨臂司機仍然可以通過各種應該有的考驗，機關不應剝奪此等身障者的工作權。「請求無障礙設施案」中，身心障礙者應有公法上請求權，可以透過訴訟請求設置「無障礙設施」。「學習上的無障礙—視障教授案」涉及國家對於殘障者，應該提供到何種程度的支援設備的問題。本文認爲，一般化的無障礙設施之設置，固屬法律上義務，但提供完全個人化的支援，仍非身心障礙者權利公約所保障的範圍，故個案上，當國家所提供的支援設備或支持人力不足，身障者亦無公法上請求權。「智障者餐廳用餐風暴案」涉及到「基本權第三人效力」的問題，「縱使」餐廳不讓智障者入內用餐，可以被認定「歧視」身心障礙者，主管機關可加以處罰，但私人餐廳沒有義務提供智障者用餐的義務。「殘障者的手天使案」上，身心障礙者可以要求立法（將特定行爲排除於處罰之外），免除「重度身心障礙者」與「手天使」間的有對價的性交易之行政處罰，社會秩序維護法第 80 條的規定，有隱藏法律漏洞。但手天使的志工，應無此立法請求權。

關鍵字：保護規範，客觀法規範，主觀公權利，無障礙設施設置請求權，基本權第三人效力，強制締約義務，手天使，立法請求權，隱藏法律漏洞，融入社區權利。

壹、楔子：從幾個案例講起

1776 年 7 月 4 日的美國獨立宣言（United States Declaration of Independence）宣示：「人生而平等」（all men are created equal.）。此一宣言，究竟是一種「應然的要求」，或一種「實然的描述」，從美國獨立宣言序言的原文中，可知其脈絡。草擬此一獨立宣言的美國先賢是傑佛遜，其原文是：We hold these truths to be self-evident, that all men are created equal, that they are endowed by their Creator with certain unalienable Rights, that among these are Life, Liberty and the pursuit of Happiness.── 其中，「平等」（equal）一詞之前所使用的字是「created」（被創造），而不是使用「born」（被生下）這個字，且在後段的文字中，宣示出許多基本人權，從而可以知道，「人生而平等。」這句話，應解讀爲「人應該生而平等。」每個人都應擁有相同可以追求幸福的權利。

因爲在具體的社會生活中，人被母親生下來時，手腳殘缺不全者有之；身心失能者有之；罹患罕見疾病有之[1]。這些現實狀態的殘缺，是「出生」時的不平等，但若人類社會有共同的理念：「人應該生而平等」，則在特定的國度中，國家自應提供相對應的輔助措施或給予支持性的資源，讓每個人都有大約平等的出發點。這也是聯合國身心障礙者權利公約（Convention on the Rights of Persons with Disabilities, CRPD）[2]

---

[1] 聯合國世界衛生組織於2013年的「世界殘障報告」（World report on disability）中，首次提出了40年來，全球殘疾人的情況估計，並且概述了世界殘疾狀況。新研究發現，全球幾乎有五分之一的人是殘障人士（應是包括後天造成的情況），其中有1.1億至1.9億人遇有重大困難。http://www.who.int/mediacentre/news/releases/2011/disabilities_20110609/en/（最後瀏覽日：06/08/2017）。

[2] 此公約是聯合國於2006年12月13日通過的有關保護身心障礙者人權的國際公約，由192個會員國代表與90個非政府組織代表先在2006年8月25日聯合國特別會議中達成草案，公約的內容於2007年3月30日向國際間公開，後經各國簽署，於2008年

所關注者。中國古代「禮運・大同篇」中的宣示：「……鰥、寡、孤、獨、廢疾者，皆有所養」，歷代君主雖可能有此種理想，但卻從未有任何朝代，將之當做「權利」來實現，通常當作一種「恩惠」。

由於殘障人士的基本權涉及到相當多的面相，本文以幾個發生在台灣的案例，來探討有關身心障礙者權利公約例示權利的性質，特別是各種權利，是否具有「可訴訟性」（justiziability）問題[3]。

一、請求無障礙設施案

一般人走路，爬樓梯成問題的不多。但對於拄著拐杖、坐著輪椅或媽媽推著嬰兒車的，雖非殘障，但要爬上天橋，是一大考驗，甚至是不可能的事。

司法院釋字第 417 號解釋曾處理行人強制利用天橋的釋憲聲請案[4]。但對於肢體障礙不良於行，或必須坐輪椅之人，是否有「無障礙設

5月3日正式生效。

[3] 參鄧衍森（2010），〈人權保障的規範理論：序曲〉，《台灣法學》，166期，頁128。

[4] 釋字第417號解釋認為：「道路交通管理處罰條例第七十八條第三款規定：行人在道路上不依規定，擅自穿越車道者，處一百二十元罰鍰，或施一至二小時之道路交通安全講習，係為維持社會秩序及公共利益所必需，與憲法尚無牴觸。依同條例授權訂定之道路交通安全規則第一百三十四條第一款規定：行人穿越道路設有行人穿越道、人行天橋或人行地下道者，必須經由行人穿越道、人行天橋或人行地下道穿越，不得在其三○公尺範圍內穿越道路，係就上開處罰之構成要件為必要之補充規定，固符合該條例之立法意旨；惟行人穿越道、人行天橋及人行地下道之設置，應選擇適當之地點，注意設置之必要性及大眾穿越之方便與安全，並考慮殘障人士或其他行動不便者及天候災變等難以使用之因素，參酌同條例第七十八條第二款對有正當理由不能穿越天橋、地下道之行人不予處罰之意旨，檢討修正上開規則。」當時尚無殘障人權的概念，故對於「考慮殘障人士或其他行動不便者及天候災變等難以使用之因素」的強制利用天橋，僅以「警告性裁判」方式，要求主管機關改進。但就此一要求，更有劉鐵錚大法官針對此點提出不

施設置請求權」，請求在天橋處設置「升降梯」，以利通行？

　　本案例涉及身心障礙者依據「身心障礙者權利公約」[5]或「身心障礙者權益保障法」，是否可以透過訴訟請求設置「無障礙設施」之公法上請求權，機關是否應在預算法的期限內完成，屆期未完成，是否會有公務員怠於執行職務之國家賠償的問題？

二、學習上的無障礙：視障教授案

　　德國慕尼黑大學法學院有一位教授，18歲時因玻璃工廠爆炸，玻璃飛入其眼球，造成幾近失明的狀態。但德國對於殘障者有救助機制，對於「失明者」求學，除有一般的盲人點字設備外，並對於這樣的人，配有一位全時的「明眼伴讀人」，協助其學習，包括由朗讀員唸書籍給盲人聽、協同其上課、上班時間為其導盲並照顧生活上的起居。由於明眼人的協助，這位「學生」後來進入法律系就讀，也通過兩次的國家考試，最後並能取得法學院法學教授的職務，更能夠協助很多新國家制定憲法。

　　如果這位「學生」沒有明眼伴讀人的協助（後天失明與先天失明，又有所不同），根本不可能完成學業，更無擔任法學教授的可能。

同意見書，認為：「……在不設行人穿越道（僅設有天橋、地下道）之道路，前述法令為保障行人之安全，故對不經由天橋、地下道穿越道路者，訂有處罰之明文。立法之目的，在提高行人之警覺，罰期無罰，以嚇阻行人穿越『虎口』，俾保障行人之安全。倘吾人建議對殘障人士或其他行動不便者可不予處罰，由於虎口仍為虎口（未設置行人穿越道），一般人因有罰則之嚇阻，不敢穿越道路，得保生命之安全；而殘障人士及其他行動不便者，穿越道路如可不罰，則難免輕心，致陷虎口，而危及生命，『吾人愛之，豈非害之』，『我不殺伯仁，伯仁為我而死』，此豈吾人應有之同情心乎！」此一不同意見，固然基於「保護之心」，卻未想到，國家有設置「無障礙設施」之法律義務，令人婉惜。

5　本文所引用公約之條文翻譯，以台灣衛生福利部網站公布翻譯者為標準。

　　台灣也有一位盲人律師：李秉宏[6]。李秉宏在出生時就喪失了大部分的視力，因此從小就讀的是啓明學校。接觸法律後，發現法律是門能夠解答許多「爲什麼」的學問，經由法律，他能夠對這個世界有更深的理解，後來他從台北大學法律系畢業，畢業後第三年就考上律師，比一般明眼法律人還快。其所以成功考上律師，是因爲其母親幫助他蒐集相當多的有聲資料，而不是靠國家給予支援。

　　本案例涉及國家對於殘障者，應該提供到何種程度的支援設備的問題，當國家所提供的支援設備或支持人力不足，殘障者是否有公法上請求權，甚而可以訴訟？進一步的問題，國家未提供，有無國家賠償問題？

三、誰需要博愛座案：身障者或老年人

　　2016 年 9 月份在台北的一發生個事件：

　　有一位媽媽帶著兩個小孩上捷運，兩個小朋友就坐後，因爲媽媽沒有位子坐，有另一婦人看不慣，便指責坐在旁邊的兩個北一女學生[7]「不讓座」，因爲一個在睡覺、一個在玩電動，於是將兩人拍照上網飆罵：「這是誰家女兒？該做雞吧！」、「穿北一女的制服卻不給小朋友坐（座），眞是可恥」。此種坐在博愛座位置的（年輕）人，在台灣常遭受人們投以注視眼光。

　　但另外的案型是，有「肌無力」的年輕人，因傷無法久站的乘客，也可能坐在博愛座上，渠等表面上不適合坐在博愛座，但卻比老年人更具有需求，相較於此種「肌無力」隱形需求之人，老年人是否更有需求？請求讓座「Priority Seat」是一種道德訴求或法律上權利？

　　本案例涉及，對於「博愛座」作爲「無障礙設施」的一種，誰更有

6　參維基百科：「李秉宏」條詞。

7　北一女中的學生，在台灣教育界的評價上，是最優秀的女子高中。

優先利用權的問題，此一問題會發生在有限資源產生「利用衝突」時，應如何解決？

四、智障者餐廳用餐風暴案

發生於 2016 年 04 月 23 日的事件：

第一社會福利基金會昨日帶著心智障礙學員到社區附近的餐廳，進行每月一次的社區適應戶外教學活動。該基金會已事先預約並說明用餐對象，但才剛坐定，就遭到店家驅趕。因為基金會訂位只說有坐輪椅的客人，但未提到有智能障礙學員，雖店內無其他客人，但其持續發出高頻聲音擔心會影響其他客人。餐廳以可能影響其他顧客為由，拒絕心智障礙到餐廳用餐，是否構成歧視身心障礙者？餐廳拒絕智障者的顧客，是否屬於締約自由範疇？

本案例涉及，身心障礙者接近使用通常社會社交場域的「基本權利」，在私法關係中是否可以主張的問題。

五、殘障者的手天使案

在 2013 年初，同性戀者、小兒麻痺患者 Vincent 成立了台灣的性義工組織「手天使」。手天使以服務領有重度殘障手冊的身障者為主，每人一生可以申請三次「性服務」，即完全免費以幫助男性重殘障者自慰至射精為止，替身障者的慾望找到出口。但「服務以重障男性為主，那女性的需求呢？」

本案例涉及殘障者是否也有「性的基本人權」的問題？在台灣，只要有「侵入式」的性行為和對價關係，就會構成社會秩序維護法（§80 I 一）的處罰。在法律上的架構上，「手天使」目前為止僅屬「志工」性質，不可能成為一種行業。因為警方認為，根據台灣現行法令規定，手天使服務的場所是在住處或旅館，就不會構成公然猥褻，加上他們雙

方沒有對價關係，圖利使人性交猥褻也無法構成，可是又無法明確地舉證到底有無對價關係，因此警察機關認為，手天使是大鑽法律漏洞。

此一案例乃涉及，身心障礙之人民有無「立法請求權」，可以要求對於有「對價的手天使」予以免罰？

六、獨臂禁考大卡車司機案

〔記者李立法／屏東報導，2008-12-03〕「我只有一隻手，自力更生不求人，但政府卻剝奪我的工作權！」

47 歲的李朝和 20 多年前在一場工安意外中失去左臂，改行從事廣告看板業，因經常要垂掛看板，他學會開大貨車及操作吊車，努力走出斷臂陰影，自食其力，10 多年來開著大貨車東奔西跑，不曾有過肇事紀錄，卻被警察攔檢取締，罰款新台幣 4 萬元。李朝和以優異的技術考取吊車執照，但駕駛吊車必須具備大貨車駕照，監理站卻不准他考照。

另一名 43 歲的王鎮辰原本就是職業大貨車司機，一次工安事件中失去左手臂，在駕照定期審驗時，被監理站收回大卡車駕照，改為一般小客車駕駛，他原本可以開貨車靠行載貨，現在只能失業在家，家裡還有二個就讀國小的兒子要養，失去大車駕照對全家生計影響重大。

因為台灣的「身心障礙者報考汽車及機車駕駛執照處理要點」（依據道路交通安全規則第 64 條第 3 項規定訂定），其中第 6 點規定：「四肢中欠缺任何一肢，經加裝輔助器具後操作方向盤或機車把手自如者，應以自動排檔車輛或特製車報考輕型或普通重型機車駕駛執照；其報考小型車普通駕駛執照者……」，依此規定，手臂一肢欠缺者，僅得報考小客車。此種措施對於殘障者，是否符合身心障礙者權利公約的要求？身心障礙之人民有無「法規命令公布請求權」，要求該「「身心障礙者報考汽車及機車駕駛執照處理要點」應許可其報考大卡車駕照？

貳、爭點

　　古代對於身心障礙者的扶助措施，係以「天子恩惠」的方式呈現，但透過國際公約所呈現的形貌，不是恩惠，也不是一種政治上義務，而是一種法律上的義務。至於法律義務的密度為何，則為本文所擬探討者。

　　以上個問題共同的爭點是，身心障礙者是否可以依據身心障礙者權利公約所規定的「權利」，應如何在立法與行政領域被落實。各該權利可以被視為「基本權」嗎？公約規定是否具有「保護規範」性質，從而可以作為請求權基礎，透過訴訟向國家機關直接請求？國家機關遲未設置，是否有進一步國家賠償的問題？各權利效力是否及於一般私人而有「基本權第三人效力」的問題？

參、身心障礙者的範圍

　　本文所認定的「身心障礙者的範圍」，係直接採取聯合國世界衛生組織（World Health Organization, WHO）所分類的 International Classification of Functioning, Disability and Health 之八大系統（ICF）[8]，此種系統的分類，係屬「醫療模型」的觀察[9]，台灣的身心障礙者權益保障法第5

---

[8] 台灣原先採取16類身心障礙類別（包括視覺障礙者、聽覺機能障礙者、平衡機能障礙者、聲音機能或語言機能障礙者、肢體障礙者、智能障礙者、重要器官失去功能者、顏面損傷者、植物人、失智症者、自閉症者、慢性精神病患者、多重障礙者、頑性（難治型）癲癇症者、罕見疾病、其他經中央衛生主管機關認定之障礙者），以障別名稱為準，但依身心障礙者權益保障法第5條，101年7月11日起實施新制改為新制8類別。

[9] 參廖福特（2008），〈「醫療」、「福利」到「權利」：身心障礙者權利保護之新發展〉，《中研院法學期刊》，2期，頁173。

條直接予以引用而規定：

「本法所稱身心障礙者，指下列各款身體系統構造或功能，有損傷或不全導致顯著偏離或喪失，影響其活動與參與社會生活，經醫事、社會工作、特殊教育與職業輔導評量等相關專業人員組成之專業團隊鑑定及評估，領有身心障礙證明者：

一、神經系統構造及精神、心智功能；

二、眼、耳及相關構造與感官功能及疼痛；

三、涉及聲音與言語構造及其功能；

四、循環、造血、免疫與呼吸系統構造及其功能；

五、消化、新陳代謝與內分泌系統相關構造及其功能；

六、泌尿與生殖系統相關構造及其功能；

七、神經、肌肉、骨骼之移動相關構造及其功能；

八、皮膚與相關構造及其功能。」[10]

本文以此種分類方法為出發點，著重在「法適用論」上，「身心障礙者權利公約」與台灣的「身心障礙者權益保障法」的適用上關係，以及身心障礙者權利如何落實的問題。至於暫時性的身體機能障礙（例如：車禍受傷，雙腳暫時不能行走自如），是否亦應適用上開公約及法律，雖有探討的空間，但非本文重點。

肆、基本人權發展簡史

一部世界史，其實就是人權的發展歷史。人類從有組織的國家形成之後，一直是處於單純「被統治客體」的地位，一直到 13 世紀開始，才有基本人權的概念。

---

10 此種分類即屬直接採用聯合國國際衛生組織之分類，各分類下，總共有1,424 categories 項目。

一、人權的濫觴

在英國，1215 年先由諸侯藉著「自由大憲章」（Magna Charta Liberatum）對抗國王，爭取到法庭程序保障，要求可免於國王的恣意的處分；1628 年的權利請願書（Petition of Rights）則由人民爭取到非經國會同意不得徵稅，非有法律依據不得逮捕，私人住宅軍隊不得無故侵入之自由權，此為「財產權」與「人身自由權」確立的時期；1679 年卡爾二世（Karl II）簽署了人身保護令（Habeas-Corpus-Akte），規定逮捕拘禁只得由法院為之，只有議會為防止公共安全受到危害時，才可以作「有期限」的限制人身自由；1689 年的權利法案（Bill of Rights）則規定了議會對抗國王權力的界限，經由此一法案，英國的內閣制乃告確立。

從 18 世紀開始，美國、法國、德國都陸陸續續發生推翻專制，建立以國民主權為主的現代化的民主國家。而基本人權的「普遍獲得重視」，並不是隨著民主國家的建構而一次到位。

二、人權概念的演變

世界各國的人權概念的發展，或遠或近，大致呈現出一種「被統治者」對「統治者」的一種反動。而當基本的人權，諸如財產權、人身自由權獲得保障之後，其他基本權利，例如：隱私權、個人資訊自覺權、環境權、文化發展權等也陸續獲得關注。

從人權發展史的鳥瞰觀點，最常被用到的模式是法國駐聯合國國際文教處人權與和平局局長 Karel Vasak 所提出的「三代人權」（three generations of human rights）的理念[11]。學者陳秀容認為，Karel Vasak 的

---

[11] 實質上，「三代人權」的見解，只是一種概覽的性質，每個階段的人權內涵，也未盡一致。

「三代」來與法國大革命的 口號：自由、平等與博愛相呼應[12]。

第一代人權，爲免於被國家侵害的自由權及財產權，亦即「消極人權」，是「公民的、政治的權利」（civil and political rights），係用以對抗國家機制，而具有「防禦權」功能，請求國家「不干預」的自由權。國家對人民的自由權，不進行立法干預，此種基本權即可獲得實現。

第二代人權，係基於平等地位，請求國家「作爲」的法律地位，強調國家對於立足點較低的族群，應有積極改善作爲，以實現較爲弱勢人民的權利，以促進社會之實質平等。此種形態的基本權，常以「社會權」的面相展現，認爲權利應奠基在經濟與社會平等條件，是一種「積極人權」，爲「社會、經濟」（social and economic rights），包括工作權、勞動權、社會救助、受教育請求權。此一代人權係以個人「分享權」（teilhaberecht）的形式呈現[13]，亦即可以透過訴訟請求國家特定的給付。在基本權可能衝突的狀態下，個人部分自由權透過法律的規定，必須被「社會化」，亦即個人自由與財產的行使，不是完全的自由，必須作部分的退讓，例如：雇主僱用勞工，不可以約定低於法定基本工資的標準；雇主不得任意解僱勞工。

第三代人權則是建立在社群、社會連帶關係（solidarity）和博愛（fraternity）的基礎上，透過大家努力方能實現之文化權、和平發展權、環境權等集體權（collective rights），亦即「連帶的權利」（soli-darity rights），此些權利的性質，已經不是個人化，其主體可能是一個「語群」或「血緣族群」，例如：少數民族、原住民族對「傳統領域」可以主張的權利。此種權利的特性，超脫個人自由權，而具有「集體

---

[12] 陳秀容（1997），〈近代人權觀念的轉變：一個社會生態觀點的分析〉，《人文及社會科學集刊》，9卷2期，頁122。

[13] Vgl. Felix Welti , Behinderung und Rehabilitation im sozialen Rechtsstaat: Freiheit, Gleichheit, 2005, S. 553; 有關歐盟判決，請參EuGH, Rs. 186/87, EuGHE 1989, 195 (Cowan).

性」。

　　此些基本人權的發展，也呈現出以下幾種發展趨勢：「從法律保障到憲法保障」、「從自由權到社會權」、「從國民權到人權」[14]；換言之，人權的發展日趨國際化、普世化。因此人權的問題，也往往不再是一個國家內部的紛爭，而可能是一個國際問題。故因為一個國家不顧人權，他國進行調查，甚至聯合國進行干預，皆非屬干涉一國之內政。

三、身心障礙者權利的定位

　　身心障礙者權利到底被定位在「第二代」或「第三代」的基本權，容有探討的空間，因為身心障礙者具有群體性，但也有個體化的實際，也的確是從社會聯帶關係和博愛為出發點。本文認為，身心障礙者的各種基本權利，皆因其出生或嗣後變成殘障者，所產生應該如何予以衡平的問題，故屬於「平等保護所特別要求」的法律地位[15]，本文將之列為「第二代人權」。

　　在國際人權公約普遍的制定下，包括「公民與政治權利國際公約」（International Covenant on Civil and Political Rights, ICCPR）、「經濟、社會與文化權利國際公約」（International Covenant on Economic Social and Cultural Rights, ICESCR）、「消除對婦女一切形式歧視公約」（The Convention on the Elimination of all Forms of Discrimination Against Women, CEDAW）、「兒童權利公約」（Convention on the Rights of the Child, CRC），「身心障礙者權利公約」（The Convention on the Rights

---

[14] 參李惠宗（2019），《憲法要義》，8版，台北：元照，邊碼0572以下。

[15] 聯合國大會第48會期決議通過採行「身心障礙者機會平等標準規則」（The Standard Rules on the Equalization of Opportunities for Persons with Disabilities）：該標準規則代表各國政府在道德及政治上的承諾，承諾努力達成身心障礙者「機會平等」的目標。

of Persons with Disabilities, CRPD），雖然台灣因政治因素受阻不能成為聯合國的一員，但我國對此些公約，都另外制定「施行法」，例如：身心障礙者權利公約施行法第 2 條即揭示：**「公約所揭示保障身心障礙者人權之規定，具有國內法律之效力。」**[16] 透過立法權的作用，此些國際人權公約的內容已經內國法化。

此些公約施行法所稱的：「具有國內法律之效力」，即表示該公約係屬具有法律層級的效力，依通說見解，經由立法院承認的國際公約係屬具有特別法的性質，依特別法優於普通法原則，各公約內容具有優越於各別法律的效力，其他個別法律縱使有所修正，亦不可違反公約的精神及意旨。但公約的效力仍在憲法之下。若憲法已有規定，公約的內容亦不可牴觸憲法；若憲法本身並無規定，則該公約的內容，可以補充憲法的不足。在防禦權的功能上，公約的內容可以作為人民請求權基礎。

以身心障礙者權利公約而言，即應優於身心障礙者權益保障法而適用。由於台灣的憲法增修條文於 1997 年修憲整編第 10 條基本國策條文，該條第 7 項規定：

「國家對於身心障礙者之保險與就醫、無障礙環境之建構、教育訓練與就業輔導及生活維護與救助，應予保障，並扶助其自立與發展。」

此一規定，雖屬類似於原來基本國策的規定，但由於特別以「增修條文」的形式出現，不應單純僅以「方針條款」視之。既然憲法增修條文特別置意保護，且立法院又以「施行法」的方式將公約的內容，引為國內法，並透過法律規定，使其具有**「國內法律之效力」**，故本文認為，身心障礙者權利公約屬「準憲法」位階，各該公約所揭示的權利及國家機制可以實踐的權利，應具有「準基本權」的性質。

---

16 兒童權利公約第2條亦規定：「公約所揭示保障及促進兒童及少年權利之規定，具有國內法律之效力。」

伍、「權利」的層級

各種權利效力，並非無分軒輊，具有相同效力等級，而是依據各該權利的來源及重要性作為區分。以此標準，權利可分為「憲法保障直接拘束國家機關的基本權利」、「法律創設的權利」及「法規命令創設的權利」，甚至包括透過「行政規則創設的權利」（經由「行政自我拘束原則」，行政機關因而負有義務）等不同等級的規定，拘束的程度容有不同，如果係屬法規命令創設的權利，經由法規命令廢止，該法律地位即會被取消；同理，如果是經由「行政自我拘束原則」所產生的法律地位，因行政規則的變更，該地位就會產生變動。因為該種權利係屬憲法所應保障的基本權利。各種權利特性及效力如下：

一、憲法保障直接拘束國家機關的基本權利

基本權乃一個人生存，且其核心為永久不可侵犯之權利。基本權的規定，不但是「客觀法規範」（objective rechtsnorm），也是「主觀的權利」（subjektives recht），此稱為基本權的多層次性[17]。

基本權之客觀法規範性質乃指基本權之規定，對國家權力機制，包括立法權、司法權或行政權，皆具有拘束力。所謂的「拘束力」有兩個面向：

形式合法性上：要求國家機關對於基本權的限制，須符合法律保留原則，且須以形式意義的法律為之或符合授權明確性的法規命令為之。

實質正當性上：國家權力作用雖得以「公共利益」之名而限制基本權，但應不得以侵害基本權為其目的或只是為行政方便，或避免行政權遭受挑戰，即限制人民之基本權。再者，若國家為達公共利益目的，亦

---

[17] 前揭註14，邊碼0542-0550。

僅能限制基本權之非核心部分，若屬基本權核心部分則仍不得限制。

憲法保障直接拘束國家機關的基本權利，可以簡稱「基本權利」，該種權利關係著人是否具有尊嚴生存的地位，又具有發展人格，在社會上實現自我的重要性，故憲法特別規定，予以保障。諸如人性尊嚴、人身自由、工作權、財產權、選舉權、應考試服公職權等。此些地位，對國家各種權力機關，包括立法、行政、司法均具有拘束力[18]。甚至立法不作爲（懈怠立法），亦可能構成違憲，例如：司法院釋字第748號解釋有關同性婚姻未受民法許可，是否合憲的問題，其本質也是宣告「立法懈怠（不作爲）違憲」。該號解釋稱：

「民法第4編親屬第2章婚姻規定，未使相同性別二人，得爲經營共同生活之目的，成立具有親密性及排他性之永久結合關係，於此範圍內，與憲法第22條保障人民婚姻自由及第7條保障人民平等權之意旨有違。有關機關應於本解釋公布之日起二年內，依本解釋意旨完成相關法律之修正或制定。至於以何種形式達成婚姻自由之平等保護，屬立法形成之範圍。逾期未完成相關法律之修正或制定者，相同性別二人爲成立上開永久結合關係，得依上開婚姻章規定，持二人以上證人簽名之書面，向戶政機關辦理結婚登記。」

此號解釋本質上，運用了「合憲解釋」的方法，宣告立法上「**未使相同性別二人……成立具有親密性及排他性之永久結合關係，……與……平等權之意旨有違。**」亦即立法不作爲違反了平等保護的意旨。

但憲法所保障各該權利及地位，又因重要性不同，可再分爲法律可以限制及不可限制的基本權：

---

[18] 基本權是否具有直接拘束立法者的效力，在人類歷史發展上，不是那麼理所當然。參王韻茹（2010），〈德國威瑪憲法基本權之形成與基本權理論發展1918-1933〉，《成大法學》，19期，頁119。

(一) 不可限制之基本權利

此種權利或法律地位，係屬憲法直接保障，人之生存的（釋字第280、422號解釋），例如：「人性尊嚴」（menschenwürde），連法律規定均屬不可「觸及」的部分[19]。這部分也是人類共同價值之所在。在此種保護下，立法機關有義務立法，否則會有立法懈怠違憲的問題。亦即某些給付，若屬「保護人性尊嚴」的最低度的生存保障，未給予保障，就有違憲的問題[20]。

但公約中是否有涉及身心障礙者最低生存權保障的權利？可以檢討的是，公約第25條國家應提供低廉或免費的最低度的醫療給付[21]，是否屬「最低生存權保障的權利」，本文持保留的態度，畢竟此與各個國家的財政及醫學技術水準有關，恐怕很難直接承認此為「基本權」範疇。

(二) 法律可限制之基本權利

法律可限制之基本權利係指，在公益的考量下，可以透過法律對基本權利作適當限制，諸如財產權、工作權、集會遊行權。此之法律可以限制，係指透過憲法規定的意旨，由立法機關進行抽象的利益衡量，只

---

[19] 德國基本法第1條即規定，人性尊嚴之尊重為國家各機關之義務。參李震山（2006），〈德國抗制恐怖主義法治與基本權利保障〉，《月旦法學》，131期，2006/4，頁18、20。陳靜慧（2008），〈人性尊嚴侵害之違憲審查：兼評德國聯邦憲法法院「航空安全法判決」（BVerfGE 115, 118）〉，《法令月刊》，59卷8期，2008/8，頁118-129；謝碩駿（2007），〈擊落被恐怖份子劫持之民航客機，合憲嗎？〉，《月旦法學》，149期，頁66-88。

[20] 參孫迺翊（2012），〈社會給付權利之憲法保障與社會政策之形成空間：以德國聯邦憲法法院關於年金財產權保障及最低生存權保障之判決為中心〉，《台大法學論叢》，41卷2期，頁496。

[21] 參杜佳燕（2011），〈身心障礙者醫療權利實踐相關規範之研究〉，國立中正大學法研所碩士論文，頁36。

要立法不違反比例原則地過度限制基本權，就不會產生違憲的問題。

二、法律創設的權利

法律所創設的權利，指可由法律形成其權利內涵的地位，法律形成的樣態，包括經由法律創造、變更或廢止，例如：經由全民健康保險法創設出全民健康醫療權，經由空氣污染防制法創造出環境保護團體可以提起「公益訴訟」等。法律可以創設的權利，就可以透過法律的修正而廢止該權利。

對於身心障礙者，使用牌照稅法第 7 條第 8 款規定：

「下列交通工具，免徵使用牌照稅：

八、供持有身心障礙手冊或證明，並領有駕駛執照者使用，且為該身心障礙者所有之車輛，每人以一輛為限；因身心障礙情況，致無駕駛執照者，其本人、配偶或同一戶籍二親等以內親屬所有，供該身心障礙者使用之車輛，每一身心障礙者以一輛為限。……」

此一免徵使用牌照稅之權利[22]，即屬法律所創造出的權利。此外身心障礙者權益保障法第 67 條第 1 項前段規定：

「身心障礙者……申請購買或承租國民住宅、停車位，政府應保留一定比率優先核准……」

此一權利，可視為該公約第 28 條第 2 項第 6 款「確保身心障礙者可以參加公共住房方案」權利的落實。

三、法規命令創設的權利

法規命令創設的權利，係指透過法規命令所形成的法律地位，例如：農業天然災害補助辦法，係依農業發展條例第 60 條第 2 項規定訂

---

22 但實務上，此一權利常常變成富有人家，逃避大型自用小客車牌照稅的根源。如何防止此一問題，係法適用論的問題。

定。該辦法可以決定何種災損如何補助，該辦法係填補法律之不夠具體化。

考選部依據典試法第 33 條授權規定，制定了「身心障礙者應國家考試權益維護辦法」，可以讓部分身障考生應國家考試權利可以確保。

四、行政規則創設的權利

考選部前依職權訂有「國家考試身心障礙應考人權益維護措施要點」係屬行政規則層次，此要點容許身障考生有延長 20 分鐘的答題時間，眼盲者可以使用點字觸摸顯示器，亦屬此種權利。

但由於係行政規則所創設，位階較低，其權利的地位較容易受到影響，目前已由「身心障礙者應國家考試權益維護辦法」取代。

陸、保護規範的建構

一、從客觀法規範到主觀公權利

探討身心障礙者權利公約所例示的「權利」，是否為「憲法上的權利」，或屬「法律上權利」，主要目的在確認，各該種權利是否具有「主觀公權利」的性質以及其效力強度如何。如果某一種法律地位具有主觀公權利的性質，則具有「可訴訟性」，可援之作為提起訴訟的依據。此一論理，稱為「保護規範理論」[23]。不論訴訟模式上是採「被害者訴訟」或「受益者訴訟」[24]，此一地位的存在，係屬訴訟上的要件。更不

---

[23] 參李建良（2010），〈保護規範理論之思維與應用：行政法院裁判若干問題舉隅〉，收於黃丞儀主編，《2010行政管制與行政爭訟》，頁249-312。

[24] 參劉如慧（2009），〈歐洲法對德國行政訴訟法的影響：以個人權利保護之訴訟權能為例〉，《成大法學》，17期，頁35。

論保護規範係採「舊保護規範理論」或「新保護規範理論」[25]，若提起訴訟欠缺保護規範的支撐，就連進入實體審查的機會都沒有[26]。

相對於「主觀公權利」的概念，則為「客觀法規範」，如果某種法律規定僅具有「客觀法規範」，則國家儘管有努力達成的政治義務，卻沒有法律義務予以實現，該法律地位即不具有「可訴訟性」，於是當事人在個案上就無法獲得救濟。

基本權之主觀公權利之性質，係指基本權之權利可以要求透過國家制度予以實現，亦即當基本權受到侵害時，在防禦權的功能下，可以請求司法排除侵害，未能獲得實現，則可以透過訴訟獲得實質救濟。法諺有云：「無救濟，非權利。」基本權之實現，常賴一個國家健全的立法抽象保護及司法具體保護及行政的執行而相互配合；換言之，基本權的保護，係整體國家的義務，此為國家保護義務之問題。

二、國家介入餘地與界限

基於「國家與社會分離原則」[27]，國家對於社會的事務，如果沒有正當化的理由，不可介入。國家權力可以透過立法介入的前提有三：「管得著」、「管得了」、「管得好」的事項[28]。有了立法依據，行政機關的作為也才有依據。

所謂「管得著」的事務，係指「公共化事務」而言，更具體地說，是「公共領域或外部化的私領域之事務」。亦即，若某事務不涉及他人

---

[25] 參陳柏霖（2014），《論行政訴訟中之「公法上權利」：從德國法與歐盟法影響下觀察》，初版，台北：元照，頁53以下。

[26] 參李建良（2011），〈保護規範理論之思維與應用：行政法院裁判若干問題舉隅〉，載於：《2010行政管制與行政爭訟》，頁1-39，249-320。

[27] 參葛克昌（1994），〈國家與社會二元論及其憲法意義〉，《台大法學論叢》，24卷1期，頁121-142。

[28] 參李惠宗（2018），《法學方法論》，頁153-157，台北：新學林。

或必須成為一般人法律義務之事項，國家就沒有介入的空間，從而縱使透過立法亦無法達到目的。此為公共事務本質上的限制。由此而產生的私法自治原則。蓋私法自治乃以「平均正義」為出發點，假設「自由市場上從事交易的每個人都具有相同基本的理性、辨別及談判能力」，然現實生活上，並非每個人都具有相同的知識與能力，故國家立法對於濫用談判能力以欺壓他人的情事，就有介入的正當性，例如：國家對於勞動市場直接訂定勞動基準法，作為勞資締約最低應遵守的原則。釋字第576 號解釋即稱：

「契約自由為個人自主發展與實現自我之重要機制，並為私法自治之基礎。契約自由，依其具體內容分別受憲法各相關基本權利規定保障，……除此之外，契約自由亦屬憲法第 22 條所保障其他自由權利之一種。惟國家基於維護公益之必要，尚非不得以法律對之為合理之限制。」

所謂「管得了」的事務，係指該事務是否可透過國家強制力達到法律目的，是所謂「執行可能性事務」。例如：工廠違規排放廢水、廢氣，主管機關可以透過行政執行的手段（行執 §27、§28），不問間接強制或直接強制，甚至可以命其停工，使其符合環保法規的要求。

所謂「管得好」的事務，即「可效率化事務」，係指「透過公職人員足以發揮功能及效率之事務」，亦即，如果公務員夠專業，也夠敬業，就可以讓該事務發揮本來的功能，例如：稅務事件的良善處理，可以增加國庫收入，也可讓人民感受賦稅公平；修築道路以利公眾通行，興建學校以利教；建構養老院以安置老人；建置無障礙設施，以利身心障礙者通行等。

三、保護規範理論的界限：身心障礙者權益如何保障

保護規範理論仍只是解決「個人權利」如何透過訴訟可以獲得救濟的問題。但是否屬於「個人權利」，此一個人權利的相對人為何，可以

實現到什麼程度，保護規範理論，仍然會有界限，特別是涉及到，不歧視或特別爲身心障礙者提供慈善性給付時。也就是，國家權力界限之所在，即保護規範效力之所在。

此時案型，特別在「智障者餐廳用餐風暴案」可以看得出來（詳下述）。

柒、身心障礙者權利公約上權利屬性

基本上，身心障礙者權利公約所列的權利及國家應如何作爲的條款，係屬社會權的性質，高度依賴國家給付及法律制度的配套，例如：公約中規定，身心障礙者不應受歧視，固然可以在法律上如此規定，但在實際生活的過程中，歧視的狀態很難在社會現實生活中絕跡，特別是透過公約也無法強迫人民在心理上從容地悅受各式各樣的身心障礙者。

一、身心障礙者權利公約清單

有關公約清單的實體，約可分爲三大部分，一爲「基本原則」，二爲「權利種類」，三爲「概括權利條款」。但由於公約條文內容，欠缺法學上嚴謹「構成要件式」的規定，有非常多重複的政治宣示，各種例示的「權利」，可否直接視爲「法律上的權利」，以及如何落實，是否有可訴訟性，頗有探討空間。茲分析如下。

(一) 基本原則

公約第 3 條（一般原則）規定：

「本公約的原則是：

(一) 尊重個人的固有尊嚴和個人的自主，包括自由作出自己的選擇，以及個人的自立。

(二) 不歧視。

(三) 充分有效地參與和融入社會。

(四) 尊重差異，接受身心障礙是人的多樣性和人性的一部分。

(五) 機會均等。

(六) 無障礙。

(七) 男女平等。

(八) 尊重身心障礙兒童逐漸發展的能力並尊重身心障礙兒童保持其
　　身分特徵的權利。」

此些原則基本上是一種客觀法規範，可以作為拘束國家機關的依據，尚不能成為直接具有請求權基礎的主觀公權利；換言之，尚不得據以請求相對人，特別是其他人民應為特定或不特定行為之請求權。

此外，第 4 條另有「國家一般義務」總則性的規定，亦可視為一般原則，此些國家義務，包括以行政、立法措施提供落實身心障礙者不受歧視的狀態，立法措施包括興利式的立法，也包括廢止不合理的法律等義務，但公約並未規定司法權機關有何義務，僅於第 13 條有司法輔助措施的規定。

(二) 權利種類

公約的權利清單從第 5 條開始，至第 30 條為止，茲簡略例示如下。

1. 第 5 條：平等和不歧視

本條雖然有三項規定，但基本上仍屬一般原則的概念。

2. 第 6 條：身心障礙婦女

本條特別側重婦女，而同時為身心障礙者，易受到「雙重歧視」的問題，所為之特別規定。

3. 第 7 條：身心障礙兒童

　　本條意旨同於前條，側重兒童而同時為身心障礙者之保障，本條另外規定，應以兒童最佳利益為考量。

4. 第 8 條：提高認識

　　本條旨在要求國家機關應盡量透過教育及宣導，增進人民對身心障礙者的尊重，具有方針條款的性質。

5. 第 9 條：無障礙設施請求權

　　本文認為，本條具有實質主觀公權利的性質，其義務相對人除了國家之外，理論上有及於一般人民，特別是公約生效後，加入之國家，足以成為身心障礙者請求權的基礎，但是否及於公約生效前的人民，有探討之餘地。

6. 第 10 條：生命權

　　此一權利應具有防禦權的功能，不特別規定，依其他公約亦有相同的保護意旨。

7. 第 11 條：危難情況和人道主義緊急情況

　　此條為國際人道主義的特別要求，當身心障礙者受到政治迫害，締約國有特別的義務予以援助。

8. 第 12 條：在法律面前獲得平等承認

　　本條再度重申「平等權」的要求，應可視為，身心障礙者「受平等對待」，不但是「平等原則」，同時也是一種「平等權」[29]。

9. 第 13 條：獲得司法保護

　　包括在法律訴訟程序中，獲得利用司法資源平等權利，並要求司法

---

[29] 〈平等原則與平等權的差異〉，同前揭註14，邊碼0606-0614。

輔助措施應受特別訓練。

10. 第 14 條：自由和人身安全

本條其實是重申公民與政治權利國際公約的規定，但強調對身心障礙者「提供合理便利的待遇」。

11. 第 15 條：免於酷刑或殘忍、不人道或有辱人格的待遇或處罰

本條的另一重點，應是要求不得對身心障礙者「在未經本人自由意志的情況下，對任何人進行醫療或科學試驗。」其實，任何人皆不得受此種對待，本條只是再一次強調。

12. 第 16 條：免於剝削、暴力和虐待

本條強調的是性方面的剝削、暴力和虐待，因為身心障礙者經驗尚更容易有此等遭遇。

13. 第 17 條：身心完整性

本條規定：

「每個身心障礙者都享有在與其他人平等的基礎上，本人的生理和心理完整性獲得尊重的權利。」

本規定可稱為「身心完整性」條款，也具有「概括條款的意義」，具有補充第 5 條第 4 項規定的意旨。

14. 第 18 條：遷徙往來自由和國籍

此條亦屬重複公民與政治權利國際公約的規定。

15. 第 19 條：獨立生活和融入社區

本條具有實質意義，旨在賦予身心障礙者有經營一般人生活的權利，但另一方面，也會產生，一般社區居民是否有接納的義務，由此將產生「基本權第三人效力」的問題。亦即一般人若主張沒有接受特別身心障礙者之義務（如具有傳染性疾病或外觀不通常的殘障），則如何使

之具有調和，將有一番論證。

於台灣，此一規定可適用在「關愛之家」的案例[30]及「智障者餐廳用餐風暴案」上。

16. 第 20 條：個人行動能力

本文認為，本條應該是公約第 9 條「無障礙設施」的進一步「目標」規定，亦即第 9 條規定的目標是，讓每一個身心障礙者都能使其個人行動能力獲得完全的發揮。

17. 第 21 條：表達和意見的自由以及獲得資訊的機會

本條也是公約第 9 條「無障礙設施」的「目標」規定，特別強調國家應該「推動手語的使用」。

18. 第 22 條：尊重隱私

本條於身心障礙者並無特別之處。

19. 第 23 條：尊重家居和家庭

與一般人的人權相較，本條無特別之處，但特別的是，本條第 1 項第 (二) 款規定：

「身心障礙者自由、負責任地決定子女人數和間隔，獲得適齡資訊、生殖教育和計畫生育教育的權利得到承認，並為身心障礙者提供行使這些權利的必要手段和保留生育力的平等機會。」

對於僅有肢體障礙者，其有生育下一代的權利，固無問題，但是否

---

[30] 關愛之家再興社區案，係發生於2005到2007年間的案件。由於本案涉及愛滋感染者的安養人權與居住權，在社運團體以及學界的壓力下，立法院修改人類免疫缺乏病毒傳染防治及感染者權益保障條例，明文保障愛滋感染者的居住人權，並使關愛之家在二審勝訴。關愛之家再興社區案從而成為台灣愛滋人權議題的重要判決。台灣台北地方法院 95年度重訴字第52號判決；台灣高等法院 95年度上易字第1012號判決。摘自維基百科：「關愛之家再興社區案」詞條。

意味者，對於智障者，亦不得強迫施以「節育手術」（特別是婦女），以避免其繼續生育出，造成社會的負擔。本文認為，本條特別以「自由、負責任地決定」（decide freely and responsibly）字眼作為生育自由的前提，本文認為得對智障婦女以及男性強制結紮手術，此屬「保護措施」，以避免渠等繼續繁衍智障之子女，無法負起責任。

20. 第 24 條：教育

本條係屬具有實質意義的基本權，要求國家應提供適當的支援，以教育各種身心障礙者。

21. 第 25 條：健康

本條亦屬具有實質意義的基本權，本條第 1 項特別強調：

「締約各國確認，身心障礙者有權使其健康可以達到最高標準，不會因身心障礙而受到歧視。」

因為身心障礙者本身有可能就是一種疾病或一種受傷害的狀態，需要最大量的醫療支持，但可從本條導出何種層次的「請求權」，亦值得探討。

22. 第 26 條：適應訓練和康復訓練

本條亦屬具有實質意義的基本權，旨在強調國家機關有義務讓身心障礙者透過訓練及復健，再度正常地融入社會，此一權利亦可稱之為「再社會化權利」，類似受刑人的再社會化一般。

23. 第 27 條：工作和就業

本條亦屬具有實質意義的基本權，但也涉及「基本權第三人效力」問題，因為工作權的實現，縱使對於非身心障礙者而言，都可能受到不公平對待，因此一權利，大部分狀況下，皆屬「依賴他人才能實現」的權利，例如：受雇用、晉升、職場的平等對待，往往都依賴雇主或他人。他人是否願意接受身心障礙者的工作給付，亦有部分的自由，不可

能完全臣服於身心障礙者之下 [31]。

24. 第 28 條：適足的生活水準和社會保護

本條應僅有宣示性質，因為於經濟社會文化權利國際公約，亦有相同規定，不限於身心障礙者。

25. 第 29 條：參與政治和公共生活

本條應僅有宣示性質，理由也是，公民與政治權利國際公約也有充分規定。

26. 第 30 條：參與文化生活、娛樂、休閒和體育活動

本條原則上在第 9 條無障礙設施下，自然能夠實現，故僅有宣示性質，但如果以特別法的角度來看，本條可視為「特別設施設置情求權」之基礎，例如：專供肢體障礙者運動的運動場，或盲人的音樂廳。

(三) 概括權利條款

身心障礙者權利公約第 4 條第 5 項規定：

「本公約的規定，不影響締約各國法律和對締約各國生效的國際法律中任何可能更有利於實現身心障礙者權利的規定。對於本公約的任何締約各國依法律、公約、條例或習俗承認或存在的任何基本人權，不得以本公約不承認或未予充分承認為藉口而加以限制或減損。」

本條加上第 17 條的「身心完整性」規定，應具有概括權利條款的意義。

---

[31] 參焦興鎧（2012），〈禁止就業上身心障礙歧視國際勞動基準之建構〉，《全國律師》，16卷3期，頁4-20。

二、公約權利屬性之探討

由於身心障礙者權利公約所列各種「權利」，類型太多，類如政治宣示亦有之，但不可否認，公約已將之列為「權利」看待，則其權利應歸類為何種權利，則有探討餘地。通說認為，由於公約「具有國內法律之效力」，其效力位階應為僅次於憲法，而屬「特別法律」[32]。本文認為，公約具有「準憲法」的性質，應優先於一般法律而適用，一般法律亦不得違背公約的規定[33]，除了公約之外，公約另有基本上由各種人權委員會草擬「一般性意見」（或稱為「一般評議」）（general comments）[34]，以作為具體化公約內容的「解釋文件」，亦具有拘束力。因為身心障礙者權利公約施行法第 3 條規定：

「適用公約規定之法規及行政措施，應參照公約意旨及聯合國身心障礙者權利委員會對公約之解釋。」

一般性意見即為聯合國身心障礙者權利委員會對公約所作之解釋。

故公約規定的權利，即具有「準基本權」的性質。但實務上的法院實務未必有如此的認知[35]。

所謂的「準基本權」性質，有兩種解釋的可能性：

---

[32] 公約與國內法的適用，有三種模式：特別法優於普通法；後法優於前法；國內法與公約牴觸者，不適用之。參廖福特（2010），〈法院應否及如何適用公民與政治權利國際公約〉，《台灣法學》，163期，頁61。

[33] 參丘宏達著、陳純一（2012）修訂，《現代國際法》，修訂3版，頁148-149。俞賜寬（2015），《國際法新論》，國立編譯館，頁84。

[34] 參張文貞（2012），〈演進中的法：一般性意見作為國際人權公約的權威解釋〉，《台灣人權學刊》，1卷2期，頁40。

[35] 台灣的最高法院與最高行政法院對公約的效力，並未有充分的體現，參徐揮彥（2014），〈「公民與政治權利國際公約」與「經濟、社會與文化權利國際公約」在我國最高法院與最高行政法院適用之研究〉，《台大法學論叢》，43卷特刊，頁855、883以下。

（一）公約所列的基本權，係屬憲法第 22 條的概括權利：此說引據維也納條約法公約第 27 條意旨，認爲簽約國沒有正當理由，不得拒絕履行，基於善意履行條約之原則，故應將公約所規定的權利，「視爲憲法第 22 條之權利」，以維持人權之不可分割性與相互關連性[36]。此一見解，引用釋字第 709 號解釋爲據[37]。

（二）公約所列的基本權，雖非憲法保障的權利，係屬獨立的權利，優於法律所創設權利：此說認爲準基本權「類似基本權」，如果沒有特別限制，各該權利地位即同於基本權。同時，各基本權利所應具有的功能，包括防禦權、一定條件下之分享權、基於基本權社會行爲規範功能所產生的「基本權第三人效力」，亦有之。本文採之。

---

[36] 參徐揮彥（2014），同前揭註，頁857。

[37] 釋字第709號解釋理由書第3段稱：「都市更新為都市計畫之一環，乃用以促進都市土地有計畫之再開發利用，復甦都市機能，改善居住環境，增進公共利益。都市更新條例即為此目的而制定，除具有使人民得享有安全、和平與尊嚴之適足居住環境之意義（經濟社會文化權利國際公約第十一條第一項規定參照）外，並作為限制財產權與居住自由之法律依據。」本段落係理由書的部分，且以「參照」「經濟社會文化權利國際公約第十一條第一項規定」的方式表述，是否有意以公約為基礎，尚值得商榷（另釋689、710也是在理由書提及）。此一現象，也受到學者的注意，另參許宗力（2014），〈2013年憲法發展回顧〉，《台大法學論叢》，43卷特刊，頁1074。

較明顯直接在解釋文中表述，應該要考慮國際公約內容的是，司法院釋字第549號解釋：「勞工保險係國家為實現憲法第一百五十三條保護勞工及第一百五十五條、憲法增修條文第十條第八項實施社會保險制度之基本國策而建立之社會安全措施。……勞工保險條例第二十七條及第六十三條至第六十五條規定應於本解釋公布之日起二年內予以修正，並依前述解釋意旨就遺屬津貼等保險給付及與此相關事項，參酌有關國際勞工公約及社會安全如年金制度等通盤檢討設計。」本號解釋，直接引據「國際勞工公約」的規定。

捌、個案解決試擬

一、請求無障礙設施案

身心障礙者權利公約第9條規定：

「爲使身心障礙者有能力獨立生活和充分參與生活的各個方面，締約各國應當採取適當措施，確保身心障礙者在與其他人平等的基礎上，無障礙地進出物質環境，使用交通工具，利用資訊和通信，包括資訊和通信技術和系統，以及享用在城市和農村地區向大眾開放或提供的其他設施和服務。這些措施應當包括查明和消除實現無障礙面臨的阻礙和障礙，並除了特殊事件外，應當適用於：

(一) 建築、道路、交通和其他室內外設施，包括學校、住房、醫療設施和工作場所。

(二) 資訊、通信和其他服務，包括電子服務和緊急服務。

締約各國還應當採取適當措施，以便：

(一) 制定和公布無障礙使用向大眾開放或提供的設施和服務的最低標準和通則，並監測其實施情況。

(二) 確保向大眾開放或提供設施和服務的私人單位，從所有方面考慮爲身心障礙者創造無障礙環境。

(三) 就身心障礙者面臨的無障礙問題向各有關方面提供培訓。

(四) 在向大眾開放的建築和設施提供盲文標誌以及易讀和易懂的標誌。

(五) 提供其他形式的現場協助和工具，包括提供嚮導、朗讀員和專業手語翻譯，以便於身心障礙者在公共開放的建築和設施中使用。

(六) 促進向身心障礙者提供其他適當形式的協助和支助，以確保身心障礙者獲得資訊。

(七) 讓身心障礙者有機會使用新的資訊和通信技術和系統，包括網際網路。

(八) 促進在早期設計、發展、生產和推行無障礙的資訊和通信技術和
系統，以便能以最低成本使用這些技術和系統。」

本條規定意旨國家應為身心障礙者提供「無障礙設施」，對於身心障礙者而言，無障礙設施的建構，是身心障礙者與一般人平等的基本要求，符合權利的基本性及不可或缺，但是否可以請求強制設置，否則有損害賠償的問題？

我國身心障礙者權益保障法第 16 條第 2、3 項規定：

「公共設施場所營運者，不得使身心障礙者無法公平使用設施、設備或享有權利。」（違反本項規定，依第 86 條有處罰規定）

同法第 53 條第 3 項規定：

「大眾運輸工具應規劃設置便於各類身心障礙者行動與使用之無障礙設施及設備。未提供對號座之大眾運輸工具應設置供身心障礙者及老弱婦孺優先乘坐之博愛座，其比率不低於總座位數百分之十五，座位應設於鄰近車門、艙門或出入口處，至車門、艙門或出入口間之地板應平坦無障礙，並視需要標示或播放提醒禮讓座位之警語。」（違反本項規定，無處罰規定）

在同法第 57 條第 1 項規定：

「新建公共建築物及活動場所，應規劃設置便於各類身心障礙者行動與使用之設施及設備。未符合規定者，不得核發建築執照或對外開放使用。

……

公共建築物及活動場所之無障礙設備及設施不符合前項規定者，各級目的事業主管機關應令其所有權人或管理機關負責人改善。但……」（違反本項規定，第 88 條有處罰負責人規定）

亦即，在台灣的無障礙設施設置義務，僅限於「公共建築物及活動場所」，至於非供公眾使用的私人場所，則無設置義務。而公共交通工具及公共建築物及活動場所未設置無障礙設施者，僅產生行政機關有

裁罰權而已，身心障礙者亦不因而取得「主觀公權利」而可以主張該權利受到侵害，甚而請求損害賠償。換言之，此一權利在台灣的身心障礙者權益保障法至下，並非獨立的「請求權」，甚至亦無請求主管機關裁罰之權，亦即此一「無障礙設施設置請求權」，僅屬國家保護義務下的「反射利益」。茲舉最高行政法院 100 年度判字第 145 號判決為例，說明如下。

　　事實背景是：原告係某身心障礙者之父親（非身障者），主張被告高雄市政府無障礙環境設施不符合法律規定，致其兒子無法或不方便進出使用市政設施的環境活動，迭經陳情請願均未改善，損害上訴人未能使用身心障礙者享有公共財之權益，為此提起本件行政訴訟，高等行政法院判決予以駁回，遂上訴至最高行政法院。

　　在程序上，法院以父親並非身障者，先予駁回其訴。另就是否有「無障礙設施設置請求權」，最高行政法院最後仍駁回原告之訴，其理由也採取與原審判決相同的見解，認為「原告沒有主觀公權利」，判決理由如下：

　　「(二) 按公共使用之公物，其性質無須經特別許可即可使用者，屬公物之『一般使用』，人民對公物之一般利用性質，通說見解僅係反射利益，或有認為應視利用人對該公物依賴程度而定，利用人之生活或權利行政須利用該公物始得展開者，為所謂之『依賴關係』，其利用為權利。反之，利用人無上述依賴關係，而自由使用公物者，為『事實利用』，其利用為『反射利益』〔翁岳生，《行政法》2000，第 8 章公物法參照〕。惟此僅止於設置後之利用關係，而地方制度法第 16 條第 3 款規定：「對於地方公共設施有使用之權。」亦僅明文設施之利用權限，至就法理或實務觀點，尚無承認人民有請求設置維持公共設施之請求權。（陳敏（2009），《行政法總論》，6 版，頁 1048-1049 頁）。……公共建築物及活動場所無障礙設備及設施之設置，若有不符合規定者，應由各級目的事業主管機關責令所有權人或管理機關負責人

改善，違反者除得勒令停止其使用外，並處其所有權人或管理機關負責人罰鍰，並限期改善；屆期未改善者，得按次處罰至其改善完成為止；必要時，得停止供水、供電或封閉、強制拆除之處置，並無賦予身心障礙者於此之利用得向公共建築物或活動場所之所有權人或管理機關為個別公有營造物設置之請求，縱其向目的事業主管機關或公共建築物及活動場所之所有權人或管理機關提出請求，亦即係促其注意予以改善，並非謂其即有公法上之請求權，是上訴人陳蜜禧提起本件訴訟，請求被上訴人改善無障礙設備及設施之設置，即欠缺請求權基礎，應予駁回。」

　　高等行政法院此一見解，最高行政法院直接接受，並認為：

　　「建築物無障礙設施設計規範第 2 章無障礙通路 205.2.2 避難層出入口或 205.3 驗（收）票口、建築技術規則建築設計施工編第 283 條沿街式步道開放空○○市區道路工程規劃及設計規範第 6 章 6.5 人行道與車道區隔方式等法規，惟觀諸此等法規均在規範施工單位，人民固可據以指述原施工單位是否遵守該等規範之基礎，但查此等規範均非賦予上訴人本件公法上請求權基礎之法條，上訴人陳蜜禧據以主張提起本件一般給付訴訟，自有未合，其對此容有誤解法令情形，委無足採。」

　　換言之，法規規定的模式及實務上法院判決，皆否定身心障礙者有「無障礙設施設置請求權」。

　　但本文認為，在身心障礙者權利公約還未接納作為國內法的一部分，此一結論容或可以接受，但在直接引用國際公約作為（特別）國內法的狀況下，此一見解應有修正之必要。本文認為，從法解釋論來看，身心障礙者對於無障礙設施，的確已達「依賴利用」的程度，應肯認身心障礙者對於無障礙設施設置具有「主觀公權利」。至於如果只將身心障礙者限於「肢體障礙者」，或許還容易解決無障礙設施，當把各種障別，包括聽覺障礙、視覺障礙、脊椎損傷等等都考慮進去，則無障礙設

施在實際操作上有相當高度的困難[38]。但為落實身心障礙者權利保護及考量機關透過預算的執行機制，本文認為，也應令公共建築物及活動場所之管理者，有一定的時限，以完成該設施的設置，但如果完全否定其主觀公權利之性質，值得商榷[39]。

此外，身心障礙者的無障礙設施不只是日常生活需要而已，而是政治參與的投票也需要無障礙設施[40]。

身心障礙者權利公約另有「任擇議定書」第2條第4款特別規定，如果國內救濟程序不合理的拖延，或無法獲得有效救濟，就會變成國際案件[41]。

至於私人企業或設施，是否有義務設置無障礙設施，公約第9條第2項第2款規定：

「2.確保向大眾開放或提供設施和服務的私人單位，從所有方面考

---

[38] 參邱大昕（2009），〈無障礙環境建構過程中使用者問題之探討〉，《台灣社會福利學刊》，7卷2期，頁37。雖然通用設計是「較符合」大部分身心障礙者的需求，但都是視障者，通用設計未必全部都適用點字或語音導盲。

[39] 參孫迺翊（2017），〈身心障礙行不行：以訴訟途徑請求公部門落實無障礙設施設置義務的可行性評析〉，《憲法解釋之理論與實務》，9輯，頁500。事實上，聯合國身心障礙者權利委員會於2014年4月11日所公布的「第2號一般性意見」，其中第15點即要求供公眾使用之心設備，應符合「通用設計」的概念。「將通用設計嚴格應用於所有新的貨物、產品、設施、技術和服務，都應該確保所有潛在的消費者，包括能充分考慮讓身心障礙者的固有尊嚴和多樣性的方式，充分、平等和不受限制地予以利用。」

[40] 參游清鑫、林聰吉（2013），〈台灣身心障礙者投票參與之初探〉，《身心障礙研究》，11卷3期，頁177。就此一問題而言，在日本曾經發生，因為日本政府「廢止在宅投票制」（等於造成其投票有障礙），致特定殘障者無法投票，而請求國家賠償之案例，參李惠宗（1990），〈立法行為之國家賠償責任之研究〉，《法學叢刊》，139期，頁40。

[41] 參廖福特（2008），〈「醫療」、「福利」到「權利」：身心障礙者權利保護之新發展〉，《中研院法學期刊》，2期，頁203。

慮爲身心障礙者創造無障礙環境。」

此一規定係針對「對外具有公共性」的私人設施，例如：百貨公司、餐廳、商場、遊樂場等，並非所有的私人企業皆有適用，本文認爲，私人企業一負有義務提供無障礙設施，此爲民法第 184 條第 2 項「違反保護他人之法律，致生損害於他人者，負賠償責任。但能證明其行爲無過失者，不在此限。」所規定的「保護他人之法律」。但該條文上另加上「從所有方面考慮」以作爲限制。法解釋論上，應以公約具有國內法效力後，才有此義務。此一義務，透過法律規定，已成爲公司「應採行增進公共利益之行爲，以善盡其社會責任」之一環（公司法 §1 II）。

二、學習上的無障礙：視障教授案

本案例涉及到視覺障礙者是否有權利請求「全時朗讀員」爲其朗讀以增進學習效果的問題。

公約第 9 條第 2 項第 5 款規定：

「提供其他形式的現場協助和工具，包括提供嚮導、朗讀員和專業手語翻譯，以便於身心障礙者在公共開放的建築和設施中使用。」

此一規定很明顯係在處理無障礙設施問題，故不能援引作爲教育領域之依據。而公約第 24 條（教育）規定，頗爲細緻而繁複：

「一、締約各國承認身心障礙者享有受教育的權利。爲了在沒有歧視和機會均等的條件下，實現這一權利，締約各國應當確保在各級教育實行包容性教育制度和終生學習，以便：

（一）充分開發人的潛力，培養尊嚴和自尊意識，加強對人權、基本自由和人的多樣性的尊重。

（二）最充分地發展身心障礙者的個性、才能和創造力及智慧力：

（三）使所有身心障礙者都能切實有效參與一個自由的社會。

二、爲了實現這一權利，締約各國應當確保：

（一）不以身心障礙爲由，將身心障礙者拒於普通教育系統之外，不以身心障礙爲由，將身心障礙兒童拒於免費和義務小學教育和中學教育之外。

（二）身心障礙者可以在自己生活的社區內，在與其他人平等的基礎上，得到具有包容性的高質量免費小學教育和中學教育。

（三）提供合理便利以滿足有關個人的需要。

（四）身心障礙者在普通教育系統內獲得必要的援助，便於他們切實獲得教育。

（五）依照有教無類的目標，在最有利於培養學習和社交能力的環境中，提供適合個人情況的有效援助措施。

三、締約各國應讓身心障礙者學到生活和社交技能，便於他們充分、平等地參與教育和融入社區。爲此，締約各國應當採取適當措施，包括：

（一）爲學習盲文，替代文字，輔助和替代性交流模式、手段和形式，定向和行動技能提供便利，並爲身心障礙者之間的相互支援和指導提供便利。

（二）爲學習手語和宣傳聾人的語言特性提供便利。

（三）確保以最適合個人情況的語文及交流模式和手段，在最有利於培養學習和社交能力的環境中，向盲、聾、聾盲人，特別是盲、聾、聾盲兒童，提供教育。

（四）爲幫助實現這項權利，締約各國應當採取適當措施，聘用有資格教授手語和盲文的教師，包括身心障礙教師，並對各級教育系統的專業人員和工作人員進行培訓。這種培訓應當包括對身心障礙的了解，和如何使

用適當的輔助和替代性交流模式、手段和形式、教育
技巧和材料來協助身心障礙者。

四、締約各國應當確保，身心障礙者能夠在不受歧視和與其他人
平等的情況下，獲得普通高等教育、職業培訓、成人教育
和終生學習。為此，締約各國應當確保向身心障礙者提供
合理便利。」

從本條的內涵來看，公約仍只是要求主管機關不得拒絕提供協助
而已，其中較可能適用的條款是第 3 項第 1 款規定：「為學習盲文，替
代文字，輔助和替代性交流模式、手段和形式，定向和行動技能提供便
利，並為身心障礙者之間的相互支援和指導提供便利。」提供便利與提
供「全時朗讀員」，恐怕仍有些距離，故本文認為，縱使身心障礙者權
利公約所載權利具有準基本權性質，仍然無法導出特定的盲生，有請求
全時朗讀員協助之權，雖然如此，但國家機關仍應朝此方向努力。

三、誰需要博愛座案：身心障礙者或老年人

基本上，老人未必身心障礙者，身心障礙者也未必皆老。

本案例亦涉及「無障礙設施」是否充分的問題，身心障礙者權益保
障法第 53 條第 3 項規定：

「大眾運輸工具應規劃設置便於各類身心障礙者行動與使用之無障
礙設施及設備。未提供對號座之大眾運輸工具應設置供身心障礙者及老
弱婦孺優先乘坐之博愛座，其比率不低於總座位數百分之十五……」

以一般公車或捷運的設施來看，總座位數百分之十五，應該足敷身
心障礙者及老弱婦孺之數。本條規定，亦將「身心障礙者」置於「老弱
婦孺」之前，立法意旨應有意使身心障礙者較老弱婦孺更具於優先之地
位。

至若具體個案發生爭議，是否只能訴諸道德？本文認為，未提供對

號座之大眾運輸工具（公車、捷運），對於身心障礙者，全數應皆具有「博愛座」之性質。但如果有身心障礙之肌無力及行動自如的老年人，發生利用衝突時，本文認為，仍應以身心障礙者為優先。

四、智障者餐廳用餐風暴案

此案涉及基本權第三人效力的問題，代表殘障者利益之人（或團體），是否有「權利」要求私人餐廳主人應接受智障者入內用餐，若餐廳主人拒絕，經其投訴於主管機關（提起課予義務訴訟），主管機關是否有義務對餐廳主人科以行政罰，以收警戒之傚？進一步的問題，主管機關可否透過強制執行而強制私人餐廳接受智障者於通常營業時間入內用餐？

因為此種案型，尚涉及到餐廳主人也有經濟上的營業自由，過度強迫其接受此種私法契約，也有國家機關過度介入的問題。

身心障礙者權益保障法第 16 條第 1 項規定：

「身心障礙者之人格及合法權益，應受尊重及保障，對其接受教育、應考、進用、就業、居住、遷徙、醫療等權益，不得有歧視之對待。」

本條規定的各種權利，僅數「例示」性質，因各種權利後，在文字上加了「等權益」的字眼，違反本項規定，依同法第 86 條第 1 項規定：

「違反第十六條第一項規定，處新台幣十萬元以上五十萬元以下罰鍰。」

雖然身心障礙者之進入餐廳用餐，非屬「**接受教育、應考、進用、就業、居住、遷徙、醫療**」的列舉，基於「人格權益」也可以涵攝為「等權益」中，但此屬「依賴他人實現的基本權」，本文認為，主管機關固可能處罰歧視身心障礙者之餐廳業者，但仍然不得強制該餐廳與智障者締結供餐契約。蓋「依賴他人實現的基本權」，該他人是否有助其實現

的義務，則應視該權利是否為憲法基本權或只有準基本權性質而定，即國家可以介入多深的問題。若僅為準基本權，尚需依賴他人「博愛的心」及「悲天憫人的靈魂」；且此些他人，除餐廳主人外，還包括一般不特定的顧客。智障者在餐廳用餐，從博愛與慈悲的態度來看，應表示歡迎，但的確也可能造成一般用餐者的不安寧，若一般消費者不樂意接受，轉而離去該餐廳，造成餐廳的經濟損失，也是另一個並須列入思考的問題。雖然身心障礙者權利公約第 3 條的「基本原則」規定：

「(一)　尊重個人的固有尊嚴和個人的自主，包括自由作出自己的選擇，以及個人的自立。

(二)　不歧視。

(三)　充分有效地參與和融入社會。

……」

但此些「原則」是否具有賦予「權利」的意義，本身即值得探討[42]。如果是「主觀公權利」，就可以主張應獲得貫徹，甚而獲得損害賠償；如果只是「原則」，則屬「客觀法規範」，則只拘束國家機關，對於人民沒有請求效力可言，不可以請求強制執行。

對於智障者在餐廳用餐（造成對其他人干擾）無法容忍，道德上固可評價為不具有博愛及慈悲心懷，可否在法律上評價為「歧視」，本身就是一個問題。但的確可以涵攝不讓智障者「融入社會」。然則，各該原則的違反，是否可以導出「強制締約」的效果，則有問題。

本文認為，此種案型容有兩種解決模式：

---

[42] 類似問題也發生在消除對婦女一切形式歧視公約（CEDAW）中，該公約第2條第1項、第3條及第26條的關係，究竟是「原則」或「權利」的性質，亦存有爭辯，參張文貞（2014），〈性別平等之內涵與定位：兩公約與憲法之比較〉，《台大法學論叢》，43卷特刊，頁776以下。

(一) 以基本權第三人效力模式

「基本權第三人效力」係由基本權的客觀法規範所推導出來[43]，基本權不限於只適用在人民與國家之垂直方向，而亦可能適用到人民與人民之間的水平方向。此一問題有三種理論：不適用說、間接適用說以及直接適用說。

1. 不適用說：此說認為基本權關係只牽涉到人民與國家間之公權力行使關係，民事關係應完全依民事法規的締約自由解決，國家不應介入。

2. 間接適用說：此說認為，基本權既係憲法的基本價值決定而具有強制規範的效力，對基本權之尊重就是一種「公共秩序」或「善良風俗」，故侵害基本權或形成具有侵害效果的行為，不問是具有法效果行為或事實行為，都會構成「背於公共秩序或善良風俗」，而有「法律行為無效」或「違反保護他人法律」的效果。準此，基本權雖不能直接適用於民事關係，但可透過民事上「公序良俗」條款的適用（台灣民法 §71、§72；德國民法 §242；日本民法 §90 參照），使基本權間接適用於民事關係。

3. 直接適用說：此說認為，基本權就是權利，不但是公法上的權利，也是私法上的權利，基本權不再是用以抵抗國家的不法侵害，也可以直接適用於民事關係，以擴張其效力。許多具有社會權性質的權利，皆是如此。

通說係採間接適用說，亦即私法當事人欲主張基本權之效力，須舉證證明某一法律行為或事實行為，「違反公共秩序或善良風俗」，從而有無效或違反保護他人法律的問題。

茲以「間接適用說」作為檢討本案之依據。私人餐廳拒絕智障者用餐，「可能」會造成同時段用餐的一般人的「感受不佳」，一般人對於

---

[43] 前揭註14，邊碼05224以下。

智障者無法控制自己動作，有怪異動作或發聲而無法容忍，可能選擇離去該餐廳，甚至事後即不再來該餐廳用餐。站在「博愛」道德角度的立場，餐廳不該拒絕所有身心障礙者用餐，對智障更應如此。然而站在法律的角度來看，餐廳也沒有締約的義務，民法上公序良俗的條款是最低度的「道德」，只要不侵害智障者權利即可，私人餐廳以營利為目的，但沒有擔任「慈善家」的義務，餐廳可能願意捐贈一餐的金錢與時間（招待智障者一餐），但不願意同時接納智障者與一般顧客同時用餐，因為餐廳考慮到將來繼續以「通常形象」的方式繼續經營，餐廳擔心同時接納智障者與一般顧客同時用餐後，其他顧客不願意繼續光顧，則該餐廳即有更大的損失。故單純拒絕智障者用餐，本文認為，尚不違反公共秩序或善良風俗。

(二) 以基本權衝突模式解決

所謂「基本權衝突」係指數個基本權主體所擁有的基本權產生衝突之謂。解決基本權的衝突，須先類型化各種案例 [44]：

1. 不同基本權之衝突

不同種類基本權衝突須考慮到各種基本權的價值位序。此時憲法的根本價值的一致性可作為準則。例如：人性尊嚴應優先於財產權；人格發展權應優先於經濟基本權。

2. 同種基本權衝突

同種基本權衝突則適用「基本權核心接近理論」，探討何人基本權更接近該基本權的核心，以定其基本權的優先順序。

---

[44] 前揭註14，邊碼05396。

3. 本案解決方案試擬

本件案型應屬不同基本權之衝突，且屬「人格發展權」與「經濟基本權」比較的問題。智障者希望融入社區以及以通常的生活方式生活，係屬人格發展自由權的類型，其體現即為身心障礙者權利公約第19條「獨立生活和融入社區」及第30條「參與文化生活、娛樂、休閒和體育活動」的權利。

而餐廳經營外觀上係屬經濟基本權[45]，包括經營自由中的「選擇顧客的自由」及「財產獲益的權利」。以此觀點而論，私人餐廳的經營利益與智障者的人格發展權相較之下，應以智障者的人格發展權較為勝出。故依此種理論，餐廳負責人不得拒絕智障者入內用餐。

由於身心障礙者權益保障法並沒有與公約上開條文類似規定，僅有較特別的保健醫療權益、教育權益、就業權益、支持服務、經濟安全、保護服務等專章，故此一問題僅能透過學理推衍方式解決。

4. 本文見解

就此一問題的解決，本文傾向於採取「基本權第三人效力」的模式，認為私人餐廳可能構成「歧視身心障礙者」，固然應受處罰。但國家對於私法關係，不應過度介入，不得強迫「強制締約」，否則也會對於私經濟市場造成過度的干預。雖然公約第9條第2項第2款規定：

「(二) 確保向大眾開放或提供設施和服務的私人單位，從所有方面考慮為身心障礙者創造無障礙環境。」

但這是針對私人企業應提供「無障礙設施」的依據，國家仍無法強迫與私人單位進行交易之人，會對身心障礙者有不友善的反應。

---

[45] 雖然財產權與工作權皆以人格發展權為基礎，但其呈現的確屬於經濟基本權。參李惠宗（2019），前揭註14，邊碼1405。釋字第486號解釋稱：「為貫徹憲法對人格權及財產權之保障，非具有權利能力之『團體』，如係由多數人為特定之目的所組織，有一定之名稱、事務所或營業所及獨立支配之財產，……」。

五、殘障者的手天使案

就手天使的案例[46]，本文認為，身心障礙者可以請求立法廢除處罰，縱使是具有「對價性」行為，因為此舉係屬使身心障礙者基本性慾可以獲得滿足的措施。身心障礙者權利公約第 17 條在「保護人身完整性」標題下規定：

「每個身心障礙者都享有在與其他人平等的基礎上，本人的生理和心理完整性獲得尊重的權利。」（身心完整發展權）

因為性需求的滿足，對於一般人而言，不論是由自己或他人解決都是輕而易舉的事情，但對於重度殘障「無法自行動手」的人而言，卻是「期待不可能」的事情。而性需求的滿足，乃屬「生理和心理完整性」的一環，天生的身心障礙者固然不能強求他人與之有性行為，但如果有人無償願意提供，固不屬應受苛責之行為，若雙方當事人同意，願意以有償方式為之，本文認為，法律不應以之為「違法行為」而加以處罰。

我國現行社會秩序維護法第 80 條因應釋字第 666 號解釋（罰娼不罰嫖案）而規定：

「有下列各款行為之一者，處新台幣三萬元以下罰鍰：

一、從事性交易。但符合第九十一條之一第一項至第三項之自治條例規定者，不適用之。

二、在公共場所或公眾得出入之場所，意圖與人性交易而拉客。」

而在同法第 91 條之 1 有原則性地開放「性交易」的規定，其規定略為：

---

[46] 手天使在歐美已有之，在台灣的發展，大約是2013年有「手天使」志工團體的出現，免費服務重度身心障礙之男性，其服務方式：「用手幫受服務者自慰」，不得有插入式性行為，一生以三次為限。由於需求者眾，據說申請一次，需等候二年。參「關於手天使」網站，http://www.handjobtw.org（最後瀏覽日：06/11/2017）。

「直轄市、縣（市）政府得因地制宜，制定自治條例，規劃得從事性交易之區域及其管理。

前項自治條例，應包含下列各款規定：

一、該區域於都市計畫地區，限於商業區範圍內。

二、該區域於非都市土地，限於以供遊憩為主之遊憩用地範圍內。但不包括兒童或青少年遊憩場。

三、前二款之區域，應與學校、幼兒園、寺廟、教會（堂）等建築物保持適當之距離。

四、性交易場所應辦理登記及申請執照，未領有執照，不得經營性交易。

……」

換言之，從事性交易「立法原則」上，已被許可，但以縣市政府特別劃設地區為前提（目前尚無任何縣市劃設性產業專區），且需另外申請「執照」。以「有償」的「手天使」而論，即會涉及到違反性交易的處罰（新台幣 3 萬元以下），此規定的存在，沒有例外規定，本文質疑，有牴觸身心障礙者權利公約之虞。本文認為，上開規定，基本上旨在規範一般人的性交易，其本質雖有值得檢討之處，但至少一般人可以迴避的空間相當大，所謂「上有政策，下有對策」。但此一規定，適用於重度身心障礙者，無法自行解決性需求之人而言，實屬「規範過廣」，而有「隱藏性漏洞」的問題。本文認為，在法解釋論上，應以「合目的限縮」的解釋方式[47]，認為該規定於當事人間係屬「重度身心障礙者」縱使與「手天使」間的有性交易，亦不應以社會秩序維護法第 80 條規定處罰，蓋此種規定有應排除（例外）而未排除的狀況，亦即對於「重度身心障礙者」縱使與「手天使」間的有性交易，不應處罰。

在立法論上，公約所宣示的「身心障礙者身心完整發展權」具有

---

[47] 參李惠宗（2014），《法學方法論》，頁300以下，台北：新學林。

「準基本權」性質，故上開社會秩序維護法的規定，有牴觸身心障礙者權利公約之虞，應修正。若主管機關不提案修正，立法委員亦無提案，當事人是否有立法請求權？

亦即，身心障礙者是否可以請求該條的修正，在學理上有爭論。本文認為，此在德國亦有類似的問題。德國憲法學者 Ossenbühl 認為：

「一般化的請求制定具有特定內容的法規命令的權利，不論是學說或實務上，都不被承認[48]。例外的，只有在極端的案型存在。亦即如果廢止法規命令，可以使事實上的規制要件事後的刪除，而免於承擔義務，則當事人請求權即可被肯認（HessVGH, in: ZMR 1987, S. 75.）。」

本文基本上亦支持此種見解，當某些管制性的規定，對於人民之基本權利之落實，形成障礙，而無其他更合理化的公益理由加以限制時，當事人可以請求廢止該規定，或設立新（排除）規定。蓋基於平等保護的要求，身心障礙者若因為法律未廢止該處罰的規定而受到處罰，亦將產生「立法懈怠」是否違憲的問題。

本文認為，基於對身心障礙者的保護，縱使在立法上採取「優惠性差別待遇」（釋字第 719 號解釋參照），也符合身心障礙者權利公約第5條的特別要求[49]。至於身心障礙者應提起何種訴訟，本文認為，如果係請求行政機關制定法規命令，應提起一般給付訴訟；若請求確認立法懈怠的違憲，或請求具體的立法，則屬相當於聲請司法院大法官解釋憲法

---

[48] BVerwG 7, 188; 13, 328; 43, 261 (262). Helga Sodan, Der Anspruch auf Rechtssetzung und seine prosesuale Durchsetzung, in: NVwZ 2000, S. 601. Zit. aus F. Ossenbühl, in: Isensee/Kirchhof (Hg.), Handbuch des Staatsrechts der Bundesrepublik Deutschland, Bd. V, 2007, § 103, Rn. 52.

[49] 身心障礙者權利公約第5條第4項規定：「為加速實現或實現身心障礙者事實上的平等而需要採取的具體措施，不應當視為本公約所指的歧視。」（Specific measures which are necessary to accelerate or achieve de facto equality of persons with disabilities shall not be considered discrimination under the terms of the present Convention.）此為優惠性差別待遇的基礎。

的程序。

六、獨臂禁考大卡車司機案

本案例充分顯示出法律並未針對身心障礙者設計的考驗駕照的規定，此些規定突顯出，台灣對於大卡車的考照制度，係針對通常手腳通常健全之人所設計。基本上，以一般的狀況下，固然不成問題，但此一規定的結果，完全剝奪「獨臂司機」的工作權。然身心障礙者權利公約第 27 條規定：

「第二十七條（工作和就業）

締約各國確認身心障礙者享有在與其他人平等的基礎上工作的權利，其中包括有權在開放、具有包容性和對身心障礙者不構成障礙的勞工市場和工作環境，自由選擇或接受工作機會並以此謀生。為保障與促進工作權的實現，包括在就業期間罹患身心障礙者的工作權，締約各國應採取適當步驟，包括立法，除此之外：

(一) 在所有涉及各種形式就業的事項上，包括在徵聘、聘用和就業條件、繼續就業、職業進修與安全、以及益於健康的工作條件方面，禁止對身心障礙者的歧視。

(二) …… 』

本文認為，大卡車司機職業行為的行使，必然會影響到第三人，基於通常的經驗法則，僅有一隻手臂「通常不適於」擔任大卡車司機，但如果大卡車經過特別改裝或有特別的設計，獨臂之人亦能簡單並安全的駕駛，則沒有理由不讓其參加考照。重點應該放在，身心障礙者是否能夠通過一般考照的程序，而不應該僅以缺手臂的理由，就直接剝奪其考駕照的機會。我國「身心障礙者報考汽車及機車駕駛執照處理要點」，本文質疑其違反身心障礙者權利公約的上開規定。

其中李朝和司機能以優異的技術考取吊車執照，卻只是因為身體殘

障不具備應考大卡車資格；王鎮辰原本就是職業大貨車司機，其後還是能夠繼續開大卡車，沒有理由拒絕其考照的依據。

由於，此一規定甚為明確，但適用於重度身心障礙者，實屬「規範過廣」，而有「隱藏性漏洞」的問題[50]。故在法解釋論上，應以「合目的限縮」的解釋方式，容許獨臂人可以報考大卡車駕照。

進一步，本文認為，案例中的主角，為實現其「就業權」，可以要求交通部修改該「身心障礙者報考汽車及機車駕駛執照處理要點」，使其可以准其報考大卡車之駕照。

玖、結論

從人權的發展歷史來看，人權的發展是從對抗國家恣意統治而展開。第一代人權為免於被國家侵害的自由權及財產權，係用以對抗國家機制，而具有「防禦權」功能，請求國家「不作為」的自由權。第二代人權，係基於平等地位，請求國家「作為」的法律地位，具有「社會權」性質，個人部分自由權必須「社會化」，自由與財產的行使，不是完全的自由，必須對其他基本權作退讓。第三代人權則是建立在社會連帶關係與博愛的基礎上所衍生的權利，例如：特殊族群的和平發展權、環境權等集體權。

身心障礙者權利公約所標示的人權，不以國籍為要素，非屬「國民權」，而為「人權」性質，應屬第二代基本人權，其效力乃屬具有可以要求國家機關積極作為的請求依據，係屬「保護規範理論」中的具有保護性的規範，具有主觀公權利的性質，可以獨立作為訴訟上請求權的基礎。

本文所列個案上，「獨臂禁考大卡車司機案」中，手臂一肢欠缺者

---

[50] 參李惠宗（2018），《法學方法論》，3版，頁323-328，台北：新學林。

僅得報考小客車的法規規定，應屬過度限制身心障礙者的基本工作權，而違反比例原則。駕駛大卡車此一事務，固然與公共事務有關，但如果透過大卡車設備的改裝，獨臂司機能然可以通過各種應該有的考驗（也不應放寬考驗標準），機關不應剝奪此等身障者的工作權。「請求無障礙設施案」中，身心障礙者應有公法上請求權，可以透過訴訟請求設置「無障礙設施」，蓋依據「身心障礙者權利公約」此種請求設置權，係屬具有獨立性的權利。當然，實務上必須考慮機關有預算編列的問題，本文認為機關如果沒有在通常法定期限及執行預算期限內完成，會有公務員怠於執行職務之國家賠償的問題；具有外部公共性的私人企業若未設置無障礙設施，係屬違反「保護他人法律」的問題。「學習上的無障礙—視障教授案」涉及國家對於殘障者，應該提供到何種程度的支援設備的問題。本文認為，一般化的無障礙設施之設置，固屬法律上義務，但提供完全個人化的支援，仍非身心障礙者權利公約所保障的範圍，故個案上，當國家所提供的支援設備或支持人力不足，身障者亦無公法上請求權。博愛座屬於「無障礙設施」，「誰需要博愛座案」，但若身障者與老弱婦孺發生衝突時，法規規定係以身障者為優先。「智障者餐廳用餐風暴案」涉及到「基本權第三人效力」的問題，本文認為，「縱使」餐廳不讓智障者入內用餐，可以被認定「歧視」身心障礙者，主管機關可加以處罰，但私人餐廳沒有義務提供智障者用餐的義務，國家亦不可過度介入私法關係。「殘障者的手天使案」上，本文認為，身心障礙者可以要求立法（將特定行為排除於處罰之外），免除「重度身心障礙者」與「手天使」間的有對價的性交易之行政處罰，因為社會秩序維護法第 80 條的規定，有隱藏的法律漏洞。蓋身心障礙者亦有性滿足的基本權，其可要求在通常性交易的範圍內，獲得滿足。但手天使的志工，應無此立法請求權。

第三章

英國法制對政黨自治與運作之規範

謝國廉[*]

*高雄大學財經法律學系教授

本文內容原刊載於國立台灣大學《政治科學論叢》，75期，頁75-102，2018年3月，經作者修正並增補最新發展而成。

摘　要

　　國家對於政黨在政策上採取鼓勵和支持發展的態度，法律上幾無任何規範，但國家亦可能於法律上就政黨的設立條件、組織、人事、財務，甚至是選舉候選人的遴選程序，訂定詳細的規範且積極地加以適用。根據本文的分析，英國的法制原則上走在中間的道路上，採取的主要是政黨自主原則。之所以如此，係因無論站在哪一個極端的位置，皆會遭遇各種的不利益。就 20 年來的實際情況而言，2000 年政黨法雖未將英國法院於司法實務上所建立的政黨自主原則，轉化為法律條文，但亦未對此一原則加諸任何的限制，實際上可謂國會肯定了此一原則於英國政黨法制的效力。總體而言，2000 年政黨法得以提升政黨於政治上的領導效能，強化政黨於內部財務上的管理和稽核成果，同時對於政黨的意識形態和黨內所強調的原則，仍採取尊重的態度。

關鍵詞：政黨自治，政黨法，同意原則，政黨自主原則，公共責任原則，政治基金。

Political Party Autonomy under the Party Law in the United Kingdom

Abstract

The state might on the one hand take an encouraging and supportive stance relating to its policies towards political parties. In this regard, the state could have only a few legal rules governing the operation of political parties. On the other hand, the state might choose to enact and enforce detailed legal rules relating to the conditions for establishing a party, as well as the rules concerning party structure, financial management, appointment of party leaders, and even selection of election candidates. The analysis in this Article indicates that the United Kingdom does not stand at either extreme. Rather, the UK has adopted the principle of party autonomy, as either extreme would presumably lead to numerous disadvantages. During to the last 20 years, though the UK Parliament did not incorporate the principle of party autonomy into Political Parties, Elections and Referendums Act 2000, the Parliament did not set any limitation on this principle either. Generally, the 2000 Act has enhanced the leadership effectiveness of political parties by improving the management and internal auditing. Meanwhile, the 2000 Act shows respect for the ideologies and key principles emphasised in the parties.

Keywords：Political party autonomy; Political party law; the Principle of Consent; the Principle of Party Autonomy; the Principle of Public Accountability; Political funds.

壹、前言

在分析英國的相關法規和司法實務見解之前，有兩點關於英國政黨的法律概念，必須優先說明。首先，英國的政黨並未享有特殊的法律地位（no special legal status）或者與其他團體不同的法律地位（distinctive legal status）。政黨有著極高的重要性，其發揮的功能，亦與公共事務關係密切，但在英國，政黨長期以來皆為受私法（private law）規範的非法人團體（unincorporated associations）。[1]誠如任教於倫敦大學瑪莉皇后學院（Queen Mary University of London）法學院的 Caroline Morris 博士所說，傳統上，政黨在英國法中一直保持著極低的姿態（a very low profile in the law）。[2]有必要特別說明的是，就政黨於英國的法律地位而言，其係受私法規範的非法人團體。此非指英國政黨除了受到私法規範之外，完全不受其他法律的規範，亦非指政黨於法律上享有豁免權。之所以說政黨乃是受私法規範的非法人團體，係因政黨被英國法院認為是「契約之產物」（a creature of contract），[3]其性質與公司或合夥（a partnership）皆不相同。以英國的工黨（Labour Party）為例，工黨雖由其中央行政委員會（the Labour Party National Executive Committee）扮演自律監督的角色，「監督該黨之總體方向與政策之制度過程」（oversee the overall direction of the party and the policy-making process），但倘若一工黨黨員認為該黨的特定作為違反了黨章的規定，該黨員所採取的法律上救濟（remedy）手段，類似於社會大眾面對違約（a breach of con-

---

[1] Keith Ewing, *The Cost of Democracy - Party Funding in Modern British Politics* (Oxford: Hart Publishing, 2007), 63.

[2] Caroline Morris, *Parliamentary Elections, Representation and the Law* (Oxford: Hart Publishing, 2011), 105.

[3] *Conservative Central Office v. Burrell* [1982] 1 WLR 522 CA.

tract）時所提起的訴訟，亦即一私法訴訟（a private action）。[4]因此，英國政黨的法律地位與其所受的法律規範係屬二事，二者關係密切，但不可混爲一談：

一、法律地位涉及政黨這類團體的設立，至於政黨所受的法律規範，則涉及政黨活動所受的制約。

二、法律地位之所以受到私法規範，係因政黨乃是有一群人依其自由意志而設立，並非一政府部門，因此應維護其獨立性，至於政黨所受的法律規範，則由於與選舉的公平性和公共利益有著密不可分的關係，因此受到（包含不成文之法律原則在內的）政黨法規所規範。

其次，政黨與一般人民團體仍有相當的差異性。延伸前段的說明，英國雖無名爲政黨法（political party law）的法律，但英國國會 20 年來透過立法與修法，強化了對於政黨運作與活動的規範。其中最值得一提的，莫過於 2000 年的政黨、選舉和公民投票法（Political Parties, Elections and Referendums Act 2000，以下簡稱「2000 年政黨法」）對於先前相關法律之強制力的強化。[5]根據此法，僅有已登記的政黨，方有推舉選舉候選人的權利。此外，即便是對於黨內事務，政黨亦應秉持著對公眾負責（public accountable）的態度加以處理，雖享有高度的自主權，但並非全然不受法律規範。[6]應特別強調的是，隨著政黨事務及相關爭議的演進，英國仍出現了數個主導政黨相關法規的原則，而其中最不應被忽視的法律原則，莫過於兩個相輔相成的原則：「政黨自主原則」（the Principle of Party Autonomy）以及「公共責任原則」（the Principle

---

4 關於英國政黨僅為非法人團體的法律規範以及司法實務爭議的簡要說明，請參考 Aathelstane Aamodt的分析。Aathelstane Aamodt, 2015. "Unincorporated Associations and Elections." in https://www.publiclawtoday.co.uk/governance/314-governance-a-risk-articles/27090-unincorporated-associations-and-elections. Latest update 14 March 2020.

5 Ewing, *supra* note 1, 63.

6 詳見本文「伍、三」。

of Public Accountability）。無論是相關立法與修法的變革，或是法律原則的建立，皆與政黨在民主社會中與日俱增的重要性，有著密不可分的關係。第二次世界大戰至今，已有越來越多人相信，政黨於民主制度中扮演了必要且有價值的角色（playing a necessary and valuable role）。[7]值得特別一提的是，透過政黨間的競爭（inter-party competition）以及黨內（為了中央及地方選舉建立的）民主機制所實現的政治參與（political participation via intra-party democracy），政黨本身就被認為是民主的提供者。[8] 在英國，政黨事務的演進及相關爭議的出現，與工黨（the Labour Party）的建立及其後長時間的發展，有著極為密切的關係，因此本文將循著工黨的發展軌跡與司法爭議出現的先後，依序探討相關的重要法律原則。

第三部分將從奧地利法學家漢斯凱爾森（Hans Kelsen）的主張談起，探討英國早期的發展，特別是政黨結構多元性的形成背景與過程，以及同意原則（the Principle of Consent）的出現與發展。首先，按凱爾森的主張，憲法可將政黨的建構和政黨的活動，納入政府的控制之下。然而，從英國政黨法制的發展來看，英國人民顯然並未選擇將政黨的運作，納入政府的控制。其次，關於政黨結構多元性的分析，重點將聚焦於：1910 年英國最高法院（House of Lords）的 Amalgamated Society of Railway Servants v. Osborne 案（以下簡稱「Osborne 案」）判決，[9] 及其

---

[7] Elmer Schattschneider, *Party Government* (New York: Rinehart & Co., 1942) and Alan Ware, *Citizens, Parties and the State* (Cambridge: Polity Press, 1987).

[8] Wolfgang Müller & Ulrich Sieberer, "Party Law" in *Handbook of Party Politics*, eds. Richard Katz & William Crotty (London: Sage Publications, 2006), 436.

[9] *Amalgamated Society of Railway Servants v. Osborne* [1910] AC 87. 本文雖將House of Lords譯為英國最高法院，但事實上，House of Lords長期以來亦為英國國會的上議院（the upper House of Parliament）。英國最高法院於2009年更名為The Supreme Court in the United Kingdom（簡稱UKSC），不僅達成了在名稱上與國會完全區隔的目標，其亦同時達成了司法權與立法權完全分離的理想。相關的說明，請參

後續的影響。Osborne 案乃是英國法院首次處理的政黨爭議，而此案所涉及的政黨，正是作爲英國現代主要政黨之一的工黨。此案的主要爭議爲，產業界的工會，能否聯合擁有共同政治理念的民間團體共組政黨？工會得否直接將會員繳交的會費，用來資助此一新成立政黨的運作？在 20 世紀初，傳統政治菁英以外的群體，開始嘗試透過結盟而取得政治上的影響力，但由於當時的法律（包括成文法和不成文法），並不允許工會將其資產投入與工會業務無關的政治活動之中，相關的爭議遂由此而生。第三，關於同意原則的分析，討論的是英國 1913 年的工會法，承認了工會有資助工黨並維持雙方關係的權力，而這項修法，等於讓工黨取得了得以持續運作的「生存權」。然而，在工會法的規範之下，不僅是對於資助工黨的工會，對於所有有意資助特定政黨的工會而言，若採取「工會資助政黨」的運作模式，則工會必須接受一些新的限制。例如：針對工會是否要訂定政治目標（political objects），該工會內部應以匿名投票（a secret ballot）和多數同意（majority support）的方式加以決定。此等限制對於同意原則的出現與發展，產生了直接的影響。

第四部分將探討政黨自主原則的意義、概念與司法實務上的爭議。相較於工黨成立之前的其他政黨，工黨的創立者並非傳統的政經菁英，其黨員的社會經濟地位與昔日其他政黨的黨員不同，且創立工黨所依據的法規，亦有其特殊性。Osborne 案所引起的爭議，皆圍繞在此等問題之上。至於在工黨成立之後，英國各界就政黨規範所關注的重點，逐漸轉而聚焦於政黨內部事務（the internal affairs of the parties）是否應受到規範的相關議題，而正式自此一時期開始，政黨自主原則隨著相關司法爭訟的出現，逐漸被納入英國的政黨規範之中。

第五部分將分析近期的相關爭議與改革的歷程。此處所謂的近期歷

考英國最高法院官方網站的詳細介紹。The Supreme Court. 2020. "The Role of the UKSC." in https://www.supremecourt.uk/faqs.html#1. Latest update 14 March, 2020.

程，係指英國政黨規範於1990年代之後的發展。此部分將依序探討「全女性準候選人」之爭議、1998年政黨登記法和2000年政黨法的規範重點。

貳、英國政黨勢力消長之過去與現況

在探討英國政黨結構多元性的形成背景與過程之前，有必要先簡要地分析英國政黨勢力消長的過去與現況。此處分析的重點，在於英國政黨的現況。在英國歷史進入現代之前，自由黨（Liberal Party）和保守黨（Conservative Party）的前身「民黨」（Whig，亦有譯為「輝格黨」）和「王黨」（Tory，亦有譯為「托利黨」）在英格蘭已有長期的發展史。[10] 總體而言，政黨在二次大戰後的英國，堪稱是相當穩定的政治組織。所謂的穩定，係指各個政黨於每個時期的得票率（vote shares），並無太大的波動，而各個政黨具有黨籍（party membership）的黨員人數，亦無大幅的增減。[11] 此一穩定的發展態勢，直至2014年之後，方有較為劇烈的變化，而所謂的變化，主要顯現於自由民主黨（Liberal Democrats，以下簡稱「自民黨」）得票率的消長，本文稍後對此將有進一步的分析。

---

[10] 關於民黨和王黨於19世紀前後，逐漸演進為自由黨和保守黨的歷史，可參考John Adams和Roger Brownsword的分析。John Adams & Roger Brownsword, *Understanding Law* (London: Sweet and Maxwell, 1999), 65-67.

[11] Sean Kippin, Patrick Dunleavy & the Democratic Audit Team. 2017. "How Democratic Are the UK's Political Parties and Party System?" in http://eprints.lse.ac.uk/80863/1/democraticaudit.com-How%20democratic%20are%20the%20UKs%20political%20parties%20and%20party%20system.pdf. Latest update 14 March, 2020.

一、執政黨：保守黨

2019 年 12 月 12 日國會大選之後的英國國會，在總共 650 個議員席次中，擁有最多席次的政黨是保守黨（Conservative Party），共有 365 席。[12] 目前擔任英國首相的是保守黨的黨魁強森（Boris Johnson）。保守黨係歐洲歷史最悠久的政黨之一，在英國現代史上，張伯倫（Neville Chamberlain）、邱吉爾（Winston Churchill）和柴契爾（Margaret Thatcher）等首相，皆為出身於保守黨的著名政治家。在 2010 年的國會大選中，保守黨雖贏得了 306 個席次，但尚不足以組閣。為了確保該黨得以長期執政，時任英國首相的保守黨黨魁卡麥隆（David Cameron），決定和自民黨組成聯合內閣，此舉在當時引起了許多黨內同志的批評。其後，保守黨採行較為自由的社會政策與立場，例如：推動同性戀婚姻合法化。就經濟政策而言，該黨實行財政緊縮政策，竭力使英國經濟得以於短期之內復甦，並且降低失業率和通貨膨脹率。[13]

在 2017 年 6 月的國會大選之後，由於保守黨擁有的席次由 330 席減少至 316 席，因此喪失了擁有過半數席次（326 席）方能取得的組閣權。當時擔任英國首相的保守黨黨魁梅伊（Theresa May），在大選後獲得北愛爾蘭民主聯盟黨（Democratic Union Party）的支持。保守黨的 316 席加上民主聯盟黨於大選中所囊括的 10 個席次，使梅伊得以勉強保住首相的職位並取得組閣權。2018 年底至 2019 年的上半年，梅伊曾竭盡所能地說服英國國會接受脫歐協議（Brexit deal），但她最

---

[12] 關於各個政黨於此次大選所獲得的國會席次，請參考英國國會於官方網站所提供的統計數據與相關說明。The Parliament. 2019. "State of the Parties." in https://members.parliament.uk/parties/Commons. Latest update 14 March, 2020.

[13] 關於保守黨的發展與政策沿革，請參考英國國家廣播公司的分析。英國國家廣播公司網站，http://www.bbc.com/ukchina/trad/uk_life/2015/03/150330_profile_uk_parties（最後瀏覽日：03/14/2020）。

終並未成功。梅伊於 2019 年 6 月辭去了保守黨黨魁一職。她在保守黨的繼任者強森，對於英國脫歐抱持著堅定不移的立場。他以「完成脫歐」（Get Brexit done）這個簡潔而明確的訴求，帶領保守黨的候選人在 2019 年 12 月的國會大選中，獲得了壓倒性的勝利，總共囊括了 365 席，[14] 並且奪回了組閣權。

二、在野黨

在 2019 年 12 月國會大選之後，第二大黨為工黨，擁有 202 席。[15] 工黨建立於 1900 年的工會運動，其後逐漸壯大，並於 20 世紀上半葉，取代當時的自由黨成為保守黨的主要對手。[16] 工黨籍的布萊爾首相（Prime Minister Tony Blair）於其長達 10 年的主政時期（1997 年至 2007 年），力推「新工黨」（New Labour）的理念，除了對於企業和私人經濟採取較為溫和的態度外，同時強化政府對於教育的投資、促進兒童權益、強化關於平等權維護的立法工作。

然而，上述立法與政策上的成就，卻幾乎為其參與伊拉克戰爭的政策所抵銷。英國與美國政府於其聯軍出兵伊拉克之前，均聲稱當時的伊拉克政府擁有「大規模毀滅性武器」（weapons of mass destruction），對於整個中東地區乃至於西方國家，皆有極大的威脅。不過，聯軍占領伊拉克之後，並未發現大規模毀滅性武器，許多英國民眾皆認為自己受到布萊爾的工黨政府的誤導，因此強烈譴責布萊爾政府參與美國主導的伊拉克戰爭。值得補充的是，關於戰爭的批評聲浪，至今仍未完全停歇。在 2017 年 6 月國會大選之後，工黨尚擁有 262 席的國會席次，但

---

[14] The Parliament, *supra* note 12.

[15] The Parliament, *supra* note 12.

[16] 關於工黨的發展與政策沿革，請參考英國國家廣播公司，前揭註13。

在 2019 年 12 月的大選後，工黨於國會的席次銳減爲 202 席。[17]

在 2019 年 12 月國會大選之後的國會，第三大黨爲蘇格蘭國家黨（Scottish National Party），擁有 47 個席次。[18]蘇格蘭國家黨，亦被譯爲蘇格蘭民族黨，該黨成立於 1934 年，原先爲一單純倡議蘇格蘭獨立運動的政黨，但目前已發展成一個影響力遍及全英國的成熟政黨。不難想像的是，蘇格蘭國家黨於蘇格蘭地區有著強大的影響力，在歷史上與英國中央政府的關係風波不斷。[19]在 2007 年的英國地方選舉中，該黨以一席之差超越了工黨，成爲蘇格蘭議會（the Scottish Parliament）的第一大黨。4 年之後，該黨於地方選舉中取得了壓倒性的勝利。在 2017 年 6 月國會大選之後的國會，蘇格蘭國家黨擁有 35 個席次。該黨於 2019 年 12 月的大選中頗有斬獲，席次大幅增加爲 47 席。[20]

在 2019 年 12 月大選後的英國國會，昔日的重要政黨自民黨，僅囊括了 11 個席次。自民黨的前身，係建立於 19 世紀中期的自由黨（Liberal party）。自民黨於歷史上曾與社會民主黨有長期的政治聯盟關係，兩黨最終於 1988 年合併成爲自民黨。自民黨於 2005 年的選舉中贏得了 12 個國會席次。2010 年的大選之後，自民黨與保守黨組成了聯合政府，由自民黨黨魁克萊格（Nick Clegg）擔任副首相。[21]

如前所述，政黨在二次大戰後的英國，乃是相當穩定的政治組織，但此一穩定的發展態勢，至 2014 年之後出現劇烈的變化。在 2010 年的國會大選時，自民黨尚能囊括總票數的百分之二十三，但到了 2015 年的國會大選時，該黨的得票率竟剩下百分之七點九，僅略高於 2010 年得票率的三分之一，而該黨候選人所獲得的國會席次，從 2010

---

[17] The Parliament, *supra* note 12.

[18] The Parliament, *supra* note 12.

[19] 關於蘇格蘭國家黨的發展與政策沿革，請參考英國國家廣播公司，前揭註13。

[20] The Parliament, *supra* note 12.

[21] 關於自民黨的發展與政策沿革，請參考英國國家廣播公司，前揭註13。

年的 57 席，大幅減少到 2015 年的 8 席。與其說選民當時是在懲罰自民黨，不如說選民當時希望終結保守黨與自民黨合組的聯合政府。[22] 如前所述，在 2010 年的國會大選後，時任英國首相的保守黨黨魁卡麥隆和自民黨組成聯合內閣，由自民黨黨魁克萊格擔任副首相，但由於卡麥隆和克萊格的諸多政策，未能獲得多數選民的認同，因此選民選擇了以選票終結保守黨和自民黨的聯合政府體制。在 2017 年 6 月大選後的國會，自民黨僅囊括了 12 個席次。該黨於 2019 年 12 月的大選亦無亮眼的成績，最終僅取得了 11 個席次。

參、從凱爾森之主張觀察英國早期之發展

一、凱爾森：將政黨之運作納入政府控制之下

理論上，國家對於政黨發展的態度，大致上介於天秤的兩端之間。在天秤的前端，國家對於政黨可能於法律上幾無任何規範，而於政策上採取鼓勵和支持發展的態度。在天秤的末端，國家可能於法律上就政黨的設立條件、組織、人事、財務，甚至是選舉候選人的遴選程序，訂定詳細的規範且積極地加以適用。此種積極立法與適用法律的態度，最接近於凱爾森的主張。凱爾森於 1945 年出版了《法律與國家之一般理論》（*General Theory of Law and State*）一書。[23] 按他的觀察，就公共意志的形塑而言，政黨的功能至關重要。他指出：

---

[22] Sean Kippin, Patrick Dunleavy & the Democratic Audit Team. 2017. "How Democratic Are the UK's Political Parties and Party System?" in http://eprints.lse.ac.uk/80863/1/democraticaudit.com-How%20democratic%20are%20the%20UKs%20political%20parties%20and%20party%20system.pdf. Latest update 14 March, 2020.

[23] Hans Kelsen. 1945. *General Theory of Law and State.* Trans. Anders Wedberg. Cambridge: Harvard University Press.

在議會民主制之下，個人是孤立的。個人對於新的立法機關和行政機關的設立，可謂毫無置喙的餘地。個人欲獲得影響力，即必須與其他具有共同政治意見之人相結合。此種結合，乃是政黨得以興起的原因。在議會民主制之下，政黨承擔了形塑公共意見的關鍵任務。多數決原則對於民主制度至為重要，但多數決原則得以順暢地運作的前提，乃是含括過半數選民的團體，得以在各種政治力整合之後出現。若無任何政黨得以取得此一絕對多數，則兩個或數個政黨即必須相互合作。[24]

凱爾森認為，憲法可將政黨的建構和活動納入政府的控制之下。他指出，「一國的憲法，可將政黨的建構和政黨的活動，納入政府的控制之下。民主的概念暗示著，人民於建立政黨的過程中所享有的自由，其範圍相當的寬廣，但即便一國的憲法，訂定了一些以確保政黨的民主性為目的的條文，此一憲法本身的民主性，仍不會受到損害」。[25] 此段論述的語意，並不十分清晰，但由於凱爾森於此段文字之中，分析了其將政黨納入憲法與法律之框架的理由，因此極有參考的價值。凱爾森的見解，可大致歸納如下：人民於建立政黨的過程中，本應享有廣泛的自由，此或許並非民主概念經常強調的重點，但此種自由的存在，仍可謂

---

[24] 其原文為：In a parliamentary democracy, the isolated individual has little influence upon the creation of the legislative and executive organs. To gain influence he has to associate with others who share his political opinions. Thus arise political parties. In a parliamentary democracy, the political party is an essential vehicle for the formation of the public will. The majority principle essential to democracy can work only if the political integration results in a group that comprises more than half of the voters. If no political party achieves an absolute majority, two or several of them have to cooperate. Kelsen, *supra* note 23, 294.

[25] 其原文為："The constitution can subject the formation and the activity of political parties to the control of the government. The idea of democracy implies a far-reaching freedom in the formation of political parties; but the democratic character of a constitution would in no way be impaired if it contained stipulations designed to guarantee a democratic organization of political parties." Kelsen, *supra* note 23, 294-295.

是民主概念的一種延伸，並不違反民主制度存在的目的。較具爭議性的
問題的是，倘若將政黨的創建與政黨的活動，皆納入憲法與法律的規範
之下，則人民於建立政黨的過程中應享有的廣泛自由，顯然可能受到壓
縮，如此一來，憲法本身的民主性，是否會受到此種規範的傷害？按凱
爾森的見解，答案應是否定的。其原因在於，相關憲法條文的規範目
的，在於確保政黨作爲民主組織的最低標準不至於被打破，故而此等條
文的規範目的，與憲法本身的民主性，並無扞格之處。

　　由於積極規範政黨的組成與活動的法規，在德國以外的國家較爲
罕見，因此凱爾森爲何會提出此項較爲極端主張，值得思考。凱爾森認
爲，在立法部門的人員選舉（例如：國會議員選舉）和行政部門的人員
選舉（例如：總統選舉）的程序中，各個政黨皆扮演了關鍵性的角色，
因此就制度的設計而言，可將政黨納入國家部門加以規範。凱爾森認
爲，「考量了政黨於立法機關選舉以及行政機關選舉之中所扮演的決定
性角色，即更有論證的理由，得以說明爲何應當規範政黨的組織結構，
進而使政黨成爲一種國家機構。」[26]

　　然而，必須補充說明的是，凱爾森提出此一主張的時間，正值納
粹德國（Nazi Germany）戰敗和納粹領袖希特勒（Adolf Hitler）自殺的
1945 年。當時，戰爭帶來的殺戮，當時仍在歐洲人民的眼前一幕幕的
上演。國家社會黨（National Socialist Party）之所以被稱爲納粹黨，係
因該黨的德文簡寫爲 Nazi，中文音譯爲納粹。經過 1920 年代的大幅擴
張，納粹黨於 1933 年成爲德國的第一大黨，而德國總統興登堡（Presi-
dent Hindenburgh）僅能選擇根據德國憲法的規定，於同年 1 月 30 日任

---

[26] 其原文爲：“In view of the decisive role that political parties play in the election of
legislative and executive role that political parties play in the election of legislative and
executive organs, it would even be justifiable to make them into organs of the State by
regulating their constitutions.” Kelsen, *supra* note 23, 295.

命希特勒出任內閣總理。興登堡總統於 1934 年 8 月逝世後，希特勒便更加肆無忌憚地將總統和總理兩個職位合而爲一，成爲納粹德國「至高無上」的獨裁者，並接著發動了一連串對內打擊其他政治勢力，以及對外侵略其他歐洲國家的軍事行動。[27] 在第二次世界大戰結束後的數年間，西德的政府和人民，竭力地防範另一個激進政黨的出現，避免其國家和人民再度被特定政黨帶向生靈塗炭的煉獄。此一防止政黨獨裁化的理念，迅速且理所當然地成爲當時西德社會的共識。換句話說，從歷史的角度觀察，凱爾森關於以憲法和法律積極規範政黨設立條件、組織和活動的主張，並非來自於特定的公法概念或理論的推導，而是來自親眼所見的法西斯悲劇以及防止政黨獨裁化的理念。

　　若回到制度選擇的問題上，當國家必須在天秤的兩端之間作出選擇時，由於國家與政黨的關係錯綜複雜，深受社會大眾、其他人民團體和各種政治、經濟力的直接和間接影響，國家選擇天秤前端的可能性微乎其微。換句話說，國家已無可能單純地扮演支持政黨的角色。當一個國家認爲政黨確有必要受到規範時，隨之而來的問題便是，是否有必要讓國家來規範政黨的事務？或者應當由參與政黨事務之人，自行達成規範政黨的目標？簡而言之，此種規範應爲透過法律規範的他律，或爲政黨的自我規範（亦即自律）？此乃包括英國在內的所有民主國家，皆須面對的嚴肅課題。

　　進一步來說，藉由法律規範而實現的他律，特別是透過嚴格規範而

---

27 關於納粹德國興起的背景與過程，以及希特勒掌權進而進行獨裁統治的介紹，可參考Chris Trueman的論述。Chris Trueman, 2015. "Nazi Germany – Dictatorship." in http://www.historylearningsite.co.uk/nazi-germany/nazi-germany-dictatorship/. Latest update 14 March, 2020. 納粹德國從興起到衰亡，僅係10餘年間的事。美國、英國、俄國聯軍於1945年4月攻入德國，其後會師於易北河岸，希特勒旋即自殺，德國亦於5月7日投降。德國的投降，標誌著二次世界大戰德國戰場的終結，而此時距離希特勒於1933年出任內閣總理，僅僅12年。

實現的他律，顯然類似前述天秤的末端，至於自律，或者稱之為自治，則較為特別，其既非天秤的前端，亦非其末端，而是居於兩端之間的特殊位置。就政黨的自治而言，較受人關注的議題為，政黨有何動機進行有效的自我管理？而針對受到社會大眾關注的政黨事務，例如：關於政黨經費的管理，[28] 政黨本身是否具備管理的意願以及有效管理的能力？倘若欠缺有效益且有效率的自我管理，則政黨自治必然走向失敗，而失敗的政黨自治，往往又會帶來鼓吹嚴格他律的改革聲浪。

二、政黨結構多元性之形成：Osborne 案判決及其後之發展

如前所述，根據凱爾森的觀察，就公共意志的形塑而言，政黨的功能至關重要，而一國的憲法，可將政黨的建構和政黨的活動，納入政府的控制之下。然而，英國政黨法制的發展，顯然與凱爾森的主張，完全背道而馳。換句話說，英國人民並未選擇將政黨的運作，納入政府的控制。

雖然工黨目前已是英國國會的第二大黨，但工黨在上個世紀初的創建過程，並非一帆風順。根據 Osborne 案的判決書以及相關的歷史文件，[29] 此案的主要爭議為：數個工會（trade unions）可否聯合數個社會主義（socialist）團體，共組一個名為工黨的政黨？此爭議所涉及者，應當為現職勞工未來有無可能取得國會席位，進而在國會殿堂爭取權益的問題。不過，分析此案判決的內容可知，勞工能否取得國會席次，實際上並未成為此案爭執的重點。

---

[28] 此並非英國獨有的問題，在包括英國在內的所有民主國家，皆須面對的問題是，應如何以更有效率和效益的方法，避免政黨經費使用上的問題。

[29] 關於Osborne案詳細的歷史文件，可參考英國華威大學（University of Warwick）於1979出版的Osborne案文件彙編。Richard Storey (ed.). 1979. *The Osborne Case Papers & Other Records of the Amalgamated Society of Railway Servants*. Coventry: University of Warwick.

　　此案的爭議，被聚焦在一個現今看似不甚重要的法律問題，此問題是：按（當時）工會法（the Trade Unions Acts）登記而設立的工會，是否有權爲了實現政治上目的，而對工會所有的會員，強制收取一筆費用（a compulsory levy of their members）？之所以說此費用的收取帶有強制性，係因會員倘若不繳交此費用，會員將會喪失其會員資格。就此案的訴訟攻防而言，此案爭執的重點，被聚焦於工會權力多寡的議題上。值得補充說明的是，於 Osborne 案發生之時，英國尚無國家補助政黨以及發放國會議員固定薪資的制度，因此上述費用的收取，主要是作爲政黨未來成立之後的運作經費以及工黨籍國會議員的薪資。對於此案的爭執的問題，承審的法官 Lord Macnaghten 給予了否定的答案，認爲工會無權爲了實現政治上目的，而對所有工會會員強制收取費用。首先，Lord Macnaghten 指出，政治組織和爲了商業目的而建立的組織，本質上並無不同。其次，按工會法，工會從未擁有爲了政治目的而收取和管理經費的權力（the power of collecting and administering funds for political purposes）。

　　觀察 Osborne 案發生時的英國政經背景以及法院的判決，可歸納出兩項結論。第一，不同於政治菁英創設且歷史悠久的保守黨和自民黨，工黨並非由國會議員或其他政治菁英所創建，而係由工會和社會主義團體所建立，因此其組織的性質，與一般人民團體較爲接近。第二，法院對於工會間接管理工黨內部事務的權力，採取了較爲保守的態度。在權力範圍的認定上，法院認爲，既然當時的工會法，並未明文賦予工會收取和管理經費以實現政治目的的權力，則工會即無此項權力。

　　此案看似一個僅涉及工會權力範圍界定的單純案件，表面上既與政黨的生存無直接關聯性，其亦與個人及團體建立政黨的自由無關。然而，此案事涉一個更爲重要的問題：英國是否要透過修法的方式，承認工會有資助工黨並維持雙方關係的權力。亦即，英國法是否要開放非政經菁英所組成的政黨的自由運作？換句話說，倘若國會修法鬆綁工會法

的限制，則政黨結構的多樣性（the diversity of party structure）將被承認，而英國政黨的發展，將會出現另一番風貌。

Osborne 案判決後的發展是，工會期望廢棄 Osborne 案法院之保守見解的聲浪，於該案判決後日益高漲，而如此的意見迅速獲得英國內閣大臣的支持。在一分送交其內閣同仁的備忘錄中，擔任法務大臣（Lord Chancellor）的 Lord Loreburn，強調了尊重工會會員自主權的重要性：

事實是，當人們同意受多數決的限制時，他們將隨即面對一項風險：他們有可能必須要做一些他們不喜歡的事，或者他們必須退出（所屬的）團體。真正的自由，乃是讓由人們所組成的團體，自由地為了達成他們自認妥適的目標而結合。同時，亦應讓每個人在思考過此等目標後為了自己而自由地作判斷，判斷自己是否接受上述不同團體建立的結合體，而倘若此等結合體將需要他們做一些犧牲，他們亦須判斷自己是否願意為此結合體做些犧牲。[30]

簡單來說，Lord Loreburn 認為，既然工會會員是在自由意志之下加入工會，則工會的政策即使可能對於會員帶來某種不利益，此種不利益的風險，仍是由工會會員自己承擔，更何況倘若會員不願意接受此種不利益，他們尚有選擇退出工會的自由。因此，既然會員擁有選擇加入工會、保有工會的會籍或者退出工會的決定權，則公領域的法律，實無必要限制工會制定政策（例如：以工會的會費資助政黨）的權力。

雖然對於廢棄 Osborne 案的法院見解，在當時的英國國會已有了共

---

[30] 其原文為：The truth is that when men agree to be bound by majorities they encounter a risk of having to do something they dislike or to quit the association. Real freedom consists in leaving bodies of men free to combine for objects which are in themselves proper, and leaving each man free to judge for himself whether, having regard to these objects, he chooses to accept the combination and make the sacrifice which combination involves, if sacrifice there be.
TNA, CAB 37/103/44.

識，但透過修法將此等共識實現的過程，卻並非毫無雜音。不過，藉由國會多數議員的努力，上述的共識，終於透過修法的程序而落實在1913年版的工會法（the Trade Union Act 1913）。新的工會法，承認了工會有資助工黨並維持雙方關係的權力。如前所述，國會修法鬆綁工會法的限制，意味著政黨結構的多元性將被承認。職是之故，英國學者認為，1913年工會法修法工作的完成，意味著「政黨結構的多樣性至此已為國會所肯認」（the diversity of party structure was now recognised by Parliament）。[31]

三、同意原則之建立與發展

1913年的工會法，承認了工會有資助工黨並維持雙方關係的權力，而這項修法，等於讓工黨取得了得以持續運作的「生存權」。然而，在工會法的規範之下，不僅是對於資助工黨的工會，對於所有有意資助特定政黨的工會而言，若採取「工會資助政黨」的運作模式，亦即前述所謂「多元性的政黨結構」，則工會必須付出一些「代價」。

此處所謂的代價，指的是工會按工會法採行「工會資助政黨」的運作模式時，必須接受的一些新的限制，而工會亦難以像昔日一樣地肆意而為。此等限制包括，第一，工會是否要訂定政治目標？工會應以匿名投票和多數同意的方式，方能回答此問題。第二，若一工會訂定了政治目標，則該工會應以多數決的方式，制訂其政治基金規範（political fund rules），而政治基金規範必須明文規定，政治基金與原本的工會的會務基金，必須完全分離。所有的工會會員皆可選擇既繳交工會會費且繳交政治基金，或者，僅繳交工會會費而不繳交政治基金。[32]換句話說，所有的工會會員，皆有權利選擇僅參與工會的一般事務，而不參與

---

31 Ewing, *supra* note 1, at 66.
32 前揭註。

工會的政黨事務。

如此的選擇權，逐漸演進爲尊重工會會員意見的同意原則。所謂的同意原則，可由團體和個人（collective and individual）等兩個角度加以觀察。就團體的角度觀之，政治基金的設立，應以匿名投票和多數決的方式決定之。就個人的角度觀察，即便一工會於投票中以多數決的方式同意了政治基金的設立，工會會員仍得以拒絕繳交政治基金的方式，選擇不遵守多數決的決定。[33]

值得特別說明的是，雖然政治基金的設立，應以匿名投票和多數決的方式決定之，但 1913 年的工會法施行後，產生了一項爭議：工會會員對於政治基金的設立作出了「集體同意」（collective consent）的決定之後，原則上無論過了多長的時間，會員皆無再次表達是否「集體同意」的機會。換句話說，昔日的「集體同意」，今日可能已不復存在。英國於第一及第二次世界大戰期間以及其後的數十年間，雖已逐漸認識到此項爭議的存在，但一直未能解決。直到 1984 年，國會修正了 1913 年的工會法，要求所有具有政治目的工會，每隔 10 年應透過匿名投票，重新以多數決的方式決定應否維持原有的政治目的。[34] 換句話說，同意原則作爲一項政黨法的原則，至此已然相當明確。

---

[33] Ewing, *supra* note 1, at 66-67.

[34] See now Trade Union and Labour Relations (Consolidation) Act 1992, Ch VI. 相較於 1913年的工會法，英國國會於1984年的工會法中，對於工會關於資助政黨和政治活動等的政治開支（political expenditure），加諸了更多的法律限制，例如：工會應定期檢討其政治基金的運用情況。此外，並非各種來源的經費，皆可被用來達成政治上的目的（for political purposes）。相關的討論，可參考Keith Ewing的分析。Keith Ewing, *Trade Union Political Funds: The 1913 Act Revised*, 13 Industrial Law Journal 227 (1984).

肆、政黨自主原則：意義、概念與司法實務爭議

如前所述，相較於工黨成立之前的其他政黨，工黨的創立者並非傳統的政經菁英，其黨員的社經地位與昔日其他政黨的黨員不同，且創立工黨所依據的法規，亦有其特殊性。文前 Osborne 案所引起的爭議，皆圍繞在此等議題之上。工黨成立之後，英國各界針對政黨法制的關注重點，逐漸聚焦於是否應規範政黨內部事務的議題。規範政黨內部事務的相關議題，主要包括了政黨內部組織與管理的爭議，以及各級選舉的候選人遴選爭議。隨著關注焦點的改變，除了前述的多元原則與同意原則之外，第三項關於政黨規範的原則，亦即政黨自主原則，隨著相關司法爭訟的出現而被納入英國的政黨規範之中。

一、意義

所謂的政黨自主原則，係指英國並無針對政黨的內部事務進行直接規範（direct regulation）的成文法。政黨雖受一般法規（the ordinary law）的規範，但原則上，政黨享有相當的自主性。首先，政黨得以自行決定黨員的資格、政黨的架構、運作的方式以及發展公共政策的模式。其次，特定政黨亦得自行決定遴選方法，選拔（代表該黨）參與各級選舉的候選人，並得自行決定推舉或選舉黨魁的方式，以及懲戒黨員或開除黨籍的方式與條件。[35] 換句話說，英國政黨雖無自外於一般法規的特權，但就黨內事務而言，其享有極高的自主權。

二、司法實務

雖不可謂英國成文法對於政黨內部事務完全未有任何規定，但可

---

[35] Ewing, *supra* note 1, at 67.

以確定的是，英國法院並未將相關條款，視爲限制政黨自主性的法律依據。觀察與政黨相關的司法爭訟，可知英國法院所著重者，一方面係各個政黨是否根據其黨章運作，另一方面則是，當有人違反黨章時，政黨是否確實適用黨章中的規定，對於違反黨章的行爲加以議處。

根據英國倫敦大學國王學院（King's College London）著名公法學者 Keith Ewing 教授的研究，政黨自主原則主要體現於兩個層面。首先，在英國法中，幾乎無法找出能證明明顯的「國家介入」（state intervention）的條款。其次，英國法院已明確表明其不願介入各政黨黨章爭議（rule-book disputes）的立場。換句話說，法院大都避免主動處理政黨的黨內爭議，而是傾向於讓政黨自行解決其內部衝突（the parties themselves to resolve internal conflicts）。[36]

涉及政黨自主原則的司法實務上爭議，皆與工黨有關，而此等案例，乃是本文接下來欲分析的重點。值得在此補充說明的是，政黨自主的概念，非僅涉及工黨的事務與該黨的發展，其與包括保守黨在內之其他政黨的事務與發展，亦有密切的關係。不過，此等關係並未引起司法上的爭議。進一步來說，長期以來，政黨自主的概念，不僅被用來詮釋英國政黨就黨內事務所享有的高度自主權，此概念亦被用以說明保守黨各地分支政黨所享有的自主權。保守黨對於該黨各地分支政黨所提出的不同意見或採取的不同策略，皆展現了極大的包容性。[37] 倘若分支政黨的意見與策略，不危及保守黨作爲英國主要政黨的地位，該黨通常會給予分支政黨完全的自主權。蘇格蘭保守暨聯合黨〔Scottish Conservative and Unionist Party，通常簡稱爲「蘇格蘭保守黨」（Scottish Conservatives）〕以及威爾斯保守黨（Welsh Conservative Party，通常簡稱爲 Welsh

---

36 前揭註。

37 Alan Convery, *The 2011 Scottish Conservative Party Leadership Election: Dilemmas for Statewide Parties in Regional Contexts*, 67 *Parliamentary Affairs* 306-327 (2014).

Conservatives），分別為保守黨於蘇格蘭和威爾斯設立的分支政黨。此二分支政黨就其政策的制定、政黨領袖（leadership）的選舉與選舉候選人的遴選，皆享有「事實上的自主權」（de facto autonomy）。此種高度自主權的享有與行使，長期以來並無明顯的變化，亦未曾引起司法實務上的爭訟。[38]

本文緊接著將針對涉及政黨內部組織與管理以及選舉候選人遴選的司法爭訟。

(一) 政黨內部組織與管理之爭議

英國法院曾適用政黨自主原則，處理關於政黨內部組織與管理（internal organization and management）的爭議，而 1978 年的 Lewis v. Heffer 案（以下簡稱「Lewis 案」），[39] 正是一個具有代表性的案例。根據 Lewis 案的判決，此案的爭議，發生在工黨的紐溫東北選區（the Newham North-East Constituency Labour Party）一個地方黨部。此地方黨部之下的兩個支部（factions），皆自稱有主導（mastery）地方黨部大會（the general meeting of the local party）的權力。由於雙方僵持不下，因此兩個支部不僅在幹部之間爆發了激烈的爭執，雙方亦提出了多個訴訟以爭取地方黨部大會的主導權。

根據上訴法院（the Court of Appeal）對於 Lewis 案的判決，兩個支部之所以竭力爭取黨部大會的主導權，係因當時的紐溫東北選區，乃是工黨的安全選區之一，而所謂的安全選區，類似於現今台灣特定政黨「鐵票區」的概念。換句話說，哪一個支部取得了地方黨部大會的主導權，該支部推薦的人選，未來必將以工黨籍候選人的身分，囊括一個國

---

[38] Alan Convery, *The Territorial Conservative Party, Devolution and Party Change in Scotland and Wales* (Manchester: Manchester University Press, 2016).

[39] *Lewis v. Heffer* [1978] WLR 1061.

會議員的席次。

　　工黨中央其後意識到兩個支部幹部的爭執日趨白熱化，便由該黨的中央行政委員會下令，對於兩個支部的相關幹部及委員會，作出停權處分（suspensions），並要求兩個支部，靜候黨中央任命的代表對於此項爭議進行全面的調查（a full inquiry）。其中一個支部的黨務主管 Julian Lewis，由於不滿黨中央的處理方式，因此向法院提出了訴訟。Julian Lewis 主張，無論是根據工黨中央的章程，或者紐溫東北選區地方黨部的章程，工黨中央行政委員會皆無權作出上述的停權處分。職是之故，Julian Lewis 向法院提出聲請，請求撤銷工黨中央行政委員會的停權處分。

　　根據 Lewis 案的判決，法院指出，無論是工黨中央的章程，或者紐溫東北選區地方黨部的章程，的確皆未明文賦予中央行政委員會作出停權處分的權力。然而，承審此案的法官 Lord Denning 於判決書中指出：

　　中央行政委員會對於地方黨部或其成員行使了紀律處分權。當時地方黨部的內部，出現了眾多的爭議，而中央行政委員會進行了調查，並且重新整理了爭議的內容，其後將相關的支部成員逐出黨部，並且予以停權的處分。上述所有的措施，皆已於工黨的年度會議中進行了報告，且中央行政委員會，並未對被停權的幹部採取額外的措施。或者，至少在我看來，該委員會並未採取會帶來嚴重後果的額外措施。在一個像（工黨）這樣的組織，黨內的法規經常適用於政黨的實務運作中，而實務運作的結果，亦經常被用來補充黨內條款的不足。一旦黨內接受了新的實務運作結果，則此等結果即和成文的法規具有同等的效力。[40]

40　其原文為：The NEC have exercised disciplinary powers over the local Labour Parties or their members. When there have been dissensions within a local party, the NEC have held enquires and reorganized them. They have expelled members and suspended them. All these measures have been reported to the annual party conference and no exception has been taken to them, or no serious exception as far as I can see. In a body like this,

觀察以上的判決理由可知，上訴法院在 Lewis 案中，展現了對於政黨自主權的高度尊重。即使工黨中央或地方黨部的章程，皆未明文賦予中央行政委員會作出停權處分的權力，但法院最終仍認為，該委員會擁有此一權力。

　　本文對於法院判決理由的分析，可分為以下三點。首先，中央行政委員會作出停權處分的權力，可被認定為政黨所擁有的紀律處分權。其次，該委員會對於相關的爭議進行了調查，並將調查結果和停權處分於工黨的年度會議中作出了報告。就其相關措施的合理性以及程序的透明度而言，並無可非議之處。第三，該委員會此次所作的停權處分，可被理解為工黨內部的實務運作結果，而此一新的實務運作結果，將可用來補充黨內紀律法規的不足，且此結果與成文法規具有同等的效力。

(二) 選舉候選人之遴選

　　Lewis 案乃是英國法院將政黨自主原則，適用於政黨內部爭議的重要案例。除此之外，法院亦曾將政黨自主原則，適用於選舉候選人的遴選爭議。1999 年的 Mortimer v. The Labour Party 案（以下簡稱「Mortimer 案」），[41] 即為一重要案例。Mortimer 案，涉及工黨遴選 2000 年倫敦市長選舉（the London mayoral election in 2000）候選人的爭議。

　　根據工黨中央行政委員會訂定的黨內法規，首先，工黨於大倫敦地區（Greater London）的「關係工會和社會主義團體」（affiliated trade unions and socialist societies），亦即於首都區長年以來贊助工黨的組織，皆有權推舉參選倫敦市長的工黨籍候選人，並參與遴選候選人的程序。此等工會和團體，一般簡稱為「關係組織」（affiliated organiza-

---

rules are constantly being added. To, or supplemented by, practice and usage; and, once accepted, become as effective as if actually written.

[41] *Mortimer v. The Labour Party*, Case No HC 1999 OY944.

tions）。其次，關係組織必須於每年 12 月 31 日之前，繳交贊助工黨的「關係費」（affiliation fees），否則關係組織將會喪失推舉候選人並參與遴選程序的相關權利。就關係費的繳交以及遴選權的喪失而言，12 月 31 日於工黨的黨務運作之中，常被稱爲「凍結日」（freeze date）。

在 Mortimer 案中，製造、科學及金融工會（the Manufacturing, Science and Finance union）由於分期繳交關係費的緣故，遲至 1999 年 8 月，方繳清其應於前一年（1998 年）12 月 31 日前即應繳交的關係費。因此，工黨中央行政委員會根據前述的黨內法規，認定製造、科學及金融工會已喪失了推舉 2000 年倫敦市長選舉工黨候選人並參與遴選程序的權利。不難想像的是，該工會的會員對於中央行政委員會的決議極爲不滿。其後，該工會的 6 位會員向法院提起訴訟，請求確認該工會仍爲工黨的關係組織，有權推舉 2000 年倫敦市長選舉工黨候選人並參與遴選工作。

然而，法院駁回了 6 位原告的請求。承審此案的法官 Jonathan Parker 於判決書中指出：

任何個人或組織，皆無權參與按工黨章程所進行的候選人遴選程序。該遴選工作全然爲中央行政委員會所決定的事務，該委員會有權決定遴選程序進行的方式以及何人有資格參與遴選的程序。因此，本院在此所考量者，並非訂定一契約或訂定特定成文法的議題。本院所關心者，係中央行政委員會依其裁量權而將進行的遴選程序。[42]

---

[42] 其原文為：[N]o individual or organization had any right to participate in the selection process under the Labour Party Rules. It was entirely a matter for the National Executive Committee to decide what form the selection process should take and who should be eligible to participate in it. Thus the court is not here concerned with the construction of a contract or a statue, but rather with the procedure which the National Executive Committee in its discretion decided to approve.
Case No HC 1999 OY944, paras. 7 and 8.

法院接著指出，在此案中，以 1998 年 12 月 31 日作為贊助工黨的關係組織的「凍結日」，並非一項由工黨中央行政委員會所任意作出的決議。無論製造、科學及金融工會遲延繳交關係費的理由為何，該工會就系爭的候選人遴選程序，皆不應享有特殊的地位。[43]

此外，法院強調，此案的原告不適格（the claimants had no standing）。此一爭議，乃是工黨與製造、科學及金融工會之間的爭議，而非工黨與該工會會員之間的紛爭。職是之故，此案的 6 位原告並非適格的當事人，原本即無權向法院提起此案的訴訟。[44]

伍、近期之變革與展望

如前言所述，本文所稱的近期歷程，係指英國政黨規範於 1990 年代之後的發展。長期以來，英國的政黨的運作，僅受到極其有限的法律監督，而昔日的英國，更是將此種有限的監督，視為理所當然。Keith Ewing 教授甚至說，昔日英國的政黨的運作，僅受「自然正義法則」（the rules of natural justice）的規範，幾乎完全不受法院的法律審查（little legal scrutiny by the courts）；法院僅須確保各個政黨確實按其自訂的規範行事。[45] 此外，即便僅扮演此一消極監督的角色，法院亦僅需「在一定的距離之外扮演其角色」（performing this role from some distance）。[46]

---

[43] *Mortimer v. The Labour Party*, Case No HC 1999 OY944.

[44] 前揭註。

[45] Ewing, *supra* note 1, at 70-71.

[46] 前揭註。

一、「全女性準候選人」之爭議

英國政黨規範於 1990 年代的發展，與工黨對於女性候選人的推舉方式，有著密切的關係。在 1990 年代，工黨爲了增加該黨女性國會議員的席次，採取了不同於以往的遴選方式。工黨於部分選區遴選國會選舉候選人時，所有被列入遴選名單的準候選人皆爲女性。此一推舉方式，被稱作「全女性準候選人的政策」（the practice of all-women short-lists），在當時引起了頗多的議論，最後發展成 1996 年 Jepson v. Labour Party 案（以下簡稱「Jepson 案」）的訴訟。[47]

法院指出，「全女性準候選人的政策」，違反了 1975 年反性別歧視法（the Sex Discrimination Act 1975）的第 13 條。根據該條的規定，爭取政黨的國會議員選舉提名之人，「必須實際於與他人之競爭程序中被遴選爲候選人」（has to be actually selected as the candidate in competition with others）。然而，工黨「全女性準候選人」的遴選方式，顯然違背了此條文的規定。

Jepson 案引起了頗多的爭議。毫無疑問地，「全女性準候選人的政策」，表面上違反了 1975 年的反性別歧視法的第 13 條。然而，就政黨規範而言，此案顯然是對於前述政黨自主原則的一項重大挑戰，更何況究其實質，工黨「全女性準候選人的政策」，實際上並未違反性別平等原則的精神。職是之故，國會於 2002 年修改了反性別歧視法，限縮了新的 the Sex Discrimination（Election Candidates）Act 2002 的適用範圍，間接地藉此強化了政黨自主原則。

二、1998 年政黨登記法

2002 年反性別歧視法修正之前，1998 年政黨登記法（the Registra-

---

[47] *Jepson v. Labour Party* [1996] IRLR 116.

tion of Political Parties Act 1998）的立法，無疑將英國的政黨規範帶入了一個新的階段。以政黨法的比較法研究來說，英國雖無名為政黨法的法律，但研究者經常將 1998 年政黨登記法及其後取代此法的法律，認定為英國的政黨法，[48] 顯見此法有頗高的重要性和代表性。需要特別說明的是，1998 年政黨登記法的立法，並不意味著英國揚棄了政黨自主原則而進入了「國家監督」（state supervision）的時代。如同英國政府對其他人民團體的態度，其對於政黨可謂相當尊重。總體而言，英國政府不僅尊重各個政黨的意識形態和黨內法規，同時亦尊重政黨的架構和黨內規範方式。

如同其字面上的意義，1998 年政黨登記法規範了政黨登記的機制。此法所帶來的最直接影響，莫過於禁止特定候選人以惡作劇的方式，將看似英國主要政黨名稱的詞彙，使用於選票上。舉例來說，特定候選人將 Conversatives（而非保守黨人 Conservtives）以及 Literal Democrats（而非自由民主黨人 Liberal Democrats）使用於選票之上。然而，必須強調的是，1998 年政黨登記法所採取的登記機制，並非具有強制力的機制，而是一個提供強烈登記誘因（strong incentives to register）的鼓勵機制。舉例來說，政黨的黨名一經登記，即受到嚴格的法律保護，他人在選票（ballot paper）上，不得使用已被登記的黨名。此外，僅有已登記的政黨，其黨徽方得連同候選人的姓名，一同被印在選票之上。

---

[48] 舉例來說，任教於荷蘭萊登大學（Leiden University）政治學系的學者Fernando Casal-Bertoa、Daniela Romee Piccio和Ekaterina Rashkova於渠等2012年發表的政黨法比較研究，即將1998年政黨登記法，認定為英國的政黨法。Fernando Casal-Bertoa, Daniela Romee Piccio, and Ekaterina Rashkova. 2012. "Party Law in Comparative Perspective." in http://www.partylaw.leidenuniv.nl/uploads/wp1612.pdf, 27. Latest update 14 March, 2020.

三、2000 年政黨、選舉與公民投票法

2000 年時，英國國會廢止了 1998 年政黨登記法，取而代之的是 2000 年的政黨法。本文以爲，欲探討新法對於政黨的規範，除了必須分析此法對於政黨（在 1998 年政黨登記法之外）所增訂的規範，尚需探究此法未限制的事項。探討此法未限制事項的意義爲何？2000 年政黨法雖未將英國法院於司法實務上所建立的政黨自主原則，轉化爲法律條文，但亦未對此一原則加諸任何的限制，實際上可謂國會肯定了此一原則於英國政黨法制的效力。如前所述，法院於 *Lewis* 案將政黨自主原則適用於政黨內部爭議，在 Mortimer 案將政黨自主原則，適用於選舉候選人的遴選爭議，並於 Jepson 案強化了此原則的效力。由於 2000 年政黨法並未對此一原則加諸任何限制，因此就不成文法國家的法理而言，此原則的法律地位，至此可謂完全確立。[49]

如前所述，欲探討 2000 年政黨法對於政黨的規範，除了必須分析此法未限制的事項，亦須探究此法對於政黨所增訂的規範。總體而言，此法強化了 1998 年政黨登記法的強制力，但必須特別說明的是，此等增訂的規定，並非以行政管制手段取代政黨自主原則，而是要求所有已登記的政黨，負擔必要的責任，使政黨自主與政黨責任達成相輔相成的效果。

2000 年政黨法對於政黨的規範，主要爲第二部分（第 22 條至第 40 條）「政黨之登記」（Registration of Political Parties）、第三部分（第 41 條至第 49 條）「對已登記政黨之會計要求」（Accounting Requirements for Registered Parties）以及第四部分（第 50 條至第 71 條）「捐助已登記政黨及其黨員應受之限制」（Control of Donations to Registered

---

[49] 或許由於2000年政黨法對於政黨的意識形態和黨內所強調的原則，採取了相當尊重的態度，因此近年來並無涉及此法的政黨自治爭訟。

Parties and Their members etc.）。與本文分析的議題關係較爲密切者，係第二部分關於「政黨之登記」的規範。

首先，如前所述，1998 年政黨登記法所採取的登記機制，並非具有強制力的機制，而是一個提供強烈登記誘因的鼓勵機制。然而，2000 年政黨法實際上已將強制的政黨登記機制，取代了自願的政黨登記機制。何以有此結論？其原因在於，根據 2000 年政黨法，唯有已登記的政黨，方有推舉選舉候選人的權利。[50] 其他候選人於自己提交的提名文件（nomination papers），僅得以標示爲獨立候選人（independent candidate）或者僅得標示姓名，不得填寫任何說明（without any description）。由於未登記政黨無法取得推舉選舉候選人的權利，因此有計畫於各項選舉中提名候選人的各個政黨，無不迅速提交政黨登記的申請，爭取盡快取得此一權利。

其次，按 2000 年政黨法，政黨於登記時，須符合數項形式要件。舉例來說，政黨應登記政黨名稱、政黨總部（headquarters）、黨魁（leader）、選舉的提名主管（nominating officer）和財務長（treasurer）。[51] 2000 年政黨法第三部分「對已登記政黨之會計要求」相關條文的細節，與本文的主題未有直接關係，但值得特別說明的是，此等會計要求得否實現，與此處財務長的角色，有著密切的關係。按2000 年政黨法，財務長負責確保其所屬的政黨，能確實負擔此法所列舉的各項財務報告義務以及財務揭露的義務。

第三，根據 2000 年政黨法，政黨必須提供一份黨章的複本（a copy of its constitution）。此一形式要件所隱含的意義爲，一政黨須有黨章，否則無法按2000 年政黨法登記。[52] 一般認爲，2000 年政黨法得以

---

[50] 2000年政黨法第22條。

[51] 2000年政黨法第24條。

[52] 2000年政黨法第28條第1項。

提升政黨於政治上的領導效能，強化政黨於內部財務上的管理和稽核成果，同時對於政黨的意識形態和黨內所強調的原則，仍採取尊重的態度。

陸、結論

就政黨於英國的法律地位而言，其係受私法規範的非法人團體。此非指英國政黨除了受到私法規範之外，完全不受其他法律的規範，亦非指政黨於法律上享有豁免權。英國政黨的法律地位與其所受的法律規範係屬二事，二者的關係雖密切，但不可混為一談。第一，法律地位涉及政黨這類團體的設立，至於政黨所受的法律規範，則涉及政黨活動所受的制約。第二，法律地位之所以受到私法規範，係因政黨乃是由一群人依其自由意志而設立，並非一政府部門，因此應維護其獨立性，至於政黨所受的法律規範，則與選舉的公平性和公共利益有著密不可分的關係，因此受到（包含不成文之法律原則在內的）政黨法規所規範。

如前言所述，國家對於政黨發展的態度，理論上介於天秤的兩端之間。在天秤的前端，國家對於政黨在政策上採取鼓勵和支持發展的態度，法律上幾無任何規範。在天秤的末端，國家可能於法律上就政黨的設立條件、組織、人事、財務，甚至是選舉候選人的遴選程序，訂定詳細的規範且積極地加以適用。

根據本文的分析，英國的法制顯然既不在天秤的前端，亦不在其末端，原則上其位於兩端的中間，採取的主要是政黨自主原則。之所以走在中間的道路上，其原因在於，無論站在天秤的前端或後端，皆會遭遇各種的不利益。舉例來說，以前端而言，在幾無任何法律規範的情況下，對於運作不透明的政黨，繳交黨費的黨員將無從監督黨內事務。以後端而言，由立法機關對「內部秩序」訂定詳細規範，並由行政機關積極適用法規，因此此種運作模式未必符合民主原則，更何況內部秩序所

涉及者，並非靜態的事務。實際上，所謂的內部秩序，往往必須按政治上的需求加以彈性調整。

不可諱言地，由英國立法機關針對「內部秩序」訂定「低度標準」，並由行政機關適用之，一方面得以保護黨員的利益，另一方面又能符合民主原則的要求，可謂一方面以政黨自主爲原則，再一方面又能課予政黨一定的義務。然而，由於英國的政黨法制，肩負著維護各方權益的重責大任，未來能否長期維持「內部秩序」的「低度標準」，抑或會轉化爲以政黨責任爲主軸，以政黨自主原則爲例外的法制，則有待時間的考驗。

就 20 年來的實際情況而言，首先，2000 年政黨法雖未將英國法院於司法實務上所建立的政黨自主原則，轉化爲法律條文，但亦未對此一原則加諸任何的限制，實際上可謂國會肯定了此一原則於英國政黨法制的效力。其次，2000 年政黨法強化了 1998 年政黨登記法的強制力，但此等增訂的規定，並非以行政管制手段取代政黨自主原則，而是要求所有已登記的政黨，負擔必要的責任，使政黨自主與政黨責任相輔相成。第三，2000 年政黨法實際上已採行強制的政黨登記機制。政黨於登記時須符合數項形式要件。舉例來說，政黨應登記政黨名稱、黨魁、選舉的提名主管和財務長。總體而言，2000 年政黨法得以提升政黨於政治上的領導效能，強化政黨於內部財務上的管理和稽核成果，同時對於政黨的意識形態和黨內所強調的原則，仍採取尊重的態度。

參考文獻

一、中文部分

英國國家廣播公司（2015），《英國大選政黨簡介》，載於：http://www.bbc.com/ukchina/trad/uk_life/2015/03/150330_profile_uk_parties。

二、英文部分

Aamodt, Aathelstane. 2015. "Unincorporated Associations and Elections." in https://www.publiclawtoday.co.uk/governance/314-governance-a-risk-articles/27090-unincorporated-associations-and-elections. Latest update 14 March, 2020.

Adams, J. & R. Brownsword. 1999. *Understanding Law*. London: Sweet and Maxwell.

Casal-Bertoa, F., D. R. Piccio & E. Rashkova. 2012. "Party Law in Comparative Perspective." in http://www.partylaw.leidenuniv.nl/uploads/wp1612.pdf. Latest update 14 March, 2020.

Convery, Alan. 2014. "The 2011 Scottish Conservative Party Leadership Election: Dilemmas for Statewide Parties in Regional Contexts." *Parliamentary Affairs* 67(2): 306-327.

Convery, Alan. 2016. *The Territorial Conservative Party, Devolution and Party Change in Scotland and Wales*. Manchester: Manchester University Press.

Ewing, Keith. 1984. "Trade Union Political Funds: The 1913 Act Revised." *Industrial Law Journal* 13(1): 227-242.

Ewing, Keith. 2007. *The Cost of Democracy – Party Funding in Modern British Politics*. Oxford: Hart Publishing.

Kelsen, Hans. 1945. *General Theory of Law and State*. Trans. Anders Wedberg. Cambridge: Harvard University Press.

Kippin, S., P. Dunleavy & the Democratic Audit Team. 2017. "How Democratic Are the UK's Political Parties and Party System?" in http://eprints.lse.ac.uk/80863/1/democraticaudit.com-How%20democratic%20are%20the%20UKs%20political%20parties%20and%20party%20system.pdf. Latest update 14 March, 2020.

英國法制對政黨自治與運作之規範

Morris, Caroline. 2011. *Parliamentary Elections, Representation and the Law*. Oxford: Hart Publishing.

Müller, W. & U. Sieberer. 2006. "Party Law" in *Handbook of Party Politics*, eds. Richard Katz & William Crotty. London: Sage Publications.

The Parliament. 2018. "State of the Parties." in https://members.parliament.uk/parties/ Commons?fordate=2019-11-05. Latest update 14 March, 2020.

Schattschneider, Elmer. 1942. *Party Government*. New York: Rinehart & Co.

Storey, Richard (ed.). 1979. *The Osborne Case Papers & Other Records of the Amalgamated Society of Railway Servants*. Coventry: University of Warwick.

The Supreme Court. 2020. "The Role of the UKSC." in https://www.supremecourt.uk/faqs. html#1. Latest update 12 March, 2020.

Trueman, Chris. 2015. "Nazi Germany - Dictatorship." in http://www.historylearningsite. co.uk/nazi-germany/nazi-germany-dictatorship/. Latest update 14 March, 2020.

Ware, Alan. 1987. *Citizens, Parties and the State*. Cambridge: Polity Press.

第四章

行政法院稅捐訴訟爭議判決評析：以大聯米酒稅案爲例

張進德 [*]

[*]冠恆联合會計師事務所創辦人

美國聯邦國際大學會計博士，國立中正大學法學碩博士，研究領域為稅法、國際稅法、公司法、證券交易法、會計與企業管理，現職為國立中興大學法律系兼任教授，E-mail:crowntc@crowncpa.com.tw

摘　要

　　本文以大聯公司產製大統料理米酒等，嗣國稅局查核後，認定屬其他酒類，而遭鉅額補稅及罰鍰（營業收入僅 3 千 4 百多萬元，補稅 1 億 6 千多萬元及罰鍰 1 億 6 千多萬元）為中心，以評析本案件作為論述平等原則、量能課稅原則及比例原則於稅捐訴訟實務之應用之基底，全文以大聯米酒稅案之相關內容開展，評析部分亦與本案環環相扣，除針對量能課稅原則及比例原則外，民國 105 年始公布施行之納稅者權利保護法亦有值得說明之重要性，將該法之中心理念納入本案，以期落實正當、合理、適當之概念，最終對我國法學教育及法官訓練過程提出建議，期待對未來降低濫權稽徵之比例能夠有所助益。

關鍵詞：大聯米酒稅案，平等原則，量能課稅原則，比例原則，納稅者
　　　　權利保護，濫權稽徵。

壹、前言

　　課稅是否公平、是否合理、是否適當……，必然影響國家財政收入、經濟發展，社會財富分配及憲法納稅人基本權等。民國 50 年代後半期至 60 年代，台灣已從農業社會轉變為勞力密集之輕工業時代，當時之賦稅政策已然無法適應經濟環境需要，稽徵機關乃聘請旅美學人劉大中先生回台主持賦稅改革，成立財稅中心以電腦資訊處理稽徵業務，查核重大逃漏稅案，並對當時之稅法及稅制做出全盤修正，由於當年賦稅改革十分成功進而加速經濟快速成長，使台灣成為亞州四小龍之首。

　　民國 80 年代之前，稅務風氣較差，惟於張耀東先生等人致力改善之下，民國 90 年代起整體稅務環境逐漸轉好，迄今仍保持於相當良好之狀態，對於張耀東先生等人之偉大貢獻，國人深感敬佩。

　　雖說整體稅務風氣良好，惟仍有部分案件恐有濫權課稅之嫌，尤其於財政部「心中只有稅收，沒有法律」（以國家稅收為優先考量）之傳統文化主導下，財政部所制定之租稅政策與實際情況顯不相符，難以適用；再者，行政法院形同虛設、功能不彰，已淪為財政部違法濫權背書者，無法保護納稅人合法權益，更無法制衡少數稽徵人員違法課稅。加之我國稅法條文大多制定於民國 50 年代，於當時農業社會、戒嚴時期，稅法並未考慮納稅人人權，無法適應目前國際化、自由化以及法治之要求，更阻礙了經濟發展，加速財務分配惡化。本文以受託產製應課徵菸酒稅酒類之廠商─大聯公司之案為例，講述行政法院功能不彰之情形。

貳、案例事實：大聯米酒稅案

　　本件納稅義務人大聯企業股份有限公司（下稱大聯公司）於 100

至 102 年間以食用酒精摻水產製料理米酒，中區國稅局依財政部國庫署
103 年 5 月 1 日台庫酒字第 10303412890 號函規定，認定該料理米酒不
屬於料理米酒之課稅範圍（事實上，台酒亦以食用酒精摻水產製為料理
米酒[1]），而為其他酒類，遭中區國稅局認定屬菸酒稅法第 2 條第 3 款第
5 目所規範之「其他酒類」，應按每公升每度 7 元之稅率徵收，是以稽
徵機關嗣後對大聯公司按其他酒類之稅率補徵菸酒稅新台幣 1 億 6 千多
萬元，並課予漏稅罰罰鍰新台幣 1 億 6 千多萬元，惟大聯公司本身所賸
餘財產之總淨額為負數，針對系爭料理米酒所得之營業收入僅新台幣 3
千 4 百多萬元，根本不足以支付總共 3 億多元之補稅加罰鍰，是以經復
查、訴願及行政訴訟種種救濟程序均敗訴後，最終仍被課如前述般鉅額
稅款及罰鍰。

參、監察院糾正財政部要旨及調查意見

菸酒稅為特種消費稅，屬間接稅性質，大聯公司雖係受託產製大統
料理米酒等 11 種酒品之酒類廠商，惟實際負擔稅捐者為購買酒品之消
費者，大統料理米酒原按「料理酒」課徵每公升 9 元之稅額，大聯公司
固然可將稅負轉嫁售價中交由消費者負擔，然本案補徵稅額之時該酒品
均已銷售完畢，稅捐無從轉嫁。中區國稅局以大聯公司未依規定酒品種
類申報菸酒稅為由，將稅率改以「其他酒類」核算，因其酒精成分 19.5
度，稅額則高達每公升 136.5 元；依據大聯公司提供資料顯示，系爭酒
品平均每公升售價 26 元，以「其他酒類」之每公升每度 7 元稅率課徵

---

[1] 台灣菸酒股份有限公司產製之紅標料理米酒即以調和精製食用酒精而成。
https://www.ttl.com.tw/products/products_view.aspx?sn=22&id=128（最後瀏覽日：
12/26/2019）。

之下，大統料理米酒稅率即高達525%[2]。以拉弗曲線[3]理論觀之，稅率0%與100%時將無稅收收入，更何況計算結果稅率高達525%，不論以經濟實質或利益歸屬衡量均顯有失當。

　　菸酒稅法考量我國民情，課予料理酒較低稅額，酒品產製廠商雖依法有誠實申報登記之協力義務，然於酒品分類項目眾多且稅額差異甚大之下，稽徵機關更應善盡職權調查，不宜僅仰賴納稅義務人協力義務，致使事後發現酒品分類有誤而補徵鉅額稅額與罰鍰。又財政部於民國94年、98年及99年函釋均稱以食用酒精添加香料製成之酒品應歸屬其他酒類，惟該等函釋未登載於政府公報，直至民國102年版菸酒管理法彙編始納入相關函釋，作法實有欠嚴謹。

　　綜上，監察院調查意見認財政部中區國稅局將系爭大統料理米酒歸屬「其他酒類」課徵每公升每度7元之稅率，未考量補徵當下已無法轉嫁之菸酒稅及大聯公司之營業收入，對大聯公司財產權侵害甚鉅，難謂符合比例原則。（監察院於107年12月5日糾正財政部，惟迄今財政部大言不慚以本案經最高行政法院確定判決為由，完全不甩監察院之糾正）雖監察院已於民國107年12月5日糾正財政部，然目前監察法第25條對監察院糾正案僅賦予質問之權，效力實不足以撼動確定判決所生之既判力，惟監察院糾正之效力並非本文所探討之中心，是以不於此詳述。

2　稅額（136.5元）／售價（26元）＝525%。

3　拉弗曲線（Laffer curve）描繪了在各種稅率下，稅率與政府稅收間之各種關係，用以表示稅收收入之彈性；在稅率0%及100%時，均無稅收收入。

肆、本文評析

一、系爭大統料理米酒不應歸屬於其他酒類

　　料理米酒之釀造，依規定須以稻米爲基底，惟雖本案大聯公司係以玉米做基底進行釀造，然本文認爲，稻米與玉米均屬澱粉，更何況現許多食用酒精係以甘蔗汁製作，何以不允許玉米作爲製造基底？

　　再者，查菸酒稅法第 2 條第 3 款第 5 目所稱「其他酒類」係指：「釀造酒類、蒸餾酒類、再製酒類及料理酒以外之酒類，包括粉末酒、膠狀酒、含酒香精及其他未列名之酒類。」，又依上述監察院調查意見所述，以食用酒精添加香料所製成之酒類應歸屬其他酒類之函釋，於民國 100 年事件當時並未刊登於政府公報。

　　依據彰化縣政府查獲配方表及裁處書所載，大統料理米酒實際上係以食用酒精稀釋後添加香料製成、大統米酒頭係以食用酒精添加基酒製成、而大統高粱酒則係以食用酒精添加高粱基酒製成，既然上述函釋於事件當時並未公布，本文認爲僅就「其他酒類」所例示之粉末酒、膠狀酒、含酒香精……性質分析可知，其所使用之酒類或酒精均屬一般情況下民眾較少使用或用量極低者，如：財政部國庫署菸酒管理組於 105 年 1 月 27 日發布之業務公告[4]：「粉末酒（又名 Powdered Alcohol；Palcohol；酒粉等）之內容物爲固體粉末，消費者不易了解其內含物，恐衍生非法流用、青少年濫用等安全疑慮，且其非屬民生必需品，爲保障消費者安全，爰依菸酒管理法第 4 條、第 10 條及第 16 條之規定，不許可粉末酒進口及產製。」、含酒香精內含之酒精則指：「純粹提煉之藥用酒

4　財政部國庫署菸酒管理組業務公告，民國105年1月27日，https://www.nta.gov.tw/web/AnnA/uptAnnA.aspx?c0=177&p0=8191（最後瀏覽日：11/18/2019）。

精或精鍊酒精（95%純度）」[5]、1974年一項美國專利講述將飲料酒膠凝化成為固體糖果之方式，膠凝化飲料酒方式亦並非一般民眾常見之飲酒習慣，甚至有人將凝膠狀之酒製成「分子料理」[6]……，此些類型之酒類均非常態且一般民眾並不常見，即便食用則用量亦不大，以此例示酒品性質之體系解釋概括規定之「其他未列明酒類」。本案系爭酒品應非屬其他酒類，因系爭酒品於出售時係以料理米酒名稱，不論申請產品登記當時抑或民眾用量習慣以觀，均與其他酒類顯著不同，就體系解釋而論難認應歸屬於其他酒類。

二、本稅補稅處分明顯違反量能課稅原則

　　稅捐分配應符合普遍、平等且與個人能力相當，意即受量能課稅原則支配，量能課稅原則指依經濟給付能力平等課徵原則，將其作為稅法結構性原則，使稅法受倫理價值拘束，國家課稅之基本原則即為量能平等負擔之倫理要求[7]，雖量能課稅原則作為稅法結構性原則，惟如此並不表示不得限制量能課稅原則之範圍，如於稅捐優惠情形下，為符合政策可適當限制量能課稅原則之適用；亦或係為符合社會福利目的而犧牲之，皆非不可。

　　量能課稅原則不僅基於憲法平等原則，而係由憲法中民主原理、自由權、平等權及社會國理念共同作用所衍生，理由在於憲法保障人性

5　精油香水，https://www.herbcare.com.tw/article_detail?id=5943341384466432（最後瀏覽日：11/18/2019）。

6　分子料理，又被人們稱為未來食物，是把各種可食用的化學元素進行組合或改變食材分子結構，再重新組合，屬於一種人造食物。使食物不再受地理條件、產量等因素限制，甚至可能解決某些地區糧食短缺的問題。https://zh.wikipedia.org/zh-tw/%E5%88%86%E5%AD%90%E9%A3%9F%E7%89%A9（最後瀏覽日：12/05/2019）。

7　葛克昌（2008），〈法律原則與稅法裁判（上）〉，《台灣法學雜誌》，114期，頁6。

尊嚴、各種自由權、消極防禦權……權利保障下財產權之使用，是以說量能課稅原則係由平等原則單獨導出、或稱其為財產權對立面皆有所不足，基此，學者[8]乃稱之為「包含於憲法財產權、自由權中之一種私有財產制度，因考量公共負擔平等、全體納稅人共同體間團結原則，及社會義務拘束理念，於財產使用收益，分擔公共支出之結構性原則。」

(一) 納稅者權利保護法（下稱納保法）

既然認為本案有違量能課稅原則，則不得不談及納保法對量能課稅原則之規範。稅捐之課徵，其目的除確保國家財政收入外，亦附帶有其他政策性目的，而為了國家財政收入，我國於立法上往往易偏頗於提升稽徵行政效能，以確保稅捐債權之實現，而忽略有關納稅人權益之保護及稅捐正義。因此為適切保護納稅義務人權益，並確保依法公平納稅及實現法治國家之課稅程序，以增進徵納雙方之互信及和諧，故而衡酌我國現行稅法、稅制及稽徵實務狀況，於民國 105 年 12 月 28 日經立法院三讀通過增訂納保法，針對租稅法律主義、公開解釋函令及財政資料、具政策目的之租稅優惠應明訂實施年限並符合比例原則及課稅調查之正當等程序事項予以規範[9]。由於此處在於論述量能課稅原則，是以本文以下僅針對納保法之立法理由及精神，與量能課稅原則部分進行闡述，其餘內容不做介紹。

首先，納保法第 1 條第 1 項明文：「為落實憲法生存權、工作權、財產權及其他相關基本權利之保障，確保納稅者權利，實現課稅公平及貫徹正當法律程序，特制定本法。」其立法理由謂：「我國憲法第十五條規定，人民之生存權、工作權及財產權，應予保障；此外，稅捐稽徵

---

[8] 前揭註11，頁7。

[9] 納稅者權利保護法立法理由，轉引自張進德（2019），《最新稅法與實例解說：法律邏輯分析與體系解釋（上冊）》，9版，頁86，台北：元照。

亦可能對營業自由、資訊自主等其他自由權造成侵害，因此立法目的尚包含保護其他相關基本權利；「經濟社會文化權利國際公約」亦規定各締約國應維持勞工及其家屬符合基本生活水準，自不得以租稅方式限制之。爰參酌上開規範之意旨，制定本法。」國民主權理念之深化、以納稅人為尊之服務理念落實、貫徹社會法治國理念三項係學者所提出，喚醒納稅人權利明文化之觀念。首先關於國民主權，按國民主權係指國家之最高統治權基礎僅能來自國民，而不得來自國民以外之其他機制，憑藉著民主制度將國家權力之運作回溯國民意志[10]，惟有認現代國家本質上係租稅國家，即便主權決策之行使須以國民為主，惟財政收支基本仰賴稅捐，是以學者方主張納稅人全體係國家主權之首要擁有者，國家機關由此而派生[11]；其次，服務理念以納稅人為尊，同樣以國民主權為核心，惟卻改由「武器是否平等」之角度出發觀察，納稅人與稽徵機關資訊及訴訟能力嚴重失衡之下，更應於立法上給予全面之保障[12]；最後則為貫徹社會法治國理念，維護法治之同時亦須形成社會正義，利用稅捐徵收機制調節貧富差距，以徵稅手段保障人民除納稅以外之財產權不受國家公權力干預，同時實現社會國思想[13]。

再者，針對量能課稅原則部分學者有言，量能課稅原則係指個別納稅人繳納租稅之經濟能力課徵租稅之原則[14]，納保法第4條第1項明定，「納稅者為維持自己及受扶養親屬享有符合人性尊嚴之基本生活所需之費用，不得加以課稅。」係指納稅者按中央主管機關公告當年度每人基本生活所需之費用乘以納稅者本人、配偶及受扶養親屬人數計算之基本

---

[10] 蔡宗珍（1996），〈國民主權於憲政國家之理論結構〉，《月旦法學雜誌》，20期，頁30、35。

[11] 葛克昌（2018），《納稅者權利保護法析論》，2版，頁5-6，台北：元照。

[12] 前揭註11，頁6。

[13] 前揭註11，頁6-7。

[14] 陳敏（2019），《稅法總論》，頁75，台北：新學林。

生活所需費用總額，超過其依所得稅法規定得自綜合所得總額減除之本人、配偶及受扶養親屬免稅額及扣除額合計數之金額部分，得自納稅者當年度綜合所得總額中減除。惟不包括財產交易損失及薪資所得特別扣除額[15]。

按人民之生存權及人性尊嚴，爲憲法所保障之基本權；《經濟社會文化權利國際公約》亦規定各締約國應維持勞工及其家屬符合基本生活水準。因此，納稅者爲維持其個人及受扶養親屬之人性尊嚴及最低基本生活之水準所需之費用部分，有不受課稅之權利。亦即國家任何課徵稅款或追繳欠稅行爲均不得侵犯納稅者個人及其家屬維持基本生活水準之最低基本生活所需。又現行納稅者爲維持自己及受扶養親屬享有符合人性尊嚴之基本生活所需費用，不得加以課稅之計算方式，係將薪資所得特別扣除額納入比較基礎，參據大法官釋字第 745 號解釋文意旨，薪資所得特別扣除額具薪資收入之必要費用性質，爰自基本生活所需費用之比較計算基礎中排除；財產交易損失係基於盈虧互抵原則，得自財產交易所得中扣除，與基本生活所需費用無涉，不宜納入比較基礎，以落實納保法之立法意旨。

而納稅者爲維持最低基本生活所需之費用標準如何，應與現實之社會及經濟狀況相符，爰明定由中央主管機關會同內政部，參照中央主計機關所公布最近 1 年全國平均每人可支配所得中位數 60% 定之，並每 2 年定期檢討乙次，以符合實際社會、經濟之變動情形。又爲便利人民共享及公平利用政府資訊，保障人民知的權利，增進人民對公共事務之了解、信賴及監督，爲政府資訊公開法立法之目的。明定中央主管機關應主動公開決定基準及判斷資料，以使人民對上開「最低生活所需費用」之監督具有可能性[16]。

---

[15] 張進德（2019），前揭註9，頁90-91。

[16] 張進德（2019），前揭註9，頁91。

(二) 司法院大法官釋字第 745 號解釋

本號解釋係目前唯一一號明白將量能課稅原則寫明於理由書之解釋，以往大法官幾乎以平等原則開展，用平等原則檢驗是否符合稅法上量能課稅原則，至於為何係從平等原則開展？蓋稅法上量能課稅原則本係源自憲法之平等原則，以下先分別論述憲法上平等原則與稅法上量能課稅原則，再將釋憲實務之演進作簡單敘述。

1.憲法之平等原則

憲法上之平等原則可以區分為規範上之平等原則以及釋憲實務上之平等原則。前者如憲法第 5 條：「中華民國各民族一律平等。」、同法第 7 條：「中華民國人民，無分男女、宗教、種族、階級、黨派，在法律上一律平等。」等，雖有諸多條文作為依據，然釋憲實務上幾乎以第 7 條做開展；後者則記載了司法院大法官對平等原則之描述與認識，蓋因司法院大法官於我國體制上有權解釋憲法中平等原則之規範意義，並因此而拘束全國各機關[17]，大法官解釋中首次出現解釋平等原則者為釋字第 179 號解釋：「按憲法第七條所稱中華民國人民無分男女、宗教、種族、階級、黨派，在法律上一律平等，並非不許法律基於人民之年齡、職業、經濟狀況及彼此間之特別關係等情事，而為合理之不同規定。」嗣後，大法官開始提出實質平等概念，如釋字第 485 號解釋：「憲法第七條平等原則並非指絕對、機械之形式上平等，而係保障人民在法律上地位之實質平等，立法機關基於憲法之價值體系及立法目的，自得斟酌規範事物性質之差異而為合理之區別對待。」，本號解釋亦即成為平等原則中最經典之解釋。

---

[17] 柯格鐘（2016），〈論稅捐正義的追尋：從憲法平等原則到稅法量能課稅原則的路徑〉，《台大法學論叢》，45卷特刊，頁1236。

2. 稅法之量能課稅原則

討論稅法上量能課稅原則之前，應先明確何謂「稅捐」？現代法治國家對稅捐之理解一般意味著人民對國家以「稅」爲名之給付，人民一方面除須依照法律規定給付外，對人民而言該稅捐給付亦具有強制性[18]，因此憲法第 19 條明文：「人民有依法納稅之義務。」既然憲法將納稅明文作爲人民之一種義務，則國家不存在著必然提供對待給付之對價關係，而建立所謂探討稅捐法中之平等原則之重要步驟，即爲找尋與稅捐事物相關之分類標準，以此成爲可比較基準後，用以決定兩種人群之間之稅負是否存在不同或差異[19]。

憲法第 7 條之平等原則，要求相同之事物應爲相同處理，不同事物當爲不同處理。於稅法上，稅捐平等原則有「水平之平等」與「垂直之平等」二者。水平之平等指「相同地位之人應被相同對待」，相同之經濟上給付能力者，應負擔相同之稅捐負擔。垂直平等則要求不同之支付能力者，應負擔不同稅負。換言之，富有之人應多負擔稅款，貧窮之人則少負擔，而按照比例之平等負擔稅捐即爲「按此國民彼此間不同之給付能力爲相異之稅捐」之量能課稅原則[20]。

量能課稅原則本身係考量納稅義務人之負擔能力而做成稅捐給付之處分。想法源自於「量能稅」概念，認爲稅捐負擔之分配應按照個人或主體之負擔能力進行衡量，蓋稅捐作爲一種無對價之金錢給付義務，其基於國民間應平均分攤國家財政所需之收入負擔，以稅捐負擔能力達成分類課稅對象應繳納多少稅額之衡量標準，因此量能課稅原則遂成爲憲法平等原則於稅捐法之具體實踐，同時成爲最重要且具有倫理價值之課

---

[18] 前揭註，頁1254。

[19] 前揭註，頁1250。

[20] 陳清秀（2017），〈薪資所得不准實額減除費用是否違憲：釋字第七四五號解釋評析〉，《月旦法學雜誌》，263期，頁202。

税基本原則[21]。

3.釋憲實務之變化

我國釋憲實務上對量能課稅原則作為稅法基本原則之肯認，仍傾向採取相對保守之方式，例如使用「租稅公平」、「課稅公平」等詞彙，僅少數大法官解釋提及「量能課稅」或「租稅負擔能力」[22]。如釋字第 318 號解釋：「中華民國五十二年一月二十九日修正公布之所得稅法第十五條、第十七條第一項，關於納稅義務人應與其有所得之配偶及其他受扶養親屬合併申報課徵綜合所得稅之規定，就申報之程序而言，與憲法尚無牴觸。惟合併課稅時，如納稅義務人與有所得之配偶及其他受扶養親屬合併計算稅額，較之單獨計算稅額，增加其稅負者，即與租稅公平原則有所不符。」、釋字第 361 號解釋理由書：「所得稅納稅義務人未自行申報或提示證明文件，稽徵機關得依查得之資料或同業利潤標準，核定其所得額。此項推計核定方法，與憲法並不牴觸，惟依此項推計核定方法估計所得額時，應力求客觀、合理，使與納稅義務人之實際所得相當，以維租稅公平原則……」、釋字第 496 號解釋：「……主管機關為便利徵納雙方徵繳作業，彙整獎勵投資條例及所得稅法相關規定所為之釋示，其中規定「非營業收入小於非營業損失時，應視為零處理」，係為避免產生非免稅產品所得亦不必繳稅之結果，以期符合該條例獎勵項目之產品其所得始可享受稅捐優惠之立法意旨。惟相關之非營業損失，如可直接合理明確定其歸屬者，應據以定其歸屬外，倘難以區分時，則依免稅產品銷貨（業務）收入與應稅產品銷貨（業務）收入之比例予以推估，始符合租稅公平原則……」、釋字第 696 號解釋：「……財政部七十六年三月四日台財稅第七五一九四六三號函：

---

21 柯格鐘（2016），前揭註17，頁1276。
22 柯格鐘（2016），前揭註17，頁1285。

「夫妻分居，如已於綜合所得稅結算申報書內載明配偶姓名、身分證統一編號，並註明已分居，分別向其戶籍所在地稽徵機關辦理結算申報，其歸戶合併後全部應繳納稅額，如經申請分別開單者，准按個人所得總額占夫妻所得總額比率計算，減除其已扣繳及自繳稅款後，分別發單補徵。」其中關於分居之夫妻如何分擔其全部應繳納稅額之計算方式規定，與租稅公平有違，應不予援用。」

量能原則部分，最早出現以量能為論述依據之解釋為民國 88 年 1 月 29 日做出之釋字第 473 號解釋：「全民健康保險法第十八條……保險費……屬於公法上金錢給付之一種，……鑑於全民健康保險為社會保險，對於不同所得者，收取不同保險費，以符量能負擔之公平性……」，其後大法官亦未以「量能」為基準作解釋，多數仍回歸租稅或課稅公平之論述，本文以「租稅公平」為關鍵字搜尋後，查找出 17 則相關司法院大法官解釋、以「課稅公平」為關鍵字搜尋出 9 則相關釋字，然而以「量能課稅」或「量能負擔」作為關鍵字僅查找出 6 則相關釋字，相較之下顯然少數。

近期最值得一觀之解釋當屬釋字第 745 號解釋：「憲法第 7 條規定人民之平等權應予保障。法規範是否符合平等權保障之要求，其判斷應取決於該法規範所以為差別待遇之目的是否合憲，及其所採取之分類與規範目的之達成間，是否存有一定程度之關聯性而定（本院釋字第 682 號、第 722 號解釋參照）。所得稅法第 13 條規定：「個人之綜合所得稅，就個人綜合所得總額，減除免稅額及扣除額後之綜合所得淨額計徵之。」為計算個人綜合所得淨額，立法者斟酌各類所得來源及性質之不同，分別定有成本及必要費用之減除、免稅額、扣除額等不同規定（所得稅法第 4 條、第 14 條及第 17 條等規定參照）。此等分類及差別待遇，涉及國家財政收入之整體規劃及預估，固較適合由代表民意之立法機關及擁有財政專業能力之相關行政機關決定。惟其決定仍應有正當目的，且其分類與目的之達成間應具有合理關聯，始符合量能課稅要求之

客觀淨值原則，從而不違反憲法第七條平等權保障之意旨。」解釋文內容從平等權一路延伸至量能課稅原則，將兩者合併討論，以平等原則之審查模式要求規範上亦應合於量能課稅之要求，換言之，本號解釋係以量能課稅原則作爲違憲審查基準，認爲若納稅義務人提供勞務支出成本費用超過該法定扣除額時，當時所得稅法規定不准實報實銷扣除，大法官因此認定違反平等原則[23]。

(三) 涵攝本案

本案大聯公司之淨值總額早已呈現負數，且於民國 100 年至 102 年度對課稅標的之營業收入僅新台幣（下同）34,080,426 元，按量能課稅原則本於實質衡量納稅義務人經濟負擔能力之本質，法院判決稽徵機關得以對納稅義務人補徵高達 161,525,940 元，蓋此補稅額度著實有過高之疑。依憲法第 15 條明文保障人民之生存與財產權，既然大聯公司自身淨值總額爲負數且營業收入亦不足以支撐如此鉅額補稅之下，稽徵機關應衡酌大聯公司之負擔能力而不得對其課予該鉅額補稅額度，否則將對憲法所保障之生存權與財產權造成嚴重侵害。綜上所述，本文認爲本案判決之補稅額度違反量能課稅原則[24]。

三、違反比例原則相關法律規定

比例原則相關規範可參我國憲法第 23 條、行政程序法第 7 條、行政罰法第 18 條第 1 項及納保法第 11 條第 1 項，其意指國家對人民之合法干預行爲必須合法妥適且侵害最小，否則即生無效之可能，其限制不僅於國家積極作爲，亦及於國家消極不作爲。比例原則包含三個具體化

---

[23] 陳清秀（2017），前揭註20，頁201。

[24] 張進德（2019），《賦稅改革方向兼剖析稅捐訴訟爭議判決》，頁31，台北：元照。

判斷標準：適合性、必要性及衡平性，功能上則較為多端，立於司法機關審查國家行為之角度而言，具有控制國家公權力行為之功能；立於人民權利保護角度以觀，因人民得主張國家行為應遵循比例原則，故具備保護人民之功能[25]。

比例原則部分，本文認為罰鍰部分實有討論之必要，是以涵攝本案檢驗之。適當性原則指當採取措施欲限制人民基本權時，手段對於所欲達到之目的需有適當性，即使用有效之手段；必要性原則指如為達成公益之目的，有多種手段可供選擇時，應選擇對人民基本權侵害最小之手段[26]；衡平性原則係衡量手段所造成之損害與目的達成之利益間，是否平衡，並無產生利益極大於損害之情形，有學者認為比例原則本身蘊含「適度」之規範意旨，即目的與手段間合理關聯考量，因此於「目的不能美化手段」之文明規範下，節制手段之比例原則可能成為權利行使之共通界限，更甚而為一般法律原則之所繫[27]。

漏稅罰目的固然係為防止人民逃漏稅捐，造成國家稅收減少、違反租稅公平原則，是以系爭條文以罰鍰處罰逃漏稅者，確能有效的使納稅義務人誠實且公平地納稅，手段與目的之達成間具適當性；再者，以毫無絕對最高額度限制之罰鍰手段侵害人民基本權，並非最小侵害手段，如欲確實達成防止逃漏稅捐目的，罰鍰額度不必倍數處罰，參照德國稅捐通則第 378 條第 2 項之規定，直接明文最高罰鍰額度 50,000 歐元，一樣能達到防止逃漏稅之目的，甚至能避免實務上經常出現之「情輕罰重」現象[28]。蓋我國漏稅罰性質上並非行為罰，須生漏稅結果始得處

---

25 林明鏘（2014），〈比例原則之功能與危機〉，《月旦法學雜誌》，231期，頁68。

26 許育典（2019），《憲法》，9版，頁66以下，台北：元照。

27 李建良（2019），〈正當防衛、比例原則與特別犧牲：刑法與憲法的思維方法與理路比較〉，《月旦法學雜誌》，291期，頁35。

28 柯格鐘（2013），〈論漏稅罰：德國與台灣稅捐法律規範之比較〉，《東吳法學論叢》，6卷，頁423。

罰，如司法院大法官釋字第 337 號解釋理由書：「行為罰與漏稅罰，其處罰之目的不同，處罰之要件亦異，前者係以有此行為即應處罰，與後者係以有漏稅事實為要件者，非必為一事。其違反義務之行為係漏稅之先行階段者，如處以漏稅罰已足達成行政上之目的，兩者應否併罰，乃為適用法律之見解及立法上之問題。」、釋字第 503 號解釋理由書言：「……就納稅義務人違反作為義務而被處行為罰與因逃漏稅捐而被處漏稅罰而言，其處罰目的及處罰要件，雖有不同，前者係以有違反作為義務之行為即應受處罰，後者則須有處罰法定要件之漏稅事實始屬相當，除二者處罰之性質與種類不同……必須採用不同方法而為併合處罰，以達行政目的所必要者外，不得重複處罰，乃現代民主法治國家之基本原則。從而，違反作為義務之行為，如同時構成漏稅行為之一部或係漏稅行為之方法而處罰種類相同者，則從其一重處罰已足達成行政目的時，即不得再就其他行為併予處罰，始符憲法保障人民權利之意旨。」

(一) 行政罰法

按行政罰法第 18 條第 1 項規定：「裁處罰鍰，應審酌違反行政法上義務行為應受責難程度、所生影響及因違反行政法上義務所得之利益，並得考量受處罰者之資力。」、第 24 條第 1 項規定：「一行為違反數個行政法上義務規定而應處罰鍰者，依法定罰鍰額最高之規定裁處。但裁處之額度，不得低於各該規定之罰鍰最低額。」又比例原則於本案中涉及行政罰法部分，本文認為同樣以罰鍰為要。

台中高等行政法院 106 年度訴字第 386 號判決言：「被告就菸酒稅法第 16 條（最高罰鍰金額 50,000 元）及第 19 條（處一倍罰鍰 161,525,940 元至三倍罰鍰 484,577,820 元）規定，比較結果，依行政罰法第 24 條第 1 項規定，擇一從重依法定罰鍰額最高之規定裁處，以菸酒稅法第 19 條為處罰之法據，及依行政罰法第 18 條第 1 項規定，並參據最高行政法院 105 年度判字第 710 號判決意旨及「裁罰金額或倍數參

考表」使用須知第 4 點規定，重行審酌原告之違章情節較輕，酌予減輕處罰，改按應補徵金額 161,525,940 元處法定最低倍數一倍之罰鍰計 161,525,940 元，即追減罰鍰 161,525,940 元，已充分考量原告之違章情節而為適切之裁罰，並無違法。」惟本文卻認為，既行政罰法第 18 條第 1 項已明文須衡酌所生損害程度、所得利益以及被處罰者之資力，稽徵機關於處罰鍰時，除按條文處罰外更應參酌納稅義務人之責難程度及其資力，本件納稅義務人之營業收入與淨值總額皆不足以負擔如此鉅額罰鍰，遑論加上前述補稅處分之金額，對納稅義務人基本權侵害著實有過鉅之疑。

(二) 納稅者權利保護法

納保法第 15 條規定，「稅捐稽徵機關或財政部賦稅署指定之人員依職權及法定程序進行稅捐調查、保全與欠繳應納稅捐或罰鍰之執行時，不得逾越所欲達成目的之必要限度，且應以對納稅者權利侵害最少之適當方法為之。」、同法第 16 條則規定，「納稅者違反稅法上義務之行為非出於故意或過失者，不予處罰。納稅者不得因不知法規而免除行政處罰責任。但按其情節，得減輕或免除其處罰。稅捐稽徵機關為處罰，應審酌納稅者違反稅法上義務行為應受責難程度、所生影響及因違反稅法上義務所得之利益，並得考量納稅者之資力。」按行政機關於有多種同樣能達成目的之方法時，自應選擇對人民權益損害最少者，且其採取之方法所造成之損害不得與欲達成目的之利益顯失均衡，方符比例原則，準此，稅捐稽徵機關調查課稅資料、保全稅捐之手段及罰鍰之裁處，均應符合比例原則，不得逾越必要之限度[29]。

比例原則於稅法上主要運用於租稅法規本身與稽徵行政兩部分，

---

29 張進德（2019），前揭註9，頁101。

法規本身係因為涉及稅捐優惠與稅捐特別負擔之規範，如規範內容不當即有可能對欲規範之人產生重大不利益效果，是以遵守比例原則自屬當然；稽徵行政與行政程序相同，當稽徵機關對該處分具備裁量權時，其裁量範圍、手段與結果受比例原則拘束，以確實保障相對人權益不受侵害[30]。

又納稅者針對稅捐事項通常因專業能力不足而導致處罰之結果，無心之過在所難免，因此不論納稅者主觀之條件即為故意或有無重大過失或一般輕過失均予相同之處罰者，即有違公平原則。因此，特明訂納稅義務人非因故意或重大過失而違反義務者，得減輕其處罰，以減輕納稅者之負擔。納稅義務人縱使不知法規，只要認識到構成要件事實之存在，仍可能具有故意過失，惟此時其責任得加以減輕，爰此明定[31]。

(三) 相關司法院大法官解釋

如同量能課稅原則部分之模式，本文於此處仍舉出幾項關於比例原則應用於稅法之大法官解釋供參。較早出現將比例原則應用於稅法之大法官解釋為釋字第339號解釋理由書：「中華民國六十年一月九日修正公布之貨物稅條例第十八條第一項，關於同條項第十二款，應貼於包件上或容器上之完稅或免稅照證，不遵規定實貼者，沒入其貨物，並處比照所漏稅額二倍至十倍罰鍰之規定（現已修正），固為防止逃漏稅款，以達核實課徵之目的，惟租稅秩序罰，有行為罰與漏稅罰之分，如無漏稅之事實，而對單純違反租稅法上作為或不作為之義務者，亦比照所漏稅額處罰，顯已逾越處罰之必要程度，不符憲法保障人民權利之意旨。」、釋字第685號解釋：「……七十九年一月二十四日修正公布之稅捐稽徵法第四十四條……以經查明認定未給與憑證或未取得憑證之總

---

[30] 陳敏（2019），前揭註14，頁86-88。
[31] 張進德（2019），前揭註9，頁101-102。

額之固定比例爲罰鍰計算方式，固已考量違反協力義務之情節而異其處罰程度，惟如此劃一之處罰方式，於特殊個案情形，難免無法兼顧其實質正義，尤其罰鍰金額有無限擴大之虞，可能造成個案顯然過苛之處罰，致有嚴重侵害人民財產權之不當後果。……稅捐稽徵法第四十四條因而於九十九年一月六日修正公布增訂第二項規定：「前項之處罰金額最高不得超過新台幣一百萬元。」已設有最高額之限制。系爭規定之處罰金額未設合理最高額之限制，而造成個案顯然過苛之處罰部分，逾越處罰之必要程度而違反憲法第二十三條之比例原則……。」該號解釋認爲罰鍰應設有最高額度之限制，如同稅捐稽徵法第 44 條於民國 99 年增訂第 2 項所示，否則可能造成個案處罰過苛，本文亦認同見解並於前述舉出學者以及德國法所採之最高額限制佐證，於此不再贅述。

　　最後再舉一項與菸酒稅及比例原則同時相關之大法官解釋作說明，釋字第 641 號解釋理由書：「……中華民國八十九年四月十九日公布、九十一年一月一日施行之菸酒稅法第二十一條……處以罰鍰之方式……乃以「瓶」爲計算基礎，使超過原專賣價格出售該法施行前專賣之米酒者，每出售一瓶，即處以新台幣二千元之罰鍰，受處罰者除有行政罰法減免處罰規定之適用者外，行政機關或法院並無綜合個案一切違法情狀以裁量處罰輕重之權限，立法固嚴，揆諸爲平穩米酒價格及維持市場供需，其他相關法律並無與菸酒稅法第二十一條規定達成相同立法目的之有效手段，且上開規定之違法行爲態樣及法律效果明確，易收遏阻不法之效，是尙屬維護公益之必要措施。但該條規定以單一標準區分違規情節之輕重並據以計算罰鍰金額，如此劃一之處罰方式，於特殊個案情形，難免無法兼顧其實質正義，尤其罰鍰金額有無限擴大之虞，可能造成個案顯然過苛之處罰，致有嚴重侵害人民財產權之不當後果，立法者就此未設適當之調整機制，其對人民受憲法第十五條保障之財產權所爲限制，顯不符妥當性而有違憲法第二十三條之比例原則。」該號解釋認爲舊菸酒稅法第 21 條以單一標準作處罰方式，雖較爲明確然如遇

特殊個案時將難收實質正義之效。雖該號解釋背景與本案情形不同，惟本文認為既然最終大法官係以「造成個案顯然過苛，致有嚴重侵害人民財產權」為理由，認立法者應對此設置適當之調整機制，本案同樣因為不符比例原則而造成個案過苛之下，配合釋字第685號解釋限制罰鍰最高額，立法者是否亦應對此做出適當之調整？放任問題繼續存在往後可能產生更多類似本案之情形，對納稅義務人而言，著實為一大隱患。

(四) 涵攝本案

針對此部分，本文強調之重點在於罰鍰額度。台中高等行政法院106年度訴字第386號判決言：「被告（稽徵機關）就菸酒稅法第16條[32]（最高罰鍰金額50,000元）及第19條（處一倍罰鍰161,525,940元至三倍罰鍰484,577,820元）規定，比較結果，依行政罰法第24條第1項規定，擇一從重依法定罰鍰額最高之規定裁處，以菸酒稅法第19條[33]

---

[32] 菸酒稅法第16條：「納稅義務人有下列情形之一者，處新台幣一萬元以上五萬元以下罰鍰，並通知其依限補辦或改正；屆期仍未補辦或改正者，得連續處罰：
一、未依第九條或第十條規定申請登記者。
二、未依菸酒稅稽徵規則之規定報告或報告不實者。
三、產製廠商未依第十一條規定設置或保存帳簿、憑證或會計紀錄者。」

[33] 菸酒稅法第19條：「納稅義務人有下列逃漏菸酒稅及菸品健康福利捐情形之一者，除補徵菸酒稅及菸品健康福利捐外，按補徵金額處一倍至三倍之罰鍰：
一、未依第九條規定辦理登記，擅自產製應稅菸酒出廠者。
二、於第十四條規定停止出廠期間，擅自產製應稅菸酒出廠者。
三、國外進口之菸酒，未申報繳納菸酒稅及菸品健康福利捐者。
四、免稅菸酒未經補徵菸酒稅及菸品健康福利捐，擅自銷售或移作他用者。
五、廠存原料或成品數量，查與帳表不符者。
六、短報或漏報應稅數量者。
七、菸酒課稅類別申報不實者。
八、其他違法逃漏菸酒稅或菸品健康福利捐者。」

為處罰之依據，及依行政罰法第 18 條第 1 項[34] 規定，並參據最高行政法院 105 年度判字第 710 號判決意旨及「裁罰金額或倍數參考表」使用須知第 4 點[35] 規定，重行審酌原告之違章情節較輕，酌予減輕處罰，改按應補徵金額 161,525,940 元處法定最低倍數一倍之罰鍰計 161,525,940 元，即追減罰鍰 161,525,940 元，已充分考量原告之違章情節而為適切之裁罰，並無違法。」然本文卻持不同看法，認為既然行政罰法第 18 條第 1 項已明文須衡酌所生損害程度、所得利益以及被處罰者資力，稽徵機關於裁罰時，除按條文規範處罰外，更應參酌大聯公司之應受責難程度與其資力，本案大聯公司之營業收入與淨值總額皆不足以負擔如此鉅額之罰鍰，遑論加上前述之補稅額度，是以對大聯公司之基本權侵害實有過鉅之疑[36]。

伍、結論

　　無論係稽徵機關或最終做出司法判決之法院，對憲法所保障之納稅義務人基本權皆應盡可能保護，納保法第 1 條第 1 項明文：「為落實憲法生存權、工作權、財產權及其他相關基本權利之保障，確保納稅者權利，實現課稅公平及貫徹正當法律程序，特制定本法。」其立法理由謂：「我國憲法第十五條規定，人民之生存權、工作權及財產權，應予保障；此外，稅捐稽徵亦可能對營業自由、資訊自主等其他自由權造成

---

34 行政罰法第18條第1項：「裁處罰鍰，應審酌違反行政法上義務行為應受責難程度、所生影響及因違反行政法上義務所得之利益，並得考量受處罰者之資力。」

35 稅務違章案件裁罰金額或倍數參考表使用須知第4點：「參考表訂定之裁罰金額或倍數未達稅法規定之最高限或最低限，而違章情節重大或較輕者，仍得加重或減輕其罰，至稅法規定之最高限或最低限為止，惟應於審查報告敘明其加重或減輕之理由。」

36 張進德（2019），前揭註24，頁33。

侵害，因此立法目的尚包含保護其他相關基本權利；《經濟社會文化權利國際公約》亦規定各締約國應維持勞工及其家屬符合基本生活水準，自不得以租稅方式限制之。爰參酌上開規範之意旨，制定本法。」雖說法不溯及既往，本案應無納保法之適用，惟該法屬一般憲法原則之具體化，是以將法律原則明文化之條文，自不得藉尚未施行而不遵循[37]。

本案為受託產製應課徵菸酒稅酒類之廠商，民國 100 年至 102 年度營業收入淨額合計僅 3 千 4 百多萬元，財政部中區國稅局卻依財政部國庫署 103 年 5 月 1 日台庫酒字第 10303412890 號函對其課徵 1 億 6,000 多萬元，再裁罰 1 億 6,000 多萬元。惟台灣菸酒股份有限公司（下稱台酒公司）所生產之料理米酒，同樣均係使用精製食用酒精摻水調製而成，為何台酒公司生產之酒類即為料理米酒，而本案大聯公司所生產之大統料理米酒即遭財政部中區國稅局依財政部國庫署函釋之認定，歸屬為其他酒類？本案於民國 104 年 6 月起歷經訴願、行政訴訟後，仍無法獲得公平審判[38]。

本文以大聯米酒稅案為中心，思考當前稽徵機關及行政法院於稅收與納稅人基本權間如何衡量之疑義，以本文之觀點，稅收本即為無對待給付之強制處分，倘若對人民又顯為不周，則對人民權益之侵害當屬甚大，是以當前應共同尋找出一個稅收與人權衡平之方案，得到公私益間之平衡[39]，證明如此離譜之稅務訴訟案件，行政法院未能依憲法及司法院大法官解釋撤銷本稅 1 億 6,000 多萬元，更未能依行政罰法第 18 條與納保法第 15 條撤銷罰鍰 1 億 6,000 多萬元，如此嚴重違憲違法之稅捐案件，多數人均日不宜，行政法院卻未能依法撤銷，更遑論一般性稅

---

[37] 葛克昌（2017），〈未施行前納保法應否適用〉，《稅務旬刊》，2377期，頁24。

[38] 張進德（2019），前揭註24，頁1。

[39] 張進德（2019），前揭註24，頁34。

捐案件[40]。

美國大學法律教育，係採「學士後法學士」（Juris Doctor），乃大學畢業後，再唸 J.D.3 年，除法律學專業知識外，亦具備其他專業知識，如會計、理工、醫藥等專業知識。而我國大學部即設法律系，致絕大多數法律人除精通法律學專業知識外，不諳其他專業知識，如稅務法官僅精通法律專業知識，而不諳財經、會計等專業知識及稅捐稽徵實務，當然對稅務訴訟案件難予正確釐清稅務案件事實，欲期望稅務法官公平審判，猶如「緣木求魚」，致「行政法院形同虛設、功能不彰」，更促使財政部「心中只有稅收，沒有法律」（以國家稅收為導向）之違法課稅，如所得稅法第24條財政部即發布多達224則（民國106年版）解釋令，而有違反法律保留原則、法律明確性原則，甚至增加納稅人法律所無之限制。

本文期望司法院重視目前「行政法院形同虛設、功能不彰」，進而淪為財政部違法課稅之橡皮圖章，鼓勵並完全補助法官至大學選修財經、會計等課程，以及至國稅局實習，方能公平審判，並避免財政部「肆無忌憚違法濫權課稅」（過度重視國家稅收，忽略人民基本權保障）。

---

[40] 張進德（2019），前揭註24，頁34。

參考文獻

一、專書

張進德（2019），《最新稅法與實例解說：法律邏輯分析與體系解釋（上冊）》，9版，台北：元照。

張進德（2019），《賦稅改革方向兼剖析稅捐訴訟爭議判決》，台北：元照。

許育典（2019），《憲法》，9版，台北：元照。

陳敏（2019），《稅法總論》，台北：新學林。

葛克昌（2018），《納稅者權利保護法析論》，2版，台北：元照。

二、期刊

李建良（2019），〈正當防衛、比例原則與特別犧牲：刑法與憲法的思維方法與理路比較〉，《月旦法學雜誌》，291期，頁26-48。

林明鏘（2014），〈比例原則之功能與危機〉，《月旦法學雜誌》，231期，頁65-79。

柯格鐘（2016），〈論稅捐正義的追尋：從憲法平等原則到稅法量能課稅原則的路徑〉，《台大法學論叢》，45卷特刊，頁1229-1304。

柯格鐘（2013），〈論漏稅罰：德國與台灣稅捐法律規範之比較〉，《東吳法學論叢》，6卷，頁399-424。

陳清秀（2017），〈薪資所得不准實額減除費用是否違憲：釋字第七四五號解釋評析〉，《月旦法學雜誌》，263期，頁200-205。

葛克昌（2017），〈未施行前納保法應否適用〉，《稅務旬刊》，2377期，頁24-25。

葛克昌（2008），〈法律原則與稅法裁判（上）〉，《台灣法學雜誌》，114期，頁1-24。

蔡宗珍（1996），〈國民主權於憲政國家之理論結構〉，《月旦法學雜誌》，20期，頁30-39。

三、網路資料

財政部國庫署菸酒管理組業務公告，民國105年1月27日，https://www.nta.gov.tw/web/
AnnA/uptAnnA.aspx?c0=177&p0=8191（最後瀏覽日：11/18/2019）。

精油香水，https://www.herbcare.com.tw/article_detail?id=5943341384466432（最後瀏
覽日：11/18/2019）。

分子料理，https://zh.wikipedia.org/zh-tw/%E5%88%86%E5%AD%90%E9%A3%9F%E7
%89%A9（最後瀏覽日：12/05/2019）。

台灣菸酒股份有限公司，https://www.ttl.com.tw/products/products_view.
aspx?sn=22&id=128（最後瀏覽日：12/26/2019）。

第五章

地方課稅權與納稅人基本權

葛克昌 *

*現任東吳法律系專任客座教授，台灣稅法學會理事長。

　本文承東吳大學法律系碩士班趙禹賢律師協助蒐集資料，整理文稿，僅此致謝。

摘　要

　　納保法第 1 條第 1 項明定：「爲落實憲法生存權、工作權、財產權及其他相關基本權利之保障，確保納稅者權利，實現課稅公平及貫徹正當法律程序，特制定本法。」又第 2 項明定納保法優先於其他稅法而適用。是以保障納稅人基本權成爲稅法解釋適用之基準與稅務救濟時之主要目標。而納保法第 3 條第 2 項則明定稅捐法定主義所稱之法律，在地方稅包括地方自治條例，從而人民有依法律納稅之權利義務，其人民在國稅爲國民；於地方稅則爲居民，人民在納稅義務上，同時兼具國民與居民兩種意義之身分，是以須同時繳納國稅與地方稅。前者關於納稅人基本權保障之問題於學術上討論已多；惟後者地方稅居民之基本權保障，實務上尚有認爲與國稅所給予之保障有所差異，然而，由於地方稅仍係侵犯納稅人基本權，且有違反比例原則日漸嚴重之疑慮，故本文有此而論，爰提出問題爲初步分析。

關鍵詞：中央與地方財稅劃分，統籌分配稅，租稅立法權，租稅行政權，租稅收益權，地方稅法通則。

壹、問題概說

財政收支劃分法中，中央與地方之財稅劃分，始終爲地方與中央爭論不休之問題，例如：近期（2019 年 9 月）行政院擬提案廢止印花稅之課徵。就此，有地方首長已影響地方財稅收入爲由，加以反對，部分縣市甚至並有發表聯合聲明。[1] 此外，另一重要問題乃「統籌分配稅款」，統籌分配稅僅爲財政收支劃分法中一部分，財政劃分亦非地方財政之全部。就此，吾人曾撰「統籌分配稅與地方自治」一文，[2] 提出幾個觀念供作討論之基礎。惟地方財政問題探討，大都由中央與地方權限劃

---

1 就此問題，吾人僅提出淺見以爲參考：

按印花稅之存在歷史長遠，源於經濟發展早期，國家因難以掌握課稅資料，故只得藉由憑證之使用需附帶黏貼印花，並將其作爲直接稅源。時至今日，國家對課稅資料之掌握度能力已高，印花稅仍續存之理由已不再充分，當今國際間仍有印花稅者已屬少數，部分如香港其印花稅，實質上乃證券交易稅之性質。過往所注重之稅法原理，係本於財源籌措之觀點，並由稽徵經濟之角度予以考量，印花稅之課徵對稽徵機關而言固然簡便易行；但一憲政國家之稅法體系，應以使納稅義務人公平負擔稅捐爲本，而改以納稅人權利保護之觀點，從而印花稅之課徵實際上係增加納稅人之協力義務，且導致提高其交易成本而有損經濟活動之效率，應乃不必要之稅捐。然而，廢除印花稅之問題在於，財政收支劃分法第12條第1項第5款既已明定，將印花稅劃歸爲直轄市及縣（市）之地方稅；又縣財政及縣稅，憲法將其明定爲縣立法並執行之事項（憲法第110條第1項第6款）是以，印花稅之廢止應原本即屬地方自治立法事項，惟在財劃法架構下，印花稅受中央立法及廢止，難免造成有中央請客，地方買單之疑慮。就此，雖行政院明年度亦準備以特別統籌分配款稅額補助，後續年度則由財政部編列計畫型補助款，然而，固不論係統籌分配款或計畫型補助款，雖不致使地方收入減少，但地方財稅自治之權限卻已然喪失，此外，中央於支付補助款時，亦應不能附加條件或期限等。由此等問題，明白突顯地方課稅權爲中央與地方自治之核心議題，亦爲憲法中央與地方權限劃分之根本問題。

2 葛克昌（2002），〈統籌分配稅與地方自治〉，《月旦法學雜誌》，84期，頁77以下。

分觀察，如果由政府係為人民而存在，而非人民為政府而存在之觀點，地方財政之議題，似乎應由人民基本權角度予以討論。納保法第1條第1項參照又地方財政以課稅權為重心，[3]故以上文為基礎，草成本文「地方課稅權與納稅人基本權」，而歸結於憲法上人性觀，藉以就教於方家。

貳、租稅立法權、行政權與收益權

按憲法本文第10章明訂中央與地方之權限、第11章則是採明文列舉之立法方式，規範地方制度下地方自治團體所得享有之自治權力。而在中央或地方事項權限劃分中，係以區域性質為基準[4]，而非依據權力性質之不同而劃分；亦即，有屬於中央立法並由中央執行的事項（憲法第107條）、由中央立法並由中央執行，或亦可交由地方執行之事項（憲法第108條第1項；後者即地方制度法第2條第3款所稱之「委辦事項」），以及完全歸由由地方自行立法並予以執行之事項（憲法第109條第1項、第110條第1項）。[5]至於其他未於上開憲法條文中劃定之事項權限，則是依照事項之性質而為決定，如「其事務有全國一致之性質者屬於中央」，至若非屬此種事項，則依該事務性質分由不同層級之地方自治團體負責。[6]又經釋字第498號解釋及第550號解釋之作成，對於

3　Kirchhof, Verfassung und öffentliches Einnahmesystem, in: Hansmezer (Hrsg.) Staatsfinanzierung in Wandel. 1983.8.39.

4　林明鏘，（2016），〈國家與地方自治團體之關係〉，《法令月刊》，67卷第7期，頁2。

5　柯格鐘（2017），〈財政權限劃分與地方稅〉，《東吳公法論叢》，10卷，頁366-367。

6　參見釋字第498號解釋理由書第二段：地方自治為憲法所保障之制度，憲法於第十章詳列中央與地方之權限，除已列舉事項外，憲法第一百十一條明定如有未列舉事項發生時，其事務有全國一致之性質者屬於中央，有一縣性質者則屬於縣，旨在使地方自治團體對於自治區域內之事務，具有得依其意思及責任實施自治之

地方制度受國家制度性保障之憲法地位，此立論已獲得確立。[7]故憲法中所未列舉之事項，究應歸由中央或地方，應依其事項性質而定，但如此則相關問題仍未解決，地方自治仍未獲得確保。

而就財政權部分，首先財政權包括立法權、行政權與收益權。[8]因我國憲法規定司法權為中央專屬權，不宜分割劃分，係因其具有消極、被動性質（即不告不理原則），且具有全國一致之性質，復按我國憲法第 107 條第 4 款「司法制度」為中央立法並執行事項，故財政司法權不在地方。財政權中，以收益權最為重要，各級政府如無財政即無生存能力！[9]財政為庶政之母，亦為各級政府之物質基礎，猶如資本之於公司。惟財政收益須依法為之，故其前提為立法權。至於行政權則關係稽徵效率與行政職權，且與財政支出關係密切。再者，租稅或規費受益權均屬強制性收入，為國家公權力介入納稅義務人之私有財產，自應考量到地方人民之政治參與度與地方財政之自我負責性，地方財政權力供其實現其自治任務之能力，擴展其自治權利，故財政權為中央地方權限劃分之核心問題。[10]而在現行財政收支劃分法之架構下，一般稅目可分為

權。地方自治團體在特定事務之執行上，即可與中央分權，並與中央在一定事務之執行上成為相互合作之實體。從而，地方自治團體為與中央政府共享權力行使之主體，於中央與地方共同協力關係下，垂直分權，以收因地制宜之效。

7　有關地方自治與制度性保障說之內容，可參見黃錦堂（2012），〈論地方自治之憲法保障〉，氏著《地方制度法論》，頁31 以下，台北：元照。蔡志方（2017），〈憲法與地方自治保障〉，陳清秀（等著），《地方自治法》，頁12-16，台北：華藝學術。

8　黃茂榮（1991），〈認識財政收支劃分的政策工具〉，氏著，《稅捐法論衡》，頁36，台北：植根法學叢書。陳敏（1981），〈憲法之租稅概念及其課徵限制〉，《政大法學評論》，24期，頁34。

9　Klaus Vogel, Die Finanz-und Steuerstaat, in: Isensee/Kirchhof, Handbuch des Staatsrechts der Bundesrepublik Deutschland, Bd. I, 1987, § 27, Rn. 2.

10　Vogel, Die bundesstaatliche Finanzverfassung des Grundgesetzes (Art 104a bis 108GG), JA, 1980, S. 577.

國稅與地方稅，有論者亦強調，由於目前我國仍採「稅源分立、稅收分成」之制度，從而固然因某一稅目已被劃定為國稅，而使中央同時享有稅捐立法權與稅捐行政權；惟就稅捐收益權部分，依據該法第8條之規定，仍然亦訂有「共分稅」以及主要以國稅作為統籌分配稅款之財源之制度，使中央與地方政府共享稅課收入。[11] 按地方自治之核心精神，在於地方有地方稅作為基礎財源；並有地方自治立法權，惟現行實務仍有不足，實難謂地方享有充分自治。

我國地方政府因稅源固定，自有財源發展彈性低於中央政府，以致無法支應日趨膨脹之公共支出，而有「垂直之不均」現象，有賴中央之補助款與公債發行，予以彌補。同時，各地方政府自然條件不同、經濟情況互異、稅課豐吝懸殊，嚴重者部分縣縱將境內全部國稅、省稅、縣稅撥供使用，亦不敷預算支出之需，此即產生「水平之不均」現象，有賴統籌分配款調劑縣市間財政盈虛、均衡地方發展。面對此兩種不均現象，即有檢討現有財政收支劃分之必要。[12]

參、人性尊嚴為地方稅立法權基礎

一、司法院釋字第 277 號解釋

回顧司法院釋字第 277 號解釋（於 1991 年 3 月 20 作成），主要係

---

[11] 蔡茂寅（2010），〈財政法：第三講：稅課收入（下）〉，《月旦法學教室》，93期，頁72。

[12] 朱澤民，（1995），〈府際間財政收支劃分基本原則之探析〉，《中原大學財經法學暨研究所第一屆租稅法學學術研討會論文集（初稿）》。另有關現行財政收支劃分法之立法問題，諸如將某一稅目劃歸為國稅與地方稅欠缺實質標準，使得地方政府獲得之稅課收入有限、統籌分配款之分配計算無法如實反映各級地方自治團體之財政需求、現行財劃法第12條過度限縮地方政府就地方稅之立法高權等討論，可參見柯格鐘，前揭註6，頁397-404。

針對（舊）財政收支劃分法第7條規定：「省及直轄市、縣（市）（局）稅課立法，以本法有明文規定者爲限，並由中央制定各該稅法通則，以爲省、縣立法之依據。」（按：現行財政收支劃分法第7條，已刪去「省及」二字）。其中，地方稅稅課立法由中央制定通則，是否違反憲法中央與地方權限劃分之規定，所爲之解釋。其解釋文主要內含有三：(一) 財政收支劃分法第7條後段未違憲：「財政收支劃分法第7條後段關於省及直轄市、縣（市）（局）稅課立法，由中央依憲法第107條第7款爲實施國稅與省稅、縣稅之劃分，並貫徹租稅法律主義而設，與憲法並無牴觸。」[13](二) 地方稅法通則應從速制定：「中央應就劃歸地方之稅課，依財政收支劃分法前開規定，制定地方稅法通則，或在各該稅法內訂定可適用於地方之通則性規定，俾地方得據以行使憲法第109條第1項第7款及第111第1項第6款賦予之立法權。目前既無地方稅法通則，現行稅法又未設有上述通則規定，應從速制定或增訂。在地方未完成立法前，仍依中央有關稅法辦理。」(三) 財政收支劃分法應適時調整，兼顧中央與地方均衡：「中央與地方財政收支劃分之規定，中央自應斟酌實際情形，適時調整，以符憲法兼顧中央與地方財政均衡之意旨。」此號影響所及，直接推動行政院制定「地方稅法通則草案」送立法院審議。

　　按該解釋案原由高雄市議會所聲請，其理由主要爲：憲法第107條、108條各款規定，有關稅捐徵收之權限，由中央立法並執行事項，僅列舉「中央財政國稅」及「國稅與省稅、縣稅之劃分」二種，省縣財政及省縣稅立法並執行之權限，則由憲法第109條、第110條明文賦予省縣：因此中央僅有國稅與地方稅「劃分」之立法權，並無地方稅之立法權，憲法規定至爲明顯；省縣市地方稅立法權係由憲法直接賦予，但

---

[13] 司法院秘書處印行（2000），《司法院大法官解釋續編（十三）》，頁267以下，台北：司法院。

八種地方稅中除特別稅課外，均由中央立法，而營業稅、印花稅、土地稅及契稅並施行細則亦由中央制定，剝奪憲法賦予地方立法權。

根據司法院釋字第 277 號解釋理由書，認為省稅、縣稅由省縣立法之憲法規定，係指「地方得依國稅與省縣稅合理劃分之中央立法，就已劃歸省縣之稅課，自行立法並執行之。」因此，「中央應就劃歸地方之稅課，依財政收支劃分法規定制定地方稅法通則，俾地方得以據以行使憲法賦予之立法權。」釋字第 277 號解釋認為中央制定各該稅法通則，係貫徹租稅法律主義而設。此所謂之法律，大概指憲法第 170 條所謂「經立法院通過，總統公布之法律」，亦即地方議會行使立法職權時，須有中央法律依據，否則不得限制人民權利。實則，司法院釋字第 38 號解釋早已明言：「縣議會行使立法之職權，若無憲法或其他法律依據，不得限制人民之自由權利。」而省縣有地方稅之立法權，既為憲法所明定，即無違反租稅法律主義之虞，雖然地方對地方自行立法，或由中央制定通則以為地方立法依據，各有取捨，難定優劣，但尚難謂無中央無法律依據，地方不得依憲法行使其立法權。而於本號解釋作成後，地方稅法通則即正式於 2002 年 12 月 11 日公布並施行，其中第 2 條明定所稱地方稅，除原有財政收支劃分法第所劃分之地方稅稅目外，尚包含各級地方地方政府依地方制度法之立法程序所開徵之特別稅課、臨時稅課及附加稅課。[14] 又納稅者權利保護法第 3 條第 2 項明定：「前項（依法律納稅之權利與義務）法律，在直轄市、縣（市）政府及鄉（鎮、市）公所，包括自治條例。」

---

[14] 地方自治團體其他之財政收入（如規費、公債、補助款）等之介紹，可參見范文清，〈地方財政制度〉，收錄於前揭註8，頁246-254。葛克昌（2016），〈人性尊嚴、人格發展：賦稅人權之底線〉，氏著，《稅捐行政法：納稅人基本權視野下之稅捐稽徵法》，廈門：廈門大學出版社，頁26以下。葛克昌（2018），〈納稅者權利保護法評析〉，氏著，《納稅者權利保護法析論》增訂2版，頁12-13，台北：元照。

二、人性尊嚴與地方自治

由國家中央及地方政府組織體系之觀點，論者有以地方課稅為聯邦國家特徵，並不適用於單一國家，惟聯邦國家固然適用聯邦國原則，[15]但單一制國家不必然是中央集權國家。毋寧說，聯邦國家在於邦層級，是否具有部分國家性質。反之，單一制國家亦不妨地方行使其課稅立法權，尤以縣以下層級為然。

吾人如拋棄傳統聯邦國與中央集權國家截然二分概念，則對憲法本文明定中央與地方權限劃分，並予地方自治憲法保障。增修條文明定縣之立法權，由縣議會行之（憲法增修條文第 9 條第 1 項）。地方制度法對直轄市及縣得自治立法規定居民之地方自治行政義務，及違反時課予行政罰（參見地方制度法第 26 條第 2 項）等規定始能理解並尋得其憲法依據。按現代憲政國家，不僅追求傳統民主多數決之形式意義憲政國家；更進一步要求「以人性尊嚴與個人基本價值為中心」之實質憲政國家，亦即正義國家。[16] 所有國家行為須與憲法上價值觀相一致，而以人性尊嚴為最高價值。此種憲法基本價值觀，在大法官解釋中，曾多次加以肯認，諸如「維護人格尊嚴與確保人身安全，為我國憲法保障人民自由權利之基本理念。」（司法院釋字第 372 號解釋）「人民財產權應予保障之規定，首在確保個人依財產之存續狀態行使其自由使用、收益及處分之權能，俾能實現個人自由及維護尊嚴。」（參見釋字第 400 號解釋）

如以民主原則而言，以人性尊嚴與個人基本價值為中心之民主理念，要求越與人民鄰近事務，應盡可能由其自我實現、為自我決定。[17]

---

[15] K. Tippke , Die Steuerrechtsordnung Ⅲ 1993, S. 1084.

[16] 李震山（2001），〈人性尊嚴之憲法意義〉，氏著，《人性尊嚴與人權保障》修訂再版，頁3以下，台北：元照。

[17] 葛克昌（1999），〈地方稅法通則與地方自治〉，台北市政府法規會，《地方自

憲法上人性觀，係指平等、自由之個人，在人格自由發展下，自行決定其生活方式、未來規劃及其行為。[18] 按給付國家，國家職權雖較自由法治國擴張，除原有之消極保障個人自由，主要係協助個人對自由之實現。[19] 給付國家之給付行政，乃在促成基本權之充分實現，亦即由憲法上抽象自由狀態，達到具體社會生活，能以公權力協助個人自由實現。個人人格發展之可能性，首先須觸及實現個人自由不可讓與之社會條件。自由實現之條件，在於先擁有實體及精神上必要物資，作為自我決定前提。給付國原則，在於確保藉由必要物資條件前提，來達成個人自由之社會發展機會。大法官釋字第485號解釋理由書即在闡明此種意旨：「憲法係以促進民生福祉為一項基本原則，……本此項原則國家應提供各種給付，以保障人民得維持合乎人性尊嚴之基本生活需求，扶助並照顧經濟上弱勢之人民，推行社會安全等民生福利措施。」是以個人能自我實現之處，即國家干預停止之所。故公權力行使僅具補充性，在社會各種組織團體中，公共事務只有下級團體力有未逮時，上級組織始有處置之任務。易言之，個人能成就者，無須由家庭為之；家庭能處理，民間團體不必插手；民間組織能處置者，政府無須出面；地方政府能為之者，中央政府不必介入，此謂之「就近原理」[20]。越與人民鄰近之公共事務，需由政府為之者，盡可能由地方自治團體為之，而此等事物，亦盡可能保障居民之參與決定。

　　總之，我國地方自治制度之基礎，在於憲法上人性尊嚴與個人基本價值為中心之民主原則。亦即政府為人民而存在，而非人民為政府而存在。越接近人民事務，即越需要由人民自我決定。

治法學論輯（下）》，頁428。

[18] A. Bleckmann, Staatsrecht III, 3 Aufl., 1989. S. 451.

[19] 葛克昌（1997），〈社會福利給付與租稅主義〉，氏著，《國家學與國家法》，頁60以下，台北：元照。

[20] Fleiner-Gerster, Allgemeine Staatslehrt, 2 Aufl., 1995, S. 455.

三、人格發展與財政責任

　　地方自治乃源於憲法上人性尊嚴與個人人格發展之基本價值，而國家僅具工具性價值。個人為發展自己人格，就自己居住區域，有權參與自己關係密切之公共事務，並就其自我決定，自負其責。

　　地方自治首要課題，即地方事務由地方自主負責；而自治事務之執行，須有財源。財源如何由住民公平負擔，亦與自治事務不可分，因此對自治事務之自我負責，亦包括對財政之自我負責。自治事項之保障，在於對該事項所需費用充分供應，並確保其自主決定其財政工具。地方所以須有其自主財源，除可供其自主調度，不必仰賴中央，避免國家過度干預外，更重要理由有二，[21] 一為地方需有多大財政規模，可與地方決定須增加多少自治事項一併考量；換言之，地方決定增加管轄事務，同時應對其所增加之財政負擔予以斟酌，亦即由收入支出兩方面一併考量。另一方面，在從事自治行政時，須反覆衡量地方自治行政之本質。按民主政治之主要功能，即為責任政治；地方自主決定推展某項事務，須考量在增加財務負擔，並由居民分配時，是否仍屬有利。在決策過程中，財政之自我決定、自我負責，為自治行政中重要一環。[22] 財政責任之釐清，能使地方公共財，更符合居民偏好。例如：各縣市無不大力爭取在該地區設立大學，只因國立大學主要經費來自中央，地方並無財政責任，而該大學即使設立後與地方亦無密切關聯。反之，地方政府設立大學，如由其自負財政責任，各政府自需考量該地方特色，究竟發展工商為先，或以觀光事業為主，抑或以文化科技優先，而該地居民願意為其決策負擔，如此才能建立起最有效率、最具特色之大學。故地方自治以財政責任為核心。而以人性尊嚴為中心之民主要求，對人民越接近之

21　葛克昌，前揭註18，頁429。

22　Martius/Henneke, Kommuale Finanzausstautung und Verfassungsrecht, 1985, S. 67 ff.

公共事務，應盡可能自我決定自我負責。[23] 以人性尊嚴為價值中心之憲政國家，地方財政之自我決定、自我負責，為個人參與公共事務之基本權利，不容國家以公式化代其決定，剝奪其權利。故地方財政自主與財政責任之問題，主要在於地方稅法通則不但應予立法，更重要者，其內容不應背離地方自治，居民能自主決定自治稅捐負擔，對自治事務與財政收支，始能寄予關懷；對地方未來發展規劃，才能重現。居民之自我監督、杜絕浪費、增加利益效率，也才有可能。地方自治之基本精神，在於地方自治事項在議會立法過程中，經由論辯、公開、協商、斡旋、妥協而理性權衡不同衝突利益，在公開之意思形成中，決定公共事務，而此種決定居民願意其為負擔代價。一國人民，除國稅繳納義務外，亦須負擔地方稅，而後者與其關係密切，更需其關懷、參與。

肆、財產權、平等權作為租稅立法權界限

一、財產權作為租稅立法權界限

(一) 德國聯邦憲法法院立場

在 1993 年前，德國聯邦憲法法院之基本立場為基本法上財產權

---

23 不過有論者指出，固然現行地方制度法第18-20條、第25條規定，地方自治團體享有辦理自治事務之權限，並且就該等自治事項制定自治法規。然而在立法實務上，除因地理區域因素而生之行政事務（如地方公職人員之選舉），得完全委由地方自行辦理外，其餘事項多採取「垂直式、多層次」之授權，而將同一行政事務，同時規範中央與地方政府各自均等之權限，例如：大學教育之主管機關為教育部；而高中職則可為中央或地方自治團體（參見高級中等教育法第3條、第4條），而非將一行政事務中各層或不同事項之業務，分別委由中央或地方負責。從而，學理上區分何種事務為地方自治團體之自治事項或委辦事項，並無太大實益。參見柯格鐘，前揭註6，頁377-378。

保障，對金錢給付義務課徵不適用之。[24] 按德國基本法關於財產權之保障，係規定於第14條[25]，而傳統德國憲法法院雖對例外達到絞殺效果有時承認侵犯財產權，但原則上，均認為課予納稅義務，使特定人負擔特定金錢給付義務，只就該特定人總體財產減少時，對具體財產權並未侵犯。其主要理由，由各類判決中歸納如下：

財產權如同自由權為主要之基本權；承認財產權在價值取捨上具有重要意義。[26]財產權與個人自由保障具有內在關聯性。[27]財產權保障須與基本權結合，以達成確保基本權主體在財產法上自由領域，藉以得自由形成其自我負責之生活。[28]財產權保障係對行為與形成自由之補充。個

---

[24] 陳愛娥（1998），〈司法院大法官會議解釋中財產權概念之演變〉，劉孔中、李建良主編，《憲法解釋之理論與實務》，頁415，台北：中央研究院社科所。葛克昌（2009），《所得稅與憲法》，增訂版，頁59，台北：翰蘆。

[25] 本法中譯，可參見司法院中譯法規：德意志聯邦共和國基本法（譯者：朱建民，李建良、吳信華等增譯），2012年7月，其中第14條除第3項關於徵收規定，其餘規定如下：

Ⅰ.財產權及繼承權應受保障。其內容及限制由法律規定之。

Ⅱ.財產權附有社會義務。其行使應同時有益於公共福祉。

另有關財產權社會義務之理論探討可參見蔡維音（2006），〈財產權之保護內涵與釋義學結構〉，《成大法學》，11期，頁49-52。我國釋憲實務首次明文提到財產權之社會義務，為司法院釋字第564號解釋理由書：人民之財產權應予保障，憲法第十五條設有明文。惟基於增進公共利益之必要，對人民依法取得之土地所有權，國家並非不得以法律為合理之限制，此項限制究至何種程度始逾人民財產權所應忍受之範圍，應就行為之目的與限制手段及其所造成之結果予以衡量，如手段對於目的而言尚屬適當，且限制對土地之利用至為輕微，則屬人民享受財產權同時所應負擔之社會義務，國家以法律所為之合理限制即與憲法保障人民財產權之本旨不相牴觸。

[26] BVerfGE 14, 277.

[27] BVerfGE 42, 76 f.; 46, 34.

[28] BVerfGE 24, 389; 41, 150; 42, 76; 42, 293; 50, 339; 51, 248; 53, 290; 68, 222; 69, 222; 83, 208.

人藉由財產權得以自營生活，承認私有財產權，始得以對其侵犯給予保護之可能。[29]

依聯邦憲法法院見解，憲法保障之財產權，其概念須由憲法本身尋求。[30]基本法第 14 條第 1 項所保障之財產權，係由所有合憲之公法、私法法律之整體所構成，其內涵及界限依基本法第 14 條第 2 項，由法律規定之。[31]基本法第 14 條第 1 項將私有財產當作法制度予以保障，主要係藉由其私用性及原則上承認財產權客體有其處分之自由。[32]

基本法第 14 條財產權保障，不及於對公法上金錢給付義務之干預，最早為 1954 年聯邦憲法法院所主張。[33]早期聯邦憲法法院見解，認為基本法第 14 條係對個別財產權客體所為之保障，而不及於財產總體。[34]嗣後則認為公法上金錢給付義務如過度，致根本上損害其財產關係或產生沒收與「絞殺」效果時，則違反基本法第 14 條[35]，但迄今並無任何稅法因此而宣告違憲。[36]

聯邦憲法法院之傳統見解[37]，即憲法之財產權保障不及於公法上金錢給付義務，引起憲法學者激烈反對。[38]早在 1956 年，K. M. Hettlage 即將此種不受財產權保障之課稅權，稱為「社會主義之特洛伊木馬」（即意指國家權力藉由不受財產權保障之課稅權，滲透至自由經濟體

---

[29] BVerfGE 14, 293.

[30] 亦即不得由法律予以界限其概念，BVerfGE 58, 355.

[31] BVerfGE 74, 148.

[32] BVerfGE 24, 389 f.; 26, 222; 31, 240; 37, 140; 38, 370; 50, 339; 52, 30.

[33] BVerfGE 4, 7 (17).

[34] BVerfGE 30, 271 f.; 65, 209; 72, 195.

[35] BVerfGE 30, 250 (272); 38, 60 (102); 63, 312 (327); 67, 70 (88); 70, 219.

[36] Kruse, Lehrbuch des Steuerrechts I, 1991, S. 38.

[37] 聯邦憲法法院第一庭，迄今仍持相同見解。

[38] 葛克昌，前揭註25，頁60-61。

制中）。而爲「法治國家之公然缺口」[39]，R. Weber-Fas 則稱「自由憲政結構中具有危害性之斷層」[40]，所有之基本權保障均因此斷層而減損其功能。[41] 亦有謂此爲「基本權保障之自由領域中阿基里斯腳後跟（希臘英雄全身唯一之致命傷）」[42]「在基本法立法應受憲法拘束之危險斷層」[43]，而發展成「不受控制之租稅國家」[44]，甚至有學者認爲將課稅權馴服於財產基本權難題解決爲「憲法中最迷人的要求」[45]。總之，「財產權保障與課稅」或「基本法第十四條與稅課」成爲憲法學者極欲克服之難題與熱烈討論之課題。[46]

惟憲法學界所熱烈討論者，不在於利用基本法第 14 條財產權保障，而排斥國家利用租稅工具。按自由經濟體制中，經濟領域事務原則上國家將其轉讓於人民，而避免自己經營；國家財政需求，則強制由人民依其能力納稅而負擔，課稅權爲租稅國家中重要工具且普遍獲得承認。[47] 人民之納稅義務在私有財產制及自由經濟體制中爲必要之前提。惟租稅之課徵應有其界限，否則將侵蝕私有財產制度。租稅負擔應受財產基本權拘束，否則財產保障將失其意義。因課稅權爲對財產權最主要之公權力干預之一。

爲了上述目的，憲法學者致力於提出下列諸問題並尋求其答案：課

[39] K. M. Hettlage, VVStRL 14 (1956), 2, 5.

[40] R. Weber-Fas, NJW 1975, 1945, 1948.

[41] H. H. Rupp, NJW 1968, 569.

[42] W.-R. Schenke, in FS H. Armbruster 1976, S. 177, 178.

[43] E. Benda, DStZ, A 1973, 56 f.

[44] H.-J. Papier, DVBl 1980, 797；關於Papier就財產權對課稅權限制之理論，參見陳清秀（1994），〈財產權保障與稅捐的課徵〉，《植根雜誌》，10卷6期，頁38，台北：植根。

[45] M. Kloepfer, StuW 1972, 176, 180.

[46] K. Tipke, Die Steuerrechtsordnung I, 2 Aufl., 2000, S. 442.

[47] 葛克昌，前揭註20，頁137以下。

稅權是否應受基本權拘束？課稅權與公益徵收權是否應予區分？課稅權是否應受財產權保障？基本法第 14 條保護之客體爲何？租稅立法權應否受到基本法第 14 條第 2 項限制？納稅義務可否由基本法「財產權附有（社會）義務」中導出？納稅義務人使用其財產權時，是否須同時增進公共福祉？稅課是否爲徵收之一種？可否依徵收法理解決課稅問題？[48]

　　K. H. Friauf 教授對傳統聯邦憲法法院判決首先提出批判，指出其存有內在矛盾：[49] 既然基本法第 14 條不適用於公法上金錢給付義務，何以過度課徵則有基本法第 14 條之適用餘地？基本法第 14 條對徵收之限制，適用於「非稅領域」，何以不適用於納稅義務？J. Isensee 則提出課稅權限制爲租稅國家財產基本權之核心，租稅國家本質中即包括保持稅源原則。[50]W. Rüfner 所代表見解，則從基本法第 14 條對財產權保障，認爲私有財產權之營利及使用收益應保持可能與充分。「稅課違反此一原則者，即爲違憲，亦即可歸於通常『沒收』之類。」對財產本體予以課稅，其間界限，甚難予以理性區分。因急迫要求，國家得要求人民　作較大犧牲，或介入財產本體。[51] 與此見解相類似爲 H.-J. Papier，其以爲基本法第 14 條除保障私有財產存續外，亦保障其私用性。[52] 如私有財產之營利私用性遭受排除，則與徵收何異？如某類財產權因課稅致其收益完全不正當或不相當，即違基本法第 14 條，特別是因通貨膨脹而適用累進稅率時爲然。[53]

---

[48] K. Tipke, Die Steuerrechtsordnung I, 2 Aufl., 2000, S. 442.

[49] K. H. Friauf, Juristsche Analysen 1970, 299, 302 f.; ders, DStJG Bd 12(1989), S. 22.

[50] J. Isensee, FS. H. P. Ipsen, 1977, S. 409, 434；租稅國依賴國民經濟支付能力供應，故不得摧毀其支付動機、削弱其支付能力，否則租稅之源泉勢將枯竭、租稅之基礎勢必崩壞。葛克昌，前揭註20，頁148、160。

[51] W. Rüfner, DVBl 1970, 882 ff.

[52] H.-J. Papier, Der Staat, 1972, 501 ff.

[53] H.-J. Papier, DVBl 1980, 794 f. ders., in: Mauz/Durig, Grundgesetz, Art. 14 Rn. 156 ff. 陳清秀，前揭註45，頁38。

　　總之，德國學者對傳統憲法法院見解，基本法第 14 條財產權保障，原則上不適用於公法上金錢給付義務，只有在例外個案達到沒收效果時始違憲之見解，均持反對立場。[54] 而主張課稅是否違反基本法 14 條，主要係基於具經濟理性之財產權人或企業家，經課稅後在通常情形下是否仍有相當營利或收益可能而定。[55] 至於個案之過苛情事，則應由衡平條款予以調整。[56]

　　對憲法法院傳統見解批判最力者，厥為 P. Kirchhof 法官。Kirchhof 以基本法第 14 條為中心，發展出整套之稅法理論。Kirchhof 強調租稅平等要求與租稅過度禁止，應為一體兩面。各種稅捐，依 Kirchhof 見解，無非係對財產權人所課之稅。因此，憲法上財產權保障，對課稅權內容之限制，扮演了主要角色。由於課稅權之前提為私有財產，如稅法不當限制財產權人自由，則侵及憲法上財產權保障之核心本質。所謂租稅，非國家對私有財產所有權之分享（財產之所有權歸私人所有，為私有財產制之憲法要求），而係針對財產所有權人經濟利用行為（使用收益）之分享。憲法上財產權保障，非指不受國家稅課侵犯之經濟財，而係針對財產權人之行為活動自由。財產權自由之基礎為個人整體財產。個人租稅負擔過度，指的是個人整體財產之侵害。從而對稅課是否侵犯財產權，從憲法上可由二層面加以審查：對特定租稅客體之負擔，是否該當；以及對整體財產之稅負是否合理正當。由第一層面觀察，可將稅課階段依財產權表現形態，依據所受憲法保障程度之不同，區分為三種類型予以考察：財產權之取得（如個人所得稅、公司稅、繼承稅），財產權之使用（營業稅、特種消費稅），財產權之持有（如房屋稅、地

---

[54] 葛克昌，前揭註25，頁61。

[55] H.-J. Papier, Der Staat, 1972, S. 503.

[56] 德國租稅通則第163條有規定，基於衡平事由之特別租稅核定。陳清秀（2019），《稅法總論》，11版，頁618，台北：元照。

價稅等財產稅）。[57]財產權取得階段，財產權人乃因經濟自由而有所增益，同時因納稅義務而減少之，因此對所得課稅之大小有較大空間，從而產生對所得課稅之上限問題。由於財產權之行使附有社會義務，故財產權之取得，只有在顯然過度時，得以財產權侵犯視之。[58]同樣地，財產權使用階段亦然。較有問題者，為財產權持有階段，蓋原則上財產權本身不應成為課稅對象。[59]

其次，Kirchhof 從基本法第 14 條第 2 項推論出憲法對課稅權之界限。依基本法第 14 條第 2 項規定，財產權之行使「同時應有利於公共福祉。」因此財產權人在稅後所保留之收益，應「至少接近半數」（所謂「半數原則」）[60]。因「同時」（Zugleich）一詞，在德文中即有「同等」、「同樣」之意。財產權之使用，雖同時可為私用與公用，但仍以私用為主，私用之利益至少不應少於公用之租稅負擔。換言之，對財產權行使所產生之所得課稅時，其社會義務不應高於財產權人之個人利益。[61]憲法保障私人收益歸私人使用，國家雖得以課稅權以減少之，但依現時經濟條件，用以確保個人與家庭生存之所得，則禁止藉稅課減少之。又所得同時為將來賺取所得，為職業自由實施所必要者，故其稅課之強度應對此予以減除。半數原則之困難，在於實務上如何運用。

---

[57] P. Kirchhof, VVDStRL Heft 39 (1981), 213 ff., 226 ff., 242 ff.; ders., Verfassu-ngsrecht und öffentliches Einnahmesystem, in Hansmeyer (Hrsg.), Staatsfina-nzerung in Wandel, 1983, S. 40 ff.

[58] 葛克昌，前揭註20，頁120以下。

[59] 葛克昌，前揭註20，頁124以下。

[60] 半數原則可參照Seer, Der sog. Halbteilungsgrundsatz als Belastungsobergrenze der Besteuerung FR1999, 1280 ff.; ders., Verfassungsrechtliche Grenzen der Gesamtbelas-tung von Unternehmen, DStJG Bd. 23, S. 187 ff.

[61] P. Kirchhof, Besteuerung und Eigentun, VVDStRL, 39, 1981, S. 242.

(二) 最適財產權稅課理論之提出

受到 Paul Kirchhof 法官見解之影響[62]，聯邦憲法法院第二庭在財產稅判決中作了重大變更，該庭不再堅持基本法第 14 條對稅課之侵犯不予保障。[63] 此種一系列判決之變遷，其實早在 1970 年代，即有一批憲法學者致力於建構以財產權保障（基本法第 14 條），以防杜過度稅課，[64] 並用以闡明在市場經濟與私有財產法制下，稅課用以保障納稅人經濟自由之功能。[65] 此一系列判決之變遷，大致從 1993 年至 1995 年間，並發展出最適財產權之稅課理論。其具體內容，依各判決可歸納如下：

財產稅方面（如房屋稅、地價稅，以動產、不動產或其他財產權價值之權利作為課徵客體），得以課稅者限於財產具有收益能力，否則即對私有財產本體有扼殺作用。[66] 財產稅以「應有收益稅」方式存在，對財產權存續保障，並無侵犯。[67]

聯邦憲法法院注意到對財產課徵財產稅，雖得以「應有收益稅」正當化其課徵[68]，但財產之「實有收益」（如土地、房屋租金）仍應課

---

[62] Paul Kirchhof 法官對財產權保障與課稅權之主要見解，詳見葛克昌，〈租稅國危機及其憲法課題〉，收錄於前揭註20，頁118-127。

[63] BVerfGE 93, 121, 450 ff.

[64] 主要者諸如 W. Rüfner, Die Eigentumgarantie als Grenze der Besteuerung, DVBl 1970, 881; K. H. Friauf, Steuergesetzgebung und Eigentumgarantie, JA 1970, 299; ders, StuW 1977, 59; ders, DStJG 12 (1989) 19 ff.; R. Wendt, Besteuerung und Eigentum, NJW 1980, 2111; Kirchhof/v. Arnim, Besteuerung und Eigentum, VVDStRL 39 (1981) 210, 286; Draschka, Steuergesetzgebende Staatsgewalt und Grundrechtsschutz des Eigentums, 1982, S. 101 ff.; P. Kirchhof, Staatliche Einnahmen, HStR IV (1990), 87, 146.

[65] Tipke/Lang, Steuerrecht, 16 Aufl., 1998, § 1 Rz. 5.

[66] BVerfGE 93, 149, 152 ff.

[67] BVerfGE 93, 121.

[68] 應有收益之具體量化基準，學理上有認為可以財產使用收益之孳息為表徵，就財產稅具有應有收益稅性質之見解，國內文獻可參見范文清（2019），〈土地

徵收益稅（如所得稅），故對財產整體之租稅負擔，聯邦憲法法院提出「半數原則」：財產稅加上收益稅，其租稅總體負擔，應就收入減除成本、費用餘額爲之，依類型觀察法[69]，其歸於私有與因課稅而公有部分應接近半數。[70]此種半數原則乃由基本法第14條第2項所導出，蓋財產權之利用，應「同時」有利於公共福祉。[71]因財產權「附有」社會義務，私有財產應以私用爲主，負擔租稅爲附帶之社會義務，不能反客爲主，超過應有及實有收益之半數。但於2006年1月18日德國聯邦憲法法院第二庭，則改變見解，宣稱由基本法第14條地2項無法直接導出「接近半數」爲課稅具有拘束力之上限，而改由依比例原則與財產權保障，及淨所得原則相結合爲審查。（BVerfE 115,97[114]）

　　個人及家庭所需用之財產，須予特別之保護。[72]基本法第14條亦發展出生存權保障功能。此外，對納稅人及其家庭應確保其自我負責、形成個人生活領域之自由空間。因此，就常規或一般水準之家用財產，應予保障而免於稅課干預。同時相對應於基本法第6條婚姻及家庭應受國

稅〉，黃茂榮、葛克昌、陳清秀主編，《稅法各論》，2版，頁340-341，台北：新學林。：陳清秀（2017），〈地價稅之課稅法理〉，《台灣法學雜誌》，311期，頁21。又所謂應有收益之概念，爲個別財產之潛在收益能力。其本質上，屬於一種推計之認定方法，在一課稅年度，估算土地（財產）使用所可能實現之收益，以作爲當年度課稅之基礎，可參見最高行政法院100年度判字第949號判決：爲何財產之擁有（包括所有或持有）足以表彰稅負能力，則在財稅理論上有所變遷，值得特別說明如下：(1)傳統之觀點認爲，財產稅表面上看來是對財產課徵，但論之實質，應係對財產所生之孳息課徵。只不過逐一調查每一財產所生之實然孳息數額，稽徵成本過高，因此才以預估之應然孳息數額爲其課徵對象。

[69] 稅法上類型觀察法之討論與適用，可參見陳清秀（2008），〈論稅法上類型化（上）〉，《法令月刊》，59卷4期，頁69-85。盛子龍（2011），〈租稅法上類型化立法與平等原則〉，《中正財經法學》，3期，頁149-194。

[70] BVerfGE 93, 121, Leitsatz 3.

[71] BVerfGE 93, 138; Kirchhof半數原則理論之之分析，可參見Frye, FR2010,603.

[72] BVerfGE 93, 121, 138, 140f; 93, 174 f.

法保障，家庭之生活水準應予保障。常規或一般水準之家用財產，在財產稅中應予免稅；[73] 在繼承稅中亦應予以充分免稅額。[74]

財產稅之租稅優惠，除了財政目的租稅外，社會政策目的租稅，在明確構成要件下，因與公共福祉相關，而得以取得合理正當性。[75] 基於公共福祉原則，在繼承稅判決中，[76] 引入繼承時企業應永續經營理念。企業作為生產力與就業場所，應特別受公共福祉原則所拘束，而附有增進公共福祉義務。[77] 是以繼承稅之課徵，不得有害於企業之永續經營。[78]

二、量能原則為平等原則之具體化

憲法第 7 條所定之平等權，係「保障人民在法律上地位之實質平等」（參見司法院釋字第 485 號解釋），故可斟酌事實差異及立法目的，而為合理之不同處置，此為立法裁量權，釋字第 211 號解釋甚至承

---

[73] BVerfGE 93, 121, 141.

[74] BVerfGE 93, 165, 175.

[75] BVerfGE 93, 121, 148.

[76] 德國繼承稅，其稅基為各繼承人所取得之繼承部分，而非針對總遺產（§10Abs.1 ErbStG），係分遺產稅而非總遺產稅。故繼承稅本質上非財產稅，而係收益稅（所得稅性質）。與此相較，我國遺產稅法係採總遺產稅制，亦即應將積極財產減除消極財產（負債）後，以其「淨額遺產」為課稅基礎（遺贈稅法第13、14、16條），而非以個別繼承人因繼承而取得之個別遺產作為課稅對象，而是以各個繼承人之實際繼承利益作為課稅客體；且司法實務見解認為，參酌稅捐稽徵法第12條內容，於數人繼承且全部遺產未分割前，應以全體繼承人為連帶債務人（最高行政法院102年判字第142號判決）。不過有論者認為，要求全體繼承人就總遺產負擔遺產稅之連帶債務，而不問個別繼承人實際取得之遺產數額（如依據法定應繼分而分配之比例），且甚至繼承人應以其固有財產負清償責任，恐與量能平等負擔稅捐之理念有違。參見陳清秀（2014），〈遺產稅法上之課稅原則〉，《法令月刊》，65卷7期，頁57、77。

[77] BVerfGE 93, 165, 175.

[78] BVerfGE 93, 165, 176.

認立法者對此不同處置裁量權得授權予行政機關。是以某法律是否違反平等原則，在於立法者是否經過權衡、排除專斷，而為合理之不同處置。但此種一般之平等要求，對稅法而言仍有不足。蓋一般之平等要求，適用於社會領域，尤以市場經濟為主者，原則上此時公權力處在第三人地位（當事人雙方均為私人），如果立法者經過權衡，又不違反比例原則，依權力分立原則，應尊重立法裁量權。但是，稅法為強制性無對待給付，不能僅以有法律依據即有服從義務，否則即可能有多數暴力或民主濫用情事。故為保障少數人，稅法應受嚴格平等原則之拘束，不能僅以立法者經過權衡，不違反比例原則為已足。仍須進一步審查是否違反實質之平等原則及租稅中立原則，[79] 此時已超出立法裁量權範圍，而為司法審查之對象，為大法官之重大任務。[80]

故平等原則在稅法上適用有雙層意義：一為平等原則作為立法原則；另一為平等原則作為法律適用原則。平等原則作為稅法之立法原則，故立法者受平等原則拘束，所立之法應與憲法正義價值觀相一致，此種租稅正義應平等無差別地，在法定要件中貫徹。是以，立法者有義務，制定適當之法律，以使法律得以平等適用。[81] 而作為法律適用原則，平等原則要求法律之前平等，亦即稅捐稽徵機關及法院，在適用稅法時應符合平等原則。稅法之執行若不平等，則不可能有租稅負擔之平等。[82] 任何稅法，若行政官員得自由決定，是否予以施行，如此之稅法即為不正義之來源，蓋因其個別偏好，而決定是否適用法律。稅法之平等原則，不僅納稅及義務人須受拘束，作為租稅債權人之國家亦有適

---

[79] BverfGE 8, 51 (65).

[80] 同樣平等要求較為嚴格者，為社會福利法屬給付行政，對當事人基本權侵害不如稅課之干預行政，因此社會福利給付亦雖受較嚴格之平等原則司法審查，但其立法裁量權遠較稅法為大。

[81] Kirchhof, Gleichheit in der Funktionsordnung, HStRV (1992), S. 9.

[82] Tipke, Gleichmäßigkeit der Steuerrechtsanwendung, in: Vogelgesan (Hrsg.), a.a.O., S. 95.

用，即其代表行政機關亦負有義務－即依法律課徵之原則。[83] 故憲法第19 條規定人民有依法律納稅之義務，須配合憲法第 7 條之平等原則，而演繹出：政府有依法律課徵之義務。[84] 稅課是否平等，須依其衡量標準；依個人支付能力定其租稅負擔，即爲衡量標準。[85]

伍、遷徙自由與租稅收益分配

一、釋字第 234 號解釋

地方財政收支劃分，大法官會議有關解釋，以司法院釋字第 234 號及釋字第 277 號解釋最爲重要。釋字第 234 號解釋（於 1987 年 6 月 18 日作成）乃針對營業稅與印花稅統籌分配規定是否違憲所爲解釋。解釋文爲：「國稅與省稅、縣稅之劃分，依憲法第一百零七條第七款規定，由中央立法並執行之。財政收支劃分法第十二條第二項及第三項就有關

---

[83] Birk, Gleichheit und Gesetzmäßigkeit der Besteuerung, StuW, 3/1, S. 21.

[84] 葛克昌（1990），〈平等與適法原則：財稅改革之法律基礎初論〉，《財稅研究》，22卷5期，頁40。

[85] 司法院釋字第745號解釋：憲法第7條規定人民之平等權應予保障。法規範是否符合平等權保障之要求，其判斷應取決於該法規範所以爲差別待遇之目的是否合憲，及其所採取之分類與規範目的之達成間，是否存在一定程度之關聯性而定（本院釋字第682號、第722號解釋參照）。所得稅法第13條規定：「個人之綜合所得稅，就個人綜合所得總額，減除免稅額及扣除額後之綜合所得淨額計徵之。」爲計算個人綜合所得淨額，立法者斟酌各類所得來源及性質之不同，分別定有成本及必要費用之減除、免稅額、扣除額等不同規定（所得稅法第4條、第14條及第17條等規定參照）。此等分類及差別待遇，涉及國家財政收入之整體規劃及預估，固較適合由代表民意之立法機關及擁有財政專業能力之相關行政機關決定。惟其決定仍應有正當目的，且其分類與目的之達成間應具有合理關聯，始符合量能課稅要求之客觀淨值原則，從而不違反憲法第7條平等權保障之意旨。而納稅者權利保護法第5條並重申：「納稅者依其實質負擔能力負擔稅捐，無合理之政策目的，不得爲差別待遇。」

營業稅與印花稅統籌分配之規定，符合憲法第一百四十七條謀求地方經濟平衡發展之意旨，與憲法並無牴觸。」

　　該號解釋係由台北市議會所聲請，聲請理由主要內容為：我國憲法就地方自治團體之權利與其建制，特予保障，以防中央立法侵害，而加強地方自治團體之地位。此觀於憲法第 109 條及第 110 條，就省與縣立法並執行之事項分別列舉之規定甚明。其中第 109 條第 1 項第 7 款明定：「省財政及省稅，由省立法並執行之或交由縣執行之。」按營業稅及印花稅屬於省稅及直轄市稅（地方稅），有關省（直轄市）財政，及省（直轄市）稅，應由省（直轄市）立法並執行，方符合憲法保障地方稅收自主權之精神。[86]

　　司法院釋字第 234 號解釋，在解釋理由書對營業稅與印花稅統籌分配規定，不牴觸憲法有進一步說明：「營業稅與印花稅雖經劃分為省及直轄市稅，但在通常情形，工廠、礦場大多分布在省屬各縣市，關於教育、衛生、交通、警政及其他公益事項所需費用，勢必增加當地政府之負擔。因營業稅依規定得在總機構所在地繳納，印花稅在總機構所在地繳納情形亦屬較多，而總機構又多設在直轄市區內，致使工廠、礦場所在地之縣市，取得該類稅金較少。財政收支劃分法第十二條第二項及第三項之規定，即係透過統籌分配之方式，合理調劑省市之所得，使較為貧瘠之地區，亦可獲得正常之經濟發展，以達全民生活均足之目的，符合憲法第一百四十七條意旨。」

　　按憲法第 147 條原為中央對貧瘠之省，省對貧瘠之縣補助之規定，司法院釋字第 234 號則擴大解釋，側重謀求地方經濟平衡發展之意旨，而肯認統籌分配規定符合該意旨，此種不拘泥於憲法所用文字，探求憲法精神，實值贊同。同時，一國之內之國民，宜有相同之政府服務水

---

[86] 葛克昌（2018），前揭註15，頁111。

準，與相差不過於懸殊之生活水準[87]，以免造成區域不均衡、資源配置之浪費與過度集中，致有害國家之安定與發展；至於現存之區域差距，國家亦有義務，逐步減少其差距。[88] 因此，有必要借重統籌分配稅。惟憲法第 147 條之補助，或將其擴張解釋爲包括統籌分配稅，均爲不同級公法人（國家對省，省對縣）間財政調配，是爲「垂直之財政調配」；以及同級公法人間「水平之財政調配」。然此二者皆爲各地方自治團體，在有自主財源之後，垂直調配用以彌補垂直之不均，水平調配則自主財源有餘以補不足者，故統籌分配稅額第一步先要有自主財源，然後找到衡量基準加以比較，何者有餘何者不足。釋字第 234 號解釋，未見及此，對聲請人所請求解釋之財政自主與保障，亦未予解釋，從而統籌分配稅問題未能藉該解釋得以解決。[89]

二、平等權與統籌分配稅

利用統籌分配稅來達成區域均衡，並非依人口、面積或國民所得來均衡貧富，理論上後者只有計畫經濟國家始有能力達成，現實上任何國家亦均難以達成。統籌分配稅所要達成之區域均衡，是指全國各區域之住民，能有相同之基本公共服務。各地區住民可以要求同一基本公共服務，其憲法上理由爲人民有依法律納稅義務，此種義務依量能原則而負擔，亦即按各人之經濟能力而分配，租稅負擔不因居住地區不同，亦不因由政府所得公共服務不同而有所差異。納稅義務人既依其能力而平等

---

[87] Lerche, Finanzausgleich und Einheitlichkeit der Lebensverhältnisse, in: FS Friedrich Berber zum 75. Geburtstag, München 1973. S. 299 ff.

[88] 黃茂榮（1991），〈認識財政收支劃分的政策工具〉、〈財政劃分制度應予合理化〉、〈財政保障與區域均衡應並重〉等文，氏著，《稅捐法論衡》，頁31-46，台北：植根法學叢書。

[89] 近期有關統籌分配制度之檢討，可參見柯格鐘，前揭註6，頁408-414。

負擔，自然有權要求相同之基本公共服務。[90]

三、遷徙自由與統籌分配稅

再者，憲法保障人民有居住及遷徙之自由，旨在保障人民有自由設定住居所、遷徙、旅行自由（參見釋字第443號、第454號解釋）。人民自由移居之權利，在全國各地均有相同之公共服務水準，始足達之。否則城鄉差距太大，為了子女教育、老年醫療照顧、一般人交通問題，人民被迫移居，無實質之遷徙自由。而各地公共服務質與量無太大差異，各地還可發展其特色，吸引他人移居，此亦地方自治之基本精神。

惟統籌分配稅，僅為財政調整之一環，地方自治所需財源，主要仍取之於地方稅自治立法。因自主課稅權為地方自治核心問題。地方稅法通則雖經制定，但其與憲法所揭櫫之地方自治制定保障，相距甚遠。[91]

陸、結論：憲法之人性觀

從司法院釋字第372號解釋提出：「維護人格尊嚴與確保人身安全，為我國憲法保障人民自由權利之基本理念。」釋字第400號則從財產權觀點認為「人民財產權應予保障之規定，旨在確保個人依財產之存續狀態行使其自由使用、收益及處分之權，俾能實現個人自由及維護。」此種以人性尊嚴與個人基本價值為中心之民主理念，要求越與人民鄰近事物，應盡可能由其自我實現、自我決定。憲法人性觀，係指平

---

90 葛克昌，前揭註3，頁77。

91 地方稅法通則草案總說明第三段可見端倪：本通則之制定，原應賦予地方較大之自主空間；惟有鑑於地方議會遷就選票之現實，始昔娛樂稅與工程受益費取消稅（費）率下限後起徵困難之實際經驗（中略）認為現階段地方財政彈性調整空間不宜過大。」

等、自由之個人，在人格自由發展下，自行決定其生活方式及未來規劃。個人為發展自己人格，就其居住區域，有權參與自己關係密切之公共事務，並願意為其付出財政責任。是以地方自治，原以地方課稅立法權為最主要，地方稅法通則需充分貫徹地方自主精神，將財政之餅作大，為地方自治最重要之法制。惟課稅立法權應受納稅義務人基本權限制；而財稅劃分與統籌分配稅制，亦須斟酌納稅義務人基本權。[92] 蓋政府係為人民而存在；人性尊嚴與個人基本權之實現，為國家最主要任務。

---

[92] 葛克昌，〈賦稅人權與租稅正義：納保法第一條第一項作為納保法基本法理〉，前揭註15，頁379以下。

參考文獻

一、中文部分

李震山（2001），〈人性尊嚴之憲法意義〉，收於氏著：《人性尊嚴與人權保障》修訂再版，頁1-24，台北：元照。

林明鏘（2016），〈國家與地方自治團體之關係〉，《法令月刊》，67卷7期，頁1-2。

范文清（2017），〈地方財政制度〉，收於陳清秀（等著）：《地方自治法》，頁241-260，台北：華藝學術。

范文清（2019），〈土地稅〉，收於黃茂榮、葛克昌、陳清秀主編：《稅法各論》，2版，頁337-384，台北：新學林。

柯格鐘（2017），〈財政權限劃分與地方稅〉，《東吳公法論叢》，10卷，頁363-431。

陳清秀（1994），〈財產權保障與稅捐的課徵〉，《植根雜誌》，10卷6期，頁38-40，台北：植根。

陳清秀（2008），〈論稅法上類型化（上）〉，《法令月刊》，59卷4期，頁69-85。

陳清秀（2014），〈遺產稅法上之課稅原則〉，《法令月刊》，65卷7期，頁50-78。

陳清秀（2017），〈地價稅之課稅法理〉，《台灣法學雜誌》，311期，頁21-39。

陳清秀（2019），《稅法總論》，11版，台北：元照。

陳敏（1981），〈憲法之租稅概念及其課徵限制〉，《政大法學評論》，24期，頁33-58。

陳愛娥（1998），〈司法院大法官會議解釋中財產權概念之演變〉，劉孔中、李建良主編：《憲法解釋之理論與實務》，頁393-420，台北：中央研究院社科所。

盛子龍（2011），〈租稅法上類型化立法與平等原則〉，《中正財經法學》，3期，頁149-194。

黃茂榮（1991），《稅捐法論衡》，台北：植根法學叢書。

黃錦堂（2012），〈論地方自治之憲法保障〉，收於氏著：《地方制度法論》，頁13-64，台北：元照。

葛克昌（2002），〈統籌分配稅與地方自治〉，《月旦法學雜誌》，84期，頁77-80。

葛克昌（2016），〈人性尊嚴、人格發展：賦稅人權之底線〉，收於氏著：《稅捐行政法：納稅人基本權視野下之稅捐稽徵法》，頁26-40以下，廈門：廈門大學出版社。

葛克昌（2018），〈納稅者權利保護法評析〉，收於氏著：《納稅者權利保護法析論》增訂2版，頁1-69。台北：元照。

葛克昌（1999），〈地方稅法通則與地方自治〉，台北市政府法規會，《地方自治法學論輯（下）》，頁428。

葛克昌（1997），〈社會福利給付與租稅主義〉，收於氏著：《國家學與國家法》，頁45-94，台北：元照。

葛克昌（2009），《所得稅與憲法》，3版，台北：翰蘆。

葛克昌，〈租稅國危機及其憲法課題〉，收於氏著：《國家學與國家法》，頁95-138，台北：元照。

葛克昌（1990），〈平等與適法原則：財稅改革之法律基礎初論〉，《財稅研究》，22卷5期，頁37-45。

葛克昌，〈賦稅人權與租稅正義：納保法第一條第一項作為納保法基本法理〉，收於氏著：《納稅者權利保護法析論》增訂2版，頁379-405，台北：元照。

蔡志方（2017），〈憲法與地方自治保障〉，收於陳清秀（等著）：《地方自治法》，頁3-22，台北：華藝學術。

蔡茂寅（2010），〈財政法：第三講稅課收入（下）〉，《月旦法學教室》，93期，頁72-80。

二、外文部分（依年份）

K. M. Hettlage, VVStRL 14 , 1956, 2, 5.

W. Rüfner, DVBl 1970, 882 ff.

K. H. Friauf, Juristische Analysen 1970, 299, 302 f.

K. H. Friauf, Steuergesetzgebung und Eigentumgarantie, JA 1970, 299.

W. Rüfner, Die Eigentumsgarantie als Grenze der Besteuerung, DVBl 1970, S.881.

H. J. Papier, Der Staat Bd. 11 , 1972, 501 ff.

M. Kloepfer, StuW 1972, 176, 180.

Lerche, Finanzausgleich und Einheitlichkeit der Lebensverhältnisse, in: FS Friedrich Berber zum 75. Geburtstag, München 1973. S. 299 ff.

R. Weber-Fas, NJW 1975, S. 1945, 1948.

W.-R. Schenke, in FS H. Armbruster 1976, S. 177, 178.

K. H. Friauf, StuW 1977, S. 59.

R. Wendt, Besteuerung und Eigentum, NJW 1980, 2111.

Vogel, Die bundesstaatliche Finanzverfassung des Grundgesetzes (Art 104a bis 108GG), JA, 1980, S. 577.

H.-J. Papier, DVBl 1980, S. 797.

P.Kirchhof /v. Arnim, Besteuerung und Eigentum, VVDStRL 39 (1981) 210, 286.

P. Kirchhof, VVDStRL Heft 39 (1981), 213 ff., 226 ff., 242 ff.

Draschka, Steuergesetzgebende Staatsgewalt und Grundrechtsschutz des Eigentum, 1982, S. 101 ff.

P. Kirchhof, Verfassu-ngsrecht und öffentliches Einnahmesystem, in Hansmeyer (Hrsg.), Staatsfina-nzerung in Wandel, 1983, S. 40 ff.

Kirchhof, Verfassung und öffentliches Einnahmesystem, in: Hansmezer(Hrsg.) Staatsfinanzierung in Wandel. 1983.8.39.

Martius/Henneke, Kommuale Finanzausstautung und Verfassungsrecht, 1985, S. 67 ff.

Klaus Vogel, Die Finanz-und Steuerstaat, in: Isensee/Kirchhof, Handbuch des Staatsrechts der Bundesrepublik Deutschland, Bd. I, 1987, § 27, Rn. 2.

A. Bleckmann, Staatsrecht Ⅲ, 3 Aufl., 1989, S. 451.

Birk, Gleichheit und Gesetzmäßigkeit der Besteuerung, StuW, 1989.

K. H. Friauf, DStJG Bd 12 , 1989, S. 22.

P. Kirchhof, Staatliche Einnahmen, HStR Ⅳ, 1990., 87, 146.

Kruse, Lehrbuch des Steuerrechts I, 1991, S. 38.

Tipke, Gleichmäßigkeit der Steuerrechtsanwendung, in: Vogelgesan (Hrsg.), 1992, S. 95.

Fleiner-Gerster, Allgemeine Staatslehrt, 2 Aufl., 1995.

Seer, Der sog. Halbteilungsgrundsatz als Belastungsobergrenze der Besteuerung FR 1999, 1280 ff.

K. Tipke , Die Steuerrechtsordnung Bd. Ⅲ, 2Aufl. 2012.

Tipke/Lang, Steuerrecht, 23 Aufl., 2018, § 1 Rz. 5.

第六章

行政程序法上陳述意見程序之免除、補正與違反之法律效果

盛子龍[*]

*中正大學財經法律學系專任教授兼系主任

摘　要

　　行政機關在作成對人民不利之行政處分前，應給予當事人陳述意見之機會，係屬法治國下透過程序保護基本權之核心機制。但是在納稅人未繳交使用牌照稅卻仍有使用公用道路之違章案件，稽徵機關科處罰鍰之行政處分往往援引免除陳述意見程序之規定而逕行裁罰。本文將探討這類案件是否可以適用免除陳述意見程序之規定。此外即使上述裁罰處分未給予當事人陳述意見之機會構成程序瑕疵，在後續訴願程序中，由實際上屬於行政機關之訴願審理機關聽取當事人陳述意見是否可以發生程序瑕疵補正之效力？而在我國租稅法制下另設有復查程序，則上開問題又應如何處理？本文均將一併予以探討。最後上述裁罰處分是否有類推適用行政程序法第 115 條排除人民訴請撤銷違法處分之請求權之可能，本文亦附帶作簡要之探討。

關鍵詞：陳述意見程序，大量同種類行政處分，復查程序，程序瑕疵之補正。

壹、案例事實摘要與問題之提出

原告擁有一輛自用小客車（下稱系爭車輛）。桃園縣政府地方稅務局（被告）作成系爭車輛使用牌照稅繳款書，並經郵政機構於 100 年 6 月 21 日將該送達文書寄存於新坡郵局。繳納期間經被告展延為 100 年 7 月 11 日至 100 年 8 月 10 日止。100 年 9 月 21 日，新竹縣政府警察局於竹北市舉發原告違規停車，新竹縣政府警察局查詢發現原告未繳納 100 年度使用牌照稅，而通知被告機關。原告 100 年 12 月接獲補繳牌照稅及遭罰滯納金之通知，其於 101 年 1 月 12 日繳納牌照稅本稅 11,230 元以及滯納金 1,684 元。101 年 5 月 22 日，被告機關爰依使用牌照稅法第 28 條第 1 項[1]規定，按 100 年度使用牌照稅應納稅額裁處原告一倍罰鍰 11,230 元。原告不服，申請復查，未獲變更，提起訴願，亦遭駁回，遂提起行政訴訟。經桃園地方法院行政訴訟 102 年度簡字第 2 號判決撤銷原處分。

上開判決打破一般判決傳統格局，法官不僅在判決中長篇大論，旁徵博引，更大膽提出納稅人隱私權保障、證據禁止在行政罰法上適用、陳述意見權在行政罰法上之保障底線等重大議題，引起學界及實務相當大的關注。限於時間，有關地方稅務機關依據警察機關違規停車通報資料，依據使用牌照稅法第 28 條第 1 項科處罰鍰是否違法侵害納稅人隱私權保障，以及稽徵機關所據警察機關違規停車通報資料認定事實是否有證據使用禁止之適用等議題，本文在此暫不擬處理。本文核心關懷放在二個重點。

首先，在本案稽徵機關在科處罰鍰之前，並未給予納稅人陳述意見

1　使用牌照稅法第28條第1項：「逾期未完稅之交通工具，在滯納期滿後使用公共水陸道路經查獲者，除責令補稅外，處以應納稅額一倍之罰鍰，免再依第二十五條規定加徵滯納金。」

機會，是否構成程序瑕疵？本案是否有聽取陳述意見義務免除規定之適用？

　　其次，本案稽徵機關科處罰鍰之行政處分若確實有未給予納稅人陳述意見機會之程序瑕疵，則接下來依循行政程序法上有關行政處分程序瑕疵之法律效果之規則，必須依序處理下列幾個問題：

(一) 本案未給予當事人陳述意見機會若構成程序瑕疵，則是否導致科處罰鍰之行政處分因程序瑕疵明顯重大而無效？

(二) 本案科處罰鍰之行政處分若非屬無效，則上述程序瑕疵有依據行政程序法第 114 條予以補正可能。有疑問的是，是否在後續救濟程序中，當事人陳述意見即可發生補正之效力？此一問題涉及到未給予當事人陳述意見機會之程序瑕疵究竟應該由哪一個機關補正，以及依據何種方式補正方可生治癒程序瑕疵效力之問題。

(三) 本案科處罰鍰之行政處分若非無效且無法補正，是否有類推適用行政程序法第 115 條排除人民撤銷請求權之可能？

貳、聽取陳述意見義務之免除規定

　　行政程序法第 102 條規定：行政機關作成限制或剝奪人民自由或權利之行政處分前，除已依第 39 條規定，通知處分相對人陳述意見，或決定舉行聽證者外，應給予該處分相對人陳述意見之機會。但法規另有規定者，不在此限。有關本條之適用範圍，亦即何謂「限制或剝奪人民自由或權利之行政處分」雖向有爭議，但是科處罰鍰該當限制或剝奪人民自由或權利之行政處分，則並無疑義。另行政罰法第 42 條規定，行政機關於裁處前，應給予受處罰者陳述意見之機會，則屬上開規定之特別法，自應優先適用，合先敘明。

　　針對本案，稽徵機關事前並未給予處分相對人陳述意見之機會，是否有違反行政罰法第 42 條規定而構成程序瑕疵，本案稽徵機關提出

如下答辯：「查行政罰法第 42 條規定，行政機關於裁處前，應給予受處罰者陳述意見之機會，但如為「大量作成同種類之裁處」、「裁處所根據之事實，客觀上明白足以確認」及「提起訴願依法律應向行政機關聲復查程序」者，不在此限。經查使用牌照稅違章之裁處，係運用使用牌照稅違規車輛查核系統將路邊收費停車檔與全國車檢檔交查產出查獲檔，每年裁處均超過一萬五千件，自屬行政罰法第 42 第 3 款所稱「大量作成同種類裁處」無疑，基於行政經濟之實務考量，且原告「違規事實客觀上明白足以確認」，均得不給予陳述意見之機會。」

除了以上兩個答辯理由，本案稽徵機關最後又援引行政程序法第 103 條第 7 款規定：「相對人於提起訴願前依法律應向行政機關聲請再審查、異議、復查、重審或其他先行程序者」，作為其免除聽取當事人陳述意見義務之理由。關於本案情節是否符合上述免除聽取當事人陳述意見義務之例外規定，關係到本案課處罰鍰之行政處分是否有未聽取意見陳述之程序瑕疵。以下將作進一步分析。

一、大量作成同種類之裁處

針對本案科處罰鍰處分是否構成「大量作成同種類裁處」，本案判決提出相當具體之說明：「查被告主張本案符合所謂「大量作成同種類之裁處」（行政程序法第 103 條第 1 款「大量作成同種類之處分」亦同）。被告曾經於本院 101 年簡字第 20 號案件的辯論期日指出，使用牌照稅違章之裁處，係運用使用牌照稅違規車輛查核系統將路邊收費停車檔與全國車檢檔交查產出查獲檔，「每年裁處均超過一萬五千件」，自屬所謂「大量作成同種類裁處」無疑，因而基於行政經濟之實務考量，得不給予陳述意見之機會等語。而本件更是警察機關在履行職權舉發人民違反道路交通管理處罰條例之外，更「主動進取」、「義無反顧」的，以所謂「代違反道路交通管理事件通知單」之方式，其上另記載違規者的「稅費實況」、「稅費歷史」、「違反牌照說法資料」等，

同時向稅捐稽徵機關舉發有逾期未繳納牌照稅之事實，而被告機關所為裁處書之違一證據即為此「代違反道路交通管理事件通知單」上所記載之個人稅費、牌照稅資料（參見訴願卷第十、十一頁）。如所有警察機關在舉發個人違反道路交通管理處罰條例之同時，另有權限「順便」查詢個人稅費紀錄，此項裁處之數量之龐大亦可想而之。固然欠稅汽車如有違道路交通管理處罰條例之行為，適足推知其有使用該汽車之行為，惟使用汽車者未必即汽車所有權人，亦即納稅義務人，不排除仍有可能基於納稅義務人其他無法自力控制之事由，如他人無權使用、遭竊，甚或誤認已完納牌照稅而仍使用汽車之情狀。總之，如以行政效率凌駕於聽審權，勢必形同「淡化人民的個別性角色」，而有將處罰的主體淪為「制式的客體地位」之嫌，更遑論所謂「大量作成同種類之處分」應係指事前即符合要件的制式處分，例如：以電腦作成之課稅處分，至於事後針對各別法違章行為的處罰，殊難想像有屬大量、制式、齊一化的觸法理由（如真有，該檢討的或許不是人民，而是國家處罰法令的合理性）。被告以無法律授權的侵害人民隱私權之方式（詳後述），「制度化」的提供「稅費歷史與違反牌照稅資料」予警察機關得以任意查閱，以及如本院 101 年簡字第 20 號案件的作為，「制度化」事先取得全國人民路邊停車收費資訊，當然全年可能作出超過一萬五千件，甚或遠遠高於此項數據之裁罰處分。如果將此種「制度性侵害隱私」之手段當做合理化其「大量作成同種類裁處」的理由，進而倒果為因，正當化毋庸事前陳述意見的例外事由，豈不荒謬？從而，此部分被告主張實無理由。」

　　本案判決在此用了許多傍論來反駁被告主張，但多數論述在指責警察機關侵害隱私權，真正涉及「大量作成同種類裁處」之論述卻僅不多。在此要探討被告主張究竟可否成立，自必須釐清「大量作成同種類裁處」之意義。

　　按行政程序法第 103 條第 1 款規定，在大量作成同種類行政處分之

案型，行政機關得免除聽取當事人陳述意見之義務。此一規定基本上是繼受自德國行政程序法第28條第4款規定而來。至於行政罰法第42條第一款規定，大量作成同種類之裁處，行政機關得免除聽取當事人陳述意見之義務。此一規定則並非繼受自德國行政秩序罰法之規定而來。由其立法說明：「大量作成同種類之裁處，基於行政經濟之考慮，亦得不給予陳述意見之機會」以觀作合理的推測，其應該是承襲行政程序法第103條之相同立法考量而來。是故，在歷史上立法者之設想中，大量作成同種類之裁處，應該是大量作成同種類行政處分之下位概念。

在此必須說明的是，德國法制上所謂大量同種類之行政處分，基本上是以該處分所規制之對象屬於一個「一般化、典型化的生活事實」，故依據經驗處分機關並無須就事實作進一步之個別確認，而其規制所涉及之相對人雖人數眾多，然而依其規制內容，亦即其依據該規制及其規制對象之生活事實，相對人彼此間根本無所謂區別可言或縱有區別亦屬無關緊要者，始足當之。依據德國文獻之舉例，以制式文書要求人民接種疫苗或要求學齡兒童入學報到，或是通知納稅人應提出租稅申報等等屬之。至於若僅僅是依據統一之費率作成決定則尚有不足[2]。

惟這種大量同種類之行政處分基本上並不會發生在依據行政罰法科處之行政秩序罰。蓋行政秩序罰之科處，不僅在構成要件上必須以受罰者個人具有可歸責性行為為前提。而且行政秩序罰之裁量，依據行政罰法第18條第1項規定，更應審酌違反行政法上義務行為應受責難程度，例如：故意或過失，以及違法行為所生影響及因違反行政法上義務所得之利益，並得考量受處罰者之資力。以上種種注重個別行為人個案情節之要求，均與所謂大量同種類之行政處分之概念設定有所不符。因此行政罰法之立法者以大量同種類之行政處分為藍本，設計出大量同種類之裁處之概念，在法律政策上不無檢討之餘地。

---

[2] Kopp./Ramsauer, VwVfG, 2018, § 28, Rn. 67.

　　惟在上開規定修正前，法律釋義學仍應善盡使法律可以存活之努力，而不是任意指其違憲而逕行拒絕適用。本文以為，行政罰法大量同種類之裁處之概念不宜與德國行政程序法制上所謂大量同種類之行政處分作同一解釋，否則此一規定將幾乎無適用之餘地。探究立法者背後立法考量，其擔心的無非是，在許多行政秩序罰案件，其金額不大，但案件數量卻十分龐大，而行政機關配備之人力、物力嚴重不足，若必須一一聽取可能受罰人之意見陳述，將對行政效能及程序經濟構成相當妨害。本文以為，以上的考量並非全然站不住腳。在任何法治國家的追求上，尤其是我國這種資源有現的小國，對於高度理想化的正當程序所帶給行政機關的功能負荷絕不應該視若無睹。但是，單單以對行政效能及程序經濟構成妨害，原則上還不構成足以使當事人意見陳述之程序保障犧牲讓步之堅強理由。本文以為，必須是這種科處行政罰案件之數量眾多，若一一聽取當事人之意見陳述，顯然已超過行政機關功能負荷，其不僅對行政效能及程序經濟構成重大之妨害，甚至進而影響行政機關基本法定任務之履行者，方足以使可能當事人之意見陳述權在此一特定條件下有所讓步。這也是力求兼顧當事人程序保障與行政機關現實之功能負荷所必須作的協調。

　　至於本案這種罰鍰之裁處是否符合此一標準，於發生爭議時，在爭訟程序中事實存否不明之不利應由行政機關承擔，亦即應由稽徵機關負客觀舉證責任。本案稽徵機關雖提出，每年這種罰鍰之裁處均超過一萬五千件之數據，但仍應就地方政府稅務機關負責相關業務單位之編制及功能負荷等條件作進一步舉證說明。

二、事實客觀上明白足以確認

　　針對本案情節是否構成行政罰法第 42 條第 6 款規定：「裁處所根據之事實，客觀上明白足以確認」，法院提出下列理由予以駁斥：「另主張本案屬行政罰法第 42 條但書第六款「裁處所根據之事實，客觀上

明白足以確認者」（與行政程序法第 103 條第 5 款「行政處分所根據之事實，客觀上明白足以確認者」相同）之例外，又顯然是一個向行政效率傾斜的例外事由。但是何以處分依據之事實「客觀上明白足以確認」，即無「陳述意見」之必要？所謂「客觀上明白」係以人民或行政機關之立場觀之？又即令「事實」明確，但與事實無法切割分離的法律要件或法律效果，是否即明白足以確認？又事實明確何以就能剝奪當事人對於法律部分之陳述機會？尤其是否排除當事人陳述意見之權利，純屬行政機關之裁量權限，人民難以預見其裁量拒絕陳述意見之標準。從而適用此例外事由應採例外解釋從嚴之態度，嚴格限縮其適用範圍，所謂「客觀上明白足以確認者」，應係已達一望即知，且當事人對於事實及法律部分均毫無爭執之程度。尤以行政機關認定事實「客觀上明白足以確認」，如係以當事人曾於查獲或發現違規事實時已有陳述，亦應判斷當事人於陳述時，是否足以獲知其所違犯法規之要件與效果，以及該行為如有涉犯刑事處罰之虞時，在不違背協力義務之下，是否足以知悉其有拒絕陳述之權利。否則本條款例外事由，即有因為侵害事前陳述意見之正當法律程序原則，而難逃違憲指摘之嫌。經查本案車輛固然於外觀上看似有在滯納期滿後使用公共水陸道路之客觀事實，惟以本案而言，原告辯稱係因為繳稅書未合法送達，其無故意違規不繳稅之責任；而車輛出現在公共道路上，未必即屬車主（納稅義務人）之責任，正如前述，可能是車輛遭竊或為他人侵占使用等客觀上非身為車主之納稅義務人所能掌控之使用行為，如不能先以事前陳述意見，就是重新調查的機制加以排除免罰，徒然增加人民應訴之困擾，說穿了就是行政效率凌駕人民聽審權，更遑論人民據此附帶享有的法律效果告知、緘默權之保障，均遭片面犧牲。真的所有人民均知悉，未稅車輛使用道路會遭應納牌照稅一倍之處罰？本院持疑。是為兼顧行政效率，行政機關並非不能先以書面通知有查獲違規使用公共道路之情，並告知此等行為之法律效果，並限一定期間內給予人民陳述意見，其後始據以判斷有無故意或其

行政程序法上陳述意見程序之免除、補正與違反之法律效果

他不可抗力之事由是否裁罰（更遑論不分故意或過失一律處以一倍之差別待遇合理性有疑），始符憲法上保障正當行政程序。本件以「客觀上明白足以確認」而關於裁罰前未事先給予原告陳述之機會，即有侵害原告之事前陳述權，有悖憲法上保障之正當法律與正當行政程序原則。」

上開法院結論，本文雖表同意，但其論述理由仍有一些須待釐清及補充之處：

(一) 行政程序法上當事人意見陳述權與緘默權截然有別，不宜混淆。

(二)「裁處所根據之事實，客觀上明白足以確認者」，亦屬我國行政罰法自創之例外規定。解釋上應作嚴格之限縮解釋，亦即必須是限於眾所周知之事實或是由一般理性第三人之眼光，該事實無須作進一步調查，在客觀上即可確認者，始足當之。實則就未稅車輛使用道路之行為是否可歸責於身為車主之納稅義務人，實務上不時出現爭議，在經驗上也不能全然排除車輛遭竊或為他人侵占使用這些可能性，故本案判決就此採取否定之結論，本文予以支持。

(三) 其次要補充說明的是，依據德國聯邦行政程序法第 28 條第 1 項明文之規定，在干預個人權利之行政處分作成前，就決定具有重要性之事實，應給予當事人陳述意見之機會。故有關法律見解部分是否屬意見陳述權保障之範圍，不無疑義。惟德國通說就此則採取肯定之見解[3]。我國行政程序法第 102 條雖係繼受自德國上開規定，但在文字上則並未有如此限制。我國行政程序法第 105 條更明文規定，意見陳述包含事實上及法律上之陳述。故有關法律解釋及涵攝適用部分，亦應屬意見陳述權保障之範圍，不可不辨。因此在法律體系及目的解釋下，即使「裁處所根據之事實，客觀上明白足以確認者」，但除非該個案在法律解釋及涵攝適用上亦屬客觀上明白足以確認，亦即顯然沒有爭議者，否則行政機關若

3　Kopp./Ramsauer, aaO., § 28, Rn. 30 f.

未給予當事人法律意見陳述之機會，仍應認爲有程序之瑕疵。

三、訴願前先行程序之踐行

本案稽徵機關援用行政程序法第 103 條第 7 款「相對人於提起訴願前依法律應向行政機關聲請再審查、異議、復查、重審或其他先行程序者」之規定，作爲免除給予原告事前陳述意見義務之依據。法院則提出下列理由予以駁斥：「本條款乃施行之初最爲學者詬病，爭議最烈之例外條款。顯然立法者認爲，凡當事人在行政爭訟階段必須歷經各種「訴願先行程序」者，行政機關在作成處分前，即毋庸再予當事人「陳述意見」之機會。蓋當事人在訴願前既已有表達意見之機會，則無需再多給予一次陳述的機會。本院以爲，本條款顯然誤解「處分前陳述意見」與「救濟程序中之陳述意見」，縱使二者原則上是由同一機關所提供之制度，但各自的目的卻迥然不同。一言以蔽之，在「訴願先行程序」中的意見陳述，根本無法發揮「預防處分錯誤（或提高處分正確性）」之功能。再者，以現行法規提起行政訴訟之案件粗略統計，至少應有百分之七十之案件，依法均須踐行「訴願先行程序」。可以想見的是，行政實務果眞貫徹本款例外規定，法院幾乎可以宣告：「陳述意見程序」作爲人民遭受不利處分之「最低限度保障」的意旨，也終告死寂！如此，對於大法官甫於 101 年 4 月間方作成的強調正當行政程序原則憲法意義的釋字第 709 號解釋，豈非最大的諷刺！因而本院認爲本條款絕不能作爲例外剝奪事前陳述意見權利的法定藉口。因被告機關係附帶援用本條款，因而本院不擬以本案作爲聲請本條款違憲之原因案件，不排除日後遇有適當案例，再行聲請大法官解釋，以宣告本例外條款違憲。」

按長久以來公法學界對上開例外規定一直有相當多的批評，其大體上與本判決所提出的論點相似。嚴格說起來，裁處處分前陳述意見之程序具有預防性權利保護功能，事後之救濟程序中陳述意見之程序則是在

踐行事後權利救濟功能。若在訴願之前依法仍必須須踐行「先行自我審查程序」之案型，一律免除裁處處分前之「陳述意見程序」，與由基本權程序保障功能所導出的事前應有預防性權利保護機制之意旨不符。

不過以上論點固有其道理，但立法者若是真有意透過一個由原處分機關自我審查之「先行程序」，以取代由原處分機關事前聽取陳述意見之程序保障，這種以強化事後行政程序保障取代事前行政程序保障之替代設計，究竟是仍屬於法政策設計上可容許之裁量空間，或是已達到違憲的程度，則仍有待更深入的論述。

在法制面上以強化事後程序保障取代事前程序保障之替代設計，其利弊得失至少還應參酌之因素如下：

(一) 以強化事後程序保障取代事前程序保障之替代設計究竟對程序經濟及行政效能促進有多少助益？是否在不同的法律領域有不同考量之空間？甚至在不同的稅目下也有不同考量之空間？

(二) 以強化事後程序保障取代事前程序保障之替代設計如何防止在生米已經煮成熟飯的情況下，造成個人權利事後難以回復之損害？這個問題尤其是應該把事後救濟暫時權利保護的機制，亦即如果事後提起救濟是否具有當然自動凍結行政處分效力或執行力之效果一併考慮進來。例如：依據現行稅捐稽徵法之設計，針對租稅核課處分提起復查，具有自動凍結行政處分執行力之效果，在利益衡量中由其應納入考量。

(三) 在行政現實面向上，尤其是在大量行政，第一線公務人員是否有足夠能力，踐行事前聽取陳述意見之程序保障，或是實際上淪為行禮如儀、虛應故事，這種現實因素也必須深入考量。蓋事前陳述意見之程序保障一旦淪為行禮如儀、虛應故事，則其所預設之功能也只是鏡花水月。這個問題也不是推給國家應增加人力配備就可以想當然爾地解決。畢竟我國資源有現，而財政困窘、國債爆表更已是不可漠視之事實，如何在現實有限條件下實現法治國

程序保障，也是必須正視之問題。

當然以上只是在強調，上述問題的回答不能簡單地以基本權之程序保障功能或正當法律程序原則爲重這種空洞的理念回答。作者並不是說上開例外規定在經充分斟酌各項因素後一定不會違憲，在此毋寧只是在提出更多的思考點，畢竟法治國程序保障絕不是一個簡單的正義問題。

更重要的是，在上開例外規定仍未經有權機關宣告違憲並失效以前，在行政訴訟法職權探知原則下，本案法官本有無待被告主張，即適用上開例外規定之義務。如法官確信其有違憲疑慮，即應停止審判並聲請司法院大法官解釋。本案法官以該規定僅屬被告備位援引之理由，並不能迴避其有適用上開例外規定之法律上義務。準此以解，在上開例外規定仍未經有權機關宣告違憲並失效以前，本案稽徵機關若以此一規定作爲其處分時免除其聽取當事人陳述意見義務之理由，法官尚不能視法律明文之規定於不顧，拒絕適用該規定並逕行論定其構成程序瑕疵。

■ 參、陳述意見程序瑕疵之補正

如果假設本案未給予當事人陳述意見機會已構成程序瑕疵，則接下來，必須進一步審查本案陳述意見之程序瑕疵是否有已經被補正之可能。蓋在本案中，被告曾提出主張，受罰之相對人事後已補行陳述意見，罰鍰裁處處分已因此而獲得補正。本案法院判決則以下列理由回應：「至於被告主張得以事後已提起訴訟補行陳述意見，而認裁處處分有補正之情，則因本院認爲違法情節明顯重大，如得以「事後的陳述意見」作爲補正事由，此無異於架空行政罰法第 42 條本文及行政程序法第 102 條所架構基於憲法正當行政程序所保障之事前陳述權，而不足採信。」然而違法情節明顯重大爲何可以逕行排除陳述意見之程序瑕疵補正之可能，本案法官則又語焉不詳。以下將就此作進一步探究釐清。

一、陳述意見程序瑕疵與行政處分無效事由

按行政程序法第 114 條程序疵之補正，係以行政處分並未因程序瑕疵而導致無效爲前提。因此本案法官指責其違法情節明顯重大，是否意味著本案行政機關作成科處罰鍰之行政處分有無效之事由，故自始無補正之可能，自有待釐清。

首先，本案行政機關作成科處罰鍰之行政處分前，未給予當事人陳述意見機會，並不符合行政程序法第 111 條規定第 1 款至第 6 款之無效事由，自屬當然。可以探討的是未給予當事人陳述意見機會之程序瑕疵，是否會導致科處罰鍰之行政處分因違法重大且明顯而歸於無效。

就此德國學者 König 曾主張，在與刑罰類似之行政處分，例如：科處秩序罰或對公務員之懲戒處分，若未給予當事人陳述意見機會，則行政處分應歸於無效[4]。不過，這個見解並未被主流見解所接受。蓋相對於其他負擔處分，在科處秩序罰或對公務員懲戒處分之案型，未給予當事人陳述意見機會，其違法之嚴重性，並不會因此就當然比較高。其次，這個程序瑕疵即使因違反基本權程序保障或正當法律程序而可評價爲重大瑕疵，但在一般未受過法學專業訓練之理性之人之眼光下，這種行政處分過程中瑕疵，並未達到使其由行政處分本身及周邊情況即可判斷該處分有「明顯不正」之程度。即使行政機關是有意地濫用權限，惡意地不給予當事人陳述意見機會，以企圖藉此達到「生米煮成熟飯」之既成事實，造成當事人即使透過事後救濟也難以回復之損害，但只要這個濫用權限之意圖，一般理性之人並不能由行政處分本身及周邊情況看出來，該處分亦非屬無效[5]。

4　Vgl. König, DVBl. 1959, 194.

5　詳細論述，請參閱Knippel, Wolfgang, Rechtsfolgen fehlerhafter Anhörung im Verwaltungsverfahren., Bergisch Gladbach, Eul, 1987, 40 f.

二、德國法制下陳述意見程序瑕疵之補正

本案科處罰鍰之行政處分既然非屬無效，則上述程序瑕疵自有予以補正可能。接下來必須嚴肅思考的問題有二：

1. 在後續訴願程序中，究竟是原處分機關或訴願審理機關可以透過聽取當事人陳述意見使原處分程序瑕疵發生之補正效力？

2. 原處分未聽取當事人陳述意見之程序瑕疵，必須符合何種標準，才可以發生補正效力？

按我國行政程序法第 114 條是繼受德國 1976 年頒訂生效之舊聯邦行政程序法第 45 條規定而來，以上兩個問題之解釋，德國實務及學說之處理模式自可提供我國解釋思考之方向。

(一) 陳述意見程序瑕疵補正權限之劃分

按德國聯邦行政程序法第 45 條第 1 項規定，並未針對哪一個機關具有補正原處分程序瑕疵之權限有明文之規定。另德國在 1976 年頒訂生效之舊聯邦行政程序法第 45 條第 2 項規定，程序瑕疵補正必須在訴願程序終結以前完成。當無須踐行訴願程序時，程序瑕疵補正必須在向法院提起訴訟前完成。這個規定也並無法直接導出程序瑕疵補正之權限分配。由於程序瑕疵補正大多數是在訴願程序中完成，因此就會面臨一個疑問，究竟是原處分機關或是訴願審理機關具有補正陳述意見程序瑕疵之權限。

首先，在提起訴願以前，或是訴願人向原處分機關提起訴願後，到原處分機關自我審查後認為訴願無理由而將案件移交訴願審理機關以前，依據德國主流見解，惟有原處分機關才具有使未聽取當事人陳述意見之程序瑕疵得以補正之權限[6]。

---

6 Knippel, aaO, 122 f.

至於在提起訴願後，經原處分機關自我審查，認為訴願無理由而將案件移交訴願審理機關以後，訴願審理機關遂具有審理訴願案件之權限，但有關陳述意見程序瑕疵之補正權限應如何劃分則較為複雜。在此必須說明的是，原處分機關並不會因為作成自我審查決定後，將案件移交訴願審理機關，而喪失其補正權限[7]。至於訴願審理機關是否因原處分機關自我審查後之案件移交而取得補正之權限

則必須分別情況作進一步分析。

1. 訴願審理機關僅能對原處分進行合法性審查之案型

依據德國主流見解，只有當訴願審理機關具有與原處分機關具有相同之決定權限時，訴願審理機關才具有使未聽取當事人陳述意見之程序瑕疵補正之權限。因此若是訴願審理機關僅能對原處分進行合法性審查，但不得為妥當性審查之案型，則訴願審理機關並不具有使未聽取當事人陳述意見之程序瑕疵補正之權限。蓋即使訴願審理機關聽取當事人陳述意見後，其也不能如同原處分機關一般將之充分考量。不過在這種情形，訴願審理機關仍可以停止訴願程序，並以上級監督機關地位命原處分機關補正該程序瑕疵[8]。

2. 裁量處分之案型

有爭議的是，訴願審理機關補正權限是否僅限於羈束處分之案型，而不及於裁量處分之案型。在此必須指出的是，裁量處分之案型與前述第一種案型有別，蓋訴願審理機關不僅能對原處分進行合法性審查，亦得對原處分為妥當性審查。

關於此一爭議問題，德國聯邦行政法院在 1982 年 10 月 14 日的判決中提出其見解。其認為在裁量處分之案型，只有原處分機關有意見陳

---

[7] Knippelm, aaO, 132 f.

[8] Knippel, aaO, 124 f..

述程序瑕疵之補正權限。蓋行政法院認為裁量審查仍不能視同為裁量行使[9]。

不過以上見解受到學界強烈之批評，Knippel 即指出，以上見解誤解了訴願審理機關之地位與權限。蓋在德國法制下，訴願審理機關仍屬於行政之一環，其不僅可以在訴願程序中以自己的裁量理由代替原處分機關的裁量理由，甚至可以在原處分機關有裁量怠惰時，首次自行行使裁量權而作成新的決定[10]。

在裁量處分具有未聽取當事人陳述意見之程序瑕疵時，並無悖離以上原則而為不同處理之充分理由。既然訴願審理機關可以取代原處分機關作成裁量決定，則在訴願審理機關在首次聽取當事人陳述意見後，將之充分考量並納入成為其決定基礎，亦無不可，故並無限制訴願審理機關具有補正權限之法理依據[11]。

(二) 陳述意見程序瑕疵補正應有之標準

此外必須進一步探討的是，意見陳述程序瑕疵之事後補正究竟應達到何種標準，方可發生補正之效力。為了避免使意見陳述之程序保障失其意義，依據德國一致見解，在意見陳述之事後補正，其必須達到之範圍、標準，並不能低於依據德國行政程序法第 28 條，亦即事前聽取意見陳述原先所必須符合之範圍、標準[12]。

具有高度爭議性的問題的是，究竟是否在訴願程序中，訴願審理機關充分地聽取當事人意見陳述已足，或是必須在原本的訴願程序架構下，「額外」給予當事人在適當時間內，有一個陳述意見的機會，方可

---

[9] BVerwGE 66, 111(114).

[10] Knippel, aaO, 126

[11] Knippel, aaO,127

[12] Knippel, aaO, 133.

以發生補正效力。

就此一爭議，德國聯邦行政法院在判決中採取一個比較低度標準。其表示，只要在訴願程序中訴願審理機關充分聽取當事人意見陳述，並在訴願決定中就當事人在訴願程序中提出意見給予充分回應與對話，即可以發生意見陳述程序瑕疵補正之效力。蓋訴願人在法定期間內，已經可以作好意見陳述之充分準備。因此訴願審理機關並不需要針對陳述意見之程序瑕疵作一個「額外的」「特別的補正措施」[13]。

針對上述實務見解，有學者對此提出嚴厲批評。其理由如下[14]：

1. 依據舊德國聯邦行政程序法第 45 條第 2 項規定之文義，意見陳述程序瑕疵之補正必須在訴願程序終結以前結束，而不是單單因為訴願程序進行而使該瑕疵獲得補正。

2. 德國聯邦行政程序法第 28 條給予當事人事前陳述意見之程序保障目的是在強化、改善個人在行政程序中面對行政機關時之法律地位。如果只要事後在訴願程序中充分踐行聽取當事人陳述意見之義務就可以當然發生使事前意見陳述之程序瑕疵補正之效力，則事前意見陳述之程序保障所要達成之目的將會落空，而德國聯邦行政程序法第 45 條有關程序瑕疵補正之規定也將成為多餘。

3. 在行政處分作成後、行政機關往往會在心理上形成自我防衛心態，而較傾向於維持既有處分。這種事實上對當事人不利之傾斜也必須透過一個在訴願程序按表操課之原本步驟外，一個「額外的、特別的意見陳述補正程序」來加以平衡。

(三) 我國法制下之處理

以上在德國法制下之實務見解對我國意見陳述程序瑕疵應如何補正

---

[13] BVerwGE 58, 37(43); BVerwGE 66, 111(114).

[14] Knippel, aaO, 135 f.

自具有相當之啟發性。但必須指出的是，我國訴願制度在形成上與德國未盡相同，其雖仍具有行政內部自我審查功能，但在運作模式設計上比較偏重其權利救濟功能，例如：我國訴願也適用不利益變更禁止原則，在組織形成上又引進過半之外聘學者專家參與決定，嘗試強化其審查之正當性。在我國訴願實務傳統下，訴願審理機關基本上扮演的毋寧是比較偏向類似司法審查機關之角色，而不是行政自我審查及決定者之角色。這也使得我國訴願審理機關儘管享有妥當性審查權，但是實務運作幾乎僅是以合法性審查為限，至於妥當性審查，甚至代替原處分機關行使裁量權作成新決定，實務上毋寧甚為少見。在我國實務傳統這種模式運作下，由訴願審理機關所踐行之陳述意見程序是否可以當然取代原處分機關所踐行之陳述意見程序，不免有所爭議。

然而本文在此必須特別指出的是，本案當事人在被裁處罰鍰後，依法可以向原處分機關聲請復查。在復查程序中原處分機關所踐行之聽取復查聲請人陳述意見程序之程序，基本上並不會發生以上之疑義。故即使在同意本案法官之見解，亦即認定本案裁處罰鍰之處分有事前未聽取當事人陳述意見之程序瑕疵，解釋上也應肯定在復查程序中原處分機關所踐行之聽取復查聲請人陳述意見之程序具有補正該程序瑕疵之效力才是。可惜本案判決就此並未予以注意。

肆、陳述意見程序瑕疵類推適用行政程序法第115條之可能

最後，本案科處罰鍰之行政處分未給予當事人陳述意見，若假設構成程序瑕疵，則在其並非無效且無法補正之情形下，是否有類推適用行政程序法第115條排除人民撤銷請求權之可能？這個問題在法釋義學上具有高度重要性。但在本案中，由於被告機關並未就此提出答辯，本案法院亦並未依據職權就此有所處理。

按我國行政程序法第 115 條規定：「行政處分違反土地管轄之規定者，除依第一百十一條第六款規定而無效者外，有管轄權之機關如就該事件仍應爲相同之處分時，原處分無須撤銷。」此一規定則是繼受自德國 1976 年生效之聯邦行政程序法第 46 條規定而來。德國 1976 年生效之聯邦行政程序法第 46 條規定：「非依第四十四條爲無效之行政處分，其成立違反程序、方式或土地管轄權之規定，而實體上不能爲其他決定者，不得僅因此而請求廢棄。」不過兩者在內容上有明顯廣狹之區別。在此作者僅提出兩點簡短說明。

一、依據作者本身參與當年學者翁岳生主導之行政程序法草案草擬計畫之經驗，這個規定在立法過程中的確引起不少爭議，故後來就是否完全繼受德國上開規定並未能達成共識。解決之道是僅將土地管轄權之程序瑕疵納入規定。至於其他程序瑕疵是否應比照處理，則是在參與者尚無共識下，決定留給將來學說及實務再爲處理。故在解釋上不宜用「明示其一者視爲排斥其他」逕行爲反對推論，合先敘明。

二、德國社會法典第十篇第 42 條雖有類似規定，不過其但書卻另規定：「必要之陳述意見未給予或未能有效補正者，不在此限」。這亦可看出，對於行政處分有未給予陳述意見之程序瑕疵，即使其對實體決定不具影響，法政策上也可以有多種選擇，並非只有一個簡單的標準答案。有鑑於此一問題之複雜性，作者將另文探討，於茲不贅。

伍、結論

桃園地方法院行政訴訟 102 年度簡字第 2 號判決勇於突破我國法官不喜多言之傳統，法官詳爲論述法律見解，是近年來行政法院少見具有討論價值之判決，應予以高度肯定。但是其對於相關行政程序法規定之

適用，卻也帶出不少有待釐清之議題。作爲祝壽論文，本文有完稿的時間壓力，不免有不少論述未盡之處。但拋磚引玉，期待未來學界及實務對於本文所提及之相關議題能有更深入之思考與對話。

第七章

關於正當程序爭議之都市更新裁判評析：兼評 2019 年之都更條例修正

林家祺[*]

*台灣法學基金會副董事長，真理大學法律學系專任教授，東吳大學法律研究所兼任教授。

摘　要

　　自大法官釋字第 709 號解釋，宣告舊都新條例部分條文部分違憲後，直至 2018 年底立法院完成新都更條例的修訂，新法已於 2019 年 1 月 30 日公布施行。本文撰寫之際，適值新都更條例公布施行，乃先就眾所注目之新法有關都更之正當程序之部分與司法院釋字第 709 號要求之符合性作一檢視。其次，再就都更之行政正當程序的內涵，藉由最新之行政法院判決案例，分析實務見解之趨勢，最後藉由理論與實務裁判之分析，提出建構完整都更之層級化正當行政程序之步驟與具體標準，俾細緻化、完整化都更之正當行政程序。

關鍵詞：都市更新，正當行政程序，聽證程序，更新事業概要，送達，更新單元，公聽會，資訊公開，居住自由，鄰地所有人，利害關係人。

The Analysis of Administrative Court Judgment in Due Process Issues of Urban Renewal — Also Comment on the Amendment of Urban Renewal Act (2019)

Abstract

Since the interpretation of the Chief Justice Interpretation No. 709, it was declared that part of the provisions of the Urban Renewal Ordinance was unconstitutional, and until the end of 2018, the Legislative Yuan completed the revision of the Regulations. The new law was promulgated on January 30, 2019. At the time of writing this article, the appropriate value of the new regulations will be promulgated and implemented. First, a comparison will be made between the part of the new law relating to the due process and the requirement of the interpretation of No. 709. Secondly, the content of the administrative due process is further improved. The latest administrative court judgment cases are used to analyze the practical opinions. Finally, through the analysis of the theory and practice referee, the steps of constructing a complete hierarchical and proper administrative procedure are proposed. The direction, the meticulousness and completeness are all more legitimate administrative procedures.

Keywords：Urban renewal, Due process in administrative procedures, Hearing proceeding, Urban renewal business summary, Renewal unit, Public Hearing, Freedom of information, The right to adequate housing, Owner of the adjacent land, Interested person.

壹、引言

　　都市更新（下簡稱都更）制度之落實，攸關國家建設發展與復甦都市機能[1]，尤其我國老舊建築量體之大，更有其迫切性[2]，都更之公共利益判斷若有「前提事實判斷錯誤」，法院在一定範圍內，仍可對其判斷結果予以審查[3]。自司法院大法官於 2013 年作出釋字第 709 號解釋，宣告舊都市更新條例（下稱舊都更條例）第 10 條第 1 項、第 2 項，及第 19 條第 3 項前段，未符合資訊公開及公聽程序之正當行政程序宣告違憲，應在 1 年內檢討修正，逾期失效（即 2014 年 4 月 26 日起，失效）[4]後。

1　台北高等行政法院103年度訴字第1746號判決有類似之意旨：「國家為促進都市土地有計畫之再開發利用、復甦都市機能、改善居住環境並增進公共利益而為都市更新」；See also Reinout Kleinhans, *Social implications of housing diversification in urban renewal: A review of recent literature,* J.of Housing and the Built Environment 19: 372-373(2004). ("From the Urban Renewal Act, it appears that this goal is not to be reached by diversification alone, but also requires social and economic regeneration efforts").

2　在其他國家地區，同樣面臨有以都市更新來解決市區老化之問題。See E. Chan. G.K.L.Lee,*Critical factors for improving social sustainability of urban renewal projects,*Soc Indic Res 85:243-256(2008).("Urban renewal is commonly adopted to copy with changing urban environment,to rectify the problem of urban decay and to meet various socio-economic objectives").

3　陳明燦（2012），〈公共利益與財產權保障—兼論我國都市更新條例（草案）〉，《國會月刊》，40卷10期，頁48-49。

4　司法院釋字第709號解釋文：「都市更新條例第十條第一項有關主管機關核准都市更新事業概要之程序規定，未設置適當組織以審議都市更新事業概要，且未確保利害關係人知悉相關資訊及適時陳述意見之機會，與憲法要求之正當行政程序不符。同條第二項有關申請核准都市更新事業概要時應具備之同意比率之規定，不符憲法要求之正當行政程序。都市更新條例第十九條第三項前段，並未要求主管機關應將該計畫相關資訊，對更新單元內申請人以外之其他土地及合法建築物所有權人分別為送達，且未規定由主管機關以公開方式舉辦聽證，使利害關係人得

至 2018 年底立法院完成修法，新修正之都市更新條例（下稱新都更條例）於 2019 年 1 月 30 日公布施行，本次修法並非僅單純回應司法院釋字第 709 號解釋之要求而是作大幅度之通盤檢討，而係分別從「健全重要機制」、「解決實務困境」、「強化程序正義」等三大面向，提出都更具體可行的解決方案，期盼在各方權益衡平下，讓都更重新出發，成為促進國家建設與都市發展的有效工具[5]。

　　本文乃針對有關都更之正當行政程序作探討，先就新都更條例有關都更之正當行政程序之部分與司法院釋字第 709 號解釋之要求作一比較。其次，再就都更之正當行政程序的內涵，藉由最新之行政法院判決案例，分析實務見解，最後藉由理論與實務裁判之分析，提出建構完整都更之層級化正當行政程序之步驟與方向，俾細緻化、完整化都更正當行政程序之概念。

貳、憲法對正當行政程序之要求

一、正當行政程序之源起

(一) 正當程序概念之發展

　　正當法律程序（due process of law）正式首見於 1354 年英格蘭國王愛德華三世（Edward III）第 28 號法令第 3 章：「未經正當法律程序進行答辯，任何人不論身分或財產狀況如何，不應被逐出其土地或住宅，

到場以言詞為意見之陳述及論辯後，斟酌全部聽證紀錄，說明採納及不採納之理由作成核定，連同已核定之都市更新事業計畫，分別送達更新單元內各土地及合法建築物所有權人、他項權利人、囑託限制登記機關及預告登記請求權人，亦不符憲法要求之正當行政程序」。

5　內政部官網，http://twur.cpami.gov.tw/zh/announcement/view/465/0（最後瀏覽日：04/25/2019）。

或被逮捕、剝奪繼承權或生命」[6]。

此後美國聯邦憲法第 5 修正案亦有「任何人非經正當法律程序，不應受生命、自由、財產之剝奪」之規定，通稱為正當程序條款，1868 年聯邦憲法第 14 修正案 規定未經正當法律程序，任何州不得剝奪人民的生命、自由及財產[7]。

(二) 行政、立法與司法同受正當法律程序原則之拘束

從國家權力分立之角度，將國家任務分為立法、行政與司法[8]，在此三種國家任務之實踐中，均不可忽略「正當程序之保障」。憲法要求之正當程序乃在保障人民之生命、自由與財產，免於遭受國家權力恣意暨不合理（arbitrary and unreasonable）之侵害[9]。為求人民基本權利之實現，而限縮國家侵害人民基本權利之可能性[10]，因而有必要立法建立起完善之正當法律程序，國家權力作用均應有其應具備之正當程序，行政亦應有正當法律程序之適用，而應以正當行政程序保障人民之權利。

二、正當行政程序於我國之學說與實務

我國學說與釋憲實務均已肯認「正當法律程序」具有憲法位階，僅

---

6 陳宜倩（2004），正當法律程序，《月旦法學教室》，25期，頁125-126。

7 方英祖（2002），〈從正當法律程序觀點論行政程序法〉，《考銓季刊》，30期，頁63。

8 陳愛娥（2004），〈正當法律程序與人權之保障：以我國法為中心〉，《憲政時代》，29卷3期，頁359-389。

9 湯德宗（2003），〈憲法上的正當程序保障〉，收錄於：《行政程序法論》，增訂2版，頁169。

10 Giacinto della Cananea, Due Process of Law Beyond the State: Requirements of Administrative Procedure, (2016)("It was the responsibility of the State to ensure that adequate procedural safeguards were in place to prevent the government from interfering with the rights of its citizens)".

是其憲法之具體依據為何，尚非一致。而就正當法律程序於行政程序之適用，即正當行政程序，首見於司法院釋字第 603 號解釋林子儀大法官協同意見書，後於司法院釋字第 663 號解釋理由書為多數意見所採，並業於司法院釋字第 709 號解釋於解釋文明文肯認正當行政程序之憲法位階效力，其後又經司法院釋字第 731 號、第 739 號與第 763 號等解釋將此一原則持續實踐於我國憲法解釋之實務。

(一) 我國學說對正當行政程序之見解

部分學說認為憲法之正當法律程序，乃源自於憲法第 8 條人身自由之保障明定應「依法定程序」始得限制人身自由，進而據此認為其他憲法保障之基本權利中，亦均同時「內含」了正當法律程序之要求。另一種論理則是直接類推適用憲法第 8 條之正當法律程序。無論採何種見解，對於正當法律程序具憲法位階，且應拘束所有之國家權力作用則無二致（包括行政、立法、司法程序均受此原則之拘束）。此外，學說認為行政程序法乃是「憲法上正當法律程序」的具體化，具有「準憲法」（quasi-constitutional）及「最低限度的程序保障」（minimum procedural protection）之功能[11]。亦有大法官認為行政程序法制化之精神，乃是落實正當法律程序[12]，要言之，正當法律程序係限制公權力剝奪人民基本權利之程序要件[13]。

---

[11] 葉俊榮（2002），《面對行政程序法》，頁77-78、265-266。湯德宗大法官稱之為「行政程序基本法」。詳參湯德宗（2003），〈論正當行政程序〉，收錄於：《行政程序法論》，增訂2版，頁158-161。

[12] 李震山（2019），《行政法導論》，修訂11版，頁237-239、243-268。

[13] 謝哲勝（2015），〈結論〉，收錄於：《都市更新法律與政策》，頁173。

(二) 我國實務對正當行政程序之實踐

1. 正當法律程序於我國解釋憲法之實踐

　　我國釋憲實務上就「正當法律程序」（due process of law）早在司法院釋字第384號解釋中即已出現，該號解釋理由書說明此「實質正當法律程序」，兼指實體法及程序法規定之內容[14]。正當法律程序於我國解釋憲法實務之引進，伊始用語並非一致，除正當法律程序外，亦曾以「正當程序」、「實質正當」之用語表述[15]，釋憲實務亦曾出現概念近似而顯係引源自德國法制之「**程序保障**」[16]，或將程序保障與正當法律程序併予論述[17]。

---

[14] 郭介恆（1998），〈正當法律程序：美國法制之比較研究〉，收錄於：《城仲模教授六秩華誕祝壽論文集(2)：憲政體制與法治行政》，頁154。

　　司法院釋字第384號解釋理由書略以：「……凡限制人民身體自由之處置，在一定限度內為憲法保留之範圍，不問是否屬於刑事被告身分，均受上開規定之保障。除現行犯之逮捕，由法律另定外，其他事項所定之程序，亦須以法律定之，且立法機關於制定法律時，其內容更須合於實質正當，並應符合憲法第二十三條所定之條件，此乃屬人身自由之制度性保障。……」

[15] 相關研究，可參照許玉秀（2011），〈論正當法律程序原則〉，軍法專刊社，頁20-21。

[16] 例如：司法院釋字第652號解釋，該號解釋理由書略以：「……均係基於貫徹憲法保障人民財產權之意旨及財產權之程序保障功能，就徵收補償發給期限而為之嚴格要求。……」

　　又如司法院釋字第737號解釋，該號解釋理由書略以：「……因偵查中羈押係起訴前拘束人民人身自由最為嚴重之強制處分，自應予最大之程序保障。相關機關於修法時，允宜併予考量……」

[17] 將正當法律程序和程序保障併予論述之案例，例如：司法院釋字第396號解釋，該號解釋略以：「……懲戒案件之審議，亦應本正當法律程序之原則，對被付懲戒人予以充分之程序保障……」又如司法院釋字第639號解釋，該號解釋略以：「……因向原法院聲請撤銷或變更處分之救濟仍係由依法獨立行使職權之審判機關作成決定，故已賦予人身自由遭羈押處分限制者合理之程序保障，尚不違反憲法第八條之正當法律程序。……」

2. 正當行政程序於我國解釋憲法之實踐

我國司法院大法官解釋憲法實務直接使用「正當行政程序」（administrative due process）一詞，則首見於司法院釋字第 603 號解釋林子儀大法官協同意見書中[18]，該意見書已然揭示正當行政程序之重要內涵之一，即重要資訊之充分告知，其後正當行政程序復於司法院釋字第 663 號解釋理由書[19]中為多數意見所採，該號解釋認定稅捐稽徵法第 19 條第 3 項僅對公同共有人一人送達效力即得及於全體公同共有人之規定，未能使稅捐核課處分相對人知悉或可得知悉而與正當行政程序有所未符。後於司法院釋字第 709 號、第 731 號[20]、第 739 號[21]與第 763

---

[18] 司法院釋字第603號解釋，林子儀大法官協同意見書略以：「……（三）明確立法目的與正當行政程序……只有事前確立的明確……，國家對人民才算已盡最低限度的告知義務。蓋資訊隱私權重要的意義之一，在於尊重、保護個人自主選擇的權利，但有意義的選擇須事先獲得充分實實的資訊。……」

[19] 司法院釋字第663號解釋理由書略以：「……惟基於法治國家正當行政程序之要求，稅捐稽徵機關應依職權調查證據，以探求個案事實及查明處分相對人，並據以作成行政處分（行政程序法第36條參照），且應以送達或其他適當方法，使已查得之行政處分相對人知悉或可得知悉該項行政處分，俾得據以提起行政爭訟。……」

[20] 司法院釋字第731號解釋文略以：「……書面通知土地所有權人，係在徵收公告日之後送達者，未以送達日之翌日為系爭規定申請期間起算日，而仍以徵收公告日計算申請期間，要求原土地所有權人在徵收公告期間內為申請之規定，不符憲法要求之正當行政程序，有違憲法第十五條保障人民財產權之意旨……」

[21] 司法院釋字第739號解釋文略以：「……於以土地所有權人七人以上為發起人時，復未就該人數與所有擬辦重劃範圍內土地所有權人總數之比率為規定，與憲法要求之正當行政程序不符。……關於主管機關核定擬辦重劃範圍之程序，未要求主管機關應設置適當組織為審議、於核定前予利害關係人陳述意見之機會，以及分別送達核定處分於重劃範圍內申請人以外之其他土地所有權人；……關於主管機關核准實施重劃計畫之程序，未要求主管機關應設置適當組織為審議、將重劃計畫相關資訊分別送達重劃範圍內申請人以外之其他土地所有權人，及以公開方式舉辦聽證，使利害關係人得到場以言詞為意見之陳述及論辯後，斟酌全部聽證紀錄，說明採納及不採納之理由作成核定，連同已核准之市地重劃計畫，分別送

號 [22] 等解釋亦再次重申行政機關應遵循正當行政程序。可知「正當行政程序」經過大法官過去數十年以來接續之闡釋後，目前已屬憲法層次之基本權 [23]，並爲釋憲機關所確立。

三、正當行政程序之憲法基礎與具體內涵

　　然則正當行政程序之憲法基礎爲何？其具體保障內涵爲何？尚須進一步釐清。正當行政程序之憲法基礎誠如前述，有認爲係從憲法第 8 條「依法定程序」之內涵，可知其他之基本權亦自然孕涵有正當法定程序之要求。另一說法則是直接類推適用憲法第 8 條。至於正當行政程序之具體保障內容爲何？大致可分從「設置適當組織」**組織正當化**，與「正當行政程序」**程序正當化**兩大面向加以探討。

　　學者曾以**基本權程序保障功能**之角度對一般性程序之合理、正當檢驗，提出具體之標準如下：公正的裁決機關；預先告知所擬採取將對其不利的行動，及所根據的法律與事實上理由；當事人有對此陳述意見以求辨明的機會；閱覽卷宗的權利；有請求召開、參與公聽會之權利；有提出證據及要求傳喚證人的權利；有對機關指定人員、證人、鑑定人、其他當事人及其代理人詢問的權利；有請求依證據裁決的權利；有聘請

達重劃範圍內各土地所有權人及他項權利人等，均不符憲法要求之正當行政程序。……」

22 司法院釋字第763號解釋文略以：「……土地法第二百十九條第一項規定逕以徵收補償發給完竣屆滿一年之次日」爲收回權之時效起算點，並未規定……應定期通知原土地所有權人或依法公告，致其無從及時獲知充分資訊，俾判斷是否行使收回權，不符憲法要求之正當行政程序……」

23 李震山大法官認爲，我國大法官解釋有將正當法律程序體現在行政程序領域，各該基本權利所蘊含之共通「程序保障」可一般化爲「程序基本權」，此程序基本權既內含於各該基本權利，亦可外顯爲憲法原則，參照李震山（2019），《行政法導論》，修訂11版，頁243-245；同氏著（2005），〈程序基本權〉，收錄於：《多元、寬容與人權保障：以憲法未列舉權之保障爲中心》，頁251-255。

代理人或輔佐人的權利；所作成裁決須附理由；有參與決定的權利；請求舉辦、參與公民投票的權利[24]等。

　　從比較法來看，我國引入正當法律程序受英美法之影響頗深，尤其是美國法所要求之「正當法律程序」，美國聯邦憲法增修條文第 5 條明文規定：「任何人……**非經法律正當程序**（dueprocess of law），不應受生命（life）、自由（liberty）或財產（property）之剝奪[25]」，此一般通稱為「正當程序條款」（Due Process Clause）。論者指出，正當程序條款乃在保障人民之生命、自由與財產，免於遭受國家權力（含立法、行政及司法）恣意暨不合理（arbitrary and unreasonable）之侵害[26]。意即，為求人民基本權利之實現，而限縮國家侵害人民基本權利之可能性，是國家有必要立法建立起完善之正當法律程序以為因應，此即論者所主張，行政程序法制化之精神，乃是落實正當法律程序[27]。然而，誠

---

[24] 許宗力（2007），〈基本權程序保障功能的最新發展：評司法院釋字第四八八號解釋〉，收錄於：《法與國家權力（二）》，頁252-253；同氏著（2007），〈行政程序的透明化與集中化〉，收錄於：《憲法與法治國行政》，2版，頁384-390。

[25] Fifth Amendment to the United States Constitution ("No person shall be held to answer for a capital, or otherwise infamous crime, unless on a presentment or indictment of a Grand Jury, except in cases arising in the land or naval forces, or in the Militia, when in actual service in time of War or public danger; nor shall any person be subject for the same offence to be twice put in jeopardy of life or limb; nor shall be compelled in any criminal case to be a witness against himself, nor be deprived of life, liberty, or property, without due process of law; nor shall private property be taken for public use, without just compensation"). *See* https://www. whitehouse.gov/1600/constitution (last visited 2019.2.20).

[26] Giacinto della Cananea,Due Process of Law Beyond the State:Requirements of Administrative Procedure,(2016)("It was the responsibility of the State to ensure that adequate procedural safeguards were in place to prevent the government from interfering with the rights of its citizens)".

[27] 李震山（2019），《行政法導論》，修訂11版，頁237-239、243-268。

如蘇永欽大法官所述[28]，行政機關若能謹守行政程序之要求，法制上又何須於個別行政程序建構另外之特別要求。實務上，行政機關常未能正確詮釋行政程序法，故基於憲法正當法律程序的要求，於各別行政法中創設一些羈束機關的程序規定，避免機關誤用裁量空間，實有必要，新都更條例中針對都市更新程序（下稱都更程序）明定諸多必要之程序，即係落實此原則而在都更之特別行政程序中，建構屬於都更之正當行政程序。

參、2019年新都更條例有關正當行政程序之規範

本次都市更新條例修法條文高達 80 餘條，涵括內容廣泛，可知本次修法乃是整體性之通盤檢討，並非僅局限於回應司法院釋字第 709 號解釋之要求，應予肯定，由於本文乃聚焦於探討有關都更之「正當行政程序」，以下僅就新法中涉及「正當行政程序」之規範及修正理由，先做介紹。

一、「審議階段」之正當行政程序

都市更新事業概要屬都更程序之較前端程序，目的在於確定都市更新單元之範圍，使政府部門、實施者及所有權人預留未來推動都市更新事業計畫的可行性[29]。新都更條例第29條規定：「各級主管機關為審議事業概要、都市更新事業計畫、權利變換計畫及處理實施者與相關權利人有關爭議，應分別遴聘（派）學者、專家、社會公正人士及相關機關（構）代表，以合議制及公開方式辦理之，其中專家學者及民間團體代

---

[28] 司法院釋字第709號解釋，蘇永欽大法官一部不同意見書。

[29] 蔡志揚（2003），〈都市更新事業概要程序之重新定位：評釋字第七○九號解釋〉，《月旦裁判時報》，23期，頁112。

表不得少於二分之一，任一性別比例不得少於三分之一。各級主管機關依前項規定辦理審議或處理爭議，必要時，並得委託專業團體或機構協助作技術性之諮商」。另明定經劃定或變更應實施更新之地區，免擬具事業概要，直接依第32條規定，實施都市更新事業[30]。本條之規定主要關於正當行政程序中所要求之「適當組織」、「程序公開」、「納入更新事業概要」等三大面向。

二、劃定更新單元比例、審議程序、送達

有關劃定更新單元比例舊都更條例之同意比率過低，易形成同一更新單元內僅少數人申請都市更新，形同強迫多數人被迫成為都更程序之一份子，而面臨財產權與居住自由受侵害之危險[31]。新都更條例第22條規定略以：「（第一項）……土地及合法建築物所有權人得就主管機關劃定之更新單元，或依所定更新單元劃定基準自行**劃定更新單元，舉辦公聽會**，擬具事業概要，連同公聽會紀錄，申請當地直轄市、縣（市）主管機關依第二十九條規定**審議核准**，自行組織都市更新會實施該地區之都市更新事業，或委託都市更新事業機構為實施者實施之；變更時，亦同。（第二項）前項之申請，應經該更新單元範圍內私有土地及私有合法建築物所有權人均**超過二分之一**，並其所有**土地總面積**及合法建築物總**樓地板面積**均超過二分之一之同意；其同意比率已達第三十七條規定者，得免擬具事業概要，並依第二十七條及第三十二條規定，逕行擬

---

[30] 都市更新條例第12條第1項規定：「經劃定或變更應實施更新之地區，除本條例另有規定外，直轄市、縣（市）主管機關得採下列方式之一，免擬具事業概要，並依第三十二條規定，實施都市更新事業：一、自行實施或經公開評選委託都市更新事業機構為實施者實施。二、同意其他機關（構）自行實施或經公開評選委託都市更新事業機構為實施者實施」。

[31] 許育典（2013），〈從釋字第七〇九號評析都更案正當程序的憲法爭議：針對選擇性依法行政的個案反思〉，《月旦裁判時報》，23期，頁83。

訂都市更新事業計畫辦理。（第三項）任何人民或團體得於第一項審議前，以書面載明姓名或名稱及地址，向直轄市、縣（市）主管機關提出意見，由直轄市、縣（市）主管機關參考審議。（第四項）……核准之事業概要，直轄市、縣（市）主管機關應即公告三十日，並通知更新單元內土地、合法建築物所有權人、他項權利人、囑託限制登記機關及預告登記請求權人」。

　　本條之規定除以公聽會促進了解外，更以第 3 項提出意見規定促進人民參與以達成都更程序公開化，並以更為嚴謹絕對多數同意比率避免舊法同意比率過低問題，且以對更新單元內利害關係人公告、送達等方式希冀達成充分資訊之提供，乃具體回應司法院釋字第 709 號解釋有關更新事業概要之同意比例、適當組織、程序公開、送達等要求。

三、「擬定」更新事業計畫之正當行政程序（公聽會、公展、送達）

　　舊都更條例第 19 條修正後移列為新都更條例第 32 條，該條規定：「（第一項）都市更新事業計畫由實施者擬訂，送由當地直轄市、縣（市）主管機關審議通過後核定發布實施；其屬中央主管機關依第七條第二項或第八條規定劃定或變更之更新地區辦理之都市更新事業，得逕送中央主管機關審議通過後核定發布實施。並即公告三十日及通知更新單元範圍內土地、合法建築物所有權人、他項權利人、囑託限制登記機關及預告登記請求權人；變更時，亦同。（第二項）擬訂或變更都市更新事業計畫期間，應舉辦公聽會，聽取民眾意見。（第三項）都市更新事業計畫擬訂或變更後，送各級主管機關審議前，應於各該直轄市、縣（市）政府或鄉（鎮、市）公所公開展覽三十日，並舉辦公聽會；實施者已取得更新單元內全體私有土地及私有合法建築物所有權人同意者，公開展覽期間得縮短為十五日。（第四項）前二項公開展覽、公聽會之日期及地點，應登報周知，並通知更新單元範圍內土地、合法建築物所

有權人、他項權利人、囑託限制登記機關及預告登記請求權人；任何人民或團體得於公開展覽期間內，以書面載明姓名或名稱及地址，向各級主管機關提出意見，由各級主管機關予以參考審議。經各級主管機關審議修正者，免再公開展覽。（第五項）依第七條規定劃定或變更之都市更新地區或採整建維護方式辦理之更新單元，實施者已取得更新單元內全體私有土地及私有合法建築物所有權人之同意者，於擬訂或變更都市更新事業計畫時，得免舉辦公開展覽及公聽會，不受前三項規定之限制。（第六項）都市更新事業計畫擬訂或變更後，與事業概要內容不同者，免再辦理事業概要之變更。」[32]

　　新都更條例第 32 條大體上與舊都更條例第 19 條相去不大，除第 1 項因配合第 7 條第 2 項規定辦理之都更及第 8 條中央主管機關得劃定或變更策略性更新地區而有部分修正外，本條修正主要在於新增第 6 項，解決**都市更新事業計畫**擬訂或變更後如有與**事業概要**內容不同之情形，**事業概要應否再行變更**之問題，立法者考量事業概要僅係發起階段且同意比例僅為二分之一，而更新事業計畫之審議通過既已**規範相應程序保障**使各該利害關係人有知悉資訊與反應意見之機會，故而就此一情形，立法明文**免為重行辦理事業概要**之變更。

　　本條於程序上規範了都市更新事業計畫之擬定與變更程序及應踐行之送達（登報、通知）、舉辦**公聽會**與**公開展覽**等行政程序。除依第 7

---

[32] 新都更條例第32條，其立法理由略以：「配合中央主管機關得依修正條文第八條劃定或變更策略性更新地區，及修正條文第七條第二項規定辦理之都市更新事業，爰修正第一項規定，增訂該都市更新事業得逕送中央主管機關審議通過後核定發布實施之規定，並酌作文字修正。三、第二項至第四項未修正，第五項酌作文字修正。四、考量事業概要係屬都市更新事業之發起階段，同意比率僅為二分之一，於事業概要核准後之整合階段，仍須配合所有權人及相關單位意見，據以擬訂都市更新事業計畫。因事業概要及都市更新事業計畫均須經主管機關審議通過，於都市更新事業計畫內敘明與事業概要不同之處，供審議參考即可，爰增訂第六項，規定免再辦理事業概要之變更，以縮短行政作業程序」。

條辦理都更或整建、維護而獲全體同意之情形外（第五項），原則應分別踐行送達、公聽會與公開展覽之程序。更新事業計畫發布實施應即公告並通知送達更新單元內之所有權人等利害關係人（第一項）；而擬定與變更更新事業計畫之期間應行舉辦公聽會以廣納意見（第二項）；而更新事業計畫擬定或變更後至審議前，應辦理公開展覽並辦理公聽會以公告周知並廣納意見（第三項）；而前述之公開展覽與公聽會知時間與地點依據同條第四項應行登報以廣告周知並通知更新單元內之利害關係人。

四、「核定」事業計畫前之正當程序（聽證）

新都更條例第 33 條規定：「（第一項）各級主管機關依前條規定核定發布實施都市更新事業計畫前，除有下列情形之一者外，**應舉行聽證**；各級主管機關應斟酌的聽證紀錄，並說明採納或不採納之理由作成核定：一、於計畫核定前已無爭議。二、依第四條第一項第二款或第三款以整建或維護方式處理，經更新單元內全體土地及合法建築物所有權人同意。三、符合第三十四條第二款或第三款之情形。四、依第四十三條第一項但書後段以協議合建或其他方式實施，經更新單元內全體土地及合法建築物所有權人同意。（第二項）不服依前項經聽證作成之行政處分者，其行政救濟程序，免除訴願及其先行程序。」[33]

本條之規定乃在回應司法院釋字第 709 號解釋要求之機關核定前應

---

[33] 新都更條例第33條，立法理由略以：「參照司法院釋字第709號解釋文精神，增訂主管機關於核定發布實施都市更新事業計畫前，除於核定前已無任何異議可以形成爭點進行論辯，或業經全體所有權人同意以整建、維護、協議合建或其他方式辦理者等，已無聽證之實益者而得免辦外，應依行政程序法有關聽證之規定舉行聽證，使利害關係人得到場以言詞為意見之陳述後，由主管機關斟酌全部聽證之結果作成行政處分，爰增訂第一項規定。三、依行政程序法第一百零九條規定，依聽證作成之行政處分，免除訴願及其先行程序，爰於第二項規定之」。

經過更嚴謹之「聽證程序」所作之規範，以及以正面表列之方式，明確規定何種情形可免除聽證程序。除第 1 項所名列各款較無爭議、全體同意或權利影響較低情形無聽證必要性而得免除聽證之程序外，於核定更新事業計畫之前，皆應辦理聽證程序，以使利害關係人得到場以言詞爲意見之陳述後，由主管機關斟酌全部聽證之結果作成行政處分，以期達到事業計畫核定廣納應考量之意見而爲考量，增強核定決定做成之程序正當性。

五、公聽會、聽證會、公開展覽

若能善用公開展覽廣使周知，以公聽會及聽證會制度聽取民意，使所有權人及其他利害關係人能了解未來更新方向，有助於民眾對於規劃單位所提之計畫能有較多信任且可減少爭議之發生 [34]。

據上，新都更條例就主要之都更程序有以下之重要行政程序：

(一) 擬訂階段（或變更）—擬定（或變更）都市更新事業計畫期間：應舉辦公聽會（第 32 條第 2 項）（第一次公聽會，免公開展覽）

(二) 事業計畫擬訂（或變更）後，送各級主管機關「審議前」：應公開展覽 30 日，並舉辦公聽會。（第 32 條第 3 項）（第二次公聽會，應公開展覽）。

(三) 免公開展覽及免公聽會：（第 32 條第 6 項）
全體私有土地及私有合法建築物所有權人之同意者，於擬訂或變更都市更新事業計畫時，得免舉辦公開展覽及公聽會。（依第 7 條劃定之更新單元）

(四) 機關核定實施事業計畫前，原則應行聽證。
除有第 33 條第 1 項所定四款免聽證情形之一者外，應舉行聽證。

---

[34] 游千慧（2010），〈都市更新條例部分條文修正草案評介〉，《土地問題研究季刊》，9卷2期，頁89-90。

(五) 免聽證會之情形：（第 33 條第 1 項但書所列四款）

1. 於計畫核定前已無爭議。

2. 依第 4 條第 1 項第 2 款或第 3 款以整建或維護方式處理，經更新單元內全體土地及合法建築物所有權人同意。

3. 符合第 34 條第 2 款或第 3 款之情形。

4. 依第 43 條第 1 項但書後段以協議合建或其他方式實施，經更新單元內全體土地及合法建築物所有權人同意。

肆、新法與司法院釋字第709號解釋要求之符合性探討

一、司法院釋字第 709 號解釋，對舊都更條例宣示四個違憲之處

(一) 有關「核准事業概要」程序，未設置適當組織，且未確保利害關係人知悉相關資訊及適時陳述意見之機會，與憲法要求之正當行政程序不符。

(二) 有關「核准更新事業概要同意比率」過低，不符憲法要求之正當行政程序。

(三) 未要求主管機關應將都市更新事業計畫之擬訂或變更相關資訊，對更新單元內土地及合法建築物所有權人、他項權利人、囑託限制登記機關及預告登記請求權人應為送達之程序。

(四) 未規定於核定實施事業計畫之前，應舉辦聽證會，使利害關係人得到場以言詞為意見之陳述及論辯後，斟酌全部聽證紀錄，說明採納及不採納之理由作成核定，亦不符憲法要求之正當行政程序。

二、新法與司法院釋字第 709 號解釋符合性之檢視

(一) 關於應設置適當組織之部分（審議更新事業概要）

首先，有關主管機關「核准都市更新事業概要」之組織，在新都更條例第 29 條已明確納入「更新事業概要」為該都更審議委員會之審查範圍，其中第 29 條第 1 項針對司法院釋字第 709 號解釋所要求之「適當組織」亦有明確之組織上之規範，該條第 1 項略以：「遴聘（派）學者、專家、社會公正人士及相關機關（構）代表，以合議制及公開方式辦理之，其中專家學者及民間團體代表不得少於二分之一，任一性別比例不得少於三分之一」同條第 3 項並規定：「第一項審議會之職掌、組成、利益迴避等相關事項之辦法，由中央主管機關定之。」

新都更條例以此一規定明定都更審議委員會組成之比例，以促進都更審議委員會之多元組成。同條第 3 項明定都更審議委員應有利益迴避之適用，依各級都市更新及爭議處理審議會設置辦法第 8 條之規定，都更審議委員之利益迴避，應依行政程序法第 32、33 條之規定。

就都更審議委員會之組織部分，除保障都更審議委員會多元組成，並規定了都更審議委員之利益迴避，可謂相當程度增加了都更審議委員會的組織正當性，就此，應可認新都更條例業已立法回應司法院釋字第 709 號解釋要求之「核准更新事業概要應設置適當組織加以審議」之要求。

(二) 關於更新事業概要之同意比率部分

其次，「申請更新事業概要應具備之同意比率」，新都更條例第 22 條規定，土地及合法建築物所有權人向當地直轄市、縣（市）主管機關申請事業概要審議核准，應舉辦公聽會，擬具事業概要，連同公聽會紀錄，申請當地直轄市、縣（市）主管機關依第 29 條規定審議，並

應經該更新單元範圍內私有土地及私有合法建築物所有權人均**超過二分
之一**，並其所有土地總面積及合法建築物**總樓地板面積均超過二分之一**
之同意。可知，就更新事業概要之同意比率，已從舊都更條例之十分之
一大幅提升至二分之一之**絕對多數同意**，避免了舊都更條例少數人參與
即可通過的代表性不足問題，形式上應可認已回應司法院釋字第709號
解釋所認定之舊都更條例同意比率過低之問題。

(三) 關於送達之程序要求

新都更條例第32條、第33條規定[35]，已參酌司法院釋字第709號

---

[35] 新都更條例第32條規定：「都市更新事業計畫由實施者擬訂，送由當地直轄市、
縣（市）主管機關審議通過後核定發布實施；其屬中央主管機關依第七條第二項
或第八條規定劃定或變更之更新地區辦理之都市更新事業，得逕送中央主管機關
審議通過後核定發布實施。並即公告三十日及通知更新單元範圍內土地、合法建
築物所有權人、他項權利人、囑託限制登記機關及預告登記請求權人；變更時，
亦同。擬訂或變更都市更新事業計畫期間，應舉辦公聽會，聽取民眾意見。都
市更新事業計畫擬訂或變更後，送各級主管機關審議前，應於各該直轄市、縣
（市）政府或鄉（鎮、市）公所公開展覽三十日，並舉辦公聽會；實施者已取得
更新單元內全體私有土地及私有合法建築物所有權人同意者，公開展覽期間得縮
短為十五日。前二項公開展覽、公聽會之日期及地點，應登報周知，並通知更新
單元範圍內土地、合法建築物所有權人、他項權利人、囑託限制登記機關及預
告登記請求權人；任何人民或團體得於公開展覽期間內，以書面載明姓名或名稱
及地址，向各級主管機關提出意見，由各級主管機關予以參考審議。經各級主管
機關審議修正者，免再公開展覽。依第七條規定劃定或變更之都市更新地區或採
整建、維護方式辦理之更新單元，實施者已取得更新單元內全體私有土地及私有
合法建築物所有權人之同意者，於擬訂或變更都市更新事業計畫時，得免舉辦公
開展覽及公聽會，不受前三項規定之限制。都市更新事業計畫擬訂或變更後，與
事業概要內容不同者，免再辦理事業概要之變更。」同法第33條規定：「各級主
管機關依前條規定核定發布實施都市更新事業計畫前，除有下列情形之一者外，
應舉行聽證；各級主管機關應斟酌聽證紀錄，並說明採納或不採納之理由作成核
定：一、於計畫核定前已無爭議。二、依第四條第一項第二款或第三款以整建或
維護方式處理，經更新單元內全體土地及合法建築物所有權人同意。三、符合第

解釋意旨，要求都市更新事業計畫，必須由主管機關**通知**更新單元範圍內土地、合法建築物所有權人、他項權利人、囑託限制登記機關及預告登記請求權人。**藉由通知、公告等方式提供必要資訊予各該利害關係人，保障各該利害關係人確實知悉相關資訊，以促進都更程序之實質正當**。

(四) 關於核定事業計畫前之「聽證」程序要求

　　新都更條例第 33 條規定，已明定各級主管機關依前條規定核定發布實施都市更新事業計畫前，除有該條項所明訂得例外不聽證情形之一者外，應舉行聽證，應認已符合司法院釋字第 709 號解釋之要求。至於新都更條例第 33 條第 1 項但書所列之「四種免聽證之例外」，從形式上之立法技術上係採「正面表列」之方式，並無概括之不確定條款情形，本文認為該但書之設置具正當性，應無架空本文之疑慮，亦無違司法院釋字第 709 號解釋之精神。另從實質內容來看，第 33 條第 1 項但書所列之「四種免聽證之例外」，均可歸類為已無任何異議可以形成爭點進行論辯，或業經全體所有權人同意以整建、維護、協議合建或其他方式辦理，已無聽證之實益，亦符合實質之正當性，應可認符合司法院釋字第 709 號解釋之「應經聽證」之要求。

伍、都更正當行政程序之新近行政法院相關裁判分析

　　就行政法院近 3 年內裁判有關都更之正當行政程序者，就其應符合

三十四條第二款或第三款之情形。四、依第四十三條第一項但書後段以協議合建或其他方式實施，經更新單元內全體土地及合法建築物所有權人同意。不服依前項經聽證作成之行政處分者，其行政救濟程序，免除訴願及其先行程序。」

之正當行政程序不同而分述案例如下：

一、永春都更案再審（最高行政法院 107 年判字 542 號判決）

(一) 此判決揭示原則

公聽會不得取代聽證會、利害關係人必須給予程序保障、所有權人須逐一送達、修法前先貫徹釋字 709 意旨。

(二) 案例事實摘要

本件都市更新計畫案原由前實施者擬定都市更新事業計畫報經台北市政府公告核定實施在案，於實施中**變更實施者**，並經實施者**致函定期通知各土地所有權人及權利變換關係人**，就是否參與更新後房地分配及分配位置提出申請，**逾期提出者**，以公開抽籤方式分配之，期限屆滿後，實施者向台北市政府申請**變更都市更新事業計畫及擬定權利變換計畫**，並經台北市政府公告，將其計畫書圖公告**展覽**並舉辦**公聽會**，再提請台北市都市更新審議委員會審議後**審議通過**，實施者隨後向台北市政府申請**變更都市更新事業計畫及擬定權利變換計畫**，經台北市政府提交台北市審議會審議決議調整完成時程，而同意其餘修正內容，並以原處分核定實施而公告該變更後之計畫書圖。

再審原告不服核准之變更都市更新事業計畫及權利變換計畫而提起訴訟，迭經台北高等行政法院 98 年度訴字第 1360 號判決、最高行政法院 100 年度判字第 2092 號判決、最高行政法院 102 年度判字第 580 號判決駁回在案，後再審原告向司法院大法官提出解釋憲法之聲請，司法院大法官受理後併案做成司法院釋字第 709 號解釋，雖該號解釋就認定為違憲之部分係宣告定期失效而非立即失效，惟本案再審原告為解釋**聲請人之一**，而司法院釋字第 725 號解釋已就違憲定期失效之情形宣告原因案件之聲請人得依解釋聲請再審，再審原告即依司法院釋字第 709 號

解釋聲請再審。

　　本案係較為少見的再審成功案例，本案經最高行政法院107年判字542號判決廢棄原判決發回台北高等行政法院。

(三) 判決要旨

　　其判決要旨略以：「……五、……(九)……惟查再審被告所提上開程序縱或屬實，亦未**確保利害關係人知悉相關資訊及適時陳述意見之機會**，且不符合使利害關係人得到場以言詞為意見之陳述及論辯後，斟酌全部聽證紀錄，**說明採納及不採納之理由作成核定**等等憲法正當行政程序上要求，自不得認得替代釋字第709號解釋諭示憲法要求之正當行政程序，再審被告所辯，並非可採……」。

　　法院認再審被告作成原處分有未遵循正當行政程序之違法，另疑義之事實與證據調查須由事實審法院審理，原判決未予論究即予駁回於法不合，因而將原判決廢棄，發回北高行更審。

(四) 判決之分析

　　此判決認為主管機關**未辦理聽證僅辦理公聽會**，更未**舉行聽證會**將**聽證紀錄及核定內容分別送達**事業計畫相關資訊予土地、合法建築物之所有權人，他項權利人、囑託限制登記機關及預告登記請求權人，**違反正當法律程序**，而據以撤銷原核定處分。此裁判在都更條例修正之前即依據釋字709之釋憲意旨，具體貫徹了司法院釋字第709號解釋之意旨，應值贊同。

　　惟本文認為司法院釋字第709號解釋與本號之裁判意旨認為僅有土地、合法建築物之所有權人，他項權利人、囑託限制登記機關及預告登記請求權人始為利害關係人，實有過度限縮利害關係人之範圍之虞，蓋應受分別送達之人應不限於更新單元內各土地及合法建築物所有權人、

他項權利人、囑託限制登記機關及預告登記請求權人爲限，而應包含與更新單元直接相鄰之鄰地所有權人，始符正當行政程序之本旨。

二、中山捷運站東南都更案（最高行政法院 107 年度判字第 591 號判決）

(一) 此判決揭示原則

雖舉行聽證，但聽證程序若未完備，違反正當程序即不能認爲都更審議會已有有實質審查。都更審議會於審議過程必須就聽證會已有提出之爭點作積極之認定（表態），不得僅核定通過或不通過，而未載明審議會就聽證會中兩造立場之具體認定內容。

(二) 案例事實摘要

系爭權變計畫案於 2015 年 12 月 10 日舉辦聽證時，關於管理費用部分，被上訴人代理人蔡律師表示實施者未能就本案管理費提列提出合理之說明。被告台北市政府對於聽證時，利害關係人提出之意見，依系爭權變計畫案核定版所載，僅由實施者即原審參加人回應，此回應屬對於不同意見之攻防，並未見都更審議會對於實施者原審參加人於系爭權變計畫案中關於管理費用以上限提列部分，作成同意之決議時，對於何以採納原審參加人主張之理由，予以說明；亦未見都更審議會對於原審原告及財政部國有財產署所持不同意見，所以不足採之理由，予以說明，即逕爲核定該權利變換計畫。

(三) 判決要旨

本案最高行政法院認定，本件形式上固均有依程序舉行公聽會、公開展覽、聽證會等，然而聽證時土地所有權人或相關利害關係人，對於實施者所擬具權利變換計畫之內容，認與相關法規範意旨不符，而於聽

證會為不同之主張時，主管機關作成是否核定之判斷時，即**應斟酌聽證全部結果**，並就其形成判斷**所採理由及不採之理由**，予以說明；否則，即與正當行政程序有違，本件於作成原核定處分並未就聽證會為不同之主張者之意見，作出不予採信之理由，即逕予核定處方，故最高行政法院認定該處分未能符合正當法律程序而有恣意作成判斷之違法，因此撤銷原處分。

(四) 判決之分析

本判決就都市更新之正當法律程序更進一步作高密度之審查，亦即就主管機關於核定都市更新事業權利變換計畫前之公聽會與聽證會等程序，並未以形式上已有舉行會議之名稱為「聽證會」，即逕行認定原處分符合正當法律程序，而是更進一步去探究該主管機關舉行之「**聽證會**」之**實質內容**是否符合聽證會之**實質內涵要求**，蓋系爭判決之原處分均已依依程序舉行公聽會、公開展覽、聽證會並有會議紀錄及通知書可稽，但法院認為既然舉行者係「聽證會」，即必須就公聽會中所作之言詞陳述具體載明「採納或不採納之理由」，始符聽證會之實質內涵要求。

本件聽證時既已有被上訴人委任蔡律師為不同之意進陳述，原處分僅由實施者回應該意見，被法院認為該回應意見僅屬對於不同意見之聽證會之攻防而已，並未見都更審議會對該意見有何具體之「不採納理由」，認為都更審議未盡實質審查之義務。此判決亦提示了主管機關日後於都更審議會中，就利害關係人於聽證據已經具體提出之意見，不宜僅有「實施者之說明意見」而必須有「審議會之具體意見」，蓋「實施者之回應意見」在本質上僅被認定為是聽證會中之「攻防意見」而已，並非「審議會」以中立裁判者之角度所作之「審議會認定意見」，此判決就日後審議會之會議形式及其討論內容，將更強化審議會之說理及實

質認定之義務，不能再僅請實施者作「說明」即予通過核定。

三、小巨蛋站都更案（台北高等行政法院 106 年度訴字 1788 號判決）

(一) 此判決揭示原則

貫徹「知情後同意原則」，「權利變換計畫有變更必須重新徵求同意」，強調所有權人之「同意」必須以其「資訊之充分與最新資訊」為前提，否則僅是「形式上同意」並非「實質同意」。

(二) 案例事實摘要

本案實施者取得符合舊都更條例第 22 條第 1 項規定比例之所有權人同意簽訂都市更新事業計畫同意書（並與同意者簽訂合建契約），後擬具系爭都更案（未併同提出權利變換計畫案）向台北市政府申請報核。台北市政府辦理公開展覽後，實施者申請老舊專案計畫並取得容積獎勵而修正事業計畫書圖，但未就此再辦理公開展覽，台北市政府逕就修正之事業計畫辦理聽證，再以原處分作成核定。原告不服爰提起本件訴訟。

(三) 判決要旨

台北高等行政法院於本案認為，司法院釋字第 709 號解釋既已揭示都更之正當行政程序包括確保利害關係人知悉相關資訊之可能性，並有適時陳述意見以主張維護權利之機會。承此意旨，法院認都市更新之實施既然嚴重影響眾多更新單元及周邊土地，建築物所有權人之財產權及居住自由，且利害關係複雜，容易產生紛爭，因此，都市更新程序進行的每個步驟都必須符合「擴大參與、尊重多數、資訊公開透明、知情後同意」此等要素，否則，其進行即難認合於正當法律程序。

本案承審法院認定，系爭都更案形式上確實進行了**公開展覽**、**聽證**等程序，但公開展覽後，**倘關權利人是否同意以相同條件進行都市更新**之重要資訊（**容積獎勵增加**）變更，並未重新徵詢同意；尤其，系爭民辦都更案之**權利變換計畫並未併同都市更新計畫提出**，就權利人於都更案中「**主給付義務**」之核心內容有所欠缺。

從而，法院認為，本案並未藉由公開透明之程序**提供必要資訊可供權利人平等決定同意或不同意系爭都市更新計畫之機會**。而由於權利變換之資訊未足，且**聽證**之舉行又自限於「**都市計畫之內容**」而不及於「**權利變換計畫**」，以致**聽證根本無從就相關於權利變換**之質疑予以回應。是而，系爭都更案程序之進行顯然**未落實**該等程序中資訊公開透明、知情後同意，以及**理由說明以回應評論**等**實質要素**，反而強化了實施者與土地及建築物所有權人間有高度之**資訊不對稱**的情勢。故於結論承審法院認定，被告台北市政府身為都市更新主管機關有**應審查而未為審查**之情事，其逕以原處分核定系爭都更案，有違反司法院釋字第 709 號解釋之意旨。

(四) 判決之評析

正當行政程序重要內涵之一即在於資訊之充分提供，國家應對人民**盡最低程度之告知義務**，方得**實質保障人民選擇的權利**，若然欠缺資訊之提供，人民即無從進行有意義的選擇。此一見解於解釋憲法之實務首見於司法院釋字第 603 號解釋林子儀大法官協同意見書，而司法院釋字第 763 號解釋更係直接於解釋文宣告即時獲知充分資訊為正當行政程序內涵之一，該號解釋即係以無從及時獲知充分資訊俾判斷是否行使收回權為由，宣告土地法第 219 條第 1 項有違財產權保障之意旨而應自解釋公布 2 年內檢討修正。

而本號判決借用醫事法理論中之「知情後同意原則」，並據此敘明

「權利變換計畫有變更必須重新徵求同意」，強調所有權人之「同意」必須以其「資訊之充分與最新資訊」爲前提，否則僅是「形式上同意」並非「實質同意」，涉及實質正當程序之要求，與最高行政法院 107 年度判字第 591 號判決均具有追求實質正當之價值，本文敬表贊同。

陸、綜合評析

一、合憲性導向之裁判

綜觀近年來之前揭行政法院裁判，有一共通之原則，即縱使在司法院釋字第 709 號解釋作成後未新修訂立法之前，其裁判仍採合憲性導向之裁判，此點應值肯定。蓋司法院解釋所指摘之違憲情事既如前述，則具有違反憲法保障人民財產權與居住自由之事實，並未因大法官採定期宣告失效之方式而可當作不存在，是法院於新法修正前適用舊都更條例時，均仍依循合憲性解釋之精神而爲合乎憲法意旨之裁判，應予肯定。

二、「利害關係人」之定義過於狹礙

司法院釋字第 709 號解釋及行政法院之一貫見解，均一致認爲都市更新事業計畫之核定，對人民之財產權及居住自由限制「直接且嚴重」，因此要求主管機關之正當行政程序應有適當組織、確實送達、公開聽證、資訊公開、陳述意見等要求，法院於裁判時，亦以都更對人民財產權及居住自由影響「直接且嚴重」強化其正當行政程序審查密度，應予贊同。

惟大法官釋字及行政法院之判決就都更之「利害關係人」之定義似**過於狹義** [36]，特別是有關「送達」程序中之「利害關係人」僅指更新單

---

[36] 司法院釋字第709號解釋文，就應受送達人僅限於更新單元「內」之所有權人與他

元範圍內土地、合法建築物所有權人、他項權利人、囑託限制登記機關及預告登記請求權人[37]，而漏未將「重要之鄰地所有權人」涵括在「利害關係人」之範圍內，據此似認毋庸通知「鄰地所有權人」。對於更新單元以外之**鄰地**所有人，尤其是**直接與更新單元相鄰**之土地所有權人，因其都更而致其權利受到**直接影響**，有時亦不亞於單元內之土地所有權人，應納入將直接鄰地所有權亦屬應受個別送達之「利害關係人」始符正當法律程序。

又大法官於司法院釋字第 663、667 號解釋亦揭示，**送達程序**係為了實現人民之**程序基本權**，應由立法機關制定合於**正當法律程序**之相關規定。我國於行政程序法 67 條至第 91 條亦明定相關送達之程序。在法治國原則下，行政機關須依法而行，而作為機關最常運用的手段—行政處分，依法亦須送達後始生效力，行政處分未為合法送達將影響其處分之效力[38]。況「**送達**」實為前述最高行政法院所揭示「**告知後同意**」之能否落實之關鍵因素。本文認為對於都市更新事業計畫之**應送達對象**，若有所欠缺，將可認其不符合憲法上**正當行政程序**之要求，此乃**送達**制度肩負有使被受送達人享有「**資訊充分**」及「**實質陳述意見**」的功

項權利人，該解釋文略以：「……未連同已核定之都市更新事業計畫，分別送達更新單元內各土地及合法建築物所有權人、他項權利人、囑託限制登記機關及預告登記請求權人……」。

[37] 都市更新條例第32條規定略以：「都市更新事業計畫由實施者擬訂，送由當地直轄市、縣（市）主管機關審議通過後核定發布實施；其屬中央主管機關依第七條第二項或第八條規定劃定或變更之更新地區辦理之都市更新事業，得逕送中央主管機關審議通過後核定發布實施。並即公告三十日及通知更新單元範圍內土地、合法建築物所有權人、他項權利人、囑託限制登記機關及預告登記請求權人」。

[38] 台北高等行政法院103年度訴字第192號判決。

能[39]，而在「資訊不足」甚至「資訊錯誤」、「資訊落後」[40]之情形下，縱使讓其到場聽證陳述意見，充其量也僅是「形式上之程序」，不符實質要求之內涵。

三、「居住自由」之概念未充分實質納入正當行政程序中

依司法院釋字第709號解釋之意旨，都市更新程序涉及到人民之兩個基本權，其一為**財產權**，其二為居住自由。一旦實施都市更新事業計畫之後，**直接鄰地**所有人之「居住自由」**可能**遭受「**實質侵害**」，而有與更新單元內的土地所有人受到相等**程序保障**之必要。具體而言，鄰地房屋可能在都更完成後，家中臥房旁立刻變為為商場人行道，恐侵犯鄰人的隱私權；亦可能因窗外突生矗立高牆妨礙其景觀、日照、排氣⋯⋯之權利。申言之，該處分之存在與否，可能導致更新單元以外之鄰人權利或法律上利益損害，至為明顯[41]。加以我國過去數十年來的實務亦肯認「鄰人訴訟」[42]，國內於都市更新之**程序保障過度集中於**「**財產權**」保障，因此不論從司法院解釋一直到新修正之都更條例，主要均在保障更

---

[39] 未注意「實質陳述意見」，例如：過去行政法院曾經認公聽會之通知採發信主義，例如：臺北高等行政法院101年度訴字第1317號判決即採發信主義，其判決理由略以：「都市更新條例第19條第2項規定，應舉辦公聽會，其目的僅在於聽取民眾之意見，無論是更新單元範圍內之土地、建物所有權人等相關權利人或一般民眾，在都市更新事業計畫擬定後，尚得以書面提出意見；並審諸都市更新程序係採取多數決，公聽會程序既僅在於聽取民眾意見，更新單元範圍內之所有權人尚不因未參與該公聽會，對其權利產生損害或重大影響。故關於公聽會期日及地點之通知，應採發信主義，只要按應受通知者之住所或居所寄發舉行公聽會之通知時，應認已生通知之效力，至於應受通知者實際有無收受該通知在所不問。

[40] 資訊落後將影響土地所有權人同意之有效性，參見台北高等行政法院106年訴字1788號判決意旨。

[41] 吳小燕（2015），〈都市更新的立法目的〉，謝哲勝主編，《都市更新法律與政策》，頁45-46。

[42] 最高行政法院100年度裁字第1904號裁定意旨。

新單元「內」之土地與建物所有權人，但於「更新單元外」之「**直接鄰地所有權人**」其財產權雖未被侵害，但從「居住自由」之層次觀之，該鄰地所有權人亦應確保其受到正當行政程序之保障，以建立完整之都市更新程序制度。

四、層級化正當都更程序之建構

一個正當之行政程序之遵守，不僅是保護了民眾之利益，亦有彰顯良好之行政管理與人民間之合作關係之多面價值[43]。

都市更新條例之行政程序，可歸為四大階段：**劃定都更區域程序、審查都更事業概要計畫程序、審議都更事業計畫程序、審議權利變換程序四階程序**[44]（但第三與第四階段可能合併），目前之立法與司法解釋多聚焦在第二與第三階段應符合之行政程序。

其實所謂「正當法律程序」既然廣泛適用於國家權力，刑事訴訟程序、一般行政程序、人事行政程序等諸多領域皆有適用，如果**要求單一準則作為正當法律程序之標準即有所困難**[45]，即便係人身自由如此重要之基本權，其所適用之正當法律程序，仍可能因刑事被告或非刑事被告

---

[43] Cananea, Due Process of Law Beyond the State: Requirements of Administrative Procedure 1-2(2016)("such requirements of administrative procedure are justified not only by the traditional concerns for the protection of individual interests against the misuses and abuses of power by public authorities, but also by other values, such as good governance and cooperation between public authorities").

[44] 林明鏘，〈都市更新之正當法律程序：兼論司法院大法官釋字第七〇九號解釋〉，《法令月刊》，67卷1期，頁12。

[45] 吳庚、陳淳文（2017），《憲法理論與政府體制》，增訂5版，頁59。

身分不同[46]，或事務領域之專業差異[47]，仍被容許踐行不同之正當法律程序。

而所謂「正當行政程序」概念，並非所有之行政行為均應踐行相同密度之行政程序，因為並非一切行政流程或憲法上所保障之權利，均無分軒輊而應受相同密度之程序性保障[48]，此縱使在司法院釋字第709號解釋已「替代立法機關」具體指出在都市更新之行政程序中「部分必要之行政程序」（例如：聽證、送達等）不得欠缺，但細繹內文吾人仍可在司法院釋字第709號之解釋理由書內，再次確認都市更新之各不同之階段所應遵守之「正當行政程序」，仍然必須「**視所涉基本權之種類、限制之強度及範圍、所欲追求之公共利益、決定機關之功能合適性、有無替代程序或各項可能程序之成本等因素綜合考量，由立法者制定相應之法定程序**」[49]。此即學者所述應視在各該行政程序所涉及之基本權種類、基本權侵害的強弱、侵害範圍的大小、造成實害風險的大小、當事人與利害關係人之權益關係……綜合因素加以考量，以決定各該行政程序具體上應遵守何種之行政流程，始符合各自之正當法律程序[50]。

---

[46] 司法院釋字第588號解釋理由書略以：「……刑事被告與非刑事被告之人身自由限制，畢竟有其本質上之差異，是其必須踐行之司法程序或其他正當法律程序，自非均須同一不可。……」此一刑事被告與非刑事被告之區別論，後復又於司法院釋字第708號、第710號解釋繼續獲得肯認。

[47] 司法院釋字第690號解釋理由書略以：「……強制隔離雖拘束人身自由於一定處所，因其乃以保護人民生命安全與身體健康為目的，與刑事處罰之本質不同，且事涉醫療及公共衛生專業，……其所須踐行之正當法律程序，自毋須與刑事處罰之限制被告人身自由所須踐行之程序相類。……」

[48] 舉例言之，司法院釋字第563號解釋有關「學生受教權」之程序保障要求，與司法院釋字第384號解釋人身自由之程序保障要求即有明顯之不同，此即係因涉及之基本權種類不同，依其性質不同，分別給予強弱不同之行政程序保障之明證。

[49] 參照司法院釋字第709號解釋理由書。

[50] 許宗力（1999），〈基本權程序保障功能的最新發展：評司法院釋字第四八八號解釋〉，《月旦法學雜誌》，54期，頁154-156。

　　據此，不同之行政程序，於其**應遵循**之正當行政程序內涵亦有差異[51]。例如：若屬於涉及人身自由之保障則應予最嚴密之法律程序保障，蓋人身自由乃爲其他財產權等之基礎，因此人身自由之保障即受到憲法第 8 條之特別保障，若涉及到人身自由之行政程序，必須符合憲法第 8 條所要求之嚴密之正當法律程序。若涉及行政機關對人民之補助行爲，**因屬授益行政**其正當行政程序之要求，即應與涉及人身自由或涉及財產權剝奪之行政程序要低。至於涉及到憲法其他自由及權利所應受之正當法律程序之保障與規範密度，則可依對象、內容或法益本身干涉強度，而給予不同之程序保障。詳言之，在檢視行政行爲有無符合正當法律程序時，並非一體適用「單一之行政程序」始得謂爲正當程序，而是應視各該行政程序所規範對象、內容或法益本身而容許不同程度之合理之差異程序保障。此即本文所述之「層級化之正當行政程序」之要求，亦即就涉及不同基本權利所對應之「正當程序」區分其不同之程序保障密度[52]。

　　若就個別之「都更行政程序」，大法官於司法院釋字第 709 號解釋認爲**都市更新事業計畫之核定**，對人民「財產權及居住自由」之限制「**直接且嚴重**」，因此直接於釋憲文要求主管機關在正當行政程序方面，至少應有公開聽證、確實送達、組織適當、資訊公開、陳述意見……行政程序之基本要求，上開要求由於屬釋憲機關之釋憲文之誠

---

[51] 高仁川（2015），都市更新的正當法律程序，收錄於：《都市更新法律與政策》，頁59。該文即同本文見解，認為不同之行政作為應有不同規範密度（層級化）之行政程序規範。

[52] 其實從大法官解釋之脈絡，亦已有宣示層級化正當行政程序之要求，此觀解釋認為應視以下因素「綜合考量」，由立法者「制定相應之法定程序」，其中包括：所涉基本權之種類、限制之強度、限制之範圍、所欲追求之公共利益、機關之功能合適性、有無替代程序、各項程序之成本……綜合考量。參李建良（2013），〈都市更新的正當行政程序（下）：釋字第七○九號解釋〉，《台灣法學雜誌》，229期，頁57。

命，具有憲法層次之效力，在此釋憲文之範圍內並無再為「立法形成自由之餘地」，至少就釋憲文之都更正當行政程序之要求，應屬立法時之「最低限度」程序保障[53]。

據此，建構層級化之正當行政程序時，個別之行政程序應遵守何種「程序」始符正當法律程序，司法院釋字第709號解釋揭示正當法律程序所應衡量之各項因素，即基本權之種類、限制之強度及範圍、所欲追求之公共利益、決定機關之功能合適性、有無替代程序或各項可能程序之成本等因素，並由立法者衡量後制定相應法定程序，而此一正當法律程序即係各該國家權力作用所應遵循之「低標」，攸關人民之最基本程度之程序上保障，核屬具備相當重要性，原則上不宜由行政機關自行裁量其應遵守之正當程序為何，除非釋憲機關已作成類似「替代立法機關」之釋憲文應最優先遵守外，原則上應由「立法機關於立法時依前開原則權衡之」[54]，然行政事項經緯萬端立法不可能鉅細靡遺而無遺漏，因此若「個別」之各別行政法在立法就其應遵守之程序未有規定或不足時，再依行政程序法之一般性程序規範認定之，若行政程序法仍有不足時，再由行政法院於具體個案裁判中，以法官造法之模式建構其該遵循之正當行政程序。

就都更正當行政程序的層級化建構而言，都市更新事業計畫之核定（由其若與權利變換計畫合併者），乃對人民之財產權及居住自由「直

---

[53] 惟應指明者乃是，釋憲文如對個別之正當行政程序已作具體指明者，固應作為拘束「立法機關於訂定個別行政程序時之最低要求」，但這並不代表立法機關不得在「合憲性探知」之下依個別狀況於立法時作「目的性之限縮」，例如：2019年1月施行之都市更新條例第33條第1項但書，即訂下了「四種免聽證會」之例外，此四項但書與前開「最低原則要求」並無違背。

[54] 建立適當的合憲的行政程序，乃國家之義務，*See* Giacinto della Cananea ,Due Process of Law Beyond the State:Requirements of Administrative Procedure 1-3(2016) ("It was the responsibility of the State to ensure that adequate procedural safeguards were in place to prevent the government from interfering with the rights of its citizens")

接且嚴重」之事項，此時宜適用最嚴謹的行政程序，諸如：須有適當的審查組織、予利害關係人陳述意見的機會、踐行聽證程序、對更新單元內所有權人及更新單元外之鄰人爲送達；至於若非屬「更新事業計畫之核定者」，相對而言「影響相對較輕」，即無須踐行最嚴謹的全套都更行政程序，而應另外適用較爲簡便的行政程序，方符合都更正當行政程序的精神。

柒、結論與建議

綜上探討，本文得出以下之結論：

一、行政法院之合憲性導向裁判

行政法院之相關裁判多採取合憲性導向之裁判，於新法修正前適用舊都更條例時，均仍依循合憲性解釋之精神而爲合乎憲法意旨之裁判，應予肯定。最高行政法院在 107 年判字 591 號進一步就正當行政程序，作更高密度之審查，要求都更審議會於審議過程必須就聽證會已有提出之爭點作積極之認定（表態），不得僅核定通過或不通過，而未載明審議會就聽證會中兩造主張之最後認定結果與理由，已就聽證會之內容是否實質完備其程序作審查，可落實聽證會之功能，本文亦表贊同，但仍宜注意司法機關之審查界線，勿超越審議會之專業判斷餘地。

二、層級化都更正當程序之建構

但並非一切行政作爲或憲法所保障之權利，均無分軒輊而應受相同程度之程序保障，宜就涉及基本權之種類、侵害之程度、人民所受損害之大小等來建構層級化之行政程序要求，俾使行政部門在適用法律時，兼顧人民之程序保障及對於「受都更影響相異程度適用相異都更行政程

序」的結果可預見性。就都更正當行政程序的層級化建構，對於都市更新事業計畫之核定（由其若與權利變換計畫合併者），乃對人民之財產權及居住自由「直接且嚴重」之事項，此時宜適用最嚴謹的行政程序，若非屬「更新事業計畫之核定者」，相對而言「影響相對較輕」，即無須踐行最嚴謹的全套都更行政程序，而應另外適用相對簡便之行政程序。

三、具體應依循之行政程序規範優先順位

都更之行政程序應依循何種之正當行政程序？原則上不宜由行政機關自行裁量其應遵守之正當程序為何，而應屬立法機關之「立法形成自由」，故本文認為原則上應由立法機關權衡司法院釋字第709號解釋所揭示各該應衡量之因素後，以立法方式安排之。但釋憲文中就都更正當行政程序之具體要求，於立法時應以解釋文之要求作為「最低限度」程序保障[55]。就此而言，2019年1月公布實施之新都更條例，本文認為已具體回應了釋字第709號解釋之正當程序要求，應予肯定。然行政事項經緯萬端立法不可能鉅細靡遺而無遺漏，因此若「個別」之各別行政法在立法就其應遵守之程序未有規定或不足時，再依行政程序法之一般性程序規範認定之，若仍有不足，在修法前，可由司法機關以裁判逐漸建立制度性之完整都更正當程序。

---

[55] 惟應指明者乃是，釋憲文如對個別之正當行政程序已作具體指明者，固應作為拘束「立法機關於訂定個別行政程序時之最低要求」，但這並不代表立法機關不得在「合憲性探知」之下依個別狀況於立法時作「目的性之限縮」，例如：2019年1月施行之都市更新條例第33條第1項但書，即訂下了「四種免聽證會」之例外，此四項但書與前開「最低原則要求」並無違背。

四、實質正當程序之落實

於都更行政程序中之送達，不論是司法院釋字第 709 號解釋或新都更條例，似均僅著墨於「單元內土地、建物所有人或他項權利人、預告登記人」，而忽視了受都更影響之「直接鄰地所有人」之應受送達權利，未來在未再次修法之前，宜透過司法案例建立鄰地所有人之受送達權（非僅通知），以符合俾使都更程序能更爲周延。此乃送達制度肩負有使被受送達人享有「資訊充分」、「資訊更新」及「實質陳述意見」的功能，而在「資訊不足」甚至「資訊錯誤」、「資訊落後」[56] 之情形下，縱使讓利害關係人到場聽證陳述意見，其所作之陳述，充其量也僅是「形式上之程序」，不符「實質正當」程序要求之內涵。

---

[56] 資訊落後將影響土地所有權人同意之有效性，參見106年台北高等行政法院訴字1788號判決意旨。

參考文獻

一、中文部分

（一）書籍

李震山（2019），《行政法導論》，修訂11版。

李震山（2005），《多元、寬容與人權保障：以憲法未列舉權之保障為中心》。

許宗力（2007），《憲法與法治國行政》，2版。

許宗力（2007），《法與國家權力（二）》。

湯德宗（2003），《行政程序法論》，增訂2版。

葉俊榮（2002），《面對行政程序法》。

吳庚、陳淳文（2017），《憲法理論與政府體制》，增訂5版。

許玉秀（2011），《論正當法律程序原則》，軍法專刊社。

（二）專書論文

謝哲勝（2015），〈都市更新法律與政策〉，台北：元照。

高仁川（2015），〈都市更新的正當法律程序〉，收錄於：《都市更新法律與政策》，台北：元照。

吳小燕（2015），〈都市更新的立法目的〉，收錄於：《都市更新法律與政策》，台北：元照。

郭介恆（1998），〈正當法律程序：美國法制之比較研究〉，收錄於：《城仲模教授六秩華誕祝壽論文集(2)：憲政體制與法治行政》。

（三）期刊論文

林明鏘（2016），〈都市更新之正當法律程序：兼論司法院大法官釋字第七〇九號解釋〉，《法令月刊》，67卷1期，頁1-27。

李建良（2013），〈都市更新的正當行政程序（下）：釋字第七〇九號解釋〉，《台灣法學雜誌》，229期，頁57-78。

許宗力（1999），〈基本權程序保障功能的最新發展：評司法院釋字第四八八號解釋〉，《月旦法學雜誌》，54期，頁153-160。

陳愛娥（2004），〈正當法律程序與人權之保障：以我國法為中心〉，《憲政時代》，29卷3期，頁359-389。

蔡志揚（2013），〈都市更新事業概要程序之重新定位：評釋字第七〇九號解釋〉，《月旦裁判時報》，23期，頁110-120。

許育典（2013），〈從釋字第七〇九號評析都更案正當程序的憲法爭議：針對選擇性依法行政的個案反思〉，《月旦裁判時報》，23期，頁74-83。

陳明燦（2012），〈公共利益與財產權保障：兼論我國都市更新條例（草案）〉，《國會月刊》，40卷10期，頁38-58。

陳宜倩（2004），〈正當法律程序〉，《月旦法學教室》，25期，頁125-128。

方英祖（2002），〈從正當法律程序觀點論行政程序法〉，《考銓季刊》，30期，頁62-83。

游千慧（2010），〈都市更新條例部分條文修正草案評介〉，《土地問題研究季刊》，9卷2期，頁88-100。

二、外文部分

Reinout Kleinhans,*Social implications of housing diversification in urban renewal: A review of recent literature,* J.of Housing and the Built Environment 19: 372–373(2004).

E. Chan.G.K.L.Lee,Critical factors for improving social sustanability of urban renewal projects,Soc Indic Res 85:243-256(2008).

Giacinto della Cananea,Due Process of Law Beyond the State:Requirements of Administrative Procedure,(2016).

Fifth Amendment to the United States Constitution(last visited 2019.2.20).

Giacinto della Cananea, Due Process of Law Beyond the State:Requirements of Administrative Procedure 1-3(2016).

第八章

風險分擔下狀態責任的界限

李介民[*]

*靜宜大學法律學系專任副教授兼系主任

摘　要

　　危害防止法理上行為責任與狀態責任等理論，已為我國學術界和司法實務界所採用。但是狀態責任本身是風險分擔下的產物，透過法律課予財產所有人、管理人或使用人的原始責任，本身已有強人所難之處。倘若財產所有人要因天災、事變、社會大眾長期間共同行為、第三人突發事故的行為而負責，豈非過於嚴苛。本文嘗試藉由整理德國學理、立法原則和聯邦憲法法院判決理由，介紹狀態責任之界限，以為將來學術探討或司法實務運作之借鏡。

關鍵詞：風險分擔，狀態責任，責任界限，危害源，比例原則。

壹、前言

　　人民因違反行政法規，除被處罰之外，因其違法行為造成的結果狀態存在，應負回復原狀的作為義務，學理上稱之為行為責任。至於，對於物之支配享有事實上管領能力者，依法律規定就前述的違法結果狀態，所負回復原狀的作為義務，稱為狀態責任。之所以對財產所有人、管理人或使用人課以狀態責任，有兩方面的法律上衡量，一是利益和負擔的連結所導致的社會義務性，另一是對於物有法律上和事實上影響可能性，進而使財產所有人或使用人對於帶來危害的物加以利用和排除具威脅性的滋擾[1]。至於，對於物有事實上管領能力之主體，不外乎所有人、管理人或使用人，包含基於債權或物權契約而合法占有他人之物的利用人，但不包括無權占有人[2]。

　　在台灣，農地受污染係因農田引用灌溉水源，該河川水源受到污染，以致於農地中所含汞、鎳、鉻、銅離子等重金屬的污染。如果將農地所有人當作是狀態責任人處理，由於農民恐無資力負擔龐大的整治費用，只有任其廢耕。甚至，農民可能主張農地受污染係引用河川水源受污染所造成，但河川水源受污染來自於工廠排放廢水、廢棄物所致。政府對於前述工廠違規排放行為未進行定期或不定期檢查，進而主張政府有怠於執行公權力而造成人民權利受損害，遂向政府主張國家賠償。因此，在面對此種欠缺期待可能性的情形，尚需由政府提供補償以填補其因廢耕所產生的損失[3]。

---

[1] F. Schoch, Grundfälle zum Polizei-und Ordnungrecht, JuS 1994 Heft 11, S. 935.

[2] Denninger, in: Lisken/Denninger, Handbuch des Polizeirechts, 4. Aufl., 2007, E Rn. 111. 無權占有人如因其行為違反法律規定而肇致違法結果狀態，則是應負行為責任，而非狀態責任。

[3] Pieroth/Schlink/Kniesel, Polizei-und Ordnungsrecht, 6. Aufl., 2010, § 9 Rn. 73.

關於上述問題引發吾人思考以下議題，在現代風險社會中，人民要爲不是自己的行爲負擔法律上義務，本身已有強人所難之處。倘若財產所有人要因天災、事變、社會大眾長期間共同行爲、第三人突發事故的行爲而負責，豈非過於嚴苛。因此，在各種不同的原因所造成的狀態責任，該責任人是否要全部負責而無界限可言，本文藉由爬梳國外學理和實務見解，嘗試就狀態責任的界限做一介紹。

貳、狀態責任的類型

狀態責任爲德國警察與秩序法上學理，其理論適用於環境保護、公共衛生、食品安全、建築管理等行政法各論領域。狀態責任之課予，與財產所有人、管理人或使用人的自己行爲無關。主要係因財產權依法律規定負有社會化義務，基於風險分擔（Risikoverteilung）的理由，對於財產享有支配管領能力者，應負擔狀態責任。關於狀態責任的類型，本文嘗試就其發生原因、標的物種類及潛藏性責任區分，說明如下：

一、依發生原因區分

狀態責任之發生原因，首先是天災、事變不可抗力情形，例如：地震、海嘯、颱風、冰雹及暴雨等自然事件，造成落石、坡體滑動、崩塌、火災、洪水、土石流等災害，或使土地、建築物、農作物受到嚴重損害，此時財產所有人同時是受害者。

其次，社會公眾的行爲乃不特定多數人造成公共安全或公共秩序的危害情形，且常常是屬於持續性、累積性、隱晦性的污染，不特定多數人間的責任與風險面向的關聯性有所疑義，諸如對多數滋擾人請求和對多數責任人的各種許可措施，引發責任界限的討論[4]。譬如空氣污染的污

---

[4] C. Gusy, Polizei- und Ordnungsrecht, 7. Aufl., 2009, § 5 R. 357.

染源包含境外移入污染、境內固定污染源和境內移動污染源三種，境內固定污染源如火力發電場或工廠燃燒生煤或排放廢氣，境內移動污染源如汽機車排放廢氣。至於，工業區廠商排放廢水、廢棄物污染灌溉水資源，導致農民引取灌溉水致農田受重金屬污染，屬於污染源為可得特定之多數人，經由科學技術的檢驗，得以確認污染行為人是誰。因此，此種情形之原因並非社會公眾的行為。

　　由特定人之行為造成的狀態責任，有屬於因行為人之行為造成，經由買賣法律關係繼受取得財產，或因出租財產供行為人使用，事後取回財產。上述財產因受污染，而由財產所有人負責清除污染的整治責任。另外有屬於突發事故，如油罐車或化學原料車於高速道路上行駛不慎翻覆，致原油或化學原料外洩污染道路或附近農田。原則上應由肇致污染的車主或其雇主負責清除污染的行為責任，例外始由農田所有人負清除污染的狀態責任。

二、依標的物種類區分

　　關於狀態責任以標的物種類為區分，可分為動產、不動產。

(一) 動產

　　動產需負狀態責任之情形有幾，茲以棄置廢棄財產、違規食品及感染疫情動物為例，說明如下：

1. 棄置財產：被拋棄的動產成為無主物，不因該財產所有人拋棄其所有權、不再占有該標的物而免責，而是因放棄占有之財產對環境造成危險或無法忍受之狀態而負責[5]。例如：廢棄車輛違規停放：占用道

5　Denninger, in: Lisken/Denninger, Handbuch des Polizeirechts, 4. Aufl., 2007, E Rn. 112. 黃啟禎（2003），〈干涉行政法上責任人之探討〉，《翁岳生教授七秩誕辰祝壽論文集：當代公法新論（中）》，初版，頁305。

路之廢棄車輛，經民眾檢舉或由警察機關、環境保護主管機關查報後，由警察機關通知車輛所有人限期清理（道路交通管理處罰條例第82-1條第1項）。另如棄養動物：飼主飼養之動物，除得交送動物收容處所或地方主管機關指定之場所收容處理外，不得棄養。違反者，除處以罰鍰外，行政機關得逕行沒入飼主之動物（動物保護法第5條第3項、第29條第1項第1款、第32條第1項第2款），旨在避免被棄養的動物對公共衛生、環境安全造成危害之狀態。為何財產所有人要為廢棄車輛違規停放或棄養動物負狀態責任，有認為在於避免權利濫用，以及在個人與社會公眾間適當的風險分擔，以確保狀態責任不致於產生漏洞[6]；亦有認為並非所有人對該棄置（養）事件有所失職而須負擔處置的費用，而是其本身對公共衛生、環境安全造成危害狀態的卸責[7]。

2. 違規食品：食品經銷商販賣食品製造商所製造的食品，經當地直轄市、縣（市）主管機關為下架、封存之食品，依查核或檢驗結果證實，有變質或腐敗、未成熟而有害人體健康、有毒或含有害人體健康之物質或異物、殘留農藥或動物用藥含量超過安全容許量、攙偽或假冒、逾有效日期、添加未經中央主管機關許可之添加物等不符合食品安全衛生管理法規定之食品，應予沒入銷毀之處分（食品安全衛生管理法第15條第1項、第41條第1項第3款、第52條第1項第1款）。前述的食品製造商就不符合該法規定之食品應負回收、封存及沒入銷毀的行為責任，而食品經銷商為該封存食品的所有人，應負回收、封存及沒入銷毀的狀態責任。

3. 撲殺感染疫情動物：動物防疫人員對於罹患、疑患或可能感染動物傳

---

6 W. Kahl, Die Sanierungsverantwortlichkeit nach dem Bundes-Bodenschutzgesetz, Die Verwaltung Band 33, 2000, S. 67.

7 Denninger, in: Lisken/Denninger, Handbuch des Polizeirechts, 4. Aufl., 2007, E Rn. 113.

染病之動物，其所有人或管理人應依動物防疫人員之指導，即時撲殺，並予以燒燬、掩埋、化製、消毒或其他必要之處置（動物傳染病防治條例第 20 條第 1 項）。因此，動物所有人或管理人爲防止疫情擴大，負有撲殺、燒燬、掩埋、化製、消毒或其他必要之處置的狀態責任。

(二) 不動產

不動產部分，以土地和建築物型態區分。

1. 土地

關於土地可能承擔狀態責任之情形，可分爲環境公害和自然保育兩方面。

在環境公害方面，例如：土地被堆置、排放廢棄物或廢水致污染土地及地下水，依土壤及地下水污染整治法規定，經調查場址之土壤污染或地下水污染物濃度達土壤或地下水污染管制標準者，應公告爲土壤、地下水污染控制場址。而控制場址經評估後，認有嚴重危害之虞時，經主管機關審核後，公告爲土壤、地下水污染整治場址（該法第 11 條）。非污染行爲人之土地使用人、管理人或所有人（污染土地關係人）得於主管機關進行土壤、地下水污染整治前，提出整治計畫，經主管機關核定後據以實施整治復育措施（該法第 22 條）。即便是在該部法律施行前土地及地下水已受污染者，或是以前的土地所有人爲該法律適用之對象，經轉讓後土地所有人仍需負擔該狀態責任，學理上稱爲永久責任（Ewigkeithaftung）[8]。又如，土地上被堆置廢棄土石或建築廢棄物，有影響公共衛生或環境清潔者，依廢棄物清理法第 11 條規定，土地所有

---

[8] Lothar Knopp, Vertragliche Altlastenregelungen zwischen Sanierungsverantwortlich i.S. des § 4 III BBodSchG, NJW 2000 , S.906.

人、管理人或使用人負有清理廢棄物的義務。

在自然保育方面，於山坡地或森林區內從事修築農路或整坡作業、探礦、採礦、鑿井、採取土石或設置有關附屬設施，開發建築用地、設置公園、墳墓、遊憩用地、運動場地、堆積土石、處理廢棄物或其他開挖整地等行為。依水土保持法第 12 條規定，應先擬具水土保持計畫，送請主管機關核定。違反者，除被處罰外，需限期改正以回復原狀（行為責任）。如由無權占有人所為濫墾、濫挖行為，土地所有人、經營人或使用人亦應負回復原狀的狀態責任。

2. 建築物

違章建築係指建築法適用地區內，依法應申請當地主管建築機關之審查許可並發給執照方能建築，而擅自建築之建築物（違章建築處理辦法第 1 條）。違章建築經查報屬實者應予拆除，不得准許緩拆或免拆（該辦法第 6 條）。興建違章建築者之行為人對於違章建築應被拆除負行為責任，違章建築讓與後的新所有人，對於違章建築應被拆除負狀態責任。

三、潛藏性危害

相對於狀態責任是違法結果狀態而言，尚有所謂的潛藏性危害（Latenten Gefahr），其生成原因在於其持續的行為、狀態或情況一開始是合法的，因為事後各種周遭環境的改變，或者許多要素的共同作用導致逾越危害門檻，竟成為影響公共安全或公共秩序的狀態，對於他人進而變成危害來源，從而必須負起排除滋擾的責任。通常此種情形，是要求對物有管領能力之人負責。例如：位在郊區的養豬場在設立當時是合法的，因時過境遷，周邊後來陸續成為住宅區，豬隻的吵雜聲、豬糞的臭

味均造成周邊住戶的干擾[9]。

又如公路法第 59 條規定：「公路主管機關爲維護公路路基、行車安全及沿途景觀，……其原有之廣告物與其他建築物及障礙物有礙路基、行車安全或觀瞻者，得商請當地建築主管機關限期修改或強制拆除。但其爲合法者，應給予相當之補償。」可知其原有之廣告物與其他建築物在設立當時並無違反法律之情形，但是後來行政機關就現在的事實情況加以評估，如發現有影響交通安全時，即成爲責任人。

參、狀態責任的責任界限

發生危害的情況不一，有來自於危害者、遭受危害者、社會公眾或天然災害，可能是長期以來的危害抑或突發事故造成的危害，因此根據上述各種發生危害之原因而劃分風險面向，在不同原因事由發生以致於人民應承擔責任，使人民因潛在責任分擔風險。

一、風險分擔的理念

行爲責任與狀態責任的歸責標準在於，行爲人因其行爲違反法定義務被處罰外，尚因肇致危害而須負排除危害之行爲責任。而財產所有人、管理人或使用人因天災、事變、社會公眾或第三人之行爲等事由，

---

[9] F. Schoch, Grundfälle zum Polizei- und Ordnungrecht, JuS 1994 Heft 11, S. 937. Pieroth/ Schlink/Kniesel, Polizei- und Ordnungsrecht, 6. Aufl., 2010, § 4 Rn. 26. Denninger, in: Lisken/Denninger, Handbuch des Polizeirechts, 4. Aufl., 2007, E Rn. 66. R. Poscher, Die gefahrenabwehrrechtliche Verantwortlichkeit, Jura 29, 11/2007, S. 807. 黃啓禎 (2003)，〈干涉行政法上責任人之探討〉，《翁岳生教授七秩誕辰祝壽論文集：當代公法新論（中）》，初版，頁297。不過，德國學者Denninger認為應該避免使用潛藏性危害的概念，只要依發生危害的時點來做判斷與決定該如何採取排除危害的措施。

不論有可歸責事由與否，對於其所支配之財產上危害負排除危害之狀態責任，此為風險社會中基於公益的要求，任何人皆有危害防止責任[10]。問題是法律課以狀態責任人危害排除義務，使狀態責任人承擔回復原狀的風險責任，該義務的履行是否存在責任的界限？學說上有不同看法，有認為狀態責任係由財產所有人、管理人或使用人對於防止「物」之危害必須負擔一切費用，即便法規上沒有規定，因為該責任是伴隨著「物」而來的，縱使超過該物之價值，仍應該負擔此一責任[11]。從風險分擔的角度來看，當狀態責任係因人之行為所肇致危害，從而行為責任人應優先於狀態責任人負責排除危害。由於社會公眾長期以來的行為肇致物的危害，社會公眾與財產所有人間應有各自的風險分擔，財產所有人縱使要負責理應有財產價值上界限[12]。德國基本法第14條保障人民財產權作為狀態責任之憲法依據，內容為財產權負有社會義務及其內在界限，認為享有所有權之利用價值者，應使其承擔物的危險。該狀態責任縱使有獨立的肇致和歸責條件，在個案上，該公法上義務—即該物所應承受的負擔和風險，就該物的使用收益上管理以比例原則加以衡量，其責任應有犧牲界限。

另外，土地所有人承擔狀態責任涉及該責任與風險分擔間的關聯性問題，例如：因地震、颱風、強降雨或土石流等天然災害產生的狀態責任，完全由財產所有人負責到底是否過苛。又如第二次世界大戰時聯軍空投炸彈，土地所有人是否要負責清理？飛機墜毀民宅或農田，或發生油罐車、化學車在道路上翻覆至原油或化學原料外洩污染農田，土地所有人是否要負責清理？[13] 也就是說，狀態責任人對於天災、事變等不可

---

10 林昱梅（2002），〈土地所有人之土壤污染整治責任及其界限〉，《黃宗樂教授六秩祝賀：公法學篇（二）》，頁270。

11 Pieroth/Schlink/Kniesel, Polizei- und Ordnungsrecht, 6. Aufl., 2010, § 9 Rn. 71.

12 Denninger, in: Lisken/Denninger, Handbuch des Polizeirechts, 4. Aufl., 2007, E Rn. 117.

13 C. Gusy, Polizei- und Ordnungsrecht, 7. Aufl., 2009, § 5 R. 357.

抗力事由，或可歸責社會大眾、無使用權的第三人行為導致的責任是否應完全負責？

二、學說見解

關於德國警察與秩序法上狀態責任有無責任界限的理論，詳述如下：

(一) 概說

在學說見解上有二說：一、絕對說：所有人因其對所有財產享有全部權利，其所有物對於公共秩序所生的影響，應負完全責任。二、合理犧牲界限說：因所有人無法承擔所有危險的可能，尤其是意外或天災造成的特殊環境危害，清理或排除的費用如要其全部承擔，不具期待可能性，固應採取合理的界限[14]。

狀態責任是法律課以所有人、管理人或使用人履行義務的法律責任，除非能證明所有人等對於危害發生的風險有明知或重大過失情形[15]，否則非行為人的狀態責任人係立於犧牲者（Opfer）或受害者地位，其犧牲自應有其界限。另有認為受污染土地因買賣而移轉給受讓人，除非能證明受讓人與其前手間係有意規避法律責任外，否則受讓人承擔的狀態責任只是對於有危害源（Gefahrenquelle）之物有潛在的支配能力，並非如同行為責任之行為人有違法行為應予以非難，此時從犧牲界限的

---

[14] 黃啓禎（2003），〈干涉行政法上責任人之探討〉，《翁岳生教授七秩誕辰祝壽論文集：當代公法新論（中）》，初版，頁307。陳正根（2010），〈環保秩序法上責任人之基礎與責任界限〉，《警察與秩序法研究（一）》，初版，頁289。

[15] M. Kloepfer, Umweltschutzrecht, 2008, § 13 Rn. 26. C. Gusy, Polizei- und Ordnungs-recht, 7. Aufl., 2009, § 5 Rn. 359. Pieroth/Schlink/Kniesel, Polizei- und Ordnungsrecht, 6. Aufl., 2010, § 9 Rn. 72.

理論，對於其負有排除危害之義務，應給予免責或限制其責任[16]。

(二) 信賴保護原則

法治國家原則包含法律秩序安定性的重要元素，人民得以信賴當時的法律及其效果，從事法律容許的行為，不用擔心事後被強加其他的法律負擔。當人民信賴原本法律秩序所為行為的法律效果時，立法者卻違背此一信賴制定使人民溯及既往產生負擔或不利的法律地位，原則上是不容許的。此一信賴保護理念不僅是理由，而且是禁止法律溯及既往的界限[17]。關於狀態責任的界限有無信賴保護原則之適用，德國聯邦土壤保護法（Bundes-Bodenschutzgesetz）針對法律施行前某筆土地受到污染，該土地之利用在法律施行前依當時所適用之法律，行為人已遵守相關法定之義務者，但事後仍認定該土地受到污染，不論該土地仍為該行為人抑或在法律施行前之概括繼受人所有，該法第 4 條第 5 項但書規定：「從 1999 年 3 月 1 日以後發生土壤改變受損或污染場所，為排除有害物質，使符合比例的土地登記。但此不適用在肇致時點信賴依該當法定的命令不會產生上述的損害之人，且考量個案情況此一信賴是值得保護時。」意旨，該符合比例的土地登記乃是預防性危害防止措施，倘法律施行前系爭土地受到污染，該土地之利用在法律施行前依當時所適用之法律，行為人已遵守相關法定之義務者，但事後仍認定該土地受到污染，無須負擔整治義務。另外，同法條第 6 項但書規定：「若土地所有人於 1999 年 3 月 1 日始受讓該財產，該土地所有人之前手對該土地有土壤改變受損或污染場所必須已知或知悉者，其前手亦負有整治義

---

[16] W. Kahl, Die Sanierungsverantwortlichkeit nach dem Bundes-Bodenschutzgesetz, Die Verwaltung Band 33, 2000, S. 69.

[17] W. Kahl, Die Sanierungsverantwortlichkeit nach dem Bundes-Bodenschutzgesetz, Die Verwaltung Band 33, 2000, S. 42.

務。但此不適用在取得土地當時信賴該土地沒有土壤改變受損或污染場所之人，且考量個案情況此一信賴是值得保護時。」意指，針對法律施行前系爭土地受到污染，該土地之利用在法律施行前，依當時所適用之法律，行為人已遵守相關法定之義務者，事後仍認定該土地受到污染，在個案上應受到信賴保護，即便在法律施行後因概括繼受或個別繼受而所有，無須採取壓制性危害防止，令其負擔整治責任，此乃基於信賴保護所生之免責條款。從規範之意義與目的觀之，此處之信賴保護，並非是盲目的信賴出賣人之前土地未受污染的擔保。反之，當承受土地之後手於繼受前或當時知悉或至少知道污染事實，其信賴便不值得保護[18]。

另外，在過去人民依法律規定向行政機關提出申請，經該機關允許所從事的行為，依當時法律規定是無損害的行為，並不構成肇致危害的行為，一般來說並無行為責任或狀態責任的義務，此稱為許可的合法化效力（Legalisierungswirkung von Genehmigung）。但是隨著時代變遷與法令更迭，迄至今日反而變成危害源，此時在個案上其狀態責任應該是免責或其責任有所限制[19]。其前提是人民當時所為是符合行政機關所許可的行為，基於信賴保護原則，現在不應對人民過度要求其負擔狀態責任。在我國，狀態責任之界限有無信賴保護原則之適用。以違章建築為例，建築法第 97 條之 2 授權訂定之違章建築處理辦法，將違章建築區分為違章建築、舊違章建築及既存違章建築三種。其中，舊違章建築在妨礙都市計畫、公共交通、公共安全、公共衛生、防空疏散、軍事設施及對市容觀瞻有重大影響時，得由地方行政機關實地勘查、劃分必須限期拆遷地區、配合實施都市計畫拆遷地區及其他必須整理地區，分別處理（該辦法第 11 條第 1 項）。也就是說，舊違章建築在無妨礙公共安

---

[18] Lothar Knopp, Vertragliche Altlastenregelungen zwischen Sanierungsverantwortlich i.S. des § 4 III BBodSchG, NJW 2000 , S.907.

[19] Erbguth/Stollmann, Verantwortlichkeit im Bodenschutzrecht, DVBl 2001, S. 608.

全等事由的情況下，係暫時不予執行拆除，並非俗稱的「就地合法」，舊違章建築所有人不能根據上述規定主張信賴保護。

(三) 天然災害造成的狀態責任界限

因天然災害造成有違反法律規範之效果存在，非由於行為人之行為所造成者，並無法定義務的違反，當然不須處罰。準此，因天然災害肇致的違法結果狀態存在，依法律規定要求非行為人的土地所有人、管理人或使用人負排除危害的狀態責任，僅能要求狀態責任人負回復原狀之作為義務，而不予以行政處罰。

當狀態責任之發生係因天災、事變等不可抗力事由所肇致者，此時狀態責任人既非行為人而是立於犧牲者、受害者地位，要求其負擔危害排除責任已不具期待可能性，不但應予免責，甚至還要對其加以補償[20]。例如：海洋污染防治法第 14 條第 1 項規定，因天然災害致造成污染者，不予處罰。又，廢棄物清理法第 11 條第 4 款規定：「一般廢棄物，除應依下列規定清除外，其餘在指定清除地區以內者，由執行機關清除之：四、火災或其他災變發生後，經所有人拋棄遺留現場者，由建築物所有人或管理人清除；無力清除者，由執行機關清除。」前述其他災變如為地震、海嘯及土石流等天然災害所造成者，建築物所有人或管理人立於受害者地位，其等負責清除一般廢棄物的狀態責任，應予以免除。

(四) 社會公眾或第三人行為造成的狀態責任界限

狀態責任係由責任人對物有事實管領能力而生，狀態責任之憲法依據是財產權負有社會義務，認為享有所有權之利用價值者，應使其承擔

---

[20] Pieroth/Schlink/Kniesel, Polizei- und Ordnungsrecht, 6. Aufl., 2010, § 9 Rn. 73.

物的危險。然而在殘留廢棄物或拋棄物的污染場址，該拋棄物因已無所有人或事實上管領人，且現任土地所有人對隱藏於地表下之廢棄物或污染，因年代久遠一無所悉，更無管領或排除可能，其若係善意購入者實屬犧牲者，欲使其負擔防止危害之責任未免過苛，應考慮犧牲之界限，不宜由現任土地所有人負擔全部責任。畢竟為何會造成污染，與過去政府機關有怠於執行法律可能有關，宜由代表公眾的公基金負擔清除費用，狀態責任人僅就享有物之所有權利負擔責任[21]。

(五) 狀態責任的範圍

德國學者 R. Sparwasser 和 B. Geißler 於 1995 年在德國聯邦公報為文討論，「狀態責任的界限以殘留污染規定為例（Grenz der Zustandsstörerhaftung am Beispiel des Altlastenrechts）」，認為從德國基本法第 14 條第 2 項財產權負有社會義務是針對具體的財產標的，同時容許財產所有人對於危害源的剩餘仍享有私人用益性（Privatnützig-keit）。而從合憲性解釋所導出狀態責任的界限，要求財產所有人必須容忍對於危害源的干預，而且沒有補償，但該義務並不及於該財產所有人的其他財產[22]。該文認為狀態責任人對於危害源享有法律上和事實上管領能力，負有為社會大眾排除危害的義務。因此，對狀態責任人所生影響的是特別的義務，該影響性義務必須同時有外部的界限，也就是說，狀態責任人的責任僅限於危害源的價值，在法律上課以狀態責任應權衡如何降低狀態責任人的責任程度。畢竟財產所有人的責任之正當性，源自於對於危害源的影響可能性和危害源的社會義務，應該限於危害源本身。財產所有人之所有須承擔排除危害的費用，正因為其可對危害源加

---

[21] 前揭註14，頁304。

[22] R. Sparwasser/ B. Geißler, Grenz der Zustandsstörerhaftung am Beispiel des Altlasten-rechts, DVBl 1995, S. 1319.

以利用。財產所有人須爲社會大眾受到危害的威脅，負有排除危害的義務[23]。

關於狀態責任人的責任範圍，是否僅限於來自於危害源的財產或狀態責任人立於犧牲者地位二者情形，鮮少論及責任之具體的空間範圍，也就是說除了已受到危害的財產外，其效果是否及於回復原狀後提升價值的投資與收益，或者是要加以扣除的問題。另外，部分的土地受到污染危害，財產所有人如將未受到危害的土地分割後讓與他人，狀態責任是否僅限於產生危害源的土地而不及於已分割讓與他人的土地。德國學者認爲關於這個問題已經從責任基礎延伸到責任標的上，狀態責任之課予不僅是要求財產所有人爲特定的作爲義務，而且是有利於社會大眾，這是衡量財產所有人的行爲義務與社會大眾的利益，將財產權的社會化義務具體化爲財產所有人的危害排除義務。縱使財產所有人並非滋擾行爲人，仍負有危害排除責任，此種責任不只是財產所有人應負擔之，連同對於財產有事實上管領能力者也必須負擔。此種責任是法律強加在財產所有人、管理人或使用人上的對物責任，如果責任標的是全部管理的財產，有時未免過於嚴苛。從比例原則、平等原則和期待可能性等觀點加以衡量，其責任範圍應該限於個別已發生污染危害的財產[24]。

其次，當財產的數量和價值有所改變時，其責任範圍是否也會變動。就財產的數量增減有所變動時，責任範圍是否如同民法的概念一樣，財產權的效力不論是財產的重要部分或非重要部分，亦及於附合物、從物、附屬物等情形。德國學者認爲狀態責任是法律上存在財產所有人與危害源之間的特別關係，該責任的整治義務與工程受益費、地區性公課等公共負擔有所不同，前者是財產所有人的財產聯結到危害源而

---

[23] R. Sparwasser/ B. Geißler, Grenz der Zustandsstörerhaftung am Beispiel des Altlasten-rechts, DVBl 1995, S. 1320.

[24] R. Sparwasser/ B. Geißler, Grenz der Zustandsstörerhaftung am Beispiel des Altlasten-rechts, DVBl 1995, S. 1321.

負責任，而後者是聯結到有利於全體土地的經濟一體性（Wirtscaftsein-heit）而負擔之。因此，須負擔責任範圍包括財產的重要部分及相關的出產物，不包含已分離的出產物、其他非重要的部分和附屬物[25]。另外，將財產分割後未受到污染危害部分讓與，狀態責任是否及於該讓與部分的財產。由於狀態責任是原始責任，該責任植基於財產本身是危害源，因此責任範圍應限於物受到污染危害的部分，而不及於因分割讓與未受到污染危害的部分[26]。至於財產價值變動時，如果是財產價值降低時，該降低與整治義務與整治行為有關，應該考量降低其責任範圍，畢竟該責任之標的是危害源，而非狀態責任人的其他財產[27]。

另外，值得探討的是責任範圍的決定時點，財產所有人於取得時對於物受到污染是否知悉或知悉至何種程度的問題。責任界限以取得財產當時是否知悉危害存在的合理性疑義，當是賤價轉售財產情形，該交易標的價格低，任何從事交易的對象都可看出該標的上存在污染危害，一旦取得財產後因無法將危害源分離而必須負擔該責任。至於，要考量的是知悉的範圍，到底是知悉以前受到污染利用就須負責，還是要具體知悉到需要整治污染或整治範圍的情形，甚至是能夠完全掌握與充分的知悉，實屬莫衷一是。較合理的觀點是，該狀態責任不能被任意延伸，須負擔危害排除費用者應限於歸責要件的責任範圍，該知悉責任的風險僅限於財產所有人在買賣過程中可看出的取得（Erwerb « sehenden Auges »）或在交易習慣上應有的注意義務[28]。

---

[25] R. Sparwasser/ B. Geißler, Grenz der Zustandsstörerhaftung am Beispiel des Altlasten-rechts, DVBl 1995, S. 1321-1322.

[26] R. Sparwasser/ B. Geißler, Grenz der Zustandsstörerhaftung am Beispiel des Altlasten-rechts, DVBl 1995, S. 1322.

[27] R. Sparwasser/ B. Geißler, Grenz der Zustandsstörerhaftung am Beispiel des Altlasten-rechts, DVBl 1995, S. 1323.

[28] R. Sparwasser/ B. Geißler, Grenz der Zustandsstörerhaftung am Beispiel des Altlasten-rechts, DVBl 1995, S. 1325.

(六) 小結

關於狀態責任之界限，除實定法上規範有信賴保護原則的適用外，學說上觀點認為因天然災害造成的狀態責任應予以全部免責，而因社會公眾或第三人行為造成的狀態責任亦應有所界限，但究竟是免責抑或減輕至何種程度，則未見詳細說明。在德國聯邦憲法法院作成判決前，則有學者為文討論狀態責任的範圍較為深入，認為財產所有人的狀態責任來自於危害源，依法律規定使其財產負有排除危害的社會義務，故責任範圍應該限於危害源本身。當財產的數量和價值有所改變時，須負擔責任範圍以財產受到污染危害的重要部分及相關的出產物，不包括已分離的出產物、非重要的部分、附屬物和因分割讓與未受到污染危害的部分。縱使財產價值降低時，責任範圍應限於危害源之責任標的，這樣的見解原則上值得贊同。

肆、德國聯邦憲法法院判決的分析與檢討

德國聯邦憲法法院 2000 年 2 月 16 日判決認為財產所有人是負擔犧牲者地位的狀態責任，不能要求其等負擔與行為責任人相同的行為責任，應以基本法第 14 條第 1 項規定：「財產權應於保障，其內容與限制由法律規定之。」與比例原則為其界限。

一、德國聯邦憲法法院 2000 年 2 月 16 日判決

(一) 判決事實

該號判決有二則事件，第一則是原告於 1982 年 10 月經由法院拍賣購得鄰近的一片土地，該土地上直到 1981 年一直有一家工廠從事兔毛皮製造帽子的原料，該原料含有氯化碳物質（高氯及三氯化合物）。

而該公司於 1981 年宣告破產，破產後之財產僅能滿足債權人的優先債權。從 1983 年 9 月開始，確認在其購買之土地經由氯化碳水物質嚴重污染地面及地下水，此一情況可回溯到帽子原料生產時運用了這些物質。主管機關對原告採取廣泛措施檢驗地面和地下水，且對於污染之清理採取不同之措施。

第二則是原告是面積頗具規模的森林之財產所有人，於 1970 年 10 月將 16 公頃之土地出租給有射擊設備與維修之協會，並約定每年租金 12,792 馬克。該協會於 1971 年 8 月取得射擊場所第一建築部分的建築許可，並於同年 10 月獲得設備使用的安全許可，該許可是針對具有 15 個投擲機器、1 個溜滑台，以及具有完全自動投擲設備高空台及機具。射擊設備在未得到合法得許可下擴大使用規模，因為飲用水供給問題，在 1983 年檢驗這些設備。1985 年 1 月主管機關撤銷建築許可及設備安全許可，射擊場所停止營業以及終止財產所有人與協會間之租賃契約。經檢驗結果，在射擊場所的土地上有 200 至 300 噸鉛彈殼，同時因溶解的鉛已嚴重侵蝕地面深達 80 公分。

(二) 判決意旨

對於土地所有人要求履行危害防止任務，應符合比例原則及具有期待可能行性，土地所有人負擔土壤污染整治責任的費用，若不具有正當性，則對土地所有人而言是不具期待可能性。因此，比例原則作為負擔狀態責任之土地所有人和所涉及的公共利益之達成間，作為一衡量之標準。

1.「整治後土地之市價」標準 [29]

該判決認為土地所有人的狀態責任係源於公法上危害防止及侵害排

---

[29] BVerfG, Beschl.v.16.2.200, NJW 2000, S.2573 (2575-6). 林昱梅（2002），〈土

除之行為義務，因為整治污染之土地所有人必須負擔整治費用，而該費用支出並無向政府請求補償之權利。又行政機關之整治處分是一種負擔處分，對於財產權之保護構成干預。此種干預是課予土地所有人應排除土地對公眾產生危害的義務，土地所有人負擔土壤污染整治責任係基於防止危害的有效性，以及對於土地的事實上管領能力。而狀態責任正因土地所有人對於受污染土地具有管領支配力，而得以正當化。另外，所有人對於所有物有法律上、經濟上使用與利用之可能性，相對地必須負擔伴隨而來的公法上義務。然而土地所有人負擔狀態責任時，必須將所有人之負擔與公共利益相衡量。

土地所有人負擔整治污染費用需要具有期待可能性，在財政上費用負擔與實施整治後交易價格的比例，此一交易價格不只是反映在個別利用的收益，而且及於沒有個別協力和給付的利益。此一土地價格之提升是有計畫性和市場條件的提升，費用的負擔若超過交易價格，土地所有人將失去私人利用土地的個別利益。當土地之危害出自於自然事件或可歸責於社會大眾之原因，或由無使用權之第三人所造成，可能逾越期待可能性的界限。因此，不能要求土地所有人無止境的整治責任，使其負擔過度的危險。

狀態責任負擔的整治費用，若高於土地交易價格時，當土地係土地所有人財產的重要部分或構成其個人或家庭生活的基礎時，課以土地所有人交易價值的負擔是不具期待可能性的。因為財產擔保的責任係在確保基本權利主體在財產範圍的自由空間，和藉由財產權使其負擔自己責任的生活形成。具期待可能性的負擔之界限，為整治的費用不能超過提升土地進一步利用的利益。若整治後對於土地所有人之私人住宅仍無法維持對該土地的經濟生活情況，則逾越了上述界限。

地所有人之土壤污染整治責任及其界限〉，《黃宗樂教授六秩祝賀：公法學篇（二）》，頁250以下。

　　整治土地的費用負擔提升整治後土地的交易價格，且土地所有人在購買當時是有認識到產生該危害的風險，是具有期待可能性。如當土地所有人取得該土地時已知悉遭先前之土地所有人或利用人所污染，或土地所有人容許該土地以前的使用情況爲高危險性使用，如曾爲垃圾掩埋場（Deponie）或砂石場（Auskiesung），則必須衡量土地所有人與社會公眾的利益何者是值得保護的。而土地所有人應自願吸收該風險降低其值得保護性，其整治責任並非限於整治後土地價值。

　　在土地所有人認識風險而願意承擔風險，特別是在購買土地或將土地交由第三人利用時，已經知悉或只要盡相當注意義務，即可得知該風險，此時土地所有人因有重大過失而令其負擔超出土地市價的整治費用，具有期待可能性。此一期待可能性的判斷，認爲其具有重大過失的程度。另外，土地所有人有從交易過程中獲得利益的風險，如廉價買到土地或是高價出租土地，該期待可能性也進一步有受到影響。

　　因而該判決提出在個案衡量時，在土地所有人對於造成土壤污染係不知情時，實施整治後交易價值與財政上費用之關係，土地所有人應負擔之費用通常應低於土地所有人將來使用該土地之利益的交易價值，做爲可期待土地所有人負擔整治費用的上限，通常爲土地之市價，整治後之土地價值可以做爲所有人負擔整治費用期待可能性之指標，此即「整治後土地之市價」說。

2.「與需要整治土地具有功能上一體性財產」標準[30]

　　在可期待土地所有人負擔超過土地價值之整治費用時，不能將土地所有人全部之經濟給付能力去承擔整治的費用。對於與需要整治土地毫無法律上或經濟上關聯性的土地，毫無限制地承擔整治費用，是不具期待可能性的。但是當財產是從事土地或林業管理的事業或企業的重要部

---

[30] BVerfG, Beschl.v.16.2.2000, NJW 2000, S.2573(2576). 林昱梅，前揭註29，頁255。

分，要使所有人「與需要整治土地具有功能上一體性」卻無法律上或經濟上關聯性的財產來負擔整治費用，是不具期待可能性的。因為承擔費用的界限應考慮到經由整治可能危及到企業或工廠繼續經營，此一期待可能性之要求不需要衡量全部的經營上給付能力，而是限於土地上負擔與經營上的關聯性。

二、責任界限標準之分析與檢討

(一) 因自然事件、社會大眾或第三人造成的狀態責任應有所限制

該判決肯認土地受到污染或危害係出自於自然事件或可歸責於社會大眾之原因，或由無使用權之第三人所造成，可能逾越期待可能性的界限，不能使土地所有人負擔過度的整治責任之危險。但是該判決卻未說明，何種情形是免責，何種情形是減輕責任的最低界限。另外，關於狀態責任費用的負擔是否延伸至全部的財產，應思考受到危害部分是否為該財產的重要部分，是否為家庭生活的基礎，以及是否危及營業上繼續營運[31]等情形，值得斟酌。

(二) 整治後土地市價是否提升不易確定

就「整治後土地之市價」標準而言，該判決雖提出關於「整治後土地之市價」標準作為整治責任之界限標準，但主管機關仍將面臨整治後土地交易價值調查的時點，究竟要採取何種交易價值的標準的困境。首先為何要以整治後土地之交易價值為基準，或許是整治污染之目的不僅是為維護公共利益且對土地所有人的私益亦獲得確保，此不能忽略整治

---

[31] C. Gusy, Polizei- und Ordnungsrecht, 7. Aufl., 2009, § 5 R. 359. M. Kloepfer, Umweltschutzrecht, 2008, § 13 Rn. 26.

的時點和範圍，是否為個人使用或公共利益而整治。當整治成功提昇經濟價值時，土地所有人當然受益，但整治未提昇經濟價值時，土地所有人不僅未受益，仍需擔負整治責任之費用，甚至會受到嘲弄[32]，此時是否以整治後土地之市價為界限則出現灰色地帶。

　　該判決認為對於費用承擔的決定保留給行政機關，將來行政機關採取整治措施評估要求狀態責任人支付整治費用的界限，因行政機關的請求係以行政處分方式為之，倘整治費用不符合比例原則，狀態責任人得請求撤銷該行政處分。至於，如何事先確定整治後土地之市價，與狀態責任之事實調查的費用負擔有重要的關聯性，首先，價值調查必須以實際存在的市場條件為基礎，例如：依德國聯邦土壤保護法第4條第4項規定，系爭土地是屬於都市計畫所許可的土地利用，不能僅考慮到事實上的執行，仍應視都市計畫所容許的土地利用而決定，而非僅以土地實際上何種方式使用而決定，主管機關必須確認都市計畫所容許的土地利用而為決定。其次，對於土地所有人個別財產的調查，若是土地交易價格超過與整治措施有關的費用負擔，是具有期待可能性。惟土地價值的調查必須包括土地上建物在內，特別是依德國聯邦土壤保護法第2條第5項規定的污染場所之建物，經由整治措施同樣可能提升其價值。其三，若費用負擔超過經由整治的土地交易價值，調查的作用對土地所有人在土地取得或第三人對土地的利用維持主觀上具有好或壞的信賴。特別應注意在土地價值的調查時，考慮到在對殘留的污染施以整治措施，將可能造成市價明顯的減少。因此，對土地所有人的費用負擔和藉由整治費用的調查，在實務上經常是複雜的土壤和地下水污染問題，在調查

---

[32] C. Bickel, Grenzen der Zustandshaftung des Eigentümers für die Grundstückssanierung bei Altlasten, NJW 2000, S.2562. Lothar Knopp, Bundes-Bodenschutzgesetz und erste Rechtsprechung, DÖV 2001, S.450.

中費用預測方面應委請鑑定[33]。

(三)「與需要整治土地有功能上一體性之財產」係針對企業法人

整治責任之範圍以「與需要整治土地有功能上一體性之財產」為限者，該判決認為該財產應具有法律上和經濟上關聯性者，但未明確例示說明。有法律上關聯性者[34]，可區分為「與土地所有人相同地位」和「物權法上關係」，前者如有限公司或股份有限公司設立工廠營業生產產品，該廠房之土地可能為股東個人所有而非公司所有，雖需要整治土地為股東個人所有，但既供公司工廠生產所需之土地，有法律上利用關係存在，而於該土地上廠房、機械設備，亦具有法律上關聯性；又合夥事業為人合經濟組織，合夥人等其出資和其他合夥財產為全體合夥人公同共有，若合夥財產中土地需要整治，與該土地有法律上關係之出資和其他合夥財產，均屬之。後者如所利用且需要整治土地之重要成分（如出產物等天然孳息）、建築物和附屬物。反之，非所利用且需要整治土地之重要成分，則不屬之。有經濟上關聯性者[35]，如公司利用需要整治土地上之機器設備和公司利用需要整治土地所製造生產的原物料、半成品、產品等整體營業上財產。該等營業上財產作為直接供營運業務之部分或基礎，並經由此取得經濟上收益者，均屬之。反之，與營運的業務分離的財產則不具有經濟上關聯性，如某企業將已受污染需要整治土地提供興建員工宿舍者，該宿舍之建物非營業上財產，不具有經濟上關聯

---

[33] L.Knopp, Bundes-Bodenschutzgesetz und erste Rechtsprechung, DÖV 2001, S.451. H. Ginzky, Sanierungsverantwortlichkeit nach dem BBodSchG-Rechtsprechungsbericht, DVBl 2003, S.172.

[34] S.Vöneky, Die Zustandshaftung von Unternehmen - eine Fortführung der Dogmatik des Bundesverfassungsgericht, DÖV 2003, S.402-3.

[35] S.Vöneky, Die Zustandshaftung von Unternehmen - eine Fortführung der Dogmatik des Bundesverfassungsgericht, DÖV 2003, S.404.

性。又如某企業原供製造汽車之土地但受到污染需要整治，卻將土地出租提供他人作為家具買賣業使用，所收取之租金（天然孳息）雖是經濟上收益，但已非企業營運業務之部分或基礎，亦不具有經濟上關聯性。但在企業的業務層面、生產層面和加工服務層面分離時[36]，也會出現模糊的灰色地帶，如某一從事化學製造的大型企業，製造生產的廠房有數個不同的部門且分屬不同的法律主體，其中一廠房生產化學原料，該土地受到污染需要整治，另一廠房座落在不同區塊的土地上，專門生產顏料所用且未受污染，兩者有業務上關係─在產品層面或加工服務層面，是否具有經濟上關聯性，其界限則難以釐清。

在上述情形，土地所有人不能對社會大眾主張值得信賴保護。其請求之範圍原則上要考慮到，土地所有人之獲得利益與產生危險關聯之程度，此一利益本身可能來自於買賣價格之減少或租金收入，以及土地所有人有無重大過失之程度。縱使土地所有人對於該土地未參與經營，但還是要考慮「與需要整治土地有功能上一體性財產」。可期待所有人承擔責任之範圍，擴及與污染土地經濟上一體性之財產價值，此種將責任範圍擴及所有人其他財產，應符合比例原則之要求，避免法律雖課以所有人整治責任，卻事實上造成徵收效果而未予以相當補償。該號判決認為責任範圍不限於危害源本身，但是對於土地所有人在法律上或事實上與污染土地不相干之財產，不能期待所有人將之用來負擔土壤污染整治費用，此方符合「與需要整治土地有功能上一體性財產」說的意旨。

(四) 狀態責任人知悉或有重大過失應負高度責任

何種情形土地所有人整治責任的負擔可超過「整治後土地之市價」說及「與需要整治土地有功能上一體性之財產」說的界限，聯邦憲法法

---

[36] S.Vöneky, Die Zustandshaftung von Unternehmen - eine Fortführung der Dogmatik des Bundesverfassungsgericht, DÖV 2003, S.405-406.

院在論及土地所有人知悉或有重大過失等主觀要素時，認為土地所有人取得該土地時已知悉遭先前之土地所有人或利用人所污染，或土地所有人容許該土地以前的使用情況為高危險性使用時；或是土地所有人在購買土地或將土地交由第三人利用時，已經知悉或有重大過失不知該風險；或土地所有人以廉價向前手買到土地或是土地所有人以高價將土地出租，從風險中獲得利益等。對照上開例示情形，污染土地所有人知悉或容許土地為高危險性使用或從風險中獲利（如對價甚鉅，遠高於日後科處之罰鍰）時[37]，等同污染行為人，應負行為責任，故責任範圍不限於整治後土地之市價及需要整治土地具有功能上一體性財產，意即土地所有人須為故意或重大過失所生危害負責的風險。

以比例原則作為對財產權限制的衡量標準，考慮整治費用與土地價值之關係，以及整治費用之負擔是否危及當事人經濟上存續關係，德國實務見解固值參考。但是該號判決所針對的事實是向前手購置受到污染的財產和將財產出租他人肇致污染情形，購置前已知悉或可能知悉該財產受到污染而能以低價取得，或者是將出租財產供作他人使用有受到污染的潛在責任之風險，此時土地所有人雖為受讓人或出租人，畢竟非行為責任人，但必須為其受讓或出租行為就承擔的狀態責任範圍負擔高度

---

[37] 雖然學理上對於危害有認識時應承擔較重的責任，但在行政機關執法時宜對狀態責任人之重大過失訂定內部的執法標準以利執行。即(1)土地所有人等對於危害事先有所認識時，如土地所有人出租土地予利用人為高危險性使用，或土地所有人取得該土地時已知悉遭先前之土地所有人或利用人所污染或為高危險性使用時。可藉由行政調查中土地所有人自承或土地所有人與前手或利用人間契約或雙方往來相關資料確認。(2)無法認定土地所有人等對於危害事先有所認識時，但土地所有人發現土壤或地下水有受污染之虞時，未立即通知所在地主管機關，且客觀上有下列情形之一者：①土地所有人以廉價向前手買到土地，如取得價格為以土地公告地價或低於公告現值一定百分比以下價格，或遠低於當地一般土地買賣價格取得。②土地所有人以高價出租土地，如比當地一般租金標準高出一定百分比以上或數倍。

責任（Haftungserhöhung）[38]。

至於，因善意而取得的私人住宅，有認為如課以狀態責任的整治義務，其標的不只是該房屋、庭院，甚至連同其全部的財產在內，雖財產權依法律有社會義務，但仍應以比例原則做為其責任的界限[39]。本文以為，此種情形與上述聯邦憲法法院之判決事實不同，狀態責任的責任範圍並不包括財產所有人未有收益，以及事後取得或取回財產者並不知悉受到污染危害的情形。

伍、結語

狀態責任本身是風險分擔下的產物，透過法律課予財產所有人、管理人或使用人的原始責任，係為社會大眾負有排除危害的社會義務。關於狀態責任之界限，我國在實定法上鮮有規定。學說上認為除信賴保護原則外，因天然災害造成的狀態責任全部免責，而因社會公眾或第三人行為造成的狀態責任亦應有所界限，但究竟是免責至何程度則未見說明。惟有學者為文深入討論狀態責任的範圍，認為財產所有人的狀態責任來自於危害源，依法律規定使其財產負有排除危害的社會義務，故責任範圍應該限於危害源本身。不論財產的數量和價值有所改變時，須負擔責任範圍以財產受到污染危害的重要部分及相關的出產物為責任標的，而責任範圍的決定時點考量知悉的範圍限於歸責要件的責任範圍。

德國聯邦憲法法院於 2000 年 2 月 16 日作成相關判決，認為要求土地所有人履行危害防止任務應符合比例原則及具有期待可能行性，以比例原則作為負擔狀態責任之衡量標準。並提出「整治後土地之市價」及

---

[38] C. Bickel, Grenzen der Zustandshaftung des Eigentümers für die Grundstückssanierung bei Altlasten, NJW 2000, S.2563.

[39] R. Poscher, Die gefahrenabwehrrechtliche Verantwortlichkeit, Jura 29, 2007, S. 808.

「與需要整治土地具有功能上一體性財產」二標準，作為狀態責任的界限。不過，該判決認定的個案事實是向前手購置受到污染的財產和將財產出租他人肇致污染情形，購置前已知悉或可能知悉該財產受到污染而能以低價取得，或者是將出租財產供作他人使用有受到污染的潛在責任之風險。在財產所有人未有任何收益，或事後取得、取回財產者不知悉受到污染危害情形，是否採取相同的責任範圍，仍有疑義。

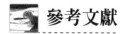 **參考文獻**

一、中文部分

林昱梅（2002），〈土地所有人之土壤污染整治責任及其界限〉，《黃宗樂教授六秩祝賀：公法學篇（二）》，頁231-274。

陳正根（2010），〈環保秩序法上責任人之基礎與責任界限〉，《警察與秩序法研究（一）》，初版，頁273-312。

黃啓禎（2003），〈干涉行政法上責任人之探討〉，《翁岳生教授七秩誕辰祝壽論文集：當代公法新論（中）》，初版，頁289-322。

二、外文部分

Christian Bickel, Grenzen der Zustandshaftung des Eigentümers für die Grundstückssanierung bei Altlasten, NJW 2000, S.2562-2563.

Wilfried Erbguth/Frank Stollmann, Verantwortlichkeit im Bodenschutzrecht, DVBl 2001, S. 601-608.

Harald Ginzky, Sanierungsverantwortlichkeit nach dem BBodSchG-Rechtsprechungsbericht, DVBl 2003, S.169-178.

Christoph Gusy, Polizei- und Ordnungsrecht, 7. Aufl., 2009.

Wolfgang Kahl, Die Sanierungsverantwortlichkeit nach dem Bundes-Bodenschutzgesetz, Die Verwaltung Band 33, 2000, S. 29-78.

M. Kloepfer, Umweltschutzrecht, 2008.

Lothar Knopp, Vertragliche Altlastenregelungen zwischen Sanierungsverantwortlich i.S. des § 4 III BBodSchG, NJW 2000 , S.905-910.

Lothar Knopp, Bundes-Bodenschutzgesetz und erste Rechtsprechung, DÖV 2001, S.441-453.

Lisken/Denninger, Handbuch des Polizeirechts, 4. Aufl., 2007.

Pieroth/Schlink/Kniesel, Polizei- und Ordnungsrecht, 6. Aufl., 2010.

Ralf Poscher, Die gefahrenabwehrrechtliche Verantwortlichkeit, Jura 29, 2007, S. 801-810.

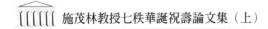
Friedrich Schoch, Grundfälle zum Polizei- und Ordnungrecht, JuS 1994 Heft 11, S. 932-937.

Reinhard Sparwasser/Birgit Geißler, Grenz der Zustandsstörerhaftung am Beispiel des Altlastenrechts, DVBl 1995, S. 1317-1327.

Silja Vöneky, Die Zustandshaftung von Unternehmen-eine Fortführung der Dogmatik des Bundesverfassungsgericht, DÖV 2003, S.400-407.

第九章

境外數位服務電商營業稅課稅問題

魏馬哲[*]

謝如蘭[**]

[*]亞洲大學財經法律學系助理教授

[**]亞洲大學財經法律學系教授

摘　要

　　由於近年來網路的蓬勃發展，消費者的購買方式也從傳統上的實體商店買賣逐漸轉換成電子購物。對此，民眾也會透過網路交易平台或自設的網站向在台灣無固定營業場所的外國業者（在台灣僅設有辦事處而無分公司）購買實體商品或者無形勞務及服務。然而應該如何對境外電商課徵營業稅亦成為 OECD 以及各國討論的議題。我國於 2017 年 4 月 24 日公布「跨境電子勞務交易課徵營業稅規範」，針對境外電商營業人辦理稅籍登記，課徵範圍及方式以及申報繳納加以明文規範，同時於 2018 年 7 月修正公布統一發票使用辦法第 7 條之 1、9、20 條之 1 及 32 條規定並且要求境外電商自 2019 年 1 月 1 日起開立雲端發票。惟這些新法規應如何運用同時是否有需改進之處，將在本文中加以討論。

關鍵詞：跨境電商，BEPS 行動方案，營業稅，常設機構，跨境電子勞務交易課徵營業稅規範。

壹、前言

近年來由於網路的蓬勃發展，傳統上在實體商店的買賣已經逐漸被網路交易平台的購買方式所取代。對此，民眾也會透過網路交易平台或自設的網站向在台灣無固定營業場所的外國業者（在台灣僅設有辦事處而無分公司）購買實體商品或者無形勞務及服務。典型的跨境電商交易包括「Agoda」或者「Booking」提供線上訂房平台給國內消費者訂購國外的旅館。或者 Uber 網路叫車平台提供國內消費者司機接送服務。Netflix 線上影音平台提供消費者可以下載所想要看的電影，或者透過 APP 來下載手機遊戲，透過線上資料庫（例如：月旦法學資料庫、德國 Beck 線上資料庫）下載電子書。

根據 2018 年 5 月份台灣財政部主計處所公布的電子商務的銷售金額來看，台灣 2016 年網路銷售金額達新台幣 3.5 兆元，較 2015 年成長 11.4%，其中工業部門 2 兆 6,081 億元或占 73.7%，主要係製造業 EDI 交易之貢獻；服務業部門（批發及零售業，運輸及倉儲業，住宿及餐飲業等）9,314 億元或占 26.3%，其中又以運輸及倉儲業銷售金額成長一・一倍最高。住宿及餐飲業增幅達 47.4% 居次，批發及零售業年增 10.3%，製造業則較上年成長 8.9%。然而在銷售金額方面，則仍是批發及零售業 6,726 億元最多，其中 B2C 交易模式占了所有交易的六成六。顯示網路銷售仍以實體商品交易爲主[1]。

此外，從 2011 年至 2015 年網路銷售的成長率每年逾一成二。平均每位國民的網路消費金額達 2 萬 7084 元，只略低於日本的 2 萬 8592 元及韓國的 3 萬 29 元，顯示在台灣在上網人口增加下，網路消費已漸成

---

[1] https://www.dgbas.gov.tw/ct.asp?xItem=42804&ctNode=5624（最後瀏覽日：02/01/2019）。

趨勢 [2]。

貳、境外電商的避稅模式

跨境電商的網路交易模式，可以透過下列案例加以說明：

一、Agoda 線上訂房平台

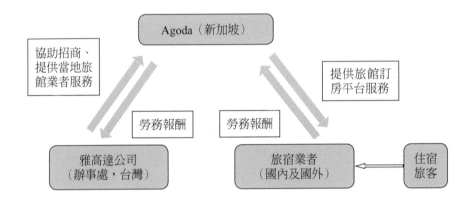

Agoda 線上訂房平台成立於 1996 年，總部位於新加坡，其在全球 70 多國設立 187 處辦事處，其中在台灣台北所設立的辦事處為「台灣雅高達網訂管理諮詢股份有限公司」。Agoda 在台灣的辦事處僅提供有限的客戶服務，亦即只提供電話服務，其並不提供線上預訂房間服務且不擁有、經營或管理 Agoda 網站（或其他任何網站），亦不能夠代表 Agoda 或以 Agoda 的名義簽定任何契約。同時，該辦事處也不被授權代替 Agoda 新加坡總公司以任何形式進行活動或成為服務代理。任何預訂都不能在台灣辦事處或透過台灣辦事處進行。

而台灣雅高達公司所提供的協助 Agoda 招商，提供當地旅館業

---

[2] www.chinatimes.com/realtimenews/20161227002490-260410（最後瀏覽日：02/01/2019）。

者電話服務的勞務報酬則由新加坡 Agoda 總公司直接支付給台灣雅高達公司。而台灣旅館業者則與 Agoda 簽訂客房上架之契約，因此當消費者在 Agoda 線上訂房平台預定客房並且入住後，信用卡公司會直接從消費者提供的信用卡扣除住宿費用並且匯給 Agoda 總公司，之後由 Agoda 總公司扣除提供給國內旅館業者網路訂房的勞務報酬後（通常為住宿費的 20%），再將旅館住宿費匯給國內旅館業者。具體而言，Agoda 新加坡總公司並沒有向網路訂房的消費者收取任何的費用，其乃針對在境外提供台灣國內外旅館客房資訊上架的服務，線上訂房服務，為旅館業者提供廣告促銷活動的服務向台灣旅館業者收取勞務報酬。

二、Uber 網路派車平台（台灣宇博數位服務公司）

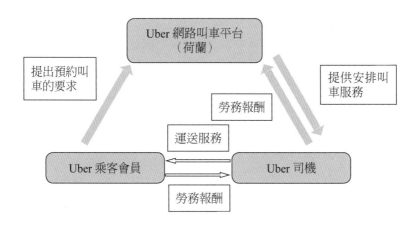

Uber 網路派車平台的總公司設在荷蘭。其提供給民眾預約叫車的服務，民眾只要下載 Uber 應用程式，註冊信用卡卡號以及電子郵件信箱，就可以成為 Uber 的會員。當 Uber 會員需要叫車時，可以在系統上選擇所想要的車種，要到達的目的地。Uber 應用系統會透過衛星定位系統確定叫車乘客的位置並且計算車資以及預計到達時間後，由 Uber 會員確認是否要叫車，一旦 Uber 會員按下確認叫車鍵，Uber 網路派車平台會通知附近的車輛，第一個按下同意載車的司機，Uber 網路派

車平台會將乘客的所在地、目的地告訴該司機，同時 Uber 網路叫車平台也會通知 Uber 會員將要到達接送的車輛顏色以及車牌號碼。當 Uber 會員到達目的地時，該車資會直接從 Uber 會員所輸入的信用卡直接扣款。事後 Uber 的荷蘭總公司會將車資的 25% 保留作為在境外提供台灣 Uber 司機安排叫車服務的服務費，其餘的 75% 作為台灣司機的車資[3]。

由於上述的跨境電商往往是透過網路交易平台提供勞務服務，同時，該跨境電商的企業都在租稅負擔較低的國家（例如：荷蘭、新加坡）註冊，以至於其提供勞務服務取得的報酬被視為是在境外（荷蘭，新加坡）提供勞務報酬所得。因此依據所得稅法第 8 條第 3 款「在中華民國境內提供勞務之報酬。」的反面解釋，Agoda 線上訂房平台提供給旅館業者的訂房服務以及 Uber 網路派車平台所提供給 Uber 司機的安排叫車服務不應該視為是中華民國來源所得。同時依據營業稅法第 1 條規定「在中華民國境內銷售貨物或勞務及進口貨物，均應依本法規定課徵加值型或非加值型之營業稅。」以致該勞務並非在中華民國境內提供，因此不須繳納營業稅。

由於跨境電商藉由網路交易平台提供線上訂房服務，提供叫車服務，下載電影，遊戲系統的服務越來越多。因此國稅局乃於 2015 年 10 月以 Agoda 在台設立子公司「雅高達國際」，招攬國內飯店加入訂房平台，同時向飯店業者收取提供線上訂房服務的勞務報酬，但是卻沒有辦理營業登記及開立統一發票為由，以其營業額逾 2 億元計算，要求其補繳 1,000 萬元營業稅以及課處漏稅罰 1,000 萬元。

而 2016 年 11 月台北國稅局也以 Uber 網路派車平台所提供的叫車服務與使用都在我國境內為由，以 Uber 網路派車平台的營業額為基礎，要求其補繳 5,400 萬元營業稅以及漏稅罰 8,100 萬元。惟 Uber 業者

3　吳嘉勳、黃文和（2017），〈由Uber談跨境電商之課稅〉，《稅務旬刊》，2366期，頁24。

則認為其並非運輸業者，其僅是提供網路平台撮合乘客與司機的運輸服務，而 Uber 網路派車平台的勞務提供的地點在國外（新加坡總公司），同時，Uber 網路派車平台在我國境內也沒有固定營業場所，因此其勞務報酬不應在我國境內繳納營業稅及營所稅。而 Uber 在台的行銷公司也有將其提供勞務的報酬繳納了 100 多萬的營業稅。對此，Uber 網路派車平台並非如國稅局所言沒有繳納營業稅的情況。然而在國稅局不願接受 Uber 網路派車平台的反駁意見後，國稅局乃開單要求 Uber 網路派車平台補繳 5,400 萬元營業稅以及漏稅罰 8,100 萬元。Uber 網路派車平台也因此退出台灣市場。2017 年 4 月 Uber 網路叫車平台結合台灣租車行重新進入台灣叫車市場，並且司機必須有職業駕照及營業用車才能提供載客服務[4]。同時依據 2017 年 4 月 24 日公布「跨境電子勞務交易課徵營業稅規範」，辦理境外電商營業人稅籍登記。

參、OECD 對於境外電商課稅問題所提出的解決方案

隨著網際網路以及行動通訊的普及化，數位經濟也對於企業的營運模式產生相當大的變革。從而傳統產業所需要的實體店面，人力都被網路交易的蓬勃發展而銳減。而這些藉由「線上訂房平台」、「線上 APP 商店」、「線上影音下載平台」、「電子書籍或資料庫」、「線上遊戲平台」所產生的新型商業模式，也對於傳統經濟模式所建構的稅收規則體系造成相當嚴重的衝擊。由於數位經濟對於無形資產以及數據資料的高度依賴，又因為其所採取的跨國多邊商業模式，以致很難界定經濟價值創造的稅收管轄權應該歸屬於哪個國家。舉例而言，當外國業者 A 透過境外電商 B 於我國境內對自然人銷售勞務。外國業者 B 的

---

[4] https://www.mobile01.com/newsdetail/21119/uber-app（最後瀏覽日：02/01/2019）。

註冊地在美國，其出售的勞務報酬（下載音樂）所收取的 1,000 元收入的營業稅及所得稅的課稅權應該歸屬於美國，還是我國？而外國業者 B 就 1,000 元的勞務報酬而支付給註冊在新加坡的境外電商（線上影音下載平台）的服務費，應該由我國還是新加坡對於境外電商所獲取的所得課徵營業稅及所得稅？即在過去幾年產生相當大的爭議。同時由於境外電商是透過網路交易平台提供勞務服務獲取利益。因此其可以將公司註冊在租稅負擔相當低的國家，以減少其營業稅及所得稅的租稅負擔，同時也造成其他國家的租稅損失。

針對上述問題，OECD 在 2015 年 10 月所提出的 15 個關於「對抗稅基侵蝕與利潤移轉行動方案」（Base erosion and profit shifting，簡稱 BEPS）的最終版本中，BEPS 第 1 號行動方案「解決數位經濟時代之租稅挑戰」即提出數位經濟下所面臨的課稅問題以及建議的解決方案。針對數位經濟對於稅捐課徵所帶來的挑戰，其作了以下分析：

1. 關聯性（Nexus）：在網路交易的蓬勃發展下，傳統實體經濟運作已經逐漸藉由伺服器的遠端交易加以進行。在沒有常設機構的存在的其他國家也可以直接進行交易的情況下，傳統上以常設機構作為所得的關聯性因素就受到嚴重挑戰。從而也影響租稅協定中對於常設機構的定義以及營業利潤歸屬原則。也由於「市場所在國」對於數位產品及服務在課稅上的關聯性降低，因此以傳統以常設機構所在地作為營業稅及所得稅的課稅模式，在面對跨國企業提供數位商品及服務所衍生的利潤歸屬，即產生稅捐課徵上的困難[5]。

2. 資料（Data）：由於在數位經濟下，消費者購買商品以及服務，都是透過網路完成。而消費者實際的交易數據以及交易金額應如何掌握，以及應如何將企業的龐雜且跨國的交易資料予以歸類，並給予

---

5 OECD (2015), Addressing the Tax Challenges of the Digital Economy, Action 1- 2015 Final Report, S. 100-102。

適當的評價，都是一件相當不容易的工作[6]。

3. 所得定性：在數位經濟下，許多的新興服務與產品對於傳統的所得定性也產生一定的衝擊。舉例來說，雲端計算服務應該列為哪一種所得？權利金，技術服務費，還是營業利潤即產生相當大的困難[7]。

4. 傳統業者的競爭劣勢：由於許多國家對於低價進口商品免徵營業稅，以致於線上跨境購物的消費模式日益遽增，同時也造成營業稅收入減少以及國內業者處於競爭的劣勢地位。

　　而傳統行業面臨數位化經濟所做的變革如下[8]：

1. 批發及零售業（Retail）：在數位經濟的發展下，批發及零售業者讓消費者可以在網路上下訂單購買產品。同時也方便批發及零售業蒐集消費者的資訊作為日後市場分析的依據。因此線上零售商乃將實體的固定營業場所販售實體貨物（例如：書籍、報章雜誌等），轉化為線上販售數位化之電子書、線上即時新聞及電子雜誌等。而線上仲介商也透過人們在線上平台的搜尋，出售實體商品或勞務（例如：二手車、房屋等）。

2. 運輸及物流業（Transport and Logistics）：運輸及物流業也在數位經濟下順應轉變，透過網路的運用使得跨國的貨物及運輸交通工具位置追蹤更為容易，也因消費者更容易獲取物流資訊而促成大量製造業的準時交貨功能。同時透過車輛遙測技術大幅提升，也使得交通工具使用燃料之效率達到最大化。例如：透過網路叫車的服務，可以是消費者知悉附近的空車，達到出租汽車（計程車）的使用最大效能。

---

[6] OECD (2015), Addressing the Tax Challenges of the Digital Economy, Action 1- 2015 Final Report, S. 102-104。

[7] OECD (2015), Addressing the Tax Challenges of the Digital Economy, Action 1- 2015 Final Report, S. 104-106。

[8] OECD (2015), Addressing the Tax Challenges of the Digital Economy, Action 1- 2015 Final Report, S. 110。

3. 金融服務（Financial Services）：銀行、保險業、其他金融業者提供了客戶線上財務管理、轉帳交易與購買金融商品的功能。透過網路銀行的設立，使得消費者可以更有效的利用銀行的資源，同時銀行也可以透過掌握消費者的個人消費習慣，挖掘潛在客戶以及發售新型產品。

4. 教育（Education）：大學、私人家教服務與其他教育機構可以利用資訊及通訊科技提供遠距課程的線上授課方式，以取代老師與學生面對面的實體面授的教育模式。從而透過線上開放式課程將授課對象擴及全球，例如：英文學習平台TutorABC、哈佛大學開放式課程。

　　OECD 的 BEPS 第 1 號行動方案即從「關聯性」、「資料」以及「定性問題」等三個面向，針對數位經濟下的所得稅課徵提出以下的建議：(1)「數位化常設機構」作為所得來源的標準。(2) 由報酬給付方作為扣繳稅捐的義務人，(3) 徵收「平衡稅」。而在營業稅的課徵方面，則建議「要求國外銷售業者須於消費地國辦理營業稅稅籍登記」。

1.「數位化常設機構」作為所得來源的標準

　　當一個企業在另一個國家並沒有實體組織存在，但該企業所提供的資訊可以是該國使用者在經濟上利用，則該企業在該國即擁有「顯著數位化存在」，從而該企業在即已成立常設機構，而必須繳納營業稅及所得稅[9]。

　　而一個企業是否在消費地國具備「顯著數位化存在」，則可以從「銷售額」的多寡加以認定。所謂的「銷售額」是指係企業在數位化平台與來自各國客戶數位化交易的銷售總額。而消費地國是否可以對該企業課稅，應該視該企業在消費地國是否已經達到特定的消費門檻而定。

---

[9] 陳衍任（2019），〈國際稅法在「數位經濟」面臨的衝擊與挑戰：評「BEPS第一號行動方案」對我國跨境電商課稅制度〉，《台大法學論叢》，48卷1期，頁278。

「顯著數位化存在」的第二個判斷要素則是一個企業是否已經使用消費地國的數位化功能，以及該企業是否使用消費地國當地的網域名稱，數位化平台以及各種付款機制。而是否使用消費地國的數位化平台則是以該企業所設立的網頁是否在語言、供給項目、一般性條款與當地消費地國實際情況相符合而定。此外該企業是否具備「顯著數位化存在」也可以以「使用者人數」作爲判斷標準，也就是說可以以固定時間（例如：30 天）內登錄企業網頁的平均人數作爲計算基準，認定是否成立「顯著數位化存在」。企業一旦具備「顯著數位化存在」，即使該企業在消費地國並沒有存在實體組織，也將被視爲在消費地國成立常設機構，亦即所謂的「數位化常設機構」[10]。

2. 由報酬給付方作爲扣繳稅捐的義務人

針對具備「顯著數位化存在」的企業的課稅方式，OECD 認爲在企業對企業的網路交易（B2B）模式中，由於報酬給付方是企業，其較有能力履行扣繳義務。因此可以由報酬給付方履行代爲扣繳義務。而在企業對消費者交易（B2C）的領域，倘若要求消費者履行代爲扣繳義務，則往往消費者沒有代爲扣繳稅捐的經驗，同時消費者個人也沒有代爲扣繳稅捐的誘因，再加上消費者的人數眾多，而購買的金額往往並不高，基於實務的考量下，並不建議消費者作爲扣繳義務人，從而該筆稅款的扣繳義務可以委託數位化交易的中介機構，亦即信用卡公司或者銀行[11]。

---

[10] OECD (2015), Addressing the Tax Challenges of the Digital Economy, Action 1- 2015 Final Report, S. 110-111。

[11] OECD (2015), Addressing the Tax Challenges of the Digital Economy, Action 1- 2015 Final Report, S. 114。

3. 徵收平衡稅

此外 OECD 在 BEPS 第 1 號方案中也提出對於數位化經濟課徵租稅的第三種可能的解決方案，亦即可以向境外電商課徵一定比例的「平衡稅」；換言之，當境外電商在消費地國獲得報酬時，該消費地國可以課徵一定比例的「平衡稅」，使得來自境內和境外的線上消費行為都必須公平的負擔稅捐[12]。

肆、台灣對於境外電商課徵營業稅的方式

針對境外電商 B2C 的勞務及無形資產交易課徵營業稅的問題，台灣乃與 2016 年 12 月 28 日增修營業稅法第 2 條之 1、第 6 條第 4 款、第 28 條之 1、第 30 條之 1、第 36 條第 3 項規定，明文規定外國之事業、機關、團體、組織在中華民國境內無固定營業場所，銷售電子勞務予境內自然人者，必須自行或委託報稅代理人於台灣辦理稅籍登記及報繳營業稅。

2016 年 12 月 28 日修正前的營業稅法第 36 條規定，當外國之事業、機關、團體、組織在中華民國境內無固定營業場所而有銷售勞務，應由台灣境內勞務買受人於給付報酬之次期開始 15 日內，就給付額依第 10 條所定稅率，計算營業稅額繳納之。但是外國事業在台灣境內無固定營業場所而銷售勞務，且國內買受人在同一筆勞務交易應給付報酬總額 3,000 元以下者，得以免繳納營業稅[13]。由於 2016 年修法前，台灣並沒有要求國外營利事業台灣進行營業登記，同時應給付勞務報酬總額 3,000 元的免稅門檻亦引起部分納稅義務人加以不當利用，藉以規避營業稅的

---

12 前揭註9，頁285。

13 財政部100/05/06台財稅字第 10004500190 號令。

課徵[14]。舉例而言，Uber 境外網路派車平台提供給台灣的乘客叫車的服務。但是由於計程車提供載客的服務往往一趟僅台幣幾百元而已，因此 Uber 網路派車平台所收取的境外提供勞務報酬亦僅為幾百元的計程車車資的 25%，從而國外營利事業境外提供勞務的報酬就低於台幣 2,000 元，勞務買受人（台灣搭乘計程車的乘客）也就不需要繳交營業稅。由於該財政部函釋可以使外國營利事業不需繳納營業稅，因此造成外國企業與我國企業間之不公平競爭環境，也使得台灣企業在國內市場的經營處於下風[15]。再加上，稽徵機關很難掌握個人消費的交易資訊，以至於實務上個人消費者也很少主動申報繳納進口勞務的營業稅，對此，鑒於稽徵成本及資料取得不易的情況下，財政部於 2017 年 5 月 1 日將「逆向課稅機制」也就是由進口勞務買受人自行繳納營業稅的課稅方式加以廢除[16]。

針對境外電商 B2C 的勞務及無形資產交易課徵營業稅的問題，台灣乃於 2016 年 12 月 28 日增修營業稅法第 2 條之 1，跨境銷售電子勞務的境外電商視為營業稅的納稅義務人；修正營業稅法第 6 條第 4 款，將在中華民國境內無固定營業場所，銷售電子勞務予境內自然人的外國事業列為營業人；增修營業稅法第 28 條之 1、第 30 條之 1、第 36 條第 3 項，明文規定外國之事業、機關、團體、組織在中華民國境內無固定營業場所，銷售電子勞務予境內自然人者，必須自行或委託報稅代理人於台灣辦理稅籍登記及報繳營業稅[17]。同時由於台灣對於境內無固定

---

14 周莉莉、李詩健（2016），〈數位服務時代下，跨國交易之營業稅挑戰〉，《稅務旬刊》，2317期，頁29。

15 周黎芳、周士雅（2017），〈淺談境外電子商務營業稅課稅〉，《稅務旬刊》，2376期，頁24。

16 財政部 106/05/10 台財稅字第 10604573820 號令

17 劉其昌（2016），〈建置跨境電商之課稅環境增進租稅公平（上）〉，《稅務旬刊》，2349期，頁28-30。黃勝義（2017），〈跨境電商之營業稅及營所稅課稅規

營業場所的國內網路銷售業者，銷售貨物的每月銷售額逾 8 萬元，銷售勞務的每月銷售額逾 4 萬元才須辦理稅籍登記並繳交營業稅[18]。財政部亦規定境外電商營業人銷售電子勞務予境內自然人之年銷售額逾新台幣48 萬元者，才須辦理稅籍登記並繳交營業稅[19]。此外爲了方便境外外電商營業人申報營業稅，財政部允許境外電商自 2017 年 5 月 1 日至 2018年 12 月 31 日，得依「統一發票使用辦法」第 4 條第 35 款規定免開統一發票，由營業人自動報繳稅款[20]。

爲了配合上述營業稅法的修正，使境外電商營業人可以充分了解新制的規定，財政部於 2017 年 4 月 24 日公布「跨境電子勞務交易課徵營業稅規範」，針對境外電商營業人辦理稅籍登記，課徵範圍及方式以及申報繳納加以明文規範[21]。

依據財政部所公布的「跨境電子勞務交易課徵營業稅規範」第 4 點可以整理出下列境外電商提供勞務的營業稅課稅模式：

一、境外電商營業人運用自行架設之網站或建置之電子系統銷售電子勞務予境內自然人者，應就收取之全部價款，依營業稅法第 35 條規定報繳營業稅。

二、在中華民國境內無固定營業場所之外國事業、機關、團體或組織（以下簡稱外國業者 A）運用境外電商營業人 B 架設之網站或建置之電子系統銷售勞務予境內自然人乙，並自行收取價款者：

（一）銷售之勞務無實體使用地點：

定〉，《稅務旬刊》，2373期，頁27-30。黃士洲（2018），〈跨境電商課稅實務問題研析〉，《月旦法學》，273期，頁153。

[18] 「小規模營業人營業稅起徵點」（財政部 95/12/22 台財稅字第09504553860號令）

[19] 財政部106/03/22 台財稅字第 10604539420 號令。「跨境電子勞務交易課徵營業稅規範」（財政部 106/04/24台財稅字第140600549520號令）第3點第1款。

[20] 財政部106/02/24 台財稅字第 10604506690 號令。

[21] 李青霖（2017），〈境外電商課稅新制〉，《稅務旬刊》，2364期，頁23-26。

1. 外國業者 A 認屬境外電商營業人，符合前點第 1 款應辦理稅籍登記規定者，其自買受人乙收取之全部價款，應依營業稅法第 35 條規定報繳營業稅。

2. 境外電商營業人 B 自外國業者 A 收取之服務費用（如手續費或佣金），非屬我國營業稅課稅範圍。

(二) 銷售之勞務有實體使用地點：

1. 如該使用地點在中華民國境內：

(1)外國業者 A 認屬境外電商營業人，符合前點第 1 款應辦理稅籍登記規定者，其自買受人乙收取之全部價款，應依營業稅法第 35 條規定報繳營業稅。

(2)境外電商營業人 B 自外國業者 A 收取之服務費用（如手續費或佣金），非屬我國營業稅課稅範圍。

2. 如該使用地點非在中華民國境內：非屬我國營業稅課稅範圍。

三、外國業者 A 運用境外電商營業人 B 架設之網站或建置之電子系統銷售勞務予境內自然人乙，並由境外電商營業人 B 收取價款者：

(一) 銷售之勞務無實體使用地點：

1. 境外電商營業人 B 自買受人乙收取之全部價款，應依營業稅法第 35 條規定報繳營業稅。

2. 外國業者 A 自境外電商營業人 B 收取之價款，非屬我國營業稅課稅範圍。

(二) 銷售之勞務有實體使用地點：

1. 如該使用地點在中華民國境內：

(1)境外電商營業人 B 自買受人乙收取之全部價款，應依營業稅法第 35 條規定報繳營業稅。

(2)外國業者 A 自境外電商營業人 B 收取之價款，非屬我國營業稅課稅範圍。

2. 如該使用地點非在中華民國境內：非屬我國營業稅課稅範圍。

四、國內營業人甲運用境外電商營業人 B 架設之網站或建置之電子系統銷售勞務予境內自然人乙，並自行收取價款者：

(一) 銷售之勞務無實體使用地點：

1. 國內營業人甲自買受人乙收取之全部價款，應依營業稅法第 35 條規定報繳營業稅。

2. 境外電商營業人 B 自國內營業人甲收取之服務費用（如手續費或佣金），由國內營業人甲依營業稅法第 36 條第 1 項規定報繳營業稅。

(二) 銷售之勞務有實體使用地點：

1. 如該使用地點在中華民國境內：

(1)國內營業人甲自買受人乙收取之全部價款，應依營業稅法第 35 條規定報繳營業稅。

(2)境外電商營業人 B 自國內營業人甲收取之服務費用（如手續費或佣金），由國內營業人甲依營業稅法第 36 條第 1 項規定報繳營業稅。

2. 如該使用地點非在中華民國境內：非屬我國營業稅課稅範圍。

五、國內營業人甲運用境外電商營業人 B 架設之網站或建置之電子系統銷售勞務予境內自然人乙，並由境外電商營業人 B 收取價款者：

(一) 銷售之勞務無實體使用地點：

1. 境外電商營業人 B 自買受人乙收取之全部價款，應依營業稅法第 35 條規定報繳營業稅。

2. 國內營業人甲自境外電商營業人 B 收取之價款，應依營業稅法第 35 條規定報繳營業稅。

(二) 銷售之勞務有實體使用地點：

1. 如該使用地點在中華民國境內：

(1)境外電商營業人 B 自買受人乙收取之全部價款，應依營業稅法第 35 條規定報繳營業稅。

(2)國內營業人甲自境外電商營業人 B 收取之價款，應依營業稅法第 35 條規定報繳營業稅。

2. 如該使用地點非在中華民國境內：非屬我國營業稅課稅範。

倘若台灣民眾透過境外電商所設立的訂房網站（Agoda 或者 Booking）訂了台灣的旅館房間，則因為該銷售的勞務（Agoda 或 Booking 的線上訂房服務）的實體使用地點是台灣的旅館，則可以依國內營利事業旅館業自行收取住宿價款或者國內營利事業旅館業委託外國平台業者收取住宿價款的不同，分別依據「跨境電子勞務交易課徵營業稅規範」第四點 2.(1) 的規定以及第五點 2.(1) 課徵營業稅 [22]。

Booking 線上訂房平台乃是民眾在線上訂房後，直接將住宿費支付給國內營利事業旅館業者，並且由國內營利事業旅館業者以自己的名義開立統一發票給民眾，之後國內旅館業者再依其與 Booking 簽約所合意的境外勞務報酬（通常為住宿費的 20%）支付給 Booking 線上訂房平台。因此國內旅館業者將依「跨境電子勞務交易課徵營業稅規範」第四點 2.(1) 的規定，就住宿者所支付給國內旅館業者 10,000 元支付 5% 營業稅 500 元，並且開立統一發票給住宿者。而 Bookiung 就其從國內旅館業者所獲得的佣金 2,000 元，國內旅館業者必須依據營業稅法第 36 條第 1 項的規定代為報繳營業稅 100 元（2,000 元 ×5% = 100 元）[23]，由

---

[22] 黃士洲（2018），〈跨境電商課稅實務問題研析〉，《月旦法學》，273期，頁152。

[23] 財政部北區國稅局106/06/01北區國稅審四字第1062007737號：有關國內旅宿業者運用境外電商業者之平台銷售住宿勞務，應依下列方式開立統一發票及報繳營業稅：（二）國內旅宿業者運用境外電商業者之平台銷售住宿勞務，倘由國內旅宿業者自行向買受人收取價款，並另行支付平台服務費與境外電商業者，國內旅宿

於國內旅館業者所支付 100 元營業稅爲進項稅額，因此國內旅館業者就其提供旅館住宿所必須繳給國稅局的營業稅則爲 400 元（500 元－100元＝400 元）。

　　Agoda 線上訂房平台則是民眾在線上訂房後，Agoda 直接從民眾的信用卡扣除旅館住宿費 10,000 元，之後由 Agoda 扣除線上訂房的 20% 佣金 2,000 元後（10,000 元 ×20% ＝ 2,000 元），再將剩下的旅館住宿費 8,000 元交給國內旅館住宿業者。因此，Agoda 線上訂房平台必須依據營業稅法第 28 條之 1 向稅捐機關申請稅籍登記，並且依據「跨境電子勞務交易課徵營業稅規範」第五點 2.(1) 的規定，就實際向住宿者所收取到住宿價款 10,000 元依據營業稅法第 35 條規定支付 500 元營業稅（10,000 元 ×5% ＝ 500 元），同時 Agoda 線上訂房平台應以實際取得之住宿價款爲銷售額，依規定開立以 Agoda.com 訂房平台業者爲抬頭之應稅統一發票報繳營業稅[24]。而 Agoda 扣除線上訂房的 20% 佣金 2,000元後（10,000 元 × 20% ＝ 2,000 元），再將剩下的旅館住宿費 8,000 元交給國內旅館住宿業者時，國內旅館業者必須就所收到的 8,000 元，開立統一發票給 Agoda 線上平台，並且依據營業稅法第 35 條規定報繳400 元營業稅（8,000 元 ×5% ＝ 400 元）[25]。對此，Agoda 線上平台就所

業者應就自買受人收取之全部價款，開立統一發票交付買受人，並依營業稅法第 35 條規定報繳營業稅；國內旅宿業者支付平台服務費與境外電商業者，應依營業稅法第36條第1項規定報繳營業稅。」

[24] 財政部106/02/09 台財稅字第 10500135610 號函：「主旨：有關飯店業者透過 Agoda.com 訂房平台銷售住宿勞務應如何報繳營業稅案。說明：飯店業者透過Agoda.com訂房平台銷售住宿勞務與買受人，Agoda.com訂房平台業者向買受人收取住宿價款，並於扣除平台手續費後撥付與飯店業者，飯店業者於旨揭平台銷售住宿勞務時無法掌握買受人及交易資料者，應以實際取得之住宿價款為銷售額，依規定開立以Agoda.com訂房平台業者為抬頭之應稅統一發票報繳營業稅。」

[25] 財政部北區國稅局106/06/01北區國稅審四字第1062007737號：有關國內旅宿業者運用境外電商業者之平台銷售住宿勞務，應依下列方式開立統一發票及報繳營業

收取的住宿費用所支付的 500 元營業稅為銷項稅額，而獲得國內旅館業者所開立的統一發票上的 400 元營業稅為進項稅額，因此 Agoda 線上平台就該筆 10,000 元的住宿費用須繳納 100 元營業稅（500 元－400 元＝ 100 元）。而國內旅館業則必須繳納 400 元營業稅（銷項稅額）[26]。

財政部雖然允許外國之事業、機關、團體、組織在中華民國境內無固定營業場所而銷售電子勞務予境內自然人（B2C），依加值型及非加值型營業稅法第 28 條之 1 規定應申請稅籍登記者，自 106 年 5 月 1 日至 107 年 12 月 31 日，得依統一發票使用辦法第 4 條第 35 款規定免開統一發票，由營業人自動報繳稅款[27]。但自 2019 年 1 月 1 日起，外國之事業、機關、團體、組織在中華民國境內無固定營業場所而銷售電子勞務予境內自然人也必須開立統一發票。對此，財政部亦於 2018 年 7 月修正公布統一發票使用辦法第 7 條之 1、9、20 條之 1 及 32 條規定並且要求境外電商開立雲端發票。相關條文之重點可整理如下：

一、定義雲端發票的內涵。（第 7 條之 1）

二、刪除營業人銷售貨物或勞務與持有簽帳卡之買受人時，應於發票備註欄載明簽帳卡號末 4 碼之規定；同時容許跨境電商以外文開立發票、交易日期得以西元日期表示；單價、金額及總計得以外幣列示，但應加註計價幣別。（第 9 條第 1 項第 5 款）

三、使用電子發票之營業人，經買賣雙方合意銷貨退回、進貨退出或折讓，得以網際網路或其他電子方式開立、傳輸或接收銷貨退回、進

稅：（一）國內旅宿業者運用境外電商業者之平台銷售住宿勞務，倘由境外平台業者向買受人收取全部價款，並於扣取平台服務費後支付給國內旅宿業者，國內旅宿業者應就自境外電商業者實際收取價款，開立統一發票與境外電商業者，並依營業稅法第35條規定報繳營業稅。

[26] 呂靜慧（2017），〈淺談跨境電子商務交易之營業稅課稅問題〉，《財稅研究》，46卷6期，頁55。

[27] 106年2月24日台財稅字第10604506690號令。

貨退出或折讓證明單，同時要求跨境電商應按上述方法辦理之。
（第 20 條之 1）

　　為了方便境外電商開立雲端發票，財政部僅要求境外電商在現行消費者交易資訊中增加「發票期別」，「發票號碼」以及歸戶宣導文字，以減少跨境電商的額外負擔。境外電商可以選擇以自行使用財政部傳輸軟體 Turnkey 上傳電子發票（含雲端發票）至電子發票整合平台，而消費者可以以電子郵件信箱作為索取境外電商營業人開立雲端發票之載具取得電子發票。此外境外電商也可以委託加值服務中心將電子發票透過財政部傳輸軟體 Turnkey 上傳電子發票（含雲端發票）至電子發票整合平台。惟為了避免境外電商無法在法定期限內完成開立電子發票的流程，財政部乃於 107 年 7 月 16 日同意境外電商於 108 年 12 月 31 日前未依規定開立雲端發票者，得免依加值型及非加值型營業稅法第 48 條、第 52 條及稅捐稽徵法第 44 條規定處罰[28]。

伍、結論

　　台灣自 2017 年起，對於跨境電子勞務的課稅已有相當大的進展。自 2017 年 5 月 1 日起，在台灣境內無固定營業場所的外國事業、機關、團體、組織，銷售電子勞務予境內個人者，都必須依據「跨境電子勞務交易課徵營業稅規範」在台灣辦理稅籍登記並申報繳納營業稅。截至 2019 年 1 月底，共有 106 家境外電商辦理稅籍登記，其中包括 Netflix、Agoda、ebay、Apple、Amazon、Valve、Facebook、LinkedIn、

---

[28] 財政部107年7月16日台財稅字第10704607091號令：「加值型及非加值型營業稅法第6條第4款所定營業人自108年1月1日起，應依統一發票使用辦法開立雲端發票，其於108年12月31日前未依規定辦理者，主管稽徵機關應積極輔導，免依加值型及非加值型營業稅法第48條、第52條及稅捐稽徵法第44條規定處罰。」

Google、Expedia 等國際知名電商，其範圍擴及線上影音，住宿訂房服務，叫車服務，電子遊戲等[29]。截至 2018 年 8 月底，跨境電商申報營業稅銷售額為 825 億餘元，所繳納的營業稅為 35 億餘元[30]。

　　然而，跨境電商多設有全球通用的銷售與帳務系統，我國現行法規要求跨境電商必須重新建立系統上傳電子發票，將可能對跨境電商產生窒礙難行之處。因此，目前不少跨境電商乃尋求第三方加值中心辦理電子發票上傳業務。然而我國具有外文能力得以與跨境電商加以合作，並設有外文網頁為跨境電商提供服務之加值中心相當的少；此外，倘若跨境電商的消費資訊經過第三方加值中心亦有可能產生個資外洩的可能[31]。同時，我國乃是對於跨境電商採取稅籍登記制，並採取自主管理。稅捐機關僅就營業人申報資料核定其銷售額及應納稅額。對此，要如何防杜境外電商隱匿銷售額，避免跨境電商逃漏稅捐，仍有相當需要努力之處[32]。

---

[29] 跨境電商稅籍查詢，https://www.etax.nat.gov.tw/etwmain/web/ETW303W （最後瀏覽日：02/15/2019）。

[30] https://money.udn.com/money/story/6710/3324598 （最後瀏覽日：02/15/2019）。

[31] https://home.kpmg.com/tw/zh/home/media/press-releases/2018/07/tw-news-2018-ecommerce-invoice.html（最後瀏覽日：02/10/2019）。

[32] 鄭桂蕙（2017），〈跨境電子勞務稅務稽徵之挑戰〉，《財稅研究》，46卷6期，頁39。

參考文獻

一、中文部分

吳嘉勳、黃文和（2017），〈由Uber談跨境電商之課稅〉，《稅務旬刊》，2366期，頁23-26。

陳衍任（2019），〈國際稅法在「數位經濟」面臨的衝擊與挑戰：評「BEPS第一號行動方案」對我國跨境電商課稅制度〉，《台大法學論叢》，48卷1期，頁263-327。

周莉莉、李詩健（2016），〈數位服務時代下，跨國交易之營業稅挑戰〉，《稅務旬刊》，2317期，頁29-31。

周黎芳、周士雅（2017），〈淺談境外電子商務營業稅課稅〉，《稅務旬刊》，2376期，頁24-27。

劉其昌（2016），〈建置跨境電商之課稅環境增進租稅公平（上）〉，《稅務旬刊》，2349期，頁28-30。

黃勝義（2017），〈跨境電商之營業稅及營所稅課稅規定〉，《稅務旬刊》，2373期，頁27-30。

黃士洲（2018），〈跨境電商課稅實務問題研析〉，《月旦法學》，273期，頁143-160。

李青霖（2017），〈境外電商課稅新制〉，《稅務旬刊》，2364期，頁23-26。

鄭桂蕙（2017），〈跨境電子勞務稅務稽徵之挑戰〉，《財稅研究》，46卷6期，頁32-40。

呂靜慧（2017），〈淺談跨：境電子商務交易之營業稅課稅問題〉，《財稅研究》，46卷6期，頁41-60。

二、外文部分

OECD (2015), Addressing the Tax Challenges of the Digital Economy, Action 1-2015 Final Report.

第十章

法律風險管理動態平衡模式之建構

張智聖[*]

[*] 張智聖,國立中山大學中山學術研究所社會科學博士,研究領域為憲法、行政法、海洋法、長照政策及法規、不動產法律風險管理,現職為亞洲大學財經法律學系專任助理教授,E-mail: 560820@gmail.com。

壹、前言

21 世紀是高科技時代，亦為風險社會（risk society），除天災（颱風、地震、海嘯等）外，人類正不斷遭遇人禍風險（如：環保問題），或是天災加人禍（2020 年 COVID-19 新冠肺炎疫情肆虐全球）的挑戰。人是許多風險的主要來源，民事、刑事、行政三大法律責任風險皆起因於「人」，屬可預見、可管理、可控制之風險，糾紛事實以法律定性、類型化，可尋求有效模式以預防、移轉、控制、承擔、減低風險，應主動積極地去管理法律風險，而非被動消極地被法律風險所牽制。與傳統六法釋義學相較，法律風險管理（Legal Risk Management, LRM）為新興發展中領域，更具「科際整合」特性，其「實用法學」、「預防法學」、「政策法學」為法學新藍海（產品差異化），可為法學教育融入創新元素。個人、企業及政府，透過有效最適策略，可以預防糾紛、掌握變化、調整策略、降低風險、節省成本。在風險因素→環境→交互作用→結果→後續影響等一連串「風險鏈」（risk chain）的系統環節中，可進行「整合性」法律風險管理，進一步選擇並執行適當的法律風險管理策略。今後法學理論與實務的發展，應嘗試從傳統重視司法判決的「治療法學」、「救濟法學」，轉向重視風險管理、跨領域、橫向科際整合的「預防法學」、「政策法學」創新典範。

充分認知法律風險，做好風險溝通、資訊透明化、公民參與、後果分析、建立預防之道 SOP 並完成演訓，是「先知先覺」，做好危機處理之應變、善後、重建，從錯誤中學到教訓與經驗，重新擬定或調整政策，是「後知後覺」，最差的是不知道有哪些法律風險，亦不知道如何防範的「不知不覺」。培養以「法律風險管理」為特色之法律跨領域科際整合專業能力，具備職場倫理與服務人群之胸襟，落實學用合一之溝通能力，以法律風險管理預防與實務問題解決之創新策略為導向，具備

邏輯思辨與整合分析能力，提升法律服務品質，從「治療式」之危機處理、傳統訴訟攻防，走向「預防式」（預防法律政策風險及法律責任風險）的客製化（適用於政府及各行各業）法學創新服務（如：既是律師，又是個人人身、個人財產、企業風險管理師）。

　　西方「vs.」之二分法，屬剛性、線性思維，有助於法律責任體系之建立及訴訟攻防，而太極陰陽 ☯ 剛柔並濟之應用，則有益於動態平衡預防風險、化解糾紛。太史公司馬遷在《史記》〈貨殖列傳序〉中即強調，人的本性是追求財富、趨利避害的，他主張政府在制定政策時，最好的辦法是順應人性自然，次一等的是因勢利導，再次一等的是進行教誨，再次一等的是用法令規章來加以強制，最下等的是與民爭利。各行各業在日常生活中，被法規範所制約時，面對實際或潛在的法律制裁風險，能化被動為主動，識別並預防其民事、刑事、行政三大法律責任風險，能動態平衡守法成本與所得利益，調整修正其作為或不作為，以降低風險、獲益最大，防弊並興利。當前政治、經濟、社會、科技發展新課題，應從預防管理調控視角，與時俱進研修法律，規劃前瞻性法制。而法律風險管理的事先防範（預警式）與強化彈力（回應式）的兩種思維[1]，可兼籌並顧，只要在資源配置及制度設計上，能依功能最適求取動態平衡，並不斷循環改善。

　　學者認為，公共政策的類型，有：不規範、政府主動或被動提供資訊、業者自律、業者與政府共律，及國家以誘因、市場控制、賦權課責、公共補償或社會保險等方式直接規範[2]。法學不應只是釋義學，必須將自己理解為調控之學，發展區分又整合的觀點[3]。於行政、協力之私人

1　施茂林等著（2016），《法律風險管理：理論與案例》，頁57、99-100、432-439。

2　陳銘祥（2019），《法政策學》，2版，頁8-15。

3　陳愛娥等合著（2018），《行政法學作為調控科學》，頁26-29。

及公眾三面法律關係中，應發展公私協力與自主規制（如：電信法第16條參照）[4]。在管制與自治的交錯過程中，可以有「強制自治」（如：公寓大廈管理條例規定區分所有權人訂定規約自治）的第3條路可走[5]。教學上應增加立法學、管制理論，使得法律人的教育不是封閉的法律適用，而是使法律人具有「創造理性」法規範之能力，評估未來發展，衡量利益衝突，提出能夠有效解決問題及預防紛爭的法規範草案[6]。顯見建構法律風險管理他律與自律之動態平衡，有其重要性。律師司法官考試憲法命題大綱，有理論、規範與實踐體系，本文依此展開建構實在的論述。建構法律風險管理動態平衡模式，檢視相關法規範（如：對價平衡是保險法制之重要原則，中華民國專屬經濟海域及大陸礁層法重疊劃界依衡平原則，行政程序法第9條利益衡平原則等），並將之應用於教學、考試、研究、服務，均不可與社會生活實踐脫節。

貳、理論

　　LRM「動態平衡」模式，並非為理論而理論，也非標新立異，而是想藉其交互運用，充分突顯法律風險管理預防法學、政策法學、實用法學之跨領域特性，並有助於解決問題。大法官釋憲最重要之天平為憲法第23條，其所規範之公益、比例、法律保留（授權明確）原則，可事前預防，使各種人權之保障與限制，達到動態平衡。建構LRM動態平衡模型，要不斷測試操作，從實證回饋中校準，找出盲點，探究原因，發展預防對策，解決實際問題。法律風險管理，就是管理法律風險之「超前部署」動態平衡行動方案。

4　劉宗德（2019），《法治行政與違憲審查》，頁126-141。

5　何彥陞（2017），《不動產交易與經紀業管理法》，頁30-31。

6　林明鏘（2019），《德國新行政法》，頁217。

一、動態平衡天平模型

吾人走路、運動、工作，都要維持「動態平衡」（dynamic balance）。駕駛海陸空交通工具，既要有動力，也要維持方向及平衡姿勢，萬一有所偏差，也要提早預警並及時改正，才能安全抵達目的地，顯見動態平衡日常的重要性。動態平衡理論可以應用在自然科學領域，亦可以應用在法政領域。生活即法律，物理通法理，公園裡常見的翹翹板設施，運用槓桿原理，一上一下「動態平衡」，然為預防傷害，發生公共設施國家賠償之法律風險，應加強其設置管理措施。政府公權力他律（看得見的手）與市場機制自律（看不見的手）的天平，也要動態平衡，有時是「大市場，小政府」，有時則是「大政府，小市場」。任何法律問題之本質，都是人權保障與限制界限動態平衡的問題。政府主導發展初期，他律較多，中期他律與自律比例大致均等，到達成熟穩定期，自律比例當可提升。

正義女神手中之天平應是動態平衡，我國行政程序法第 1 條立法目的之「保障人民權益」及「提高行政效能」，應置於法律天平兩端，並以憲政民主、法治國家「法位階」金字塔為支點，在法律實踐中維持「動態平衡」，以整合創新、系統化思維，結合法律風險管理預防法學、政策法學之法實證分析，將學術理論與實務應用結合的、生活的、立體感的「活法」（living law），落實於本土社會，亦即從「形式法治國家」之「靜態」「法制」（rule by law），走向「實質法治國家」之「動態」「法治」（rule of law），並使之「服水土」，順利解決本土法律問題。行政程序法第 7 條「比例原則」中規定，採取之方法所造成之損害，不得與欲達成目的之利益顯失均衡，法律天平兩端之「法碼」要校正調控，可導入法社會學、法經濟學觀點，以社會實證調查研究，為成本效益之法經濟分析，使法律風險管理之度量衡能更加精準，他律與自律動態平衡天平模式，如下圖 10.1 所示：

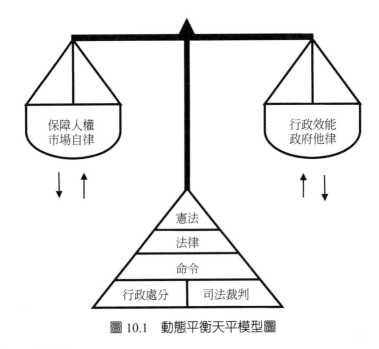

圖 10.1　動態平衡天平模型圖

資料來源：本文整理。

二、系統整合模型

　　系統思考藉由不斷進行改變以維持動態平衡，就像走鋼索的人必須不斷移動及擺動。德國系統理論大師魯曼（Niklas Luhmann），認爲系統理論有「典範轉移」（paradigm change）現象，其系統理論加上建構主義的實在論，在系統／環境的差異中進行運作的諸系統，透過觀察做出區分與標示，系統運作，運作，再運作，具有自我再製的衝接能力，系統對環境開放，但在運作上是遞迴封閉的，雙重偶連性導致社會系統的建立，風險藏在決策之中，現代社會將自己描述爲「風險社會」，以決策風險的形式來體驗它的未來[7]。吾人認爲，系統觀點所形成之法秩

---

[7]　瑪格特・博格豪斯（Margot Berghaus）著（2016），張錦惠譯，《魯曼一點通：

序，法律體系概念三段論形式操作，為封閉系統，但對本土政治、經濟、社會、文化、科技環境有所回應，則為開放系統，重視跨領域科際整合之法律風險管理創新典範，除將法位階、上下層結構及正義天平改採動態平衡思維模式外，更應以系統論之整合研究尋求最適策略，務實從社會「環境」影響之「回應」出發，以本土實證調查之量化、質性分析，歸納常見法律風險類型，建構法律風險管理模式，掌握「需求」及「支持」之「輸入」，將法律風險管理創新策略，透過學習與適應之「轉換」過程，累積成果「輸出」，多層次使法律風險管理預防勝於治療的觀念深入人心，並改變其工作表現，能趨吉避凶、化危機為轉機、商機，能有效以最小代價，最大限度地降低法律糾紛責任風險所造成之損失及其形象之負面影響。演繹落實至各領域之實踐行動中，比較他山之石（比較法學），以法史學、法社會學、法經濟學、法政策學之多元視野與方法，結合法目的、法價值之判斷與選擇，因勢利導，研擬具體可行之建議，在制度面及執行面有效解決實務問題，其「影響與回饋」形成開放系統之良性循環，全方位提升法律風險管理「學用合一」之實用價值，並以其動態平衡功能回饋，反覆驗證模型功效，以達到太極陰陽「動態平衡」、「良性循環」之最佳和諧境界。終結「從法條出發，最後仍回歸法條」循環論證框架，並以「人性尊嚴」為核心價值（人是目的，不是手段、工具）。LRM成為有效連結之介面，整體架構採開放式「系統理論」（system theory）[8]模式，以系統、整合研究，尋求最

系統理論導引》，頁35-36、55-58、70-76、147-148、389-390。

8　開放系統觀點所形成之秩序，受環境變化之影響，也會影響環境之變化，取之於社會，用之於社會，如：房市價與量，要有土地、住宅、財稅、人口政策、經濟景氣、疫情預期心理等系統性思維。系統理論可參考：羅志淵（1989），〈政治學〉，《雲五社會科學辭典（三）》，頁427-428。林嘉誠、朱浤源（1992），《政治學辭典》，頁360-361。吳定（2006），《公共行政辭典》，頁112-113。孫本初、賴維堯（2008），《行政學辭典》，頁909-911，修訂1版。

佳解，可使損失極小化，有形及無形之利益極大化。例如：研究解嚴以來我國釋憲制度與人權保障之系統分析，有助於整體觀察大法官解釋在憲政民主、實質法治國家的發展中，如何扮演保障人權的動態平衡角色，從大法官釋字第 382 號，走向釋字第 684 號、第 784 號，擴大保障權利受侵害大學生及中學生之行政爭訟權，從「預防勝於治療」的法律風險管理角度，影響所及，除全面檢視校規外，應擴大師生參與校園治理之管道，強化校內管理措施之溝通協調與宣導，促進校園倫理關係之和諧，建立公平申訴及有效輔導之機制，避免動輒興訟。

研究架構（framework）乃研究內涵之骨幹，呈現研究者邏輯思維的過程與章節安排先後的系統連結。以「高齡化社會長期照顧居家服務照顧服務員法律風險管理之研究」爲例，整體架構採取系統、整合式之動態平衡設計（如下圖 10.2 所示），尋求其 LRM 最佳途徑解決方案。

三、燈號理論法秩序系統模型

馬路上常見的交通號誌系統，在前端「綠燈」與後端「紅燈」二元對立間，「黃燈」的秒數雖然較短，卻是交通安全管制的重要介面（interface），綠燈若直接跳紅燈，會造成危險！縱使深夜轉爲閃光黃燈，仍亦要注意停看聽！本文認爲法學中不能只有禁止通行之「紅燈」與准許行進之「綠燈」，而應在兩者之辯證中建構「黃燈理論」（yellow light theory），引申至法律風險管理領域，LRM 之「黃燈」，擔負法秩序動態平衡管理、預警、調控的重要功能，扮演「動態平衡」功能最適角色。法律風險管理是動態之系統循環，按「燈號理論」法秩序系統模型，如果羈束性（停止）是亮「紅燈」（高度風險、高度司法審查），

洪榮昭（2012），《人力資源發展：企業教育訓練完全手冊》，頁19-23。戴耀廷（2011），《跨學科與法律教育，2010兩岸四地法律發展：法學教育與法治教育》，中研院法研所，頁198-199。

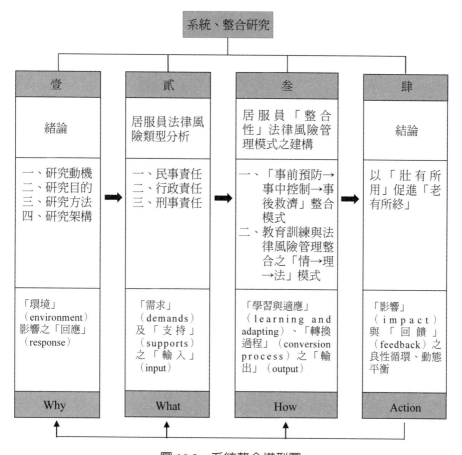

系統、整合研究

壹	貳	叄	肆
緒論	居服員法律風險類型分析	居服員「整合性」法律風險管理模式之建構	結論
一、研究動機 二、研究目的 三、研究方法 四、研究架構	一、民事責任 二、行政責任 三、刑事責任	一、「事前預防→事中控制→事後救濟」整合模式 二、教育訓練與法律風險管理整合之「情→理→法」模式	以「壯有所用」促進「老有所終」
「環境」（environment）影響之「回應」（response）	「需求」（demands）及「支持」（supports）之「輸入」（input）	「學習與適應」（learning and adapting）、「轉換過程」（conversion process）之「輸出」（output）	「影響」（impact）與「回饋」（feedback）之良性循環、動態平衡
Why	What	How	Action

圖 10.2　系統整合模型圖

資料來源：本文整理。

自由性（通行）是亮「綠燈」（低度風險、低度司法審查），法律風險管理就是扮演「黃燈」角色，有注意、預警、轉換、動態平衡作用，以發揮安全管控功能。

在紅燈與綠燈之二元對立中，由黃燈扮演中介轉換之重要角色，才能發揮號誌系統之結構功能。業者因應行政、立法、司法公權力「他律」，實施「自律」管理及評鑑，化被動為主動，即是靠「黃燈」注意、

調控、預警、良性循環！而其執行成效當有助於專業形象及服務品質之提升，亦可有效預防、減免其法律責任風險，並以其動態平衡功能回饋，反覆驗證「燈號理論」模型，以收事前預防之效，如下圖10.3所示：

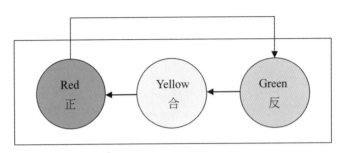

圖10.3　燈號理論法秩序系統模型圖

資料來源：本文整理。

四、上下層建築動態平衡模型

　　法律風險管理為上下層結構動態平衡之介面（interface），將過度簡化之單向經濟（物質）決定論，修正為作用與反作用之雙向互動辯證之動態平衡關係。經濟活動基礎之擴展會影響其「上層結構」相關法制之變革。而相關法制之變革，政府公權力以「看得見的手」，調控引導「看不見的手」（市場機制），過猶不及，以配套措施動態平衡預防風險，如將法位階之「位能」轉化為「動能」，亦可引導規範其「下層結構」經濟活動之良性發展。21世紀科技經濟活動基礎之擴展，會影響其「上層結構」（superstructure）法制之變革，而相關法制之前瞻性變革，如將法位階之「位能」與「動能」互相轉換（仿力學能守恆），從一般到特殊，從抽象到具體，從形式靜態法制到實質動態法治，亦可引導、建構其「下層結構」（base）科技經濟活動及相關產業之良性發展。經濟基礎停滯或不穩，其上層法規建築亦有架空或僵化、傾倒之風

險;反之,法規體系龐雜,法規之所在,風險之所在,亦為轉機之所在,其轉機在於系統整合、因勢利導,以前瞻彈性之法規,透過資金引導市場,支持經濟生產活動創新轉型。社會科學沒有唯一真神,任何理論模型都有過度簡化之疑慮,系統也有錯亂失控之可能,但仍應不斷與風險共舞,進行理論提升(theoretical ascent)之系統更新,在過猶不及間尋求「最適點」,如下圖 10.4 所示:

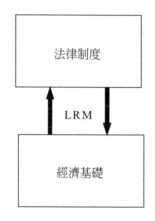

圖 10.4　上下層建築動態平衡模型圖

資料來源:本文整理。

五、新法位階模型

　　純粹法學派之凱爾森(Hans Kelsen),提出「法位階理論」,將法規範體系依效力高低分為基本、一般及個別規範,呈現如金字塔般之層級構造。按我國憲法第 171 條、第 172 條、中央法規標準法第 11 條、地方制度法第 30 條,命令不得牴觸憲法或法律,法律不得牴觸憲法,下級機關訂定之命令不得牴觸上級機關之命令,而自治條例與憲法、法律或基於法律授權之法規或上級自治團體自治條例牴觸者,無效,皆為法位階理論之具體展現。而在憲政民主法治國家權力分立制衡與效能平

衡以保障人權之理念下，要建構法律風險管理動態知識體系，不能只靠微觀靜態法條要件形式邏輯之註釋分析，更要從宏觀角度，持續累積實質動態經驗，提出多元、系統整合功能、有效的策略模式。應從封閉的法位階純粹法學，走向法律風險管理「預防法學」開放式三段論，將自然法、形式意義憲法之「位能」，向下具體落實滲透，轉換為本土社會實質法治之「動能」，再將此「動能」向上提升轉換為憲政民主、人性尊嚴之「位能」，此「動能」與「位能」之總和，成為法學「力學能」，建構「新法位階」為法律風險管理原創性、實踐性法學研究之創新模型。

　　曾致函大法官請教：「在科際整合、多元典範的時代，Kelsen 的法位階金字塔規範體系是否已很難再保持其純粹？是否能與自然法思想、植基於本土民情、社會脈動之法社會學整合成一開放、立體（非平面）、有機、服水土（非抄襲移植）的改良型法位階？」，大法官的答覆是：「Kelsen 的純粹法學理論，對憲法位階秩序的建立，有相當的貢獻，但法秩序之為何物，仍有不同的學說見解，諸如政治力決定說、整合理論、超實證法概念等，如何整合？在相對論法學概念之下，仍有發展的餘地」[9]。

　　本文認為傳統「原型」的法位階模型，雖然在法律邏輯推理上獲得滿足，但越看越覺得其封閉、平面剪貼、機械性，「純粹法學」只能做到「理論上」、「三段論法邏輯上」的「純粹」，但在絕大多數民眾社會生活的實踐經驗上，乃綜合法理情之動態表現，很難只保持靜態邏輯之「純粹」。經過法律風險管理創新思考，對既有的模型再加以改良，提出升級版之「新法位階」模型，憲法制高點之位能「徒善不足以為政，徒法不能以自行」，應以新模型進行能量轉換，以動態平衡落實人權保障、基本國策，將憲法制高點之「位能」，透過法令配套，向下落

9　張智聖（2000），〈解嚴以來我國釋憲制度與人權保障之系統分析〉，國立中山大學中山學術研究所博士論文，頁19。

實打樁到具體個案中，轉換成憲政民主、實質法治國家之「動能」，再透過本土社會實踐，妥適解釋、適用法令，再將「動能」向上提升抽象思維，轉換儲存為「位能」，如此不斷動態平衡能量轉換，如物理學之「能量守恆定律」，如下圖 10.5 所示：

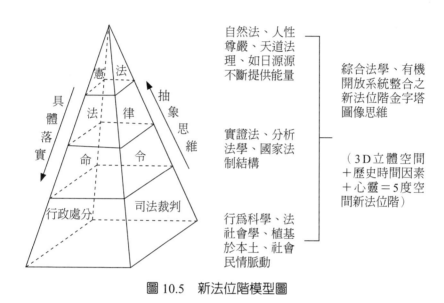

圖 10.5 　新法位階模型圖

資料來源：本文整理。

六、動態平衡太極陰陽模型

《周易》講陰陽兩種力量的相互作用，產生萬物，剛柔相濟，變在其中 [10]，《莊子‧天下篇》曰：「《易》以道陰陽」，陰陽在《易經》或整個古代漢文語境中的變體極其豐富（如：動靜、進退等），《周禮》、《禮記》、《老子》、《莊子》、《黃帝內經》等均明確地提

---

[10] 何運忠、胡長明編（2007），《思想地圖》，頁11。

及陰陽，陰陽相濟以致中和的和諧平衡狀態[11]。《周易繫辭》上有「太極生兩儀→兩儀生四象→四象生八卦→八卦定吉凶→吉凶生大業」[12]的邏輯，老子《道德經》上說：「萬物負陰而抱陽，沖氣以爲和」[13]，屈原在《天問》中間上天：「陰陽參合，何本何化？」。法律風險管理他律與自律之動態平衡解決矛盾之道（矛與盾所代表之攻擊與防禦，即辯證的動態平衡），亦是法學教育從傳統到翻轉創新之良性循環，教學相長，吾人當以具體行動，超越符號學之神秘主義，以科學觀研發法學教育翻轉創新理論、方法、策略，以實證成果回饋法學教育環境，積小確幸爲大幸福，兼顧方法論及目的論，從「上游」到「中下游」整合「教考訓用」，一步步完善我們的憲政民主、法治環境！距今約九百年前，北宋周敦頤受道教之影響，著有《太極圖說》，以圖像來闡述其宇宙論，他認爲：「無極而太極，太極動而生陽，動極而靜，靜而生陰，靜極復動，一動一靜，互爲其根，……而變化無窮焉」[14]，更進而影響理學大師朱熹所建構之義理體系[15]。太極圖中，陰陽兩色，以 S 型曲線分開，陽中有陰，陰中有陽，陰陽相互轉化，動態平衡。論者有認爲，太極圖雖爲東方哲學之代表符號，惟與宗教界線並不明確[16]，亦有認爲其對於眞正內在事理，未曾仔細剖析明白陳述[17]。事實上，太極圖不只是道士袍上的宗教符號，也是南韓、蒙古國旗上的象徵，我國中國醫藥大學附設醫院的院徽及國防大學的校徽中，均有太極符號，亞洲大學則有太極湖

---

11 龔鵬程（2016），《中國傳統文化十五講》，頁83、191。

12 徐子宏譯注（1994），《周易》，頁546。

13 孔正、王玉英編著（2015），《道德經的科學觀：以當代科學知識發掘老子思想的奧祕》，頁90-95。

14 馮友蘭（2006），《中國哲學史》，頁267-268。

15 張麗珠（2007），《中國哲學史三十講》，頁339。

16 Marcus Weeks, Philosophy in minutes 106-107(2014).

17 黎建球（2005），《中國百位哲學家》，增訂3版，頁238。

法律風險管理動態平衡模式之建構

景觀，甚至國外神秘麥田圈亦出現太極圖。而古羅馬帝國的盾徽，亦有類似圖形，諾貝爾獎物理學家波爾（Bohr），所設計之家徽，亦加入太極圖，其上更有銘文「對立是互補的」。太極圖的文化特點，內向、變通、追求平衡及和諧，與西方標誌性符號十字架的理性、開放、機械、擴張，有極大差異[18]。西方的二元對立思維模式，亦與太極陰陽相盪、互補互濟、相輔相成，達到中和均衡狀態的動態思維有所衝突[19]。

施茂林講座教授主張以「柔性司法工程」之建構開展為未來司法之進路，以柔性為本，以軟性為底，而以剛性為表，以嚴正為器，充分表達司法「剛中有柔」、「柔中帶剛」，對司法弱勢族群構築關懷照護與輔導機制，實施修復式正義政策，運用緩起訴處分、簡易判決處刑、認罪協商制度、和解、調解、轉介調解機制，強化司法保護成效，推動矯治現代化，宣導防範意識，構築社會安全網，開創預防司法新契機，以發揮司法最大效益[20]。本文贊同將太極陰陽代代相傳的終極哲學基礎為系統化之應用發展[21]，例如：中醫醫理辨證由外而內，即強調陰陽五行之整體論平衡調節[22]，與西醫實證醫學微觀解剖由內而外不同，另吾人可以在美學上，感受太極陰陽之「以和為美」[23]，亦可在科技文化上，將太極陰陽從「結構對比」到「動態對比」發揮[24]，更可在繼受西方法律對抗（vs.）模式之辯證中，以太極陰陽主張「非訟」法理（訟則終凶）[25]，

---

[18] 陳馳（2014），《驚異！世界史：神祕符號》，頁28-38。

[19] 紀金慶（2008），《二元對立與陰陽：世界觀的衝突與調和》，頁163-172。龔鵬程（2009），《中國傳統文化十五講》，頁201-208。

[20] 施茂林（2015），《柔性司法工程之建構開展與發展軌向》，載於：《法學發展新趨勢：司法、財經、科技新議題》，頁1-63。

[21] Waysun Liao (2007), The Essence of T'AI CHI 3-11.

[22] 劉長林（1992），《中國智慧與系統思維》，頁136-169。

[23] 李佩璇（2014），《圖解美學》，頁132-133。

[24] 沈清松（2003），《科技與文化》，頁226-233。

[25] 曹競輝（1987），《法理學》，再版，頁120-121。

並追求法律動態和諧秩序之美[26]。法律風險管理是動態之系統循環，在本土及國際社會環境中，持續以他律與自律之動態平衡來運作，他律與自律公私協力（如：因應他律之法律責任制裁及相關輔導措施，而實施自律之倫理規範、SOP 管理，以減免他律之公權力制裁，並透過公權力之評鑑，即是實施法律風險管理，降低整體社會之成本），在「事前預防→事中控制→事後救濟」之標準流程上，以業者市場「情→理→法」自律創新模式，搭配公部門施政「法→理→情」他律模式（公部門仍有可能循「情→理→法」模式，如：家事事件調解倡導「合作式父母」觀念），使各行各業法律風險管理「他律中有自律」、「自律中有他律」[27]，以法實證調查之科學哲學觀，超越符號學、宗教、命理之神秘主義（去魅）。靜態形式法制是動態實質法治之基礎，動態實質法治則是靜態形式法制之功能，西洋正義女神手中之天平，構成兩端「法碼」之動態平衡，乃「西學為體」，而太極陰陽之整體和諧觀則可「中學為用」，以「物質為體，精神為用」，達到太極「動態平衡」、「良性循

---

[26] 呂世倫（2004），《法的真善美：美法學初探》，頁425-452。

[27] 純他律或純自律，如同純物質或純精神，會造成孤陰不生、孤陽不長，陰陽應互為先後、輕重，相需相濟，以致中和。電池之正負（陰陽）極要放對才會通電，求神問卜，擲筊結果要一陽一陰（一平一凸）才是聖杯（允杯），如能連擲出三次聖杯，代表神鬼認同順利。他律中的白點，如「小花理論」，發揮自律自愛；自律中之黑點，則如「破窗理論」，有賴公權力及時糾正修復。「情理法的衝突與協調」，為95年司法人員特考國文作文題目，「法律與人情」，為99年律師高考國文作文題目。自律「情→理→法」與他律「法→理→情」一順一逆，即是圓形的動態平衡循環，從整體關聯脈絡中找尋相關法律風險管理之意義與價值。除他律定型化契約書制式化服務內容、應記載及不得記載事項之強制規範外，也要有自律客製化、多元彈性、創新服務的契約自由（私法自治）空間。法於陰陽，陰陽互根，陰為陽體，陽為陰用，陰中有陽，陽中有陰，物極必反，陽極生陰，陰極生陽，他律之極則需自律，自律之極則需他律，依法行政、依法裁判之餘，也能充分考量影響法規執行的非法規因素，既能消極防弊，也能積極興利，才是法律風險管理之最高境界。

環」之最佳和諧境界。太極圖近看為一個圓，一陰一陽之謂道，物極必反，重陰必陽，重陽必陰，陰陽互相轉化，負陰而抱陽，沖氣以為和，象徵人生之圓融互動，陰陽對立統一、辯證和諧，應用於法律風險管理實例，達到他律與自律、情理法之動態平衡，遠觀則成為「一點 ‧ 」（one dot）之「道法自然」運行模式，如下圖10.6所示：

圖 10.6　動態平衡太極陰陽模型圖

資料來源：本文整理。

　　六大法律風險管理動態平衡模型，可相互為用、相加相乘，例如：民主政治是民意政治、責任政治、制衡政治，更是法治政治，民眾固須守法，政府公權力更要守法（依法行政），政府公共政策法制化的過程及施政，都必須接受監督，納入民意，與業界良性溝通，顧及人民的心聲及感受，在保障人權的同時，也能發揮行政效能，增進公共利益。21世紀法律與科技產業、知識經濟發展，兩者關係密切，在「上下層建築模型」中互相影響。科技法應從人性倫理「動態平衡天平模型」，從事「系統整合模型」之研發，針對科技複雜性不確定法律概念「判斷餘

地」之解釋、適用，建構法律風險管理「燈號理論法秩序模型」爲科技與法制的溝通「介面」，以權力分立制衡與尊重爲手段，以科技基本國策爲指導方針，以保障人權（落實人性尊嚴核心價值）、促進社會公平正義爲終極目的，以「太極陰陽模型」在行政、立法、司法公權力「他律」及當事人民間「自律」間，保持動態平衡，在複雜的內部與外部環境中，從靜態形式規範，走向動態實質功能，以「新法位階模型」位能與動能之轉換平衡，提出在 AI、大數據、疫苗生物科技、公共衛生預防法學、政策法學、實用法學制度面、執行面上解決問題之具體可行建議。

參、規範

　　從形式法治國家（法律優位、法律保留、授權明確、法明確性原則），升級至實質法治國家（比例原則、實質平等、信賴保護、正當法律程序、誠信原則等），行政程序法第 1 條至第 10 條，爲國家考試法學緒論命題大綱範圍，亦爲行政機關敗訴、國賠之法律風險來源，誠「法規範之所在，即風險之所在」！動態平衡不能空談理論模型，在我國六法各領域之實證法中，有許多條文意旨，都在追求動態平衡之境界，諸如：憲法第 23 條比例原則、第 143 條土地政策既保障又限制私人產權、憲法增修條文第 10 條經濟與環保兼籌並顧；行政程序法第 1 條既要保障人權又要行政效能、第 7 條衡量性原則、第 9 條利益衡平原則；行政執行法第 3 條公平及比例原則；訴願法第 83 條情況決定；行政訴訟法第 198 條情況判決；政府資訊公開法第 6 條主動公開爲原則、第 18 條限制公開爲例外；土地徵收條例第 3 條之 1 考量公益性及必要性；民法第 98 條意思表示之解釋方法不拘泥於文字、第 148 條公益原則、權利濫用禁止、誠信原則、第 187 條、188 條之衡平責任；著作權法第 1 條立法目的要保障著作權益，也要調和社會公共利益；營業秘密

法第 1 條立法目的要保障營業秘密，維護產業倫理與競爭秩序，也要調和社會公共利益；民事訴訟法第 277 條舉證責任之分配原則及例外、第 477 條之 1 廢棄原判決之限制；刑法第 57 至第 61 條刑之酌科及加減；刑事訴訟法第 158 條之 4 證據排除法則之個案權衡、人權保障與公共利益之均衡維護；檢察官倫理規範第 8 條維護公共利益與個人權益之平衡以實現正義；律師倫理規範第 7 條兼顧當事人合法權益及公共利益等。

司法機關外牆所掛之天平象徵，其所追求之價值，並非靜態法制，而是動態平衡之實質法治、憲政民主。法規範之政策選擇及體系思維，乃法治國家基本原則（如：比例原則、正當程序、實質平等、信賴保護、誠信、公益原則等），體現於法規範中的價值判斷選擇及風險的分配與預防，在實證法規範中，其例證所在多有。憲法第 23 條公益、比例、法律保留（授權明確）原則，重在事前預防，第 16 條訴願權、訴訟權，第 24 條公務員違法侵害人權之民事（國賠）、刑事、行政三大法律責任，則重在事後治療，而憲法第 143 條土地之基本國策，落實於民法第 148 條禁止違反公益，第 765 條私法所有權之社會化，強調法律保障與限制之動態平衡，另憲法增修條文第 10 條中，強調經濟與科技發展，應與環保兼籌並顧。學者認為，憲法議題論證，要注意公私法益的均衡性[28]，即本文所強調之法律風險管理，政府他律與民間自律間，要維持系統之動態平衡。行政程序法第 1 條立法目的，保障人民權益，與提高行政效能同列，警察職權行使法第 1 條立法目的，保障人民權益，與維持公共秩序、保障社會安全同列，集會遊行法第 1 條保障人民集會、遊行之自由，與維護社會秩序同列，消防法第 1 條之立法目的，強調預防火災、搶救災害及緊急救護、維護公共安全、確保人民生命財產，災害防救法中預防（減災、整備）、應變、復原重建四個階段之重要規定，其第 22 條預防之減災規定，為減少災害發生或防止災

---

[28] 吳信華（2018），〈三版序〉，《憲法釋論》，修訂3版。

害擴大，各級政府平時應依權責實施減災事項，第 23 條預防之整備規定，為有效執行緊急應變措施，各級政府應依權責實施整備事項，第 27 條規定為實施災害應變措施，各級政府應依權責實施事項，第 36 條規定為實施災後復原重建，各級政府應依權責實施事項，並鼓勵民間團體及企業協助辦理。大法官於警察法學強調人權自由與治安秩序間之衡平點[29]，學者認為大法官釋字第 535 號解釋文警告警察執行職務法規有欠完備，有關機關應於本解釋公布之日起 2 年內依解釋意旨，且參酌社會實際狀況，賦予警察人員執行勤務時應付突發事故之權限，俾對人民自由與警察自身安全之維護兼籌並顧，通盤檢討訂定，加速警察職權行使法之立法進度，希能達到保障人權與維護治安之雙贏局面[30]，皆突顯本文所強調之法律風險管理他律與自律間之動態平衡。

　　憲法第 23 條人民基本人權之限制，提及增進「公共利益」所「必要」，顯示公益之衡量競合比例原則。而民法第 148 條第 1 項規定「權利之行使，不得違反公共利益」，強調公益優於私益。都市更新條例第 1 條立法目的中有增進公共利益，土地徵收條例第 3 條之 2 及區段徵收實施辦法第 5 條之 1 均提及公益性及必要性「評估」，突顯土地公共政策預防管理之重要性。蓋公共利益是會隨著時空轉變的不確定法律概念，雖不違反明確性原則（可理解、可預見、可司法審查），惟其實質內涵須要透過正當法律程序（如：公開舉行聽證會），資訊透明化，由公民參與溝通、辯論，形成共識（不滿意，但可以接受），政府要斟酌全部聽證紀錄，說明採納及不採納之理由作成核定，並送達相關當事人（釋字第 709 號參照），而不是由少數政治人物及學者專家來替我們多數人定義何謂公益。韓非認為「背私謂之公」，亦有人認為私的總和即是公，三人成眾，但公益之算法真的是「1 私益＋1 私益＋1 私益

---

29 李震山（2016），《警察行政法論：自由與秩序之折衝》，4版，頁254。
30 許福生主編（2020），《警察法學與案例研究》，頁59-60、101。

＝3公益」？本文認為，公益與私益絕非一刀切之二分法，或一味強調犧牲小我完成大我，私益為公益之基礎，政府落實憲法權力分立、基本國策以保障人權就是最高公益！最高行政法院95年判字第1239號，指出「按所謂公益係指組成政治社會各分子事實上之利益，經比較交互影響過程之理想狀態總合，即由特殊私益與公共利益共同組成之整合概念」，其實務見解與本文倡導之動態平衡理念相符。將私益單純相加並不能詮釋公益，若一定要用法經濟學成本效益的功利主義分析，除了加法（興利）外，還有減法（除弊）及乘法（加權計算），才能得到動態平衡之公益！

　　紛爭的產生不足為奇，重要的是人們選擇解決紛爭的方式[31]。現今我國刑事法繼受體系，強調謙抑思想、最後手段性、罪刑法定、無罪推定、證據法則、實質正當法律程序，建立緩起訴、緩刑等制度，刑法第57條科刑時應審酌犯後態度等事項，刑事訴訟法第2條中規定應於被告有利及不利之情形一律注意，刑事被告如能透過ADR（訴訟外紛爭決解機制），向被害人道歉，早日達成民事和解，獲得被害人一定程度原諒，符合柔性司法精神及倫理道德，影響檢察官之緩起訴（刑事訴訟法第253條之1參照）與刑庭法官審判之心證，達成從應報刑走向教育刑之目標，更能兼顧國法、天理、人情的動態平衡，強化修復式正義功能，更能契合本土社會人民之法律感情，接軌人性尊嚴之國際人權潮流。

　　舉證之所在，敗訴之所在，民事訴訟所涉私權紛爭，制度設計原傾向辯論主義，為平衡對弱勢者之不利，減輕其舉證責任，乃向職權探知主義修正[32]，例如：民事訴訟法第277條但書（法律別有規定，或依其情形顯失公平者）。基於公益（如：未成年子女之最佳利益），家事事件法第10條對辯論主義之限制，法入家門，法院得斟酌當事人所未提

---

[31] 陳賜良（2017），《紛爭解決與調解》，頁10。

[32] 姜世明（2018），《民事訴訟法基礎論》，11版，頁174、177。

出之事實，並依職權調查證據，惟為防止發生突襲性裁判，應使當事人或關係人有辯論或陳述意見之機會。另勞動事件法第 33 條第 1 項規定，法院為維護當事人間實質公平，應闡明當事人提出必要之事實，並得依職權調查必要之證據，法院闡明義務之擴大與職權調查證據，以平衡勞動事件兩造之不對等，惟仍應參照民事訴訟法第 288 條第 2 項，令當事人有陳述意見之機會，以落實程序權保障[33]。顯見程序法中亦有法律風險管理他律與自律間、公益與私權間，維持兩極動態平衡之道。本文認為，有權利就有救濟，依國家賠償法第 10 條第 1 項協議先行後，再依國家賠償法第 11 條之規定，受害者得向地方法院提起國家賠償訴訟，究國家賠償事件屬於公法性質，雖多由普通法院民事庭適用民事訴訟法之規定審理，原告人民請求賠償，固然有舉證責任，惟宜增訂職權調查證據及程序權保障之相關規定，以動態平衡，落實憲法第 24 條之規範意旨。

不動產法秩序之維護，有賴於政府他律（如：正面與負面表列要件、程序 SOP 遵循、誘因獎勵與罰則等）與市場自律（如：契約自由、倫理規範、信賴產業、商機利益等）之動態平衡，預防勝於治療（如：履約保證、公證、預告登記、契約書範本參考、定型化契約應記載及不得記載事項之法規命令等），以和為貴（訴訟外紛爭解決機制 ADR）。租賃住宅市場發展及管理條例第 6 條，取消租金受土地法第 97 條之限制，回歸市場機制、契約自由，然其第 7 條則限制押金不得超過 2 個月租金總額，顯見政府公權力他律與市場機制自律之動態平衡。論者認為政府可另以社會住宅出租及租金補貼政策，照顧經濟弱勢者，不宜過度干擾市場機制[34]，本文基本上贊同，但認為應更重視市場

---

[33] 黃程貫等著（2020），《勞動事件法解析》，頁 51-52。

[34] 陳冠甫（2019），《包租代管法制與實務：租賃市場發展及管理條例釋義》，頁 177-184。

供需、租金估價及法經濟學、法政策學之實證調查分析，才能兼顧自由與效率。政府獎勵措施他律與民間市場活絡自律間，具有系統性之動態平衡關係，例如：都市危險及老舊建築物加速重建條例第 4 條補助結構安全性能評估費用，第 6 條容積獎勵，第 7 條放寬建蔽率及建築高度，第 8 條減免地價稅與房屋稅，第 9 條、第 10 條、第 10 條之 1 融資補助、技術協助、放寬融資限制，政府以容積獎勵、租稅優惠及行政協助補助之誘因，促進民間團隊（如：危老重建推動師等）推動自辦重建及整合全體一致協議[35]，在雙北獲得一定之良性循環成效，應公私協力，從防災風險預防及經濟效益角度，滾動修法檢討誘因機制，再接再厲，順勢而為，因勢利導，多宣導，少處罰，勿與民爭利。

消費者保護法第 3 條規定政府實施消保措施，有關法規及其執行情形，定期檢討、協調、改進之，第 4 條規定企業經營者實施消保措施之義務，第 5 條則規定政府、企業經營者及消費者之協力，充實消費資訊，突顯消保法律風險之溝通及預防，可以公私協力方式達到他律與自律之動態平衡，政府藉此達到消保法第 1 條保護消費者權益，促進國民消費生活安全，提升國民消費生活品質之公益立法目的，企業經營者亦可藉此促進其事業品牌形象、維護商譽，減免消費法律責任風險，爭取消費者信心，開創更多商機。業者之特殊私益與消保公益，並非二分法之對立，而是交互影響過程之理想狀態總合，即本文所倡導之法律風險管理動態平衡理念實踐！建構 6 個法律風險管理「動態平衡」模型，絕非為理論而理論，也非甲說、乙說、折衷說或胡說，而是追求解決問題之實用創新策略。

洗錢防制及金融機構法令遵循議題，按金融控股公司及銀行業內部控制及稽核制度實施辦法第 34 之 1 條、保險業內部控制及稽核制度實施辦法第 32 之 1 條中皆規定，法令遵循單位應建立辨識、評估、控制、

---

[35] 林明鏘（2018），《都更法學研究》，頁221。

衡量、監控及獨立陳報法令遵循風險之程序、計畫及機制。論者認為法遵事前、事中、事後三階段控制措施，其風險評估方法有：風險辨識、評估、控制、法遵測試、風險因應措施及報告[36]，顯見法律風險管理步驟及多元預防防線之概念，實存在於金融法規範中。

　　民間業者因應政府他律規範所採取有效之自律措施，化危機為轉機、商機，就是找尋法律風險管理動態平衡之最適解決方案。例如：遠洋漁業條例第 1 條立法目的規定：為落實保育海洋資源，強化遠洋漁業管理，遏止非法、未報告及不受規範漁撈作業（IUU 捕魚），健全漁獲物及漁產品之可追溯性，以促進遠洋漁業永續經營，民間業者、漁業團體與其擔心他律重罰，不如順勢而為、因勢利導，製發生物標章認證，來自律證明魚及魚產品出自合法的捕撈活動[37]。海國圖治，海洋基本法第 6 條規定：國民、企業與民間團體應協助政府推展國家海洋政策、各項相關施政計畫及措施，其第 12 條規定：政府應促成公私部門與學術機構合作，建立海洋研究資源運用、發展之協調整合機制，提升海洋科學之研究、法律與政策研訂、文化專業能力，進行長期性、應用性、基礎性之調查研究，並建立國家海洋資訊系統及共享平台，突顯想要達到其第 1 條之立法目的「為打造生態、安全、繁榮之優質海洋國家，維護國家海洋權益，提升國民海洋科學知識，深化多元海洋文化，創造健康海洋環境與促進資源永續，健全海洋產業發展，推動區域及國際海洋事務合作」，政府公權力主導與民間市場機制間，應從消極防弊、對抗，走向積極興利、合作，結合海洋自然、人文、社會科學，在法律保留、比例、誠信、信賴保護、實質平等、正當程序、預防等法治原則之引導下，尋求環保公益與經濟效益之動態平衡點，建立有效之公私協力運作機制。

---

[36] 林宏義（2020），《金融機構法令遵循概要》，頁22-25、340-345。
[37] 黃異（2018），《漁業法》，頁40。

　　2020 年初以來，嚴重特殊傳染性肺炎（COVID-19）肆虐全球，媒體新聞最常報導的是各國的封鎖、緊急狀況，及不斷攀升的確診與死亡數字，為有效防治，維護人民健康，並因應其對國內經濟、社會之衝擊，特制定嚴重特殊傳染性肺炎防治及紓困振興特別條例，並編列特別預算因應（法律保留）。該條例第 3 條中規定，各級衛生主管機關認定應接受居家隔離、居家檢疫、集中隔離或集中檢疫者，及為照顧生活不能自理之受隔離者、檢疫者而請假或無法從事工作之家屬，經衛生主管機關認定接受隔離者、檢疫者未違反隔離或檢疫相關規定，就接受隔離或檢疫之日起至結束之日止期間，得申請防疫補償（信賴保護），防疫補償發給之對象、資格條件、方式、金額、程序及其他相關事項之辦法，由中央衛生主管機關會商相關機關定之（授權明確）。其第 5 條中規定為生產傳染病防治法第 54 條第 1 項規定之防疫物資，於必要時（比例原則），各級政府機關得依中央流行疫情指揮中心指揮官之指示，徵用或調用其生產設備及原物料，並給予適當之補償。該條例第 7 條授權中央流行疫情指揮中心指揮官為防治控制疫情需要，得實施必要（比例原則）之應變處置或措施（如：口罩實名制、社交距離注意事項、風景區示警等）。其第 8 條規定，於防疫期間，受隔離或檢疫而有違反隔離或檢疫命令或有違反之虞者，中央流行疫情指揮中心指揮官得指示對其實施錄影、攝影、公布其個人資料或為其他必要之防治控制措施或處置。為避免疫情擴散，對確診罹患嚴重特殊傳染性肺炎病人，亦同。前二項個人資料，於疫情結束應依個人資料保護相關法規處理。其第 12 條對於經中央衛生主管機關公告之防疫器具、設備、藥品、醫療器材或其他防疫物資，哄抬價格或無正當理由囤積而不應市銷售者，其第 14 條對散播有關嚴重特殊傳染性肺炎流行疫情之謠言或不實訊息，足生損害於公眾或他人者，均祭出刑罰（有期徒刑、拘役、罰金）處罰。而其第 15 條對違規趴趴走者，祭出行政罰處罰，規定違反各級衛生主管機關依傳染病防治法第 48 條第 1 項規定所為之隔離措施者，處新台幣 20

萬元以上 100 萬元以下罰鍰。違反各級衛生主管機關依傳染病防治法第
58 條第 1 項第 4 款規定所爲之檢疫措施者，處新台幣 10 萬元以上 100
萬元以下罰鍰。該條例後來修正，規定領取政府之補貼、補助、津貼、
獎勵及補償，免納所得稅，並不得作爲抵銷、扣押、供擔保或強制執行
之標的，更將推動各項防治及紓困振興措施所需經費上限，從 600 億元
上修爲 2,100 億元。職棒、旅遊、餐飲及八大行業放寬管制措施，1 萬
元紓困金發放中央與地方政府之分工合作，均突顯公與公、公與私、私
與私動態平衡之重要性。因應疫情時事，學界也發表專論探討防疫與居
家、隱私、個資之平衡，更擴展討論國際郵輪（鑽石公主號）隔離檢疫
的國際公法（海洋法）管轄適用問題[38]。

　　學者認爲，上層所採的管制或應變措施，也仰賴下層自我控制，在
面對風險或危害時，能否採取積極且高效率的應變措施[39]。公共衛生的
法規範模式，一端是命令和控制型強制規範，另一端則是自願性的自我
規範，新治理模式強調開放結構、引人參與、共識導向、ADR 協商、
多元整合、靈活實用[40]。大法官釋字第 690 號解釋，雖認爲傳染病防治
法及 SARS 條例強制隔離之必要處置，對憲法第 8 條人身自由之限制，
尚不違反法律明確性原則（可理解、預見、司法審查），強制隔離乃爲
保護重大公益所採之合理必要手段，對受隔離者尚未造成過度之負擔，
未牴觸憲法第 23 條之比例原則，由專業之主管機關衡酌傳染病疫情之
嚴重性及其他各種情況，決定施行必要之強制隔離處置，自較由法院決
定能收迅速防治之功，未牴觸憲法第 8 條之正當法律程序。然亦提出警
告性解釋，認爲宜明確規範強制隔離應有合理之最長期限，及決定施行

---

[38] 詳見：《台灣法學雜誌》，387期，頁23-67；388期，頁1-34，2020年3月。

[39] 唐淑美、顏上詠主編（2016），《奈米科技發展政策與風險治理》，頁64。

[40] Lawrence O. Gostin & Lindsay F. Wiley 著（2019），蘇玉菊等譯，《公共衛生法：
　　權力、責任、限制》，頁231-251。

強制隔離處置相關之組織、程序等辦法以資依循，並建立受隔離者或其親屬不服得及時請求法院救濟，暨對前述受強制隔離者予以合理補償之機制，相關機關宜儘速通盤檢討傳染病防治法制。

本文認為，防疫公權力規範及措施，對人民人身自由、居住遷徙、言論、宗教行為、集會自由、生存權、工作權、財產權、應考試服公職及資訊自主、隱私權、健康權等人權，都有程度不一的影響，縱使在瘟疫蔓延時，政府因應疫情超前部署，執行面可以保持彈性，但制度面仍要遵守憲政民主、實質法治國家標準、權力分立制衡監督、給予補償及司法救濟管道。防疫視同作戰，當以時間換取空間，積小勝為大勝，視疫情變化時機點及影響層面，以防疫手段多樣性，動態平衡處理，對疫情影響嚴重急迫者（如：磐石艦染疫），多強調政府由上而下他律強制管制，對疫情影響相對緩和者（如：職棒開放進場），則多促進鼓勵民間、業者由下而上自律（自主）管理，剛（行政命令、行政處分）柔（行政指導）並濟，他律（法理情）與自律（情理法）兼顧，合作互助，與人為善，發揮人性尊嚴之核心價值。吾人要化危機為轉機，社區公衛與個人人權間，應從對立衝突，走向協同互補增強，從被動他律，走向主動自律之風險管理，從公私區分，走向公私結合（公私協力契約）。

肆、實踐

法學乃應用、動態平衡之學，法律風險管理理論模型創新典範、法規範體系，終究要走向實踐，才能發揮預防法學、政策法學經世致用之實用價值。王澤鑑老師很早便強調法律人三大能力（法律智識、法律思維、預防爭議於先與解決爭議於後），而律師司法官考試領導教學，國家考試案例題的出題方式及內容應受重視，有分析檢討之必要[41]。考

---

[41] 王澤鑑（2019），《法律思維與案例研習》，4版，頁1-14。

選部自 106 年律師司法官考試開始，於放榜後公布二試法律專業科目評分要點（命題爭點及閱卷評定優劣之心證），堪稱進步之考選行政。以 108 年民法與民事訴訟法（一）爲例，總體說明提及：本科目試題設計之目的，旨在測驗應考人是否能區辨個案中有法律上重要性之事實，並將該等事實歸攝爲正確的法律語言，進而掌握關鍵之問題或爭點，並針對該等問題或爭點，依據現有法規、實務與學說見解，加以闡述、分析或評論，並因此提出解決方案。題目之作答，並無既定之標準答案，評分之取捨，端視應考人掌握問題或爭點之程度、是否正確理解法律概念、論述內容是否有法律或法理依據、論述結構是否有清楚的邏輯脈絡、作答內容是否嚴謹周延以及文字敘述是否清晰通順等而定 [42]。法律風險管理於他律與自律動態平衡之辯證中，事前預防、事中控制、事後救濟，有助理解法規範、實務、學說見解之價值判斷取向與風險、舉證責任之分配，貫通民事實體法與程序法之體系思維，針對爭點之問題意識，經過合理論證過程，解釋適用法規範，提出妥適解決爭議方案。

法律系所大學及研究所入學甄試，常有面試（口試）關卡，如何讓口試委員在短時間內能對考生印象深刻，考生如能主動積極應用法律風險管理動態平衡體系思維模組論述引導議題，當有加分之效果。學習法律之技巧要有逆向辯證思維、體系思維，三大法律責任思維（如：審慎考慮將公然侮辱罪、通姦罪在刑法除罪化，改強調行政罰鍰及民事侵權行爲損害賠償、精神慰撫金、登報道歉、夫妻財產制清算等責任。大法官釋字第 791 號解釋，將通姦罪之刑法及刑事訴訟法相關條文，宣告違憲而立即失效，因應之道，除配偶間之誠信、溝通及諒解外，在於從身分到契約，可簽訂不違公序良俗之婚前或婚後協議，並搭配公證及本票之強制執行），將法學理論與社會實務結合，強化法律風險管理預

---

[42] 檢自：https://wwwc.moex.gov.tw/main/news/wfrmNews.aspx?kind=3&menu_id=42&news_id=3903（最後瀏覽日：04/02/2020）。

防勝於治療。臨場考驗你的論述能力及思考深度，可從系統動態平衡（如：太極陰陽剛柔並濟、政府他律與市場自律天平、法理情、宏觀與微觀、防弊與興利、切餅公平性與把餅做大效率等）及風險管理識別、分散、移轉、前瞻預防策略等角度（防疫之事前預防→事中控制→事後救濟），大膽提出你的具體可行建議（如：死刑之優缺點？參考日本及美國部分州尚未廢死，我國要逐步廢死或審慎判決、執行死刑，可配套讓 18 歲國民主權在民公投決定存廢，或基於罪刑法定，先修法建立永遠不能假釋、特赦之真正無期徒刑供法官選擇；台灣防疫多元、靈活、超前之行動方案，如何在外交、政治、經濟、社會文化上，化危機為轉機、商機）。法學人文社會科學質性與量化之實證分析，有其制度面及執行面問題，更有超穩定結構之社會文化價值觀因素（如：歐美日常沒有戴口罩習慣，態度決定行動，恐影響其防疫成效；台灣防疫社交距離室內 1.5 公尺、室外 1 公尺之原則與例外，第一階段先柔性勸說，第二階段再強制處分），由《史記》貨殖列傳序中之三策：上策順勢而為、因勢利導，中策先宣導再處罰，下策則是無配套與民爭利管很大，推導出防疫政府他律（防疫強制措施、振興經濟、紓困、國際合作方案）與市場自律間，應保持動態平衡、公私協力（如：鼓勵民間企業加入防疫國家隊），業者因應他律規範之自律行動（如：強調量體溫、戴口罩、勤洗手、外送服務、使用隔板、發號碼牌、保持通風、暫停營業、縮減營業時間、定時消毒、人流動線、間隔距離、實名制等自主管理），才能讓消費者更安心，並與政府他律措施相輔相成。

　　法學教育，已從傳統照本宣科、逐條釋義，走向多元整合創新，以人為本，法律不等於法條，還有許多法外知識要學習[43]。學者更有建

---

[43] 鄧衍森等主編（2020），《法理學》，頁120-121。蔡英文總統認為：邏輯思考的法學訓練之外，法律更是人生及社會經驗的累積，請參見：蔡英文等26人著（2020），《正義與慈悲：給法律人的一封信》，2版，頁70-76。

議法學教育與國家考試之改革，應以貼近實務與實務見解爲導向[44]。「法律風險管理」預防法學教學法：英國首席大法官科技顧問理察‧薩斯金（Richard Susskind）認爲明日世界的法律新工作，最缺乏又最迫切需求的人才是專業而優秀的法律風險管理者，可發展出一套高性能的程序、方法、技術式系統，協助客戶辨識、評估、確認、預防、監督及管控其所面對的諸多動態性法律風險。誠如王澤鑑大法官所言，傳統的法學教育偏重於訓練事後涵攝、處理糾紛於後的「司法法律人」，引進預防爭議於前的法學教育，培養「契約法律人」向前思考形成契約的能力，應有重視的必要，兩者相輔相成，將使法律人更能創設未來的職業生涯！例如：民法物權之 3D 立體化教學，當打通財產法之任督二脈，公法與私法保障體系性思維，絕對性之物權支配權，原則上優先於相對性之債權請求權（仍有民法第 425 條「買賣不破租賃」債權物權化之例外），買賣房地產從買賣契約（債權契約）成交（付定金）簽約，到用印、抵押貸款、完稅、依民法第 758 條完成所有權（完全物權）之書面加設權登記、領取權狀交屋，中間有 1 個多月的風險期（如：一屋二賣、毀約、民法第 373 條之交付風險移轉負擔等），因民法第 166 條之 1 債權契約之公證要式性尚未實施，可循特約代書、履約保證、公證執行名義、押本票、押尾款、預告登記等具體行動方案，貼近實務，趨吉避凶，預防法律風險。

　　施茂林講座教授結合產官學各界，推廣法律風險管理不遺餘力，曾爲文論述法律風險管理之課題與圖像[45]，並強調法律風險管理對企業、家庭、個人、國家政府及非營利事業組織的重要性及其效益[46]。法律風險管理之步驟有事前預防、事中處理、事後修復，企業法律風險管理之

---

[44] 陳鋕雄（2019），《律師教育與律師倫理》，頁59、79。

[45] 施茂林等合著（2014），〈代序言〉，《工商事業活動與法律風險》。

[46] 施茂林等合著（2016），《法律風險管理：理論與案例》，頁3-20。

標準化，其實踐之方向有提高法律風險管理意識、增強管理階層之決心與策略、提高組織的學習能力與效果等[47]。專家認為專業服務公司最核心的價值觀就是專業精神，並做好公司的風險管理，律師事務所提供工程全程專業法律顧問創新服務，有別於出問題後再找律師的做法[48]。學者認為風險冰山全貌，是機會與價值概念的融合，影響風險溝通的因子，除法律、媒體、固有的知識與信念外，還有風險教育訓練[49]。知名企業講師認為，其存在價值，不只是讓學員能知道、得到，更要能做到，參與建構學習並逐步修正改善[50]。本文認為，人是企業的資產，人的故意過失行為，也是法律風險的主要來源，無論是大企業或中小企業，在風險時代，均要建立起企業風險文化及風險學習型組織，法律人可投入社會各行各業法律風險管理的專業服務工作。企業要獲利才能生存（管子有云：倉廩實而知禮節，衣食足而知榮辱），但眼中不能只有獲利績效，公司法第 1 條第 2 項即規定：公司經營業務，應遵守法令及商業倫理規範，得採行增進公共利益之行為，以善盡其社會責任。善盡社會責任不一定要成為社會企業，公益也是由各種私益與環境動態交錯形成的，法令遵循（國有國法）及各行各業的倫理規範（行有行規），因應他律（如勞動、環保、稅務、智財、性平、土地、金融反洗錢、防疫等規範），企業能否自律自覺，將員工視為寶貴資產，願意投資企業成人終生學習教育（本小！利大？），以風險學習型組織，形塑企業風險文化，而企管顧問專業服務，更應結合法律、會計、地政等專業，提供客製化的法律風險管理創新整合教育訓練，協助企業及員工，在職場上透過風險識別、風險溝通形成共識，落實法律風險管理 SOP 檢核機

---

47 施茂林等合著（2019），《智慧財產權與法律風險析論：人工智慧商業時代的來臨》，頁34-36。

48 秦中天（2019），《專業致勝》，頁153-154、168、236。

49 宋明哲（2018），《風險心理學：人本風險管理》，頁52、369。

50 王永福（2019），《教學的技術》，頁34-37、308-312。

制及行動方案，有效降低民事、刑事及行政三大法律責任風險，提升人力素質及服務品質，持續爭取客戶之信賴及商機。學者認為政府組織運作及法令規範，需要彈性，不能只有消極防弊[51]。企業人資上之法律風險管理，也是如此，要情理法兼顧，例如預防員工跳槽競業禁止勞動契約爭議，涉及憲法第15條之生存權、工作權、財產權，私人間透過民法違反公序良俗法律行為無效之規定，「間接」適用憲法規定，而基本權利直接拘束國家行政或司法機關，在解釋私法契約或民事規範時，不容忽視基本權之價值[52]。企業除遵循勞動基準法第9之1條之規定：「未符合下列規定者，雇主不得與勞工為離職後競業禁止之約定：一、雇主有應受保護之正當營業利益。二、勞工擔任之職位或職務，能接觸或使用雇主之營業秘密。三、競業禁止之期間、區域、職業活動之範圍及就業對象，未逾合理範疇。四、雇主對勞工因不從事競業行為所受損失有合理補償。前項第四款所定合理補償，不包括勞工於工作期間所受領之給付。違反第一項各款規定之一者，其約定無效。離職後競業禁止之期間，最長不得逾二年。逾二年者，縮短為二年」，另要注意依民法第247之1條，定型化契約約定條款顯失公平者無效。論者認為企業賞罰分明，也要注意法律風險管理[53]，本文認為企業不能只有有違約處罰的消極防弊措施，也要有善待激勵員工的積極興利措施來動態平衡，才是法律風險管理之真諦。學者更建議，長照等社會服務契約委外，應積極培育兼具契約管理與社工專業之跨領域、跨專業人才[54]，本文認為具雙師證照（社工師加律師）的專業人才培養不易，但長照產業的教育訓練中，除長照技術、身心課程外，應跨領域整合意定監護、遺囑、保險、

---

[51] 李鴻源（2019），《台灣必須面對的真相》，頁214。

[52] 程明修等合著（2018），《憲法講義》，頁191-192。

[53] 金玉瑩總審訂（2012），《企業經營之法律風險》，頁55-56。

[54] 黃源協、莊俐昕（2019），《社會契約委外何去何從，社區發展》，168期，頁85。

金融、信託、不動產以房養老、共生宅[55]等高齡法學議題，發揮法律風險管理社會服務之實用價值。

　　學術研究要論述清晰、創新貢獻、對他人有用、提供持續研究資訊，日後派上用場，重要的不是論文題目，而是寫論文過程累積的工作經驗[56]。學者從台灣法律發展史的角度觀察，認為解嚴迄今，已走向多元的法學研究取徑以追求台灣人民福祉[57]。法實證研究的定性與定量分析，其作用在作為規範論證的實然基礎，衡量法的實效，描述法論證與法現象，發掘法制度相關行動者的行為模式，與法釋義學規範體系分析取向不同[58]。學者認為公法與私法間的區別逐漸縮小，私法憲法化或公領域化，公法私領域化[59]。而20世紀末以來的新自由法治國主義，強調除去、限縮政府活動的介入，回歸尊重個人自由與效率性的市場經濟活動，將事業民營化，或使民間企業加入公共部門，擴大民間投資，減輕政府財政負擔，利用公私協力模式，達成公共任務，實現公共利益[60]。政治、經濟、法律、社會，絕對的他律或絕對的自律，都是不易實現且有極大副作用的，本文一貫強調動態平衡，不只是他律與自律的動平衡以趨吉避凶，縱使是他律之立法政策，其中也有動態平衡之道，學者認為民法私法自治靜的安全（如：無權處分），與動的安全（如：動產善意取得），具有相生相剋的對極性格，其保護互為代價，其衝突時以表見事實之信賴保護交易安全為基準[61]。其他例如：海商法船方利益與

[55] 真識團隊（2019），《豐盛樂齡：合勤共生宅年鑑（第一輯）》，頁280-287。

[56] Umberto Eco著（2019），倪安宇譯，《如何撰寫畢業論文》，頁31-32、60-66。

[57] 簡資修主編（2018），《2014兩岸四地法律發展：法學研究與方法（上冊）》，頁128-133。

[58] 張永健（2019），《法實證研究：原理、方法與應用》，頁3-32。

[59] John Henry Merryman等著（2020），藍元駿譯，《大陸法傳統》，頁136-137。

[60] 林明鏘、李翔甫（2016），《警察職權行使的界限》，頁76-77。

[61] 黃茂榮（2002），《法學方法與現代民法》，增訂4版，頁634-636。

貨方利益之平衡、船舶所有人限制責任與海事優先權之平衡；住宅法、租賃住宅市場發展及管理條例，公權力介入保障弱勢之承租人，調整民法之契約自由、私法自治，但對（公益）出租人，則以租稅減免、優惠稅率、修繕獎勵之誘因來平衡。以動態平衡模組，來從事法律風險管理多元議題之研究，並非為研究而研究（訴諸高閣之理論），而是發揮法學經世致用、學用合一之實用價值，回應台灣社會變遷，落實人性尊嚴之核心價值。其研究動機將個人研究興趣、專業背景、工作經驗，與台灣當前社會發展環境與趨勢充分結合，研究目的為解答該領域法律風險類型，建構法律風險管理他律與自律動態平衡模式，提出解決實務問題在制度面及執行面之具體建議，研究方法多元、實證、原創，除文獻批判分析外，亦導入問卷調查法、深度訪談法、參與觀察法等，以擴展視野，貼近實務，研究架構持動態平衡思維，以系統整合研究，尋求最佳途徑之解決方案[62]。針對不動產說明書應記載及不得記載事項、租賃住宅、社會住宅、以房養老、長照、網紅直播、自駕車等議題，建議系統整合研究之體系架構如下：第一章「緒論」（Why？為環境影響之回應，第一節研究動機、第二節研究目的、第三節研究方法、第四節研究架構）；第二章法律風險管理「他律」模式（What？為需求及支持之輸入，第一節前言；第二節他律模式類型分析，如：民事、行政、刑事三大法律責任風險；中央行政、立法、司法與地方自治模式；他山之石

---

[62] 張智聖（2015），〈不動產仲介人員教育訓練與法律風險管理整合之策略創新〉，收錄於：《法學發展新趨勢：司法、財經、科技新議題》，頁205-340。張智聖（2017），〈高齡化社會長期照顧居家服務照顧服務員法律風險管理之研究〉，收錄於：《法律探微今與明的新學思》，頁471-553。〈地方自治協力合作〉，請參見：《蕭文生，地方自治法基礎理論與實務》，頁310-318，2019年。促參、聯合開發與政府採購之公私協力（PPP），請參見：萬國法律事務所，〈紛爭解決、公私協力、保密與競業〉，頁237-401，2019年。〈從行政基本六法到自主、權利、治理、平衡〉，請參見：李建良（2020），〈台灣公法的當代思維：跨入2020年代的回敘與挑戰〉，《月旦法學雜誌》，300期，頁108-117。

比較法等；第三節小結）；第三章法律風險管理「自律」模式（What？為需求及支持之輸入，第一節前言；第二節自律模式類型分析，如：契約自由空間、倫理規範、自主管理、服務品質改善措施、促銷廣告、教育訓練、交易及售後服務 SOP、保險機制、評鑑認證、ADR 訴訟外紛爭解決機制、溝通協調、他山之石比較法等；第三節小結）；第四章「他律」與「自律」公私協力「動態平衡」法律風險管理模式之建構（How？為學習與適應、轉換過程之輸出，第一節前言；第二節法律風險管理整合創新動態平衡模式之建構，如：「事前預防、事中控制、事後救濟」整合模式；政府主導他律「法理情」與市場機制自律「情理法」動態平衡、剛柔並濟模式；「教考訓用」整合創新模式；他律中有自律、自律中有他律「公私協力」太極陰陽模式等；第三節小結）；第五章「結論與建議」（Action！為影響與回饋之良性循環，第一節結論，為研究發現重點之歸納；第二節建議，為制度面及執行面之具體行動方案）；參考文獻（中文部分單冊書、期刊論文、其他及外文部分編碼）；附錄（問卷格式及統計表、問卷開放式意見統計表、深度訪談大綱及記錄表、相關重要法規條文、定型化契約應記載及不得記載事項、契約書範本等）。

伍、結論

　　風險為將來損失的不確定性，法律風險的人為風險事故如犯罪、侵權、違約等，透過風險的確認、風險的衡量評估、風險管理方法之選擇與執行，事前避免、預防、移轉，事中控制，事後風險自留或提出救濟等一連串系統化行動，以最小成本達成法律風險管理之最大效能，並定期評估檢討，調整控制及財務風險管理策略，循環改善。誠如學者所言：風險管理並非新興知識，而是經驗累積；一生都在執行當中，

範圍可大可小；理論仍在啓蒙，實務各有作法[63]。香港大學法學榮譽退休教授 Raymond Wacks 認爲，今日法學典範是法律問題的解決（legal problem-solving），而明日法學典範之轉移是法律風險管理（Legal Risk Management）[64]。英國首席大法官科技顧問理查・薩斯金（Richard Susskind）認爲，明日世界的法律新工作，最缺乏又最迫切需求的人才是專業而優秀的法律風險管理者，可發展出一套高性能的程序、方法、技術式系統，協助客戶辨識、評估、確認、預防、監督及管控其所面對的諸多動態風險[65]。楊日然大法官認爲法律人才是社會工程師，法學須走在時代前端，主動發掘社會經濟發展可能產生的各種問題，甚至在各種問題尚未發生之前，即先透過法學的研究，預謀對策，藉以避免可能危害社會的問題或糾紛發生，透過科際整合、法社會學研究方式，爲新的立法作基礎的準備，走向預防法學的現代法學途徑，爲因應社會各方面需求之必然趨向[66]。王澤鑑大法官認爲危險事故與社會成本的分析，表現在對統計、法律經濟分析的重視上，損害的預防勝於損害的填補[67]，傳統的法學教育偏重於訓練事後涵攝、處理糾紛於後的「司法法律人」，引進預防爭議於前的法學教育，培養「契約法律人」向前思考形成契約的能力，應有重視的必要，兩者相輔相成，將使法律人更能創設未來的職業生涯[68]。有堅實之基礎法學才能循序漸進，法律風險管理與傳統法學相輔相成，其平衡發展，本身即是頗具前瞻性之動態概念！

　　法律風險管理爲預防法學、政策法學新藍海，與社會發展脈動結

---

[63] 鄧家駒（2005），《風險管理》，4版，頁3-6。

[64] Raymond Wacks, Law: A very short introduction 148(2008).

[65] 理查・薩斯金著（2014），麥慧芬譯，《明日世界的律師》，頁192-193。

[66] 楊日然（1997），《法理學論文集》，頁712-713。

[67] 王澤鑑（2015），《侵權行爲法》，增訂新版，頁1-10。

[68] 王澤鑑（1999），《債法原理（一）：基本理論、債之發生》，增訂版，頁251-255。

法律風險管理動態平衡模式之建構

合，發揮法學經世致用價值，使法學成為有生命力的實用社會科學。動態真的能達到平衡？吾人以計算機進行實驗，任意輸入一組 1 以上之正數，然後不斷按開根號鍵√，動態平衡之終極數字恆正為 1，達到動態平衡。法律風險為人為風險，其法學方法論六個動態平衡模型之建構及交互應用，不斷穿梭於抽象規範與具體事實間驗證，學以致用，從解決現實問題中，接近使用法律的邏輯與經驗，從法典書本中的法律，走向社會生活事實中的法律，政府他律與市場自律能動態平衡，各行各業也都能在日常生活中，有效預防民事、刑事、行政法律責任風險，安居樂業。

　　法理（哲）學並非玄學清談，而是帶有實踐面向，是一種實踐之知（practical knowledge），從研究到社會實踐，科技理性的實證主義社會科學知識論，典範轉移（paradigm shift）成強調人性價值與主觀方法的後實證主義社會科學[69]，法律風險管理理論認識模型之建構，即是為了對話、實踐、解決問題，並非為學術而學術，或製造更多無解的難題。在科學研究的過程中，理論建構對研究目的、研究設計及研究累積，有決定重要性，根據理論建構的模型去長期的有耐心的建造理論系統，才能達到有效的科學研究[70]。科學哲學的學理動機，是將所有科學理論置於建構論視界中進行一種歷史主義的闡釋[71]。本文認為先驗理性（理性主義）與經驗實證（經驗主義）的分歧是辯證的、動態平衡的，先驗理性透過經驗實證的檢驗才能鞏固深化，論證是一門學問，讓你的觀點更有說服力，但只有論證是不夠的，必須能實際解決問題，化解衝突矛盾

---

[69] 顏厥安（2012），〈分析的轉向與實用主義：戰後台灣法理學發展史初探〉，載於：《戰後台灣法學史（上冊）》，頁119。徐世榮著（2016），張雅綿整理，《土地正義：從土地改革到土地徵收，一段被掩蓋、一再上演的歷史》，頁206-208。

[70] 易君博（1993），《政治理論與研究方法》，8版，頁7-10。

[71] 馮黎明（2014），《學科互涉與文學研究方法論革命》，頁45。

才有意義。學者指出「紅／黃／綠」當作是獨立存在的顏色，就沒有什麼意義，它們之所以能發揮交通號誌的作用，在於這三種顏色之間的對立關係及相互轉換，紅色停止及綠色通行，構成二元對立的向度，黃色「注意」、「準備停止」則有中介意義，三個顏色所組成的交通號誌結構，反映人腦認知色譜現象，而「建構實在論」（constructive realism）的主要目的，是要在哲學上提出一套知識論的策略，讓不同學科所建構出來的知識體系得以整合，以擴大視域，實踐性外推（pragmatic stran-gification）普遍化[72]。本文即致力於將 LRM 之動態平衡觀，「外推」延伸，類比應用於各法律領域實務問題之解決。

　　法律糾紛發生主因為利益之衝突與不平衡，包括立法不完備，行政行為違法，司法裁判違背法令，民眾守法意識薄弱，輕忽法律風險，不慎涉及法律責任，當事人富貴險中求，故意違反誠信、違約、侵權、犯罪、觸法，甚至只是「奇檬子」心理問題。本文對法律風險管理預防法學、政策法學之理論與實用，在「建構實在論」科學哲學之理路脈絡中，採「西學為體，中學為用」之法、理、情宏觀視野，以人性尊嚴為主流核心價值，管見綜合應用六個模型執簡馭繁，既尋求人生哲學之動態平衡，亦致力於法學方法論之創新典範，從技術操作，提升至戰術、戰略管理層級，形塑法律風險管理文化。在茫茫法海中，不斷透過理論、規範及實踐之交互作用，建構法秩序圖像，期能在法律風險之溝通、評估、承擔、規避、移轉、控制上，發揮動態平衡之功能，提出外部監督制衡和內部控制解決之最適行動方案。法律風險管理動態平衡之科學，在於客觀實證研究，量化、質性分析事實，掌握法律邏輯，歸納法律風險類型，尋求他律與自律動態平衡之道，並將其應用於各行各業之經驗中，趨吉避凶。而法律風險管理動態平衡之藝術，在於主觀上抱持積極創新、多元、開放、彈性之心態，從事客觀法律風險管理之實

---

[72] 黃光國（2013），《社會科學的理路》，3版，頁252-254、424-426、433-437。

務，到追求人生之動態平衡。綜上所述，法律風險管理動態平衡理論模組綜合運用，可融通於公法與私法、實體法與程序法、傳統六法與跨領域法規範，並得應用於相關教學、考試、服務及研究之實踐中，期待能拋磚引玉，正向肯定並強化法律風險管理動態平衡之實用性。

第十一章

Constitutionally Unitary and Decentralized in Form, But Instrumentally in Practice: Legal Historical Review of Claim of Governmental System and the case study of *Daerah Istimewa Yogyakarta* as the Special Autonomous Regions in Indonesia

Ming-Hsi Sung[*]
Hary Abdul Hakim[**]

1. Introduction
2. Analysis and Discussion
3. Conclusion

[*]Assistant Professor & Director, East Asia Law Center, Asia University

[**]Research Assistant, PAIR Labs

[***]Ming-Hsi Sung, LL. B, National Taiwan University, LL.M, JSD, New York University; Assistant Professor & Director, East Asia Law Center, Department of Financial and Economic Law, Asia University, Taiwan.

Hary Abdul Hakim, Research Assistant, PAIR Labs; Assistant Research Fellow, East Asia Law Center, Department of Financial and Economic Law, Asia University, Taiwan.

Abstract

The professed constitutional unitary state claim has been highly debated in Indonesia. Some argue that Indonesia is a unitary state in name, pursuant to Article 1 Para. I of the Indonesian Constitution, while Constitutional reforms after 1998 when the autocratic President Gen. Soeharto stepped down granted broad authority to local governments, leading Indonesia to a quasi-federation situation in practice. On the other hand, some insist that decentralization embedded in the Constitution Article 18 Para. II, by no means makes Indonesia federal. This article takes the Act No. 13 of 2012 [the Daerah Istimewa Yogyakarta Special Autonomy Act, *Keistimewaan Daerah Istimewa Yogyakarta*] granting autonomy to Daerah Istimewa Yogyakarta as a case study to argue for the latter, asserting that the case merely exemplifies the decentralization characteristic embedded in the Constitution, even though the decentralization policy has been employed instrumentally in Indonesia. This paper first examines the political features of federalism through a legal historical perspective, showing that the current state system in Indonesia is decentralized but not federal. This paper then uses the case of Daerah Istimewa Yogyakarta to prove that the recognition of Daerah Istimewa Yogyakarta as an autonomous region is simply a practice of constitutional decentralization. This paper concludes with the finding that decentralization as well as the special autonomy region policy has been employed by the central government instrumentally to deal with political crises, and this instrument is expected to be used as handy appeasement again in the future when necessary.

Keywords：special autonomous region, unitary, federal, decentralization, Yogyakarta, Keistimewaan.

1. Introduction

The issue of special autonomy region in Indonesia has recently been a hotly debated issue of Indonesian Constitution. Through the *Act No. 13 of 2012 (Keistimewaan Daerah Istimewa Yogyakarta, the Daerah Istimewa Yogyakarta Special Autonomy Act, KDIY hereinafter) Daerah Istimewa Yogyakarta* (Yogyakarta Special Autonomy Region, *DIY hereinafter*) has been granted special autonomy, and thereby *DIY* possesses the special power to conduct her own governmental system, and to stipulate rules specifically for the *DIY* region.[1] Nevertheless, this autonomous power creates a conflicting situation in Indonesia—despite the fact that Indonesia *constitutionally* proclaims a unitary state status, she otherwise has a special region with a separate and distinguished autonomous governmental system. Whether or not the situation has brought any impact or change to Indonesia's claimed state status, and what causes Indonesia as a unitary state to adopt a seemly ambivalent special autonomy system, are two issues worthwhile for a social-legal discussion.

Referring to legal historical review, the fact that Indonesia is a unitary state after the 1945 Constitution entered into force on August 18, 1945 is undoubted. The Constitution clearly declared that "the Indonesian State is a unitary State in the form of Republic" (Article 1 para. (1) of the 1945 Constitution).[2] However, this fact became disputed later. On December 27,

---

[1] The reason why this paper employs Yogyakarta as a case study is that she is culturally unique and this case is representative in terms of the recognition of special autonomy region in Indonesia.

[2] Indonesian 1945 Constitution Article 1 (1) The State of Indonesia shall be a uni-

1949, Indonesia was forced to change into a federation, the Republic of the United States of Indonesia (*RIS hereinafter*), which consists of 7 states and 9 autonomous regions, according to the agreement of *Konferensi Meja Bundar* (KMB-Round Table Conference) in 1949 with the Dutch Colonial Authorities and *Bijeenkomst voor Federaal Overleg* (*The Federal Deliberation Assembly, BFO hereinafter*).[3]

RIS did not last long. *RIS* dissolved on August 17, 1950, and Indonesia was rebuilt after combining regions from Sabang to Merauke. Thus, since 1950, Indonesia has officially returned to a unitary state system and replaced the 1949 Federal Constitution of the United States of Indonesia by the Provisional Constitution of 1950 *(UUDS 1950 hereinafter)* on 17 August 1950. However, The Provisional Constitution (*UUDS*) is temporary in nature, since Article 134 of the *UUDS* mandates that "as soon as possible the Constituent Assembly and the Government should establish the Constitution of the Republic of Indonesia which will replace this 1950 Constitution".

Because the *UUDS* once made Indonesia federal, the appeal for Indonesia to adopt a federal state system has remained after 1949.[4] For example,

---

tary state, with the form of a Republic. (2) Sovereignty is vested in the people and implemented pursuant to the Constitution. (3) The State of Indonesia is a state based on the rule of law. *See* http://www.unesco.org/education/edurights/media/docs/b1ba8608010ce0c48966911957392ea8cda405d8.pdf (last visited March 1, 2020)

3 Jakob Tobing, Unitary State of the Republic of Indonesia, Jan 6, 2015, Institute Leimena, *available at* http://leimena.org/eng/2015/01/06/unitary-state-of-the-republic-of-indonesia-1/?fbclid=IwAR15haIB9z8NUNmARfcCjAd_WrVaG497GWGafvDq39ShtjVJnGPijm-WeLSs (last visited Jul 27, 2019)

4 Rizang Wrihatnolo, *Federal State or Unitary State* (Indonesia, Between The Choices of Federal State, Unitary State and Decentralization), *avalaible at* https://www.bappenas.go.id/files/7013/5228/2209/rizang__20091015092930__2292__0.rtf (last visited Jan. 30

Amien Rais, as a reform figure and co-founder of the Indonesian People's Consultative Assembly, proposes Indonesia to become a federation in order to avoid the breakup of the Indonesian state.[5] After all, the federal state system was a cogent alternative to solve the nation's long lasting disintegration and separation problems.[6]

Moreover, in Indonesia, regional autonomy (*otonomi daerah, or "Otda"*) is simply a loose term used by government ministers and the media to describe the delegation of authority and functions from the central to regional governments, as promulgated in Law No 22 of 1999. Law 22 of 1999 on *Pemerintahan Daerah* (Regional Governance)[7] and its partner, Law No.25 of 1999 on *the Perimbangan Keuangan Antara Pemerintah Pusat dan Daerah* (Fiscal Balance between the Central Government and the Regions).[8] These

---

2020).

[5] Kompasiana, *Kenapa Sistem Negara Federasi Tidak Cocok untuk Indonesia? (Why is the Federated State System not Suitable for Indonesia?)*, *available at* https://www.kompasiana.com/dendy166/59a47e2e7dd0952ca43f7202/kenapa-sistem-negara-federasi-tidak-cocok-untuk-indonesia (last visited Jul 27, 2019)

[6] Ricklefs, M.C. (2008) [1981]. A History of Modern Indonesia Since c.1300 (4th ed.). London: MacMillan. ISBN 978-0-230-54685-1. P. 365-366.

[7] This law sets up the framework for regions to regulate and manage their own interests. Therefore, this law is in accordance with Article 2 paragraph 1 of the Constitution, which provides: "The territory of the Unitary State of the Republic of Indonesia is divided into Provincial Regions, District Regencies and Municipal Areas that are autonomous" Law 22 of 1999 available at http://dpr.go.id/dokjdih/document/uu/UU_1999_22.pdf (last visited March 1, 2020)

[8] After the implementation of regional autonomy, the regions may get 70% of the revenue of the management of their own natural resources to be utilized for the advancement of their own regions. Law No.25 of 1999 available at http://dpr.go.id/dokjdih/document/uu/UU_1999_25.pdf(last visited March 1, 2020)

two laws accommodate the framework for transferring authority, human and financial resources from the central government to the regions,[9] establishing a new paradigm in the implementation of regional autonomy, since the laws have provided regional autonomy broadly in accordance with democracy, community participation, equity, and consideration, to provinces and various regions.[10] But using the term autonomy by no means indicates that Indonesia would adopt federalism in a strict sense.

Decentralization has been provided to explain the aforementioned transfer of authority. Although since the Dutch and Japanese colonial period up to the early Independence in 1945, decentralization has a constitutional foundation in Indonesia as mentioned in Article 18 (2) of 1945 Constitution "(2) The regional authorities of the provinces, regencies and municipalities shall administer and manage their own affairs according to the principles of regional autonomy and the duty of providing assistance *(Tugas Pembantuan)*",[11] this paper argues that the recent policies regarding Indonesian decentralization/ regional autonomy need to be understood in a broadened historical, political and legal setting. Indonesia by no means consists of states under the state. With the existence of great diversities within and among the regions, Indonesia has to take the territorial decentralization system as a central value in order to give the central authorities to manage regions and provinces in this

---

[9] What is regional autonomy, August 2000, available at https://www.downtoearth-indonesia.org/story/what-regional-autonomy (last visited Jul 27, 2019)

[10] Meiza and Simanjuntak R., 2018, *Pengaruh Desentralisasi terhadap Masuknya Investasi pada 32 Provinsi di Indonesia (The Impact of Decentralization on Investment in 32 Provinces in Indonesia)*, Simposium Nasional Keuangan Negara (SNKN), p. 1003.

[11] Maribeth Erb, Priyambudi Sulistiyanto and Carole Faucher, 2005, Regionalism in Post-Suharto Indonesia, Routledge Curzon, New York, p. 3.

country. Those regional governments in fact act as the representatives of the central government in the provinces/regions. Furthermore, Indonesia as a state with extensive territory, has to rely on regional decision-making to make her government efficient.[12] Finally, democratization after 1999 also plays an important role in the formation of the decentralization policy.[13] At this time Indonesia is carrying out the most rapid and widespread decentralization efforts in response to the request for implementation of decentralization, and this fact was supported and responded by the House of Representatives that enacted two abovementioned laws (Law No. 22 of 1999 on *Pemerintahan Daerah* and the Law No. 25 of 1999 on the *(Perimbangan Keuangan Antara Pemerintah Pusat dan Daerah)* at once on April 1999. Thus, the recognition and implementation of special autonomy regions in Indonesia illustrate decentralization in Indonesia, though for certain political reasons, when one looks into the social-political backgrounds of the formation of this policy.

2. Analysis and Discussion

2.1 Historical Review of Constitutional Situations in Indonesia: To be Unitary or Federal?

Generally speaking, there are two types of states status internationally,

---

[12] Tierney, S., May 2009, *Federalism in a Unitary State: A Paradox too Far, Regional & Federal Studies,* Routledge, Vol. 19(2), 237-253, p. 238.

[13] Rudy, Desentralisasi Indonesia: Memupuk Demokrasi dan Penciptaan Tata Pemerintah Lokal (Indonesia's Decentralization: Fostering Democracy and Local Governance Creation), *Jurnal Ilmu Hukum, Universitas Lampung, ISSN 1978-5186,* Vol 1, Number 1, Januari- April 2007.

i.e. unitary and federal. Adopting the unitary system seems to be inevitable for Indonesia mainly because of political realities. The Republic of Indonesia has become independent on August 17, 1945, after a long period of the Dutch colonial rule and Japanese wartime occupation. The Independence also proclaimed jurisdiction over regions from Sabang in Sumatra to Merauke in Papua, many of which possess different cultures from the authorities in Jakarta.[14] Nationalism therefore was the most important core value across the country during that time.

In terms of law, pursuant to the 1945 Constitution, it is understandable that the Indonesian founders prefer the idea of Indonesia as a unitary state in name after the Independence. The idea is clearly written in the 1945 Constitution Article 1 Paragraph 1:"The state of Indonesia shall be a unitary state in the form of a republic".[15] This constitutional design in state status was surely made to help unify a highly diversified Indonesia, which consists of vast archipelago of more than 13,667 islands, around 300 ethnic and sub-ethnic groups, and more than 668 languages and dialects that are native to Indonesia.[16] A unitary state also means that all regions and provinces in Indonesia are controlled by the central government, and all national policies implemented nationwide are made in Jakarta. There is no tolerance for any diversion in any local region. Namely, all regions and provinces are deemed equal and well controlled by the central government.

---

[14] Encyclopedia Britannica, Indonesia Government and Society, available at https://www.britannica.com/place/Indonesia/Theatre-and-dance (last visited July 12, 2019).

[15] Article 1 (1) of Indonesian 1945 Constitution.

[16] Jacques Bertrand, Oct 2007, Indonesia's Quasi-Federalist Approach: Accommodation Amid Strong Integrationist Tendencies, International Journal of Constitutional Law, Volume 5, Issue 4, 576-605; p.581.

Nevertheless, there is another article that seems contradictory to the unitary state status claimed by the Article 1 of the Indonesia Constitution. According to Section VI Article 18 (Article 18A and Article 18B), which is the constitutional basis for the implementation of the contradiction in Indonesia, the division of authority between the central government and the local regions/provinces is stipulated in detail, and the central government only retains residual power.[17] These two articles were enacted on the second amendment to the 1945 Constitution on August 18 2000.[18] In this amendment, there total-

---

[17] Wiyono Suko, (2010), *Reaktualisasi Pancasila dalam Kehidupan Berbangsa dan Bernegara (Re-actualizing of Pancasila in the Life of Nations and States)*, Malang: Wisnuwardhana press, p.20-21

[18] Article 18 (1) The Unitary State of the Republic of Indonesia is divided into provinces and a province is divided into *kabupaten* and *kota*, with each province, *kabupaten* and *kota* having its own regional administration, regulated by law. (2) The administration of a province, of a *kabupaten*, and of a *kota* shall regulate and manage its own government matters in accordance with the principles of regional autonomy and the duty of providing assistance. (5) A regional administration shall exercise the broadest possible autonomy, except for matters of governance that are determined by law as the prerogative of the Central Government. (6) A regional administration shall have the right to adopt regional regulations as well as other rules to implement autonomy and the duty of providing assistance. (7) The organization and mechanisms of implementing regional administration are to be regulated by law. Article 18A (1) Relations as to authority between the central government and the administrations of a province, a *kabupaten*, a *kota*, as well as between a province and a *kabupaten* or a *kota*, are to be regulated by law with special regard for the specificity and diversity of each region. (2) Relations as to finance, public services, the exploitation of natural and other resources between the central government and the regional administrations are to be regulated by law and implemented in a just and synchronized way. Article 18B (1) The State shall recognize and respect entities of regional administration that possess a specificity or a distinctiveness that are to be regulated by law. (2) The State shall recognize and respect, to be regulated by law, the homogeneity of societies with customary law along with their traditional rights for as long as they remain

ly were 25 article changes/additions, and among them there were 8 important adjustments, namely, (1) regional/decentralized autonomy; (2) Recognition and respect of specific or special units of local government and to the unity of indigenous peoples and their traditional rights; (3) Function affirmations and rights of DPR (*Dewan Perwakilan Rakyat*, the House of Representatives); (4) The affirmation of the NKRI (*Negara Kesatuan Republik Indonesia*, National Republic of Indonesia) as an archipelago that characterizes the archipelago with territories whose boundaries and rights are established by law; (5) The expansion of constitutional guarantees of human rights; (6) State defense and security systems; (7) Separation of TNI (*Tentara Nasional Indonesia*, the Indonesian Military) structure and function with POLRI (*Polisi Republik Indonesia*, the Indonesia Police); and (8) the setting of the flag, language, emblem of the state, and national anthem.[19] Delegation of government power and authority to regions from the central governments obviously is the core of this amendment, though the official term employed is decentralization.

Some argue that this constitutional shift makes Indonesia federal or quasi-federal.[20] In fact, Indonesia once was a federation.[21] The federal system

---

in existence and in agreement with societal development and with the principle of the Unitary State of the Republic of Indonesia.

[19] See http://ditjenpp.kemenkumham.go.id/htn-dan-puu/685-perubahan-undang-undang-dasar-antara-harapan-dan-kenyataan.html(last visited Feb. 28, 2020)

[20] See "Quasi-federalism" in Indonesia, available at https://www.forest-trends.org/wp-content/uploads/imported/6-quasi-federalism-in-indonesia-pdf.pdf (last visited Feb. 28, 2020); Rizang Wrihatnolo, Federal State or Unitary State, available at https://www.bappenas.go.id/files/7013/5228/2209/rizang__20091015092930__2292__0.rtf (last visited Feb. 28, 2020)

[21] According to Wheare (1964), federalism is the method of dividing powers of government in a state so that general and regional governments are each within a sphere, coordinate

shortly adopted by Indonesia in 1949-1950 was imposed by the Dutch for a "divide and rule" strategy.[22] Lieutenant Governor General of the Dutch, H.J. van Mook first developed the federalized strategy to integrate the Republic of Java by establishing large federal states in Sumatra, Kalimantan and the "Great East".[23] The change of the state form of Indonesia into a federation, the Republic of the United States of Indonesia [*hereinafter Republik Indonesia Serikat (RIS)*[24]] ,was approved by the Round Table Conference—the *"Konferensi Meja Budar [hereinafter KMB]*[25]"— held in the Hague. Several parties were

---

and independent. See Ikeanyibe Okechukwu., July 2014, Three-Tier Federative Structure and Local Government Autonomy in Brazil and Nigeria, Mediterranean *Journal of Social Sciences MCSER Publishing*, Vol. 5 No. 15, Rome-Italy. p. 560. Furthermore, Elazar proposed the definition of Federalism as: *"Federal principles are concerned with the combination of self-rule and shared rule. In the broadest sense, federalism involves the linkage of individuals, groups and polities in lasting but limited union, in such a way as to provide for the energetic pursuit of common ends while maintaining the respective integrities of all parties. Federal systems do this by constitutionally distributing power among general and constituent governing bodies in a manner designed to protect the existence and authority of all. In federal systems, basic policies are made and implemented through negotiation in some form so that all can share in the system's decision-making and executing processes See* Lane, Jan-Erik., 2011, Federal Realities, University of Freiburg, *International Journal of Politics and Good Governance*, Volume 2, No.2.1 Quarter I. p. 2.

[22] Gabriel Ferrazzi, Using the "F" Word: Federalism in Indonesia's Decentralization Discourse, *Publius*, Vol. 30, No. 2 (Spring 2000), Oxford University Press, pp. 63-85.

[23] Anthony Reid, 2007, Federalism *in Asia "Indonesia's Post-Revolutionary Aversion to Federalism",* Edward Elgar Publishing Limited, United Kingdom, p. 144.

[24] RIS states consist of seven state parties, namely, (1) Republic of Indonesia State, (2) East Indonesia State, (3) Pasundan State, (4) East Java State, (5) Madura State, (6) East Sumatra State and (7) South Sumatra Sate. While, some region ae included as the autonomy region namely, (1) Central Java, (2) West Kalimantan, (3) Dayak *Besar*, (4) Banjar, (5) Southeast Kalimantan, (6) East Kalimantan, (7) Bangka, (8) Belitung, and (9) Riau.

[25] *Konferensi Meja Bundar* (KMB) was held from August 23, 1949 to November 2, 1949,

involved in *KMB*, including Indonesia which was represented by Drs. Moh. Hatta, Mr. Moh. Roem, and Prof. Dr. Mr. Soepomo, the Federal Assembly or *Bijeenkomst voor Federal Overleg* (BFO), and the Dutch. The United Nations Commission for Indonesia (UNCI) as a representative of the United Nations also joined this agreement.[26]

On December 18, 1949, Ir. Soekarno as the president of the RIS announced the new constituents for the first cabinet, a "national business cabinet, with due regard to the desires of the parties,"[27] namely, Drs. Hatta, Ide Anak Agung Gde Agung, Sultan Hamengku Buwono IX of Yogyakarta and Sultan Hamid II of West Borneo. On December 20, 1949 sixteen ministers were sworn in as the cabinet:

Table*

Ministry			Party
Prime Minister and Minister of Foreign Affairs	Drs. Moh Hatta	RI	Nonparty
Home Affairs	Ide Anak Agung Gde Agung	East Indonesia	Nonparty

---

and at that time the Indonesian delegation was led by Moh. Hatta. KMB concludes that the Netherlands surrender full sovereignty over Indonesia to RIS unconditionally, and recognizes RIS as an independent and sovereign country. See https://www.kompasiana.com/azzahraf/5cb66cfecc52837f7c131342/konferensi-meja-bundar-kmb-dan-pengakuan-kedaulatan (last visited March 1, 2020)

[26] Portal Sejarah, Sejarah Republik Indonesia Serikat (1949-1950) (History of the Republic of the United States of Indonesia (1949-1950)), Jun 3, 2017, available at http://idsejarah.net/2017/06/sejarah-republik-indonesia-serikat-1949.html (last visited Aug 23, 2019)

[27] Herbert Feith, *The Decline of Constitutional Democracy in Indonesia*, Jakarta, Equinox Pub., 2007, p. 48.

Ministry			Party
Defense	Hamengku Buwono I, Sultan of Yogyakarta	RI	Nonparty
Finance	Mr. Sjafruddin Prawiranegara	RI	Masjumi
Prosperity	Ir. Juanda	RI	Nonparty
Education and Culture	Dr. Abu Hanifah	RI	Masjumi
Labor	Mr. Wilopo	RI	PNI
Justice	Prof. Mr. Dr. Supomo	RI	Nonparty
Communication and Public Work	Ir. Herling Laoh	RI	PNI
Information	Arnold Mononutu	East Indonesia	PNI
Health	Dr. Johannes Leimena	RI	Parkindo
Social Affairs	Mr. Kosasih Purwanegara	Pasundan	Nonparty
Religious Affairs	K.H. Wachid Hasjim	RI	Masjumi
State	Hamid II, Sultan of Pontianak	West Kalimantan	Nonparty
State	Mr. Mohammad Roem	RI	Masjumi
State	Dr. Suparmo	Madura	Nonparty

*Resource: https://wawasansejarah.com/sejarah-republik-indonesia-serikat/?fbclid=IwAR2 TBybCB5DAXElfjg8vwV04KSgnzXdfEmsfdfi1kf2PqhcdMBXcmOYO1_k

The federal constitution was promulgated on December 27, 1949. The designation in the constitution was the Republic of the "United States of Indonesia," and Article 1 expressly described the state structure as federal:

"An independent and sovereign Republic of the United States of Indonesia is a democratic and constitutional state-law in the form of a federation".[28]

The Republic of the United States of Indonesia consisted of 16 member states and autonomous regions, and the first and foremost among the states

---

[28] See http://hukum.unsrat.ac.id/pres/konstitusi_ris.pdf (last visited March 1, 2020)

was the Indonesian Republic, according to Article 2 of the 1949 constitution.[29] Most of the other states and all of the autonomous regions had been sponsored by the Dutch in an effort to counteract the influence of the Indonesian Republic. Furthermore, the federal constitution provided another featured system of federalism—a bicameral legislature, consisting of a house of representatives and a senate (the senate was a body of government appointees

---

[29] The Republic of the United States of Indonesia covers all regions of Indonesia, namely, the joint regions:

  a. The Republic of Indonesia, with regions according to the status quo as mentioned in the Renville Agreement on 17 January 1948;

    State of East Indonesia;

    Pasundan State, including the Djakarta Federal District;

    East Java State;

    Madura State;

    The State of East Sumatra, with the understanding, that the status quo Asahan Selatan and Labuhan

    Batu related to the State of East Sumatra remains in force;

    South Sumatra Country;

  b. State units which are upright themselves;

    Central Java;

    Bangka;

    Belitung;

    Riau;

    West Kalimantan (Special Region);

    Dajak Besar;

    Bandjar area;

    Southeast Kalimantan; and

    East Kalimantan;

  a. and b. it is the territories which with independence determine their own destiny to be united in the federation of the Republic of the United States of Indonesia, based on those stipulated in this Constitution and again

  c. the rest of Indonesia which is not part-region

from the states and autonomous regions).[30]

However, the federal government system that resulted from the *KMB* did not last long. The recognition of sovereignty on December 27, 1949 actually led to a call for national unity movement that not only emerged from the Indonesian elite, but also from all civil groups.[31] This movement demanded the federal state design to be transformed into a unitary one, because it is not in accordance with the ideal of the country as stipulated in the 1945 Constitution. In fact, the *RIS'* dissolution even strengthened the wishes of the member states that expect to return to the unity of Indonesia. Finally, the dissolution of *RIS* characterized by the formation of the Provisional Constitution Act (*Undang-Undang Dasar Sementara*/UUDS) in 1950.[32] This Provisional Constitution Act serves as a sign of the re-establishment of Indonesia as a unitary state which came into force on 17 August 1950.[33]

In the 1945 Constitution amendment process during 1998-2002, an input from a small group of citizens was also discussed in terms of changing Indonesia from a unitary state into a federation. The promotor who support Indonesia become federal state was driven by a prominent reform figure,

---

[30] Leyser J, Legal Development in Indonesia, *The American Journal of Comparative Law*, Vol. 3 No. 3, Summer 1954, 399-411, p. 400.

[31] Haryono Rinardi, Dari RIS Menjadi Negara RI: Perubahan Bentuk Negara Indonesia pada Tahun 1950 (From the Indonesian United State to become the Republic of Indonesia: Indonesian State Forms Changes in 1950), *Jurnal Ilmu Humaniora,* Vol. 12, No. 2, 181-192, p. 182.

[32] Rifai Shodiq Fathoni, *Republik Indonesia Serikat (United States of Indonesia)*, (1949-1950), Oct 1, 2016, available at http://wawasansejarah.com/sejarah-republik-indonesia-serikat/#_ftn1 (last visited Jul 20, 2019)

[33] See http://www.dpr.go.id/dokjdih/document/uu/1657.pdf (last visited March 1, 2020)

Amin Rais,[34] who promotes the idea of Indonesia's future to be transformed from a unitary state into a federal state, together with the *Partai Amanat Nasional (*National Mandate Party) and several other reform figures, including Adnan Buyung Nasution, Ichlasul Amal, Anhar Gonggong, Faisal Basri, Sri Soemantri,[35] Ismail Sunny,[36] Romo Mangun Wijaya, and dan Dawam Rahardjo. But these ideas didn't gain enough support, and was not accepted by the congress.[37] The reason for this rejection is the concern that if Indonesia turns into a federal state then separatism movement might follow.[38]

---

[34] As one of the leading supporters of democracy, his speech at the Salman Mosque of ITB is an important agenda in order to unite the public's perception of the demands for reform. For a more complete description see Amien Rais' speech titled "Succession 1998: A Must". In Amien Rais, Suara, Amien Rais Suara Rakyat, Gema Insani Press, Jakarta, 1998, p. 21

[35] Sri Soemantri argues that justice for regions can be better realized through a federal state design. See interview with Sri Soemantri, *Jurnal Pasar Modal Indonesia,* Januari 2000, hlm. 45-60.

[36] Ismail Sunny asserts that the idea of a federal state is a path that can bridge a unitary State and separatism. The federation idea should not be interpreted as a divided Indonesia state, because it is considered to be an adhesive of national unity. See *Republika*, 6 Desember 1999.

[37] According to BJ. Habibie (Indonesian President year 1998-1999), the constitutional provision of regional autonomy by no means equal to federalism. See Bj. Habibie, *Detik-Detik yang Menentukan: Jalan Panjang Indonesia Menuju Demokrasi, THC Mandiri,* Jakarta, 2006, p. 266-288.

[38] According to Moh. Mahfud MD., the reason why Indonesian people would not support is because the people misunderstand the meaning of a federal state and the fear that a federal state would make Indonesia a potential divided country. See Ni'matul Huda dan Despan Heryansyah, Kompleksitas Otonomi Daerah Dan Gagasan Negara Federal Dalam Negara Kesatuan Republik Indonesia, Jurnal Hukum Ius Quia Iustum Faculty of Law, Universitas Islam Indonesia, Vol 26, issue 2, Mei 2019, pp 238-258, p.242; see also Ni'matul Huda dan Despan Heryansyah, Kompleksitas Otonomi Daerah Dan Gagasan Negara Federal

The federalist demand was ultimately answered by the aforementioned policy of autonomy. Thus, this policy clearly is the result of a compromise between the demands of the federalists and the unitarists. Meanwhile, this policy can also appease the separatists. The fifth paragraph of the additional Article 37 of the Constitution regulating the procedure for changing the 1945 Constitution thus reiterated and emphasized that *"particularly, regarding the form of unitary state of the Republic of Indonesia, there can be no change."*[39]

Therefore, from a legal historical perspective, the fact that Indonesia in terms of constitution is unitary but not federal is clear, though this fact might maintain the unitary republic system in name only. Federalism only had been instrumentally adopted for uniting this massive country with specific colonial crafty plot, but at last backfired with outweighed demand and support for unity from the people. The latest amendment of the 1945 Constitution even re-assures the unitary state form. Indonesia as a federal state thus was a historical past event, has been a political suggestion, but is not a political practice, at least nominally in official stance, in modern Indonesia.

Regardless of the legal historical review and constitutional re-assertion of the 4th amendment in Article 37, the recognition of special autonomous region in 2014 in Indonesia has provoked another challenge to the unitary state form. To test the official proclamation of the unitary state form, it is necessary to examine the issue of special autonomous region.

Dalam Negara Kesatuan Republik Indonesia, *Jurnal Hukum Ius Quia Iustum Faculty of Law, Universitas Islam Indonesia,* Vol 26, issue 2, Mei 2019, pp 238-258

[39] Indonesian 1945 Constitution Article 37 Paragraph 5

2.2 Practice of Constitutional Decentralization in Indonesia and The Case Study of Yogyakarta Special Autonomous Region

2.2.1 Constitutionally Decentralized in Design but Instrumentally Employed in Practice

Decentralization as a constitutional design to delegate a certain degree of meaningful autonomy to subnational tiers of government has been popular in the world, especially for most developing countries that had been inflicted by authoritarianism and colonialism. One of the reasons for this system's popularity lies on attempts to maintain national unity through linking both central and regional governments.[40] Among the South East Asian post-colonial and post-authoritarian countries, Indonesia is a good example of implementing decentralization.[41]

The constitutional design of decentralization in the 1945 Constitution nevertheless seemingly contradicts the consistent official unitary claim. The practice of regional autonomy in fact has been adopted earlier since the revolution era after the Indonesian independency in 1945, although some argue

---

[40] Ronald, Wittek and Woltjer, Decentralization and Governance in Indonesia, Springer, Volume 2, 2006, Springer Int. Pub., London, p. 5.

[41] Decentralization means a process of transferring power, resources and responsibilities from the central to the sub-national levels of government, creating a horizontal relationship among a multitude of actors both public and private. Decentralization also aims to promote good governance by enabling citizen participation and democratic elections. In other words, the outcome of decentralization should result in a more participatory government for citizens and improved delivery of public services because of the local participation and accountability. See http://www1.worldbank.org/publicsector/decentralization/political.htm#2 (last visited March 1, 2020)

that the practice in Indonesia has been largely one of "deconcentration,"[42] not decentralization.[43] *UU No. 1 Tahun 1945 tentang Kedudukan Komite Nasional Indonesia* (The Law No. 1 of 1945 on the Stipulations of the Position of Regional National Committee)[44] emphasizes on the aspirations of people's sovereignty through the formation of representative bodies in each region and province. The law provides three types of regional autonomy, namely, resi-

---

[42] See. World Bank Group, "Deconcentration --which is often considered to be the weakest form of decentralization and is used most frequently in unitary states-- redistributes decision making authority and financial and management responsibilities among different levels of the central government. It can merely shift responsibilities from central government officials in the capital city to those working in regions, provinces or districts, or it can create strong field administration or local administrative capacity under the supervision of central government ministries," available at http://www1.worldbank.org/publicsector/decentralization/admin.htm#top. (last visited March 1, 2020)

[43] Alm, James, Robert H. Aten and Roy Bahl, 2001, "Can Indonesia Decentralise Successfully? Plans, Problems and Prospects", *Bulletin of Indonesian Economic Studies*, Vol. 37, No. 1, 2001: 83-102.

[44] For the first law of the regional government is about the day-to-day administration with the assistant of the Regional National Committee: e.g Law No. 1 of 1945, see http://www.dpr.go.id/dokjdih/document/uu/813.pdf (last visited March 1, 2020). There in fact are a series of legislations for advancing regional autonomy: e.g. Law No. 22 of 1948 (focusing on the arrangement of democratic regional government structures), see http://ditjenpp.kemenkumham.go.id/arsip/ln/1948/uu22-1948.pdf (last visited March 1, 2020); generally, Indonesia has two types of autonomous regions, namely, ordinary autonomous regions and special autonomous regions stipulated by the Law No. 1 of 1957, see http://www.dpr.go.id/dokjdih/document/uu/1160.pdf (last visited March 1, 2020); Law No. 18 of 1965, see http://www.dpr.go.id/jdih/index/id/1474 (last visited March 1, 2020); moreover, Indonesia is generally divided into two types of Autonomous Region, one for the implementation of the principle of decentralization and the other termed Administrative Region: e.g. Law No. 5 1974, see http://www.dpr.go.id/jdih/index/id/746 (last visited March 1, 2020)

dency *(keresidenan)*, regency, and city.[45] On the other hand, the autonomy is set as a principle of local governance clearly mentioned in Article 18 of 1945 Constitution.[46]

After the authoritarian President Gen. Soeharto who had been in power for 32 years from 1966 to 1998 felled down in 1998,[47] the implementation of regional autonomy system was increasingly apparent and have been seriously carried out by the government.[48] The 1945 Constitution was amended and new laws were passed to democratize Indonesia. As part of this democratization, several steps have been taken by the central government to increase the flexibility of the political system, out of pressure in favor of decentralization and devolution of power, and accommodation of easing demands from ethno-nationalist/separatist groups in East Timor, Aceh, and Papua.

Decentralization has been seriously carried out by the central government for the first time by the enactment of those new laws. The enactment of Law No. 22 of 1999 on *Pemerintahan Daerah* (Regional Governance)[49] and the Law No. 25 of 1999 on *the Perimbangan Keuangan Antara Pemerintah Pusat dan Daerah* (Fiscal Balance Between the Central Government and the

---

[45] Sani Safitri, Sejarah Perkembangan Otonomi Daerah di Indonesia (Historical Development of Regional Autonomy in Indonesia), *Jurnal Criksetra, Vol. 5, Number 9, Februari 2016, 79-83, p. 80.*

[46] See the Article 18 of 1945 Constitution.

[47] Anwar Nasution, Government Decentralization Program in Indonesia, Asian Development Bank Institute, 2016, available at https://www.adb.org/sites/default/files/publication/201116/adbi-wp601.pdf (last visited July 10, 2019)

[48] Ahmad, Ehtisham and Ali Mansoor, 2002, Indonesia: Managing Decentralization, *IMF Working Papers* No. WP/02/136

[49] Available at http://www.dpr.go.id/jdih/index/id/423 (last visited March 1, 2020)

Regions)[50] employed as the guide to implement decentralization evidenced the seriousness, and at the same time, theoretically proved the fact that the practice of decentralization in the previous regime before 1999 tends to be deconcentration only.

Under the new system, which came into force on early January 2001, municipal and district governments accept greater authority, especially in terms of political, administrative and economic affairs within their own jurisdiction. Provincial administrations with appointed governors from the central government in Jakarta which previously had been responsible for coordinating Jakarta policy directives during Suharto's New Order gained no new power, and have been devolved most of their authority to the second-tier provincial level. On the other hand, Aceh[51], Papua, Yogyakarta and Jakarta, which are governed by separate arrangements of special autonomy,[52] have

---

[50] Available at http://www.dpr.go.id/dokjdih/document/uu/UU_1999_25.pdf (last visited March 1, 2020)

[51] Law No. 11of 2006 regarding Ache's autonomy is stated differently. Article 1 paragraph 2 states that:" Aceh is a provincial region which is a special legal community unit given special authority to regulate and manage its own government affairs and the interests of local communities in accordance with the laws and regulations in the system and principles of the Unitary State of the Republic of Indonesia based on the Constitution of the Republic of Indonesia. 1945, led by a Governor. "Aceh's privileges reflect more in the field of religious life in the form of the implementation of Islamic sharia for adherents in Aceh, while maintaining harmony between religious believers, including: worship, *Ahwal Alśyakhshiyah* (family law), *Muamalah* (civil law), *Jinayah* (criminal law), *Qadha* '(justice), *Tarbiyah* (education), *Da'wah, Syiar*, and the defense of Islam. Available at http://mohammad-darry-fisip12.web.unair.ac.id/artikel_detail-79332-Politik%20Pemerintahan%20Lokal-Aceh%20Jogja%20Papua.html. (last visited March 1, 2020)

[52] Miller, M.A., Decentralizing Indonesian City Spaces as New "Centers", *International Journal of Urban and Regional Research*, 37 (3), May 2013, 834-848, p. 838.

won more authority than before.

The role of regional autonomy was then approved by establishing two enactments in 2004 (Law No. 32 of 2004 on the implementation of autonomy[53] and Law No. 33 of 2004 on the financial balance[54]), so that each region could have the power for progressing natural resources.[55] According to Law No. 32 of 2004 on *Pemerintah Daerah* (Regional Governance) Article 1 paragraph 5, the definition of regional autonomy is the right, authority, and obligation of autonomous regions to regulate and manage their own government affairs and the interests of local communities in accordance with statutory regulations. Furthermore, Law No. 33 of 2004 amends the previous Law on *the Perimbangan Keuangan Antara Pemerintah Pusat dan Daerah* (Fiscal Balance Between the Central Government and the Regions) and therefore local regions can have more financial power. With this new law, the district/city government is positioned as a subordinate of the provincial government, even in the case of making local regulations (*Peraturan Daerah)* on regional budget and expenditure (*Anggaran Pendapatan dan Belanja Daerah, APBD*), as mentioned in article 69 of Law No. 33 of 2004.[56]

But meanwhile this law also reminds the existence of the connection the

---

[53] Available at http://www.dpr.go.id/jdih/index/id/33 (last visited March 1, 2020)

[54] Available at http://www.dpr.go.id/jdih/index/id/34 (last visited March 1, 2020)

[55] S. Endang Prasetyowati, Meneropong Konsepsi Negara Kesatuan Dengan Sistem Otonomi Seluas-luasnya (Observing the Concept of the Unitary State with the Broadest Autonomy System), *Jurnal Keadilan Prograsif*, Vol. 2, Number 2, Sep 2011, 137-146, p. 139.

[56] Article 69 "(1) In the framework of implementing Regional Government, the Regional Government prepares RKPD which refers to the Government Work Plan as a single unit in the national development planning system. (2) RKPD as referred to in paragraph (1) is the basis APBD draft preparation".

state and the local autonomous regions. Law No. 32 of 2004 confirms that the local government in organizing government affairs has a connection with the central government and with the other local governments. The connection includes the connection of authority, finance, general service, utilization of natural resources, and other resources.[57]

The state further invalidated Law No. 32 of 2004 in 2014 by enacting Law No. 23 of 2014 that provides and emphasizes the new idea of co-administration (*tugas pembantuan*).[58] According to Law No. 23 of 2014, the authority of regional government includes the following matters.

1. The regional government shall administer governmental affairs according to the principle of autonomy and co-administration to the greatest extent in accordance with the system of the Unitary State of the Republic of Indonesia.

2. Based on the principle of co-administration, the regional government carries out concurrent government affairs surrendered by the central government as the basis for the implementation of regional autonomy.

3. The regional government's authority in carrying out general government affairs comes from the authority of the president, and the implementation of those affairs is delegated to the governor and regent / mayor, and shall be financed by the State Budget *(Anggaran Pendapatan dan Belanja Negr-*

---

[57] The meaning of "administrative relations" is the relationship that occurs as a consequence of the policy of organizing the local government which is a unity in organizing the State administration system. The meaning of "regional relationship" is the relationship that occurs as a consequence formed and the establishment of autonomous regions held in the territory of the unitary Republic of Indonesia. Thus, the area of the region is one unit of the state intact and rounded

[58] Available at http://www.dpr.go.id/jdih/index/id/1605 (last visited March 1, 2020)

ara/APBN).[59]

On March 18, 2015, Law No. 9 of 2015[60] amends Law No. 23 of 2014, additionally narrowing down the scope of power and authority that local governments and autonomous regions may have. According to Article 9 of the 2015 Law, government affairs consist of absolute governmental affairs *(Pemerintahan Absolut)*, concurrent governmental affairs *(Pemerintahan konkuren)*, and general governmental affairs *(Pemerintahan umum).* The absolute governmental affairs are entirely under the authority of the central government. The general governmental affairs are under the authority of the president as the head of the State. Only the concurrent governmental affairs are under the authority shared and divided between the central government and local governments/autonomous regions.[61] The extent of the authority the local regions can have are surely reduced again.

To sum up, the pace of implementing decentralization in Indonesia has been indecisive, if not reluctant. According to the 1945 Constitution, the territory of Indonesia is divided into provinces. Article 18 (1) of the Constitution provides: "The Unitary State of the Republic of Indonesia shall be divided

---

[59] Available at https://soppengkab.go.id/penjelasan-uu-nomor-23-tahun-2014-tentang-pemerintahan-daerah/

[60] Available at https://soppengkab.go.id/penjelasan-uu-nomor-23-tahun-2014-tentang-pemerintahan-daerah/

[61] Nurdiyana, Pengawasan Terhadap Implementasi Peraturan Daerah Dihubungkan Dengan Uu No.9 Tahun 2015 Tentang Perubahan Kedua Atas UU No. 23 Tahun 2014 Tentang Pemerintahan Daerah Dalam Menciptakan Tata Kelola Pemerintahan Yang Baik (Supervision on the Implementation of Local Regulations Connected with law No. 9 of 2015 on the Second Amendment to Law No. 23 of 2014 on Local Government in Creating Good Governance) (Good Governance) , *Jurnal Surya Kencana Dua: Dinamika Masalah Hukum dan Keadilan* Vol. 4 No.1 Juli 2017, 1-18, p.10.

into provinces [...], each of which shall have regional authorities which shall be regulated by law."[62] Provincial governments have the power to regulate the matters under their jurisdictions.[63] Based on the aforementioned Article 18 of the Constitution and the legal enactments, decentralization therefore is pro forma embedded in the Indonesian Constitution, and has been carrying out after 1999 along with the trend of democratization and the need to appease separatism through decentralization enactments. Nevertheless, the step toward decentralization has retreated since 2014 when the central government started to assert co-administration and confine the scope of authority delegated to local regions. Decentralization in Indonesia thus is obviously mere an instrument employed by the central government that has controlled the extent of decentralization.

2.2.2 The Case of Yogyakarta Special Autonomy Region

In terms of special autonomy region, Article 18 B (1) of the 1945 Constitution re-confirms decentralization, providing that the State recognizes and respects units of regional authorities that are special and distinct, which shall be regulated by law.[64] The Constitution expressly extends her decentralism to special autonomy regions. The case of recognizing *Daerah Istimewa Yogyakarta* (Yogyakarta Special Autonomous Region, *DIY*) a special autonomy region is conspicuous.

---

[62] Article 18 (1) of Indonesia 1945 Constitution

[63] Lily Bauw, Special Autonomy of Papua: A Review from the Perspective of the Unitary State of the Republic of Indonesia, *Papua Law Journal*, Volume 1 Issue 1, 1-26, Nov 2016, p. 2.

[64] Article 18 B (1) of Indonesia 1945 Constitution

DIY is a special region that has special authority in conducting her governance system in the unitary state of Republic Indonesia based on her distinctive history. Before the Indonesian independence, *DIY* was a region that had her own government, *Daerah Swapraja*, which means territories that have the right to self-governance. This term was used as an equivalent to the term in the Dutch colonial period, *zelfbestuur (plural zelfbesturen)*, namely, *Kasultanan Ngayogyakarta Hadiningrat* (Ngayogyakarta Hadiningrat Sultanate) *and Kadipaten Pakualaman* (Duchy of Pakualaman).[65] Kasultanan Ngayogyakarta Hadiningrat was founded by Pangeran Mangkubumi or Sultan Hamengku Buwono I in 1755, and Kadipaten Pakualaman was founded by Pangeran Notokusumo or Adipati Paku Alam I in 1813.

Daerah Istimewa Yogyakarta has been privileged to enjoy autonomy that is guaranteed by the law for a historical-political reason.[66] The Yogyakarta special autonomy region was established through a merger agreement on August 19 1945 between Yogyakarta Sultanate and Paku Alaman Kingdom on one hand, and the Indonesia government on the other.[67] Sri Sultan Hamengku Buwono IX and Sri Pakualaman stated that Daerah Kesultanan Yogyakarta and Daerah Pakualaman would join the then newly independent state and became part of Indonesia, with the condition to be entitled as *Daerah Istimewa*

---

[65] Yogykarta BPKP, Sejarah Keistimewaan Yogyakarta (History of Special Regions of Yogyakarta), available at http://www.bpkp.go.id/diy/konten/815/sejarah-keistimewaan-yogyakarta (last visited Jun 7, 2019).

[66] Bayu Dardias Kurniadi, Yogyakarta in Decentralized Indonesia: Integrating Traditional Institution in Democratic Transitions, *Jurnal Sosial dan Ilmu Politik* 190-203, Vol 13, Number 2, November 2009.

[67] Achmad Ubaidillaah, *A Study of Good Governance Index in Yogyakarta Special Region between 2012 and 2016,* Jurnal Kebijakan dan Administrasi Publik, 13-28, Vol. 21 (1), May 2017.

Yogyakarta (DIY). Sri Sultan Hamengku Buwono IX and Sri Paku Alam VIII became the Head and the Vice Head of *Daerah Istimewa Yogyakarta*. The fact is stated on three documents:

1. The Charter Made by Sri Sultan Hamengku Buwono IX and Sri Paku Alam VIII, in 19th August 1945 and President RI.

2. The Mandate of Sri Sultan Hamengku Buwono IX and Sri Paku Alam VIII, in 5th September 1945. (In separated documents)

3. The Mandate of Sri Sultan Hamengkubuwono IX and Sri Paku Alam VIII, in 30th October 1945. (In one document)[68]

Moreover, leaders' intention to maintain the cultural distinctiveness of Yogyakarta is crucial for the recognition. Both Sri Sultan Hamengku Buwono X of Kasultanan Ngayogyakarta Hadiningrat, the governor of DIY, and Sri Paduka Paku Alam IX of Kadipaten Pakualaman, the deputy governor of DIY, have tried hard to preserve the cultural values, traditions, and social unification of Java, where Yogyakarta locates. In order to fulfill the preservation task, the government of *DIY* therefore demands maintaining cultural distinctiveness and claims the power to maintain it.

The Indonesia central government enacted Law No. 3 of 1950 concerning the Establishment of the Special Region of Yogyakarta[69] that authorized *DIY* to handle various affairs in running the government as well as special matters, in response to the DIY leaders' demand to maintain the cultural

---

[68] Yogyakarta BPK, *Kajian Hukum Tentang Keistimewaan Daerah Istimewa Yogyakarta* (Law Studies on Special Regions of Yogyakarta*),* (2013), available at http://yogyakarta. bpk.go.id/wp-content/uploads/2013/06/Keistimewaan-DIY.pdf, (last visited Jun 5, 2019).

[69] Available at: https://www.hukumonline.com/pusatdata/detail/lt519f2fb32ad5b/node/950/ uu-republik-indonesia-no-3-tahun-1950-pembentukan-daerah-istimewa-jogjakarta# (last visited March 2, 2020)

uniqueness of *DIY*. Article 1 (2) Law No. 3 of 1950 expressly indicates that Yogyakarta is unique, stressing that it is not a province, but a province-level special region. This difference mainly reflects in the election of leaders. Regional leaders adopt the hereditary system instead of democratic election.[70]

The autonomy power of DIY was furtherly advanced through the enactment of Law No. 13 of 2012 on *Keistimewaan Daerah Istimewa Yogyakarta*,[71] which were ratified on 31 August 2012 and promulgated on 3 September 2012.[72] Article 4 indicates that this law aims to enable *DIY* to realize good and democratic governance, peace and well-being of the people, to guarantee the Unity in Diversity *(ke-bhineka-tunggal-ika-an)*, and to institutionalize the roles and responsibilities of the *Kasultanan* and *Kadipaten* in maintaining and developing the culture of Yogyakarta which is the nation's cultural heritage. The authority as special autonomy was stipulated in Article 7 paragraph 2, which includes: procedures for filling government positions, duties and authorities of the governor and deputy governor[73], *DIY* local gov-

---

[70] The DIY Privileges Arrangement in the statutory regulations since the establishment of the Unitary Republic of Indonesia remains consistent by recognizing the existence of a special region. Law 3/1950 on the Establishment of the Special Region of Yogyakarta is very short (only 7 articles and an appendix to the list of autonomy authorities). Source: Dinas Kebudayaan DIY available at https://budaya.jogjaprov.go.id/artikel/detail/209-penjelasan-uu-keistimewaan-diy. (last visited March 1, 2020) Article 1(1) stated that: Regions which include the area of the Sultanate of Yogyakarta and the Paku Alaman area shall be designated as Regions Special Jogjakarta (2) The Special Region of Jogjakarta is at the level of a Province.

[71] Available at: http://dpr.go.id/jdih/index/id/273 (last visited March 2, 2020)

[72] Pemerintah Daerah DIY, *Sejarah (History)*, available at https://jogjaprov.go.id/profil/3-sejarah (last visited Jun 25, 2019).

[73] The issue the issue about retreating the autonomous status of DIY might be related to the appointment of head regional government here is governor of Yogyakarta. The appoint-

ernment institutions, culture, land, and spatial planning.

Nevertheless, the fact that *DIY* as an autonomous region by no means indicates that *DIY* is a federal state. The central government, though has authorized *DIY* to handle various governmental matters, maintains the unitary state assertion. As implied in Article 5 of Law No. 13 of 2012, that the special autonomy region status and the authority along with this status delegated to Yogyakarta is to carry out the will of the Indonesian 1945 Constitution "to create the democratic governance,"[74] and therefore, the recognition of special autonomy status of DIY is nothing but implementation of decentralization

---

ment of Sri Sultan Hamengku Buwono as Governor and Sri Paku Alam as Deputy Governor of the Province of DIY does not conflict with the principles of democracy according to the 1945 Constitution because, the determination is a form of privilege of the Province of DIY granted by the state based on the historical background of the kingdom in Yogyakarta. Considering that prior to the independence of the Republic of Indonesia, DIY was a kingdom or sovereign state that had existed and then decided to integrate with the Republic of Indonesia, the Republic of Indonesia could not simply remove the powers that had historically been held by the two sovereign states, especially with regard to regional leadership. The argument strengthens by the compilers of the 1945 Constitution and strengthened by modifiers of the 1945 Constitution, the 1945 Constitution was prepared by containing provisions which give recognition and respect to DIY related to the right of origin. Source: Fajar, Helmi et. Al, Status Keistimewaan Daerah Istimewa Yogyakarta dalam Bingkai Demokrasi Berdasarkan Undang-Undang Dasar 1945 (Studi Kasus Pengisian Jabatan Kepala Daerah dan Wakil Kepala Daerah) Special Region of Yogyakarta in Frame of Democracy under the Constitution 1945 (Case Study of Filling Position of Regional Head and Deputy)), Jurnal Konstitusi, Vol. 8, No. 6, Desember 2011.

74 Fajar, Helmi et. Al, Status Keistimewaan Daerah Istimewa Yogyakarta dalam Bingkai Demokrasi Berdasarkan Undang-Undang Dasar 1945 (Studi Kasus Pengisian Jabatan Kepala Daerah dan Wakil Kepala Daerah) Special Region of Yogyakarta in Frame of Democracy under the Constitution 1945 (Case Study of Filling Position of Regional Head and Deputy)), *Jurnal Konstitusi*, Vol. 8, No. 6, Desember 2011. p.1072.

embedded in the Constitution of the unitary republic of Indonesia. On the other hand, Law No. 23 of 2014 and Law No. 9 of 2015 that have reduced the autonomy power of local regions apply to the *DIY* case either. As a result, although DIY once was claimed to be unique, she still has to yield to the central government's instrumental use of decentralism.

3. Conclusion

Based on the discussion above, this paper would like to argue that in terms of legal historical review, Indonesia is a unitary state. All regions in Indonesia are controlled by the central government. Meanwhile, it is unarguable that Indonesia once *was* a federal state. But because of anti-colonialism pervaded in Indonesia, federalism is somewhat a taboo nowadays. Although there are contradicting legal provisions and government designs as well as practices of decentralization such as *DIY*, the official stance regarding Indonesia as a unitary state have been consistently claimed and reiterated in legal documents by the government. Regardless of scholarly challenges that assert Indonesia is federal or quasi-federal, the official stance maintaining Indonesia is unitary, at least in name, is quite steady. Although decentralization embedded in the 1945 Constitution seems somewhat federal, or contradictory to the official unitary claim, the implementation of this policy in practice counterproves the political reality that Indonesia remain unitary, and the policy has been employed instrumentally, after the central government enacted new laws on 2014 and 2015 to make decentralization retreated. The special autonomy region system in the meantime has to succumb to the central government's instrumental use of decentralization. In short, Indonesia is unitary and decentralized according to the 1945 Constitution, but the decentralization is merely instrumentally employed as a condition in dealing with political pressure, such as democratization and separatism.

Of course, democratization that has begun since the 1999 reform period will make the distribution of power and authority to local regions and provinces in Indonesia become inevitable. One may expect that when new chapter of reformation in Indonesia has begun, in order to compromise with democratization, or even some other political problems, decentralization still will be used as an instrument in Indonesia in the future.

參考文獻

BOOK, JOURNAL AND REPORT

Achmad Ubaidillaah, A Study of Good Governance Index in Yogyakarta Special Region between 2012 and 2016, *Jurnal Kebijakan dan Administrasi Publik,* 13-28, Vol. 21 (1), May 2017;

Ahmad, Ehtisham and Ali Mansoor, 2002, *Indonesia: Managing Decentralization*, IMF Working Papers No. WP/02/136;

Anthony Reid, 2007, *Federalism in Asia "Indonesia's Post-Revolutionary Aversion to Federalism",* Edward Elgar Publishing Limited, United Kingdom;

Bayu Dardias Kurniadi, Yogyakarta in Decentralized Indonesia: Integrating Traditional Institution in Democratic Transitions, *Jurnal Sosial dan Ilmu Politik* 190-203, Vol 13, Number 2, November 2009;

Fajar, Helmi et. Al, Status Keistimewaan Daerah Istimewa Yogyakarta dalam Bingkai Demokrasi Berdasarkan Undang-Undang Dasar 1945 (Studi Kasus Pengisian Jabatan Kepala Daerah dan Wakil Kepala Daerah) Special Region of Yogyakarta in Frame of Democracy under the Constitution 1945 (Case Study of Filling Position of Regional Head and Deputy), Jurnal Konstitusi, Vol. 8, No. 6, Desember 2011;

Gabriel Ferrazzi, Using the "F" Word: Federalism in Indonesia's Decentralization Discourse, *Publius*, Vol. 30, No. 2 (Spring 2000), Oxford University Press;

Haryono Rinardi, Dari RIS Menjadi Negara RI: Perubahan Bentuk Negara Indonesia pada Tahun 1950 (From the Indonesian United State to become the Republic of Indonesia: Indonesian State Forms Changes in 1950), *Jurnal Ilmu Humaniora*, Vol. 12, No. 2, 181-192;

Herbert Feith, *The Decline of Constitutional Democracy in Indonesia*, Jakarta, Equinox Pub., 2007;

Ikeanyibe Okechukwu., July 2014, Three-Tier Federative Structure and Local Government Autonomy in Brazil and Nigeria, *Mediterranean Journal of Social Sciences MCSER*

Publishing, Vol. 5 No. 15, Rome-Italy;

Jacques Bertrand, Oct 2007, Indonesia's Quasi-Federalist Approach: Accomodation Amid Strong Integrationist Tendencies, International Journal of Constitutional Law, Volume 5, Issue 4, 576-605;

James, Robert H. Aten and Roy Bahl, 2001, "Can Indonesia Decentralise Successfully? Plans, Problems and Prospects", *Bulletin of Indonesian Economic Studies*, Vol. 37, No. 1, 83-102;

Johnny Ibrahim, 2006, Teori dan Metode Penelitian Hukum Normatif, Malang: Bayu Media;

Lane, Jan-Erik., 2011, Federal Realities, University of Freiburg, *International Journal of Politics and Good Governance,* Volume 2, No.2.1 Quarter I;

Leyser J, 1954, Legal Development in Indonesia, *The American Journal of Comparative Law*, Vol. 3 No. 3, Summer, 399-411;

Lily Bauw, Special Autonomy of Papua: A Review from the Perspective of the Unitary State of the Republic of Indonesia, *Papua Law Journal,* Volume 1 Issue 1, 1-26, Nov 2016;

Maribeth Erb, Priyambudi Sulistiyanto and Carole Faucher, 2005, *Regionalism in Post-Suharto Indonesia*, Routledge Curzon, New York;

Meiza and Simanjuntak R., 2018, *Pengaruh Desentralisasi terhadap Masuknya Investasi pada 32 Provinsi di Indonesia (The Impact of Decentralization on Investment in 32 Provinces in Indonesia)*, Simposium Nasional Keuangan Negara (SMKN;

Miller, M.A., Decentralizing Indonesian City Spaces as New "Centers", *International Journal of Urban and Regional Research*, 37 (3), May 2013, 834-848;

Ni'matul Huda dan Despan Heryansyah, Kompleksitas Otonomi Daerah Dan Gagasan Negara Federal Dalam Negara Kesatuan Republik Indonesia, *Jurnal Hukum Ius Quia Iustum Faculty of Law, Universitas Islam Indonesia,* Vol 26, issue 2, Mei 2019;

Nurdiyana, Pengawasan Terhadap Implementasi Peraturan Daerah Dihubungkan Dengan Uu No.9 Tahun 2015 Tentang Perubahan Kedua Atas UU No. 23 Tahun 2014 Tentang Pemerintahan Daerah Dalam Menciptakan Tata Kelola Pemerintahan Yang Baik (Supervision on the Implementation of Local Regulations Connected with law No. 9 of 2015 on the Second Amendment to Law No. 23 of 2014 on Local Government in Creating Good Governance) (Good Governance), *Jurnal Surya Kencana Dua: Dinamika Masalah Hukum dan Keadilan* Vol. 4 No.1 Juli 2017;

Ronald, Wittek and Woltjer, *Decentralization and Governance in Indonesia*, Springer, Volume 2, 2006, Springer Int. Pub., London;

Rudy, Desentralisasi Indonesia: Memupuk Demokrasi dan Penciptaan Tata Pemerintah Lokal (Indonesia's Decentralization: Fostering Democracy and Local Governance Creation), Jurnal Ilmu Hukum, Universitas Lampung, ISSN 1978-5186, Vol 1, Number 1, Januari- April 2007.

S. Endang Prasetyowati, Meneropong Konsepsi Negara Kesatuan Dengan Sistem Otonomi Seluas-luasnya (Observing the Concept of the Unitary State with the Broadest Autonomy System), *Jurnal Keadilan Prograsif*, Vol. 2, Number 2, Sep 2011, 137-146;

Sani Safitri, Feb 2016, Sejarah Perkembangan Otonomi Daerah di Indonesia (Historical Development of Regional Autonomy in Indonesia),, *Jurnal Criksetra*, Vol. 5, Number 9, 79-83;

Suadi Zainal, Transformasi Konflik Aceh dan Relasi Sosial-Politik di Era Desentralisasi, Jurnal Sosiologi, Vol. 21, No. 1, Jan 2016;

Tierney, S., May 2009, Federalism in a Unitary State: *A Paradox too Far, Regional & Federal Studies*, Routledge, Vol. 19(2), 237-253;

Tri Widodo W. Utomo, Aug 2009, Balancing Decentralization and Deconcentration: Emerging Need for Asymmetric Decentralization in the Unitary State, Discussion Paper No. 174, Nagoya University, Japan;

Utomo, Tri Widodo, 2011, *Building Good Governance through Decentralization in Indonesia (Recognizing some Inhibiting Factors in the Implementation Stage);*

Wiyono Suko, (2010), *Reaktualisasi Pancasila dalam Kehidupan Berbangsa dan Bernegara (Re-actualizing of Pancasila in the Life of Nations and States),* Malang: Wisnuwardhana press.

WEBSITE

Anwar Nasution, *Government Decentralization Program in Indonesia, Asian Development Bank Institute,* 2016, available at https://www.adb.org/sites/default/files/publication/201116/adbi-wp601.pdf, last visited July 10, 2019, 6.36 pm;

Encyclopedia Britannica, *Indonesia Government and Society,* available at https://www.britannica.com/place/Indonesia/Theatre-and-dance, last visited July 12, 2019, 5.35 pm;

Jakob Tobing, *Unitary State of the Republic of Indonesia*, Jan 6, 2015, Institute Leimena, available at http://leimena.org/eng/2015/01/06/unitary-state-of-the-republic-of-indonesia-1/?fbclid=IwAR15haIB9z8NUNmARfcCjAd_WrVaG497GWGafvDq39ShtjVJnGPijm-WeLSs, last visited Jul 27, 2019, 9.30 am;

Kompasiana, Kenapa Sistem Negara Federasi Tidak Cocok untuk Indonesia? *(Why is the Federated State System not Suitable for Indonesia?)*, available at https://www.kompasiana.com/dendy166/59a47e2e7dd0952ca43f7202/kenapa-sistem-negara-federasi-tidak-cocok-untuk-indonesia.

Pemerintah Daerah DIY, *Sejarah (History)*, available at https://jogjaprov.go.id/profil/3-sejarah, last visited Jun 25, 2019, 10 pm;

Portal Sejarah, *Sejarah Republik Indonesia Serikat (1949-1950) (History of the Republic of the United States of Indonesia (1949-1950)),* Jun 3, 2017, available at http://idsejarah.net/2017/06/sejarah-republik-indonesia-serikat-1949.html, last visited Aug 23, 2019, 4.50 pm;

Ricklefs, M.C. (2008) [1981]. A History of Modern Indonesia Since c.1300 (4th ed.). London: MacMillan. ISBN 978-0-230-54685-1. P. 365-366. last visited Jul 27, 2019, 9.30 am;

Rifai Shodiq Fathoni, *Republik Indonesia Serikat (United States of Indonesia), (1949-1950),* Oct 1, 2016, available at http://wawasansejarah.com/sejarah-republik-indonesia-serikat/#_ftn1, last visited Jul 20, 2019, 12pm;

Rizang Wrihatnolo, *Federal State or Unitary State* (Indonesia, Between The Choices of Federal State, Unitary State and Decentralization), Avalaible at https://www.bappenas.

go.id/files/7013/5228/2209/rizang__20091015092930__2292__0.rtf, last visited Jan 2020;

Yogyakarta BPK, *Kajian Hukum Tentang Keistimewaan Daerah Istimewa Yogyakarta (Law Studies on Special Regions of Yogyakarta)*, (2013), available at http://yogyakarta.bpk. go.id/wp-content/uploads/2013/06/Keistimewaan-DIY.pdf, last visited Jun 5, 2019, 5 pm;

Yogykarta BPKP, Sejarah Keistimewaan Yogyakarta (History on Special Regions of Yogyakarta), available at http://www.bpkp.go.id/diy/konten/815/sejarah-keistimewaan-yogyakarta, last visited Jun 7, 2019, 2.42 am.

REGULATIONS

Indonesian 1945 Constitution

Law No. 23 of 2014 on Local Government *(Pemerintah Daerah)*

Law No. 13 of 2012 on *Keistimewaan Daerah Istimewa Yogyakarta*

Law No. 32 of 2004 Local Government *(Pemerintah Daerah)*

Law 33 of 2004 on Fiscal Decentralization

Law No. 22 of 1999 on Regional Administration

Law No. 25 of 1999 on Revenue Sharing of Central and Regional Government

Law No. 1 of 1945 on *Kedudukan Komite Nasional Indonesia*

Law No. 3 of 1950 on Establishment of the Special Region of Yogyakarta

第二篇

民、商事法

第 一 章

債權之雙（多）重讓與及將來債權之讓與*：兼論最高法院 105 年度第 15 次民事庭會議決議

詹森林**

*本文初稿曾於104年9月11日最高法院104年度民事學術研討會中，以「林大洋庭長論文之與談稿」形式提出。嗣後，最高法院就「債權雙重讓與之效力」，於105年10月25日作成105年度第15次民事庭會議決議，爰以初稿為基礎，改寫為本文。

**司法院大法官

摘　要

　　本文分兩部分，分別探討債權之雙（多）重讓與，及將來債權之讓與。

　　債權之雙重或多重讓與，牽涉讓與人、前後受讓人及債務人間之權利義務，法律關係複雜。關於債權之雙重讓與，究竟發生何種效力，學說曾有不同看法，實務亦出現歧異裁判。最高法院因此召開 105 年度第 15 次民事庭會議，提出「有效說」、「無效說」、「通知生效說」及「效力未定說」供討論，並決議採「效力未定說」。

　　本文除詳細論述本件決議外，另分析債權雙重讓與時，債務人向第一受讓人或第二受讓人為清償、抵銷等行為時，讓與人、前後受讓人及債務人間之具體權利義務，期盼有助實務解決個案爭議。

　　將來之債權，常見於公司行號基於與銀行訂立之「應收帳款承購契約」（factoring），將該公司行號對於其現在或將來之買受人之債權，讓與於銀行。

　　本文針對最高法院關於前述將來債權讓與之裁判，簡要敘述相關當事人間之交易需求及風險分配，希望可供學術與實務參考。

關鍵詞：債權讓與，債權讓與之約定，債權雙重讓與，將來債權之讓與、應收帳款承購契約。

壹、債權之雙（多）重讓與

一、「讓與債權」與「讓與債權之約定」之差異

依民法第 294 條第 1 項規定，債權，除依其性質或依當事人之特約而不得讓與，或禁止扣押者外，均得由其權利人讓與於第三人。因此，債權係以得讓與於第三人為原則。

民法第 294 條第 1 項所定之「讓與債權」，乃處分行為（或準物權行為），而非負擔行為。換言之，一旦發生本條項所稱「債權人將其債權讓與於第三人」之情事，其法律效果為：新債權人（受讓人）取代原債權人（讓與人）；亦即，被讓與之債權（下稱「系爭債權」），從原來屬於讓與人之財產，立即轉變為屬於受讓人之財產[1]。

與「讓與債權」應嚴格區別者，乃「讓與債權之約定」。

「讓與債權之約定」，係負擔行為，其法律效果為：約定之一方，依據該約定，負有將系爭債權移轉於他方之義務；但系爭債權尚未僅因「讓與債權之約定」而轉變為受讓人之財產。「讓與債權之約定」，實務上，固以債權之買賣契約（民法第 348 條第 2 項）最為常見，但亦可以是「債權之贈與契約」（民法第 406 條）。

熟悉民法關於負擔行為與處分行為之意義與區別[2]者，均了解：「物之買賣契約」（民法第 345 條、第 348 條第 1 項）乃負擔行為，而「移

---

1 德國民法第398條為讓與債權之基本規定，其全文內容為：「債權得由債權人以與他人之契約移轉於該他人（債權讓與）。契約經訂立者，新債權人取代原債權人。」該條官方英文翻譯為"A claim may be transferred by the obligee to another person by contract with that person (assignment). When the contract is entered into, the new obligee steps into the shoes of the previous obligee." https://www.gesetze-im-inteRn.et.de/englisch_bgb/englisch_bgb.html（最後瀏覽日：02/02/2020）。

2 參見，王澤鑑（2014），《民法總則》，頁286-290。

轉買賣標的物所有權之讓與合意（民法第761條：動產）或法律行為（第758條：不動產）」則為處分行為；且「物之買賣契約」乃「移轉買賣標的物所有權之讓與合意或法律行為」之原因行為，而「移轉買賣標的物所有權之讓與合意或法律行為」乃「物之買賣契約」之履行行為。

相同道理可以推知：「讓與債權之約定」（例如：債權之買賣契約或贈與契約）乃負擔行為，而「讓與債權」則係處分行為；且「讓與債權之約定」乃「讓與債權」之原因行為，「讓與債權」則為「讓與債權之約定」之履行行為[3]。

例如：甲、乙於1月10日訂約，雙方約定：甲出賣貨品於乙，價金10萬元，乙應於3月10日付款，甲則應於同日交貨。嗣後，甲於2月10日與丙約定，將甲對於乙之價金債權以9萬元出賣於丙，且於當日讓與該債權於丙；乙亦於同日將其基於系爭買賣契約所生之債權贈與於丁，且於當日讓與該債權於丁。3月10日，甲基於乙或丁之通知，及丁之請求，而交付貨品於丁；乙則基於甲或丙之通知及丙之請求，而支付10萬元於丙。

在此案例，從民法負擔行為與處分行為觀點，應為下列之區分看

---

[3] 戴修瓚（1993），《民法債編總論》，頁387；MüKoBGB/Roth/Kieninger, 8. Aufl. 2019, BGB § 398 Rn. 2；H. Kötz, The Transfer of Rights by Assignment: Int. Enc. Comp. L. VII, ch. 13 (1976), ss. 64。另一相類似之區分，亦見諸於「設定抵押權」（民法第860條、第758條）及「設定抵押權之約定」（民法第153條），前者乃處分行為及物權行為，後者乃負擔行為及債權行為。一旦「設定抵押權」，則該抵押權即已成立，而有「抵押權人」及「抵押人」。如僅為「設定抵押權之約定」，則該抵押權尚未成立，自無「抵押權人」及「抵押人」可言；該約定之雙方，一方為「約定設定抵押權之債權人」，他方則為「約定設定抵押權之債務人」。參見，最高法院72年度台抗字第257號裁定要旨：「不動產物權，依法律行為而取得、設定、喪失及變更者，非經登記，不生效力，為民法第758條所明定，再抗告人提出不動產抵押借款契約書，縱有就訟爭房屋設定抵押權之約定，既未依法為登記，仍不生取得物權之效力。」

待：

（一） 1 月 10 日，甲、乙係就系爭貨品訂立民法第 345 條及第 348 條第 1 項之物之買賣契約（負擔行為、債權行為）。

（二） 2 月 10 日，甲、丙係就甲對於乙之價金債權，訂立民法第 345 條及第 348 條第 2 項之權利買賣契約（負擔行為、債權行為），且甲依民法第 294 條第 1 項規定，將該債權讓與於丙（處分行為、準物權行為）；一經讓與，系爭價金債權之債權人，即由原來之甲，轉變為丙。此外，乙、丁於該日係就乙對於甲之買賣債權（尤其是民法第 348 條第 1 項所定之標的物交付請求權及所有權移轉請求權），訂立民法第 406 條之贈與契約（負擔行為、債權行為），且乙依民法第 294 條第 1 項規定，將該債權讓與於丁（處分行為、準物權行為）；一經讓與，該債權之債權人，即由原來之乙，轉變為後來之丁。

（三） 3 月 10 日，甲、丁係就系爭貨品為民法第 761 條規定之移轉所有權行為（處分行為、物權行為）。乙、丙則就系爭價金債權進行債務之清償（民法第 309 條）；乙就該 10 萬元，若以現金（例如：1,000 元之鈔票共 100 張）支付，則乙、丙就該現金（即 100 張鈔票），亦屬作成民法第 761 條所定移轉所有權之行為（處分行為、物權行為）。

二、雙（多）重讓與債權效力之爭議

債權一經讓與，該債權即發生轉換權利人之效果，系爭債權由受讓人繼受取得，原權利人（讓與人）已喪失其權利。如原權利人嗣後再次、第三次、第四次……將該債權讓與於其他人，則該債權之第二次或第三次、第四次……讓與，究竟有何效力？易言之，第二次及更後順序之受讓人是否仍得依債權讓與之規定取得系爭債權？

(一) 最高法院 105 年度第 15 次民事庭會議決議

對此問題，最高法院於 105 年 10 月 25 日召開該年度第 15 次民事庭會議（下稱本次會議），討論該院民事第六庭提出之下述問題：「債權人將其對債務人之債權出讓，並爲轉讓後，復將該債權出讓予第三人，並轉讓之（下稱債權雙重讓與），該第二次債權轉讓（讓與）行爲之效力如何？」且提出下列各說並作成決議（下稱系爭決議）。

甲說（有效說）：

在第二債權讓與之通知先於第一債權讓與之通知到達前，債務人未向第二受讓人清償或其他免責行爲時，得依其選擇第二受讓人爲債權人，或以自己危險，向第一受讓人清償。

乙說（無效說）：

債權之雙重讓與，第二受讓人係受讓不存在之債權，乃以不能之給付爲契約標的，應適用或類推適用民法第 246 條第 1 項之規定而無效。

丙說（通知生效說）：

債權人先對債務人通知第二次讓與之事實，即對債務人生效。

丁說（效力未定說）：

在債權雙重讓與之場合，先訂立讓與契約之第一受讓人依「債權讓與優先性」原則雖取得讓與之債權，但第二受讓人之讓與契約，並非受讓不存在之債權，而係經債權人處分現仍存在之他人（第一受讓人）債權，性質上乃無權處分，依民法第 118 條規定，應屬效力未定。

決議：採丁說（效力未定說）。

(二) 有效說與通知生效說之疑義

1. 有效說之商榷

按本次會議提案討論之問題略爲：債權人將自己之債權，讓與第三人後，如就同一債權，第二次讓與另一第三人者，則該第二次債權轉讓

（讓與）行為之效力如何？

準此，對此問題如採「有效說」，即係認為「該第二次債權轉讓『有效』」，亦即認為第二受讓人取得債權。然而，本次會議所指之「有效說」，並無任何「第二受讓人取得債權」之文字及意涵。

按該「有效說」之理由（在第二債權讓與之通知先於第一債權讓與之通知到達前，債務人未向第二受讓人清償或其他免責行為時，得依其選擇第二受讓人為債權人，或以自己危險，向第一受讓人清償），應係參考史尚寬先生在其「債法總論」之下列敘述[4]：「債務人如在第二受讓通知到達後第一受讓通知到達前，已對於第二受讓人為清償或其他免責行為，自屬有效。如尚未為此種行為，則得依其選擇認第二受讓人為債權人或以自己危險向第一受讓人清償。」[5]

然而，史尚寬先生前開敘述之全文為[6]：「……茲就二重讓與……，述之如次。一旦甲對於乙讓與其債權，於未為通知前，如丙更由甲受讓同一債權而為通知時，則對於債務人之關係，丙為債權人。此時如債務人向乙為給付，是否有效。有謂通知專為保護債務人規定，只為債務人之利益而生效力。如債務人有可與受讓人抵銷之權利，不妨以乙為債權人而與之抵銷。……余雖亦認此時債務人得向乙為給付，然所持理由則有不同。蓋此時乙為真正債權人，債務人自亦得向之為有效清償也。如第一受讓及第二受讓均為通知，而第一受讓通知到達在後時，其效力如

4　史尚寬（1975），《債法總論》，頁697。

5　史先生前述見解，為學說及最高法院裁判所認同。參見，林誠二（2010），《債法總論新解，體系化解說（下）》，頁416（3）。劉春堂，《判解民法債編通則，頁361-362。鄭冠宇（2019），《民法債編總論》，頁382。77年度台上字第24號判決：「在債權之雙重讓與，第二受讓人之讓與通知先於第一受讓人之讓與通知到達債務人時，債務人得依其選擇認第二受讓人為債權人，或以其危險向第一受讓人為清償。」

6　史尚寬，前揭註4，頁697-698。

何。依余所見，債務人如在第二受讓通知到達後第一受讓通知到達前，已對於第二受讓人為清償或其他免責行為，自屬有效。如尚未為此種行為，則得依其選擇認第二受讓人為債權人或以自己危險向第一受讓人清償[7]。蓋第一受讓之通知到達在後，其是否有串通債權人而倒填月日之情形，債務人尚無從辨認。所謂第一受讓人非必為真正債權人也。**然如第一受讓及第二受讓均未通知**，有主張債務人得選擇的向第一受讓人或第二受讓人為清償。蓋第一受讓人為真正債權人，第二受讓人對於債務人之關係以無第一受讓人之通知，尚得由債務人認為債權人也。依余所見，我民法既以讓與通知為債權讓與對於債務人之生效要件，此時應解釋債務人得向原債權人（第一讓與人）為清償或其他免責行為。蓋以原債權人對於債務人之關係，仍不失債權人也。債務人亦得向第一受讓人為清償或其他免責行為，蓋第一受讓人為事實上之真正債權人也。至於第二受讓人在法律形式上及實質上均非債權人，除可認為債務人係善意向債權準占有人為清償外，不得為有效之清償（民法310條第2款）。」

從上開全文，明顯可見，史先生所謂之「是否有效」、「而生效力」、「效力如何」、「自屬有效」、「有效清償」，均非就「讓與人所為之第二次讓與」而言，而係就「債務人對第一受讓人或第二受讓人所為之給付、抵銷、清償或其他免責行為」而言。

詳言之，依史先生見解，甲將其對丁債權先讓與乙後，又再讓與丙者，應區分下列兩種情形處理：

(1) 若第一次讓與及第二次讓與，**皆向債務人丁通知**，但第二讓與通知

---

[7] 史先生所謂「（債務人）以自己危險向第一受讓人清償」，應係指債務人先受第二讓與之通知，後受第一讓與之通知，而債務人於辨認何者為第一讓與、何者為第二讓與後，遂向第一受讓人清償。此種情形，若第一讓與有無效之原因，則第二受讓人仍得向債務人請求清償，債務人不得以其所得對抗第一受讓人之事由，對抗第二受讓人。參見，孫森焱（2018），《民法債編總論（下）》，頁956-957。

先到達債務人，第一讓與通知到達在後，則：

①債務人丁在第二讓與通知到達後，第一讓與到達前，已向第二受讓人丙為清償或其他免責行為（例如：抵銷）者，該清償或免責行為有效，債務消滅。債務人得拒絕再向後通知之第一受讓人清償[8]。

②丁在第二讓與通知到達後，尚未為清償或其他免責行為前，收到第一讓與之通知者，得自行選擇下列二者中之一而為因應：

　　A. 認第二受讓人丙為債權人而對其為清償或抵銷等。於此情形，該清償或抵銷等行為發生債務消滅之效果，丁確定免責。

　　B. 以自己危險，向第一受讓人乙為清償。於此情形，如乙確實為第一受讓人，則丁因向乙清償或抵銷等而免責。但如乙非真正第一受讓人，則該清償或抵銷等行為不生效力；此時，因丙其實才是第一受讓人，而非第二受讓人，故丙為真正債權人，丁對丙仍負清償責任。

(2) 若第一次讓與及第二次讓與，**均未通知債務人丁**，則丁

　　① 得向原債權人甲為清償或其他免責行為，且債務因而消滅。

　　②亦得向第一受讓人乙清償或抵銷而免責。

　　③如向第二受讓人丙為清償，則除非丙屬於民法第 310 條第 2 款

8　參見最高法院93年度台上字第392號裁定。本件，訴外人甲公司先於民國90年1月20日將其對於被上訴人之系爭債權讓與於上訴人，嗣又於同年7月20日以存證信函通知被上訴人表示系爭債權讓與於訴外人乙。第二審判決因而認定，甲公司就系爭債權為雙重讓與，則該債權於甲公司讓與乙並通知被上訴人時，已對被上訴人發生效力。而上訴人遲至91年2月20日始被被上訴人通知債權讓與事實，被上訴人對於先受讓與為通知之受讓人乙為清償，而拒絕對上訴人清償，於法並無不合。上訴人本於債權讓與之法律關係，訴請被上訴人清償其所負甲公司之債務，洵屬無據，不應准許。上訴人提起第三審上訴，但經本裁定駁回。

所定「債權之準占有人」，且丁不知丙非債權人，否則該向丙
所爲之清償，不生效力；丁對第一受讓人乙仍負清償責任。

按債權讓與爲處分行爲，讓與人就讓與之標的，須有處分之權限[9]，
否則在讓與人與受讓人間，債權讓與不生效力。債權人所爲之第一次讓
與如此，其所爲之第二次、第三次，第四次……債權讓與，亦無不同。
因此，債權人甲將自己對於債務人之債權讓與第一受讓人乙（處分行
爲，有效）之後，雖可就同一債權，再與丙、丁等人締結「讓與債權之
約定」（負擔行爲，有效），但甲就該債權已無處分之權限，故如甲又
將該債權第二次讓與丙、第三次讓與丁，則該第二次、第三次之債權讓
與，不可能直接因甲、丙間之讓與合意，及甲、丁間之讓與合意，即完
全有效。

至於史尚寬先生前揭敘述，僅在處理於二重讓與之情形，如債務
人對第二受讓人丙清償，則債務人與第一受讓人間乙之權利義務關係爲
何？亦即債務人得否以其對第二受讓人之清償對抗第一受讓人，並據以
拒絕又向第一受讓人爲清償而已。因此，尚不得以史先生前開敘述，解
爲其認爲債權人與第二受讓人間所爲之第二讓與係屬有效。況且，史先
生明白表示：「債權讓與，爲處分行爲之一種。故讓與人就該債權應有
處分權限及能力。且一旦有效爲債權之讓與，不得再就同一債權爲有效
之讓與。」[10]

綜上，系爭決議所謂甲說「有效說」，僅引用史尚寬先生之部分敘
述爲理由，且誤解史先生該部分敘述之含意，自不可採。

2. 通知生效說之商榷

本次會議之丙說「通知生效說」認爲：「債權人先對債務人通知第

---

9 史尚寬，前揭註4，頁673。孫森焱，前揭註7，頁935。
10 史尚寬，前揭註4，頁673。

二次讓與之事實，即對債務人生效。」

　　歐陸各國中，僅法國及義大利之民法將「通知債務人」定爲債權讓與得對抗第三人之要件；在德國、瑞士及其他歐陸國家，「通知債務人」則僅涉及 (1) 債務人得否以其對原債權人之清償或抵銷對抗受讓人，或 (2) 於債權雙重讓與之場合，債務人得否以其對原債權人或其中一受讓人之清償或抵銷，對抗任一或其餘受讓人而已。在英國，如爲「法定讓與」（statutory assignment），「通知債務人」爲債權讓與之生效要件；如爲「衡平讓與」（equitable assignment），則否[11]。瑞士債務法第 164 條第 1 項甚至明定：「除法律、契約所禁止，或法律關係之性質所不許者外，債權人得無須債務人之同意，將其債權讓與他人。」[12]

　　我國民法係採德國及瑞士立法例[13]。換言之，民法第294條第1項前段規定：「債權人得將其債權於第三人。」並未如法國舊民法第 1690 條[14]及日本 1896 年民法第 467 條第 1 項[15]，以通知債務人爲債權讓與得

---

[11] BSK OR I-Girsberger in Vor Art. 164-174 N 4 (2007).

[12] Para. 1 of Art. 164 Swiss Code of Obligation: "A creditor may assign a claim to which he is entitled to a third party without the debtor's consent unless the assignment is forbidden by law or contract or prevented by the nature of the legal relationship." https://www.admin.ch/opc/en/classified-compilation/19110009/202001010000/220.pdf（最後瀏覽日：02/02/2020）。

[13] 史尚寬，前揭註4，頁697。

[14] 舊法國民法第1690條第1項規定：「The assignee is not seised with regard to third persons except by notification of the transfer made to the debtor.」（受讓人僅於債務人受讓與通知時，始得對第三人主張其權利。）http://files.libertyfund.org/files/2353/CivilCode_1566_Bk.pdf（最後瀏覽日：02/02/2020）。關於法國舊民法第1690條第1項之理解，蒙中正大學財經法律系曾品傑教授指導，特此致謝。

[15] 日本1896年民法第467條第1項之英文翻譯為：「The assignment of a nominative claim may not be asserted against the applicable obligor or any other third party, unless the assignor gives a notice thereof to the obligor or the obligor has acknowledged the

對抗第三人之要件。惟民法另以第 297 條第 1 項明定：「債權之讓與，非經讓與人或受讓人通知債務人，對於債務人不生效力。但法律另有規定者，不在此限。」，且為避免債務人因未參與債權人與第三人間之讓與行為而受不利益，又以第 299 條規定：「（第 1 項）債務人於受通知時，所得對抗讓與人之事由，皆得以之對抗受讓人。（第 2 項）債務人於受通知時，對於讓與人有債權者，如其債權之清償期，先於所讓與之債權或同時屆至者，債務人得對於受讓人主張抵銷。」

因此，如債權人就同一債權為雙重讓與，但先將第二次讓與之事實通知於債務人者，則該第二次讓與當然對債務人發生效力。就此而言，本次會議之丙說（通知生效說），並無錯誤。

惟應注意者，依民法第 297 條第 1 項之反面解釋，債權讓與已經讓與人或受讓人通知債務人者，該債權讓與，固然對於債務人發生效力。然而，此之所謂「發生效力」，僅係指債務人如因收受通知而對該通知所指之受讓人為清償或抵銷等行為者，不論該受讓人是否為真正受讓人，債務均為消滅。嗣後，為通知之原債權人（讓與人）及其他第三人（例如：原債權人之債權人），固不得對債務人主張債務仍未消滅；為通知之受讓人，亦應受其所為通知之拘束，不得對債務人為相反之主張。

至於第二次讓與，在讓與人與第二受讓人間之效力為何，則與民法第 297 條之規範意旨無涉。就此而言，本次會議丙說（通知生效說），若其真意為：「債權人先將第二次讓與之事實通知債務人者，該第二次讓與在讓與人與第二受讓人間為有效」，即屬誤解民法第 297 條之規範意旨，而亦不可採。

---

same.」（指名債權之讓與，非經讓與人將該讓與通知債務人，或債務人予以承認，不得以之對抗債務人或其他第三人。）

(三) 無效說與效力未定說之爭執

1. 無效說

採此說者，以梅仲協教授、鄭玉波教授及孫森焱大法官為代表。

梅教授稱[16]：「債權讓與契約，可發生物的效力。質言之，債權經讓與之後，絕對的歸屬於新債權人也。故債權讓與契約，一經成立，舊債權人若以同一之債權，更讓與於第三人者，後作成之讓與契約，不生效力，此際該第三人縱係善意，亦不受法律之保護。」既稱「該第三人（即第二受讓人）縱係善意，亦不受法律之保護」，代表梅教授認為第二受讓人不得以第二次之債權讓與為效力未定之無權處分為前提，而主張自己得因善意取得系爭債權。換言之，依梅教授見解，第二次之債權讓與，係屬無效。

鄭教授稱[17]：「甲將其債權既讓與乙，復讓與丙，兩者均未通知債務人時，此種情形既未通知債務人，則均不能對於債務人生效，債務人自仍得向原債權（讓與人）為清償；至乙、丙二人之受讓，究以何人為有效？因債權讓與之效力係於契約成立之同時發生，則乙與甲之契約成立在先，自以乙之受讓為有效，丙為無效。」

孫森焱大法官更直言[18]：「債權讓與契約發生效力時，債權即移轉於受讓人，惟其移轉非必為第三人所知悉，倘若債權人為雙重讓與時，第二受讓人係受讓不存在之債權，原屬標的不能，……」，「至於第二讓與契約則類推適用民法第246條第1項規定而歸於無效。如係買賣契約，則有民法第350條規定之適用。」

最高法院102年度台上字第1825號判決採孫大法官見解而謂：「債

---

[16] 梅仲協（1970），《民法要義》，頁209-210。

[17] 鄭玉波（1963），《民法債編總論》，頁478。

[18] 孫森焱，前揭註7，頁955。請併參看孫大法官於其「民法債編總論上冊」2018年11月修訂版附錄之「論債權之雙重讓與」，頁3。

權讓與係準物權行為，於債權讓與契約發生效力時，債權即行移轉於受讓人，讓與人因而喪失其收取權與處分權，對該債權已不具處分之權限，故債權人為雙重讓與時，第二受讓人係受讓不存在之債權，原屬標的不能，依民法第 246 條第 1 項規定之類推適用，第二次債權讓與契約應為無效，換言之，第二次債權讓與契約之受讓人並未因讓與而取得該債權。」[19]

此外，該院 89 年度台上字第 2882 號判決維持第二審法院所持「甲公司既於 83 年 2 月 25 日將其對商檢局所得請求之第 25 期工程款……讓與上訴人，則已喪失對商檢局上開工程款之請求權，自無權將該項債權再於 85 年 4 月間轉讓與被上訴人，……且被上訴人係上開債權二重讓與之第二受讓人，甲公司就此部分之讓與固屬無效，…… 」見解，同院 97 年度台抗字第 414 號裁定認：「查本案訴訟標的為甲公司對乙公司之工程款請求權是否存在，其前提則為丙公司第一次將系爭債權讓與抗告人時，其債權讓與是否有效；若為有效，則丙公司再將系爭債權讓與甲公司，其第二次讓與為無效，甲公司不能取得系爭債權，反之則甲公司即取得系爭債權。」亦皆明白認為第二次之債權讓與為無效。

2. 效力未定說

採此說者，以王澤鑑教授及劉春堂教授為代表。

王教授就「出賣他人債權與二重無權處分」案例，稱[20]：「甲將其對乙的 200 萬元債權贈與於丙，係債權行為（負擔行為），發生甲應移轉

---

[19] 應指出者，此項見解，似乎最早見諸台灣高等法院86年度重上字第70號判決之判決中，且在最高法院作成102年度台上字第1825號判決前，台灣高等法院89年度重上字第548號、91年度上易字第543號、94年度重上字第500號等判決，均持相同見解。

[20] 王澤鑑（1999），〈法律思維與民法實例〉，《請求權基礎理論體系》，頁426-428。請併參見，王澤鑑（2019），《法律思維與案例研習，請求權基礎理論體系》，頁436。

該債權於丙的義務。丙分別於6月1日及6月5日將該債權出賣於丁、戊，係出賣他人的債權，其買賣契約有效。惟其讓與債權的所謂準物權行為，則屬無權處分，效力未定。」

劉教授則稱[21]：「由於債權讓與契約為準物權契約，一經生效，即生移轉債權之效力，故於債權二重讓與之場合，先訂立讓與契約之受讓人取得讓與之債權，其他受讓人之讓與契約，應解為其效力未定，亦即僅第一受讓人能有效的取得債權，第二受讓人不能取得債權。」

王教授及劉教授之看法，有學者認同[22]，法院裁判，亦曾採取[23]。

三、本文意見

「讓與債權」及「讓與債權之約定」應嚴格區別，前者為處分行為，後者為負擔行為。因此，討論效力問題時，亦應區別此二者，不得混淆。

(一)「雙（多）重讓與債權之約定」（負擔行為）之效力

1. 「單次讓與自己債權之約定」及「單次讓與他人債權之約定」，均為有效

「讓與債權之約定」乃債權行為，而債權行為之生效，不以債務人於行為時就該行為所牽涉之標的（物）有處分權為必要，故在「讓與債權之約定」，不論依該約定應負責移轉系爭債權之一方（如：系爭債權之出賣人或贈與人），是否為該債權之權利人，其約定均為有效。

---

21 劉春堂（2011），〈民法債編通則（一）〉，《契約法總論》，頁477。

22 吳從周（2014），〈2013年民事法發展回顧〉，《台大法學論叢》，43卷特刊，頁1173-1174。林大洋庭長於104年9月11日最高法院學術研討會提出之論文，亦採「效力未定說」。

23 臺灣高等法院臺中分院102年度重上更（一）字第42號判決。

　　換言之，債權如無民法第 294 條第 1 項所定不得讓與之情形，則其權利人（即債權人甲），當然得有效地與第三人（債務人乙以外之人）訂約，並因該契約而負擔將自己之債權移轉於該第三人（丙）之義務。此種情形，可以稱為「讓與自己債權之約定」（甲、丙約定，甲負責將自己對乙之債權，讓與於丙）。

　　再者，非債權之權利人（丙），亦得有效地與第三人（丁）訂約，並因該契約而負擔將他人之債權（甲對乙之債權）移轉於該第三人（丁）之義務。此種情形，可以稱為「讓與他人債權之約定」（丙、丁約定，丙負責將甲對於乙之債權，讓與於丁）。

　　「讓與自己債權之約定」（負擔行為），若以出賣該債權之方式為之，當然符合民法第 345 條第 1 項所稱「當事人約定一方移轉財產權於他方」關於買賣之定義，並為民法第 348 條第 2 項所定「權利之出賣」最典型之情形。此時，依民法第 350 條規定：「債權……之出賣人，應擔保其權利確係存在，……」，縱被出賣之債權於訂約時並不存在，仍不適用民法第 246 條第 1 項前段，致該買賣契約因自始客觀給付不能而無效，而應認契約為有效，並由出賣人就債權之存在，負擔保責任。

　　「讓與他人債權之約定」（負擔行為），如以出賣該債權之方式為之，即係「出賣他人之債權」，並仍符合前開民法第 345 條第 1 項關於買賣之定義，且仍在民法第 348 條第 2 項所定「權利之出賣」所涵蓋範圍。在此情形，仍有民法第 350 條之適用，出賣人不得於訂約後以自己非該債權之權利人為理由，主張契約無效。此與「出賣他人之物之契約」，雖然出賣人並非標的物之所有人，但其契約不因之而無效[24]，法

---

[24] 參見，最高法院 103 年度台上字第 2683 號判決：「買賣契約之成立，以當事人就標的物及其價金互相同意為要件，且不以出賣人對於買賣標的物享有處分權為要件。故貿易商向國外客戶招攬業務後，轉向第三人投單，由第三人或再轉向下游廠商承作，國外客戶所為各項要求，均由承作廠商提供，或由國外客戶逕赴該承作廠商考察，承作廠商完成工作後，逕將成品交付出口港，運送至國外客

理毫無差異。

關於「讓與他人債權之約定」之債務不履行，有最高法院 104 年度台上字第 315 號判決可資參照。該判決維持第二審判決所持下列見解：「股份之買賣，性質上屬於權利買賣，並不以出賣人對出賣之標的物有處分權爲必要，僅於給付期限屆至時，出賣人須取得該物所有權，或有使所有權人逕行移轉於買受人之權利，否則即屬給付不能。上訴人依系爭協議出售者爲甲公司持有之乙公司股權，即以他人（甲公司）之權利作爲買賣標的。則上訴人應先行合法、有效取得乙公司股權後，再將完整無缺之股權移轉予被上訴人，或由甲公司依法定程序直接將乙公司股權移轉予被上訴人，始符債務本旨。而甲公司並未將名下之乙公司股份轉讓予上訴人及盧丙，上訴人未曾取得乙公司股權，爲上訴人所自認，上訴人自無從對被上訴人提出給付。」

綜上所述，不論「讓與自己債權之約定」或「讓與他人債權之約定」，一經訂約，其契約即爲有效，約定之一方，負有使他方取得該債權之義務；如未依其約定履行，即應依民法債編通則（給付不能、給付遲延、不完全給付；參見民法第 225 條至第 233 條）及債編分則（例如：特定契約明定之歸責事由；參見民法第 410 條）之債務不履行規定處理。

2.「雙（多）重讓與自己債權之約定」及「雙（多）重讓與他人債權之約定」，亦皆爲有效

買賣、租賃及借貸，均爲債權行爲，出賣人、出租人或貸與人，

戶國家，國外客戶即將買賣價金支付與招攬之廠商，此爲國際貿易上常見之型態。」、100 年度台上字第 944 號判決：「買賣契約爲債權契約，契約當事人之出賣人並不以所有人爲限。倘出賣人已將標的物及其相關權利依約交付買受人，而買受人無法繼續占有使用標的物，乃係因非可歸責於出賣人之事由，則自難認出賣人違約或應負瑕疵擔保責任，不以出賣人於立約時已取得所有權或其他權利爲必要，亦不因出賣人於出賣時係無權處分或無權代理而有不同。」

是否為標的物之所有人，與該買賣、租賃或借貸契約是否有效，並無關聯。且債權行為性質上乃特定債權人與特定債務人間之約定，故就同一標的物，出賣人、出租人或貸與人得訂立無數次有效之買賣、租賃或借貸契約。就此，學說與實務並無任何爭議。

以買賣為例，出賣人就同一標的物與二以上之不同買受人，訂立雙重或多重買賣契約者，所有之買賣契約均為有效。最高法院 83 年台上字第 3243 號判決謂：「買賣契約僅有債之效力，不得以之對抗契約以外之第三人。因此在二重買賣之場合，出賣人如已將不動產之所有權移轉登記與後買受人，前買受人縱已占有不動產，後買受人仍得基於所有權請求前買受人返還所有物，前買受人即不得以其與出賣人間之買賣關係，對抗後買受人。」101 年度台上字第 908 號判決稱：「不動產買賣契約為債權契約，出賣人為雙重買賣，在其依買賣契約移轉買賣標的物所有權於後買受人前，該所有權仍屬出賣人所有，對前買受人仍難謂已經給付不能。」

此二判決，均以前買賣契約及後買賣契約皆為有效，為其論述前提。

同理，基於「讓與債權之約定」乃債權行為之本質，就同一債權，債權人得為無數次有效之讓與之約定。因此，就同一債權，出賣人與多數人訂立數買賣契約者，不論出賣人是否為該債權之權利人，所有買賣契約，皆為有效。出賣人若為系爭債權之權利人（出賣自己之債權），則其僅得使其中一買受人取得該債權，並應對其餘買受人負給付不能之債務不履行責任（民法第 226 條、第 256 條、第 260 條）。出賣人非系爭債權之權利人（出賣他人之債權）者，如不能使其中任一買受人取得該債權，即應對全體買受人負給付不能之債務不履行責任。

至於非債權人，而以他人之債權為標的，多重贈與第三人者，該「多重贈與他人債權於第三人」（甲將乙對於丙之債權，贈與於丁、戊、己等人），效力為何？與「多重出賣他人債權於第三人」（甲將乙

對於丙之債權，出賣於丁、戊、己等人），是否不同？

按民法第 406 條規定：「稱贈與者，謂當事人約定，一方以自己之財產無償給與他方，他方允受之契約。」依本條規定之文義，贈與之標的（物），必須屬於贈與人自己所有。因此，如當事人約定，一方以非屬於自己之財產，無償給與他方，則該約定是否有效？是否仍爲贈與契約？

德國民法第 516 條第 1 項規定：「以自己之財產使他人得利之給與，如雙方合意該給與係無償爲之者，該給與即爲贈與。」[25]。瑞士債務法第 239 條第 1 項規定：「稱贈與者，指當事人一方以其財產使他方得利而未收受等價約因之生前給與。」[26]。

由是可知，德國、瑞士關於贈與之定義，亦明定贈與之標的爲贈與人所有之財產。瑞士學者更依據該國債務法第 239 條第 1 項規定，認爲因借貸或受託他人之物者，如以該物無償贈與第三人，其贈與不生效力。受託人以信託財產爲標的而贈與第三人者，亦同[27]。

惟本文以爲，贈與契約，乃債權行爲，故標的（物）是否屬於贈與人所有，並非契約有效成立之要素，民法第 406 條之文義過於狹隘。雖然贈與契約乃無償行爲，應著重受贈人之保護，但民法已設有第 408 條至第 411 條之規定，故將他人之財產包含於贈與標的（物）範圍內，並

---

25 Para. 1 of sec 516 German BGB: "A disposition by means of which someone enriches another person from his own assets is a donation if both parties are in agreement that the disposition occurs gratuitously." https://www.gesetze-im-inteRn.et.de/englisch_bgb/englisch_bgb.html（最後瀏覽日：02/02/2020）。

26 Para. 1 of Art. 239 Swiss Code of Obligation: "A gift is any inter vivos disposition in which a person uses his assets to enrich another without receiving an equivalent consideration." https://www.admin.ch/opc/en/classified-compilation/19110009/201507010000/220.pdf（最後瀏覽日：02/02/2020）。

27 BSK OR I-Vogt/ in Art. 239 N 42 (2007).

未加重贈與人之負擔。最高法院 26 年渝上字第 1241 號判例[28]要旨謂：「民法第 406 條所謂自己之財產，不以現在屬於自己之財產為限，將來可屬自己之財產，亦包含在內。」[29]所謂「將來可屬自己之財產」，當然包含贈與人與受贈人合意時，屬於他人之財產在內。因此，甲以他人（丙）之物為標的物而贈與乙，或甲以他人（丙）對於另一人（丁）之債權為標的而贈與乙，均為有效。從而，甲以他人（丙）對於另一人（丁）之債權為標的而為多重贈與者，各該贈與契約，亦應皆為有效。

(二) 債權雙（多）重讓與（處分行為）之效力

如前所述，「讓與債權」乃處分行為，讓與人就讓與之債權，須有處分之權限，始能為有效之債權讓與。此與讓與動產或不動產之所有權或其他物權，以讓與人就該動產或不動產享有所有權或其他物權為必要，完全相同。

讓與動產或不動產之所有權或其他物權，而讓與人非標的物所有人或其他物權人時，構成無權處分，應適用民法第 118 條第 1 項規定，須經所有權人或其他物權人承認，始生效力。從而，讓與債權，而讓與人非債權人時，其讓與債權之行為乃無權處分，亦應適用民法第 118 條第 1 項規定，而為效力未定。

持無效說者認為：債權人將自己之債權讓與第一受讓人後，如再為

---

[28] 依 108 年 1 月 4 日公布增訂，同年 7 月 4 日施行之法院組織法第 57 條之 1 第 1 項及第 2 項規定，最高法院於 107 年 12 月 7 日本法修正施行前依法選編之判例，若無裁判全文可資查考者，應停止適用。未經前項規定停止適用之判例，其效力與未經選編為判例之最高法院裁判相同。26 年渝上字第 1241 號判例裁判全文，可於最高法院判例全文彙編（民國 20-38 年）查考。參見 http://tps.judicial.gov.tw/archive/VReports20-30.pdf （最後瀏覽日：02/02/2020）。

[29] 該判例全文此部分之內容為：「贈與之標的物本不以現在所有者為限，即就將來可以取得之不動產為贈與，亦非法所不許。」

讓與，則第二受讓人係受讓不存在之債權，原屬標的不能，應適用或類推適用民法第 246 條第 1 項前段規定，該第二次讓與無效。

然而，債權經第一次讓與後，如該債權尚未因債務人之清償、抵銷或其他事由而消滅，則仍屬存在，只是債權人轉換為第一受讓人而已。此時，原債權人以同一債權為標的而讓與於第二受讓人，正好符合民法第 118 條第 1 項無權處分規定所指「無處分權限而為處分行為」之情形，而非民法第 246 條第 1 項所定因標的（物）自始不存在之「不能之給付」。

茲進一步區分下列兩種情形詳述之。

1. 單次無權讓與他人之債權：效力未定

甲無處分之權限，而以丙之動產或不動產為標的物，移轉該物之所有權或其他物權於乙時，應適用民法第 118 條無權處分之規定。同理，甲無處分之權限，而以丙對於丁之債權為標的，讓與於乙時[30]，亦應適用無權處分之規定。

因此，丙對丁有債權，甲以該債權為標的讓與於乙時，該債權讓與效力未定；縱使乙為善意，亦無法善意取得該債權[31]。嗣後，如丙承認甲之無權處分，則乙取得系爭債權，債務人丁應基於乙或丙之通知，對乙為清償。如丙拒絕承認，則乙確定未取得該債權，乙不得請求丁清償或受領丁之清償，僅得依其與甲之原因關係，向甲主張債務不履行。

亦即，在丙拒絕承認之情形，如甲係出賣系爭債權與乙，則乙得依

---

[30] 他人之債權，得為債權讓與之標的，參見，史尚寬，前揭註4，頁676。

[31] 無權處分，如處分之標的為他人不動產或動產之物權時，民法第759條之1、第801條、第886條、第948條，設有善意取得之規定。但無權處分之標的如為債權，則因債權無公示之外觀，故民法未設債權之善意取得規定，受讓人縱使善意，亦不因而取得債權。參見Larenz, Schuldrecht, AT, 14. Aufl., 1987, S. 576; MüKoBGB/Roth/Kieninger, 8. Aufl. 2019, BGB §398 Rn. 29.

民法第 350 條、第 353 條及 226 條請求甲賠償損害，並得依同法第 256 條解除買賣契約，再依該法第 259 條第 1、2 款請求返還價金並附加利息。但若甲係贈與系爭債權於乙，則依民法第 410 條規定，贈與人甲僅於其有故意或重大過失時，對乙負給付不能之責任，且依民法第 409 條第 1 項後段規定，受贈人乙僅得請求賠償系爭債權之價額。

2. 雙（多）重讓與自己之債權：效力未定

當事人一方（甲）將他人之債權（丙對於丁之債權）讓與於他方（乙）時，應依無權處分之規定，決定該債權讓與之效力，既如前述，則一方雙（多）重讓與自己之債權於多數之他方時，亦無不同[32]。

詳言之，若甲先將其對於他人（丁）之債權讓與於乙後，又將同一債權讓與於丙，則甲讓與系爭債權於第一受讓人乙時，甲為債權人，有處分債權之權限，故該讓與係屬有效，乙因而取得系爭債權，甲於同一時刻喪失該債權；但在債務人丁對新債權人乙為清償、抵銷或乙對丁免除債務之前，系爭債權仍屬存在，故所謂甲因讓與系爭債權於乙而喪失該債權，係屬相對喪失而非絕對喪失。亦即，該債權事實上及法律上，仍屬存在，甲嗣後仍得以同一債權為標的，再度讓與於丙。

至於甲於此時已非系爭債權之權利人，應如何使第二受讓人丙取得該債權，則為甲如何履行其與丙間之約定（負擔行為）之問題，與甲、丙間就系爭債權所為第二次讓與（處分行為）之效力為何，不必互相牽連。易言之，甲得依下列方式之一，使該第二次讓與發生效力：

(1) 直接使新債權人乙承認系爭第二次讓與，該讓與即生效力（民

---

[32] 劉春堂，前揭註21，頁477。楊芳賢（2017），《民法債編總論（下）》，頁345。許政賢（2020），〈台灣法上債權讓與的效果〉，收錄於：《民事法學之比較與整合》，頁131-132。德國法部分，參見MüKoBGB/Roth/Kieninger, 8. Aufl. 2019, BGB §398 Rn. 28。

法第 118 條第 1 項）[33]。

(2) 向乙購買或使乙贈與系爭債權（債權行為），並使乙讓與該債權（處分行為），甲自己因而取回債權，則甲、丙間之第二次讓與，自始有效（民法第 118 條第 2 項前段）。

(3) 若甲為乙之繼承人，則甲得因繼承乙而使自己回復為系爭債權之權利人，甲、丙間之第二次讓與，亦因而自始有效（民法第 118 條第 2 項前段）。

(4) 若甲、乙間讓與債權之約定（例如：甲出賣或贈與該債權予乙），經甲或乙撤銷或解除時（參見民法第 88 條、92 條、第 254 條至第 256 條、第 409 條第 2 項、第 412 條第 1 項、第 416 條），則甲得依民法第 179 條、第 181 條前段不當得利規定（請併參見民法第 419 條第 2 項），或民法第 259 條第 1 款回復原狀規定，請求乙返還系爭債權（亦即請求乙向甲為民法第 294 條所定讓與債權之意思表示），取回該債權。甲依前述規定取回系爭債權後，依民法第 118 條第 2 項前段規定，甲、丙間之第二次債權讓與，自始有效。

(5) 直接撤銷甲、乙間讓與債權之處分行為（例如：甲於讓與債權於乙時，該讓與之意思表示，有錯誤或被詐欺、脅迫等情事），則甲於撤銷後，回復為系爭債權之權利人，故依民法第 118 條第 2 項前段規定，甲、丙間之第二次債權讓與，自始有效。

綜上所述，債權人雙（多）重讓與債權，就此處分行為（準物權行為），尚無必要類推適用民法第 246 條第 1 項規定而認其為無效。

---

[33] MüKoBGB/Roth/Kieninger, 8. Aufl. 2019, BGB § 398 Rn. 28; BGH 1990, 2678, 2680.

(三) 從債務人之保護看債權雙（多）重讓與之效力

債權人依民法第 294 條規定讓與其債權於第三人時，無須得債務人同意。易言之，不論債務人同意與否，債權人均得有效讓與其債權於第三人；債務人無從參與債權人（讓與人）與第三人（受讓人）間之債權讓與。因此，為保護債務人不致因債權讓與而受不利益，民法第 299 條第 1 項規定：「債務人於受通知時，所得對抗讓與人之事由，皆得以之對抗受讓人。」本條規定，係仿效德國民法第 404 條[34] 及瑞士債務法第 167 條前段[35]。

針對債權人之雙重讓與，德國民法另設第 408 條規定，以提供債務人進一步之保障，其條文為：「（第 1 項）已讓與之債權，又經原債權人讓與於第三人者，如債務人向該第三人為給付，或於債務人與該第三人之間已作成法律行為，或其二人間之訴訟已繫屬於法院時，為債務人之利益，第 407 條之規定，對於前受讓人，準用之。（第 2 項）已讓與之債權，又依法院之裁定移轉於第三人，或原債權人對第三人承認該已讓與之債權依法律規定移轉於第三人者，亦同。」[36]

---

[34] § 404 German BGB: The obligor may raise against the new obligee the objections that he was entitled to raise against the previous obligee at the time of assignment. （債務人於債權讓與時所得對抗原債權人之事由，均得以之對抗新債權人。）http://www.gesetze-im-inteRn.et.de/englisch_bgb/（最後瀏覽日：02/02/2020）

[35] Art. 167 Swiss Code of Obligation: Where, before the assignment has been brought to his attention by the assignor or the assignee, the debtor makes payment in good faith to his former creditor or, in the case of multiple assignments, to a subsequent assignee who acquired the claim, he is validly released from his obligation. （債務人於受讓與人或受讓人通知前，善意對原債權人為給付，或於多重讓與之情形，向後受讓人為給付者，有效免除其債務。）https://www.admin.ch/opc/en/classified-compilation/19110009/201507010000/220.pdf（最後瀏覽日：02/02/2020）

[36] § 408 German BGB: [(1) If an assigned claim is once again assigned by the previous obligee to a third party, and if the obligor renders performance to the third party, or if,

德國民法第 407 條則規定：「（第 1 項）債務人於債權讓與後對原債權人所為之給付，及債權讓與後債務人與原債權人就該債權所為之法律行為，新債權人應受其拘束。但債務人於給付時或行為時，知悉債權讓與者，不在此限。（第 2 項）債權讓與後，對於債務人與原債權人間之訴訟，法院就該債權作成確定判決者，新債權人應受該判決之拘束。但債務人於訴訟繫屬時，知悉債權讓與者，不在此限。」[37]

依據德國民法第 408 條規定，甲讓與其對於丁之債權於乙後，又將同一債權讓與於丙者，如債務人丁不知甲、乙間之第一次讓與，而對第二受讓人丙清償或抵銷等行為時，其情形與該國民法第 407 條所定債務人不知債權人已經讓與債權，致仍對原債權人清償或抵銷，完全相同，故應準用第 407 條規定，使債務人丁得以其對第二受讓人丙之清償或抵銷，對抗第一受讓人乙[38]。從而，乙不得再向丁請求清償，而僅得向第

---

between the obligor and the third party, a legal transaction is undertaken or a legal dispute becomes pending, the provisions of section 407 will be applied with the necessary modifications for the benefit of the obligor in relation to the previous acquirer. (2)The same applies if the claim already assigned is transferred to a third party by court decision or if the previous obligee acknowledges to the third party that the claim already assigned has passed to the third party by operation of law.] http://www.gesetze-im-inteRn.et.de/englisch_bgb/（最後瀏覽日：02/02/2020）

[37] § 407 German BGB: (1)The new obligee must allow performance that the obligor renders to the previous obligee after the assignment, as well as any legal transaction undertaken after assignment between the obligor and the previous obligee in respect of the claim, to be asserted against him, unless the obligor is aware of the assignment upon performance or upon undertaking the legal transaction. (2) If, in a legal dispute that became pending at court between the obligor and the previous obligee after the assignment, a final and non-appealable judgment on the claim has been rendered, the new obligee must allow the judgment to be asserted against him, unless the obligor was aware of the assignment when legal proceedings became pending.] http://www.gesetze-im-inteRn.et.de/englisch_bgb/（最後瀏覽日：02/02/2020）

[38] Scheybing/Nörr, Sukzessionen, 1999, § 7 I/II, S. 84.

二受讓人丙請求不當得利之返還[39]，或向讓與人甲請求損害賠償[40]。

較為特殊者，德國通說認為，如第二受讓人丙免除系爭債務時，縱然債務人係屬善意（不知第一讓與之事實），第一受讓人仍得請求債務人返還不當得利；此外，如第二受讓人丙於受讓時，知悉第一讓與之事實者，應依德國民法第 826 條「故意以背於善良風俗方法加損害於他人」及第 823 條第 2 項「違反保護他人法律（故意毀損債權）」之規定，對第一受讓人負侵權損害賠償責任[41]。

瑞士債務法第 167 條後段亦明定：「於多重讓與之情形，債務人向後受讓人為給付者，有效免除其債務。」[42]

從德國民法第 408 條及瑞士債務法第 167 條後段規定可知，**債權雙重讓與時，法律所應關注者，在於如何保護善意之債務人，以避免債務人因不知雙重讓與而須負擔雙重清償之風險；第二讓與之效力為何，則非重點所在。**

至於第一受讓人乙與第二受讓人丙間之爭議，首應確定者為，基於「債權讓與優先性」原則（英美法稱為 first in time is first in right[43]），第一受讓人乙先取得債權，故讓與人甲嗣後之第二次讓與為無權處分，且基於債權不得善意取得原則，第二受讓人丙縱使不知已有第一次讓與在先，亦不得因其為善意而取得讓與人所無權處分之系爭債權。

此時，如債務人丁僅受第一次讓與之通知，依民法第 297 條第 1 項

---

39 孫森焱，前揭註7，頁956，主張第二讓與為無效，並同時稱：「債務人經債權人或第二受讓人通知第二次讓與事實時，惟有向第二受讓人為清償。此際第一受讓人得依不當得利之規定向第二受讓人請求返還其所受領之給付。」

40 MüKoBGB/Roth/Kieninger, 8. Aufl. 2019, BGB § 408 Rn. 8.

41 MüKoBGB/Roth/Kieninger, 8. Aufl. 2019, BGB § 408 Rn. 8; Staudinger/Busche (2017), BGB § 408 Rn. 10.

42 前揭註35。

43 H. Kötz, The Transfer of Rights by Assignment: Int. Enc. Comp. L. VII, ch. 13 (1976), s. 100. 拉丁文為：prior tempore potior jure.

前段規定，該第一次讓與對丁發生效力，故丁如對第一受讓人乙清償或抵銷者，系爭債權即為消滅，讓與人甲對於第二受讓人丙應負給付不能責任[44]。反之，如債務人丁僅受第二次讓與之通知，且不知第一次讓與之事實，乃對第二受讓人丙清償或抵銷，該清償或抵銷亦發生債務消滅之效果[45]，第一受讓人乙先前取得之債權亦因而歸於消滅[46]；為保護此種情形之第一受讓人乙，應使其得向第二受讓人丙請求返還不當得利[47]，亦得向讓與人甲主張給付不能之賠償責任[48]。

　　若讓與人向債務人先後為兩（多）次讓與債權之通知，則依據民法第 297 條第 1 項規定，

1. 債務人如於第二讓與通知到達前，已先向第一通知所指之受讓人為清償、抵銷等行為者，債務消滅。

---

[44] 劉春堂，前揭註21，頁477。

[45] Zweigert/Kötz, Einführung in die Rechtsvergleichung, 3. Aufl., 1996, S. 444. 胡長清（1968），《中國民法債篇總論》，頁496認為：「……從而以同一債權為二重讓與時，縱債務人先受通知之人為第二受讓人，且為債務人所明知，對於該受讓人所為之清償或其他行為，亦不因之而無效。」惟債務人倘惡意地向第二受讓人清償，法律上應不受保護，無須使其因已對於第二受讓人清償，而得對抗第一受讓人。

[46] 劉春堂，前揭註21，頁478認為，於此情形，應視善意之債務人受第二次讓與之通知，係因讓與人所為，或第二受讓人所為；如係由讓與人通知，則發生民法第298條所定表現讓與之效力，債務人因該通知向第二受讓人清償者，債務消滅，但債務人如因第二受讓人之通知而向第二受讓人清償者，其清償無效，債務人不得以之對抗第一受讓人，僅得向第二受讓人請求返還不當得利。類似說明，請見，楊芳賢（2009），〈從比較法觀點論債權讓與之若干基本問題〉，《台大法學論叢》，38卷3期，頁189-192。但Scheybing/Nörr, Sukzessionen, 1999, § 7 I/II, S. 85認為，即使係由第二受讓人通知，只要債務人不知第一讓與之事實，而依第二受讓人之通知向第二受讓人給付或抵銷者，仍生債務消滅之效力。

[47] 戴修瓚，前揭註3，頁400。

[48] 參見，王澤鑑（2019），〈法律思維與案例研習〉，《請求權基礎理論體系》，頁519-520。

2. 如債務人尚未向該第一通知所指之受讓人為清償、抵銷等行為，即已收到第二讓與之通知，且債務人不能辨識何人為真正受讓人時，為貫徹民法第 297 條第 1 項及第 299 條保護債務人之意旨，並參照德國民法第 408 條規定，不論債務人向何一受讓人清償或抵銷，均應發生債務消滅之效力[49]。

3. 至於該兩次通知所指之不同受讓人相互間，當然應由真正有權受讓而取得債權之人，始有受債務人清償或抵銷之權限。從而，善意之債務人雖得向任一受讓人清償或抵銷而免責，但真正受讓人若因而不能再向債務人請求清償者，自得視具體情況，向無權限卻受領債務人清償之非真正受讓人，依不當得利或侵權行為等規定，尋求救濟。

貳、將來債權之讓與

一、將來債權讓與之合法性

將來之債權，除有民法第 294 條第 1 項所定不得讓與之情形外，亦得由債權人自由讓與第三人。此乃我國學者通說[50]及最高法院見

---

49 請參見，許政賢，前揭註32，頁139：「……第二受讓人所為之通知，除非係以提示原債權人所立讓與字據，而發生與原債權人所為通知有同一之效力，否則，因第二受讓人並非真正債權人，債務人僅基於其通知所為清償，仍不得對抗第一受讓人。……」強調債務人係受第二受讓人之通知時，須第二受讓人提示原債權人出具之讓與字據；否則，債務人逕對第二受讓人清償者，不因其不知另有先前之第一讓與，而得以該清償對抗第一受讓人。

50 史尚寬，前揭註4，頁677；孫森焱，前揭註7，頁940；劉春堂，前揭註21，頁466；林誠二，前揭註5，頁398。

解[51]，德國法[52]、法國法及英美法[53]，亦同。日本2017年修改之民法第466條之6第1項更明定：「債權之讓與，不要求其意思表示時現實發生。」[54] 亦即明文承認將來之債權，得為讓與之標的。

二、將來債權讓與之再度通知與對債務人之效力

民法第297條第1項及第299條規定，當然亦適用於將來債權之讓與，故將來之債權經讓與後，如債務人因未受通知而對原債權人清償或抵銷者，該將來債權之受讓人嗣後再向債務人請求給付時，債務人得以債務業已消滅為由而拒絕給付。

然而，將來債權之讓與，其特色在於，被讓與之債權，於讓與之時，經常尚未屆清償期或其清償條件尚未成就，故實務關於將來債權讓與之通知，其爭議問題為：債權讓與契約成立後債權發生前，債務人受通知者，即應受該債權讓與之拘束，而應向受讓人清償？或債權發生時，債務人須（再度）受通知，始受債權讓與之拘束？就此爭議，最高法院裁判分歧，牽涉債務人與受讓人間利益之衡量，取捨十分困難[55]。

按最高法院最常受理之相關案件，其基本事實為：出賣人為向銀行借款，遂以其對於買受人在未來一定期間內發生之價金債權作為擔保，而讓與於銀行，銀行乃與出賣人訂立「國內應收帳款承購契約書」。此

---

[51] 最高法院107年度台上字第1049號，104年度台上字第537號等判決。

[52] Larenz, Schuldrecht, AT, 14. Aufl., 1987, S. 584ff.; BeckOK BGB/Rohe, 52. Ed. 1.11.2019, BGB BGB § 398 Rn. 31; MüKoBGB/Roth/Kieninger, 8. Aufl. 2019, BGB § 398 Rn. 79ff.

[53] H. Kötz, The Transfer of Rights by Assignment: Int. Enc. Comp. L. VII, ch. 13 (1976), s. 82.

[54] 劉士國、牟憲魁、楊瑞賀譯（2018），《日本民法典》，頁113。

[55] 請併參閱，楊芳賢（2009），〈從比較法觀點論債權讓與之若干基本問題〉，《台大法學論叢》，38卷3期，頁233-238。林誠二（2019），〈將來債權讓與通知之時點－簡評最高法院97年台上字第1213號判決〉，《台灣法學雜誌》，120期，頁185。

時，如系爭契約書特別約定，出賣人於訂立前述契約後，尚須就其對於買受人之未來應收貨款，逐次提出相關證明文件，並經銀行審核後，由銀行發給出賣人收購同意書者，則最高法院即認為出賣人或銀行應就嗣後逐次收購及承受各該價金債權之事實，通知買受人，否則對於買受人不生效力，買受人如仍對出賣人清償或以其債權對於出賣人主張抵銷者，依舊發生債務消滅之效力，銀行不得就逐次承購及受讓之價金債權，請求買受人清償[56]。反之，如銀行與出賣人訂立「國內應收帳款承購契約書」中，並無上開「逐次審核後收購及承受各該價金債權」之特別約定，而僅係於收購契約書中概括約定，銀行承購出賣人於一定期間內對於買受人所得請求之價金債權者，最高法院即認為於該期間內清償期屆至或條件成就之價金債權，均於清償期屆至當日或條件成就之時，當然移轉於銀行（受讓人），無須由銀行或出賣人再另向買受人通知[57]。

由是可知，最高法院其實係就銀行與出賣人所訂立之「應收帳款承購契約書」，依其文義而解釋雙方究竟係訂立「價金債權概括讓與契約」或「價金債權逐次讓與契約」。在前者，如買受人（債務人）經銀行（受讓人）或出賣人（讓與人）通知有該概括讓與之事實者，即應受拘束，嗣後非經銀行同意，不得向出賣人清償或為抵銷，否則對銀行不生效力。在後者，買受人則非於嗣後再經出賣人或銀行通知各該逐次讓與之事實，縱使其曾經受銀行與出賣人讓與債權之通知，仍不受拘束。

本文以為，最高法院前述解釋，原則上符合民法第297條及第299條保護未參與債權讓與之善意債務人之意旨。至於在「價金債權逐次讓與」之情形，銀行因此必須於嗣後確定承受各該逐次價金債權時，再次自行或要求出賣人通知買受人，從而增加銀行之負擔，乃銀行選擇「價金債權逐次讓與」方式，而不選擇「價金債權概括讓與」，所必須付出

---

56 95年度台上字第90號判決，99年度台上字第1208號判決。

57 95年度台上字第374號判決，97年度台上字第1591號判決。

之成本，不應轉嫁由無從參與債權讓與且善意不知各該價金債權逐次讓與之買受人承擔；否則，無異要求買受人以更高之成本，俾得知出賣人與銀行究竟有無及於何時，完成價金債權之逐次讓與。更何況，有可能買受人不論支出多少成本，仍無從得知出賣人與銀行有無完成價金債權之逐次讓與。因此，從成本負擔（即優勢風險承擔）角度觀察，更應由銀行（債權受讓人）承擔出賣人（債權讓與人）違約而受領買受人（債務人）清償之風險，而非由善意之買受人（債務人）承擔銀行（受讓人）與出賣人（讓與人）交易不確定之風險。

參、結論

債權之雙重或多重讓與，牽涉讓與人、多數受讓人及債務人間之權利義務，法律關係複雜。關於債權雙重讓與之效力，最高法院於 105 年度第 15 次民事庭會議，提出「有效說」、「無效說」、「通知生效說」及「效力未定說」供討論，並決議採「效力未定說」。

本文贊同系爭決議，並說明「有效說」、「通知生效說」及「無效說」之疑義與尚待商榷。本文另依據民法第 297 條及第 299 條規定，分析債權雙重讓與時，債務人向第一受讓人或第二受讓人為清償、抵銷等行為時，讓與人、多數受讓人及債務人間之具體權利義務，希望有助實務解決個案爭議。

將來之債權，亦屬於民法第 294 條規定所稱得為讓與之債權。商場上，公司行號基於與銀行訂立之「應收帳款承購契約」（factoring），將該公司行號對於其現在或將來之買受人之債權，讓與於銀行，即為常見之將來債權之讓與。

針對前述「應收帳款承購契約」，最高法院依個案契約書之文義，解釋雙方究竟係訂立「價金債權概括讓與契約」或「價金債權逐次讓與契約」，並認為，在前者，買受人（債務人）經銀行（受讓人）或出賣

人（讓與人）通知該概括讓與之事實者，即應受拘束；在後者，買受人嗣後再經出賣人或銀行通知各該逐次讓與之事實者，始受債權概括讓與之拘束。此項見解，符合當事人間之正當交易需求及合理風險分配，值得支持。

第二章

我見與我思之民國 107 年公司法修正

廖大穎 [*]

＊東海大學法律學系教授

摘　要

　　民國 107 年 7 月的立院臨時會通過這次公司法的修正。我國這次的公司法修正。就條文修正、新增及刪除的數目觀之，依主管機關的事後說明，高達 148 條，堪稱是民國 90 年公司法修正以來的最大幅度一次，且就本次修正包含政府提案與諸立委提案的修法各版本中，最終採行政院版的公司法部分條文修正草案爲核心，完成立院三讀公司法修正的工作。

　　另，從主管機關經濟部長在立院報告的內容顯示，不難理解此次提案修正的重點，在於：(一) 友善創新、創業環境，(二) 強化公司治理，(三) 增加企業經營彈性，(四) 提升股東權益，(五) 數位電子化及無紙化、(六) 建立國際化環境，及 (七) 遵守國際洗錢防制規範等，爲本次公司法修正的目標，並期望公司法的新修正，藉以落實公司治理精神等效益。就此，本文是配合民國 108 年赴日報告的題目，從公司治理的觀點，就股東與股東會、董事與董事會，乃至於監察人的企業組織部分，簡析這次公司法的修法內容，並返國後再翻譯爲中文，與本書多數執筆者一同爲亞洲大學施茂林教授七秩華誕紀念之祝壽論文。

關鍵詞：公司法，公司治理，股東（會），董事（會），監事（會）。

壹、前言

本篇論文是民國 107 年 10 月當時日本台灣法律家協會在台灣大學舉辦的第 23 屆年會報告。筆者是負責公司法領域的部分，尤其是針對我國在去年（2018 年）夏天公司法的大修正部分，為使與會的本國籍、外國籍賓客能一目瞭然這次公司法修正的內容，簡單扼要作彙報。當然，這公司法修正的議題，其內容亦是民國 108 年 3 月在神戶大學東京事務所六甲法友會、法科大學院 OB 會的台灣法特別講義。相關日本台灣法律家協會年度報告之一的「台湾の 2018 年会社法改正」部分，已於今（2019 年）10 月刊載在《日本台灣法律家協會雜誌》第 16 期第 88 頁至第 110 頁；因此，本稿內容則依神戶大學東京事務所舉辦的台灣法制特別研討會講義為主，進行翻譯，蒙亞洲大學財經法律學系施茂林講座教授七秩華誕祝壽論文集編輯委員會之邀，將報告譯著刊載於紀念論文輯上。

貳、兩國間公司法構造異同及本次報告的核心議題

在報告公司法修正的核心議題之前，針對我國與日本間「公司法」的法典內容，首先進行結構性的比較，有助於各位日籍來賓理解，並掌握這次台灣公司法修正重心之所在：

一是台灣的公司法構造。雖我國目前的公司法典是二次世界大戰結束後，隨著國民黨政府播遷來台的「中華民國公司法」，但這部法典，其源於民國 18 年，即 1929 年在中國大陸所制定頒布施行，因中日戰局、二次世界大戰與中華人民共和國政權交替的歷史偶然，轉轉落腳到寶島台灣，在本文因而習稱「台灣公司法」。依現行台灣公司法的章節目次觀之，其內容如下，全文共 449 條，分成 9 章，依序是總則（1～

39 條）、無限公司（40～97 條）、有限公司（98～113 條）、兩合公司（114～127 條）、股份有限公司（128～356 條之 14）、關係企業（369 條之 1～369 條之 12）、外國公司（370～386 條）、登記（387～446 條）及附則（447～449 條）；簡言之，台灣公司法承認的公司種類有四，即無限公司（即日本法上的合名会社）、有限公司（即有限会社）、兩合公司（即合資会社）與股份有限公司（即株式会社）等[1]。相較於台灣公司法的公司種類，與日本的公司種類相近的，非現行的日本会社法規定，而是 2005 年商法修正前的公司篇（即「会社編」）與有限会社法（即「有限会社法」）所定的公司種類設計，與台灣公司法規定幾乎一致；易言之，2005 年商法修正前的公司篇，定有総則（52～61 條）、合名会社（62～145 條）、合資会社（146～164 條）、株式会社（165～456 條）、外国会社（479～485 之 2 條）及罰則（486～500 條），加上有限会社法，這與我國法上的四個公司種類，完全相同。

二是民國 107 年台灣公司法修正部分。依主管機關經濟部的會後說明表示，此次立法三讀通過的修正、新增及刪除的條文數，高達 148 條，堪稱是民國 90 年（2001）以來最大幅度的一次修法，且就當時公司法修正草案版本，包含政府提案與諸立委提案的修法版本，竟達 40 個版本，近 200 條的規模，修法工程浩大；最後三讀通過的是以經濟部所提的行政院版修正草案內容為主，作為這次公司法修法的方向[2]。就此，依經濟部長在立院報告的內容，顯示此次修法的重點如下，在於：(一) 友善創新、創業環境，(二) 強化公司治理，(三) 增加企業經

---

[1] 相關日文版台灣公司法之介紹，請參閱廖大穎（2016），〈企業と法〉，《台湾法の入門》法律文化社，頁139。

[2] 商業司〈公司法宣導說明會簡報：公司法部分條文修正（逐條式）1070814修正版〉，請參閱：www.gcis.nat.gov.tw/ 經濟部商業司公司法修正專區。

營彈性，(四) 提升股東權益，(五) 數位電子化及無紙化，(六) 建立國際化環境，及 (七) 遵守國際洗錢防制規範等修法目標，冀望新公司法對於公司治理之落實、股東權益之保護，並有效提升吸引外國資金投入、帶動青年創業風潮及產業發展轉型等契機，期以發揮正面、積極的作用[3]。

　　因此，針對如此龐大的這次公司法修正範圍，僅就公司治理議題的修正部分，尤其是相關股東與東會、董事與董事會、監事（台灣公司法稱監察人，並無監事會）制度，作爲今天向各位報告的核心。

參、修法經緯與強化公司治理議題

一、全盤修正到部分修正的歷程

　　公司治理（corporate governance）的議題，在研議公司法制上是個相當顯目的焦點。即便是在民國 107 年公司法部分條文修正之今日，因我國企業之各種弊案爆發（其實全世界各國亦同），仍未停歇，企業法制改革與公司治理的訴求，亦未曾平息，屬方興未艾的議題，因而如何強化公司治理之改革、再改革，在本次公司法修正課題，自屬無法迴避之核心所在。

　　惟其實，這次公司法修正是醞釀於民國 105 年（2016 年）台灣總統大選時，現任蔡英文總統於總統候選人所提出改革訴求之一；當然，話說台灣政治上的選舉，恐有一段「落落長」的歷史，於此從略，僅就蔡總統勝選後的一、二則訊息報導，例如：中時（民國 105 年 10 月 24 日）「創新引擎、蔡英文拍板，公司法全盤修正」、總統府新聞（民國

---

[3] 經濟部長沈榮津就民國107年公司法部分條文修正草案之提案與立法院說明部分，《立法院公報》107卷75期，頁64，請參閱：https://lis.ly.gov.tw/lglawc。

105 年 10 月 28 日）「總統：全盤修正公司法，讓大家做生意更容易」等，嗅出政府正視公司法修正的決心。至於本次修法的結果論而言，這次並非如預期理想性的「全盤」修正公司法，僅屬「部分條文」修正的呈現。縱然如此，依民國 107 年 7 月當時的新聞報導所述，亦認為這次修正乃民國 90 年以來歷次公司法修正中，最大的一次修法，並指摘我國企業在 21 世紀所面臨的經貿全球化運動，各個均需正視公司自己轉型與迎接未來挑戰的決心，藉以尋求企業生存之道，維繫自我成長的必要性與急迫性；就此，行政院依經濟部於民國 106 年 12 月所提出的「公司法部分條文修正草案」，經院務會議檢討、整理後，正式在民國 107 年會期向立法院提出公司法部分條文修正草案審議之申請。這行政院正式提出的修正審議案，如期在是年的 7 月經立法院三讀通過，此即本次公司法大翻修的結果歷程 [4]。

就行政院所提出的公司法部分條文修正草案內容觀之，其修法核心訴求與重點，如政院函請審議的書面報告所示：「……推動加速投資台灣、健全創新創業、打造智慧政府、產業創新輕型等政策方向相符，本修正草案重點臚列如下：(一) 友善創新創業環境，……。(二) 強化公司治理，……。(三) 增加企業經營彈性，……。(四) 保障股東權益，……。(五) 建立國際化之環境，……。(六) 遵守國際洗錢防制規範，…… 」等，藉以本次公司法修正草案，因應數位經濟發展，排除產業輕型、創

---

4 聯合報（07/06/2018），〈公司治理大翻新！公司法完成三讀〉請參閱：https://udn.com/news/story/6656/3238265。蘋果日報（07/06/2018），〈公司法大翻修，16 年來最大幅度〉，請參閱：https://tw.appledaily.com/new/real-time/20180706/1386595/。經濟日報（07/07/2018），〈公司法翻修完成，王美花：理想與降低衝擊的拉鋸〉，請參閱：https://money.udn.com/money/story/5641/3239903。自由時報（07/08/2018），〈公司法修法三讀，國發會：激勵新創事業發展〉，請參閱：http://www.ltn.com.tw/article/breakingnews/2481777。

新之障礙，吸引投資，提升企業競爭力，並強化公司治理之謂[5]。然，上述的公司法修正草案內容，不僅形式上非民國 105 年所謂「公司法全盤修正委員會（下稱民間委員）」版的修法建議，且實質上亦與民間委員版的修法初衷，大相逕庭；附言之，就民間委員版所建議的「全盤」修法訴求，則在盼為我國建構一部能興利、防弊、與時俱進、充滿活力的「新」公司法，因而相關修法重要的基本原則，在於公司法規範的定位，宜自管制朝向促進、自低密度執法轉向嚴格執法外，並將形式管制轉化為智慧管理，同時強調落實分級與實質管理、發揮市場機制、建立生態系統、納入自動執行機制與跨部會整合規範之一致性，且認為在立法政策上，宜自股東至上本位，相應轉向兼顧社會責任的趨勢[6]。

理所當然的，民間委員版的具體條文修正建議內容，其與行政院版草案間，差異甚鉅；惟就此，正如新聞報導所載，主管機關經濟部與民間委員間的修法意見不一致，導致民國 106 年 2 月經濟部對於公司法修正案部分，自行作業，最終提出官方版的公司法部分條文修正草案，於是年 7 月向行政院提具公司法修正案建議，且順利在當年 12 月的院務會議通過，此即行政院版的公司法部分條文修正案，並送進立法院審議，因而民間委員版的公司法修正建議，則不再論及[7]。

---

5 民國107年（2018年）3月28日立法院議案關係文書／院總第618號政府提案第16199號〈行政院函請審議『公司法部分條文修正草案』案〉，《立法院公報》107卷9期4533號／附帶文件／政111頁，請參閱https://lis.ly.gov.tw/lglawc。

6 〈公司法全盤修正委員會修法建議／第一部分總說明〉，公司法全盤修正委員會，頁12，請參閱：http://www.scocar.org.tw/。

7 風傳媒（04/24/2018），陳怡樺，〈蔡英文請來昔日友人操盤、公司法全盤修正仍不敵業界反彈〉，請參閱：https://www.cmmedia.com.tw/。
風傳媒（05/29/2018），尹俞歡〈經濟部講不聽，不容異己？公司法全盤修正委員會退出合作〉，請參閱：https://www.cmmedia.com.tw/。
另，自由時報（05/09/2017），〈抗議公司法修半套，修法學者拒與經部合作〉，請參閱：http://www.ltn.com.tw/article/breakingnews/2061637。

二、我國公司治理改革之修正議題

(一) 修法政策

　　承上說明本次公司法修正過程與經濟部長在國會的報告旨要後，相關強化我國企業競爭力與提升公司治理績效的議題，不愧為民國107年公司法大修正的核心目的所在。因此，今天的報告將聚焦在本次修法政策與公司治理再改革的議題，即股東與股東會制度、董事與董事會制度，外加我國特有的監察人制度，以掌握本次修正的新舊內容與增、刪、調整之立法旨趣，進行論述：

1.股東與股東會制度

　　一是修正公司法第172條之1的股東提案權部分。就股東的提案制度，改採負面表列的立法例，即依法明訂不得列為股東會議案的事由，並明文課予董事會應列入議案之義務[8]。

　　除此之外，相關股東會上股東提案權所衍生的股東提名董事、監察人之候選人部分，公司法第192條之1與第216條之1的規定亦有相對應之調整，即股東提名時所檢附資料之義務，予以刪除，改採股東敘明

---

[8]　民國107年公司法部分條文修正，行政院版草案修正第172條之1部分，請參閱《立法院公報》，107卷75期2冊，頁158。

舊條文	新條文
公司法第172條之1 持有已發行股份總數百分之一以上股份之股東，得以書面向公司提出股東常會議案。但以一項為限，提案超過一項者，均不列入議案。 公司應於股東常會召開前之停止股票過戶日前，公告受理股東之提案、受理處所及受理期間；其受理期間不得少於十日。	公司法第172條之1 持有已發行股份總數百分之一以上股份之股東，得向公司提出股東常會議案。但以一項為限，提案超過一項者，均不列入議案。 公司應於股東常會召開前之停止股票過戶日前，公告受理股東之提案、書面或電子受理方式、受理處所及受理期間；其受理期間不得少於十日。

義務而已[9]。

舊條文	新條文
股東所提議案以三百字為限，超過三百字者，該提案不予列入議案；提案股東應親自或委託他人出席股東常會，並參與該項議案討論。 有左列情事之一，股東所提議案，董事會得不列為議案： 一、該議案非股東會所得決議者。 二、提案股東於公司依第一百六十五條第二項或第三項停止股票過戶時，持股未達百分之一者。 三、該議案於公告受理期間外提出者。 公司應於股東會召集通知日前，將處理結果通知提案股東，並將合於本條規定之議案列於開會通知。對於未列入議案之股東提案，董事會應於股東會說明未列入之理由。 公司負責人違反第二項或前項規定者，處新台幣一萬元以上五萬元以下罰鍰。	股東所提議案以三百字為限；提案股東應親自或委託他人出席股東常會，並參與該項議案討論。 除有下列情事之一者外，股東所提議案，董事會應列為議案： 一、該議案非股東會所得決議。 二、提案股東於公司依第一百六十五條第二項或第三項停止股票過戶時，持股未達百分之一。 三、該議案於公告受理期間外提出。 四、該議案超過三百字或有第一項但書提案超過一項之情事。 第一項股東提案係為敦促公司增進公共利益或善盡社會責任之建議，董事會仍得列入議案。 公司應於股東會召集通知日前，將處理結果通知提案股東，並將合於本條規定之議案列於開會通知。對於未列入議案之股東提案，董事會應於股東會說明未列入之理由。 公司負責人違反第二項、第四項或前項規定者，各處新台幣一萬元以上五萬元以下罰鍰。但公開發行股票之公司，由證券主管機關各處公司負責人新台幣二十四萬元以上二百四十萬元以下罰鍰。

[9] 民國107年公司法部分條文修正，行政院版草案修正第192條之1及第216條之1部分，請參閱《立法院公報》，107卷75期2冊，頁249、398。

舊條文	新條文
公司法第192條之1 公開發行股票之公司董事選舉，採候選人提名制度者，應載明於章程，股東應就董事候選人名單中選任之。	公司法第192條之1 公司董事選舉，採候選人提名制度者，應載明於章程，股東應就董事候選人名單中選任之。但公開發行股票之公司，符合證券主管機關依公司規模、股東人數與結構及其他必要情況所定之條件者，應於章程載明採董事候選人提名制度。

　　二是股東名簿的資訊提供部分。民國 107 年增訂公司法第 210 條之
1，明訂董事會或其他有權召集股東會之人，得請求公司或股務代理機

舊條文	新條文
公司應於股東會召開前之停止股票過戶日前，公告受理董事候選人提名之期間、董事應選名額、其受理處所及其他必要事項，受理期間不得少於十日。 持有已發行股份總數百分之一以上股份之股東，得以書面向公司提出董事候選人名單，提名人數不得超過董事應選名額；董事會提名董事候選人之人數，亦同。 前項提名股東應檢附被提名人姓名、學歷、經歷、當選後願任董事之承諾書、無第三十條規定情事之聲明書及其他相關證明文件；被提名人為法人股東或其代表人者，並應檢附該法人股東登記基本資料及持有之股份數額證明文件。 董事會或其他召集權人召集股東會者，對董事被提名人應予審查，除有左列情事之一者外，應將其列入董事候選人名單： 一、提名股東於公告受理期間外提出。 二、提名股東於公司依第一百六十五條第二項或第三項停止股票過戶時，持股未達百分之一。 三、提名人數超過董事應選名額。 四、未檢附第四項規定之相關證明文件。 前項審查董事被提名人之作業過程應作成紀錄，其保存期限至少為一年。但經股東對董事選舉提起訴訟者，應保存至訴訟終結為止。	公司應於股東會召開前之停止股票過戶日前，公告受理董事候選人提名之期間、董事應選名額、其受理處所及其他必要事項，受理期間不得少於十日。 持有已發行股份總數百分之一以上股份之股東，得以書面向公司提出董事候選人名單，提名人數不得超過董事應選名額；董事會提名董事候選人之人數，亦同。 前項提名股東應敘明被提名人姓名、學歷及經歷。 董事會或其他召集權人召集股東會者，除有下列情事之一者外，應將其列入董事候選人名單： 一、提名股東於公告受理期間外提出。 二、提名股東於公司依第一百六十五條第二項或第三項停止股票過戶時，持股未達百分之一。 三、提名人數超過董事應選名額。 四、提名股東未敘明被提名人姓名、學歷及經歷。
公司應於股東常會開會四十日前或股東臨時會開會二十五日前，將董事候選人名單及其學歷、經歷、持有股份數額與所代表之政府、法人名稱及其他相關資料公告，並將審查結果通知提名股東，對於提名人選未列入董事候選人名單者，並應敘明未列入之理由。	公司應於股東常會開會二十五日前或股東臨時會開會十五日前，將董事候選人名單及其學歷、經歷公告。但公開發行股票之公司應於股東常會開會四十日前或股東臨時會開會二十五日前為之。

構提供股東名簿；若拒絕提供者，則處以行政處罰[10]。

舊條文	新條文
公司負責人違反第二項或前二項規定者，處新台幣一萬元以上五萬元以下罰鍰。	公司負責人或其他召集權人違反第二項或前二項規定者，各處新台幣一萬元以上五萬元以下罰鍰。但公開發行股票之公司，由證券主管機關各處公司負責人或其他召集權人新台幣二十四萬元以上二百四十萬元以下罰鍰。
公司法第216條之1 公開發行股票之公司監察人選舉，依章程規定採候選人提名制度者，準用第一百九十二條之一規定。	公司法第216條之1 公司監察人選舉，依章程規定採候選人提名制度者，準用第一百九十二條之一第一項至第六項規定。 公司負責人或其他召集權人違反前項準用第一百九十二條之一第二項、第五項或第六項規定者，各處新台幣一萬元以上五萬元以下罰鍰。但公開發行股票之公司，由證券主管機關各處公司負責人或其他召集權人新台幣二十四萬元以上二百四十萬元以下罰鍰。

[10] 民國107年公司法部分條文修正，行政院版草案增訂第210條之1部分，請參閱《立法院公報》，107卷75期2冊，頁359。

舊條文	新條文
（增訂）	公司法第210條之1 董事會或其他召集權人召集股東會者，得請求公司或股務代理機構提供股東名簿。 代表公司之董事拒絕提供股東名簿者，處新台幣一萬元以上五萬元以下罰鍰。但公開發行股票之公司，由證券主管機關處代表公司之董事新台幣二十四萬元以上二百四十萬元以下罰鍰。 股務代理機構拒絕提供股東名簿者，由證券主管機關處新台幣二十四萬元以上二百四十萬元以下罰鍰。 前二項情形，主管機關或證券主管機關並應令其限期改正；屆期未改正者，繼續令其限期改正，並按次處罰至改正為止。

　　三是股東會召集通知之記載事由部分，相關公司法第 172 條第 5 項的召集事由，增訂「不得以臨時動議提出」之「減資、申請停止公開發行、董事競業許可、盈餘轉增資、公積轉增資」等列舉事項外，並增訂召集事由應說明其「不得以臨時動議提出」議案之主要內容[11]。

　　四是增訂持股過半數股東的自行召集股東臨時會制度。相對於公司

11　民國107年公司法部分條文修正，行政院版草案修正第172條部分，請參閱《立法院公報》，107卷75期2冊，頁135。

舊條文	新條文
公司法第172條 股東常會之召集，應於二十日前通知各股東，對於持有無記名股票者，應於三十日前公告之。 股東臨時會之召集，應於十日前通知各股東，對於持有無記名股票者，應於十五日前公告之。 公開發行股票之公司股東常會之召集，應於三十日前通知各股東，對於持有無記名股票者，應於四十五日前公告之；公開發行股票之公司股東臨時會之召集，應於十五日前通知各股東，對於持有無記名股票者，應於三十日前公告之。 通知及公告應載明召集事由；其通知經相對人同意者，得以電子方式為之。 選任或解任董事、監察人、變更章程、公司解散、合併、分割或第一百八十五條第一項各款之事項，應在召集事由中列舉，不得以臨時動議提出。 代表公司之董事，違反第一項、第二項或第三項通知期限之規定者，處新台幣一萬元以上五萬元以下罰鍰。	公司法第172條 股東常會之召集，應於二十日前通知各股東。 股東臨時會之召集，應於十日前通知各股東。 公開發行股票之公司股東常會之召集，應於三十日前通知各股東；股東臨時會之召集，應於十五日前通知各股東。 通知應載明召集事由；其通知經相對人同意者，得以電子方式為之。 選任或解任董事、監察人、變更章程、減資、申請停止公開發行、董事競業許可、盈餘轉增資、公積轉增資、公司解散、合併、分割或第一百八十五條第一項各款之事項，應在召集事由中列舉並說明其主要內容，不得以臨時動議提出；其主要內容得置於證券主管機關或公司指定之網站，並應將其網址載明於通知。 代表公司之董事，違反第一項至第三項或前項規定者，處新台幣一萬元以上五萬元以下罰鍰。但公開發行股票之公司，由證券主管機關處代表公司之董事新台幣二十四萬元以上二百四十萬元以下罰鍰。

法第 173 條主管機關許可少數股東之自行召集股東臨時會設計，增訂第 173 條之 1 繼續 3 個月以上持股過半數的股東，得不經許可而自行召集股東臨時會之權限[12]。

　　五是與股東間契約之明文規定。相較於公司與股東間所約定的特別股規定，民國 107 年公司法亦明文股東間之協議，例如：表決權共同行使、表決權信託等契約，予以法文化[13]。

---

[12] 民國107年公司法部分條文修正，行政院版草案增訂第173條之1部分，請參閱《立法院公報》，107卷75期2冊，頁192。

舊條文	新條文
（增訂）	公司法第173條之1 繼續三個月以上持有已發行股份總數過半數股份之股東，得自行召集股東臨時會。 前項股東持股期間及持股數之計算，以第一百六十五條第二項或第三項停止股票過戶時之持股為準。

[13] 民國107年公司法部分條文修正，行政院版草案增訂第175條之1部分，請參閱《立法院公報》，107卷75期2冊，頁202。

舊條文	新條文
（增訂）	公司法第175條之1 股東得以書面契約約定共同行使股東表決權之方式，亦得成立股東表決權信託，由受託人依書面信託契約之約定行使其股東表決權。 股東非將前項書面信託契約、股東姓名或名稱、事務所、住所或居所與移轉股東表決權信託之股份總數、種類及數量於股東常會開會三十日前，或股東臨時會開會十五日前送交公司辦理登記，不得以其成立股東表決權信託對抗公司。 前二項規定，於公開發行股票之公司，不適用之。

2. 董事與董事會制度

一是相關董事候選人提名制度之調整，除前述〔參之二之 (一) 之1〕股東提名董事候選人的部分外，所有股份有限公司均得依章程規定採行之 [14]。

二是董事選任時之累積投票制度，這是公司法第 198 條之強行規定，但例外明訂於閉鎖性股份有限公司部分，得依章程排除之 [15]。

三是關於董事會的召集權限部分，除現行法明定董事長召集權外，民國 107 年公司法亦特別增訂過半數之董事，得例外自行召集董事

---

[14] 相關公司法第192條之1的新舊條文資料，請參閱前揭註9。

[15] 民國107年公司法部分條文修正，行政院版草案修正第356條之3部分，請參閱《立法院公報》，107卷75期3冊，頁155。

舊條文	新條文
公司法第356條之3	公司法第356條之3
發起人得以全體之同意，設立閉鎖性股份有限公司，並應全數認足第一次應發行之股份。	發起人得以全體之同意，設立閉鎖性股份有限公司，並應全數認足第一次應發行之股份。
發起人之出資除現金外，得以公司事業所需之財產、技術、勞務或信用抵充之。但以勞務、信用抵充之股數，不得超過公司發行股份總數之一定比例。	發起人之出資除現金外，得以公司事業所需之財產、技術或勞務抵充之。但以勞務抵充之股數，不得超過公司發行股份總數之一定比例。
前項之一定比例，由中央主管機關定之。	前項之一定比例，由中央主管機關定之。
非以現金出資者，應經全體股東同意，並於章程載明其種類、抵充之金額及公司核給之股數；主管機關應依該章程所載明之事項辦理登記，並公開於中央主管機關之資訊網站。	以技術或勞務出資者，應經全體股東同意，並於章程載明其種類、抵充之金額及公司核給之股數；主管機關應依該章程所載明之事項辦理登記，並公開於中央主管機關之資訊網站。
發起人選任董事及監察人之方式，除章程另有規定者外，準用第一百九十八條規定。	發起人選任董事及監察人之方式，除章程另有規定者外，準用第一百九十八條規定。
公司之設立，不適用第一百三十二條至第一百四十九條及第一百五十一條至第一百五十三條規定。	公司之設立，不適用第一百三十二條至第一百四十九條及第一百五十一條至第一百五十三條規定。
	股東會選任董事及監察人之方式，除章程另有規定者外，依第一百九十八條規定。

會的制度[16]。

四則爲董事與公司間的利益衝突問題。就此，民國 107 年公司法修正第 206 條，相關董事對於董事會議事項具有利害關係時之說明義務，適用範圍擴大至「董事之配偶、二親等內血親或與董事具有控制從屬關係之公司」的對象，以強化、落實公司治理[17]。

五是實質董事部分。民國 107 年公司法亦修正第 8 條第 3 項，擴大名義上「非董事，但實質上執行董事業務或實質上指揮董事執行業務之人」亦負董事同一民事、刑事及行政之責的範圍，不限於公開發行而適

---

[16] 民國107年公司法部分條文修正，行政院版草案增訂第203條之1部分，請參閱《立法院公報》，107卷75期2冊，頁312。

舊條文	新條文
（增訂）	公司法第203條之1 董事會由董事長召集之。 過半數之董事得以書面記明提議事項及理由，請求董事長召集董事會。 前項請求提出後十五日內，董事長不爲召開時，過半數之董事得自行召集。

[17] 民國107年公司法部分條文修正，行政院版草案修正第206條部分，請參閱《立法院公報》，107卷75期2冊，頁336。

舊條文	新條文
公司法第206條 董事會之決議，除本法另有規定外，應有過半數董事之出席，出席董事過半數之同意行之。 董事對於會議之事項，有自身利害關係時，應於當次董事會說明其自身利害關係之重要內容。	公司法第206條 董事會之決議，除本法另有規定外，應有過半數董事之出席，出席董事過半數之同意行之。 董事對於會議之事項，有自身利害關係時，應於當次董事會說明其自身利害關係之重要內容。 董事之配偶、二親等內血親，或與董事具有控制從屬關係之公司，就前項會議之事項有利害關係者，視爲董事就該事項有自身利害關係。
第一百七十八條、第一百八十條第二項之規定，於第一項之決議準用之。	第一百七十八條、第一百八十條第二項之規定，於第一項之決議準用之。

用所有公司[18]。

　　六是不設置董事會制度之公司。一般而言，股份有限公司股東會、董事會及監察人是我國制度上傳統三大常設、必要的法定機關，惟民國107年公司法修正第192條規定，例外允許股東會僅選任一至二人董事，而依章程得不設置董事會[19]。

---

[18] 民國107年公司法部分條文修正，行政院版草案修正第8條部分，請參閱《立法院公報》，107卷75期1冊，頁119。

舊條文	新條文
公司法第8條 本法所稱公司負責人：在無限公司、兩合公司為執行業務或代表公司之股東；在有限公司、股份有限公司為董事。 公司之經理人或清算人，股份有限公司之發起人、監察人、檢查人、重整人或重整監督人，在執行職務範圍內，亦為公司負責人。 公開發行股票之公司之非董事，而實質上執行董事業務或實質控制公司之人事、財務或業務經營而實質指揮董事執行業務者，與本法董事同負民事、刑事及行政罰之責任。但政府為發展經濟、促進社會安定或其他增進公共利益等情形，對政府指派之董事所為之指揮，不適用之。	公司法第8條 本法所稱公司負責人：在無限公司、兩合公司為執行業務或代表公司之股東；在有限公司、股份有限公司為董事。 公司之經理人、清算人或臨時管理人，股份有限公司之發起人、監察人、檢查人、重整人或重整監督人，在執行職務範圍內，亦為公司負責人。 公司之非董事，而實質上執行董事業務或實質控制公司之人事、財務或業務經營而實質指揮董事執行業務者，與本法董事同負民事、刑事及行政罰之責任。但政府為發展經濟、促進社會安定或其他增進公共利益等情形，對政府指派之董事所為之指揮，不適用之。

[19] 民國107年公司法部分條文修正，行政院版草案修正第192條部分，請參閱《立法院公報》，107卷75期2冊，頁234。

舊條文	新條文
公司法第192條 公司董事會，設置董事不得少於三人，由股東會就有行為能力之人選任之。	公司法第192條 公司董事會，設置董事不得少於三人，由股東會就有行為能力之人選任之。 公司得依章程規定不設董事會，置董事一人或二人。置董事一人者，以其為董事長，董事會之職權並由該董事行使，不適用本法有關董事會之規定；置董事二人者，準用本法有關董事會之規定。

3. 監察人制度

一是相關監察人候選人提名制度之調整，因準用公司法第 192 條之 1，即前述〔參之二之 (一) 之 2〕董事候選人提名規定之結果，不僅所有股份有限公司均得採行外，且針對股東提名監察人候選人部分，亦同步調整 [20]。

二是不設置監察人制度之公司，如前揭股東會、董事會、監察人之三大法定、必要、常設機關的股份有限公司，民國 107 年公司法修正亦例外允許一人的股份有限公司，得不設置監察人 [21]。

舊條文	新條文
公開發行股票之公司依前項選任之董事，其全體董事合計持股比例，證券管理機關另有規定者，從其規定。 民法第八十五條之規定，對於前項行為能力不適用之。 公司與董事間之關係，除本法另有規定外，依民法關於委任之規定。 第三十條之規定，對董事準用之。	公開發行股票之公司依第一項選任之董事，其全體董事合計持股比例，證券主管機關另有規定者，從其規定。 民法第十五條之二及第八十五條之規定，對於第一項行為能力，不適用之。 公司與董事間之關係，除本法另有規定外，依民法關於委任之規定。 第三十條之規定，對董事準用之。

[20] 相關公司法第216條之1的新舊條文資料，請參閱前揭註9。

[21] 民國107年公司法部分條文修正，行政院版草案修正第128條之1部分，請參閱《立法院公報》，107卷75期1冊，頁429。

舊條文	新條文
公司法第128條之1 政府或法人股東一人所組織之股份有限公司，不受前條第一項之限制。該公司之股東會職權由董事會行使，不適用本法有關股東會之規定。	公司法第128條之1 政府或法人股東一人所組織之股份有限公司，不受前條第一項之限制。該公司之股東會職權由董事會行使，不適用本法有關股東會之規定。 前項公司，得依章程規定不設董事會，置董事一人或二人；置董事一人者，以其為董事長，董事會之職權由該董事行使，不適用本法有關董事會之規定；置董事二人者，準用本法有關董事會之規定。 第一項公司，得依章程規定不置監察人；未置監察人者，不適用本法有關監察人之規定。

4. 公司秘書制度

這是建議依英國及普及於其舊屬殖民地，例如：澳洲、新加坡及香港等[22]，即針對英美法系採單軌、一元制的董事會組織之外，另設有 Company Secretary，暫直譯為「公司秘書」的制度。雖；惟行政院版及數立委提案版之公司法部分條文修正草案，均建議增訂第 215 條之 1 相關「公司治理人員」等規定，以協助董事、監察人忠實執行業務及盡善良管理人之注意義務，但在法制上「公司秘書」之必要性與否，爭議過大，立院審查會中修正動議刪除第 25 條之 1 提案，不予增訂[23]。

5. 其他有關公司治理議題之提案修正

一是擴大特別股的範圍，即民國 107 年公司法修正第 157 條規定，為具體明定「特別股權利、義務之其他事項」而大幅增加特別股的種類，即允許公司發行各種參與企業經營的「特殊」權限股份，例如：否決權股、複數表決權股，甚至是特定當選股等，與閉鎖性公司之重視股東間特定的協議，無異，以提昇發行特別股設計之彈性[24]。

二是股東代表訴訟的配套議題，依本次立委提案建議，仿證券投資人及期貨交易人保護法的規定，修正第 214 條的股東訴訟制度，增訂

舊條文	新條文
前項公司之董事、監察人，由政府或法人股東指派。	第一項公司之董事、監察人，由政府或法人股東指派。

[22] 至於中國90年代經濟改革開放當時，藉由東方之珠的香港制度，擬與世界接軌，亦同時引進香港的「公司秘書」制度，改稱為「董事長秘書」一詞；就此相關，請參閱台灣大學法律學院／政治大學法學院〈上市櫃公司公司治理與公司治理長（公司秘書）研討會〉，《月旦法學雜誌》，262期，頁259（何龍燦發言）。

[23] 行政院版草案、數立委版草案增訂第215條之1、之2及之3部分，請參閱《立法院公報》，107卷75期2冊，頁379。

[24] 民國107年公司法部分條文修正，行政院版草案修正第157條部分，請參閱《立法院公報》，107卷75期2冊，頁35。

「暫免徵收裁判費」及聲請訴訟代理人規定 [25]。

舊條文	新條文
公開發行特別股時，應就左列各款於章程中定之： 一、特別股分派股息及紅利之順序、定額或訂率。 二、特別股分派公司賸餘財產之順序、定額或訂率。 三、特別股之股東行使表決權之順序、限制或無表決權。 四、特別股權利、義務之其他事項。	公開發行特別股時，應就下列各款於章程中定之： 一、特別股分派股息及紅利之順序、定額或訂率。 二、特別股分派公司賸餘財產之順序、定額或訂率。 三、特別股之股東行使表決權之順序、限制或無表決權。 四、複數表決權特別股或對於特定事項具否決權特別股。 五、特別股股東被選舉為董事、監察人之禁止或限制，或當選一定名額董事之權利。 六、特別股轉換成普通股之轉換股數、方法或轉換公式。 七、特別股轉讓之限制。 八、特別股權利、義務之其他事項。 前項第四款複數表決權特別股股東，於監察人選舉，與普通股股東之表決權同。 下列特別股，於公開發行股票之公司，不適用之： 一、第一項第四款、第五款及第七款之特別股。 二、得轉換成複數普通股之特別股。

25 民國107年公司法部分條文修正，立委版草案及在野黨團草案修正第214條部分，請參閱《立法院公報》，107卷75期2冊，頁373。

舊條文	新條文
繼續一年以上，持有已發行股份總數百分之三以上之股東，得以書面請求監察人為公司對董事提起訴訟。 監察人自有前項之請求日起，三十日內不提起訴訟時，前項之股東，得為公司提起訴訟；股東提起訴訟時，法院因被告之申請，得命起訴之股東，提供相當之擔保；如因敗訴，致公司受有損害，起訴之股東，對於公司負賠償之責。	繼續六個月以上，持有已發行股份總數百分之一以上之股東，得以書面請求監察人為公司對董事提起訴訟。 監察人自有前項之請求日起，三十日內不提起訴訟時，前項之股東，得為公司提起訴訟；股東提起訴訟時，法院因被告之申請，得命起訴之股東，提供相當之擔保；如因敗訴，致公司受有損害，起訴之股東，對於公司負賠償之責。

　　三是董事責任保險之報告事項，即公司法增訂第 193 條之 1 明文公司為董事投保責任事項，應依規定向董事會報告之義務[26]。

　　四是股東聲請選派檢查人之具體規定，民國 107 年公司修正第 245 條，改定聲請法院股東條件及檢查人檢查事項的範圍[27]。

舊條文	新條文
	股東提起前項訴訟，其裁判費超過新台幣六十萬元部分暫免徵收。第二項訴訟，法院得依聲請為原告選任律師為訴訟代理人。

[26] 民國107年公司法部分條文修正，行政院版草案修正第193條之1部分，請參閱《立法院公報》，107卷75期2冊，頁281。

舊條文	新條文
（增訂）	公司得於董事任期內就其執行業務範圍依法應負之賠償責任投保責任保險。公司為董事投保責任保險或續保後，應將其責任保險之投保金額、承保範圍及保險費率等重要內容，提最近一次董事會報告。

[27] 民國107年公司法部分條文修正，行政院版草案修正第245條部分，請參閱《立法院公報》，107卷75期3冊，頁41。

舊條文	新條文
繼續一年以上，持有已發行股份總數百分之三以上之股東，得聲請法院選派檢查人，檢查公司業務帳目及財產情形。	繼續六個月以上，持有已發行股份總數百分之一以上之股東，得檢附理由、事證及說明其必要性，聲請法院選派檢查人，於必要範圍內，檢查公司業務帳目、財產情形、特定事項、特定交易文件及紀錄。
法院對於檢查人之報告認為必要時，得命監察人召集股東會。	法院對於檢查人之報告認為必要時，得命監察人召集股東會。
對於檢查人之檢查有妨礙、拒絕或規避行為者，或監察人不遵法院命令召集股東會者，處新台幣二萬元以上十萬元以下罰鍰。	對於檢查人之檢查有規避、妨礙或拒絕行為者，或監察人不遵法院命令召集股東會者，處新台幣二萬元以上十萬元以下罰鍰。再次規避、妨礙、拒絕或不遵法院命令召集股東會者，並按次處罰。

(二) 我見與我思

本次公司法修正的範圍，幅度相當大，如上所述，相關修正的條文，包括增訂、刪除等條文數達 200 條以上；職是，本報告僅針對公司治理的有關議題，尤其是股份有限公司組織的制度核心，即股東與股東會、董事與董事會，以及監察人等三個部分為限。惟就上述報告的議題，以下觀察乃民國 107 年公司法部分條文修正的個人心得。

1. 監察人的問題

從公司治理的角色，觀察民國 107 年公司法與三大機關修正內容，不難察覺監察人部分，相較於股東與股東會、董事與董事會制度之修正，鮮少許多。這是件可喜可賀之事？表示我國監察人制度，有「必要」再改善之處不多，還是另有其他想法？不得而知。整體而言，我國監察人制度之於公司法上的設計，主要機能是擔任公司法第 218 條業務監察與第 219 條會計監察的職責所在，但這監察人在企業實務上的評價，一直是被非難、詬病「無」任何的監察機能。因此，監察人制度無需檢討的結論，似乎是不成立；再者，從歐陸法系的監察人實際運作觀察，例如：在我國與日本的監察人監察報告書（附件一）比較後，我國社會上所指摘監察人的批評，則感同深受，應是急需再檢討之處，甚多。問題恐在於公司法主管機關，為何在立法政策上「不作為」？

相較於獨立董事制度，這在我國屬證券交易法第 14 條之 4 明定公開發行股票公司應設置審計委員會或監察人的擇一政策下，一是依規定選任獨立董事組成審計委員會者，則可取代監察人職能，並準用監察人規定，而不設置監察人的公開發行公司外，二是不難發覺近年證券交易法條文修正的議題，均落在健全公司治理與如何強化獨立董事職能身上，因而證券交易法對於取代監察人制度的審計委員會，或獨立董事制

度的檢討，反而是積極的 [28]。惟縱即便是公司法上監察人制度之無再檢討的必要，但在本次公司法部分條文修正之行政院版草案中，亦有爲提昇「公司治理」的公司秘書制度增訂建議，這卻讓人令人摸不著頭緒。其實，這公司秘書與公司法修正議題，在邏輯上與相關民間版公司法修正提案的主要人士著作，即「建立公司秘書制度之芻議」一文，結論的第二點明白表示英系國家施作經驗上之「公司秘書爲獨立董事與審計委員會制度必備之配套措施」，而質疑我國證券交易法上「是否有了獨立董事及審計委員會後，我國公司治理必然上正軌」、「……證交法對審計委員會之功能定位已遠遠超過美國審計委員會之職權範圍，……與獨立董事不涉公司業務經營之角色設計有違」，強調公司秘書之不可或缺的配套云云 [29]，即從研究英系公司法論文的邏輯，這「公司秘書」議題的前提是在獨立董事所組成的功能性委員會制度，在形式意義上這非我國「公司法」而屬「證券交易法」的議題。再且，這實質上公司秘書之「必然性」配套，亦屬存疑，不僅英美法系的美規國家不採，即便中國從英屬前殖民地的香港，所習得的公司秘書制度，則是被定位爲「董事會秘書」，亦有被戲稱爲「大內總管」 [30]。

　　就此，主管機關於事後說明國外有公司秘書的制度，我國爲何不引進的審議過程，謂公司秘書即相關公司治理人員協助董監事及充分提供資訊，強化公司治理制度之理念，惟在實際現況下，若明定設置公司

28　例如：民國95年券交易法部分條文修正，增訂第14條之2、第14條之3、第14條之4及第14條之5，民國98年證券交易法部分條文修正，增訂第14條之6，民國107年證券交易法部分條文修正，修正第14條之2等相關獨立董事之規定。

29　例如：曾宛如、陳肇鴻，〈建立公司秘書制度之芻議〉，《月旦法學雜誌》，226期，頁117。

30　例如：黃博信、吳晉宏（2007），〈現行公司法是否該引進公司秘書制度之探討〉，《會計師季刊》272期，頁54，則質疑導入公司秘書制度之必要性。
　　另，非英系前殖民地但導入公司秘書制度的中國，對公司秘書之妙喻，請參閱台灣大學／政治大學‧前揭研討會（註22），頁266（朱慈蘊發言）。

秘書，其職權不僅與現有經理人員恐有重疊，例如：法務、財務、股務等，且我國企業對此陌生，而疊床架屋的制度，均表示提高企業成本負擔之憂心。因此，認為在公司法上不宜設置公司秘書制度；反之，在立法論而言，這宜由公開發行股票之公司，視實際需求設置，無必要在公司法明定，若公開發行公司有其需要，可藉金管會逐步推動，視其可行性再擴大實施之[31]。

2. 股東自行召集股東會之例外權限問題

公司法增訂第 173 條之 1，特別排除第 173 條股東自行召集股東會的程序上限制，即允許持有已發行股份總數過半的股東，繼續持有三個月以上者，得自行已召集股東臨時會，其立法謂「當股東持有公司已發行股份總數過半數之股份時，其對公司之經營及股東會已有關鍵性之影響，若其自行召集股東會仍須依第 173 條……，並不合理」，爰予增訂之[32]；惟相較公司法制的政策上，到底宜採以維持企業秩序為重，例如：第 173 條的少數股東權設計？抑是宜採以優先回應股東對公司改革的需求，例如：第 173 條之 1 的增訂設計？這是一個兩難的抉擇。

在法制政策的比較觀察，又例如：券交易法第 43 條之 5 第 4 項，雖亦明訂因公司收購股權而持有該公司已發行股份總數百分之五十者，得依公司法第 173 條自行召集股東臨時會的權限，形式上排除「董事會不為召集」的條件，但仍保留「經主管機關許可」之要件，藉由主管機關實質審酌個案是否宜「例外」允許股東自行召集股東臨時會之裁量。

---

[31] 民國107年公司法部分條文修正草案，立委提案增訂第215條之1、之2、之3與修正動議不予增訂部分，請參閱《立法院公報》，107卷75期，頁379。另，經濟部〈公司法新制報你知〉說帖〈不可不知！《公司法》大翻修〉，請參閱商業司／公司法修法專區／文宣專區 http://gcis.nat.gov.tw/mainNew/。

[32] 民國107年公司法部分條文修正草案，增訂第173條之1的立法理由，請參閱《立法院公報》，107卷75期2冊，頁192。

當然，這股東會招集與否，反映出股權之異動時，或謂以獲得股東支持，穩定公司業務的經營團隊，乃至於爲解決公司派不召開股東會的僵局等，俾以健全公司治理效益等命題，就主管機關的專業判斷與裁量，其於公司法第173條、證券交易法第43條之5的立法論上，將是核心的關鍵所在；因此，增訂第173條之1排除上述主管機關許可的設計，一是在公開發行股票公司之適用公司法與證交法的先後順序與內容，產生普通法與特別法間規定的違和之外，二是相關企業經營權秩序與公司治理的議題，尤其是董事與監察人任期保障的既有制度於股東召集，於在第173條之1的增訂正式檯面化；質言之，雖股權變動是決定公司業務經營團隊變動與否的必然要素之一，但這種人事異動的爭議與例外召集股東會的股東權，在廢除主管機關許可的裁量制度，其在立法政策上是明顯改變的[33]。

3. 特別股的問題

　　相較於公司法第157條所規定，民國107年公司法修正之於特別股制度的調整部分，可謂是本次修法的核心之一。其實，就公司法第157條之原有規定而言，第四款「特別股權利、義務之其他事項」部分，我國學界的多數見解均認爲這是賦予公司發行「任何」無違公序良俗及強行規定之特別股，明訂於章程的一種企業自治立法，允許公司與股東間約定各種不同權利、義務關係；因此，基於企業自治的大前提下，公司得發行「任何」種類的特別股。然，上述學理見解卻未受主管機關所採，即學者與行政機關兩者所持意見，長期對立。惟本次公司法修正，第157條再開放特別股的範圍，增訂許多種類的特別股，其中亦包括所謂「對於特定事項具否決權特別股」、「特別股股東……當選一定名額董事之權利」等，豐富我國法上特別股的種類，這與股東間約定的協議

---

[33] 廖大穎（2019），《公司法原論》，頁195，台北：三民書局。

事項，表現在企業自治意涵上，殊值肯定[34]。

　　然，上揭對特定事項具否決權、當選一定名額董事權利之特別股等，其約定內容是否與我國公序良俗，甚至是公司法規定有所違之處？這是公司治理的議題；惟限於報告的時間限制，簡而言之，個人雖亦贊成「對於特定事項具否決權特別股」與「特別股股東……當選一定名額董事之權利」等種類的特別股約定，但如此特別股的設計上，宜有配套措施爲妥。當然，約定特別股股東之股東會決議事項的「否決權」、「當選權利」內容，與公司法人團體的「多數決」機制間，如此直接的立法是相互衝突，至爲明顯[35]。

4. 法人董監事的問題

　　最後是在報告結束前，擬附帶觸及的是公司法第 27 條的法人董監事議題。這是現行法第 27 條所明訂政府或法人爲股東時，得當選或者得由其代表人當選爲董監事的規定，屬我國公司法上相當獨特的規定之一。

　　相關法人當選董監事或法人代表人當選董監事制度，依法指定的自然人代表，並於我國法上均允許所謂的「隨時改派補足原任期」，即不論是法人董監事之代表人或當選董監事之法人代表人，均得依法人隨時改派之，這雖形成公司實務上運作的肯定，但在公司治理的學理研議上，則備受學界批評，認爲是過分率就企業監控的便宜設計，破壞公司法理的基本原則[36]；的確，就法人董監事法制上的實務與爭議，亦往往

---

[34] 例如：邵慶平，〈章程自治的界線：特別股類型限定的反省〉，《月旦法學雜誌》，247期，頁82。張心悌，〈閉鎖性股份有限公司特別股股東選舉董監事之權利〉，《月旦法學教室》，165期，頁22。

[35] 廖大穎，前揭註33，頁137。

[36] 例如：廖大穎，〈評公司法第27條法人董事制度：從台灣高院91年度上字第870號與板橋地院91年度訴字第218號判決的啓發〉，《月旦法學雜誌》，112期，頁197。林仁光，〈公司法第27條法人董監事制度存廢之研究〉，《台大法學論叢》

隨著政治上的執政在野政黨交替，不時上演公營事業易主與董監人事走馬看花的「公司法」連續劇，甚至是上行下效，一般民間企業濫用公司法第 27 條的便宜性規定，亦屬習以爲常之事。

　　如此的法人董監事制度，在世界上確是少見的立法例，多爲我國學者認爲應予以廢除的規定之一，但本次修法，雖亦被數立委及在野黨團提案修正檢討的條文之一 [37]。惟主管機關經濟部則強調這法人董監事制度不僅被國內二萬六千多家公司，廣泛使用，且正因法人隨時指派自然人代表，擔任董監事職務，足以隨時反映法人股東的監督力量，因此相關第 27 條規定是合宜的，尤其是國營事業或具官股的公司，政府之有效監督是必要的；反之，保留公司法第 27 條規定，就務實再言之，亦無影響到投資人對我國企業投資之意願，因而相關法人董監事之第 27 條規定，並無修正的必要 [38]。

肆、代結論

　　以上是民國 107 年公司法修正與公司治理的部分，簡單報告到此。由於時間關係，無法就特定議題，做深入的分析，僅就本次公司法大幅修正的範圍內，針對股份有限公司部分，其中相關的股東與股東會、董事與董事會及監察人制度，從公司治理觀點，鳥瞰這次修法內容。我的報告就此終了，謝謝各位聆聽。

40卷1期，頁250。

[37] 民國107年公司法部分條文修正，立委版及在野黨團版草案修正第27條部分，請參閱《立法院公報》，107卷75期1冊，頁255。

[38] 經濟部，〈公司法新制報你知〉說帖，〈不可不知！《公司法》大翻修〉，商業司 / 公司法修法專區 / 文宣專區，http://gcis.nat.gov.tw/mainNew/。

附件一　監察人報告書：台灣與日本監察人制度實務對照

1. 台灣設置監察人之股份有限公司與監察人審查報告書

不公開發行公司：監察人審查報告書

> 茲准董事會造送民國○○年度營業報告書、資產負債表、損益表、股東權益變動表、現金流量表、虧損撥補表，經本監察人等查核完竣，認為尚無不符，爰依照公司法第二一九條之規定備具報告。
>
> 　敬請　鑑察
>
> 此致
>
> 　本公司○○年度股東常會
>
> 監察人○○○　印
監察人○○○　印
>
> 民國○○年○○月○○日

公開發行公司：監察人審查報告書

> 董事會造送本公司○○年度營業報告書、財務報表、合併財務報表暨虧損撥補案，經董事會委託之○○○○會計師事務所○○○、○○○兩位會計師共同出具之查核報告，經本監察人審查，認為符合公司法等相關法令，爰依照公司法第二一九條之規定，特此報告。
>
> 　敬請　鑒查
>
> 此致
>
> 　本公司○○年度股東常會
>
> ○○○○金融控股股份有限公司
常駐監察人：○○○　印
監察人：○○○　印
監察人：○○○　印
>
> 民國○○年○○月○○日

2. 日本設置監察人（監事會）之股份有限公司與監察報告書

公開發行公司──（株）三菱商事監察人報告書

連結計算書類に係る会計監査人の監査報告書（謄本）

独立監査人の監査報告書

三菱商事株式会社

　　取締役会　御中

有限責任監査法人　トーマツ

指定有限責任社員 業務執行社員	公認会計士　觀　恒平 ㊞
指定有限責任社員 業務執行社員	公認会計士　山田政之 ㊞
指定有限責任社員 業務執行社員	公認会計士　吉村健一 ㊞
指定有限責任社員 業務執行社員	公認会計士　小林永明 ㊞

　当監査法人は、会社法第444条第4項の規定に基づき、三菱商事株式会社の平成27年4月1日から平成28年3月31日までの連結会計年度の連結計算書類、すなわち、連結財政状態計算書、連結損益計算書、連結持分変動計算書、連結計算書類の作成のための基本となる重要な事項及びその他の注記について監査を行った。

連結計算書類に対する経営者の責任

　経営者の責任は、連結計算書類を国際会計基準で求められる開示項目の一部を省略して作成することを認めている会社計算規則第120条第1項後段の規定により作成し、適正に表示することにある。これには、不正又は誤謬による重要な虚偽表示のない連結計算書類を作成し適正に表示するために経営者が必要と判断した内部統制を整備及び運用することが含まれる。

我見與我思之民國 107 年公司法修正

監査人の責任

　当監査法人の責任は、当監査法人が実施した監査に基づいて、独立の立場から連結計算書類に対する意見を表明することにある。当監査法人は、我が国において一般に公正妥当と認められる監査の基準に準拠して監査を行った。監査の基準は、当監査法人に連結計算書類に重要な虚偽表示がないかどうかについて合理的な保証を得るために、監査計画を策定し、これに基づき監査を実施することを求めている。

　監査においては、連結計算書類の金額及び開示について監査証拠を入手するための手続が実施される。監査手続は、当監査法人の判断により、不正又は誤謬による連結計算書類の重要な虚偽表示のリスクの評価に基づいて選択及び適用される。監査の目的は、内部統制の有効性について意見表明するためのものではないが、当監査法人は、リスク評価の実施に際して、状況に応じた適切な監査手続を立案するために、連結計算書類の作成と適正な表示に関連する内部統制を検討する。また、監査には、経営者が採用した会計方針及びその適用方法並びに経営者によって行われた見積りの評価も含め全体としての連結計算書類の表示を検討することが含まれる。

　当監査法人は、意見表明の基礎となる十分かつ適切な監査証拠を入手したと判断している。

監査意見

　当監査法人は、会社計算規則第120条第1項後段の規定により国際会計基準で求められる開示項目の一部を省略して作成された上記の連結計算書類が、三菱商事株式会社及び連結子会社からなる企業集団の当該連結計算書類に係る期間の財産及び損益の状況をすべての重要な点において適正に表示しているものと認める。

利害関係

　会社と当監査法人又は業務執行社員との間には、公認会計士法の規定により記載すべき利害関係はない。

以　上

計算書類等に係る会計監査人の監査報告書（謄本）

独立監査人の監査報告書

平成28年5月16日

三菱商事株式会社
　取締役会　御中

有限責任監査法人　トーマツ

指定有限責任社員　　　公認会計士　觀　恒平　㊞
業務執行社員

指定有限責任社員　　　公認会計士　山田政之　㊞
業務執行社員

指定有限責任社員　　　公認会計士　吉村健一　㊞
業務執行社員

指定有限責任社員　　　公認会計士　小林永明　㊞
業務執行社員

　当監査法人は、会社法第436条第2項第1号の規定に基づき、三菱商事株式会社の平成27年4月1日から平成28年3月31日までの平成27年度の計算書類、すなわち、貸借対照表、損益計算書、株主資本等変動計算書、重要な会計方針及びその他の注記並びにその附属明細書について監査を行った。

計算書類等に対する経営者の責任

　経営者の責任は、我が国において一般に公正妥当と認められる企業会計の基準に準拠して計算書類及びその附属明細書を作成し適正に表示することにある。これには、不正又は誤謬による重要な虚偽表示のない計算書類及びその附属明細書を作成し適正に表示するために経営者が必要と判断した内部統制を整備及び運用することが含まれる。

監査人の責任

　当監査法人の責任は、当監査法人が実施した監査に基づいて、独立の立場から計算書類及びその附属明細書に対する意見を表明することにある。当監査法人は、我が国において一般に公正妥当と認められる監査の基準に準拠して監査を行った。監査の基準は、当監査法人に計算書類及びその附属明細書に重要な虚偽表示がないかどうかについて合理的な保証を得るために、監査計画を策定し、これに基づき監査を実施することを求めている。

監査においては、計算書類及びその附属明細書の金額及び開示について監査証拠を入手するための手続が実施される。監査手続は、当監査法人の判断により、不正又は誤謬による計算書類及びその附属明細書の重要な虚偽表示のリスクの評価に基づいて選択及び適用される。監査の目的は、内部統制の有効性について意見表明するためのものではないが、当監査法人は、リスク評価の実施に際して、状況に応じた適切な監査手続を立案するために、計算書類及びその附属明細書の作成と適正な表示に関連する内部統制を検討する。また、監査には、経営者が採用した会計方針及びその適用方法並びに経営者によって行われた見積りの評価も含め全体としての計算書類及びその附属明細書の表示を検討することが含まれる。

当監査法人は、意見表明の基礎となる十分かつ適切な監査証拠を入手したと判断している。

監査意見

当監査法人は、上記の計算書類及びその附属明細書が、我が国において一般に公正妥当と認められる企業会計の基準に準拠して、当該計算書類及びその附属明細書に係る期間の財産及び損益の状況をすべての重要な点において適正に表示しているものと認める。

利害関係

会社と当監査法人又は業務執行社員との間には、公認会計士法の規定により記載すべき利害関係はない。

以 上

監査役会の監査報告書（謄本）

監査報告書

　当監査役会は、平成27年4月1日から平成28年3月31日までの平成27年度における取締役の職務の執行に関して、各監査役が作成した監査報告書に基づき、審議の上、本監査報告書を作成し、以下のとおり報告いたします。

監査役及び監査役会の監査の方法及びその内容

　監査役会は、監査の方針、職務の分担等を定め、各監査役から監査の実施状況及び結果について報告を受けるほか、取締役等及び会計監査人からその職務の執行状況について報告を受け、必要に応じて説明を求めました。

　各監査役は、監査役会が定めた監査役監査の基準に準拠し、監査の方針、職務の分担等に従い、取締役、内部監査部門その他の使用人等と意思疎通を図り、情報の収集及び監査の環境の整備に努めるとともに、以下の方法で監査を実施しました。

　取締役会その他重要な会議に出席し、取締役及び使用人等からその職務の執行状況について報告を受け、必要に応じて説明を求め、重要な決裁書類等を閲覧し、本社及び主要な事業所において業務及び財産の状況を調査いたしました。また、子会社については、子会社の取締役及び監査役等と意思疎通及び情報の交換を図り、必要に応じて子会社から事業の報告を受けました。

　事業報告に記載されている取締役の職務の執行が法令及び定款に適合することを確保するための体制その他株式会社及びその子会社から成る企業集団の業務の適正を確保するために必要なものとして会社法施行規則第100条第1項及び第3項に定める体制の整備に関する取締役会決議の内容及び当該決議に基づき構築及び運用されている体制（内部統制システム）について、定期的に取締役及び使用人等から状況報告を受け、必要に応じて説明を求め、意見を表明いたしました。

　会計監査人有限責任監査法人トーマツが独立の立場を保持し、かつ、適正な監査を実施しているかを監視及び検証するとともに、同会計監査人からその職務の執行状況について報告を受け、必要に応じて説明を求めました。また、同会計監査人から「職務の遂行が適正に行われることを確保するための体制」（会社計算規則第131条各号に掲げる事項）を「監査に関する品質管理基準」（平成17年10月28日企業会計審議会）等に従って整備している旨の通知を受け、必要に応じて説明を求めました。

　以上の方法に基づき、当該事業年度に係る事業報告及びその附属明細書、計算書類（貸借対照表、損益計算書、株主資本等変動計算書、重要な会計方針及びその他の注記）及びその附属明細書並びに連結計算書類（連結財政状態計算書、連結損益計算書、連結持分変動計算書、連結計算書類作成のための基本となる重要な事項及びその他の注記）について検討いたしました。

監査の結果

事業報告等の監査結果

　事業報告及びその附属明細書は、法令及び定款に従い、会社の状況を正しく示しているものと認めます。

　取締役の職務の執行に関する不正の行為又は法令もしくは定款に違反する重大な事実は認められません。

　内部統制システムに関する取締役会決議の内容は相当であると認めます。また、当該内部統制システムに関する事業報告の記載内容及び取締役の職務の執行についても、指摘すべき事項は認められません。

計算書類及びその附属明細書の監査結果

　会計監査人有限責任監査法人トーマツの監査の方法及び結果は相当であると認めます。

連結計算書類の監査結果

　会計監査人有限責任監査法人トーマツの監査の方法及び結果は相当であると認めます。

平成28年5月17日

　　　　　　　　　　　　　三菱商事株式会社　監査役会
　　　　　　　　　　　　　常任監査役（常勤）鍋島英幸　㊞
　　　　　　　　　　　　　監　査　役（常勤）木﨑博　㊞
　　　　　　　　　　　　　監　査　役　　　　辻山栄子　㊞
　　　　　　　　　　　　　監　査　役　　　　石野秀世　㊞
　　　　　　　　　　　　　監　査　役　　　　國廣正　㊞

（注）監査役 辻山栄子、石野秀世及び國廣正は、会社法第2条第16号及び第335条第3項に定める社外監査役であります。

第三章

由公司治理與公平競爭角度探討企業賄賂防制之立法

*美國舊金山金門大學法學博士，逢甲大學財法所教授兼公司治理中心主任。

本文特別感謝何新樂先生協助蒐集資料及整理文稿。

摘　要

　　近年來，國內數家知名企業發生員工收受賄賂的事件顯示企業賄賂成爲商業經濟發展過程中一個特殊的現象，因此在公平競爭的環境中，如何防止賄賂行爲，成了目前經濟全球化中重要的課題，國際間亦透過公司治理的角度，積極推動企業建立誠信透明的運作模式，並要求落實企業內控外稽等機制以企業賄賂防制落實爲公司治理之法遵項目。因此，本文亦將參酌國際立法及鄰近國家，如日本與中國相關立法例，探討我國對於企業賄賂防制立法上之不足，並試提立法建議。

關鍵詞：公司治理，企業賄賂防制，公平競爭，聯合國反貪腐公約，
　　　　ISO 反賄賂管理系統。

壹、商業賄賂與企業賄賂防制

　　早期商業賄賂的習性在 20 世紀以前是沒有任何的明文禁止的，因為早期的私人經營型態都是以家族企業的型態出現，有其一定的道德標準或因種族傳統的習慣維繫交易的秩序，且交易市場受地域和交通工具的限制以及交易資訊也不如今日容易取得。交易資訊受到控制，在買方占盡優勢的情形下，商業賄賂的行為本身只是整個交易行為的前奏曲，也可以說是交易前的人脈交易，賣方給點好處買通承辦人以減少交易的障礙，追求利潤最大化，以利後續的交易順利完成，甚至也可以說是早期商業行為裡建立顧客關係的最普遍和最重要的方式之一。

　　商業賄賂一般是指商業交易的過程中，經營者或決策者為了獲取現在或未來的商業利益，私下利用行賄的辦法取得商業利益或者交易機會的行為。「行賄」指的是透過投其所好的方式，暗中給予交易對方有關人員和能夠影響交易的其他相關人員以財物或其他好處而不是以價格和品質優勢爭取交易機會的行為[1]。且支付的代價足以讓決策人員改變或堅持與其交易或爭取較高的交易價格，目的是爭取商品或服務的單一次買賣或長期合約，也可能是某種在其職務上應該有的作為而不作為以圖利提供商品或服務的一方[2]。所謂「商業賄賂」係指商業活動中的相關人濫用受委託之權力謀取私利，商業賄賂常以各種形式出現，大致分為佣金、回扣、抽成、間接賄絡等方式。

　　佣金是商業活動中中間人所得的一種勞務的報酬，是介於買方和賣方之間的經營者，具有獨立地位和經營資格，中間人在商業活動中為他人提供中介服務所得的報酬，不具有合法的經營資格不能接收佣金，佣

---

[1] 許恆達，〈貪污犯罪的刑法抗制〉，《國立政治大學法學叢書91》，頁285。

[2] 張天一，〈論商業賄賂之可罰性基礎與入罪化必要性〉，《月旦法學雜誌》，245期，頁26-40。

金可以是買方給予的，也可以是賣方給予的。經營者在市場交易中給予
為其提供服務的具有合法經營資格的中間人的勞務報酬。無合法的經營
資格的中間人為他人提供服務、接收佣金屬無照經營行為。經營者所給
予佣金必須以明示的方式。給予和接收佣金的都必須如實入帳。對於給
予或接收佣金不如實入帳的情況比較複雜，可能是商業賄賂行為，也可
能已經違反所得稅法或商業會計法甚至是證券交易法。至於回扣原是指
商品交易過程中，賣方收取買方應支付的價款外，再另行退還部份金額
或給予貴貴的 品或其他有價證券作為其配合交易的報償，以爭取再次
交易機會的行為。而私下向交易相對人及其有影響有佷定權的承辦人員
或其主管支付錢財及其他報償的行為，是一種典型的商業賄賂行為，表
面上是賣方私下退給採購單位或者個人一部分商品價款，但實際上並非
降價取得訂單，甚至還可能抬高買賣價格。通常企業都會要求採購人員
採購最高品質且最低價格的產品，但是採購人員一旦收取回扣之後，廠
商提供的產品可能是劣質品或已經將交易價格刻意調高。若是品質管制
人員收取回扣時，將不良的原料和零件或半成品放行，造成終端產品的
不良率上升，嚴重時將會毀掉多年苦心經營所建立的商譽，而有礙於未
來公司治理所強調之透明化及制度化的企業經營方式。以市場競爭的角
度來看，以回扣為手段推銷商品，已經不是交易雙方的私事，也不只是
單純違反所得稅法或商業會計法，甚至是證券交易法，可能嚴重的損害
國家或企業股東或投資大眾的權益的問題，直接妨礙市場的公平競爭的
操作，在回扣的誘惑之下，品質、價格、服務的競爭機制能發生扭曲，
使其他競爭者失去交易機會[3]。

　　抽成乃是行為者與收賄者彼此約定，對於交易之金額，每次按一定
之比例，給付給收賄者作為報酬，當交易數量與次數越多，則收賄者獲

---

[3] 潘怡宏，〈論商業賄賂罪：借鑑德國刑法第299條商業賄賂罪之立法芻議〉，《陳
　　子平教授榮退論文集：法學與風範》，頁193-234，台北：元照。

利也越大，使收賄者為了自已的利益，持續協助行賄者長期進行商業交易，此為商業賄賂中最常見之手法。其他間接賄絡的行為方式，通常不會出現直接的金錢往來或是給與財物的行為，而是如行賄人招待收賄人出國旅遊，或是行賄人代付收賄人子女額外學習之學費等[4]。企業經營雖重視商品生產成本降低、市場銷售管道建立以及利潤的極大化，而商品推廣及市場占有率的提升，需要快速 展市場及廣闊的人脈，因此交際活動難以避免，但商業賄賂的範圍如何認定？將影響公司治理的成敗及企業是否能永續經營。因為在商業活動的交易過程中，由於商品經濟競爭之激烈，導致市場參與之主體為取得競爭優勢，而企業中之個人利用職務上之便利，從中獲取不正之利益，進而採取行賄與收賄等非正式與非合法之商業規則，以爭取交易機會。由於在商業活動中，價格是影響買賣雙方之因素之一，以商業交易為基準，亦為交易雙方皆以得到合則兩利之互惠結果為預期，而商業賄賂之行為人則是指考慮於眼前之確定利益，尤其是基於自身利益之考量而利用職權或職位之伺機共同之不法行為[5]。若商業經營者將商業活動中違背正當競爭機制之賄賂行為視為常態，行賄者獲取商業上之利益，而收賄者滿足個人之慾望需求[6]，都將從而影響國家政治經濟發展並敗壞社會風氣等負面影響。

　　簡言之，商業賄賂是賄賂的一種特定形式，是在經濟領域中之經濟活動下的一種為建立市場競爭優勢，而提供交易相對人或對交易相對人具有影響力之人，財物或其他利益，以換取壓制其他競爭對手而達成特定經濟利益目的之行為。通常，賄賂達成必須要行賄者對收賄者進行利益誘惑，使收賄者逾越法律或道德防線。因此，賄賂雙方經由利益輸送方式，分享應屬於他人利益或是公共利益之利益共同體。一般情況下，

4　前揭註2，頁20。

5　前揭註1，頁62。

6　許桂敏，《商業賄賂罪研究》，頁43-44，鄭州大學出版社。

商業賄賂大都不是一次性或數次性的關係，而是連續性的長期互相依靠，雙方形成同盟，持續從賄賂中彼此獲得利益，收賄者長期爲行賄者護航某種商業活動或協助行賄者取得商業競爭優勢，並協助排擠其他競爭者的參與。卻又隱身在一般社會交際人情世故之中，使社會輿論無法譴責，雙方自然的形成利益共享，風險共擔的關係[7]。從主觀面觀察商業賄賂行爲的滋生與危害，無論是行賄還是受賄都是商業賄賂行爲主體主觀上的故意和自主的行爲，在被脅迫情況下的不得已而爲之給付行爲並不構成商業行賄，沒有收受賄賂故意的，也不構成商業受賄[8]。行爲人爲了達到某種非法的商業目的而採取的行動，一般特指獲取交易機會或者確立競爭優勢，這是商業賄賂與其他賄賂的重要區別之一[9]。

長期以來，各界對於賄賂行爲的關注，仍集中在政府與公務人員廉政效能之規範[10]，相較於公務部門對賄賂罪立法之完整，私營企業發生員工收受賄賂違背職務的行爲，雖有一般以刑法第342條背信罪或證券交易法第171條第1項第3款特別背信罪等爲課責準據，然背信與賄賂行爲顯然並非完全相同，對於收受賄賂卻沒有發生違背職務行爲，若要透過背信課責賄賂行爲也有相當之問題以及欠缺具體相關規範。隨著社會經濟活動發展以及商業賄賂形式之多樣，不論是權力或是物質利益之交易，皆構成判斷商業賄賂之不法價值之參考。現行法中對於賄賂所定明文規範係基於公務員行爲不可收買之廉潔性[11]，乃是基於保護公務員破壞對國家之忠誠關係與人民對國家信賴之法益，而這樣的法益保護基礎與商業賄賂防制之法益保護上是否相同，商業活動中之收賄者，是否有如公務員一樣具有不可收買之廉潔法益保護性，或是有損及商業利益

7　最高法院103年度台上字第2103號刑事判決。

8　台北高等行政法院96年度訴字第2251號判決。

9　前揭註2，頁29。

10　張麗卿，〈刑法上公務員收賄犯罪之研究〉，《輔仁法學》，44期，頁21-26。

11　甘添貴，《刑法各論（下冊）》，頁378，台北：三民書局。

之違背職務行為，因此在相關法益保護上，若直接類推公務員賄賂之法益保護基礎，移轉至商業賄賂之法益保護基礎何在？即商業賄賂的非難性是否應與公務賄賂相同？若在法益評價上，商業賄賂只為商業交易活動上之舊有陋習，是否應拉高以刑罰課責？其論處界限及尺度拿捏又可能與刑法所強調的最後手段性及罪刑法定主義未必完全吻合。審酌商業賄賂 [12]，概因行賄者有需求，收賄者能滿足行賄者的需求，行賄者透過滿足收賄者的慾望，換來彼此供給與需求行為，這現象可能存在於私經濟領域商業活動的各個階層，任何職務、任何身分、任何地點、任何時間，都可能有商業活動上所謂不會點破的潛規則 [13]，這種潛規則究竟是屬於商業習慣亦或是一種違法行為，政府介入管制、取締，是否過於干涉經濟自由亦或仍無法杜絕發生？

　　但若商業賄賂表現於具有政治經濟影響力或能造成市場機能運作穩定與否的企業內部，此時其非難性及可課責度就僅非私經濟領域商業活動上之舊有陋習所能搪塞過去的，因企業的正常運行，特別是上市公司在公司法及証券交易法的立法目的，其法制要求及限制即在彰顯企業穩健運行於國家社會經濟層面的重要性，亦即企業賄賂防制較之商業賄賂之非難性及可課責度更高，更需立法加以規範。而具有相當職務權限之企業關係人，利用其職務上之權力與優越地位，謀取私人利益，為維護市場交易秩序，確保商業自由與公平競爭，企業賄賂防制亦寓有保護公平交易與商業貿易自由的意義。

　　從公司治理角度加以探討，以公司所有權與經營權分離原則來

12　商業賄賂亦稱為「經濟貪污」，乃指商業交易活動中的賄賂行為，特別是以不具公務員身分的行賄與收賄的圖利行為。林山田（1987），《國立政治大學法律學系法學叢書》，再版，18期，頁31。

13　靳宗立著，趙秉志、趙國強主編，〈跨區商業賄賂犯罪行為之刑法適用理論探討，贓款贓物跨境移交、私營賄賂及毒品犯罪研究〉，《第三屆中國區域刑事法論壇論文集》，社會科學文獻出版社，頁180。

看，所有權屬於股東，而經營權則屬於企業內部之董監事與員工，當企業內部關係人以賄賂行為等不公平競爭為其經營的手段，將可能造成企業體質劣化，甚而破壞經濟的良性發展與競爭力，而利用賄賂的不正當行為，可能造成企業發展阻礙及扭曲市場正常競爭機能，除了會影響到企業所有權人之利益外，亦可能嚴重影響國家經濟活動發展，因此建構企業賄賂防制就有其重要性。而健全的企業經營方向攸關是國力的正向發展，因之建立良好的公司治理為提升企業體質的必需，同時也是攸關國家之競爭力的根基磐石。從公平交易法的角度而言，在各種不正當的競爭類型中，賄賂已然成為一種經常被使用的手段，特別是對於企業內部具有重要性及決定性職務之人行賄，以藉此取得市場競爭優勢，破壞市場運作機制，導致企業必須承受此賄賂行為所帶來的額外成本。近年來隨著全球經濟化的發展，各國已陸續意識到在企業經營上有關賄賂行為的嚴重性，其對國家經濟活動發展危害程度也不容小覷，各國政府開始重視企業賄賂防制的議題，即企業賄賂防制已成為公司治理的熱門議題之一。其中以美國為首的歐、美、日等先進國家均陸續頒布相關法令，規範企業組織的內部稽核準則，以及相關的民、刑事罰則，這些法規的影響不只是限於該地，也擴及所有與該等國家企業有往來的外國公司及組織，也因此企業賄賂防制已逐漸成為國際間的一種共識。本文即將先探討日本及中國在企業賄賂防制之立法及相關作法，進一步論述國際相關立法，包括聯合國反貪腐公約（United Nations Convention against Corruption，簡稱 UNCAC）及國際標準化組織（International Organization for Standardization，簡稱 ISO）反賄賂管理系統以為我國未來在企業賄賂防制立法之借鏡參考。

貳、日本企業賄賂防制之立法模式

　　日本在企業賄賂防制的議題上，於會社法定有明文，日語中的「會

社」即「公司」，日本會社法即是規定一般性營利社團法人即「公司」相關法律關係的法律。日本會社法將賄賂區分為企業內部相關人之賄賂與外部相關人之賄賂，在企業內部相關人之賄賂問題上，於日本會社法中將企業的董事、監察人以及具有一定權限之員工，不論是發生行賄或是收賄均定有處罰[14]；而對於企業外部關係人之賄賂問題上，則對於股東贈、收賄以及不正利益共與之行為予以刑罰化，使得所謂職業股東相對減少，降低企業外部關係人收取賄賂後以股權干涉或左右企業之正常運作[15]。

　　日本對於企業內部關係人之有關賄賂行為之法規範，定在日本會社法之第967條取締役等的贈收賄罪[16]。其規範意旨為公司內部關係人就其職務接受不正請託，並收受財產上之利益，或者已提出該要求或已做出期約時，處5年以下有期徒刑得併科500萬日圓以下之罰金。所謂公司內部關係人，依日本會社法第960條第1項所列之發起人、會社發起時之取締役與監察役、取締役、監察役、執行役與會計參與、選任取締役以及監察役與執行役的職務代理者、支配者、特定事項委任之受託人、檢查役、清算人、清算人之代理人、監督委員、調查委員。除此之外，日本會社法第961條所定之會社債權決議執行者及會計監察人或第346條第4項之規定經選任臨時職會計監察職務之人提供前款待遇或者提出要求或承諾者，處3年以下有期徒刑或者300萬日圓以下的罰款。而交付第1項所規定之利益，並已提出請求或已做出期約時，處3年以下有期徒刑得併科300萬日圓以下罰金。

　　日本會社法中對於公司董事接受贈與，或其他財產上利益收取，而進行要求期約或接受請託做出違反會社法第960條的董事等特別背任罪

---

14 日本會社法第967條。

15 日本會社法第968條、970條。

16 前揭註14。

所列 [17] 對企業不利的情事時，將受五年以下有期徒刑或是 5,000,000 日元以下的罰款處罰，同時收到的不正當利益亦將受到沒收的處罰 [18]。亦拘束公司監察人與具有會計監察職務的人，違反時則是受到三年以下或是300萬日圓以下的罰款處罰 [19]。日本會社法基於職權信賴保護，將「關於其職務」與「接受不正請託」列入規範的範圍，係為對於職務上權力信賴之保護。

其次、對公司外部關係人有關之賄賂行為法規範，則規範於日本會社法之第968條股東的勸立行使相關贈收賄罪 [20]，即接獲不正請求或者提出要求或許諾的人，處 5 年以下有期徒刑或者 500 萬日圓以下的罰金，公司外部關係人包括在股東大會或股東大會，創立股東大會或集體建立股東大會，債券持有人會議或債權人會議上表決意見或行使表決權；或有關指定行使股東權利或債權人權利；或債券持有人行使社債券總額（不包括贖回金額）1 個或更多個相對應的權利；或股份會社的債權人與擁有股份收購權或債券購買權的債權人，或根據日本會社法第 849 條第 1 項的規定參與股東等訴訟或提供利潤，或已經提出申請或者承諾之人。日本會社法亦規範當股東收到不正贈與或財產上的收益，而要求或作出在股東大會上的發言或行使表決權是對企業不利時，股東亦將受到五年以下有期徒刑或 500 萬日圓以下罰款 [21]，主要是基於防止股東，利用各種股東會議或是行使股東權利之機會收取賄賂做出對企業不利之行為。日本將企業賄賂防制有關的處罰規定訂立在日本會社法中以附屬刑罰的方式來立法，以明確有關公司在商業賄賂之規範與處罰對象。

現今的日本會社法針對商業賄賂已經構築起一整套比較有效的制

---

17 日本會社法第960條，取締役等の特別背任罪。

18 日本會社法第969條，沒收與追繳。

19 日本會社法第967條，取締役等の贈收賄罪。

20 日本會社法第968條。

21 日本會社法第968條，股東的權力行使收取賄賂罪。

約機制，相當的程度上減少了商業貪瀆問題的發生，將企業賄賂防制統一為行賄罪和受賄罪，行賄或受賄必須承擔相同的法律責任，對於賄賂的界定範圍相當廣，舉凡能夠滿足需要或是慾望的一切利益均視為賄賂，包含提供性服務以及高規格的宴請和接待等金錢、物品或其他好處等，提供者欲接受者都屬於賄賂行為，必須承擔刑事責任[22]，日本有關部門對行賄受賄罪的查處十分嚴格，並未因權貴而有所顧忌[23]。其次，日本「公益舉報人保護法」對揭發和透露公司主管或分管人員違法舞弊行為的舉報人亦有相當的保護措施，對舉報人身分嚴格保密，不得以任何形式洩露舉報人的真實身分。其次，公司不得以任何理由解雇或用其他任何形式打擊或報復舉報人，如果有此類事情發生，將按有關法律處理[24]。此外，日本對於公司因執行業務之人發生行賄事件，推定公司在選任或監督上並未善盡注意義務，採過失推定原則，除非法人能夠證明在相關事項上，已善盡注意義務，始能免除法人的刑事責任[25]。日本在法規上係以行為人是公司企業經營人或所有人來做界定，因此日本對於企業賄賂防制的規範，將股東與企業之員工的不同類型，而有不同的法規予以規範，此法制設計與公司治理中所強調公司經營與公司所有分離的模式相對應，即不論是公司的所有權人或是公司的經營者都是企業的關係人，均有可能因為賄賂行為而做出權利侵害之事，而應有不同防制模式。

　　日本對於企業賄賂防制之保護法益，普遍採取「職務行使之公正」，從日本立法的要件上看「接受不正請託」便是認為企業相關人員在職務的執行上，受有一定之依賴，在其職務裁量權內，不發生與職務

---

22 小野昌延、松村信夫，《新不正競爭防止法概說》，頁704-705。

23 梅田徹，《外國公務員贈賄防止体制の研究》，頁94，麗澤大學出版。

24 西原春夫、宮澤浩一，《經濟犯罪と經濟刑法》，頁28，成文堂。

25 北島純，《解說外國公務員贈賄罪：立法の経緯から實務対応まで》，頁255，中央經濟社。

上之義務相衝突之事，當收賄行為有損及公司企業之利益，且發生對價關係時，則具有可罰性。因此日本著重在於行為人濫用職務上之權力而某取個人之私利，處罰目的在於防止該職務或職權的濫用，避免發生不正利益的獲得以及造成企業的損失。從日本對於企業賄賂防制規範以職務之公正行使作為其保護法益，可推知日本將企業之相關人員在職務上行為以視為與公務員相同，基於企業必須妥善照顧員工，消費者，債權人及社會整體利益，企業對於社會必須負起社會責任，因此與企業活動有關之內部或是外部關係人，應具有類似公務員廉潔性、公正性與不可收買性之責任是可期的。

參、中國企業賄賂防制之立法模式

一、中國刑法之有關規範

著眼於建立新的國家經濟秩序，中國政府自 1997 年於刑法新規定，凡是對中國境內的公司、企業主管或工作人員進行賄賂，不僅收賄的人員要判刑，行賄的人也必須受法律制裁，此規定對中國境內的公、民營企業、中外合資、中外合作或獨資的三資企業皆有適用。其後，2007 年 10 月中國共產黨於第十七次全國黨代表大會，針對中國日趨嚴重的腐敗現象，宣示了治標與治本兼治，懲罰與預防並重，並著重制度建設，修正及新增之「刑法貪污罪」相關罪責，由「特別刑法模式」轉變成「刑法典模式」。對於一切國家機關、企業、學校及其附屬機構的工作人員，凡侵吞、盜竊、騙取、套取國家財物、強索他人財物，收受賄賂以及其他假公濟私的違法取利之行為，均為貪污賄賂罪[26]。改革開放後，隨經濟轉型的快速發展，企業賄賂等經濟領域中的腐敗現象，出

---

26 中華人民共和國刑法（2011年最新修訂版），第382條。

現了大範圍的滋長和蔓延趨勢，中國對於有關企業賄賂防制的刑事立法方面規定了賄賂罪，運用極其嚴厲的刑罰手段懲治各種賄賂犯罪。1979年於刑法第 185 條把賄賂罪定義爲一種瀆職犯罪。改革開放後企業賄賂行爲越演越烈，中國於 1997 年 3 月修改了刑法，加大了刑事處罰力度；對企業賄賂防制有比較詳細的規定，分別訂於第三章第三節妨害對公司、企業管理秩序罪，第四節破壞金融管理秩序罪和第八章貪污賄賂罪中。

中國刑法第 163 條中，明定公司、企業或者其他單位的工作人員利用職務上的便利，索取他人財物或者非法收受他人財物，爲他人謀取利益，以及前述人員在經濟往來中，利用職務上的便利，違反國家規定，收受各種名義的回扣、手續費，歸個人所有的，數額較大的，可處 5 年以下有期徒刑或者拘役；數額巨大的，處 5 年以上有期徒刑，可以並處沒收財產[27]。國有公司、企業或者其他國有單位中從事公務的人員和國有公司、企業或者其他國有單位委派到非國有公司、企業以及其他單位從事公務的人員有前 2 款行爲的，依照刑法第 385 條國家工作人員受賄罪、第 386 條加重處罰的規定處罰。對於爲謀取不正當利益，給予公司、企業或者其他單位的工作人員以財物，以及爲謀取不正當商業利益，給予外國公職人員或者國際公共組織官員以財物的，數額較大的，處 3 年以下有期徒刑或者拘役，並處罰金；數額巨大的，處 3 年以上10 年以下有期徒刑，並處罰金。同時對單位犯前 2 款罪的，對單位判處罰金，並對其直接負責的主管人員和其他直接責任人員，依照第一款的規定處罰。如行賄人在被追訴前主動交待行賄行爲的，可以減輕處罰或者免除處罰[28]。此規範與我國刑法與貪污治罪條例中之收賄罪及行賄罪相類似，惟我國對於受賄與行賄限制於收賄會者須爲公務人員，對於

---

27 中華人民共和國刑法，第二編第三章，第163條。

28 中華人民共和國刑法，第二編第三章，第164條。

非公務人員則未納入。

國家工作人員，利用職務上的便利，向他人索取或收受他人財物，而為他人謀取利益或者收受各種名義之回扣、手續費，則定義為收賄罪[29]。對於收取賄賂之國家工作人員，依據第383條貪污罪予以處罰，對於主動索取賄賂者加重處罰[30]，顯示相較於收賄，主動索賄更是會加重處罰。而不只個人受到規範，如果是國家機關、國營企業或是人民團體索取或收受他人財物而做出謀取他人利益情事，則單位將會被罰款，單位相關負責人則會受到5年以下有期徒刑或是拘役的處罰[31]。除中國刑法第二編第八章有關貪污賄賂罪之規範外，中國刑法第二編第八章第三節尚有關於妨害對公司、企業的管理秩序罪之規定。其中，上市公司的董事、監事、高級管理人員違背對公司的忠實義務，利用職務便利，操縱上市公司從事下列行為之一，致使上市公司利益遭受重大損失的，處3年以下有期徒刑或者拘役，並處或者單處罰金；致使上市公司利益遭受特別重大損失的，處3年以上7年以下有期徒刑，並處罰金[32]。有關操縱上市公司之行為，包括(一) 無償向其他單位或者個人提供資金、商品、服務或者其他資產的。(二) 以明顯不公平的條件，提供或者接受資金、商品、服務或者其他資產的。(三) 向明顯不具有清償能力的單位或者個人提供資金、商品、服務或者其他資產的。(四) 為明顯不具有清償能力的單位或者個人提供擔保，或者無正當 理由為其他單位或者個人提供擔保的。(五) 無正當理由放棄債權、承擔債務的。(六) 採用其他方式損害上市公司利益的。而上市公司的控股股東或者實際控制人，指使上市公司董事、監事、高級管理人員實施違背對公司的忠實

---

29 中華人民共和國刑法，第二編第八章，第385條。
30 中華人民共和國刑法，第二編第八章，第386條。
31 中華人民共和國刑法，第二編第八章，第387條。
32 中華人民共和國刑法，第二編第三章，第169條。

義務，利用職務便利，操縱上市公司從事前述之行為之一，致使上市公司利益遭受重大損失，依照前款的規定處罰。另犯前項罪的上市公司的控股股東或者實際控制人是單位的，對單位判處罰金，並對其直接負責的主管人員和其他直接責任人員，依照第 1 項的規定處罰 [33]。

再者，中國刑法第二編第八章有關第四節破壞金融管理秩序罪亦有相關規定，其中，國家銀行或者其他金融機構的工作人員在金融業務活動中索取他人財物或者非法收受他人財物，為他人謀取利益的，或者違反國家規定，收受各種名義的回扣、手續費，歸個人所有的，依照刑法第 163 條的規定定罪處罰。國有金融機構工作人員和國有金融機構委派到非國有金融機構從事公務的人員有前款行為的，依照刑法第 385 條、第 386 條的規定定罪處罰 [34]。國家商業銀行、證券交易所、期貨交易所、證券公司、期貨經紀公司、保險公司或者其他金融機構的工作人員利用職務上的便利，挪用本單位或者客戶資金的，依照本法第 272 條的規定定罪處罰。國有商業銀行、證券交易所、期貨交易所、證券公司、期貨經紀公司、保險公司或者其他國有金融機構的工作人員和國有商業銀行、證券交易所、期貨交易所、證券公司、期貨經紀公司、保險公司或者其他國有金融機構委派到前款規定中的非國有機構從事公務的人員有前款行為的，依照刑法第 384 條的規定定罪處罰 [35]。而為了謀取不正當利益而對國家機關、國營公司企業、人民團體給予各種名義的回扣、手續費等，以行賄罪處 3 年以下有期徒刑 [36]。對於居中介紹，因而發生收賄與行賄情事，則居中介紹之人，亦會受到 3 年以下有期徒刑，但居中介紹之人如果在法律追訴前主動自首自清者，則會給予減輕或免除處

---

[33] 前揭註。

[34] 中華人民共和國刑法，第二編第三章，第184條。

[35] 中華人民共和國刑法，第二編第三章，第185條。

[36] 中華人民共和國刑法，第二編第八章，第391條。

罰[37]。

二、中國反不正當競爭法之有關規範

1993 年中國人民代表大會第八屆全國代表會議通過「中華人民共和國反不正當競爭法」，開宗明義以保障社會主義市場經濟，鼓勵和保護公平競爭，制止不正當競爭行為，保護經營者和消費者的合法權益為立法宗旨[38]，要求經營者在市場交易中，應自願遵循公認平等、公平、誠實信用的商業道德，不得有損害其他經營者的合法權益或擾亂社會經濟秩序的行為，這包含了從事商品經營或者營利性服務的法人、其他經濟組織和個人[39]。賦予各級人民政府為公平競爭創造良好的環境和條件得採取適當措施以制止不正當競爭行為，國家機關工作人員不得支持、包庇不正當競爭行為，國家鼓勵、支持和保護一切組織和個人對不正當競爭行為進行社會監督[40]。對於不當競爭所下的定義，除了與我國相類似之商標、著作權與智慧產權、公平交易等外，另外就賄賂與不當贈與方面，也訂立了經營者若採用財物或者其他手段或在帳外暗中給予對方單位或個人回扣以銷售或者購買商品，以行賄論處；對方單位或者個人在帳外暗中收受回扣的，以受賄論處。經營者銷售或者購買商品，以明示方式給對方折扣或給中間人佣金。經營者給對方折扣、給中間人佣金，必須如實入帳。接受折扣、佣金的經營者亦必須如實入帳[41]。而為落實監督不正當競爭之犯罪，立法授權予縣級以上即可設置監督檢查部門[42]，對不正當競爭行為，得按照規定程序詢問被檢查的經營者、利害

---

37 中華人民共和國刑法，第二編第八章，第392條。

38 中華人民共和國反不正當競爭法，第1條。

39 中華人民共和國反不正當競爭法，第2條。

40 中華人民共和國反不正當競爭法，第1章。

41 中華人民共和國反不正當競爭法，第8條。

42 中華人民共和國反不正當競爭法，第16條。

關係人、證明人，並要求提供與不正當競爭行為有關的協議、賬冊、單據、文件、記錄、業務函電和其他證明材料，必要時可以查扣有關的財物[43]，被檢查的經營者、利害關係人和證明人應配合並如實提供有關資料或者情況[44]。

反不正當競爭法界定，企業經營者違反反不正當競爭法相關規定，對於被侵害的企業經營者所造成之損失難以計算的，應當支付侵權期間因侵權所獲得的利潤給被侵權的企業經營者以及被侵害的企業經營者因調查受侵害其合法權益的不正當競爭行為所支付的合理費用承擔損害賠償責任[45]。行賄者採用財物或者其他手段進行賄賂以銷售或者購買商品因而構成犯罪，依法追究刑事責任，違法所得予以沒收；若尚未構成犯罪，則監督檢查部門可以根據情節處以人民幣1萬元以上20萬元以下的罰款[46]。

因此，有關企業反賄賂之規範，中國在法制設計上分別於中國刑法與中國反不正當競爭法有詳細規範，與我國目前未作相關規而言，在法制設計上似更形進步，然而在中共一黨專政的威權體制下，中國刑法與反不正當競爭法在某種程度上仍脫離不了統治菁英控制巨大的經濟資源與支配權力，並可能利用此特權在經濟發展中自肥，特別是由公部門與企業界所編織而成的貪腐網絡控制了巨大的社會經濟資源，加劇了社會與國家間的衝突，故於2012年11月中國國家主席習近平上任後，即積極展開反腐敗運動之工作，並暴露出許多目無法紀之現象，呈現出一黨專政下極為猖獗的權貴資本主義，因此，反貪腐運動成為是中國當前最為重視、也是主推的中國改革的重要工作，在反貪腐，尤其是反企業賄

---

[43] 中華人民共和國反不正當競爭法，第17條。

[44] 中華人民共和國反不正當競爭法，第19條。

[45] 中華人民共和國反不正當競爭法，第20條。

[46] 中華人民共和國反不正當競爭法，第22條。

賂的過程中，才能夠持續穩定中國的經濟，不讓反貪腐與反企業賄賂等問題成爲中國經濟快速發展的隱憂。

肆、企業賄賂防制之國際立法

一、聯合國反貪腐公約

聯合國反貪腐公約（United Nations Convention against Corruption，簡稱 UNCAC），爲聯合國於 2003 年 10 月 31 日第 58 屆聯合國大會經全體會議審議通過以指導並提供各國政府反貪腐的法制和政策，對於「預防機制的遵循」、貪腐行爲刑責、以及「執行機制」與「管轄範爲」之規範均較爲完整，我國自中華民國 104 年 12 月 9 日開始施行，將聯合國反貪腐公約內化爲國內法[47]，同時公布施行聯合國反貪腐公約施行法[48]。反貪腐公約之目的爲關注貪腐對社會穩定與安全所造成之問題和構成威脅之嚴重性，破壞民主體制及價值觀、道德觀與正義，並危害永續發展及法治，並關注貪腐及其他形式犯罪間之聯繫，特別是包括洗錢的組織犯罪與經濟犯罪，也必須要關注涉及巨額資產之貪腐案件，這類貪腐案件所涵蓋的資產可能占國家資源相當大比例，對締約國家之政治穩定和永續發展將會構成威脅，已確定貪腐已不再是地方性的問題，整體而言，聯合國反貪腐公約之目的，在於建構全球共通性之反貪腐法律架構，提供各國政府制定反貪腐國內法之指導方針，要求各締約國家將公約結合本國法律，制定符合各國國情之反貪腐法規。

我國於聯合國反貪腐公約施行法第 1 條載明爲健全預防及打擊貪腐體系，加強反貪腐之國際合作、技術援助、資訊交流，確保不法資產

---

[47] 中華民國105年9月7日總統華總一義字第10500101641號令公布。

[48] 中華民國104年12月7日行政院院台法字第1040153486號令發布定自104年12月9日施行。

由公司治理與公平競爭角度探討企業賄賂防制之立法

之追回及促進政府機關透明與課責制度，特制定聯合國反貪腐公約施行法[49]，在第 2 條中宣示，聯合國反貪腐公約所揭示之規定，具有國內法律之效力，顯示我國對於反貪腐工作的重視與實現反貪腐的立場與決心[50]；另制定「國家廉政建設行動方案」成立行政院中央廉政委員會，並在中央及地方機關政風即構建置反貪腐預防措施，但仍集中於公部門反賄賂與反貪腐之預防措施，且在組織架構上應考量是否存有跨部會合作與協調上之障礙，另外也應加強關注商業活動下私部門對於反賄賂與反貪腐的預防措施，以因應日益嚴重企業賄賂之威脅。

聯合國反貪腐公約整體內容可分為「預防措施」、「定罪與執法」、「國際合作」、「追繳資產」等。有關企業賄賂防制議題，在 UNCAC 預防措施上，各國均應依其國家法律之基本原則加強私部門之會計及審計標準，其措施包含促進執法機構與相關私營實體間之合作、促進制定各種維護相關私營實體操守標準及程序、防止利益衝突守則、增進私營實體透明度、防止包括政府機關對商業活動給予補貼和核發許可證之程序之濫用對私營實體之管理程序、防止公部門退休人員任職之利益衝突、內部審計控制、禁止設立帳冊外之帳戶、進行帳冊外之交易或與帳冊不符之交易、浮報支出、登錄負債科目時謊報用途、使用不實憑證、故意於法律規定之期限前銷毀帳冊、貪腐行為所支付之其他費用稅捐減免等行為。聯合國係要求各締約國家依據其本身國家有關營利性質或非營利性質的私部門單位管理、會計及審計之法律及規範，要強化私部門內部各項作業及程序之表準化、透明化、公開化，防止領導者及受雇人員利用從事經濟、金融、商業活動或其他機會，向與私部門有相對關係之人收取金錢或不正利益，並且防止利益衝突及輸送，還有利用製作不實帳冊來對私部門資產進行侵占或是掏空等，再由國家機關與私

---

49 聯合國反貪腐公約施行法，第1條。
50 聯合國反貪腐公約施行法，第2條。

部門間進行更積極有效及廣泛的合作，由私部門提出治理的準則或規範並定時檢視，從而強化私部門的反貪腐措施與策略[51]。我國由金融監督管理委員會（簡稱金管會）主導成立公司治理中心，為辦理上市（櫃）公司治理，設置諮詢委員會，推行公司評鑑機制，並透過對整體市場公司治理之比較結果，每年提報上市上櫃公司的評鑑結果。協助投資人及企業主了解各上市（櫃）公司治理成效，激勵企業致力於追求更好的治理和建立良好廉潔形象。

UNCAC 亦推動政府部門以外之個人及團體，如公民團體、非政府組織與社區組織等，積極參與預防和打擊貪腐，並提高公眾認識貪腐之存在、根源、嚴重性及其所構成之威脅。透過提高決策過程之透明度，促進公眾在決策過程中發揮作用、確保公眾有獲得訊息之有效管道、公眾宣傳活動及中小學和大學課程等領域之公共教育方案、尊重、促進及保護有關貪腐訊息之查詢、接收、公布及傳播自由、使民眾知悉檢舉機構[52]。透過教育方式教導民眾對公部門及私部門貪腐的認識，使民眾了解公部門及私部門貪腐對國家、經濟、社會與民眾間所產生之危害，藉以向下紮根方式，逐漸將公部門及私部門反貪腐意識灌輸在民眾身上，卻時藉由公民團體組織、社區組織甚至是媒體，利用各種方式將公部門及私部門反貪腐政策及措施宣達周知，使民眾成為政府部門推動公部門及私部門反貪腐政策及措施最佳支柱及後盾。

UNCAC 亦認為政府應採取必要之措施，依其自身國家法律規範或制定相關法律及措施，鼓勵國家偵查和檢察機關與私部門實體，特別是與金融機構之間，對於有涉及觸犯本公約所定犯罪涉及之事項進行合作。卻時鼓勵其國民及在其領域內有習慣住居所之其他人，向國家偵查

---

51 聯合國反貪腐公約，第12條。
52 聯合國反貪腐公約，第13條。

和檢察機關檢舉觸犯本公約所定犯罪[53]。透過國家機關主動與私部門間進行反貪腐合作，可以迅速掌握私部門間所發生的貪腐癥候，及早提出相關的防制措施及策略，避免私部門因貪腐行為所造成之重大損害，確實藉由民眾及私部門內部人員進行有效監督及制衡力量，使有意犯罪者能有所忌憚，從事犯罪者能受到應有之制裁。我國分別由調查局以及於100年7月20日掛牌成立法務部廉政署擔任主要之反貪腐與反賄賂之專責機構，並由法務部建立「派駐檢察官制度」。指揮並監督有關賄賂貪腐案件之調查，同時成立由各領域之專業人士組成之外部審查委員會，發揮外部監督職能，專責推展實現「廉能政府、透明台灣」，奠定廉政堅實基礎，提升國家競爭力，國家廉政建設以落實聯合國反貪腐公約要求為主軸，展現各級首長清廉執政之決心，厚植民眾對公部門之清廉信賴，同時協助並引領商業團體等私營部門誠信經營，共同實踐反貪腐工作[54]。

　　UNCAC 規範了 11 種犯罪類型，其中與企業賄賂防制行為較具關連的有私部門違背職務之賄賂罪[55]，要求各締約國均應考慮採取必要之立法和其他措施，將在經濟、金融或商業活動過程中故意觸犯第 1 項規範，「向以任何身分領導私部門實體或為該實體工作之任何人，直接或間接行求、期約或交付其本人或他人不正當利益，以使其違背職務而作為或不作為」之行為，以及第 2 項規範「以任何身分領導私部門實體或為該實體工作之任何人，為了其本人或他人直接或間接要求或收受不正當利益，以作為其違背職務而作為 或不作為之條件」之行為者，應為視為犯罪之行為。其中「使其違背職務而作為或不作為」之規範與我國

---

[53] 聯合國反貪腐公約，第39條。

[54] 中華民國100年8月26日行政院院授研綜字第1002261165號令發布定自100年7月20日施行成立法務部廉政署。

[55] 聯合國反貪腐公約，第21條。

刑法第 342 條背信罪「違背其任務之行為」大體類似，但公約係以「直接或間接 行求、期約或交付其本人或他人不正當利益」行賄或「為了其本人或他人直接或間接要求或收受不正當利益」索賄收賄之行為即屬犯罪之行為，而不需要私部門因而發生財產上之損害為要件，而我國刑法背信罪除「違背其任務之行為」外，仍要私部門因而發生財產上之損害為要件方符合構成要件[56]。

在國際合作上，UNCAC 要求各國間應就反貪腐公約所定相關犯罪之偵查、起訴及審判程序，提供最廣泛之司法互助。同時對其他締約國請求締約國依聯合國反貪腐公約第 26 條規定得追究法人責任之犯罪所進行之偵查、起訴和審判程序，被請求締約國應依其相關法律、條約、協定及安排，酌情並應考慮與貪腐有關民事和行政事件之調查和訴訟程序方面相互協助、引渡、司法互助、執法合作等作為充分提供司法互助[57]。前述規範要求即因無論公、私部門反貪腐行為均視為犯罪，而其犯罪行為及犯罪所得金錢或財物均非局限於一國一地，貪腐犯罪行為可能涉及數個國家管轄，犯罪所得金錢或財物更可能透過洗錢操作而存放在境外，造成追查不易，這均須透過國際間各國相互合作才能有效打擊公、私部門反貪腐犯罪。我國則在國際刑事司法互助法中明示在相互尊重與平等並兼顧人民權益保障之基礎上，為促進國際間之刑事司法互助，由法務部主管依條約或國際刑事司法互助法或我國刑事訴訟法及其他相關法律之規定辦理刑事司法互助，共同抑制及預防犯罪[58]。UNCAC 最大的突破，是使各國同意對犯罪行為人可行使追繳資產之立法及執法方式，並將此財產返還原先之合法所有人或是賠償受害者，追繳資產係公約之基本原則，基於「無人能因犯罪而受利益」之精神，消除鉅額不

---

56 刑法，第342條。

57 聯合國反貪腐公約，第43條。

58 國際刑事司法互助法，第1、2、3條。

法利益之犯罪經濟上誘因，使犯罪行為人或任何第三人均不能因犯罪而取得不法利益。我國在刑法透過「沒收」專章，明定「沒收」具有獨立性的法律效果，擴大沒收之對象，以杜絕犯罪。並對第三人以惡意或因他人違法行為取得利益時，酌予沒收，以防止脫法及填補制裁漏洞[59]。

二、公司治理與 ISO 反賄賂管理系統

國際標準化組織反賄賂管理系統（International Organization for Standardization，簡稱 ISO）亦推動並協助企業制定有效的策略以防制賄賂行為，此等倡議包括「經濟合作與發展組織關於反對在國際商業活動中向外國公共官員行賄公約」、「國際商會打擊勒索和賄賂行為規範」以及「經濟合作與發展組織跨國公司準則」。ISO 在 2016 年 10 月公布 ISO 37001 反賄賂管理機制，積極推動提倡私部門企業建立誠信、透明、開放與合規的核心價值，並要求落實公司內控、組織預防，檢測和應對賄賂的合理和相稱的內稽查核機制，配合公部門積極偵辦企業貪瀆案件，強化相關法律教育與反貪倡廉觀念，以求公私協力共同建立防弊機制[60]。ISO 37001 反賄賂管理機制主要精神在於認為企業應當致力於創造並維護一種以信任為基礎以及不能容忍賄賂的內部文化，並提供企業主在面對公司內部是否有賄賂的風險，進行自我檢測與分析評估的一套建議的作業機制。

ISO 37001 反賄賂管理機制的目標是為良好的商業活動提供一個架構，同時為反賄賂提供風險管理策略以協助企業做好消除賄賂行為、表明企業對反賄賂的承諾、無論在何種情況，都要為改善廉潔、透明與課責之商業行為標準做出正面貢獻。在制定反賄賂方案上則清楚並詳細地制定一套能夠反映其規模、業務部門、潛在風險和活動場所的反賄賂方

---

[59] 刑法，第5章之1。

[60] ISO 37001:2016(E)- Introduction

案，以符合企業所有的經營所在地的與企業賄賂防制相關的法律，特別是與某些特定商業行為有關的法律，藉由與與勞工、工會或其他代表機構的成員以及與企業相關利益團體進行協商溝通，以確保了解所有對於企業為了在其有效控制的所有活動中防範賄賂行為而採用的價值觀、政策和程序。ISO 37001 並推動企業設置誠信經營專責單位，檢視企業本身的組織結構，對於具有自己的職責、權力以及負責工作內容能實現企業目標個人與群體是否有明確的律定，此等組織結構包含個人或小型部門到大型的營運部門均應明確的律定 [61]。對於反賄賂管理所設立的管理機構，是否能有效進行反賄賂的管理，包含批准企業反賄賂的政策、確保企業反賄賂管理的方向與公司經營方針一致、能要求分配或分配運行反賄賂管理所需要的資源 [62]。

公司經營者對反賄賂管理，應提供建立，實施、維護與持續改進反賄賂管理系統所需要的資源，包含人員教育訓練、反賄賂管理系統政策的修訂、反賄賂管理執行人員的能力提升、企業反賄賂政策、程序與反賄賂管理制度，賄賂風險與危害等資訊更新 [63]。ISO 37001 反賄賂管理機制要求公司應制定誠信經營相關政策，企業是否建立一套管理系統，以提供各組織間相互關聯與合作，建立政策與目標及程序，並能實際的運作，這個管理系統必須能夠協助各組之處理單一或多個的問題，系統本身的運作範圍能包含整個公司以及任何小型的部門組織 [64]。同時這個管理系統的運作是否有專門負責執行的人員 [65]。企業對於反賄賂的管理人員到達甚麼樣的層級，藉以審酌企業對於反賄賂的決心與立場如何，企業對於反賄賂管理的執行推動是否建立一個對公司治理和政策負有最終

---

[61] ISO 37001:2016(E)-3.2組織結構。

[62] ISO 37001:2016(E)-5.1執行管理機構權限。

[63] ISO 37001:2016(E)-7.1企業對反賄賂管理的支持。

[64] ISO 37001:2016(E)-3.5管理系統的建立。

[65] ISO 37001:2016(E)-3.8管理系統運作執行。

責任和權限的組織或機構，這個組織或機構可以向公司最高層的管理者報告公司內部的賄賂事件與反賄賂執行成效[66]。經由公司最高管理者制定、確認與公布具體誠信經營之作法及防範不誠信行為之反賄賂管理政策，內容應包含企業反賄賂的決心、企業反賄賂管理的相關管理規定、反賄賂管理政策應符合公司營運目標、明確的審查與實現反賄賂目標的規範、鼓勵員工善意提出疑慮且不必擔心遭到報復，以及解釋企業反賄賂管理政策的權威性與不遵守反賄賂政策的後果[67]。

ISO 37001 規範公司應定期檢視與增修誠信經營相關政策，公司應建立反賄賂計畫實施內容的實現程度與實現成果與企業組織的經營策略以及方向是否相符，此實施計畫是否由公司最高的管理階層或管理單位來正式發布，以確定是否為企業核心有反賄賂的企圖心[68]。明確的了解並確定與其經營目的相關的外部與內部的問題，該等問題具有影響其實現反賄賂管理的目標能力與成效，包含了公司本身的規模和決策權、公司營運的部門結構、公司營運活動的性質與規模、公司所控制的實體、公司的合作夥伴、與公務部門往來互動的性質與程度、各部門性質與職責[69]。公司應進行內部與外部的密切與有效之聯繫，明確安排包含聯繫的時間，聯繫的方式，聯繫的對象，聯繫的窗口，聯繫的管道與方法[70]。依據ISO37001反賄賂管理系統的架構，建立企業本身的反賄賂管理，並確實建立、記錄、實施，在必要時修正改進反賄賂管理系統以確定反賄賂管理系統能適時提供企業進行賄賂風險的評估與防止，就內部控制制度缺失檢討應定期與內部稽核人員座談，檢測與對應賄賂的措施

---

[66] ISO 37001:2016(E)-3.6執行管理機構與人員。

[67] ISO 37001:2016(E)-5.2反賄賂政策的頒布。

[68] ISO 37001:2016(E)-3.9反賄賂管理的決心。

[69] ISO 37001:2016(E)-4.1企業組織結構與背景。

[70] ISO 37001:2016(E)-7.4聯繫與合作機制。

與作爲建議[71]。

公司應建立不誠信行爲風險評估機制，賄賂行爲對於企業的風險與影響，建立相關評估內容，並針對可能發生的風險進行預期的評估以及作相對應的計畫方案，包含風險可能對企業造成的危害等因應的作爲[72]。對於反賄賂管理有持續追蹤監控執行的狀況，對於過程中的反賄賂管理的內容是否有紀錄備查並做出客觀的評估以確定反賄賂管理執行確有實質成效[73]。納入商業夥伴共同遵守反賄賂管理，夥伴包含了供應商，客戶以及合資夥伴等等不同性質但可以合理認定有機會將公司暴露於賄賂風險的商業夥伴[74]。對於各種財務與非財務的運作實施管制，以實施企業的反賄賂管理或控制，並將有賄賂風險納入財務與非財務管制的機制中，對於不受賄賂風險評估的商業夥伴，則要求夥伴實施反賄賂管理或評估合作意向[75]。在面對賄賂風險時，應確定反賄賂管理的政策能夠具體實踐、有效防止或減少與反賄賂政策與目標有關的不良後果、密切監督反賄賂管理系統的有效性並持續改進以解決賄賂風險[76]。

公司亦應設置檢舉及調查機制，公司應重視內部稽核單位與人員，賦予充分權限，促其確實檢查、評估內部控制制度之缺失及衡量營運之效率，進行風險評估及建立制度且持續有效實施，協助最高管理階層確實履行其責任，進而落實公司治理制度。對於發生賄賂事件採取適當處置方式進行調查與處理賄賂行爲，包含授權和啓用調查人員、要求相關人員配合接受調查、通報與結合政府法律協助進行調查，對調查過

---

[71] ISO 37001:2016(E)-4.4反賄賂管理制度。

[72] ISO 37001:2016(E)-3.12風險評估與對應。

[73] ISO 37001:2016(E)-3.18反賄賂管理監控與審計。

[74] ISO 37001:2016(E)-3.26商業夥伴的納入。

[75] ISO 37001:2016(E)-8.5實施反賄賂控制。

[76] ISO 37001:2016(E)-6.1應對賄賂風險的規劃。

程與結果內容保密作爲[77]。公司內部最高管理階層對於反賄賂管理政策應進行監督與評估執行效益，包含反賄賂管理的行動狀況、與反賄賂管理相關的內部與外部的變化，對於反賄賂管理作業不足地方的糾正，以及持續提供反賄賂管理系統增進與變更的協助，確保企業反賄賂管理系統的持續、適用與有效[78]。我國 2018 年 11 月 7 日中央廉政委員會第 21 次委員會議中亦曾指出 ISO 37001 企業反賄賂管理機制可參考爲訂定企業賄賂防制最佳操作指標原則，由於賄賂可能造成個人或公司法律訴訟成本增加、聲譽受損等不良影響，而賄賂和貪腐對公司治理亦造成嚴重的負面影響，故提出反賄賂和反貪腐的對策刻不容緩，尤其面對全球化的競爭環境，公司治理特別強調企業永續經營，除產品或技術開發外，更應著重企業體質的提升及企業清廉形象的加強，故公司治理當中最重要的議題之一即是企業賄賂防制之法令遵循。

伍、我國企業賄賂防制之相關立法

一、我國現行企業賄賂防制之相關案例

相比公部門對賄絡行爲防制立法較爲完整，目前我國對於發生在企業賄賂行爲並無相關法規進行防制與規範，除財經法規中有零星規範，對於一般企業或商業活動中之賄賂行爲，只能透過一般刑法加以規範，即以背信罪加以處罰，然而背信行爲與賄賂行爲顯然仍有多所不同[79]，因此目前我國司法運作僅透過背信罪防制企業賄賂行爲，已面臨相當多之問題。相較於司法運作表現在刑法背信罪上，而相關行政責任則於公

---

[77] ISO 37001:2016(E)-8.10調查與處理賄賂事件。

[78] ISO 37001:2016(E)-9.3企業經營者審核。

[79] 王玉全，〈私部門貪腐行爲與其侵害法益〉，《月旦刑事法評論》，4期，頁378。

平交易法的認定上有所著墨。最高法院 70 年度台上 1186 號判例指出刑法上之收受賄賂罪，以他人有行求賄賂之事實為前提，若他人所交付之物並非基於行賄之意思，則其物即非賄賂，自無收受賄賂之可言。故賄賂之不法報酬必須與職務行為或違背職務行為具有一定之對價關係，苟非關於職務行為或違背職務行為之報酬，即不得謂為賄賂。商業賄賂發生可由兩種類型探討，第一種類型係以雇主角度，討論員工對企業之忠誠度與廉潔操守，另一種為以商業活動之自由競爭角度，討論是否違反公平競爭之情形。有關探討員工忠誠度與廉潔操守部分，可參考台灣台中地方法院檢察署 104 年度字第 21160 號、105 年度字第 1890 號、106 年度字第 14985 號不起訴處分書內容。按刑法第 342 條背信罪之所謂「違背其任務」，係指違背他人委任其處理事務應盡之義務[80]，內含誠信用之原則，積極之作為與消極之不作為，均包括在內，故是否違背其任務，應依法律之規定或契約之內容，依客觀事實，本於誠實信用原則，就個案之具體情形認定之[81]。又背信罪係因為他人處理事務，意圖為自己或第三人之不法利益，或損害於本人之利益，而為違背其任務之行為，致生損害於本人之財產或其他利益而成立[82]。台灣高等法院台中分院 108 年度上易字第 407 號刑事判決亦有云勞僱關係並非單純價值交換之法律關係，而是基於誠實信用原則，相對於雇主對勞工所負保護照顧義務，勞工對於雇主亦負有忠實義務，即勞工依所定勞動契約之內容，應維護雇主之合法利益，避免或減少造成雇主損害，就勞工之違規行為態樣、初次或累次、故意或過失違規、對雇主及所營事業所生之危險或損失、商業競爭力、內部秩序紀律之維護，勞僱間關係之緊密情況、勞工到職時間之久暫等，衡量是否達到懲戒性解僱之程度。倘勞工違反工

---

80 民法，第535條。

81 參照最高法院91年度台上字第2656號判決。

82 參照最高法院80年度台上字第2205號判決、87年度台上字第3704號判決。

作規則之具體事項，已嚴重影響雇主內部秩序紀律之維護，足以對雇主及所營事業造成相當之危險，客觀上已難期待雇主採用解僱以外之懲處手段而繼續其僱傭關係者，即難認不符勞基法規定之「情節重大」之要件，以兼顧勞工權益之保護與維護企業管理紀律之建立[83]。

至於在違反公平競爭上，公平會於 90 年 12 月 6 日第 526 次委員會議審議中，曾決議事業體向供貨廠商收取附加費用，應遵循該當附加費用與商品銷售間，須有「直接關聯性」與「比例性」二項原則，並符合一般商業合理之交易習慣。否則，事業體向供貨廠商收取不當之附加費用，其所增加供貨廠商之成本負擔，勢將反映至商品之最終零售價格，對消費者利益及整體社會福利均有負面影響。加諸於供貨廠商之額外負擔，增加供貨廠商之營業成本，從而剝削其正常經營利潤，利用供貨廠商普遍處於期待維持既有業務關係之壓力下，迫使供貨廠商負擔該等附加費用，而使市場競爭本質受到傷害，其行為已具有商業競爭倫理之非難性。該不當收取附加費用行為，屬一種對交易相對人為不當壓抑，強迫交易相對人接受不公平交易條款的行為，亦足以影響市場交易秩序，核已違反公平交易法第 24 條之規定[84]。再者，公平會亦於 94 年 5 月 20 日公處字第 094053 號處分書認為量販店於合約中「最低贊助金額」規定，對供貨廠商銷售商品情形越不佳者，相對地須繳交更高比例之附加費用，超過供貨廠商可直接獲得之利益，尚難論符合「比例性」原則，是量販店恃其相對於供貨廠商之市場優勢地位，不論其實際採購金額是否達到預估採購金額，均按預估採購金額計算最低贊助金，收取顯不合理之附加費用行為，該附加費用之收取顯已超過供貨商公司直接可獲得之利益。不當收取附加費用情形，對其所屬供貨廠商等交易相對人而言，係加諸於供貨廠商之額外負擔，增加供貨廠商之營業成本，從而剝

---

[83] 最高法院104年度台上字第1227號刑事判決。

[84] 公平交易委員會90年12月6日第526次委員會議審議。

削其正常經營利潤，利用供貨廠商普遍處於期待維持既有業務關係之壓力下，迫使供貨廠商負擔該等附加費用，而使市場競爭本質受到傷害，其行為已具有商業競爭倫理之非難性。該不當收取附加費用行為，屬一種對交易相對人為不當壓抑，強迫交易相對人接受不公平交易條款的行為，亦足以影響市場交易秩序，亦已違反公平交易法第 24 條之規定。

雖然在司法運作上，有刑法背信罪、公平交易法及部分財經法規範如公司法及證券交易法的規範，但其法制面的規範仍多有不足之處。目前對於相關案件實務上仍以先判斷收賄人是否為公務員，為公務員者透過刑法或貪污治罪條例加以懲罰，若非公務人員，則以是否成立背信來做處罰之判斷[85]。背信罪所保護之法益屬於個人財產上之法益，但賄賂之處罰旨在保護執行職務公正之信賴保護或商業交易之公平秩序與廉潔之商業環境，且背信罪之成立必須有發生財產上之權益損害，然而從某些案例中卻發現雖有賄賂行為，但卻無財產上之損害發生，因此在追訴其背信上顯有困難，雖然刑法背信罪可處罰未遂，但在未產生具體財產損害之犯罪事證下，則亦可能導致無法究責之情形；另在商業活動的文化中，送禮與招待似乎成為一種商業交易上的常態，而此情形是否要以「餽贈」或「賄賂」來定義也有待釐清，同時企業經營權之一方，相關之人包含了董、監事、員工等，其收取賄賂之目的也不盡相同，亦難以從背信罪來加以規範。

二、我國在企業賄賂防制之未來立法

有鑒於我國企業賄賂防制在立法上仍有所不足，我國現有相關法令中，刑法、民法、公平交易法等均與企業賄賂防制具有某程度的相關聯性，然若僅以其中一部法令進行修法以適應企業賄賂防制，似乎尚無法

---

[85] 張天一，〈論商業賄賂之可罰性基礎及入罪化之必要性〉，《月旦法學雜誌》，242期，頁29。

一應俱全的涵蓋企業賄賂防制之規範，且修法亦可能破壞原立法精神與立法結構，因此，制定專法似為較為可行的方向，將企業賄賂予以明確法制化規範。理由在於涉及企業賄賂之違法行為，雖並非皆可透過法規範完全消弭，但仍可對企業賄賂之處罰與防弊。基於公平效益與刑法謙抑性，因應經濟發展國際化，對企業賄賂之不法行為規劃具體之判斷標準，除可解決因究則差別待遇爭論所造成之難以定罪外，亦能兼顧在公共利益受到危害前有防患未然之效益。

對於企業賄賂犯罪之違法構成要件與管制策略，由於目前我國並無企業賄賂防制法制之明文規定，面對企業賄賂之案件，尚無專法進行處罰，雖然我國透過「聯合國反貪腐公約施行法」的制定，將「聯合國反貪腐公約」內化為國內法，但至今尚無實質之防制效果。對於企業賄賂行為通常先判斷是否具有「公務員身分」或是「執行公共事務」，如有則透過刑法或貪污治罪條例加以處罰；若非公務員則再以是否成立背信作為判斷[86]，但背信罪所保護之法益，主要是在保護「財產上之法益」，因此對於賄賂行為若未發生財產法益之侵害，則將容易發生追訴上之困難。因此對於企業賄賂防制，可審酌增修現行法律或是制定專法二個方向來進行企業賄賂防制與規範。

(一) 增修現行法律

1. 刑法部分，在賄賂罪條文中將「企業受雇人」納入於賄賂罪予以規範及處罰；在背信罪條文中將「致生損害於本人之財產或其他利益者」刪除或者修改為「或致生損害於本人之財產或其他利益者」。包括刑法第121條之職務上行為賄賂罪、刑法第122條之違背職務賄賂罪等包含於對公務員、仲裁人、或企業受雇人等。在刑法第342條之背信

---

[86] 前揭註。

罪中，從賄賂行為中的行賄探討與背信罪之關係，為企業爭取訂單而與交易相對人之間進行期約或交付賄賂時，該行為並不符合「意圖為自己或第三人不法之利益，或損害本人之利益，而為違背其任務之行為」，同時也未發生「致生損害於本人之財產或其他利益者」之結果，其行為並未違背職務甚至符合企業之利益，只是行賄之行為無法公開且違背自由公平競爭的商業活動規則。從收賄行為探討與背信罪之關係，該行為則符合「意圖為自己或第三人不法之利益，或損害本人之利益，而為違背其任務之行為」，將「致生損害於本人之財產或其他利益者」之結果排除，亦或將「違背職務之行為」與「致生損害於本人之財產或其他利益者」均列為結果，故應明文擴張包括行賄及受賄行為。增修刑法賄賂罪，將企業受僱人比照公務人員收受賄賂行為之課責，固可藉由刑法的重懲重罰來遏止企業賄賂的行為，然而企業賄賂行為所保護之法益為何？以企業賄賂行為之非難性及課責度，相對於以賄賂罪之重罰來規範具有行使國家公權力之公務人員，似顯不相當，也有其值得商榷之處。

2. 公司法部分，如同日本會社法之立法例，將「賄賂罪」列入公司法第30條經理人選任之限制條件或規範更加詳細。

3. 公平交易法部分，於公平交易法中將賄賂行為納入不公平競爭之中，例如：將「要求、期約或收受賄賂或其他不正利益」列入公平交易法第20條事業不得為限制競爭之虞的行為之一，即將商業活動中藉由賄賂行為來排擠其他競爭者的不公平競爭行為予以規範，但對於企業員工因發生賄賂所違反忠誠與廉潔操守之行為，則似尚難於此法有效加以規範。

(二) 制定專法

　　鑑於我國對於公務人員之賄賂定有重罰，但就私營企業發生受賄行為之預防與遏止，對提申企業公平競爭與改正企業不良風氣，打造優質

商業活動環境，幫助企業追求永續，因之我國於 102 年 3 月於立法院第八屆第三會期期間以第 14717 號提案「企業賄賂防制法草案」，以防堵企業賄賂歪風，提升國家整體競爭力[87]。

1. 立法目的與保護法益

　　草案立法目的在於防制企業貪瀆，鼓勵和保護公平競爭，制止不正當競爭行為提升國家整體競爭力，透過公權力協助企業對貪腐與賄賂進行有效的管制與規範[88]。從企業賄賂防制法之保護法益角度切入思考，立法以保護社會民眾利益為其考量之要件，及在公司治理上對於企業關係人在履行「忠實義務」之行事標準，進而保護商業交易公平競爭及市場交易秩序。

2. 規範內容

　　草案規範對象主要針對企業之受雇人[89]，包括公司企業之董事、經理人、受僱人（含定期及非定期受僱員工、委外工程人員）、受任人等。相對行為對象則可能涵攝任何人，包括國內外公職人員、參政候選人、政黨或黨職人員，以及任何公民營企業或機構及其董事（理事）、監察人（監事）、經理人、受僱人、實質控制者或其他利害關係人，將收受不正當利益的行為。收受賄賂關係對象則包含自身、配偶、父母、子女。在利益定義上係指任何有價值之事物，包括但不限於任何形式或名義之金錢、餽贈、佣金、疏通費、職位、服務、優待、回扣、禮券、股票、融資、擔保、保證、供應、招待觀賞比賽、演出、旅行、捐贈、捐款、贊助費、謝禮、促銷費、教育機會、醫療機會、不正當性關係等；但屬正常社交禮俗，且係偶發而無影響特定權利義務之虞時，不在

---

[87] 立法院第八屆第三會期院總第246號議案關係文書。

[88] 企業賄賂防制法草案，第1條。

[89] 企業賄賂防制法草案，第2條。

此限。在罰則上，則分別針對行賄及收賄罪分別規範，草案中對於企業之受僱人，於職務上之行為有要求、期約或收取賄賂或其他不正利益，以及對於違背職務之行為，要求、期約或收受賄賂或其他不正利益，均定義為犯罪行為，處以有期徒刑或可併科罰金等刑事制裁。對於對企業受僱人交付賄賂以換取企業受僱人有職務上行為關係或是違背職務之行為，也定義為行賄罪，處以有期徒刑或可併科罰金等刑事制裁。其中，收賄罪之刑度和罪責明顯高於行賄罪，收賄罪方面規範於草案第4條，即企業受僱人對於職務上之行為，要求、期約或收受賄賂或其他不正利益者，即不違背職務收賄罪[90]；對於違背職務之行為，要求、期約或收受賄賂或其他不正利益者，即違背職務收賄罪之加重處罰[91]。而對於企業之受僱人為之行賄行為則規範於草案第五[92]條。

3. 檢舉保護及減輕刑責措施

草案亦針對在未被查獲前自首的收賄與行賄者，給予減輕或免於處罰的處分，以鼓勵犯罪行為人有後悔改過自新的機會[93]。就公司治理的角度而言，建立吹哨者保護制度有其必要，即除草案中有對企業受僱人在收取賄賂後自首或因此破獲其他犯罪者，得在刑罰上予以斟酌減輕或免除刑罰，行賄者亦得在犯罪後自首可以免除刑責，在已經偵查或審判中自白者，則減輕或免除刑責之外，本文建議未來草案應明文規範鼓勵檢舉企業賄賂制度，對檢舉人身分及檢舉內容做到保密，對於在企業賄賂中，因檢舉而遭受雇主不當的處罰者應給予適切的保護。從公司治理角度而言，企業可藉此建立有效的內控預防措施，強化商業倫理，在保

---

90 企業賄賂防制法草案，第4條第1項。
91 企業賄賂防制法草案，第4條第2項。
92 企業賄賂防制法草案，第4條第1項、第22項。
93 企業賄賂防制法草案，第4條第3項、第4項及企業賄賂防制法草案，第55條第3項、第4項。

護檢舉的員工不受到報復或其他不利行為的前提下，鼓勵員工對於企業賄賂行為等不法情事勇敢直言與檢舉，提升職場倫理規範與透明化的措施，誠實正直地從事商業活動，而公司治理與資訊揭露評鑑制度建立，亦將落實外部監督機制，使政府與企業間協力打擊賄賂，使商業交易在公平競爭環境下落實企業誠信、善盡社會責任，即草案中所著重之保護法益在於企業體質完善及市場公平競爭，亦可見本草案為落實公司治理的重要里程碑。

陸、結論與建議

受到全球化的影響，國與國之間在經濟活動上的交流與連結越發緊密，跨國性經濟貿易活動蓬勃發展，各國除了發展國內經貿市場外，亦積極發展海外市場，企業在正常互動之下基於促進良好公關，或者在特殊場合公開提供的合理禮物與招待，不能稱作是賄賂，但是如果透過金錢甚至比金錢更細緻的禮物或招待，其目的可能是為了處心積慮獲取不當商業利益，這種賄賂手法，可能被視為賄賂，甚至可能是為後續更大筆的賄賂預作準備。部分企業為了在激烈的市場競爭中取得優勢，為了能夠取得交易上有利之地位，以賄賂之方式作為交易手段，這種現象被企業經營者認為是一種經營手段，長期觀之，則在財力上具有優勢之大企業，將極容易排除其他中小型企業而占領市場，甚而產生獨占現象，對社會的危害相對的也越來越顯著，這樣的結果將嚴重破壞了市場經濟的平衡。由於企業賄賂多樣且複雜，賄賂的活動已經跨國界，就連不法所得也變得很國際化，防制策略除了提升職場倫理規範意識及透明化以降低保護市場外，如何協助企業建構法令遵循意識，使企業參與國際貿易活動時，避免誤觸各國於企業賄賂防制上的地雷，防止企業本身或國

家整體利益蒙受損失[94]。

　　由聯合國制定的聯合國反貪腐公約以及參加的締約國越來越多，可以看出企業賄賂防制已逐漸成爲全球各國的共識，企業賄賂現象反應出公司治理不良之結果，而公司治理之推行有助於打擊企業賄賂，尤其是公司治理中所特別強調的企業經營透明化及更有效的課責系統，而ISO企業反賄賂管理機制，提供企業對自身廉潔品保的認證模式，讓企業在接洽商業活動時，可以被其他企業認同不會有賄賂貪腐的行爲，增進企業參與商業活動的機會。

　　我國不能自外於國際間企業反賄賂的潮流，面對國際立法趨勢及我國爲高度依賴國際貿易的國家，對於企業賄賂防制之立法亦勢在必行，將聯合國反貪腐公約內化爲國內法，正視企業賄賂是造成企業貪腐與對社會穩定與安全問題構成嚴重威脅，建構企業賄賂防制政策，尤其對於從事收賄、行賄行爲而從中獲取不正利益，界定此行爲屬犯罪並採取法律制裁，將不法利益予以定位，使賄賂行爲被國人認定是一種違法的態樣，是值得肯定的。本文認爲以中國立法模式於刑法增訂企業賄賂罪專條，尚難釐清其所欲保護之法益，亦與其非難性及課責度未必相符，或於公平交易法規範則多僅限於事業體，亦難予對行爲人有所規範拘束。以日本會社法模式亦難全面突顯問題所在，故整合文內所述，本文認爲除將聯合國反貪腐公約內化爲國內法之外，我國目前立法方向，即制定企業賄賂防制專法似更爲周全可行，惟目前草案內容多偏重於刑事處罰，較少針對公司治理、公平競爭等內容，如吹哨者保護進行相關規範，似過於簡略，未來推動草案可更加強相關議題之立法。

　　最後，企業賄賂並非局部或個案的問題，而是影響所有社會和經濟的跨國商務交易現象，反賄賂的改革也非一蹴可幾，而是需要社會各界

---

[94] 張天一（2017），〈對行賄外國公務員罪之檢視與修正建議：以日本之立法經驗爲借鏡〉，《交大法學評論》，2期，頁120。

及政府部門群策群力，對企業賄賂防制進行專門系統規定，透過行政、立法、司法等多領域手段綜合預防企業賄賂犯罪，改變傳統的重懲罰輕預防的思維，致力創造預防賄賂的機制，發揮預防賄賂的功能，建立自律機制，以公司治理的角度，透過更高透明度和更優良商業環境吸引更多的外資加入或增加更多國際合作的機會，逐步將商業環境國際化，將可為未來企業賄賂防制建構良善的環境。

第四章

美國競爭法上維持轉售價格十餘年來之發展：實務分歧與理論重新反省[**]

王立達[*]

壹、2007 年聯邦最高法院 Leegin 案判決

貳、十餘年來美國實務發展：缺乏具體指引，各州分歧

參、繼續邁向合法化，維持合理原則，還是採取推定違法？

肆、重新反省違法性判斷之重要課題

[*]國立政治大學法學院教授

[**]本文初稿曾以「美國法上維持轉售價格近十年來發展現況：各州分歧與理論進展」為題，發表於第二十五屆競爭政策與公平交易法學術研討會，公平交易法委員會主辦，2018年11月16日。會後參酌與會先進提供之寶貴意見，擴充增補拙文，謹致謝忱。

摘　要

　　本文回顧自 2007 年美國聯邦最高法院 Leegin 案判決對於維持轉售價格改採合理原則以來，該國至今相關實務發展，並且對其違法性判斷進行理論反省。首先簡述該案判決要旨，並且說明十餘年來美國聯邦與各州有關此類型行為之實務發展，至今呈現嚴重分歧狀況。其次探討美國競爭法上，40 年來持續降低垂直交易限制違法可能性之下，維持轉售價格應否依 Leegin 案採取合理原則，或是以我國公平交易法所採取的推定違法較為適當。接著就其違法性判斷的諸多重要環節與課題，包括認定市場力量時是否必先界定相關市場、限制競爭效果應該如何評估、各種阻卻違法之正當事由的成立可能性、正當事由是否必須個案證明其發揮促進競爭效果，以及促成聯合行為的垂直價格限制，究竟應採合理原則還是適用當然違法等，從學理上逐一加以反省論析，提出適當的解決方案。

關鍵詞：限制轉售價格，約定轉售價格，合理原則，當然違法，推定違
　　　　法，合意，聯合行為。

維持轉售價格（Resale Price Maintenance, RPM）乃是上游製造商或進口商對於下游經銷商轉售其商品所施加的價格限制，除了限定單一價格之外，也有最低轉售價格與最高轉售價格等不同限制方式。此種行為限制了下游經銷商就同一品牌產品進行價格競爭的空間，甚至是統一其價格的工具，直接影響品牌內的價格競爭，因此一直是競爭法（competition law, antitrust）所關注的違法行為類型其中之一。自從 2007 年美國聯邦最高法院（Leegin Creative Leather Products, Inc. v. PSKS, Inc.）判決 [1] 以降，10 餘年來國際間對於維持轉售價格的討論似乎較為沈寂，直到 2018 年歐盟處罰華碩等四家消費性電子業者對於網路經銷商的維持轉售價格，才再度受到世人矚目與重視。

然而事實上，近年來歐洲各國對此不乏執法行動，例如：德國卡特爾署（Bundeskartellamt）在 2015 至 2016 年處罰 27 家與零售商約定轉售價格的食品業者 [2]；英國競爭及市場署（Competition and Markets Authority）2017 年 5 月也處罰數家就網路銷售設定最低轉售價格的燈飾業者 [3]。本類型違法案件在我國出現頻率更高，公平交易委員會（下稱公平會）在 2014 年 1 月到 2018 年 10 月的 4 年 10 月之中，對於維持轉售價格的處罰總計有 23 家次，平均每年約有 5 家事業因此受罰 [4]。

---

[1] 551 U.S. 877 (2007).

[2] Bundeskartellamt, Press Release, Vertical Price Fixing－Düsseldorf Higher Regional Court Raises Fine Against Drugstore Chain Rossmann, Mar. 1, 2018, *available at* https://www.bundeskartellamt.de /SharedDocs/Meldung/EN/Pressemitteilungen/2018/01_03_2018_Rossmann_BGH.html.

[3] Online Resale Price Maintenance in the Light Fittings Sector, Decision of the Competition and Markets Authority, Case 50343, May 3, 2017, *available at* https://assets.publishing.service.gov.uk /media/5948dc48e5274a5e4e00028c/light-fittings-non-confidential-decision.pdf.

[4] 2018年11月2日檢索自公平會網站「本會行政決定」頁面。檢索方法：先以公平交易法第18條作為相關法條，搜尋2014年1月1日至2018年11月2日之處分書，再以同

其中台灣櫻花[5]、杏輝藥品[6]罰鍰金額都達到 100 萬元以上，Apple Asia LLC. 限制行動通信業者綁約手機的售價，公平會更重罰高達 2,000 萬元[7]。

除此之外，歐盟在前述案件中發現不少電子商務業者已經引進自動定價系統（algorithm pricing，直譯為演算法定價），隨時監控競爭者的網路銷售價格，發現他人打折促銷時立刻跟進降價，競爭者漲價時也可能自動跟進。人工智慧帶來的此種變化，加深了維持轉售價格對於市場競爭的不利效果。個別製造商倘若與經銷商約定最低轉售價格，一方面將減少其本身產品在下游市場降價求售的可能性，另一方面也減少同類產品在零售市場跟進降價的機會，還有可能因其拉抬自身產品零售價格而造成同業跟進漲價，實質擴大了維持轉售價格對於相關市場所造成的水平不利效果[8]。故此一行為類型在當今競爭法規範與執法上的重要性，不僅並未稍減，還隨著線上購物與人工智慧的普遍化與日益精進，而與日俱增。

法第19條檢索2015年10月15日至2018年11月2日之處分書，最後挑出兩次檢索結果中之維持轉售價格案件。

5　公平會2014年4月公處字第103039號處分書（罰鍰100萬元）；2016年10月11日公處字第105107號處分書（罰鍰120萬元）。

6　公平會2017年4月10日公處字第106024號處分書（罰鍰250萬元）。

7　公平會2014年1月3日公處字第103002號處分書；台北高等行政法院2015年6月17日103年度訴字第1046號判決。

8　European Commission, Statement by Commissioner Vestager on Commission Decision to Impose Fines on Four Consumer Electronics Manufacturers for Fixing Online Resale Prices, July 24 2018, *available at* http://europa.eu/rapid/press-release_STATEMENT-18-4665_en.htm; Anna Morfey & Amandine Gueret, *Resale Price Maintenance and Artificial Intelligence: A First Glimpse into Growing Challenges for EU Competition Law*, Aug. 16, 2018, *available at* https://www.hausfeld.com/news- press/resale-price-maintenance-and-artificial-intelligence-a-first-glimpse-into-growing-challenges-for-eu-competition-law.

本文回顧分析自 Leegin 案判決以來美國法律實務之發展與變化，並藉此機會對於維持轉售價格之違法性判斷進行理論性之重新反省。第壹部分摘要析述最高法院 Leegin 案判決結果，第貳部分說明該案判決之後，10 餘年來美國聯邦與各州有關維持轉售價格之實務發展狀況。第參部分在美國聯邦最高法院近 40 年來持續降低垂直交易限制違法可能性的發展背景下，舉例探討維持轉售價格是否應該依照 Leegin 案判決採取合理原則，抑或以可推翻之推定違法較爲適當。第肆部分進入違法性判斷的各個環節，從理論層面重新反省競爭法上分析評估維持轉售價格時，在學理及實務上所遭遇的重要課題，包括認定市場力量時是否必先界定相關市場、限制競爭效果應該如何評估、各種阻卻違法之正當事由的成立可能性、正當事由是否必須個案證明其確實發揮促進競爭效果，以及促成聯合行爲的垂直價格限制，究竟應採合理原則還是適用當然違法。

壹、2007年聯邦最高法院Leegin案判決

本案聚焦於最低轉售價格[9]，被告行爲人 Leegin 公司是皮革產品製造商，自創品牌 Brighton，與下游零售商約定最低轉售價格以避免過度的折扣戰損傷其品牌形象。根據雙方約定，經銷商販賣 Brighton 產品時不得低於 Leegin 建議售價，否則將拒絕出貨給違反本約定的經銷商。Leegin 發現本案原告 PSKS 公司經營的 Kay`s Kloset 女性服飾店將 Brighton 系列皮製品降價 20%，低於其建議售價，經要求改正而未獲遵從，遂停止對 PSKS 公司供貨[10]。

---

[9] 美國聯邦最高法院在比本案早10年的 State Oil Co. v. Khan, 522 U.S. 3 (1997)，就已經改用合理原則（rule of reason）作為維持最高轉售價格的違法判斷標準。

[10] Leegin Creative Leather Products, Inc. v. PSKS, Inc., 551 U.S. 877, 882-83 (2007).

　　在本案中，聯邦最高法院廢棄了近百年前 Dr. Miles 案 [11] 對維持轉售價格所設下的當然違法原則（per se illegal），以五比四的判決決定改採合理原則（rule of reason）判斷本類型行為的合法性 [12]。Kennedy 大法官執筆的法院意見指出，唯有當法院對於該種反競爭行為已經累積相當執法經驗，可以預測該種行為具有明顯反競爭效果，依照合理原則幾乎在所有情況下（all or almost all instances），都會認定為違法時，才能以當然違法作為違法判斷標準 [13]。

　　法院意見認為維持轉售價格如同其他垂直交易限制，同樣可以促進零售商銷售不同品牌產品間的「品牌間競爭」（interbrand competition）。雖然維持轉售價格會降低經銷商對於同一品牌產品間的「品牌內競爭」（intrabrand competition），不過在競爭法上更重要的是品牌間競爭。維持轉售價格固然會造成同品牌產品的零售價格上升，但若能維持品牌間競爭的活躍，不同品牌間的競爭就能夠導引市場價格下降。此外，維持轉售價格可以減少同一品牌經銷商有關售前服務的搭便車問題，促使旗下經銷商強化對消費者提供的試穿與使用建議等售前服務，相對於其他品牌會更有競爭力。如果放棄當然違法原則，市場上還可能出現售前服務親切周到的高價位產品（廠商採用維持轉售價格的結果）、不提供售前服務的低價位產品，以及服務與價位界於其間等三種不同類型產品同時並存的狀況，如此將給予消費者更為多樣豐富的選擇空間。即使不存在搭便車問題，維持轉售價格也有可能幫助新廠商進入市場，這些都是法院認為維持轉售價格可能帶來的促進競爭具體成

---

[11] Dr. Miles Medical Co. v. John D. Park and Sons, 220 U.S. 373 (1911).

[12] *Leegin*, 551 U.S. at 907-08.

[13] *Id.* at 886-87. 有關當然違法原則與合理原則運用上差別與適用對象判斷，請見王立達（2018），〈我國聯合行為規範現況之結構反省與革新：事前許可制、積極分流與事後查處制〉，《台大法學論叢》，47卷3期，頁1194-1196。

效 [14]。

最高法院也承認,維持轉售價格確實可能引發零售價格上漲、銷售量下降等反競爭效果,然而目前沒有任何實證資料顯示在市場上必然會造成此種負面結果。若執意以當然違法原則全面嚴密防守維持轉售價格,可能付出更多無謂的管制成本,該行為原本促進競爭的正面效果也會遭到平白犧牲。基於以上理由,最高法院以一票之差決定廢棄 Dr. Miles 案,改採合理原則來處理維持最低轉售價格案件 [15]。

貳、十餘年來美國實務發展:缺乏具體指引,各州分歧

Leegin 案判決至今已經超過 10 年,然而在美國聯邦層級對於本判決要求採用的合理原則在維持轉售價格應該如何操作,仍然莫衷一是。美國各州在法律上並不直接受到本判決拘束,對於是否採用 Leegin 案標準來判斷維持轉售價格的合法性,態度更是相當分歧。

一、聯邦層級的不確定

2009 年 1 月聯邦參議員 Herb Kohl 試圖推翻 Leegin 案判決,在參議院提案以法律明文規定維持轉售價格應採用當然違法原則,當時獲得 35 位以上的州檢察總長表示支持。在國會議案屆期不連續原則之下,2011 月 1 月本案重新提出,同年 11 月獲得參議院司法委員會通過,提

---

[14] *Leegin*, 551 U.S. at 890-92.

[15] 有關Leegin案採取合理原則的評論,請見王俊雯、王立達(2012),〈平議維持轉售價格對市場競爭之影響與違法判斷標準:從美國Leegin案談起〉,《月旦財經法》,31期,頁110-128。

交院會，但是至今一直未能獲得參議院通過 [16]。

　　Leegin 案判決見解在聯邦層級雖然未被推翻，然而合理原則乃採取相當開放的違法判斷方式，針對個案逐一考量其對市場可能產生的各種影響，包括其客觀目的與效果，據以評估系爭行為對市場競爭有無明顯負面影響，本身操作上具有一定的複雜性與不確定性。然而在 Leegin 案之前，司法體系對於維持最低轉售價格並無使用合理原則分析其合法性之經驗，因此在操作上需要方向指引與累積經驗，方能將 Leegin 案判決結果落實為可供遵循的具體規則 [17]。可惜的是，10 餘年來完整運用合理原則的維持轉售價格司法案件相當罕見，雖有案件因為原告界定的相關市場未獲法院認同，導致行為人市場力量無法通過合理原則第一階段門檻而敗訴 [18]。然而這些案件並未進入合理原則第二階段限制競爭實際可能性與第三階段促進競爭正當事由等操作上較為複雜的環節，對於後續案件難以發生指引效果。是以目前已經有論者呼籲聯邦交易委員會（Federal Trade Commission）應該仔細研究合理原則應該如何運用於維持轉售價格，並且透過訂定處理原則，帶動後續案件具體化此一違法判斷標準，以便落實 Leegin 案判決結果，並且降低業者所面臨的不確定性 [19]。

---

[16] John R. Foote & Ernest N. Reddick, *Resale Price Maintenance After* Leegin*: Defense Perspective*, 22 Comp.: J. Anti. & Unfair Comp. L. Sec. St. B. Cal., no. 2, 2013, at 95, 95-96.

[17] Matthew L. Powell, *A Primer on Resale Price Maintenance*, Mich. B.J., Aug. 2017, at 20, 21.

[18] PSKS, Inc. v. Leegin Creative Leather Prods., Inc., 615 F.3d 412, 418 (5th Cir. 2010); Jacobs v. Tempur-Pedic International, Inc., 626 F.3d 1327, 1337-39 (11th Cir. 2010). 有關市場力量門檻的進一步討論，詳見本文，肆、一。

[19] Jarad S. Daniels, Note, *Don't Discount Resale Price Maintenance: The Need for FTC Guidance on the Rule of Reason for RPM Agreements*, 84 Geo. Wash. L. Rev. 182 (2016); *see also* Powell, *supra* note 17, at 21.

二、各州的分歧立場

聯邦競爭法基本上並未先占（preempt）各州的競爭法規範[20]，並不直接適用於各州。各州可以擁有自己的競爭法，內容未必要與聯邦競爭法相同，也不受到聯邦最高法院判決的拘束[21]。在聯邦最高法院審理Leegin 案過程中，37 州聯名提出法庭之友書狀（amicus curiae brief），請求法院維持以當然違法原則判斷維持最低轉售價格之合法性[22]。即使在 Leegin 案判決之後，至今也還有相當比例的州並未改以合理原則分析維持轉售價格，整體而言呈現分歧狀態[23]。

舉例而言，在 Leegin 案判決之後 2 年，Maryland 州以修法方式明文採用當然違法原則來判斷約定最低轉售價格是否違法，成為至今唯一修法否定 Leegin 案判決結果的州[24]。加州雖然未曾修法，但是加州檢察總長透過一系列民事訴訟與和解命令（consent orders），成功確保法院至今仍然認定維持轉售價格為當然違法[25]。在非由州檢察總長提起的訴

---

[20] California v. ARC America Corp., 490 U.S. 93, 101 (1989).

[21] Michael A. Lindsay, *Resale Price Maintenance and the World After* Leegin, Antitrust Source, Fall 2007, at 32, 32; Powell, *supra* note 17, at 21.

[22] Robert Hubbard & Emily Granrud, *37 States Submit Supreme Court Amicus Supporting Per Se Rule Against Minimum RPM*, ABA Committee on State Antitrust Enforcement Newsletter, Spring 2007, at 3, *available at* http://www.abanet.org/antitrust/committees/state-antitrust.

[23] 有關目前各州採取當然違法或合理原則的分布狀況，可參見Michael A. Lindsay, *Overview of State RPM*, Antitrust Source, April 2017, at i, *available at* https://www.americanbar.org/content/dam/ aba/publishing/antitrust_source/lindsay_chart.pdf.

[24] Md. Code Ann., Com. Law §§ 11-204 (b) (LexisNexis 2013); *see also* Daniels, Note, *supra* note 19, at 201.

[25] Michael A. Lindsay, *Contact Lenses and Contact Sports: An Update on State RPM Laws*, Antitrust Source, Apr. 2017, at 1, 1-2.

訟中，加州法院也採取相同見解[26]。New York 州檢察總長同樣採取當然違法的見解，並且曾經與 Illinois 及 Michigan 州檢察總長根據當然違法原則，對於同一行為人以三州法律共同提起民事訴訟，並且在數天之內與行為人達成和解[27]。不過就 New York 而言，至今尚未獲得州法院明確肯認維持轉售價格仍然適用當然違法原則[28]。

然而在美國各州之中也不乏相反的經驗。Kansas 州最高法院曾在個案中判定約定轉售價格在該州州法上乃是當然違法，然而卻遭到州議會明文立法加以推翻[29]。賓州是美國唯一沒有制定成文競爭法的州，曾經兩次有提案禁止維持轉售價格，但是最後都未獲得州議會通過[30]。綜上可知，美國各州有關維持轉售價格的規範立場，至今仍然莫衷一是，對於跨州進行銷售的全國性廠商而言，不確定性非常高。

三、避難至 Colgate 原則，影響 Leegin 案實效性

聯邦與各州對於維持轉售價格分歧的規範立場，以及加州等州至今展現堅持當然違法的執法意願與實際成果，嚴重影響 Leegin 案判決在美國產業界的實際實施成效。目前美國明文記載轉售價格約款的經銷契約，實務上仍然不算普遍。許多有意為之的上游廠商轉而運用美國法上維持轉售價格必須具備當事人合意（agreement）的違法要件，來避開

---

[26] Darush MD APC v. Revision LP (Darush II), No. 12-cv-10296, 2013 WL 1749539 (C.D. Cal. July 16, 2013); Alsheikh v. Superior Court, No. B249822, 2013 WL 5530508 (Cal. App. 2 Dist. Oct. 7, 2013), review denied (Jan. 15, 2014).

[27] New York v. Herman Miller Inc., No.08 CV-02977 (S.D.N.Y. Mar. 25, 2008).

[28] Lindsay, *supra* note 26, at 2.

[29] Kan. Stat. Ann. § 50-163(c) (2014); Michael A. Lindsay, *Repatching the Quilt: An Update on State RPM Laws*, Antitrust Source, Feb. 2014, at 1.

[30] Lindsay, *supra* note 29, at 6 & nn.54-56; Daniels, Note, *supra* note 19, at 201.

可能面臨的違法風險 [31]。

　　有關當事人合意要件應該如何判斷，聯邦最高法院在 1919 年 Colgate 乙案中認定，原告若僅主張上游廠商設定轉售價格，並且拒絕與不遵守該價格的下游經銷商交易，由於僅係單方行為，並不能滿足雙方對於轉售價格必須達成合意的違法要件 [32]。此一判斷方式普遍為各州所接受，稱為 Colgate 原則，其後逐漸鬆動，甚至到了近乎名存實亡的地步 [33]。然而在 1984 年 Monsanto 案，聯邦最高法院又重新強調此一原則 [34]。由於 Colgate 原則強調行為形式與外觀，形成規避法律規範的巧門，維持轉售價格可以藉此喬裝為上游廠商單方行為而避開當然違法之適用範圍，暗地裡弱化維持轉售價格之違法性。

　　在 Leegin 案判決中，法院意見對於 Colgate 原則嚴詞加以批判，將之評論為繁重且無必要的當然違法迴避措施，並且援引作為該案改採合理原則的理由之一 [35]。然而因為 Colgate 原則並非 Leegin 案訴訟爭點所在，聯邦最高法院雖然嚴詞指摘，但在該案中無法直接廢棄變更該原則。業者面對 Leegin 案之後聯邦與各州立場分歧的不確定狀況，因循舊制依託 Colgate 原則，以之作為維持轉售價格的護身符，似乎是穩定性較高、風險較小的最佳選擇。這導致目前許多上游廠商紛紛採用 2007 年 Leegin 案判決出爐前之原有操作方式，繼續以片面限制、停止供貨等單方行為形式，實施維持轉售價格 [36]。就業界運作實務而言，Leegin 案作為美國競爭法劃時代判決的重要性，至此似乎僅留下雪泥鴻

---

[31] Robert L. Hubbard, *Applying the Rule of Reason to Resale Price Restraints: A Fresh Perspective*, Antitrust, Fall 2014, at 95, 97-98.

[32] United States v. Colgate & Co., 250 U.S. 300, 306-07 (1919).

[33] United States v. Parke, Davis & Co., 362 U.S. 29, 37-47 (1960).

[34] Monsanto Co. v. Spray-Rite Serv. Corp., 465 U.S. 752, 762-64 (1984).

[35] Leegin Creative Leather Products, Inc. v. PSKS, Inc., 551 U.S. 877, 903-04 (2007).

[36] Hubbard, *supra* note 31, at 97-98; Foote & Reddick, *supra* note 16, at 98.

爪可供追尋。10 餘年來美國有關維持轉售價格的規範變動與產業發展軌跡，爲規範不確定性對於法律發展及實效性所造成的嚴重衝擊，提供了十分鮮活的眞實例證。

參、繼續邁向合法化，維持合理原則，還是採取推定違法？

維持轉售價格乃是價格層面最重要的垂直交易限制。從美國聯邦最高法院歷年來有關垂直交易限制之判決見解發展來看，1977 年 Sylvenia GTE 案開風氣之先，強調品牌間競爭較品牌內競爭對市場而言更爲重要，並且將垂直非價格限制從當然違法轉變爲適用合理原則[37]。1984 年 Monsanto 案和 1988 年 Sharp 案強調垂直價格限制的合意要件，要求下級法院以間接證據推斷合意存在時必須謹愼，唯有在個案證據足以排除上游廠商斷貨乃係出於獨立決定者，方可爲之[38]。Sharp 案更舉出上游廠商可能出於獨立判斷的具體情形，使得垂直價格約定的證明更加困難[39]，間接縮小適用當然違法原則的案件範圍，降低維持轉售價格的違法可能性。1997 年 State Oil v. Khan 進而針對當然違法原則下手，將約定最高轉售價格改爲適用合理原則[40]。2007 年 Leegin 案完成最後一里路，將約定最低轉售價格也改採合理原則。至此垂直交易限制無論涉及價格或非價格層面，在美國法上全數從當然違法原則之中解放出來，全面改採合理原則[41]。這 40 年來一路降低違法可能性，改採合理原則的判

---

[37] Continental T.V., Inc. v. GTE Sylvania Inc., 433 U.S. 36, 57-59 (1977).

[38] Monsanto Co. v. Spray-Rite Serv. Corp., 465 U.S. 752, 762-64 (1984); Bus. Elecs. Corp. v. Sharp Elecs. Corp., 485 U.S. 717, 726-27, 735-36 (1988).

[39] *Sharp*, 485 U.S. at 728-30.

[40] State Oil Co. v. Khan, 522 U.S. 3, 21-22 (1997).

[41] Leegin Creative Leather Prods., Inc. v. PSKS, Inc., 551 U.S. 877, 897 (2007).

決發展方向，完全符合芝加哥學派代表人物 Robert Bork 最早於 1966 年發表，認為垂直交易限制在競爭法上應該全面合法化的一貫主張[42]。

展望未來，芝加哥學派希望保持 Leegin 案所代表的既有發展方向，繼續前行，直至完全實現 Robert Bork 的主張，將各種類型的垂直交易限制全數合法化[43]。但是也有論者開始反省檢討 Leegin 案是否已經走得太遠，是否沒有充分考慮零售服務、零售商及消費者行為模式可能存在的差異，過度擴張維持轉售價格促進競爭效果事實上可能出現的範圍，導致對待維持轉售價格之規範態度過於樂觀，低估其限制競爭之可能性[44]。

舉例而言，同一品牌無售前服務的低價經銷通路，對於有售前服務經銷商的搭便車行為，乃是主張維持轉售價格具有正當事由與促進競爭效果最常提及也最有說服力的例證。此處所謂之搭便車，係指消費者前往有售前服務經銷商享受試穿、試用或說明講解等銷售服務，決定購買之後另外轉往無售前服務的低價經銷通路下單購買。此時售前服務經銷商有實際付出但無銷售實績，將導致售前服務逐漸萎縮，最終損及整個品牌的銷售數量。然而此一論據若要有效成立，首先該產品必須非屬無須行銷人員個別介紹解說「搜尋財」（search goods），而是需要售前服務的「經驗財」（experience goods）[45]。其次，無論消費者是在無售

---

[42] Robert H. Bork, *The Rule of Reason and the Per Se Concept: Price Fixing and Market Division--Part II*, 75 Yale L.J. 373, 391 (1966); Robert H. Bork, The Antitrust Paradox: A Policy at War with Itself 288 (1978) (hereinafter Bork, Paradox).

[43] Benjamin Klein, *The Evolving Law and Economics of Resale Price Maintenance*, 57 J.L. & Econ. S161 (2014); Travis C. Wheeler, *Embracing the Inevitable: Rethinking and Re-shaping Antitrust Law re: Vertical Restraints*, 35 Miss. C. L. Rev. 472 (2017).

[44] Thomas K. Cheng, *A Consumer Behavioral Approach to Resale Price Maintenance*, 12 Va. L. Bus. Rev. 1 (2017).

[45] 林建煌（2002），《行銷管理》，2版，頁235，台北：華泰。黃銘傑（2002），〈維持轉售價格規範之再檢討〉，氏著，《公平交易法之理論與實際：不同意見

前服務（例如：網站低價通路）還是有售前服務（例如：實體有解說商店）的經銷商首次接觸到系爭產品，都會先前往實體店面享受售前服務之後，再作最後決定。因此該消費者必須在有售前服務經銷商及鄰近的週邊商店，都沒有被其他品牌產品所吸引而當場完成消費，堅持轉至無售前服務之低價通路購買同一品牌產品。而且轉至無服務低價通路消費之時間、交通花費等整體交易成本，必須小於轉至該通路購買可以節省的售價落差，在現實世界中才有實際發生的可能性。但是這兩項條件在真實生活中雖有可能同時具備，但是出現的頻率應該不會太高，因此搭便車要在符合上述所有條件的前提下，才能構成阻卻違法的正當事由，比一般想像的適用範圍要小得多。能否將搭便車問題擴張至這些條件之外，以此為由主張維持轉售價格並無妨礙市場競爭的一般性傾向，就會產生疑問[46]。

事實上，維持轉售價格直接限制品牌內的價格競爭，對於該品牌的產品售價會有支持或推升的效果。倘若搭便車行為並非經常發生，該品牌沒有因為抑制搭便車行為而增加銷售量，提昇對於其他品牌的競爭強度，就無法彌補該品牌內部競爭消失對於市場競爭所造成的減損，也無法透過品牌間競爭抵銷對於該品牌價格的上升推力。在此種分析下，維持轉售價格仍然具有一定程度的限制競爭傾向，並不適合全面採用合理原則判斷其違法性，反而比較適合採用我國公平交易法與施行細則之推定違法立場，將例外合法之正當事由舉證責任移轉給行為人[47]。

書》，頁261-262，台北：學林。除此之外，即使非搜尋財，售前服務的有無可能也只會影響「邊際消費者」，不致影響「基本消費者」的消費決定；王俊雯、王立達，前揭註15，頁115-116。

[46] Cheng, *supra* note 44, at 39-50; 黃銘傑，前揭註45，頁261、265。除了有、無售前服務的經銷商，首先推廣新產品的先驅經銷商與後續跟進的經銷商之間也可能出現搭便車問題；王俊雯、王立達，前揭註15，頁114-115。

[47] Cheng, *supra* note 44, at 92.

肆、重新反省違法性判斷之重要課題

徵諸美國各州對於是否接受 Leegin 案判決見解至今莫衷一是的態度，維持轉售價格在競爭法上究竟應該如何看待，各方爭辯並沒有因為本案判決而劃上句點。惟此一判決問世迄今已經超過 10 年，應該是個合適的時間點，對於在競爭法上應該如何分析評估維持轉售價格，就學理及近年實務所呈現的重要課題，進行更為深刻而全面的理論重新反省。

一、合理原則第一階段：界定相關市場與占有率，是否不可或缺

看待維持轉售價格的整體立場與規範架構，雖然尚有辯論及發展空間，然而在 Leegin 案所採取的合理原則架構之下，目前也有幾點值得探討。首先，該判決作成至今，至少已有兩個聯邦上訴法院案件因為原告主張的被告市場力量無法通過合理原則第一階段門檻篩檢而敗訴。Leegin 案本身在聯邦最高法院撤銷發回之後，第五巡迴上訴法院認為原告 PSKS 公司所主張的本案相關市場有誤，導致其主張的 Leegin 公司市場力量亦不足採信，無法證明已經跨越合理原則第一階段市場力量門檻，故裁定撤銷 PSKS 所提起的本件訴訟[48]。第十一巡迴上訴法院在 Jacobs v. Tempur-Pedic International, Inc. 乙案，以二比一的票數維持下級法院認定本案相關市場包含各種類型床墊，而非原告主張的黏彈性（visco-elastic）泡棉床墊，因而同樣以未能證明被告市場力量足以跨越門檻為由，裁定撤銷原告起訴[49]。

第三巡迴上訴法院曾經在判決中反對此種以市場界定錯誤為理

---

[48] PSKS, Inc. v. Leegin Creative Leather Prods., Inc., 615 F.3d 412, 418 (5th Cir. 2010).

[49] Jacobs v. Tempur-Pedic International, Inc., 626 F.3d 1327, 1337-39 (11th Cir. 2010).

由，反射式地認定行為人不具市場力量的分析方式[50]。事實上，如果市場上已經出現實際反競爭效果，例如：同類產品價格因系爭行為上漲5-10%，或同類產品總銷售數量因系爭行為而有一定幅度的下降，此時由於反競爭效果已經出現，可以推知行為人擁有一定程度限制或對抗市場競爭的能力。若究其實，這正是市場力量另一種形式的展現。在此種情形下，應該不需要透過界定相關市場與計算占有率之方式認定其市場力量，可以直接基於這些反競爭效果而認定已具備市場力量[51]，足以通過合理原則第一階段的市場力量篩檢門檻。此外，相關市場的界定並非易事，不確定性也高。強制要求合理原則在第一階段就必須界定相關市場，在前述情況下比起直接評估系爭行為的反競爭效果錯誤機率更高，似乎不宜硬性要求在此必須進行市場界定。畢竟就合理原則而言，市場力量門檻的功能只是為了篩檢出市場力量低落、沒有能力限制市場競爭的行為人進入較為複雜耗力的第二階段評估。假若系爭行為對於市場競爭所造成的實際負面效應已經可以直接檢視評估，就沒有必要再以相對而言容易出錯的市場界定進行篩選過濾。

雖然如此，假若競爭對手明顯因為系爭行為受到衝擊，然而市場上同類產品的價格或銷售量整體而言沒有太大變動，因為有效的競爭行為同樣可以造成同業在市場競爭上的劣勢，在此種情形下，即無法透過同類產品價格或銷售數量變化而分辨系爭行為是否具有反競爭效果。此時為了查明系爭行為之反競爭效果及其規模，就有必要透過界定相關市場評估其市場力量，以便清楚完整地分析系爭行為之客觀目的與整體效果。

---

[50] Toledo Mack Sales & Serv., Inc. v. Mack Truck, Inc., 530 F.3d 204, 225-26 (3d Cir. 2008); McDonough v. Toys "R" Us, Inc., 638 F. Supp. 2d 461, 491 (E.D. Pa. 2009).

[51] 類似見解，請見FTC v. Indiana Fed'n of Dentists, 476 U.S. 447, 460-61 (1986); Jonathan B. Baker, *Market Definition*, in 1 ABA Section of Antitrust Law, Issues in Competition Law and Policy 315, 316-17 (2008); Hubbard, *supra* note 36, at 97.

二、如何進行競爭分析，評估競爭效果

(一) 合理原則第二階段：限制競爭效果

　　尋覓維持轉售價格適用合理原則時的具體方針與指引，乃是後 Leegin 時代的重要課題。在該案判決中，法院提出三項因素可以評估個別轉售價格約定的反競爭效果：1. 相關市場中轉售價格約定的分布範圍；2. 轉售價格限制係來自於上游廠商或是經銷商；以及 3. 經銷商與上游廠商的相對市場力量[52]。然而這些因素不是在實務上可行性低，就是分析力不足，只有因素三能夠提供比較有效的個案指引。

　　按因素一：維持轉售價格在相關市場分布是否廣泛，與該行為減損市場價格競爭的影響程度似乎並不相關。某品牌採取約定轉售價格，未必會使其他品牌調高其約定之轉售價格。而且假若品牌間競爭確實較品牌內競爭更為有效，那麼只要市場中各品牌間競爭仍然激烈，這項因素似乎不會產生太大影響。此外，倘若將維持轉價格之分布範圍納入考量，執法機關或原告必須針對市場上各個品牌一一調查有無採取此種行為，不啻將單一案件轉變為全面性市場清查，等於處理任一此類案件都須將同市場其他品牌同時納入調查範圍。此種舉證要求實在過於繁重，且有侵擾其他品牌同業之嫌，在現實世界中可行性實在不高。

　　事實上，針對維持轉售價格對於相關市場之限制競爭影響程度，應該直接觀察系爭業者在相關市場之影響力，最為適當。就此而言，在相關市場中該業者之市場力量與占有率[53]、目前系爭產品在市場中所面臨的品牌間競爭是否激烈、透過自動定價系統等方式跟進對手價格之情形

---

[52] Leegin Creative Leather Products, Inc. v. PSKS, Inc., 551 U.S. 877, 897-98 (2007).

[53] 此處市場力量判斷如同本文肆、一所分析，假若已經市場上出現明顯之反競爭效果，可無須另外界定相關市場及計算市場占有率，直接以反競爭效果為根據，認定其具備市場力量。

是否普遍等，都會是具體而可行的重要評估指標。

因素二：是否由上游廠商或是經銷商所發動，雖然經常被提及，也可以作為限制競爭可能性較高的徵兆，但是不夠精確，只是嫌疑較高，是否真係如此還需要進一步仔細調查了解。其理由在於，由於經銷商直接面對品牌內價格競爭，其所發動的維持轉售價格出於限制品牌內競爭之機率的確較高；但是經銷商也有可能基於直接面臨的其他情形而有此提議，例如：遭到其他無售前服務的經銷商搭便車等正當原因。在因素二出現時，對於這些情形自然不可忽略，都必須仔細加以調查評估，才能確認系爭行為是否出於限制競爭之目的。是以本因素只能用來快速篩檢較具限制競爭嫌疑、值得進一步關注案件，不能直接作為評估限制競爭效果之用。

至於因素三：零售商與上游廠商的相對市場力量，乃是藉由維持轉售價格之發動者是否確實具有發動此一垂直交易限制之力量，評估此行為是否僅係名目上出現在契約文字之中，還是已經進入實際運作，以及在現實中是否可以有效實施。本因素可以用來檢查驗證維持轉售價格是否確實存在，以及評估系爭維持轉售價格之實際約束強度究竟如何。

總歸言之，採行維持轉售價格的上游製造商，其本身在相關市場中的市場力量、目前所面臨的品牌間競爭情形，以及該市場中對於競爭者價格之跟進情形是否普遍等，以及因素三製造商與經銷商之相對市場力量，應該是本類型行為限制競爭效果評估的主要衡量要素。至於 Leegin 案提及的限制競爭因素一（市場中普遍程度）與因素二（是否由經銷商發動），雖然在研究文獻中經常被提及 [54]，但其主要功能乃是用以偵測

---

[54] *See, e.g.*, Richard A. Posner, Antitrust Law 172-77 (2d ed. 2001); Bork, Paradox, *supra* note 42, at 292-94; Thomas R. Overstreet, Jr., Resale Price Maintenance: Economic Theories and Empirical Evidence 22 (Nov. 1983), *available at* https://www.ftc.gov/sites/default/files/documents/reports/resale-price-maintenance-economic-theories-and-empirical-evidence/233105.pdf.

在本行為背後是否潛藏有製造商或經銷商之間的水平聯合行為。這雖然可以作為進一步發現聯合行為的有用線索，但是與維持轉售價格本身的限制競爭效果評估之間畢竟較不具關連性，並不適合一併列入此處之主要衡量要素。

(二) 合理原則第三階段：正當理由及其促進競爭效果

合理原則第一階段及第二階段，乃係透過市場力量門檻與直接實體認定之兩階段方式，合力確認系爭行為之限制競爭效果。就維持轉售價格而言，倘如本文第參部分之分析結果與我國現行公平法，對其違法性認定採取推定違法之規範態度，則合理原則前兩階段所確認之限制競爭效果，在此種規範方式下已經直接遭到推定。故若採取推定違法之違法判斷方式，在確認有維持轉售價格行為存在之後，下一步就會直接進入合理原則的第三階段，由行為人舉證證明有正當事由，故有促進競爭效果存在。

綜合學說與公平法施行細則之規定，維持轉售價格一般認為有可能促進競爭（發揮市場功能[55]）之正當事由，大致可以歸納為以下四項：一是避免不同經銷通路之間的搭便車問題[56]。本文第參部分已經說明搭便車實際出現與產生影響的情境，受到不少外在條件限制，比一般想像可適用的頻率及範圍要小得多。二是透過維持轉售價格，保障經銷商享有高於其他品牌的經銷差價（利潤），促使多品牌經銷商投入較多心力促銷推廣本品牌的產品，以解決上游單一品牌製造商與下游多品牌經銷

---

[55] 競爭法上所稱之「促進競爭」（procompetitive），事實上係指可以發揮市場功能，擴大消費者福祉（consumer welfare）的各種經濟作用，*see* Daniel A. Crane, Antitrust 56-57 (2014)。例如：提升資源配置效率（allocative efficiency），或是透過創新研發，提升動態效率（dynamic efficiency）等，均屬之。

[56] 構成公平法施行細則第25條第1款（鼓勵下游事業提升售前服務之效率或品質）與第2款（防免搭便車之效果）。

商對於行銷個別品牌產品彼此誘因不一致的問題[57]。三是以較高的終端零售價格，向消費者保證產品品質（quality certification），或是藉此塑造尊榮、高貴、奢華等品牌形象[58]。四是增強品牌間競爭[59]。

　　具備上述正當事由，並不一定足以促進市場競爭。Leegin 案判決指

---

[57] 王俊雯、王立達，前揭註15，頁116-121；黃銘傑，前揭註45，頁264-265。本事由可構成公平法施行細則第25條第1款（鼓勵下游事業提升售前服務之效率或品質）、第3款（提升新事業或品牌參進之效果）及第4款（促進品牌間之競爭），但有可能導致市場勝出的產品乃是製造商讓利給經銷商最多的品牌，而不是價格最低、品質與服務最好，最能提昇消費者福祉、達成效能競爭原則的品牌產品。故此點是否足以作為維持轉售價格阻卻違法之正當事由，容有思考斟酌之餘地。

[58] 可參見黃銘傑，前揭註45，頁262-264。本事由可構成公平法施行細則第25條第1款（鼓勵下游事業提升售前服務之效率或品質）、第3款（提升新事業或品牌參進之效果）及第4款（促進品牌間之競爭）。依照現今消費實況，部分消費者確實有以較高價格「買保險」（確保品質好、不會被騙）的作法，也有以購買高價產品顯示其身分地位或品味的心態。後者導致某些產品價格上揚，銷量反而增加，學理上稱之為Veblen goods；參見黃銘傑（2019），〈限制轉售價格之規範理念與革新之道：以經濟分析及我國法制變革為中心〉，《公平交易季刊》，27卷3期，頁56-58。這都顯示較高價格本身對於消費者而言具有正面經濟效用，消費者願意支付一定溢價購買此種效用。然而競爭法一向強調效能競爭，希望透過市場競爭一再篩選的結果，能夠導引消費者買到價格最低、品質最佳之產品。在此前提下，競爭法可否接受此一正當事由？抑或應當認定「價格」與「產品」係屬二事，不容混淆；前述看法將價格視為產品的一部分，只是為了限制價格競爭，將產品價格拉高的套套邏輯？這個問題涉及深層思辨，不易有適切完整的答案，頗值深思。

[59] 王俊雯、王立達，前揭註15，頁121-123。公平法施行細則第25條第4款雖然明文肯認此一正當事由，但是維持轉售價格如何促進品牌間競爭，並不清楚。在生活經驗中，產品製造商往往在經銷商彼此競爭的狀況下，策劃推動媒體廣告、贈獎方案或其他產品促銷活動。這些品牌或產品推廣只需要經銷商個別與之配合，不需經銷商之間通力合作，價格不一致亦經常可見。似乎除了上述三種正當事由外，約定轉售價格不知對於品牌間競爭有何幫助。此外，維持轉售價格在消除品牌內競爭的同時，也抑制了經銷商透過低價折扣和其他品牌之同類產品相互競爭。若要以之積極促進品牌間競爭，可能更為困難。

出，經濟學上討論維持轉售價格的促進競爭效果，幾乎全都來自於消費者增加購買數量。其理由在於，製造商之所以採行維持轉售價格，心裡打的算盤是在售價上揚、銷量減少的抵換之後，其營業收入或是利潤終會上昇，方才符合其自利動機。是以如果只有營收上升，銷售數量本身沒有增加，只代表系爭行為成功增加其收入，但是無法看出這些正當事由是否真的發揮效用，改善銷售效率，故無法單以正當事由存在乙事，就認定確實具有促進競爭效應[60]。

在此基礎上，New York 州主管競爭法案件的助理檢察總長 Robert Hubbard 進一步提出評估維持轉售價格之競爭效果可以採用的關鍵要素。他引用聯邦最高法院大法官 Stephen Breyer 在 FTC v. Actavis 言詞辯論中所提出的看法[61]，認為合格的評估要素，就系爭行為之正反面競爭效應而言，必須具備相關性、有用性與可證明性（relevant, useful and provable）。秉持此種觀點，他就維持轉售價格提出下列關鍵評估要素[62]，頗具參考價值：

1. 系爭行為是否導致該品牌售價上漲？
2. 系爭行為是否導致該品牌銷售數量增加？
3. 品牌銷售數量上升是否導致全市場銷售數量增加，還是僅提升該品牌的市場占有率？
4. 該品牌增加的銷售數量是否來自於消費者的自由選擇[63]？
5. 系爭行為是否增加消費者可以享受的服務？

---

[60] Leegin Creative Leather Products, Inc. v. PSKS, Inc., 551 U.S. 877, 896 (2007).

[61] Transcript of Oral Argument, FTC v. Actavis, Inc., at 23, lines 6-8, 10-13 (Mar. 25, 2013), *available at* http:// www.supremecourt.gov/oral_arguments/argument_transcripts/12-416-8fe5.pdf.

[62] Hubbard, *supra* note 31 , at 95-97.

[63] 係指該品牌增加的銷售量是否來自於自由競爭，例如：該品牌是否擁有市場力量，或是採取其他限制競爭行為，可以改變消費者的自由選擇。

6. 系爭行為是否以其他方式增強市場上的效能競爭？

評估要素 1. 導因於限制品牌內競爭，基本上應該會成立。在此背景下，該品牌的銷售數量如果有增無減，滿足要素 2.，就代表維持轉售價格使得該品牌銷售更有效率，競爭力變得更強。如果同時具備要素 4.，代表這些增加的銷售數量不是強迫而來，那麼系爭行為促進競爭效果就可以獲得確立。要素 3. 屬於錦上添花的額外促進競爭效應，不一定要具備。要素 4. 和 5. 則僅具輔助印證的功能，用以發現銷售數量增加的原因何在。如果銷售數量沒有增加，單純滿足要素 4. 和 5. 只是掌握了正當事由，但是沒有實際發揮其促進競爭的效用。

從以上關於促進競爭效果的討論可以發現，我國公平法施行細則第 25 條對於維持轉售價格例外合法的正當理由，僅要求審酌該條各款規定的五種正當事由，認定其是否存在，並未要求必須考量該等正當事由在個案中是否確實造成促進競爭之效果，實在有所不足，有需要加以補充修正。

三、促成聯合行為的垂直價格限制：當合理原則遇上當然違法

最後，上游製造商與下游經銷商進行彼此間有關價格的垂直交易限制之際，假若同時促成了上游或下游水平同業之間的價格聯合行為，這些不在水平同業範圍內的垂直上游或下游事業，究竟應該視為水平聯合行為的參與者，適用當然違法原則，還是依照 Leegin 案的判決精神適用合理原則，並且只單純承擔垂直交易限制的法律責任？

針對此一問題，美國判決實務已經出現不同見解。在 Mack Trucks 乙案中，Mack Trucks 授權的卡車經銷商彼此約定不進行價格競爭。Mack Trucks 了解此一情形，並且和經銷商約定對於經銷商在本身責任區以外銷售的卡車不給予價格折扣。此種行為同時構成銷售地域限制與價格差別待遇，對於經銷商之間的水平競爭具有抑制效果，有助於維持

經銷商間價格聯合行為不因彼此競爭而破局。雖然如此，第三巡迴上訴訟法院審理本案時，將經銷商間之水平聯合行為與 Mack Trucks 對經銷商的銷售地域限制區分為兩個不同違法行為，對於前者適用當然違法原則，對於後者則以合理原則評估其違法性[64]。

相反地，第二巡迴上訴法院在 Apple 電子書案件中，認定 Apple 精心策劃五大出版商有關電子書在 Amazon、iBookstore 等線上銷售平台的價格聯合行為，並且與出版商進行有關電子書價格的垂直交易約定來與之搭配。出版商與 Apple 雙方彼此締結最優惠條款（most-favored-nation clause, MFN），出版商承諾在 iBookstore 銷售的電子書定價，不得高於在 Amazon 等其他電子書通路的銷售定價。法院認為 Apple 事實上已經參與出版商之間的水平價格聯合行為，本案各種涉案行為應就其整體認定為價格聯合行為，以當然違法原則加以論處[65]。

雖有論者批評 Apple 電子書乙案的處理方式，認為法院以出版商的水平聯合行為作為藉口，蓄意繞過 Leegin 案。Apple 與出版商之間約定的最優惠條款，雖然是有關價格的垂直交易限制，卻未採用合理原則判斷其違法性，見解過於嚴格，對於往後的垂直價格約定恐將造成不利的寒蟬效應（chilling effect）[66]。不過也有論者認知到 Mack Trucks 與 Apple 兩案案情有其差異存在，採取不同的違法判斷方式似乎有其道理，值得支持[67]。

---

[64] Toledo Mack Sales & Service, Inc. v. Mack Trucks, Inc., 530 F.3d 204 (3d Cir. 2008).

[65] United States v. Apple, Inc., 791 F.3d 290 (2nd Cir. 2015). 有關本案的國內討論文獻，可見楊智傑（2015），〈最優惠條款與競爭法之案例研究〉，《公平交易季刊》，23卷3期，頁56-70。

[66] Stephen J. Marietta, Note, *An Apple a Day Doesn't Keep Doctor Miles Away: The Second Circuit's Misuse of the Per Se Rule in* United States v. Apple, 69 Rutgers U.L. Rev. 325, 382-83 (2016).

[67] James Mulcahy & Filemon Carrillo, Leegin, *Ten Years Later: Did Vertical Agreements Remain Unlawful Per Se Where Adopted to Facilitate a Price-Fixing Horizontal*

事實上倘若對於上述兩案進一步深入觀察，可以發現 Apple 電子書案的垂直價格約定，可以使得個別出版商在 iBookstore 與 Amazon 這兩大主要銷路通路的電子書價格歸於一致，如此方能達成出版商之間希望透過水平聯合行為，全面拉抬電子書市場價格之目的。系爭垂直約定乃是完成該水平聯合不可或缺的重要部分。此外，Apple 乃是本案居中奔走策劃的主要發動者，法院對於本案的處理方式也符合美國以往對於此種第三人居中促成的軸輻式（hub-and-spoke）聯合行為，依第三人行為目的決定是否以聯合行為論處的處理方式[68]。而就 Mack Trucks 案而言，其對經銷商所施加的垂直地域限制，與經銷商聯合行為的關聯性不如Apple 案如此之深。這部分並不在經銷商原本進行聯合行為之規劃範圍內，Mack Trucks 也有可能只是出於進一步降低經銷商之間價格競爭的考量，不易證明其行為目的即係促成經銷商之價格聯合行為。

再者，Apple 案已經嚴重損害不同出版商之間的品牌間競爭，與Mack Trucks 案僅涉及同一品牌內的經銷商競爭，兩者對於市場競爭的影響層面及範圍上明顯有所不同，若在競爭法適用結果上出現差異，相對而言應該也算適當。雖然不免仍有爭論空間，不過上述見解能夠歸納出可資區別及遵循的抽象標準，應該值得採納與肯定。

Scheme?, Franchise L.J., Summer 2018, at 119, 134-36. Wan Cha, Note, *A New Post-Leegin Dilemma: Reconciliation of the Third Circuit's* Toledo Mack *Case and the Second Circuit's* Apple E-Books *Case*, 67 Rutgers U. L. Rev. 1547 (2015).

[68] Mulcahy & Carrillo, *supra* note 67, at 134.

 **參考文獻**

一、中文部分

王立達（2018），〈我國聯合行為規範現況之結構反省與革新：事前許可制、積極分流與事後查處制〉，《台大法學論叢》，47卷3期，頁1175-1219。

王俊雯、王立達（2012），〈平議維持轉售價格對市場競爭之影響與違法判斷標準：從美國Leegin案談起〉，《月旦財經法學》，31期，頁101-128。

林建煌（2002），《行銷管理》，2版，台北：華泰。

黃銘傑（2002），〈維持轉售價格規範之再檢討〉，氏著，《公平交易法之理論與實際：不同意見書》，頁243-280，台北：學林。

黃銘傑（2019），〈限制轉售價格之規範理念與革新之道：以經濟分析及我國法制變革為中心〉，《公平交易季刊》，27卷3期，頁41-83。

楊智傑（2015），〈最優惠條款與競爭法之案例研究〉，《公平交易季刊》，23卷3期，頁47-91。

二、外文部分

Baker, J. B. (2008). Market Definition. In ABA Section of Antitrust Law (Ed.), *Issues Competition Law and Policy* (pp. 315-352), Chicago, IL: ABA Book Publishing.

Bork, R. H. (1966). The Rule of Reason and the Per Se Concept: Price Fixing and Market Division--Part II. *The Yale Law Journal, 75*, 373-475.

Bork, R. H. (1978). *The Antitrust Paradox: A Policy at War with Itself.* New York, NY: Basic Books.

Cha, W. (2015). A New Post-Leegin Dilemma: Reconciliation of the Third Circuit's Toledo Mack Case and the Second Circuit's Apple E-Books Case. *Rutgers University Law Review, 67*, 1547-1589.

Cheng, T. K. (2017). A Consumer Behavioral Approach to Resale Price Maintenance. *Virginia Law and Business Review, 12*, 1-92.

Crane, D. A. (2014). *Antitrust.* New York, NY: Wolters Kluwer.

Daniels, J. S. (2016). Don't Discount Resale Price Maintenance: The Need for FTC Guidance on the Rule of Reason for RPM Agreements. *George Washington Law Review, 84*, 182-217.

Foote, J. R. & Reddick, E. N. (2013). Resale Price Maintenance After Leegin: Defense Perspective. *Competition the Journal of the Antitrust and Unfair Competition Law Section of the State Bar of California, 22*(2), 95-104.

Hubbard, R. L. (2014). Applying the Rule of Reason to Resale Price Restraints: A Fresh Perspective. *Antitrust, 29*(1), 95-98.

Klein, B. (2014). The Evolving Law and Economics of Resale Price Maintenance. *Journal of Law and Economics, 57*, S161-S179.

Lindsay, M. A. (2007). Resale Price Maintenance and the World After Leegin. *Antitrust Source, 22*(1), 32-40.

Lindsay, M. A. (2014). Repatching the Quilt: An Update on State RPM Laws. *Antitrust Source, 13*(3), 1-6.

Lindsay, M. A. (2017). Contact Lenses and Contact Sports: An Update on State RPM Laws. *Antitrust Source, 16*(5), 1-11.

Lindsay, M. A. (2017). Overview of State RPM. *Antitrust Source, 16*(5), i-xvi. Retrieved from https://www.americanbar.org/content/dam/ aba/publishing/antitrust_source/lindsay_ chart.pdf

Marietta, S. J. (2016). An Apple a Day Doesn't Keep Doctor Miles Away: The Second Circuit's Misuse of the Per Se Rule in United States v. Apple. *Rutgers University Law Review, 69*, 325-383.

Morfey, A. & Amandine, G. (2018). Resale Price Maintenance and Artificial Intelligence: A First Glimpse into Growing Challenges for EU Competition Law. Retrieved from https:// www.hausfeld.com/news- press/resale-price-maintenance-and-artificial-intelligence-a-first-glimpse-into-growing-challenges-for-eu-competition-law

Mulcahy J., & Carrillo, F. (2018). Leegin, Ten Years Later: Did Vertical Agreements Remain Unlawful Per Se Where Adopted to Facilitate a Price-Fixing Horizontal Scheme ?

Franchise Law Journal, 119-140.

Overstreet, T. R., Jr. (1983), *Resale Price Maintenance: Economic Theories and Empirical Evidence*. Retrieved from https://www.ftc.gov/sites/default/files/documents/reports/resale-price-maintenance-economic-theories-and-empirical-evidence/233105.pdf

Posner, R. A. (2001). *Antitrust Law (2nd ed.)*. Chicago, IL: University of Chicago Press.

Powell, M. L. (2017). A Primer on Resale Price Maintenance. *Michigan Bar Journal, 96*(Aug.), 20-22.

Wheeler, T. C. (2017). Embracing the Inevitable: Rethinking and Reshaping Antitrust Law re: Vertical Restraints. *Mississippi College Law Review, 35*, 472-494.

第五章

我國金融消費保護制度與評議個案分析

卓俊雄[*]

*卓俊雄，財團法人金融消費評議中心主任評議委員兼總經理，東海大學法律學系專任教
授，東海大學法學博士，E-mail: chcho@thu.edu.tw

摘　要

　　2011 年金融消費者保護法公布施行，並於 2012 年 1 月 2 日金融消費評議中心依據前開規範正式運作，為我國專責處理金融消費爭議機構。本文首先介紹評議中心設立背景以及相關評議機制，再就評議中心受理申訴以及評議案件數增減為說明，期待能讓讀者了解該中心運作方式與績效。最後，本文提出一件評議案件進行評析，讓各界了解評議委員會就特殊個案評議結果對未來類似個案所可能產生效應。期待本文之提出可讓金融消費者了解其權益及促使金融服務業者重新檢視金融消費爭議，希冀藉由評議制度之訴訟外紛爭解決機制，以期達成維護金融消費者權益、增進金融消費者對市場之信心及促進金融市場健全發展之終極目標。

關鍵詞：金融消費者保護法，評議制度，金融消費，評議中心。

壹、前言

按我國於金融消費者保護法制定前，金融消費者如遇有金融消費爭議，僅得藉由各金融業所屬公會、主管機關及相關專業單位協助解決紛爭，欠缺統一之金融消費紛爭解決機制，易使金融消費者無所適從，基此，為解決前開疑慮及維護金融消費者權益，遂於 2011 年制定專法保障金融消費者權益[1]並於 2012 年 1 月設立專責金融消費爭議處理機構，本文以下分別從金融消費者保護法立法背景及金融消費爭議評議制度介紹，並輔以評議個案評析方式，以強化說明我國現行金融消費者保護機制。

貳、我國金融消費保護制度之介紹

一、金融消費者保護法之立法背景

於 2007 年美國發生次級房貸風暴，促使國際金融危機發生，波及各國金融機構，並造成如雷曼兄弟公司之連動債發行商破產，進而使連動債投資人承受嚴重虧損。對此，我國投資人亦因投資連動債相關商品，蒙受重大損害，進而引起社會各界關注。

當時我國尚無適切維護金融消費者權益之相關規範，且就消費者保護法而言，如係純屬投資型之金融商品，普遍認為應無消費者保護法之適用。於 2010 年立法院第七屆第五會期第七及十三次會議中，臨時提案決議主管機關儘速研議修正金融服務法及消費者保護法規範，將金融商品明確納入消保範圍，同時建構常態性的金融消費爭議處理機制，以

---

[1] 金融消費保護法，於中華民國100年6月29日，華總一義字第10000133861號令制訂公布。

有效維護金融消費者權益及穩定金融體系之健全發展[2]。

　　依行政院 2004 年 11 月 15 日院台經字第 0930051134 號函核定之金融服務業發展綱領及行動方案中，預計於 2006 年完成金融服務業法研議，以整合相關金融服務法令規章及制度。惟因通盤整併相關金融服務規範，於立法技術方面有其困難性，為避免立法時程延滯，改採階段性及漸進式之立法方式，僅就具共通性而管理不一致事項進行整合，採取功能性規範並保留各業法，遂爰改為「金融服務法」草案計五章共 46 條，並於 2009 年提案送立法院審議[3]，惟前開草案當時尚無金融消費爭議處理機制之相關規範。

　　嗣後前開金融服務法草案幾經修正，惟考量維護金融消費者權益之立法時效性[4]，行政院金融監督管理委員會（以下簡稱金管會）遂將金融服務法草案中之金融消費爭議處理機制抽離，並加入金融消費實務上較常發生爭議之廣告招攬、適合度及說明契約重要內容與揭露風險等金融消費者保護事項，提出「金融消費者保護法」草案[5]。前開金融消費者保護法於 2011 年 6 月 3 日立法院三讀通過，2011 年 6 月 29 日總統華總一義字第 10000133861 號令制定公布，同年 7 月 26 日行政院院台財字

---

[2] 參立法院議事及發言系統，網址：https://lis.ly.gov.tw/lylgmeetc/lgmeetkm?.fba9079A0050401000000000A0000D00000000-^03993c666e4063c61737d6262272656eb25dc2f666e4e376f33533776336276f3321^02000000000E900b0f9（最後瀏覽日：02/16/2019）。

[3] 參立法院議事及發言系統，網址：https://lis.ly.gov.tw/lylgmeetc/lgmeetkm?.fb0a0700704010000100A0000000000^0010000000000000AE99004079（最後瀏覽日：02/06/2019）。

[4] 參金融監督管理委員會網站，金融監督管理委員會99年度施政計畫（核定版），網址：https://www.fsc.gov.tw/ch/home.jsp?id=161&parentpath=0,7&mcustomize=（最後瀏覽日：02/16/2019）。

[5] 參財團法人金融消費評議中心，〈淺談金融消費者保護法之爭議處理機制：金融消費評議中心〉，《證券暨期貨月刊》，30卷3期，頁47。

第 1000038515 號令發布定自同年 12 月 30 日施行。自此我國始就金融消費者保護有專法規範及常態性的金融消費爭議處理機制。

二、金融消費爭議評議制度成立前的紛爭解決方式

我國金融消費爭議處理機制於金融消費者保護法制定前，主要係由金融業所屬各公會、主管機關及相關專業單位協助解決紛爭，本文簡要說明如下：

中華民國銀行商業同業公會全國 合會於 2006 年制定「中華民國銀行公會金融消費爭議案件評議委員會組織及評議程序」並成立金融消費爭議案件評議委員會，依前開銀行公會評議委員會決議結果對於受訴銀行具有一定拘束力，但對申訴人不具拘束力，如申訴人不服仍得另循法律途徑解決[6]。中華民國信託業商業同業公會則由審查輔導組負責執行紛爭調處及客戶申訴等事項。

另保險業則係依其爭議類型不同，分別由金管會保險局及財團法人保險事業發展中心分別協助處理，前者，主要係負責消費者與保險公司之非理賠性爭議，協調保險公司處理；後者，則係負責處理有關保險契約所生之理賠爭議。

最後，有關證券期貨業部分，中華民國證券商業同業公會訂有「中華民國證券商業同業公會有價證券交易紛爭調處辦法」負責協助調處有價證券申購及交易等所生爭議；中華民國證券投資信託暨顧問商業同業公會則訂有「中華民國證券投資信託暨顧問商業同業公會全權委託紛爭調解處理辦法」、「中華民國證券投資信託暨顧問商業同業公會受理營業紛爭調處辦法」分別負責協助調處全權委託投資業務爭議及前開全權委託投資業務以外因證券投資信託或證券投資顧問業務所發生之紛爭；

---

6 參林繼恆（2012），《金融消費者保護法之理論與實務》，初版，頁33，台北：新學林。

中華民國期貨業商業同業公會則由其下行政管理組協助處理期貨交易糾紛調處。以及財團法人證券投資人及期貨交易人保護中心依證券投資人及期貨交易人保護法第 22 條規定設有調處委員會，負責處理證券投資人或期貨交易人的民事爭議事件調處事宜，及依同法第 28 條規定，就有關對於造成多數證券投資人或期貨交易人受損害之同一原因所引起之證券、期貨事件，得受證券投資人或期貨交易人委託提起團體訴訟及仲裁。

三、金融消費爭議評議制度與流程

(一) 爭議處理機構之設立依據

　　按金融消費者保護法第 13 條第 1 項規定：「為公平合理、迅速有效處理金融消費爭議，以保護金融消費者權益，應依本法設立爭議處理機構。」可知，主管機關為達成金融消費者保護法委託，以公平合理、迅速有效處理金融消費爭議，以維護金融消費者權益，應設立金融消費爭議處理機構。

　　隨著科技進步知識普及，社會大眾購買金融服務業所提供之金融商品及服務，日漸頻繁。然隨著金融商品及服務形態日趨複雜專業，倘若發生金融消費爭議時，爭議類型涉及金融、法律等專業知識，具高度專業性，惟金融消費者無論係於資訊取得、專業程度及經濟等，恐難與金融服務業立於平等地位，若循司法途徑解決金融消費爭議者，除恐曠日廢時外，金融消費者所消耗之成本往往不符其經濟效益，機此，除於原有司法途徑外，應另行提供金融消費者一具金融專業且能公平合理、迅速有效處理相關爭議之紛爭解決機制。

　　於財團法人金融消費評議中心設立前，金融消費者倘若有金融消費爭議者，除得透過司法途徑外，尚得透過金融業所屬各公會、主管機關及相關專業單位協助解決紛爭，惟缺乏單一專責機構，且無相關法源依

據，對雙方往往欠缺相應拘束力，基此，應有制定專法規範及設立單一專責機構協助處理金融商品及服務所生之民事爭議之必要。

基此，為維護金融消費者之權益，以公平合理、有效迅速解決金融消費爭議，增進金融消費者對於金融市場之信心，以及金融市場秩序之健全發展，爰參酌英國依「金融服務與市場法」（The Financial Services and Markets Act 2000，簡稱 FSMA）及「消費者信用法」（The Consumer Credit Act 2006，簡稱 CCA）之授權設立英國金融公評人服務機構（Financial Ombudsman Service Limited，簡稱 FOS）之獨立非官方金融爭議處理機構，及新加坡金融管理局（Monetary Authority of Singapore，簡稱 MAS）推動成立新加坡金融業糾紛調解中心（Financial Industry Disputes Resolution Centre Ltd.，簡稱 FIDReC）之獨立非官方金融爭議處理機構等國際立法例，以及我國依證券投資人及期貨交易人保護法第 8 條規定所設立之「證券及期貨交易保護中心」之立法例，制定金融消費者保護法第 13 條第 1 項規範，應設立金融消費爭議處理機構，以維護金融消費者之權益，以公平合理、有效迅速解決金融消費爭議。對此，主管機關遂前開規範依法捐助設立財團法人金融消費評議中心（以下簡稱評議中心），並於 2012 年 1 月 2 日正式成立運作，金融消費者保護邁向新紀元，期待藉由評議中心的成立，大幅減少金融消費爭議。

(二) 評議委員會

按金融消費者保護法第 17 條規定：「爭議處理機構為處理評議事件，設評議委員會，置評議委員九人至二十五人，必要時得予增加，其中一人為主任委員，均由董事會遴選具備相關專業學養或實務經驗之學者、專家、公正人士，報請主管機關核定後聘任。（第一項）評議委員任期為三年，期滿得續聘。主任委員應為專任，其餘評議委員得為兼任。（第二項）評議委員均應獨立公正行使職權。（第三項）」另參酌

前開條文立法理由可知，當時係參酌中華民國銀行公會金融消費爭議案件評議委員會組織及評議程序規則第1條第1項規範，遂於金融消費者保護法第17條第1項規定爭議處理機構設評議委員會、評議委員之人數及產生方式。另考量評議委員會主任委員須負責指定個案預審委員、召開評議委員會議及綜理整體評議事件處理情形，職務較其他評議委員繁重，爰明定主任委員應爲專任，其餘評議委員得爲兼任。且參考英國FSMA第225條第1項規定，金融公評人機制係由獨立公正之公評人解決金融爭議事件，爰規範評議委員均應獨立公正行使職權。基此，爭議處理機構爲處理評議事件，應設評議委員會，得置評議委員9人至25人，必要時得予增加，且其中1人爲主任委員，均由董事會遴選具備相關專業學養或實務經驗之學者、專家、公正人士，報請主管機關核定後聘任。

另按同法第18條第1項規定：「評議委員會爲處理評議事件，得依委員專業領域及事件性質分組。」及參酌該條立法理由，主要係參考中華民國銀行公會金融消費爭議案件評議委員會組織及評議程序規則第1條第1項及中華民國銀行公會處理連動債商品銷售過程爭議案件審查作業準則第2條第2項規定，爰規定評議委員會得分組處理評議事件。

最後，評議委員會之評議委員應具備之資格條件、聘任、解任、薪酬及其他應遵行事項，依金融消費者保護法第18條第2項規定立法理由所述，參酌證券投資人及期貨交易人保護法第22條第2項規定，爰明文規範授權主管機關定之。又金融監督管理委員會遂依前開規範授權制定「金融消費爭議處理機構評議委員資格條件聘任解任及評議程序辦法」，以規範評議委員會之評議委員之資格條件等事項[7]。

---

7 金融消費爭議處理機構評議委員資格條件聘任解任及評議程序辦法第2條規定：「金融消費爭議處理機構（以下簡稱爭議處理機構）設評議委員會，置評議委員九人至二十五人，必要時得予增加。評議委員應由爭議處理機構董事會遴選具

(三) 金融消費者保護法爭議處理程序

1. 申訴程序

按金融消費者保護法第 13 條規定，金融消費者如遇有金融消費爭議，應先向金融服務業提出申訴，始得爭議處理機構提起評議，對此，主要係參考英國 FOS 規定金融消費者於申請 FOS 公評人處理前，應先向金融服務業提出申訴規定而來，亦提供金融服務業再次進行自我評估，以利解決金融消費爭議。

此外，金融消費者原則上應向金融服務業提出申訴，惟如金融消費者向爭議處理機構提起申訴者，亦得由爭議處理機構之金融消費者服務部門協助將該申訴移交金融服務業處理。金融服務業應於收受申訴之日起 30 日內為適當之處理，並將處理結果回覆金融消費者，金融消費者不接受處理結果者或金融服務業逾上述期限不為處理者，金融消費者得於收受處理結果或期限屆滿之日起 60 日內，向爭議處理機構申請評

備相關專業學養或實務經驗之學者、專家、公正人士，報請主管機關核定後聘任之。評議委員應具備下列資格條件之一：一、曾任教育部認可之國內外大專院校法律、金融、保險等相關系所助理教授以上職務五年以上者。二、曾任金融服務業及金融相關周邊機構業務主管職務合計十年以上者。三、曾在各級政府消費者保護、法制、訴願或金融監理單位任職合計十年以上者。四、曾任法官、檢察官或曾執行律師、會計師業務合計十年以上者。五、曾任國內外仲裁機構仲裁人十年以上並有金融服務業仲裁經驗者。」、第3條規定：「評議委員之任期三年，期滿得續聘。主任委員應為專任，其餘評議委員得為兼任。評議委員出缺，得補聘其缺額，補聘委員之任期至原委員任期屆滿之日為止。」、第4條規定：「有下列情事之一者，不得充任評議委員；其已充任者，由董事會解任之：一、有公司法第三十條所定情事之一。二、任公務員而受免除職務、撤職、剝奪退休（職、伍）金或休職之處分。三、任律師而受律師法處以停止執行職務或除名之懲戒處分。四、任會計師而受證券交易法處以停止或撤銷簽證工作之處分。五、任會計師而受會計師法處以停止執行業務或除名之處分。六、因違反金融法規，經主管機關命令撤換或解任，尚未逾五年。七、有事實證明曾從事或涉及不誠信或不正當之活動。」。

議。又若金融消費者未先踐行前開申訴程序，逕向爭議處理機構申請評議者，爭議處理機構得依金融消費者保護法第24條規定為不受理[8]。

2. 試行調處

依英國 FOS 統計資料，其所受理之案件，多數於評議前之客戶服務部門及初階裁判人階段即獲得解決；另參酌我國銀行公會受理之申訴案件，亦多於評議前即成立和解，基此，我國金融消費者保護法第23條第2項規定，金融消費者申請評議後，爭議處理機構得協助雙方試行調處，惟調處係屬雙方當事人合意選擇採用之任意性程序，當事人任一方不同意調處或經調處不成立者，爭議處理機構即應續行評議。且調處程序本質著眼於當事人的私法自治，自主的解決紛爭，因此，調處程序、調處方案等，皆須取得雙方同意，以作為程序正當化之依據及擔保。

最後，調處成立者應作成調處書；調處書之作成、送達、核可及效力，準用同法第28條及第30條規定，詳如本文後有關評議書送請法院核可及法院核可之效力所述。

3. 評議申請程式及不受理事由

依金融消費者保護法第24條第1項及金融消費爭議處理機構評議委員資格條件聘任解任及評議程序辦法第13條規定，參酌銀行公會評議規則第9條規定，明定金融消費者應填具申請書，以書面申請評議，

---

[8] 金融消費者保護法第24條規定：「金融消費者申請評議，應填具申請書，載明當事人名稱及基本資料、請求標的、事實、理由、相關文件或資料及申訴未獲妥適處理之情形。金融消費者申請評議有下列各款情形之一者，爭議處理機構應決定不受理，並以書面通知金融消費者及金融服務業。但其情形可以補正者，爭議處理機構應通知金融消費者於合理期限內補正：……三、未先向金融服務業申訴。四、向金融服務業提出申訴後，金融服務業處理申訴中尚未逾三十日。五、申請已逾法定期限。……」。

並載明當事人名稱及基本資料、請求標的、事實、理由、相關文件或資料及申訴未獲妥適處理之情形。

又對於申請評議之案件，爭議處理機構應先為程序審查，如無金融消費者保護法第 24 條第 2 項及金融消費爭議處理機構評議委員資格條件聘任解任及評議程序辦法第 15 條規定所定應不受理評議之情形者，始得為實體上之審查。

依前開規範所定應不受理評議之情形，即金融消費者申請評議有下列各款情形之一者，爭議處理機構應為不受理，但其情形可以補正者，爭議處理機構應通知金融消費者於合理期限內補正：(1) 申請不合程式；(2) 非屬金融消費爭議；(3) 未先向金融服務業申訴；(4) 向金融服務業提出申訴後，金融服務業處理申訴中尚未逾 30 日；(5) 申請已逾法定期限；(6) 當事人不適格；(7) 曾依本法申請評議而不成立；(8) 申請評議事件已經法院判決確定，或已成立調處、評議、和解、調解或仲裁；(9) 申請評議事件純屬債務協商、投資表現、信用評等或定價政策之範圍者。

前開所稱「定價政策」，係指利率、費率、手續費、承銷價、貸放成數及鑑價；其屬衍生性金融商品或認購（售）權證者，該商品之定價政策包括定價模型及定價依據；其屬保險商品者，指保險商品之費率釐定政策，包括預定利率及商品價格等。

4. 評議程序之審理方式

依金融消費者保護法第 26 條第 1 項規定，參酌我國行政院與各級行政機關訴願審議委員會審議規則第 8 條及英國 FOS 採書面審理原則之規定，我國評議程序亦以書面審理為原則。依金融消費爭議處理機構評議委員資格條件聘任解任及評議程序辦法第 14 條第 4 項規定，爭議處理機構受理申請評議案件後，應以書面通知金融服務業，金融服務業應於 10 個工作日內以書面向爭議處理機構陳述意見，並副知申請人。

申請人於收受前開金融服務業陳述意見書後 10 個工作日內，得以書面向爭議處理機構提出補充理由書。

　　惟依金融消費者保護法第 26 條規定第 2、3 項規定，如評議委員會認爲有必要者，得通知當事人或利害關係人至指定處所陳述意見；抑或，當事人請求到場陳述意見者，評議委員會認有正當理由者，應給予其到場陳述意見之機會，並應於陳述意見期日 7 日前寄發通知書予當事人或利害關係人。

5. 評議案件審查及評議委員會評議

　　按金融消費者保護法第 25 條第 1 項規定預審委員先行審查制度，主要係參酌銀行公會連動債爭議審查準則第 2 條第 2 項規定，即評議事件先由評議委員會主任委員指派評議委員 3 人以上爲預審委員先行審查，並研提審查意見報告。另按金融消費爭議處理機構評議委員資格條件聘任解任及評議程序辦法第 16 條規定，評議委員會主任委員得依評議委員專業領域及爭議事件性質，指派預審委員先行審核。

　　前開預審委員先行審查制度目的應在於提升評議品質及評議效率，即評議委員會應由主任委員指派評議委員 3 人以上爲預審委員，就評議事件先行審查，並作成審查意見報告，以利加速評議程序之進行及審速效率，儘速維護金融消費者權益。

　　次按金融消費者保護法第 27 條第 1 項及金融消費爭議處理機構評議委員資格條件聘任解任及評議程序辦法第 16 條第 3 項規定，評議事件應經由全體預審委員三分之二以上之同意，作成審查意見報告，始得提送評議委員會評議。

　　再按金融消費者保護法第 27 條第 2 項及金融消費爭議處理機構評議委員資格條件聘任解任及評議程序辦法第 17 條規定，評議委員會由主任委員視申請評議案件需要召集會議；如主任委員不克出席會議時，由出席評議委員互推 1 人代理；評議委員會由全體評議委員二分之一以

上之出席，出席委員二分之一以上之同意，作成評議決定；主席不參與表決，惟於議案表決同數時，得加入表決。

末按金融消費者保護法第 27 條第 2 項規定，評議委員會應公平合理審酌評議事件之一切情狀，作成評議決定，參其立法理由主要係考量評議程序非屬訴訟程序，原則上並不適用民事訴訟法有關言詞及直接審理之規範，及參考英國 FSMA 第 228 條第 2 項、附錄第 17 及 FOS 章程規定，允許公評人可公平合理審酌事件之一切情狀後爲評議決定等，爰明文規定爭議處理機構評議委員會應公平合理考量評議事件之一切情狀，作成評議決定。

6. 委請諮詢顧問提供專業意見

依 100 年 12 月金融消費爭議處理機構評議委員資格條件聘任解任及評議程序辦法第 16 條規定，當時參考銀行公會處理連動債商品銷售過程爭議案件審查作業準則第 22 條規定，明定預審委員認爲案件事實、爭點或相關細節有釐清必要者，得經全體預審委員三分之二以上之同意後，委請諮詢顧問提供專業意見，以釐清評議事件相關爭點。

惟考量爭議處理機構業務之實際需求及有效縮短評議案件處理時程，爰於 106 年修正前開規範第四項規定，除原規定情形外，新增爭議處理機構於評議委員會主任委員指派預審委員審查前，對於評議案件涉及醫事、交通事故、核保、精算或其他金融實務事項，有先行整理案情之必要時，爭議處理機構得先行委請諮詢顧問提供專業意見，以利預審委員之審查；以及爭議處理機構爲評議案件處理之一致性，於必要時亦得先委請諮詢顧問研議通案法令爭議或建立通案處理原則，以提升評議決定品質。

7. 一定額度及評議之成立

按金融消費者保護法第 29 條第 1 項規定：「當事人應於評議書所載期限內，以書面通知爭議處理機構，表明接受或拒絕評議決定之意

思。評議經當事人雙方接受而成立。」可知，評議案件經雙方當事人同意接受始成立。參其立法理由主要係因依司法院釋字第 591 號解釋意旨，人民既為私法上之權利主體，於程序上亦應居於主體地位，俾其享有程序處分權及程序選擇權，於無礙公益之一定範圍內，得以合意選擇循訴訟或其他法定之非訴訟程序處理爭議。仲裁係人民依法律之規定，本於契約自由原則，以當事人合意選擇依訴訟外之途徑處理爭議之制度，兼有程序法與實體法之雙重效力，具私法紛爭自主解決之特性，為憲法之所許。依金融消費者保護法所設立之訴訟外爭議處理機制，亦應保障金融消費者及金融服務業合意使用金融消費者保護法爭議處理機制與處理結果之程序選擇權及程序處分權。是以，基於考量雙方程序處分權及程序選擇權之權益，爭議處理機構評議結果仍須經當事人雙方接受始成立。

次按金融消費者保護法第 29 條第 2 項之立法理由所述，本法立法之目的，即係以迅速有效之方法，處理金融消費爭議，故就金額較大之爭議時，不宜由此較為簡便處理之方法解決雙方私權爭議，爰參考英國 FSMA 第 229 條第 4 項至第 6 項、第 9 項、附錄第 17 及 FIDReC 業務規則第 28、29 條，均有評議給付金額之上限規定，英國 FSMA 明定未超過上限之評議決定一經金融消費者接受，金融服務業即受拘束並得以強制令執行之，超過此上限之評議決定則僅具建議性質，FSMA 並授權於 FSA Handbook 訂定該金額上限。基此，爰於前開規範明定金融服務業應於事前以書面同意或於其商品、服務契約或其他文件中表明願意適用本法之爭議處理程序者，就評議委員會所作其應向金融消費者給付每一筆金額或財產價值在一定額度以下之評議決定，應予接受；評議決定超過該一定額度者，而金融消費者表明願意縮減該金額或財產價值至前開一定額度以內者，亦同。

末按，金融消費者保護法第 29 條第 3 項規定，為求前開一定額度適用明確並保持彈性，援授權爭議處理機構擬訂該一定額度報主管機關

核定後公告之。依金融監督管理委員會民國 104 年 12 月 9 日金管法字第 10400555310 號號函，現行一定額度分別為：

(1) 銀行業及證券期貨業所提供投資型金融商品或服務[9]，其一定額度為新台幣 100 萬元：

(2) 銀行業及證券期貨業所提供之非投資型金融商品或服務，其一定額度為新台幣 10 萬元。

(3) 電子票證業所提供之非投資型金融商品或服務，其一定額度為新台幣 10 萬元。

(4) 專營之電子支付機構所提供之非投資型金融商品或服務，其一定額度為新台幣 10 萬元。

(5) 保險業所提供之財產保險給付、人身保險給付（不含多次給付型醫療保險金給付）及投資型保險商品或服務，其一定額度為新台幣 100 萬元。

(6) 保險業所提供多次給付型醫療保險金給付及非屬保險給付爭議類型（不含投資型保險商品或服務），其一定額度為新台幣 10 萬元。

8. 評議書送請法院核可及法院核可之效力

評議委員會作成評議結果後，經雙方當事人接受後，評議始成

---

[9] 信託業辦理特定金錢信託業務或特定有價證券信託業務，受託投資國內外有價證券、短期票券或結構型商品；信託業辦理具運用決定權之金錢信託或有價證券信託，以財務規劃或資產負債配置為目的，受託投資國內外有價證券、短期票券或結構型商品；信託業運用信託財產於黃金或衍生性金融商品；共同信託基金業務；信託資金集合管理運用帳戶業務；銀行與客戶承作之衍生性金融商品及結構型商品業務；黃金及貴金屬業務。但不包括受託買賣集中市場或櫃檯買賣市場交易之黃金業務；受託買賣非集中市場交易且具衍生性商品性質之外國有價證券業務；證券商營業處所經營衍生性金融商品及槓桿交易商經營槓桿保證金契約交易業務；證券投資信託基金及境外基金。但不包括受託買賣集中市場或櫃檯買賣市場交易之證券投資信託基金；期貨信託基金。但不包括受託買賣集中市場或櫃檯買賣市場交易之期貨信託基金；全權委託投資業務；全權委託期貨交易業務。

立。評議成立後，如金融服務業主動依評議書內容履行或將來將依評議書內容履行者，則尚無爭議，惟若金融服務業拒絕或未主動履行評議書內容者，則有賦予評議書拘束雙方效力之必要，以維護評議制度解決紛爭之功能。按金融消費者保護法第 30 條規定，金融消費者得於評議成立之日起 90 日之不變期間內，申請爭議處理機構將評議書送請法院核可。爭議處理機構應於受理前開申請之日起 5 日內，將評議書及卷證送請爭議處理機構事務所所在地之管轄地方法院核可。法院除因評議書內容牴觸法令、違背公共秩序或善良風俗或有其他不能強制執行之原因而未予核可外，法院應予核可。法院核可後，應將經核可之評議書併同評議事件卷證發還爭議處理機構，並將經核可之評議書以正本送達當事人及其代理人；評議書經法院核可後，即與與民事確定判決有同一之效力，並得作為聲請強制執行之執行名義，以及當事人就該事件不得再行起訴或依金融消費者保護法申訴、申請評議，以達評議程序解決紛爭之功能。

參、金融消費爭議評議制度績效與評議個案分析

一、評議制度績效分析

評議個案分析查評議中心官網[10]可知，自 2012 年正式運作，迄 2019 年第 3 季底已受理 35,612 件申訴及 15,939 件評議。〔如表 1. 申訴暨評議案件數統計（季）、圖 5.1 申訴暨評議案件數折線圖〕，爭議案件業別包含保險業、銀行業證券期貨業及電子票證業，其中以保險業為大宗，約占全部爭議案件之百分之八十左右。各業別申訴及申請評議案

---

[10] 資料來源：https://www.foi.org.tw/Article.aspx?Lang=1&Arti=57&Role=1（最後瀏覽日：02/10/2020）。

件統計如下（表 5.2-3、圖 5.2-3）

表 5.1　申訴暨評議案件數統計（季）

件數	101 Q1	101 Q2	101 Q3	101 Q4	102 Q1	102 Q2	102 Q3	102 Q4	103 Q1
申訴	1,346	1,327	1,116	950	1,032	1,010	869	893	812
評議	397	635	769	685	548	596	554	533	515

件數	103 Q2	103 Q3	103 Q4	104 Q1	104 Q2	104 Q3	104 Q4	105 Q1	105 Q2
申訴	1,009	1,045	980	902	999	998	1,135	946	939
評議	466	535	537	475	532	519	509	401	422

件數	105 Q3	105 Q4	106 Q1	106 Q2	106 Q3	106 Q4	107 Q1	107 Q2	107 Q3
申訴	971	1,103	914	969	1,079	1,084	1,089	1,111	1,263
評議	435	464	447	425	457	443	419	456	492

件數	107 Q4	108 Q1	108 Q2	108 Q3	合計
申訴	1,777	1,712	2,073	2,159	35,612
評議	528	493	577	675	15,939

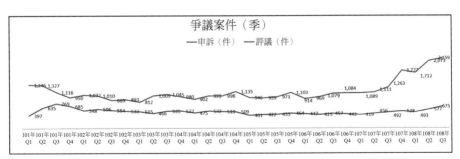

圖 5.1　申訴暨評議案件數折線圖

表 5.2　申訴案件數統計

行業	101 Q1	101 Q2	101 Q3	101 Q4	102 Q1	102 Q2	102 Q3	102 Q4	103 Q1	103 Q2	103 Q3	103 Q4
銀	172	144	98	89	202	125	95	97	87	110	110	116
保	1,157	1,168	997	849	812	870	770	788	717	888	919	856
證期	17	15	21	12	18	15	4	8	8	11	16	8
電子票證	-	-	-	-	-	-	-	-	-	-	-	-
電子支付	-	-	-	-	-	-	-	-	-	-	-	-
小計	1,346	1,327	1,116	950	1,032	1,010	869	893	812	1,009	1,045	980

行業	104 Q1	104 Q2	104 Q3	104 Q4	105 Q1	105 Q2	105 Q3	105 Q4	106 Q1	106 Q2	106 Q3	106 Q4
銀	80	98	114	95	89	88	98	122	65	70	96	90
保	814	897	868	1,028	839	832	862	970	836	885	971	977
證期	8	4	16	12	18	19	11	11	13	14	11	17
電子票證	-	-	-	-	-	-	-	-	-	-	1	-
電子支付	-	-	-	-	-	-	-	-	-	-	-	-
小計	902	999	998	1,135	946	939	971	1,103	914	969	1,079	1,084

行業	107 Q1	107 Q2	107 Q3	107 Q4	108 Q1	108 Q2	108 Q3	合計
銀	77	116	156	289	331	359	400	4,278
保	934	965	1064	1444	1354	1658	1721	30,710
證期	77	30	40	41	23	53	35	606
電子票證	-	-	3	3	4	2	3	16
電子支付	1	-	-	-	-	1	0	2
小計	1,089	1,111	1,263	1,777	1,712	2,073	2,159	35,612

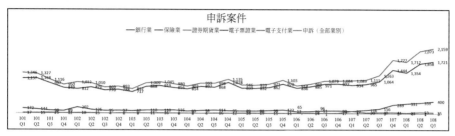

圖 5.2　申訴案件數折線圖（全部業別）

表 5.3　申請評議案件數統計

行業	101 Q1	101 Q2	101 Q3	101 Q4	102 Q1	102 Q2	102 Q3	102 Q4	103 Q1	103 Q2	103 Q3	103 Q4
銀	82	105	82	92	77	60	62	54	60	55	59	53
保	309	522	672	583	465	522	482	476	444	405	473	473
證期	6	8	15	10	6	14	10	3	11	6	3	11
電子票證	-	-	-	-	-	-	-	-	-	-	-	-
小計	397	635	769	685	548	596	554	533	515	466	535	537

行業	104 Q1	104 Q2	104 Q3	104 Q4	105 Q1	105 Q2	105 Q3	105 Q4	106 Q1	106 Q2	106 Q3	106 Q4
銀	52	67	56	60	78	57	71	72	58	67	50	69
保	417	460	450	436	308	354	352	385	381	349	390	363
證期	6	5	13	13	15	11	12	7	8	9	16	11
電子票證	-	-	-	-	-	-	-	-	-	-	1	-
小計	475	532	519	509	401	422	435	464	447	425	457	443

行業	107 Q1	107 Q2	107 Q3	107 Q4	108 Q1	108 Q2	108 Q3	合計
銀	46	75	56	62	63	69	120	2,089
保	351	349	406	449	406	501	542	13,475

證期	22	32	30	17	24	7	12	373
電子票證	-	-	-	-	-	-	1	2
小計	419	456	492	528	493	577	675	15,939

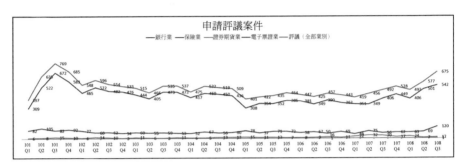

圖 5.3　申請評議案件數折線圖（全部業別）

　　從上開圖表資料可以知道，評議中心設立首年因彙集各界轉介紛爭個案，故當年評議案件高達 2500 餘件，之後逐年遞減。惟，其中比較值得注意的是，自 2018 年第二季開始，評議中心受理申訴以及評議案件數即有增加趨勢，於 2019 年增加案件數更加明顯。在無明顯金融風暴之前提下，申訴與評議案件數之增加可能係該中心知名度已經慢慢打開，以及各界對該中心專責金融消費紛爭處理機構之認同所致。然，申訴以及評議案件處理結果是否能符合各界期待，則需有待時間檢驗。惟，在面臨紛爭件數持續增加之時，評議中心人力與能力之培養是否能負荷迅速增加申訴以及評議案件，恐需主管機關提供必要協助予以支持。

二、評議個案評析：以 107 年評 306 號為例

(一) 個案事實介紹

於 2015 年 11 月 23 日晚間甲騎乘機車於○○市○○區○○路○○段與保險公司 A 所承保強制汽車責任保險之機車發生交通事故，經急診送往醫院，並因受有外傷性腦部損傷併蜘蛛網膜下腔出血、肺挫傷、左側多發性肋骨骨折等傷害。受害人甲於 2015 年 11 月 24 日至同年 12 月 17 日入住加護病房；另於 2015 年 12 月 17 日因呼吸器無法脫離而轉入亞急性呼吸照護中心；最後，於 2016 年 1 月 21 日受害人甲因脫離呼吸器而轉往一般病房觀察後於 2016 年 2 月 4 日辦理出院。

然受害人甲出院返家後，因前開交通事故致左側肢體乏力、言語不清，症狀日復嚴重。因前開病情持續無法改善，受害人遂於 2016 年 2 月 15 日前往醫院復健科住院，並於 2016 年 3 月 2 日出院後轉往養護中心，然於養護中心療養期間，仍不幸於 2016 年 3 月 21 日身故。

於甲不幸身故後，甲之繼承人遂以甲身故前，其體況已符合符合強制汽車責任保險殘廢給付標準表第 2-1 項「中樞神經系統機能遺存極度障害，終身無工作能力，爲維持生命必要之日常生活活動，全須他人扶助，經常須醫療護理及專人周密照護者。」爲由，請求相對人給付第一等級殘廢保險金 200 萬元。惟相對人主張依強制汽車責任保險殘廢給付標準表神經障害等級之審定基本原則，有關神經障害等級認定須以經治療 6 個月以上，再行治療仍不得期待治療效果，始得認定爲由抗辯。

(二) 爭點

被害人甲身故前體況是否符合強制汽車責任保險殘廢給付標準表第 2-1 障害項目：「中樞神經系統機能遺存極度障害，終身無工作能力，爲維持生命必要之日常生活活動，全須他人扶助，經常須醫療護理及專

人周密照護者。」？

(三) 評議書見解

依按強制汽車責任保險給付標準第 3 條規定，受害人因交通事故致身體殘廢且永不能復原，其殘廢程度達給付標準表所定之殘廢等級，即應依其殘廢等級對應之給付標準給付殘廢保險金予請求權人。

本案例經評議中心諮詢專業顧問意見後，主要認定被害人於 2016 年 3 月 2 日出院時，其體況應屬相對穩定且病況不會好轉，應已符合強制汽車責任保險殘廢給付標準表第 2-1 障害項目「中樞神經系統機能遺存極度障害，終身無工作能力，為維持生命必要之日常生活活動，全須他人扶助，經常須醫療護理及專人周密照護者。」殘廢第級 1 之程度。

被害人甲於 2015 年 11 月 23 日發生交通事故至 2016 年 3 月 21 日身故，雖未符合強制汽車責任保險殘廢給付標準表障害項目第 2-1 項次審定基準所訂之 6 個月以上，然前開給付標準表審核基準僅係判斷汽車交通事故受害人體況之輔助標準，惟經評議中心諮詢專家顧問意見可知，被害人身故前之體傷症狀既已固定且永久不能復原，依前揭強制汽車責任保險給付標準第 3 條第 2 項規定，可認被害人甲因汽車交通事故致身體殘廢，且依其體況應已符合強制汽車責任保險殘廢給付標準表第 2-1 障害項目殘廢等級 1 之殘廢程度。

(四) 評析

依 2014 年 10 月 17 日強制汽車責任保險給付標準第 3 條第 2、3 項修正前規定：「本保險所稱殘廢，指受害人因汽車交通事故致身體傷害，經治療後症狀固定，再行治療仍不能期待治療效果，並經合格醫師診斷為永久不能復原之狀態；或經治療一定期間以上尚未痊癒，並經合格醫師診斷為永不能復原之狀態。（第二項）前項所定一定期間以一年

爲原則，但殘廢給付標準表另有規定者，從其規定。（第三項）」可知，強制汽車責任保險所稱殘廢係指受害人因交通事故致身體傷害，經治療後症狀固定，再行治療仍不能期待治療效果，抑或原則上經 1 年治療期間仍未痊癒，經合格醫師診斷爲永不能復原之狀態者。

嗣 2014 年 10 月 17 日前開規定修正後，刪除第二項後段或經治療一定期間及第三項之規定，依其立法理由所述，主要係考量受害人因交通事故所受傷害經治療後，其症狀固定無法復原，依醫學常理及實務經驗，各障害項目達症狀固定所需時間尚有不同，原規定「或經治療一定期間以上尚未痊癒……」及「前項所定一定期間以一年爲原則……」之規定，恐無法符合各障害項目所需，遂予以刪除。至於，就需經一定復原期間始得認定殘廢之障害項目，則分別明定於給付標準表審核基準內。

於現行強制汽車責任保險殘廢給付標準表中，雖針對特定障害項目規範一定復原期間，以利殘廢之認定；惟依現行強制汽車責任保險給付標準第 3 條第 2 項規定，並未有一定復原期間之規範，僅需經治療後症狀固定，再行治療仍不能期待治療效果，並經合格醫師診斷爲永不能復原之狀態者即可，顯然前開殘廢給付標準表就特定障害項目一定治療期間之規範，應僅係作爲輔助障害狀態認定參考之用，如有疑義，仍應回歸強制汽車責任保險給付標準第 3 條第 2 項規定認定。簡言之，縱使受害人於該殘廢給付標準表規範之復原期間內即身故，惟倘若受害人體況於前開期間內已症狀固定，且再行治療仍不能期待治療效果，並經合格醫師診斷爲永不能復原之狀態者，依強制汽車責任保險給付標準第 3 條第 2 項規定，似仍應符合該殘廢狀態，不受殘廢給付標準表所規範復原期間之拘束。

另有關過往司法實務見解中[11]，就 2014 年 10 月 17 日強制汽車責任保險給付標準第 3 條修正前規定，亦曾認爲前開規範第 2 項所稱殘廢爲

---

[11] 參台灣高等法院台中分院105年度保險上易字第11號民事判決。

「經治療後症狀固定，再行治療仍不能期待治療效果，並經合格醫師診斷爲永久不能復原之狀態」，抑或「經治療一定期間以上尚未痊癒，並經合格醫師診斷爲永不能復原之狀態」，符合二者其中之一即可。至於，第3項所規定之1年期間，乃係補充第2項後段之規定，旨在避免認定殘廢時間拖延過長，影響受害人權益所設，並非指凡治療皆須歷經1年後，始得認定殘廢。

綜上，於本案例中，受害人甲雖於強制汽車責任保險殘廢給付標準表所定須經治療6個月以上之復原期間內即身故，惟依評議中心顧問意見可知，受害人體況於身故前即以符合強制汽車責任保險殘廢給付標準表第2-1障害項目，且症狀固定無法復原者，故評議中心認定受害人符合前開障害項目之殘廢，而該給付標準表審核基準僅係判斷汽車交通事故受害人體況之輔助標準，應值贊同。

肆、結論

於2011年12月30日金融消費者保護法施行，另於2012年1月2日評議中心依據前開規範正式營運，專責處理金融消費爭議。評議中心營運迄今已逾8年，透過銀行、保險、證券期貨等方面專業學養或實務經驗的學者、專家及公正人士所組成評議委員會進行評議，時至今日，已累積眾多案例，藉由評議書公開制度，不論金融消費者或金融服務業者，皆得清楚知悉評議中心過往見解，除得擔保評議公正性外，亦可供金融消費者了解其權益及促使金融服務業者重新檢視金融消費爭議，希冀藉由評議制度之訴訟外紛爭解決機制，以期達成維護金融消費者權益、增進金融消費者對市場之信心及促進金融市場健全發展之終極目標。

第六章

德國財務資訊不實法制

陳彥良 [*]

*台北大學法律學院教授

摘　要

　　公開說明書與財報資訊揭露是資本市場之基石，故若有不實，其相關責任則是制度設計之重點，資本市場中為了保護市場秩序及投資人，有一個最重要的原則，也就是所謂公開原則，這也是資本市場法制的重要基石[1]，而公開原則會達成二個效果，其一，使投資人得以有充分資訊而得做出正確之判斷，亦可減少證券詐欺之可能性；其二，公司因其內部財務業務資訊的公開，也有助於公司治理之強化，德國和台灣同為大陸法系，該國之制度自有研究之必要，本文將就德國制度加以述明，並擬作為我國法制之借鏡。

關鍵詞：公開說明書，資訊不實，證券詐欺，初級市場，次級市場。

1　賴英照（2017），簡明版《證券交易法解析》，3版，頁26。

壹、初級市場資訊不實法制（公開說明書不實）

一、前言

公開說明書與財報資訊揭露是資本市場之基石，故若有不實，其相關責任則是制度設計之重點，德國和台灣同為大陸法系，該國之制度自有研究之必要，本文將就德國制度加以述明，並擬作為台灣法制之借鏡。

歐盟為了調和各會員國資本市場法則和強化保護，故於歐洲市場發布一連串的指令，並解決市場准入相關問題，其中監管三大原則包括：資訊的真實性、充分性和及時性，這些單靠市場力量都不足完成，仍然要有政府的介入，但如果各會員國各行其是，歐洲單一市場便只是個虛幻的想像。歐洲理事會早在 1989 年 4 月 17 日就通過了「公開說明書指令」（Prospectus Directive）。此指令旨在協調歐盟各國關於起草、審查和公布證券發行公開說明書的條件方面的規定。公開說明書指令的第 11 條規定了關於不公開上市的公開發行的公開說明書中資訊揭露的最低標準。歐盟成員國必須通過國內立法保證這些最低標準的有效實施。其後在 2001 年 5 月，歐洲委員會向歐洲議會和部長級理事會提交了一份立法提案。這份提案旨在通過一個將原來存在的「公開說明書指令」和「上市指令」結合成一個單一的指令，最後經過一連串的討論終於在 2003 年 7 月通過[2]，2003/71/EC 指令在 2003 年 11 月 4 日得以通過並在 2003 年 12 月 31 日生效。該指令是歐盟關於證券發行資訊揭露的最新指令。根據該指令規定，在 2005 年 6 月 30 日前，各國國內法必須將指令涉及的相關規則轉化為國內法律以保證這一指令的有效實施，其於 2005 年 7 月正式施行。

---

[2] 2003/71/EC，http://eur-lex.europa.eu/legal-content/EN/TXT/?uri=CELEX:32003L0071

該指令主要是在說明書內容上對會員國作整體的協調和統一，爲協助各會員國落實「公開說明書指令」的內容，於 2004 年，依「公開說明書指令」第 24 條的授權，歐盟另制定「公開說明書指令施行規範」（Prospectus Directive Implementing Regulation, PDIR）[3]，而非歐盟國家的公司如果要到歐盟內的證券市場發行證券，也必須遵守這些最低標準。因爲這些最低標準已經轉化爲相關國家的國內法律。歐盟證券市場的立法方面出現了有著重要意義的努力和嘗試。這主要體現在改進和完善了跨國證券發行「單一通行證」體系，即所謂的「歐洲通行證制度」（Europäischer Pass）[4]，便使得於單一會員國之公開說明書通過其監理，該證券便可在全歐洲發行。2003/71/EC 指令在序言部分便述明，原先存在的幾個舊指令僅僅提供了一種部分的複雜的互惠體系，那種體系不可能達成「歐洲通行證制度」。所以，這些舊的指令有必要進行修改、整合成一個新的指令。而其後於 2010/73/EU 指令[5]對 2003/71/EC 指令對公開說明書的格式和內容要求做了部分之修訂。

但公開說明書指令在公開說明書之內容應承擔的民事責任方面著墨並不多，僅在責任主體上，2004/71/EC 指令第 6 條[6]作了大致規定，

3　COMMISSION REGULATION (EC) No 809/2004 of 29 April 2004；http://ec.europa.eu/internal_market/securities/docs/prospectus/reg-2004-809/reg-2004-809_en.pdf

4　Buck-Heeb, Kapitalmarktrecht, 6. Aufl. 2013, S. 68.

5　2010/73/EU, http://eur-lex.europa.eu/legal-content/EN/TXT/?uri=CELEX:32010L0073

6　Article 6 Responsibility attaching to the Prospectus:

(1)Member States shall ensure that responsibility for the information given in a prospectus attaches at least to the issuer or its administrative, management or supervisory bodies, the offeror, the person asking for the admission to trading on a regulated market or the guarantor, as the case may be. The persons responsible shall be clearly identified in the prospectus by their names and functions or, in the case of legal persons, their names and registered offices, as well as declarations by them that, to the best of their knowledge, the information contained in the prospectus is in accordance with the facts and that the prospectus makes no omission likely to affect its import.

即公開說明書內容至少應由**發行人及其董事、監事，經營階層，公開收購要約人、申請其證券而獲准交易的公司或擔保人來承擔責任**。並明文要求確保有民事責任，另外也不得單單以摘要或翻譯而使人負有民事責任，必須在結合公開說明書而使發生誤導或不正確或不一致的情形時才有民事責任。

但根據指令第 25 條[7]，責任的標準和處罰包括民事刑事，仍然在不影響各個會員國刑事、民事制度下，則由各成員國自行決定，而非有詳細明文的規範，但要有適當的行政措施或行政罰。而德國制度便是基於指令的基礎發展而成。

資本市場中為了保護市場秩序及投資人，有一個最重要的原則，也就是所謂公開原則，這也是資本市場法制的重要基石[8]，而公開原則會達

---

(2)Member States shall ensure that their laws, regulation and administrative provisions on civil liability apply to those persons responsible for the information given in a prospectus.

However, Member States shall ensure that no civil liability shall attach to any person solely on the basis of the summary, including any translation thereof, unless it is misleading, inaccurate or inconsistent when read together with the other parts of the prospectus.

[7] Article 25 Sanction:

(1)Without prejudice to the right of Member States to impose criminal sanctions and without prejudice to their civil liability regime, Member States shall ensure, in conformity with their national law, that the appropriate administrative measures can be taken or administrative sanctions be imposed against the persons responsible, where the provisions adopted in the implementation of this Directive have not been complied with. Member States shall ensure that these measures are effective, proportionate and dissuasive.

(2)Member States shall provide that the competent authority may disclose to the public every measure or sanction that has been imposed for infringement of the provisions adopted pursuant to this Directive, unless the disclosure would seriously jeopardise the financial markets or cause disproportionate damage to the parties involved.

[8] 賴英照（2011），簡明版《證券交易法解析》，作者自版，頁26。

成二個效果，其一，使投資人得以有充分資訊而得做出正確之判斷，亦可減少證券詐欺之可能性；其二，公司因其內部財務業務資訊的公開，也有助於公司治理之強化，並減少公司經營階層違法濫權之行為。公開原則之重要性和運用之範疇極大，無論是在初級市場或是次級市場都有其重要性，故如何設計資訊公開之制度以及違反之責任都一直有很多之討論，本文並無法全面將資訊公開制度將以討論，僅擬針對違反公開說明書以及財報不實責任加以討論，德國與台灣同為大陸法系，有其一定之參考價值，故本文將以德國和台灣之相關人及董事之責任法制加以討論，並期借鏡德國法制以為我國修法之參考，並使實務上得以有更好之運行。

二、公開說明書不實之民事責任

(一) 概說

2005 年 5 月 27 日德國聯邦議院通過「說明書改變指令法」（Prospektrichtlinie-Umsetzungsgesetz），此一包裹式法案，其重要內容之一者，是將原本分屬於交易所法（BörsG）、交易所許可規則（BörsZulv）、出賣公開說明書法（VerkProspG）及出賣公開說明書規則（VerkProspV）等法規中，抽出有關公開說明書之部分規定作一整合，制定「有價證券公開說明書法」（Wertpapierprospektgesetz, WpPG），並廢止出賣公開說明書規則。有價證券公開說明書法於 2005 年 6 月 22 公布，其主要內容乃關於有價證券公開出售或於有價證券在組織市場（organisierter Markt）之交易許可而公開之有關公開說明書之編制、核准及公開等內容的法規[9]。又 2012 年 6 月廢止出賣公開說明書

9　姚志明（2006），〈德國交易所官方市場許可公開說明書不實責任之解析〉，載
　　於：《駱永家教授七秩華誕祝壽文集：邁入二十一世紀之民事法學研究》，台

法（VerkProspG），而改由財產投資法（Vermögensanlagengesetz, VermAnlG）規定。

(二) 公開說明書責任的法性質（Rechtsnatur）[10]

公開說明書之責任在德國之現代化和改變，是經由德國第三次和第四次金融市場促進法[11]的頒布而來，對於其責任一直都有不少的討論[12]。

在德國對於公開說明書責任的法性質大致可分為以下三種不同之理論[13]，首先是**法律信賴責任理論**（Die Theorie der Kraft Gesetzes eintretenden Vertrauenshaftung），其認為引進公開說明書責任之理由，乃因編制公開說明書之人與投資人通常無契約關係，而侵權行為又無法給予投資人足夠保護，因此發展出一種基於法律規定而生之信賴責任，保護公眾的信賴利益。其次為：**法律行為表示理論**（Theorie der rechtsgeschäftlichen Erklärung），此說認為發行公開說明書應視為法律行為表示之責

北：元照，頁445。

[10] 姚志明，前揭註9，頁448-449。

[11] *Groß*, Kapitalmarketrecht, 6. Aufl., 2016, § 21 WpPG.

[12] *Assmann*, Prospekthaftung, 1985.; *Assmann*, Haftung gegenüber dem Kapitalanleger (I)-Prospekthaftung, in: Könden(Hrsg.), Neue Entwicklungen im Bankhaftungsrecht, 1987.; *Assmann*, Konzeptionelle Grundlagen des Anlegerschutzes, ZBB 1989, 49; *Assmann*, Die Befreiung von der Pflicht zur Veröffentlichung eines Börsenzulassungsprospekts nach §45 Nr. 1 BörsZulV und die Prospekthaftung – Eine Lücke im Anlegerschutz? AG 1996, 508f.; *Ellenberger*, Prospekthaftung im Wertpapierhandel, 2001.; *Erman*, Zur Prospekthaftung aus §45 Börsen-Gesetz, AG 1964, 327 ff.; *Fleischer*, Empfiehlt es sich, im Interesse des Anlegerschutzes und zur Förderung des Finanzplatzes Deutschland das Kapitalmarkt-und Börsenrecht neu zu regeln? Gutachten F für den 64. Deutschen Juristentag, 2002; *Fleischer/Kalss*, Kapitalmarktrechtliche Schadensersatzhaftung und Kurseinbrüche an der Börse, AG 2002, 329 ff.

[13] *Groß*, Kapitalmarketrecht, 6. Aufl., 2016, § 21 WpPG.

任，在此見解下，公開說明書包含一個對於未來眾多之個別契約具有約束力之允諾，於個別契約締結時擔保其內容會具體實現。最後為：侵權行為責任理論（Deliktshaftungstheorie），此說認為，公開說明書責任係侵害侵權行為責任中交易安全義務或是侵害資本市場相關的資訊義務，因而所負之特別侵權行為責任。而目前德國實務上是以法律信賴責任理論為通說。

(三) 賠償請求權人

依德國有價證券公開說明書法第 21 條規定，不實公開說明書之賠償請求權人為：

因不實公開說明書而取得有價證券之人（Der Erwerber von Wertpapieren），且該交易是在證券首次發行 6 個月內發生（第 1 項），或因不實公開說明書而不再持有有價證券之人（der Erwerber nicht mehr Inhaber der Wertpapiere）（第 2 項）。

(四) 賠償義務人

依德國有價證券公開說明書法第 21 條第 1 項規定，應負公開說明書責任之賠償義務人有二類，而該負責任之人，須負連帶損害賠償責任，故該損害賠償義務人為連帶債務人。以下就賠償義務人分別敘述之：

1. 對於公開說明書承擔責任之人 [14]

此係對於形式上應負責任之人，即簽名於公開說明書者，以表示對其內容負責任之人 [15]，包括發行人（Emittent）與發行相關之信用及金融

---

[14] §21 WpPG.

[15] *Groß*, Kapitalmarketrecht, 6. Aufl., 2016, §21 WpPG.

服務機構為發行相關人。發行相關人因與發行人共同提出許可申請（例如：承銷商等許可申請人），其即有檢查該公開說明書內記載事項之義務，故公開說明書內記載事項不實，發行相關人負連帶賠償責任[16]。通說認為，承銷商只有在合理的懷疑公開說明書內容不實的前提下，才有積極調查義務，且對於公司的財務報告、年終報告和中間報告無重新審核義務，蓋該等報告係屬會計師的審核範圍[17]。

2. 編制公開說明書之人[18]

德國學說認為此規定係針對事實上製作公開說明書而未於公開說明書上明示簽名者[19]，並對於業務的領導有特別影響力[20]，其可能為企業或個人（Einzelperson）。又稱為「公開說明書影響人」（Prospektveran-lasser）。此須依個案具體情形判斷，若大股東、監察人或關係企業的母公司，對於公開說明書之製作有顯著影響力，則可能依本規定負責。

有爭議的是，參與公開說明書部分編制的專業人士，例如：審查人、決算人、律師、會計師等專家，是否於此須負責，依多數見解並不包括在內。只要此職業上之專家參與公開說明書部分之製作僅有單純的費用利益（Gebühreninteresse）且對於發行無個人利益時，則不應負公

---

[16] 在德國，有價證券之上是發售一般是由銀行（團）等金融機構承擔，其通常會參與公開書名書的製作，即使不參與製作，通常也會對此進行比較專業的審核。主力軍（2005），〈德國交易所法關於上市公司的上市申請資料不實陳述之民事責任〉，《比較法研究》，6期，頁145以下。

[17] 主力軍，前揭註。

[18] 原文為：von denjenigen, von denen der Erlass des Prospekts ausgeht. 參見：*Groß*, Kapitalmarketrecht, 6. Aufl., 2016, § 21 WpPG.

[19] *Groß*, Kapitalrecht, §§45, 46 BörsG.

[20] *Assmann* in: Assmann/Schütze, Handbuch des Kapitalanlagerechts, 2. Auflage, 1997, §7 Rn. 204.; *Kunz*, Die Prospekthaftung nach Umsetztung der EG-Richtlinien in innerstaatliches Recht, S. 133; *Schäfer/Hamann*, §36 BörsG, Rn. 42.

開說明書不實之責任 [21]。會計師等必須是公司和會計師的審計契約具有保護第三人效力時方有責任。

(五) 責任要件

責任要件有三，說明如下：

1. 公開說明書有瑕疵則會被認定是「不實」

公開說明書之概念為：有價證券公開說明書法第 5 條第 1 項

公開說明書應於不損害同法第 8 條第 2 項 [22]（例如：該說明違反公共利益、將對發行人帶來嚴重損失）[23] 之規定情形下，以容易分析及易懂之方式，提供有關發行人公開發行或獲准在組織市場交易的有價證券的所有必要說明，使公眾能夠對有價證券時相關之財產價值、債務、財產狀況、損益、發行人對於未來之看法，以及與該有價證券相關權利做出適當的評估。

而公開說明書之範圍 [24]：德國一般認為在初級市場範圍也就是發行市場，而其他如：優先權提供（Bezugsangebote)、應募請求（Zeichnung saufforderungen）、廣告措施（Werbemaβnahmen）、研究報告（Research-Reports）、期中報告（Zwischenbericht）及證券交易法第 15

---

[21] *Groβ*, Kapitalmarketrecht, 6. Aufl., 2016, § 21 WpPG.

[22] *Groβ*, Kapitalmarketrecht, 6. Aufl., 2016, § 8 WpPG, Rn. 9 ff.

[23] 有價證券公開說明書法第8條第2項：有下列情形者，聯邦金融監督屬有權允許，根據本法或歐共體（EG）第809/2004號指令所規定之特別說明，不必包括在內：(1) 散布該說明違反公共利益；(2) 散布該說明將帶給發行人嚴重損失，只要該說明的不公布，不會造成公眾對於公開說明書中所涉及的發行人、發售人（Anbieters）、擔保人以及有價證券進行判斷時產生誤導；(3) 有關特別發行或在組織市場交易的特殊許可的說明，對於影響有關發行人、發售人或擔保人的財務狀況和發展前景的判斷意義不大，且不適用。

[24] 適用範圍參見*Groβ*, Kapitalmarketrecht, 6. Aufl., 2016, § 1 WpPG, Rn. 1 ff.

條規定之重大消息通知義務（ad hoc-Mitteilungen）都不屬於公開說明書法的公開說明書之範圍內。

再者所謂瑕疵之判斷基礎在於，公開說明書中所記載之重要說明內容，對於有價證券之判斷為不正確或不完整之說明，亦即不符合事實，並非真實。

至於到底何謂重要說明？公開說明書內容乃指事實、預測（Prognosen）及價值判斷（Werturteilen）。判斷之內容是否屬於重要說明，是以有價證券取得人（投資人）之客觀判斷為基準點[25]，就是說投資人是否覺得重要，假如一個說明對於一理性投資人於投資決定是具有顯著意義且被加以考量而會據以做出決策時，則該說明為重要性。再者，如公開說明書敘述之整體說明中，如有關發行人（公司）之財產狀況、收益狀況等，也不得有不正確或不完整之處。

再來重點在於，判斷標準與評價時點[26]。因為閱讀公開說明書之人到底須具備何種程度的知識與理解是個難解之題，學說上從專業人士（Fachmann）至無經驗之小股東（unkundiger Kleinaktionär）之程度均有之[27]；所以德國實務上多採用「一般平均標準之投資人」（durschnittlichen Anleger）程度[28]。至於評斷能力之時點為公開說明書製作完成時或是公開時，若為日後方取得評斷能力後，並不在考慮內，必須在制作完成或公開之時點。

至於瑕疵之類型有二：

(1) 不正確（Unrichtigkeit）[29]

即公開說明書內容說明不符合事實者。少數學者認為說明不符合事

---

[25] *Groß*, Kapitalmarketrecht, 6. Aufl., 2016, § 21 WpPG, Rn. 39 ff.

[26] *Groß*, Kapitalmarketrecht, 6. Aufl., 2016, § 21 WpPG, Rn. 41 ff.

[27] Vgl. *Groß*, Kapitalrecht, §§45, 46 BörsG, Rn. 25 m.w.N.

[28] *Groß*, Kapitalmarketrecht, 6. Aufl., 2016, § 21 WpPG, Rn. 41, BGH WM 1982, 862 (865).

[29] *Groß*, Kapitalmarketrecht, 6. Aufl., 2016, § 21 WpPG, Rn. 44.

實不包括價值判斷。若因編輯或印刷技術過程中產生偏離原意之陳述瑕疵，解釋也屬於公開說明書不正確之情形。

(2) 不完整（Unvollständigkeit）[30]

根據公開說明書法第 21 條第 1 項第 1 句，不完整乃指公開說明書未包括所有對於發行人及有價證券所必須有的之重要說明，此也是不正確的下下位概念[31]，例如：欠缺有價證券公開說明書法第 7 條所定最低標準內容時，則該公開說明書為不完整。此為公開說明書不正確的補充規定。

有關公開說明書的核准（Billigung des Prospekt），依照德國有價證券公開說明書法第 13 條第 1 項規定，由聯邦金融監督總署（Bundesanstalt für Finanzdienstleistungsaufsicht, BAFin）就公開說明書的完整性、一致性和易理解性為實質審查。並且於核准前，不得公開該公開說明書。

2. 存在交易因果關係（責任成立因果關係）

依有價證券公開說明書法第 23 條第 2 項第 1 款規定，非基於公開說明書之原因而取得有價證券，第 21 條或第 22 條之請求權不存在。亦即公開說明書責任之成立，須有瑕疵的說明與有價證券的取得之間有原因關聯，此即所謂的交易因果關係（責任成立因果關係）（haftungsbegründende Kausalität）。再者，請求權人僅須證明，其乃於公開說明書公開以後且為第一次公開之 6 個月內取得有價證券即可。此交易因果關係採推定主義，因此由賠償義務人負舉證免責責任，此即為推定責任而產生舉證倒置之責任。

---

[30] *Groß*, Kapitalmarketrecht, 6. Aufl., 2016, § 21 WpPG, Rn. 45.

[31] *Groß*, Kapitalmarketrecht, 6. Aufl., 2016, § 21 WpPG, Rn. 43.

3. 具有可歸責性

依有價證券公開說明書法第 23 條第 1 項：「賠償義務人若能證明對於公開說明書中不正確或不完整之資訊，非出於重大過失（grober Fahrlässigkeit）而不知時，則不負第 21 條、第 22 條之責任」，採故意或重大過失責任。且採取舉證責任轉換之立法方式，由賠償義務人舉證其無重大過失之事由，此亦為 舉證倒置。

(六) 抗辯事由

因為有價證券公開說明書法第 23 條第 1 項規定為歸責事由（故意或過失）之推定立法方式，同條第 2 項第 1 款規定應係交易因果關係之問題，上述二者皆屬責任成立要件，而非責任免除要件[32]。故實屬於責任免除之態樣應僅有下列四種：

1. 公開說明書中有關不正確或是不完整之說明，未導致有價證券之交易價格下跌者（第 2 項第 2 款）。

2. 取得人於取得時，已明知公開說明書之說明為不正確或不完整者（第 2 項第 3 款）。

3. 於取得行為之締結前，在發行商的年度報告、中期報告以及依有價證券交易法第 15 條規定的公布或等同於公布的公告中，已經對於不正確或不完整說明，在國內做出清楚的更正時。

4. 請求權僅係基於摘要或翻譯版本之說明而發生時。除非當摘要與公開說明書的其他部分一起閱讀時，該摘要具有誤導性、不正確或是相互矛盾，則不在此限。

---

[32] 姚志明，前揭註9，頁456-457。

(七) 賠償金額計算

結合德國民法第 249 條第 1 項，以回復原狀為原則[33]。本文並於下列分述之：

1. 請求權人為有價證券之持有人

依有價證券公開說明書法第 21 條第 1 項，其得主張之請求權內容為二[34]：首先可請求，請求返還取得有價證券時之交易價格，且該價格未超過首次發行價格（Ausgabepreis）：若為持續發行（Daueremission）之情況，則以第一天發行之價格為準[35]。另外，有價證券之取得是否須透過交易所之交易或以其他方式取得，立法者認為須為有償交易而取得證券，然學說則認為應依具體個案認定之，例如：繼承或贈與，取得有價證券之繼承人或受贈人也應具有損害賠償請求權，但其前提為該有價證券之前手是透過有償交易而取得者[36]。

再者可請求取得有價證券時的相關通常交易費用，例如：經紀人佣金（Maklercourtage）、給付發行銀行及金融服務人員之手續費（Provision）及費用（Aufwendungen）等[37]。需要注意的是，此請求權人行使請求權時，必須返還該有價證券後，才可以得請求購買價格及相關交易等等的費用。

2. 若請求權人已不持有該有價證券

依有價證券公開說明書法第 21 條第 2 項，其得主張之請求權內容為三：

---

[33] 主力軍，前揭註16。

[34] 姚志明，前揭註9，頁460。

[35] *Groß*, Kapitalrecht, §§45, 46 BörsG, Rn. 53; Schwark/Schwark, KMRK, §45 BörsG, Rn. 60.

[36] 主力軍，前揭註16。

[37] *Schwark/Schwark*, KMRK, §45 BörsG.

(1) 取得有價證券時之價格與賣出價格之差額：取得價格須不超過首次發行價格；賣出價格係指轉讓有價證券而取得之對價，即買賣之價金。然有價證券之轉讓人取得者為其他經濟上之價值時，則將之視為出賣之價格，例如：有價證券之所有人行使一個經由有價證券之權利而取得其他有價證券，例如：選擇權證所有人（Optionsscheininhaber）或可轉換債券之所有人等，則此時如同出賣視之[38]。

(2) 當初取得有價證券之相關通常交易費用。

(3) 賣出有價證券之相關通常交易費用。

三、公開說明書不實之刑事責任

公開說明書不實之刑事責任規定於：德國刑法第 263 條詐欺罪、第264a 條投資詐欺罪；以及德國股份法第 400 條。

四、公開說明書不實之行政責任

依德國有價證券公開說明書法第 26 條第 8 項，如果聯邦金融監督總署認為公開說明書中確實有不正確或不完整之情況，其有權撤回批准並禁止該有價證券公開發行。有價證券公開說明書法當中並無行政罰鍰之相關規定。

貳、財務報告不實揭露之民事責任

德國財務報告不實民事責任主要之法律基礎在於德國證券交易法（Wertpapierhandelsgesetz, WpHG）第 37b 條及第 37c 條規定，以下則依主體、要件、因果關係、責任等等來分列說明之。

---

[38] *Schwark/Schwark*, KMRK, §45 BörsG.

一、賠償請求權人

賠償義務人包括：

(一) 內部人資訊成立但發行人怠於公開前買入有價證券，在內部資訊公開時仍持有該證券者（第 37b 條第 1 項第 1 款）。

(二) 內部人資訊形成前已買入有價證券，並在發行人怠於公開資訊後賣出該證券者（第 37b 條第 1 項第 2 款）。

(三) 在不實資訊公開後買入有價證券，並在眞實的內部人資訊公開時，仍持有該證券者（第 37c 條第 1 項第 1 款）。

(四) 在不實資訊公開前買入有價證券，並在內部人資訊公開前，賣出該證券者（第 37c 條第 1 項第 2 款）。

(五) 會計師違反德國商法典第 323 條第 1 項第 3 句之專業審查義務，且信任公司財報爲眞而投資受損的第三人：由於會計師係與發行公司具契約關係，故德國法院近年以具保護第三人效力契約說，作爲會計師對第三人責任之依據 [39]。

二、賠償義務人

發行人部分（證券交易法第 37b 條第 1 項、第 37c 條第 1 項）：

參照德國證券交易法第 2 條第 6 項，發行人係指其發行的有價證券在組織市場（organisierter Markt）交易的公司。

公司負責人部分（民法第 826 條）：因證券交易法第 37b 條與第 37c 條之不實資訊責任僅適用於發行人，故通說是以民法之侵權行爲作爲責任依據。也就說財報不實之問題，除公司責任外，主要是用民法處理。

---

[39] BGHZ 138,257= NJW1998,1984; BGHZ 167,155= NJW 2006,1975; BGH NJW 2009,512.

會計師部分（商法典第 323 條第 1 項第 3 句）：德國商法第 323 條第 1 項第 3 句僅規定，會計師對委任公司的責任，而針對會計師對第三人的責任，基於保障資本市場上投資大眾之目的，德國法院近年以「具保護第三人契約效力說」作爲擴大會計師責任之依據。

三、責任要件暨抗辯事由

(一) 發行人

依據證券交易法第 15 條規定，金融商品（Finanzintrument）的發行人負有即時公開其內部人資訊（Insiderinformation）的義務，學說上稱爲即時公開（ad-hoc-Mitteilung）義務。若發行人違反即時公開或據實公開之義務，則可能對於第三人須負賠償責任[40]。而所謂的「內部人資訊」，依同法第 13 條規定，係指一旦公開將重大影響有價證券之市場價格的資訊。其抗辯事由如下：

1. 怠於公開之情形

(1) 證明發行人非出於故意或重大過失而漏未公開該資訊（第 37b 條第 2 項）。

(2) 第三人在購買或出售該證券時已知悉該尚未公開的資訊（第 37b 條第 3 項）。

2. 公開不實資訊之情形

(1) 證明發行人非出於重大過失而不知該公開資訊爲不實（第 37c 條第 2 項）。

(2) 第三人在購買或出售該證券時已知悉該公開資訊爲不實（第 37c

---

[40] 葉新民（2009），〈論資本市場上因不實資訊而致投資人損害的賠償方法：以德國法為中心〉，《中原財經法學》，23期，頁119-120。

條第3項）。

(二) 公司負責人

　　如前所述，因證券交易法第37b條和第37c條所規定的資訊不實責任僅適用於發行人，而實際上製造不實消息的公司負責人則無法適用該等條文。2001年德國聯邦政府公司治理委員會曾建議，應以特別法加以規範公司執行業務機關的資訊不實責任，然於2002年證券交易法修正新增訂第37b條及第37c條，卻仍未納入公司負責人的責任。故德國法院是以民法侵權行為作為公司負責人不實資訊責任的請求權基礎。

　　就責任成立而言，因投資人的投資虧損僅為純粹經濟上損失，並無權利受侵害，無法適用德國民法第823條第1項（相當於我國民法第184條第1項前段）；德國通說不認為證券交易法第15條第1項至第4項課予發行人即時通知義務是保護他人的法律。故無德國民法第823條第2項（相當於我國民法第184條第2項前段）之適用。因此，一般侵權行為的請求權僅剩民法第826條（相當於我國民法第184條第1項後段）可以適用[41]。

　　近年來德國聯邦法院也多以德國民法第826條作為公司負責人不實資訊的責任基礎[42]，並同時以德國民法第31條（相當於我國民法第28條）使發行公司與其負責人共負連帶賠償責任[43]。此外，為避免投資人須舉證證明行為人「故意」與「違反善良風俗」之要件的不利，學說認為行為人有「未必故意」即已足，亦即行為人雖非明知而有意地損害於

---

[41] 葉新民，前揭註40，頁124-125。

[42] NJW 2005, 2450-EM.TV.

[43] ZIP 2007,679-ComROAD I; ZIP 2007,681-ComROAD II; ZIP 2007,326-ComROAD III; ZIP 2007,1560-ComROAD IV; ZIP 2007,1564-ComROAD V; ZIP 2008, 407-ComROAD VI; ZIP 2008, 410-ComROAD VII, ZIP 2008,829-ComROAD VIII.

投資人，但至少可預見投資人將因購入股票而受損，卻仍散播假消息，日後投資人因不實消息曝光後，股價下跌而受損，亦不違反其本意，即符合故意的要件；而違反善良風俗之要件，則是行為人之行為須違法且具有可苛責性（Verwerflichkeit），德國聯邦法院以公司負責人為影響股價而散播假消息，即具有可苛責性，並可以之作為間接事實（Indiz）以推論違反善良風俗行為之成立[44]。

(三) 會計師部分

為避免使會計師責任過度擴大，德國聯邦法院發展出一特別要件，即會計師與公司間的審計契約必須對第三人產生某種特別的利益，且會計師必須明確知道，基於對第三人的利益，其查核義務或注意義務更應高於法律原本所規定時，方足以發生第三人效力，使非契約當事人的第三人納入契約的保護之下，而對第三人負責之餘地。故若第三人僅能舉證其係信任會計師在財報上的簽證而購入某股票，並不足以使該第三人同受契約之保護[45]，故能有所限縮。

四、交易因果關係

如前述，公司負責人依德國民法第826條負侵權行為責任，就此交易因果關係之判斷，德國學說與實務上皆有認為[46]，原告（即投資人）必須證明該不實資訊與其自己購入股票的「決策」間有因果關係，係採一嚴格的因果關係。

---

[44] BGHZ 160,149,157.

[45] BGHZ 167,155,166; BGH NJW 2009,512.

[46] Möller, Effizienz als Maβstab des Kapitalmarktrechts - Die Verwendung empirischer und ökonomischer Argumente zur Begründung zivil-, straf- und öffentlich-rechtlicher Sanktionen, Acp 208(2008), S.27ff.; Teichmann, Haftung für fehlerhafte Informationen am Kapitalmarkt, JuS 2006, S.953, S.959.

　　德國學界認為於帝國法院時代曾經承認，且德國聯邦法院亦所繼受的「投資氛圍說」（Anlagestimmung）即類似因果關係，也就是說，若發行人公開說明書上的不實資訊導致市場上瀰漫某種投資氣氛，進而使投資人進場購入股票，則法官可推定該不實資訊與投資人買進股票的決定之間有因果關係[47]，藉以減輕原告舉證責任。然而，德國聯邦法院拒絕接受此一見解，蓋因「即時公開」並非如同公開說明書具有公開全面性資訊的功能，因而否認有引起前述投資氣氛的可能，進而否定舉證責任減輕之適用[48]。

　　也有學者主張適用「對市場詐欺理論」[49]，而德國聯邦法院在Com-ROAD IV 一案中，明確反對可在次級市場上適用上該理論，避免此一舉證責任的減輕，無限制地擴張資本市場上的故意背於善良風俗之侵權責任[50]。因此，原告必須證明其買股動機與不實資訊有因果關係，在舉證上有一定的難度，而難以證明。

　　另外，德國學界尚有主張，應視原告主張的賠償方法，而適用不同的因果關係要件，若主張回復原狀，則仍可維持前述嚴格的因果關係，即原告必須證明其買股動機與不實資訊有因果關係；反之，若主張金錢賠償，則可採較寬鬆的原則，原告只要證明有公開不實資訊此一事實，將造成股價不當變動的結果即可[51]。

　　另外，如果採取上述具保護第三人效力契約說之見解下，應不再需

---

[47] Vgl. RGZ 80, 196, 204; BGH NJW 1982, 2827, 2828; BGHZ 139,225,233 = NJW 1998, 3345, 3347.

[48] BGHZ 160, 134, 145 f = NJW 2004, 2664, 2667 –Infomatec III.

[49] Baums, Haftung wegen Falschinformation des Sekundärmarktes, ZHR 167 (2003), S.139, S.180 ff., insbedondere 184.

[50] BGH NJW 2008, 76 ,78-ComROAD IV.

[51] Zimmer, Verschärfung der Haftung für fehlerhafte Kapitalmarktinformation – Ein Alternativkonzept, WM 2004, S.9, S.17.

要以交易因果關係審查並限縮會計師責任的成立，蓋因爲 符合上述特殊利益存在之要件者，賠償請求權人必然曾經閱讀財報，並且信賴財報內容是正確，而決定購入股票[52] 方符合交易因果關係，對會計師已極有保障。當然亦有主張是否應訂定天花板條款，避免專業人士受到過大之風險。

五、損失因果關係

以德國的見解，於民法上最典型的損害賠償方法乃是回復原狀，德國學說及實務皆相對不關心我國學說上所謂的「損失因果關係」。因爲投資人既然得以請求被告回收股票並返還購股價金，也就是表示所有非因不實資訊引起的股價下跌之損失，皆由被告承擔，自無判斷損失因果關係的必要[53]。也就是說，以德國法的觀點視之，回復原狀的法律效果，係因原告能舉證交易因果關係的當然結果。因此，甚至可以將交易因果關係當作損失因果關係，當原告能證明交易因果關係時，即以返還全部價金作爲賠償額，此時，賠償額即已確定，極爲明確，其理自明。故回復原狀較無複雜之計算，市場因素等等較不考慮，有點類似我國的毛損益法，由被告負擔包括 市場因素在內的損失。

另一方面，如果當事人主張金錢賠償方式，爲避免將市場因素計入損害而發生過度補償的現象，則大多是採淨損差額法，賠償額即爲原告實際購入股票之價格與假設被告未公布不實資訊的眞實價格之差額。此時，原告係主張被告的不實資訊導致市場受到扭曲，而原告當時恰以灌水虛胖的價格買入股票，因而要求被告賠償其差額，此時原告所證明的因果關係，似乎恰是我國學說所謂的損失因果關係，亦即，損害賠償目的不在於「原有情狀」而在於「應有情況」故應將非可歸責於債務人之

---

52 葉新民，前揭註40，頁146-147。

53 葉新民，前揭註40，頁158。

變動情形考慮進去，而是因不實資訊而導致股價變動的因果關係。

六、賠償金額之計算

(一)發行人責任範圍

因德國證券交易法當中並無明文規定賠償額之計算，故參酌第 37b 條及第 37c 條的立法意旨，其欲保護的是：投資人信賴發行人所公開的資訊為真實，而非投資人對具體資訊的信賴，故多數學者皆認為此處的損害賠償僅有消極利益，並不包括積極利益（positives Interesse）[54]。至於消極利益之損害計算，係以投資人買入證券的價格與發行人公布真實資訊的假設性真實價格間之差額，作為消極利益之損害[55]，即差額法，損害賠償目的不在於「原有情狀」而在於「應有情況」故應將非可歸責於債務人之變動情形考慮進去。

(二)公司負責人的責任範圍

德國聯邦法院主要是以回復原狀作為公司負責人賠償的方式，亦即，公司負責人應回復至假設其正確履行其公開義務時投資人當時的財產狀態[56]和情形。所以投資人在請求公司負責人返還當時購買股票的價金時，投資人同時也應該應返還股票給公司負責人[57]，此方為回復原狀；若投資人已在市場上將股票賣出，則可以其實際賣出股票所得之價金，來代替應返還的股票，此時可再與公司負責人應返還的價金相互結算即

---

[54] *Sethe*, in: Assmann/Schneider, Kommentar zum Wertpapierhandelsgesetz, 4. Aufl.,2006, §§37b,37c Rn.71.

[55] 葉新民，前揭註40，頁121。

[56] BGH NJW 2005,2450,2451-EM.TV.

[57] BGH NJW 2005,2450,2451-EM.TV.

可[58]，此時之金額便是其應回復之範圍。原告亦得選擇主張實際發生的成交價與若公司發布正確消息的假設性價格間的差額，作為損害賠償，這種差額說也是一種可能的計算方式。

(三) 會計師的責任範圍

德國商法第 323 條第 2 項就會計師違反審計義務的損害賠償責任範圍採「定額責任」，將會計師因過失對委任公司而生的賠償責任限定在一定的金額之內[59]。至於以具保護第三人效力契約說為基礎，作為對第三人負責任之依據，是否亦應適用定額責任，即所謂天花板條款，目前德國實務界尚無一致的見解，亦有實務界認為應考慮適用該一定額度責任之規定，如此方可以避免會計師責任過重，以保障專業人士負擔風險過重。如此才能避免市場上的反淘汰，劣幣驅逐良幣。

參、小結

我國財務不實法制對於財務報告及公開說明書不實之損害賠償責任，雖然在證券交易法第 20 條、第 20 條之 1 及第 32 條已經規範發行人、董事監察人與相關專家應負擔的民事責任，且證券交易法第 171 條及第 174 條亦規定其所應負擔之刑事責任。但是現行法院判決及學者對於資訊揭露不實所涉民刑事責任看法多有爭議，見解亦有不同，德國之處理方式相對明確嚴謹，並能保障專業人士避免負擔風險過重，似有我國可學習之處，期能借鏡他國法制納優去劣，強化我國公司治理以及改善資本市場之環境，使我國經濟再向上前進一步。

---

[58] BGH NJW 2005,2450,2451-EM.TV.

[59] 原則上為100萬歐元，若被審查的公司為上市公司，則限額會提高至400萬歐元。

參考文獻

一、中文部分

賴英照（2017），《證券交易法解析簡明版》，3版。

姚志明（2006），《德國交易所官方市場許可公開說明書不實責任之解析》，載於
《駱永家教授七秩華誕祝壽文集：邁入二十一世紀之民事法學研究》，頁443以
下，台北：元照。

主力軍（2005），〈德國交易所法關於上市公司的上市申請資料不實陳述之民事責
任〉，《比較法研究》，6期，頁145以下。

葉新民（2009），〈論資本市場上因不實資訊而致投資人損害的賠償方法：以德國
法為中心〉，《中原財經法學》，23期，頁107以下。

一、外文部分

Assmann/Schütze, Handbuch des Kapitalanlagerechts, 2. Auflage, 1997.

Assmann, Die Befreiung von der Pflicht zur Veröffentlichung eines Börsenzulassungspros-
pekts nach §45 Nr. 1 BörsZulV und die Prospekthaftung – Eine Lücke im Anlegerschutz?
AG 1996, 508f.

Assmann, Haftung gegenüber dem Kapitalanleger (I)- Prospekthaftung, in: Könden(Hrsg.),
Neue Entwicklungen im Bankhaftungsrecht, 1987.

Assmann, Konzeptionelle Grundlagen des Anlegerschutzes, ZBB 1989, 49.

Assmann, Prospekthaftung, 1985.

Assmann/Schneider, Kommentar zum Wertpapierhandelsgesetz, 4. Aufl., 2006.

Baums, Haftung wegen Falschinformation des Sekundärmarktes, ZHR 167(2003), S.139 ff.

Buck-Heeb, Kapitalmarktrecht, 6. Aufl. 2013.

Ellenberger, Prospekthaftung im Wertpapierhandel, 2001.

Erman, Zur Prospekthaftung aus §45 Börsen-Gesetz, AG 1964.

Fleischer, Empfiehlt es sich, im Interesse des Anlegerschutzes und zur Förderung des Fi-
nanzplatzes Deutschland das Kapitalmarkt- und Börsenrecht neu zu regeln? Gutachten F

für den 64. Deutschen Juristentag, 2002.

Fleischer/Kalss, Kapitalmarktrechtliche Schadensersatzhaftung und Kurseinbrüche an der Börse, AG 2002.

Groß, Kapitalmarketrecht, 6. Aufl., 2016.

Kunz, Die Prospekthaftung nach Umsetztung der EG-Richtlinien in innerstaatliches Recht, S. 133 ff.

Möller, Effizienz als Maßstab des Kapitalmarktrechts – Die Verwendung empirischer und ökonomischer Argumente zur Begründung zivil-, straf- und öffentlich-rechtlicher Sanktionen, Acp 208(2008), S.27ff.

Teichmann, Haftung für fehlerhafte Informationen am Kapitalmarkt, JuS 2006, S. 953 ff.

Zimmer, Verschärfung der Haftung für fehlerhafte Kapitalmarktinformation – Ein Alternativkonzept, WM 2004, S.9 ff.

三、網路資料

2003/71/EC, http://eur-lex.europa.eu/legal-content/EN/TXT/?uri=CELEX:32003L0071

COMMISSION REGULATION (EC) No 809/2004 of 29 April 2004, http://ec.europa.eu/internal_market/securities/docs/prospectus/reg-2004-809/reg-2004-809_en.pdf

2010/73/EU, http://eur-lex.europa.eu/legal-content/EN/TXT/?uri=CELEX:32010L0073

第七章

2018 新公司法解釋與適用：強化公司治理

邱若曄[**]

貳、過半董事召集董事會
參、實質董事責任之擴大適用
肆、揭穿公司面紗原則之擴大適用
伍、少數股東代位訴訟之門檻降低
陸、結論

*眾博法律事務所主持律師，中正大學法學博士、美國柏克萊加州大學LL.M.。

Managing Partner, LexPro Attorneys-at-Law; Director, Taiwan Law Foundation; Ph.D., National Chung Cheng University; LL.M. University of California, Berkeley.

**眾博法律事務所助理合夥律師，輔仁大學法學碩士。

Associate Partner, LexPro Attorneys-at-Law; LL.M. Fu Jen Catholic University.

公司法相關法律研析是施部長長年關注的六大法律領域之一，感謝部長多年來的提攜與關照，謹以本文祝賀部長福如東海，壽比南山！

摘　要

　　我國公司法於 2018 年進行大幅度翻修，並於同年 11 月 1 日正式施行，修法範圍的廣度及深度謂爲近年之最，其中攸關企業之穩健發展的公司治理部分，爲預防經營者濫權而有侵害投資人及利害關係人之權益，修法方向係加強監督經營者之責任，新法賦予過半數董事即得召集董事會之權限，未來將可杜絕董事長不爲召集董事會而致公司決策經營停擺之僵局；而爲減少我國公司經營上常見有權者無責之弊端，本次修法亦將實質董事制度適用於公司法內所有之公司，而不再限縮於公開發行公司；基於英美法之衡平法理，將我國 2013 年引進之揭穿公司面紗原則擴大適用及於有限公司，除了作爲公司債權人權益之保障手段外，亦有嚇阻濫用公司制度之功能；爲鼓勵投資人勇於進行投資，落實建立強化保護少數股東之制度，以降低少數股東代位訴訟門檻之方式，使少數股東得以透過訴訟方式制衡監督公司之經營階層等，可謂呼應學者長期以來提倡之修法方向或解決實務上面臨之難題。然而，本次修法仍有若干問題未能一併修正完成，例如：影子董事定義缺乏彈性、實質董事與關係企業規範發生競合時之適用問題、揭穿公司面紗原則並無絕對要件致在個案上之適用疑義、少數股東代位訴訟是否適用於追訴實質董事責任等，均有待實務運作後再予進行調整及修正。

關鍵詞：公司法，公司法修正，公司治理，董事會召集，董事會召集權人，事實上董事及影子董事，非公開發行股票公司，揭穿公司面紗原則，有限公司，少數股東代位訴訟。

The Interpretation and Application of The 2018 New Company Act: Enhancement of Corporate Governance

Andrew C. Hsu[*]

Jo-Yeh Chiu[**]

Abstract

The Taiwan Company Act had been amended significantly in 2018 and became effective on November 1st of the same year. Both the scope and content of the amendment are much greater than the recent others. For corporate governance, the amendment has strengthened the responsibility of directors, preventing them from abusing their power to infringe upon the right of investors or stakeholders. The amendment shall enable half of the directors to convene a board meeting. It could eliminate the deadlock of business managing caused by a chairman refusing to convene the board meeting. Besides, the regulation of *de facto*/ shadow directors applies to all types of company rather than to simply public companies in order to mitigate abuses of managing power without taking responsibility. Based on the principle of equity law of the English common law system, the doctrine of piercing the corporate veil, introduced into Taiwan in 2013, further applies to limited liability companies for protecting the interests of companies' creditors and deterring the principals from abusing corporate system. To encourage people to invest, the amendment enhances the protection for minority shareholders. It has reduced the threshold of derivative suit, which empowers minority shareholders to balance against and to supervise management by litigation. The amendment does correspond to the trend of academic advocacy and solve the practical hardship. However, some issues remain unsolved along with the amendment. For example, the definition of shadow director is still lack of flexibility, the conflict and merge of regulations between affiliated company and de facto director, the elements of piercing corporate veil doctrine should not be statutorized and may raise issues when applying to a real case, and whether the derivative suit shall be filed against a *de facto*/shadow director, etc. Further amendment on these issues shall rely on practical operations.

Keywords ：Company Act, Amendment of Company Act, Corporate Governance, Convening of Board Meeting, Convener of Board Meeting, *De Facto* Director and Shadow Director, Private Company, Piercing Corporate Veil Doctrine, Limited Liability Company, Derivative Suit by Minority Shareholders.

壹、前言

公司法制影響國家經濟活動甚鉅，我國民間早於2016年即對公司法進行全盤檢視並提出修正建議，嗣則由主管機關主導進行公司法修正案，並於2018年8月1日公布，而於同年11月1日正式施行。

依修正總說明架構可知修法範圍甚廣，依主題分為友善創新創業環境、強化公司治理、增加企業經營彈性、保障股東權益、數位電子化及無紙化、建立國際化之環境、閉鎖性股份有限公司更具經營彈性、遵守國際洗錢防制規範等。其中，公司治理在使公司經營者能積極為股東及社會謀取福利，並防止經營者違法濫權，侵害投資人及利害關係人之權益，是多方面向的權益平衡。公司治理之好壞，不但攸關企業之穩健發展，也是股東與投資人權益是否能獲得保障之重要指標，由公司法與證券交易法之內容與法規沿革，可以觀察我國在公司治理制度之重要內容與政策方向[1]。而本次強化公司治理之內容包含：一、非公開發行股票之公司亦適用實質董事之規定；二、將有限公司納入「揭穿公司面紗原則」之適用範圍；三、股份有限公司過半數董事於董事長不召開董事會時，得自行召集董事會；四、降低聲請法院選派檢查人之股東之持股期間及持股數之限制，另為強化投資人保護機制與提高股東蒐集不法證據及關係人交易利益輸送蒐證之能力，擴大檢查人檢查客體之範圍及於公司內部特定交易文件；五、提高公開發行股票之公司負責人違法之行政罰鍰。

自上述強化公司治理之內容可知，修法後重新調和股東、董事、債權人、公司之關係，主要更在加強監督經營者、使經營者負擔責任。自

---

[1] 林仁光（2014），〈2013年公司法與證券交易法發展回顧〉，《台大法學論叢》，43卷特刊，頁1340。

董事與公司之面向以觀，解決實務上董事長濫權不召集董事會之弊；自債權人與公司、股東之面向，有限公司債權人得以揭穿公司面紗原則要求幕後股東負清償責任；以股東與董事之面向，使實質董事概念及於所有公司類型，使其權責相符，並降低股東代位訴訟之門檻，有利於股東對董事之監督。

故本文以強化公司治理為探討課題，第二部分先就過半董事召集董事會之規定為探討；第三部分則敘明實質董事於我國發展沿革並就此概念為更詳細之區辨，再檢討評析本次修法之影響；第四部分則論述揭穿公司面紗原則於我國之發展沿革，並與實質董事概念、關係企業如何適用等問題為比較，進而檢討評析此一原則之運用；第五部分則就少數股東代位訴訟為分析，闡明本次降低門檻方式及其優劣，最後於第六部分提出本文結論。

貳、過半董事召集董事會

一、舊法之董事會召集權人

2018 年修正前之公司法第 203 條第 1 項前段規定：「董事會由董事長召集之。」因董事長係股東會、董事會以及常務董事會之主席，且董事長得隨時召集常務董事會，故明定董事長為董事會之召集權人自屬當然，惟該條文就董事長不召集董事會時，應如何補救卻未為明文[2]。然董事會決議一旦有瑕疵，其結果均可能導致決議為無效，無論瑕疵係召集程序或決議方法之程序性瑕疵或決議內容之實質瑕疵[3]皆然。故未經合法召集之董事會所為之決議係無效，董事會應由有權召集之人召開始

---

[2] 王文宇（2018），《公司法論》，頁456-457，台北：元照。

[3] 邵慶平（2012），〈董事會決議與表決迴避〉，《月旦法學教室》，115期，頁26。

得爲有效合法之董事會決議[4]。

　　然在舊法時期，董事長請假或因故不能行使職權時，係依公司法第208條第3項後段規定，由副董事長代理之；無副董事長或副董事長亦請假或因故不能行使職權時，由董事長指定常務董事一人代理之；其未設常務董事者，指定董事一人代理之；董事長未指定代理人者，由常務董事或董事互推一人代理之。此時即由該代理人行使董事會召集權並無疑問。

　　但在非前述狀況，而是董事長不爲董事會召集，亦即董事長能召集而不召集時，得透過公司法第208條之1規定，由利害關係人或檢察官向法院聲請選任臨時管理人代行董事長職權，進而召集董事會。或由股東依公司法第173條第2項或第4項規定，報經主管機關許可，自行召集股東臨時會並改選董事，使董事會結構改變而重啓運作[5]。然無論何種解套方式，均需透過法院或主管機關之介入，方使程序得以進行，在此過程中曠日廢時且各派角力下恐衍生更多紛爭。更甚者，因我國實務見解諸如最高法院104年度台上字第823號民事判決有認爲，因董事會爲股份有限公司之權力中樞，爲確保決議之內容最符合董事及股東權益，故董事會之召集程序、決議方法應符合公司法之規定，如有違反應認爲當然無效，是故，若由非董事長之董事召集之董事會，將有被認爲該董事會決議無效之可能。此等法律上之利器，於公司發生經營權爭奪時，董事長即可加以利用，以消極不行使董事會召集權作爲制衡，其結果恐致公司運作困擾，不利於公司治理。以媒體曾經報導之台紙案[6]爲例，台紙公司總經理擬在董事會上透過其所掌控之多數董事，以決議方式解

---

[4]　洪秀芬（2007），〈董事會會議之召集權人〉，《月旦法學教室》，60期，頁26。

[5]　前揭註4，頁27。

[6]　盧沛樺（2017），〈新公司法能解台紙鬧劇？〉，《天下雜誌》，617期，頁40。

任董事長，惟董事長依舊公司法第 203 條之 1 規定為合法之董事會召集權人，自然選擇消極不召集董事會之方式防禦，即屬一例。

二、過半數之董事召集董事會

因此 2018 年公司法增訂第 203 條之 1 第 2 項及第 3 項規定：「過半數之董事得以書面記明提議事項及理由，請求董事長召集董事會。前項請求提出後 15 日內，董事長不為召開時，過半數之董事得自行召集。」因此倘董事長於法定期限內不為召開時，過半數之董事毋庸經主管機關許可，得自行召集董事會，以解決董事長不召開董事會，影響公司正常經營及形成公司僵局之情事，學者多肯定此修法方向，並認為某程度上可化解實務上董事會內部產生對立時，董事長藉故不召集董事會之僵局[7]。惟此處仍有疑義的是，若過半數董事自行召集董事會後，董事長又另行召集董事會，應以何人召開之董事會為主？依法條文義解釋，過半數之董事並非具有單獨召集董事會之權利，而是在書面請求董事長召集，董事長仍不召開時始有召集權，因此若董事長於收受書面通知後 15 日內召集董事會，則過半數董事即不得召集；若是董事長於 15 日後未召集，則過半數董事固有召集權，然法律文義上並未排除董事長原有之召集權，此時應解釋為均有召集權。然若以實務運作可能性以觀，因公司法第 206 條第 1 項規定董事會決議應有過半數董事之出席，若過半數董事已主動出擊自行召集董事會，則董事長所召集之董事會無法達到出席門檻而流會之可能性甚高。

7　蔡英欣（2018），〈2017年公司法與證券交易法發展回顧〉，《台大法學論叢》，47卷特刊，頁1941。劉連煜（2018），《現代公司法》，增訂13版，頁559，台北：新學林。

參、實質董事責任之擴大適用

一、實質董事於我國之沿革

公司法過去採形式認定「董事」一職，僅依法定程序選任者始能稱為董事，是為「法律上董事」（*de jure* director），然而企業實務上常見以人頭掛名董事，實際控制公司之人則隱於幕後操控，雖掌握實權卻因非法律上董事而無須被追究相關責任，造成權責不符的現象，實不利公司治理之發展[8]。而我國公司法雖有訂定關係企業專章，惟實際運作上可以對公司行使控制力、令其為不合營業常規之經營者，並不必然限於同屬公司組織的關係企業，包含自然人、獨資事業、合夥事業都可能因投資而直接或間接對公司享有控制力，進而引發不合營業常規弊端[9]，故單以公司法關係企業專章之規定，仍無從對實質控制公司之人為究責。

故公司法 2012 年修法時，逐新增公司法第 8 條第 3 項規定：「公開發行股票之公司之非董事，而實質上執行董事業務或實質控制公司之人事、財務或業務經營而實質指揮董事執行業務者，與本法董事同負民事、刑事及行政罰之責任。但政府為發展經濟、促進社會安定或其他增進公共利益等情形，對政府指派之董事所為之指揮，不適用之。」依法條文義及證券交易法第 4 條第 1 項可知，受此條規範之公司類型僅限於「公開發行股票之股份有限公司」，適用範圍甚小。而其立法理由係認為：「董事的認定不宜再依據形式上名稱，須使實際上行使董事職權，或對名義上董事下達指令者，均負公司負責人責任，使其權責相符藉以

8　王文宇，前揭註2，頁228。

9　黃銘傑（2013），〈2012年公司法與證券交易法發展回顧〉，《台大法學論叢》，42卷特刊，頁1112。

保障公司及投資人權益。因此，特引進實質董事觀念，藉以提高控制股東在法律上應負的責任。」

然考量非公開發行公司利用人頭擔任董事之情形實更為嚴重，為強化公司治理及保障股東權益，2018 年公司法修法擴大實質董事之適用範圍，使實質董事之適用亦及於無限公司、有限公司、兩合公司及非公開發行股票股份有限公司，故實質董事之規定已全面適用於各種類之公司，以除弊端[10]。

二、實質董事之定義與區辨

雖公司法第 8 條第 3 項之立法理由係使用「實質董事」一詞，然學者依其顯現於外之身分不同，區分為法律上董事（de jure director）、事實上董事（de facto director）及影子董事（shadow director）三種[11]，所謂法律上董事，指公司依法選出之董事；事實上董事，則指非董事而事實上有執行董事業務之外觀者，例如：公司之總裁；影子董事，係指非董事而經常指揮公司董事，但未對外顯現其董事身分，並藉由指揮董事遂

---

[10] 王文宇，前揭註2，頁227。莊永丞（2018），〈公司法最新修正簡評〉，《萬國法律》，221期，頁44。

[11] 此為英國法上之區分方式，詳郭大維（2015），〈我國公司法制對事實上董事及影子董事之規範與省思〉，《台北大學法學論叢》，96期，頁50以下。Fran Barber, *Indirectly Directors: Duties Owed Below the Board,* 5 Vict. U. Wellington L. Rev. 27, 35 (2014).

行其執行公司業務之目的者[12]，而後二者統稱爲實質董事[13]。故公司法第8條第3項立法理由之「實質董事」概念較爲廣泛，條文文義所稱之「實質上執行董事業務者」即爲事實上董事，而「實質控制公司之人事、財務或業務經營而實質指揮董事執行業務者」則爲影子董事。而事實上董事與影子董事二者規範之理論基礎實有不同，事實上董事之責任發生，係其對於在公司對外交易的法律關係上，創造出其享有董事權限並於實質上以董事名義對外爲法律行爲，因此課予其如同董事的義務與法律責任[14]，本身不需要對於公司之業務經營擁有控制力；至影子董事本身並不對外表現出其爲公司董事，而係於背後以盡量不爲人知的方式，對於公司業務經營下達命令，因此，英國法上有認爲，影子董事之責任並非如同事實上董事一般對於公司均負有忠實義務，而僅在下達有關涉及公司資產之命令時，才有忠實義務之產生[15]。因其規範理念近似於揭穿公

---

[12] Neil Jamieson & Kelly Hughes, *The Identification of Shadow Directors under English Law: What Guidance Might Buzzle Provide?*, 27 B.J.I.B. & F.L. 364, 364 (2012). 該文提到於英國法中，若欲證明被告爲影子董事，須證明：(1) 有公司董事存在（無論爲事實上董事或法律上董事）；(2) 被告指揮上述董事進行與公司相關之行爲，或其爲決策者之一；(3) 上述董事均依照其指示作爲；(4) 上述董事習於如此作爲；Alexander F. Loke, *From the Fiduciary Theory to Information Abuse: The Changing Fabric of Insider Trading Law in the U.K., Australia and Singapore,* 54 Am. J. Comp. L. 123, 139 (2006).

[13] 曾宛如（2013），〈影子董事與關係企業：多數股東權行使界限之另一面向〉，《政大法學評論》，132期，頁6。

[14] Rolandino Guidotti, *The European Private Company: The Current Situation*, 13 German L.J. 331, 343 (2012); Jeffrey Catanzaro et al., Asia and Pacific Law, 40 Int'l L. 515, 532 (2006). 韓國亦在2004年的證券交易法修正案中納入事實上董事之責任規範。

[15] Richard May, *Corporate Governance Feature: Recent U.K. Corporate Governance Summary*, 18(4) M & A L. 19, 21 (2014); Perry S. Granof & Shirley Spira, *Understanding Insolvency and D&O Liability Outside the United States: An Introduction*, 40 WTR Brief 54, 57 (2011); Francisco Reyes, *Modernizing Latin American Company Law: Creating an All-Purpose Vehicle for Closely Held Business Entities-The New Simplified Stock Corpo-

司面紗原則，故公司法第 8 條第 3 項遂套用公司法第 369 條之 2 第 2 項規定之用語，將「控制公司之人事、財務或業務經營」作爲影子董事之認定要件 [16]。

至事實上董事與影子董事是否爲公司董事（公司負責人）？此區別實益即在於實質董事是否應負公司法第 23 條受託人義務。否定說認爲，自公司法第 8 條第 3 項規範之主體爲「非董事」可知，並未將事實上董事與影子董事視爲董事，僅是將法律上董事之責任擴及於事實上董事與影子董事，令其與法律上董事同負民事、刑事及行政罰之責任 [17]。而肯定說則認爲，行政機關於修法期間曾考慮將該規範增訂於公司法第 23 條之 1，使其負受託人義務並須因侵權行爲而與公司連帶負責，然幾經轉折後法條文字制定於第 8 條，但其用意不外乎爲擴張實質董事負責之範圍，使其不以民事責任爲限，以合乎公司治理之本旨，且將實質董事定位爲公司負責人之用意在於與公司法第 23 條受託人義務勾稽，課予其負受託人義務之法律依據 [18]。本文以爲，公司法第 8 條第 3 項文義雖有「非董事」，但此應係指「非法律上董事」，因無論是事實上董事或影子董事之成立前提，必然爲非法律上董事始足當之，似難以「非董事」推認事實上董事或影子董事非公司負責人，況且公司法第 8 條第 3 項於 2012 年 1 月修法時係由立法委員提案修正，依其立法理由「董事的認定不宜再依據形式上名稱，須使實際上行使董事職權，或對名義上董事下達指令者，均負公司負責人責任」可知，其目的應在使實質董事負公司負責人責任。

---

ration, 29 Penn St. Int'l L. Rev. 523, 531 (2011).

[16] 黃銘傑，前揭註9，頁1112-1113。

[17] 郭大維，前揭註11，頁71。

[18] 曾宛如，前揭註13，頁45、50。此外，2006年英國公司法第170條規定影子董事於一定範圍內亦適用一般董事之法定義務（The general duties apply to a shadow director of a company where and to the extent that they are capable of so applying.）。

三、檢討與評析

(一) 肯定適用於所有公司類型之修法方向

　　2018 年修法前之公司法第 8 條第 3 項適用對象僅限於公開發行股票之公司，其立法體例架構上即有疑義，若僅限於公開發行股票之公司，實應將該規定訂於證券交易法，而在公司法體例上因僅就股份有限公司為規範，體例上卻置於總則章已有不當[19]。次者，引進實質董事的立法目的應在保障投資人，而公開發行股票公司涉及之投資人固然較多且具政策上之急迫性，但實質董事制度之區隔適用不應以是否為公開發行公司而異其適用，在法理上實缺乏強而有力的正當性[20]。

　　以我國公司規模係以中小企業為主，此等公司多為家族企業，且運作上亦不乏存有名實不符之情形，此等公司一旦發生公司治理問題，對於投資人之影響層面雖不若公開發行股票公司為大，但仍會對整體經濟造成損害，因此，透過實質董事制度確可強化公司治理，將事實上董事與影子董事之規範適用於公司法內所有之公司確屬妥當[21]。

(二) 影子董事之定義缺乏彈性

　　因公司法第 8 條第 3 項以「實質控制公司之人事、財務或業務經營」為要件，解釋上以對「董事會之過半董事」具有控制力或支配力且實際上行使控制力者，方有構成影子董事之可能[22]，惟影子董事係強調其隱身於公司董事背後而對董事下達指令，董事亦習慣聽從其指示而為

---

[19] 黃虹霞（2013），〈由公司法第8條第3項及第154條第2項之增訂談影武者責任〉，《萬國法律》，188期，頁57-58。

[20] 黃帥升、陳文智（2012），〈從公司法新修正看董事責任〉，《會計研究月刊》，315期，頁70。

[21] 郭大維，前揭註11，頁78。

[22] 邵慶平（2014），〈監察人代理董事長〉，《月旦法學教室》，144期，頁64。

行為，遂其目的後又能以非公司之董事而逸脫責任，但此並不意味影子董事即控制公司之人事、財務或業務經營，凡經常性對公司事務為相當程度的指導，使董事習慣聽從其指示進而對公司有實質影響力者，均可能成為影子董事，故公司法第8條第3項之文義可能造成影子董事之認定缺乏彈性[23]。

(三) 與關係企業章之適用關係

依公司法第369條之4：「控制公司直接或間接使從屬公司為不合營業常規或其他不利益之經營，而未於會計年度終了時為適當補償，致從屬公司受有損害者，應負賠償責任。控制公司負責人使從屬公司為前項之經營者，應與控制公司就前項損害負連帶賠償責任。控制公司未為第一項之賠償，從屬公司之債權人或繼續一年以上持有從屬公司已發行有表決權股份總數或資本總額百分之一以上之股東，得以自己名義行使前二項從屬公司之權利，請求對從屬公司為給付。」此係為促進企業集團經營可能發揮的「綜效」（synergy effects），故未禁止控制公司得使從屬公司為不合營業常規之經營，但為保護該從屬公司少數股東及債權人之權益，要求控制公司須於該不合營業常規經營發生後、會計年度終了前，對從屬公司為適當補償，否則即產生賠償責任。

惟對應公司法第8條第3項之規定後，控制公司更有可能被認定為從屬公司之影子董事，且無論控制公司嗣後有無補償予從屬公司，控制公司都將被認定為違反對從屬公司之忠實義務，故第8條第3項與第369條之4於適用上即產生競合衝突關係[24]，致關係企業規範所追求之綜效可能受破壞。而美國法上亦遭遇此番股東積極行動主義與影子董事責任之認定衝突，而有學者認為股東積極行動主義下的股東有時亦有影響

---

23 郭大維，前揭註11，頁73。曾宛如，前揭註13，頁19。
24 黃銘傑，前揭註9，頁1112-1113。

公司決策之能力，而不應豁免於影子董事之外[25]。

關於此爭議，我國有見解認為，控制公司若未嚴守企業所有與經營分離原則，透過其董事間接執行從屬公司之業務，則該控制公司及為行為之負責人，必須依公司法第 8 條第 3 項負同一之責任，而不再只依公司法第 369 條之 4 規定對從屬公司負損害賠償責任而已[26]，顯係認為公司法第 8 條第 3 項應優先適用。另有不同見解認為，在關係企業之母子公司情形，倘若母公司（股東）須以實質董事之身分對子公司負責，無疑係對股東課予無限責任，亦違反有限責任之原則，況每個股東對公司經營有不同應對之策，消極者選擇買賣股份，較積極者選擇推派代表擔任董事，此本屬多數股東之權力[27]。因此有學者主張應仿效英國法於條文中明定將關係企業排除於實質董事規定之外，而於未修法前應優先適用關係企業章之規定[28]。本文以為，參酌公司法第 8 條第 3 項為總則章之規定，如公司法關係企業章之規定有特殊之考量時，解釋上自應優先適用關係企業章之規定。

(四) 負民事、刑事、行政罰責任之意涵

民事責任部分，如認實質董事對於公司業務之執行，有違反法令致他人受有損害時，對他人應與公司負連帶賠償之責，因該條款屬特殊侵權行為之性質，請求權人仍應負相當之舉證責任。縱於 2012 年未增設公司法第 8 條第 3 項之舊法時期，最高法院 101 年度台抗字第 861 號民事裁定亦有肯認請求權人得依民法第 28 條、第 185 條規定於刑事附帶

---

[25] Iman Anabtawi & Lynn Stout, *Fiduciary Duties for Activist Shareholders*, 60 Stan. L. Rev. 1255, 1273 (2008).

[26] 黃虹霞，前揭註19，頁62。

[27] 曾宛如，前揭註13，頁52。

[28] 郭大維，前揭註11，頁74。

民事訴訟程序中向實質董事及公司請求連帶賠償責任[29]。至刑事責任部分，若無公司法第 8 條第 3 項之規定，基於刑法共犯或幫助犯之概念也極有可能將幕後操縱之人納入責任範疇[30]。因刑事責任主要係以行爲分擔、犯意聯絡界定行爲人之範圍，縱無特定身分亦可依刑法第 31 條第 1 項規定論處，向爲歷來實務運作之認事用法方式，諸如最高法院 103 年度金上重訴第 29 號刑事判決即採此認定，認爲被告實質上執行董事業務或實質控制公司之人事、財務或業務經營而實質指揮董事執行業務，而屬公司之實質負責人，雖行爲時之公司法尚未新增第 8 條第 3 項規定而無從適用，惟同案其餘被告具有公司法第 8 條第 2 項之公司負責人身分，而被告與具該身分之同案被告具有犯意聯絡與行爲分擔時，則依刑法第 31 條第 1 項規定，被告仍得成立非常規交易罪及特殊背信罪。因此，學者認爲，本條文最有效打擊的範圍應在於行政責任上，然在現行實務運作上，爲確保經營權即使被課以罰鍰也在所不惜時，課予實質董事行政責任之實益恐令人存疑[31]。

(五) 公司法第 8 條第 3 項但書未刪除

在解除管制、民營化已成爲世界潮流、全球趨勢，公司法第 8 條第 3 項所呈現的國家獨占資本主義、大有爲政府的心態及作法，由政府以公益之名免除其造成公司虧損之責任，恐使人民對於政府之施政喪失信

---

[29] 本件於一審、二審時，皆認為公司法係於2012年1月4日修正時始於公司法第8條第 3項新增影子董事責任（即實質董事之概念）規定，基於法律不溯及既往原則，無從使實質負責人與公司負連帶賠償責任，因此在刑事附帶民事訴訟中以裁定駁回原告之請求。惟最高法院罕見自為裁判，將一審、二審之裁定廢棄，肯認於法律無特別明文規定下，實質董事、實質負責人仍可依民法第28條、第185條為請求權基礎。

[30] 曾宛如，前揭註13，頁45。

[31] 曾宛如，前揭註13，頁45。

任及信賴感；次者，但書規定所免除者僅政府為實質董事時之民事、行政、刑事責任，並未免除政府所派任之代表董事的法律責任，政府基於所謂「公益」而命該代表董事違反受託人義務時，政府（影子董事）卻可依據本項但書主張免責，實存有不合理之結果[32]。且該規定無疑告知大眾，政府經常扮演影子董事之角色，與公司法倡導企業所有與經營分離原則顯有衝突[33]。

此但書規定反映主權豁免之理念，然豁免應嚴格解釋，關於商業、經濟行為不得主張豁免；實則，政府實質控制公開發行公司所指派之董事時，最可能產生流弊，且對小股東權益損害更是劇烈，2018 年修法未刪除此但書規定，修法方向之正當性即易受質疑[34]。

肆、揭穿公司面紗原則之擴大適用

一、否認公司法人格理論

為提升投資人的投資意願、便利企業籌得所需資金，各國企業組織法制多有資產分割之制度，以有限責任的設計，使投資人個人資產得以隔離於企業的經營風險之外，固有資產不致曝於過大的風險中[35]。再者，若股東須就公司債務負連帶清償責任時，將會提高股東對公司經營者監督之誘因，在各股東積極介入公司經營下將有害公司內部專業分

---

32 黃銘傑，前揭註9，頁1112、1114-1115。

33 黃虹霞，前揭註19，頁58。

34 劉紹樑（2017），〈企業法制發展的崎嶇之路：漫談公司法修正〉，《管理與法遵》，2卷2期，頁9。

35 陳彥良（2013），〈中小企業公司治理法制問題之探討〉，《財產法暨經濟法》，33期，頁77。Judith Elkin, *Lifting the Veil and Finding the Pot of Gold: Piercing the Corporate Veil and Substantive Consolidation in the United States*, 6(2) Disp. Resol. Int'l 131, 134 (2012).

工，反不利於公司經營，故採用股東有限責任制度將有助於降低股東監
控公司經營者及股東間彼此監控之成本，並促進投資人之投資意願，減
少投資人因恐懼可能潛在的股東責任而怯於投資之情形，進而促使投資
人願意挹注資金於未必熟悉之企業或具高風險的企業，使新興產業有發
展的空間[36]。因此，若是事業經營有成，投資人得以獲取利潤；反之，
若是事業虧損失敗，投資人之損失將僅限於其所投資之金額[37]。曾任美
國哥倫比亞大學校長的尼可拉斯教授甚至表示，有限責任是現代史上最
偉大的發明，蒸氣與電力都比不上有限責任公司重要[38]。

　　但英美法例上，在承認公司法人之獨立性、股東有限責任之大原則
下，基於衡平法理發展出揭穿公司面紗原則，若公司被股東用以詐欺或
侵害他人權益時，法院基於維護公平正義[39]，若不要求股東必須對公司
之負債負責，將產生顯失公平之結果，因此例外否認公司的法人格，揭
穿公司面紗而要求背後的股東或控制公司負擔法律責任[40]。對公司債權

---

[36] 郭大維（2013），〈股東有限責任與否認公司法人格理論之調和：揭穿公司面紗
原則之探討〉，《中正財經法學》，7期，頁54。

[37] John H. Matheson, *Why Courts Pierce: An Empirical Study of Piercing the Corporate Veil*, Berkeley Bus. L.J. 1, 3 (2010).

[38] Nicholas Murray Butler, Why Should We Change Our Form of Government? Studies in Practical Politics 82 (1912).

[39] Thomas K. Cheng, *The Corporate Veil Doctrine Revisited: A Comparative Study of the English and the U.S. Corporate Veil Doctrines*, B.C. Int'l & Comp. L. Rev. 329, 353-354 (2011); Steven B. Lesser & Ryan F. Carpenter, *My Favorite Mistakes: An Owner's Guide to Avoiding Disaster on Construction Projects*, 37 SPG Construction L. 1, 6 (2017); Peter B. Oh, Veil-Piercing, 89 Tex. L. Rev. 81, 83 (2010); Wayne M. Gazur, *Assessing the Limited Liability Company*, 41 Case W. Res. L. Rev. 387, 402 (1991).

[40] 林仁光，前揭註1，頁1307-1308。洪令家（2014），〈從美國法看揭穿公司面紗
原則在我國之實踐〉，《中正財經法學》，8期，頁74。David Millon, *Piercing the Corporate Veil, Financial Responsibility and the Limits of Limited Liability*, 56 Emory L.J. 1305, 1310 (2007); Omer Kimhi, *Getting More than Justice on Paper bankruptcy Priori-*

人更有實益的是，當公司無法清償其債務時，公司背後之股東通常即為最吸引人的追償目標[41]。至揭穿公司面紗原則係否認公司法人格理論下之其中一概念，二者意涵並不完全相同[42]。

二、揭穿公司面紗原則於我國之沿革

我國公司法於 2013 年正式明文引進揭穿公司面紗原則前，司法實務見解對於是否應適用揭穿公司面紗原則並無定論，否定說如最高法院91 年度台上字第 792 號判決即將肯認法人格否認法理之原審判決廢棄，並認為不同公司終究為不同之權利主體。惟仍不乏有肯定說見解如最高法院 98 年度台上字第 652 號判決於勞工事件即認，原雇主法人與另成立之他法人，縱在法律上之型態，名義上之主體形式未盡相同，但該他法人之財務管理、資金運用、營運方針、人事管理暨薪資給付等項，如為原雇主法人所操控，該他法人之人格已「形骸化」而無自主權，二法

---

ties and the Crisis of Unpaid Wages, 44 Hofstra L. Rev. 107, 141 (2015).

[41] Jonathan R. Macey & Joshua Mitts, *Finding Order in the Morass: The Three Real Justifications for Piercing the Corporate Veil*, 100 Cornell L. Rev. 99, 115 (2014).

[42] 依美國法「否認公司法人格」理論實係包含三原則，分別是「揭穿公司面紗原則」（piercing corporate Veil），係指公司雖為獨立人格之權利義務主體，與公司股東、經營者以及其他參與者分離，公司債權人僅能就公司資產取償，然在特殊情況下，公司債權人得主張應否認公司法人格，而要求股東、經營團隊等控制公司的人為公司債務負責；「衡平居次原則」（equitable subordination doctrine），亦稱為「深石原則」（the Deep Rock Doctrine）係指公司於破產程序中，使某些債權人之受償順位次於其他債權人；「實質合併原則」（substantive consolidation），係於破產程序中，將兩個以上具有獨立法人格但為關係企業之財產合而為一，用以清償企業集團所有債權人之債權。詳洪秀芬、朱德芳（2014），〈關係企業債權人保護之發展趨勢：以揭穿公司面紗為核心〉，《台大法學論叢》，143 期，頁671-672。Charles W. Murdock, *Limited Liability Companies in the Decade of the 1990s: Legislative and Case law Developments and Their Implications for the Future*, 56 Bus. L. 499, 510 (2001).

人間之構成關係顯具有實體同一性，與誠信原則無悖[43]。

此等基於衡平所發展出之一般法律原則，我國立法者選擇以立法方式加以規範，主要考量到我國法制向以法典化運作審判，如法無明文實難期待裁判者發揮法之再造功能，自發性啟動此法理對債權人進行保護[44]。故於2013年公司法修正時增訂第154條第2項規定：「股東濫用公司之法人地位，致公司負擔特定債務且清償顯有困難，其情節重大而有必要者，該股東應負清償之責。」其立法理由明確採用「揭穿公司面紗原則」，並認此係源於英、美等國判例法，其目的在防免股東濫用公司之法人地位而脫免責任導致債權人之權利落空，為保障債權人權益，我國亦有引進之必要。爰明定倘股份有限公司股東有濫用公司之法人地位之情形，導致公司負擔特定債務而清償有顯著困難，且其情節重大而有必要者，該股東仍應負擔清償債務之責任。法院適用揭穿公司面紗之原則時，其審酌之因素，例如：該公司之股東人數與股權集中程度、系爭債務是否係源於該股東之詐欺行為、公司資本是否顯著不足承擔其所營事業可能生成之債務等情形。由此可知，該法理主要針對濫用公司制度之情形，並非全面或永久否定該公司法人格，而是限縮在特定個案上將公司與股東視為一體，藉以調整與第三人間之法律關係[45]。簡言之，引進「揭穿公司面紗」機制係為防止濫用法人具資產分割特質、投資人受有限責任之保障，打破我國傳統公司法過於強調形式主義而使有限責

---

[43] 「法人形骸化」此等公司法人格否認理論之適用，於諸多勞動事件中為我國司法實務所肯認，學者有認為揭穿公司面紗的案件在我國勞動法事件中容易獲得法院的判決承認，應與最高法院若干保障勞工權益的判決有關，但除了勞動事件以外之其他領域發展並不順利，詳洪令家，前揭註40，頁93-95。

[44] 蔡英欣，前揭註7，頁1947。

[45] 蔡英欣（2018），〈公司法人格否認法理明文化後之課題：以日本法之經驗為借鏡〉，《台大法學論叢》，47卷3期，頁1347。

任原則成爲僵化教條的弊病[46]。

而 2018 年修法再於有限公司章增訂公司法第 99 條第 2 項：「股東濫用公司之法人地位，致公司負擔特定債務且清償顯有困難，其情節重大而有必要者，該股東應負清償之責。」與公司法第 154 條第 2 項完全相同之文字，使揭穿公司面紗原則適用範圍擴大及於有限公司。總體而言，立法者已於公司法中對揭穿公司面紗原則做出明文化的回應，將來實務運作及法院裁判，將有明文規範得以依循[47]。

三、揭穿公司面紗原則與其他規範之異同

(一) 公司法第 8 條第 3 項

公司法第 8 條第 3 項所追究者係實質董事之責任，要求其等與法律上董事，同負公司法上之相關責任（例如：公司法第 23 條），而此法律效果自與揭穿公司面紗原則係課予股東對公司債權人清償責任有所不同[48]。

再以規範之行爲主體以觀，公司法第 23 條第 2 項係規範「公司負責人」，而揭穿公司面紗原則之條文係規範「股東」，二者並不相同；次者，因第 23 條第 2 項規範公司負責人「對於公司業務之執行，如有違反法令致他人受有損害」，使公司對公司負責人之侵權行爲連帶負責，即在擴大公司債權人可得請求之對象，而揭穿公司面紗原則之條文係規範股東「濫用公司法人地位之行爲」，使其對公司債務負責，二者行爲態樣不同；最後，第 23 條第 2 項之他人所受損害係直接來自於違法業務執行行爲，而股東濫用公司法人地位，造成公司債務清償困難，

---

[46] 王文宇，前揭註2，頁74-75。Macey & Mitts, supra note 41, at 106.

[47] 洪令家，前揭註40，頁105-106。

[48] 蔡英欣，前揭註45，頁1377。

直接侵害對象爲公司，公司債權人僅受反射損害[49]。

(二) 公司法第 369 條之 4、第 369 條之 5

依公司法第 369 條之 4 及第 369 條之 5 規定可知，我國公司法於關係企業章節設有追究控制公司及其負責人之規範，甚至債權人得代位從屬公司向控制公司請求賠償，藉以滿足債權人之債權。然從屬公司之債權人並無法直接向控制公司請求損害賠償，此與揭穿公司面紗原則適用之情形不同[50]。充其量只是以英美法揭穿公司面紗原則意圖解決關係企業中控制公司對於從屬公司所產生控制力濫用及濫用從屬公司法人格的問題，與公司法人格否認理論所提供之救濟功能不盡相同，揭穿公司面紗原則之規定仍有其必要性[51]。

事實上，公司法第 369 條之 4、第 369 條之 5 規定於我國實務操作相當罕見，債權人往往援引過去尚未明文規定的「揭穿公司面紗原則」要求控制公司對公司債務負責，考其原因應係債權人代位權僅爲從屬公司之利益而行使，債權人對賠償金額僅有代位受領權限，受領後仍須返還從屬公司，不能直接優先受償，僅間接保護從屬公司債權人之權益，與揭穿公司面紗原則課予股東對公司債權人損害賠償責任不同[52]。從而代位權行使對債權人誘因不大，若能藉由揭穿公司面紗原則，由控制公司爲從屬公司的債務負清償責任，顯然更爲實際[53]。次者，依公司法第369 條之 4、第 369 條之 5 規定，債權人尚須證明控制公司有使從屬公司爲「不合營業常規」或「不利益之經營」，並證明具體的損害數額，

---

[49] 洪秀芬、朱德芳，前揭註42，頁713。

[50] 林仁光，前揭註1，頁1305。

[51] 洪令家，前揭註40，頁91。蔡英欣，前揭註45，頁1377。

[52] 蔡英欣，前揭註45，頁1377。

[53] 洪秀芬、朱德芳，前揭註42，頁643-644。

但倘若債權人主張適用揭穿公司面紗原則時，則其僅證明從屬公司對其之債務數額為已足，至於資本是否充足，業務、人員、辦公地點是否重疊等，亦屬較易被外部人所探知之事證，二者舉證責任之難易明顯有別[54]。最後，公司法第 369 條之 4 係以法律明文將控制公司與從屬公司間不合營業常規之行為合法化，並課予控制公司對從屬公司之補償義務乃至於損害賠償責任，等同於例外容忍關係企業間不合營業常規行為之存在，而揭穿公司面紗原則之目的，係避免公司制度被濫用，課予股東對公司債權人負清償責任[55]。

總體而言，需適用揭穿公司面紗原則之情形與關係企業間為不合營業常規之態樣並不完全相同，前者偏重於使債權人向實質控制股東求償，而後者偏重於關係企業間補償義務之落實。況公司法第 369 條之 4 之規定僅及於控制公司、從屬公司均為公司型態的商業組織，而不及於非公司型態之商業組織，若自然人惡意濫用從屬公司之型態即無適用之餘地[56]，兩制度應有同時併存之需要。

四、檢討與評析

(一) 肯定 2018 年修法擴大適用於有限公司

有限公司在於股東僅負有限責任，此固為資合公司之特質，但在公司會計監督與保護公司債權人方面，則不若資合性股份有限公司法制規範嚴謹，且有限公司一般資力較弱，以致於對債權人之保障方面相對不足[57]。而依前開相關公司法制度與揭穿公司面紗原則相較之結果可知，倘從公司債權人得直接向股東請求清償公司債務之角度以觀，公司法揭

---

[54] 洪秀芬、朱德芳，前揭註42，頁710。

[55] 蔡英欣，前揭註45，頁1378。

[56] 郭大維，前揭註36，頁88-89。

[57] 陳彥良，前揭註35，頁124。

穿公司面紗原則之規範確有其存在實益[58]。

　　學者自德國、美國法制以觀，相關責任之訴追均不限於股份有限公司，且自實務運作觀察，閉鎖型之有限公司股東對於公司之控制力較高，較易發生濫用公司形式之情形，故早於 2013 年新增公司法第 154 條第 2 項時，即有認為該項僅限適用於股份有限公司實有不足[59]，故 2018 年修法將本原則於有限公司章明定實值肯定。另一方面，在我國公司法對公司資本規範邁向鬆綁、鼓勵新創事業之政策考量下，例如：廢除最低資本額制度、閉鎖性股份有限公司之股東得以技術或勞務出資等，揭穿公司面紗原則等否認公司法人格理論之明文化本身，除可作為公司債權人權益保護之最後手段外，亦具有嚇阻濫用公司制度之功能[60]。

　　事實上，依美國實證研究結果顯示，法院通常不願意將揭穿公司面紗原則適用於公開發行股票公司，公開發行股票公司適用有限責任之合理性甚為堅定，因法院揭穿公開發行股票公司之法人格後，可能導致投資人對於公開發行股票之公司的投資減少，且形同鼓勵股東對於公司以微觀方式審視公司經營，揭穿公司面紗原則不適用於公開發行股票公司，應係相當穩固之見解[61]。蓋揭穿公司面紗原則是專門針對密切的公司及企業集團的學說，有限責任在促進股票公開交易的積極作用已足以構成避免被揭穿的理由[62]。

---

[58] 蔡英欣，前揭註45，頁1379。

[59] 林仁光，前揭註1，頁1340。洪秀芬、朱德芳，前揭註42，頁704。郭大維，前揭註36，頁97-98。洪令家，前揭註40，頁105。蔡英欣，前揭註7，頁1951。

[60] 蔡英欣，同前揭註7。

[61] Richmond McPherson & Nader Raja, *Corporate Justice: An Empirical Study of Piercing Rates and Factors Courts Consider When Piercing the Corporate Veil*, 145 Wake Forest L. Rev. 931, 968 (2010).

[62] Robert B. Thompson, Piercing the Corporate Veil: An Empirical Study, 76 Cornell L. Rev. 1036, 1070-71 (1991).

(二) 於公司法第 154 條第 2 項、第 99 條第 2 項增訂前之事件無溯及適用之問題

此問題早於公司法第 154 條第 2 項增訂時即被提出，因揭穿公司面紗之條文均無明文溯及既往之效力，若法院原本已承認揭穿公司面紗原則之適用，則也可能以此原則為法理之法典化，進而適用於修法前發生之案例[63]。實則，公司法第 154 條第 2 項明文增訂前，我國學者已將「揭穿面紗原則」及「法人格否認法理」引進我國，並成為我國法律解釋之重要法理，應肯定「揭穿面紗原則」或「法人格否認法理」適用之必要[64]。

而近期著名之 RCA 案（社團法人桃園縣原台灣美國無線公司員工關懷協會訴台灣美國無線電股份有限公司 RCA 公司）之事實即係發生於公司法第 154 條第 2 項增訂前，而該件於經最高法院 107 年度台上字第 267 號判決審理後揭示：「我國公司法雖於 102 年 1 月 30 日始增訂公司法第 154 條第 2 項『股東濫用公司之法人地位，致公司負擔特定債務且清償顯有困難，其情節重大而有必要者，該股東應負清償之責。』規定，將揭穿公司面紗理論予明文化。惟學者早於六、七〇年代即將前開理論介紹引進，公司法在 86 年 6 月 26 日增訂第 6 章之 1 關係企業專章，已蘊含揭穿公司面紗原則等相關理論之思維，司法實務亦有多件判決循此思維，運用權利濫用或誠信原則為論據，用以保護公司債權人。是在公司法第 154 條第 2 項增訂前，揭穿公司面紗原則等相關理論已屬法理，依民法第 1 條規定，自得適用之。」亦即公司法第 154 條第 2 項增訂前所發生之事實，仍得以「揭穿公司面紗原則」法理作為請求依

---

[63] 林仁光，前揭註1，頁1313。

[64] 邵慶平（2018），〈揭穿公司面紗：高等法院104年度重上字第505號民事判決〉，《月旦知識庫裁判解讀：商事法》，2018卷1期，頁3。

據，與公司法第 154 條第 2 項是否增訂並無關係，即無溯及適用與否之問題。

(三) 母子公司情況下應追究母公司經營者責任

因法條文義係追究濫用公司地位之「股東」，若於母子公司的情況，倘僅由母公司負擔清償責任，其效果如同母公司全體股東承擔責任，然並非所有母公司股東均積極經營公司，此時就產生不公平之情況，實則，母公司更應追究其經營者責任（違反忠實義務、注意義務），以確保公司及全體股東權益[65]。更甚至，揭穿公司面紗原則之適用範圍除股東外，應包括實際控制公司之人[66]。

(四) 不同債務間發生不公平之結果

學者認為「致公司負擔特定債務且清償顯有困難」之要件將產生不公平之結果，例如：A 股份有限公司有甲、乙、丙三筆債務，其中丙債務符合揭穿公司面紗原則之要件而應屬控制股東應負擔之特定債務，則控制股東為避免個人須對丙債務負清償責任，從而促使 A 公司以公司財產先清償丙債務，卻導致甲、乙債務無法受償[67]。此或為債權平等原則使然，難以法律明文規範或介入公司清償帳務之順序；惟若公司經營階層或控制股東有權利濫用之情形，解釋上似應許由其他債權人或利害關係人為一定之主張。

(五) 揭穿公司面紗原則並無絕對要件

立法委員原擬於公司法條文中載明法院審酌是否適用揭穿公司面

---

[65] 洪秀芬、朱德芳，前揭註42，頁707。
[66] 洪秀芬、朱德芳，前揭註42，頁713。
[67] 洪秀芬、朱德芳，前揭註42，頁703-704。

紗原則之各種事由，其提出公司法第 154 條第 2 項修正草案：「公司負擔債務而其清償生有顯著困難時，如經法院個案審酌下列情事，認為情節嚴重而有必要者，得令其股東承擔該債務：一、該公司股東之組成型態，股權集中程度與股東人數。二、該公司是否係關係企業中之構成員。三、系爭債務之發生，係源於契約，侵權行為或其它債之關係。四、股東資產與該公司資產二者間是否混合不清，欠缺明確區分。五、公司資本是否顯著不足承擔其所營事業可能生成之債務。六、公司之組織架構與員額是否遵守本法或相關法規，是否有股東過度控制之情事，或其業務之決策與執行是否符合法規與章程。七、其它足證明股東有濫用公司獨立法人地位之事由。[68]」，從立法歷程可知，提案委員之初始草案中，係擷取英美法案例之具體事實作為其內容，此種立法技術是否適合於我國，容值商榷[69]。

揭穿公司面紗原則既屬英美法上之衡平法則，每個揭穿公司面紗的爭議事件都由法院審視特殊事實而酌定，並非某特定情形發生即是當然適用揭開公司面紗原則的絕對因素，因商業實務本就多有彈性、無法有一個明確性定義，故揭穿公司面紗原則在適用上本就需要法官對於個案事實進行全面審酌，考量許多因素而綜合判斷[70]。在案件類型多元且個案事實大相逕庭下，誠難羅列出固定要件作為依歸[71]，更遑論同一個案在不同的法領域亦會有不同的實務見解[72]，因此，於美國法上，亦有學者批評表示，法院於適用揭穿公司面紗原則時，經常有先射箭再畫靶之

---

[68] 立法院公報處（2012），《立法院公報》，101卷81期，頁197。

[69] 蔡英欣，前揭註45，頁1399。

[70] 洪令家，前揭註40，頁102-103。

[71] 蔡英欣，前揭註45，頁1406。

[72] Peter French, *Parent Corporation Liability: An Evaluation of the Corporate Veil Piercing Doctrine and Its Application of the Toxic Tort Arena*, 5 Tul. Envtl. L.J. 605, 634 (1992).

嫌[73]。

但從美國法上實證研究仍可得出一個脈絡顯示，股東人數是法院所在意的因素，然在一人公司之情況下其法人格是否必然遭揭穿？因一人公司要保持有限責任並非不可能，在實證研究上，仍有半數之一人公司保持有限責任[74]。依統計結果，只有一位股東之情況幾乎有 50% 會被揭穿，於二到三位股東的公司，會下降到 46%，而在有三位以上股東的公司則跌至 35%[75]。另一方面，股東個人於公司中所扮演的角色也影響結果，若被告僅是單純股東身分，並未擔任公司董事或主管，則公司較不容易被揭穿法人格[76]。若股東對待公司資產如同自己資金一樣且無法明確區分股東行為與公司行為間有何不同時，在此情形進行揭穿應符合公平性[77]。

(六) 個案上審慎適用揭穿公司面紗原則

有限責任原則固為美國公司法領域根深蒂固之原則，然有限責任原則並非絕對原則，揭開公司面紗原則即是有限責任原則的例外[78]。但因揭穿公司面紗原則畢竟是獨立法人地位與股東有限責任之例外。如過度適用恐造成公司債權人或其他股東之權益受損，反而喪失適用此原則之正當性，司法實務於個案操作時亦應謹慎，若相關案件可適用其他法規範時，不宜適用揭穿公司面紗原則[79]。亦即，此例外原則之適用不應發生反客為主之情形，應屬少數為維護公平正義之最後手段，於不適用即

---

[73] Stephen M. Bainbridge, *Abolishing Veil Piercing*, 26 Iowa J. Corp. L. 479, 513 (2001).

[74] Thompson, *supra* note 62, at 1057.

[75] *Id.* at 1055-56.

[76] *Id.* at 1057.

[77] McPherson & Raja, *supra* note 61 , at 969.

[78] *Id.* at 968.

[79] 郭大維，前揭註36，頁96。

可能產生極度不公平之結果時，才例外適用[80]。否則可能破壞公司制度之目的及徒增人民對法之不確定性[81]。

伍、少數股東代位訴訟之門檻降低

一、少數股東代位訴訟之目的

落實以「保護少數股東」為核心的公司治理標準，可促進國家或公司層面之正向經濟發展，使大股東與少數股東間，以及少數股東和董事會及管理階層間之代理問題降到最低，以鼓勵投資人勇於進行投資，且充分的揭露要求、賦予少數股東對於重大決策的參與權以及建立完善的公司內部人問責機制等措施，可確保投資人所投入的資本不會遭大股東或經理人濫用或淘空[82]。否則現實中，股東會多為大股東所把持，且其多身兼董事之職，諸多公司重大議案，亦僅有董事會有提案權，小股東於股東會上毫無影響力，若使少數股東得透過訴訟方式藉以制衡監督公司經營者，應可產生公司治理之效益。

而股東對公司提起訴訟可分為兩類[83]：一為直接訴訟，乃股東基於個人股東地位，於其契約上權利或法定權利受侵害時，對公司或董事所

---

[80] 林仁光，前揭註1，頁1340。

[81] 蔡英欣，前揭註45，頁1408。

[82] 王文宇，前揭註2，頁88。Elizabeth Pollman, *Corporate Disobedience*, 68 Duke L.J. 709, 717 (2019); Karl M. F. Lockhart, *A 'Corporate Democracy'?: Freedom of Speech and the SEC*, 104 Va. L. Rev. 1593, 1607 (2018).

[83] 美國法律協會（The American Law）建議應以股東於主張權利時，是否亦須主張公司同時受有損害以及是否僅要股東受有補償即可填補損害來區分直接訴訟或是代位訴訟，詳Allan B. Cooper, Kim R. Greenhalgh & Melanie Stallings Williams, *Too Close for Comfort: Application of Shareholder's Derivative Actions to Disputes Involving Closely Held Corporations*, 9 U.C. Davis Bus. L.J. 171, 176-77 (2009).

提出之訴訟；二為代位訴訟，係股東以公司代表之身分，對公司管理階級所提出之訴訟，如公司法第 214 條第 2 項規定起訴之股東，即係居於公司代表機關之地位[84]。此因實體法上權利係公司所有，本應由公司擔任原告，但公司經營者為董事會，較難想像董事會會為公司利益對董事求償[85]。更甚者，要求股東會決議請公司自行向內部人訴追亦有不實際之處，因股東會若係由與內部人（董事、監察人、大股東）同派之大股東所把持，亦難期待透過股東會決議由公司訴追，故為克服適格原告之爭議，賦予少數股東得提起代位訴訟，仰賴少數股東之參與以確保公司追訴，此係透過股東行動主義之發揮，強化公司治理[86]。代位訴訟係以公司就其權益有所主張為前提，而將屬於公司之訴權例外由股東代為行使[87]。而股東行使此代位權所請求之利益仍歸於公司。因起訴股東所行

---

[84] 王文宇（2007），〈侵害新股優先認購權之法律救濟〉，《公司與企業法制（二）》，頁411，台北：元照。John A. Pearce, *The Duties of Directors and Officers within the Fuzzy Zone of Insolvency*, 19 Am. Bankr. Inst. L. Rev. 361, 370 (2011).

[85] 因此，於美國法上有學者主張應強化股東代表訴訟權利或擴大公司經營階層善良管理人注意義務之範疇，參Daniel R. Fischel & Michael Bradley, *The Role of Liability Rules and the Derivative Suit in Corporate Law: A Theoretical and Empirical Analysis*, Cornell L. Rev. 261, 262 (1986)。曾宛如（2015），〈公司參加代位訴訟與表決權迴避行使之適用：兼論股東會與董事會權限劃分——最高法院一〇三年度台上字第二七一九號民事判決與台灣高等法院高雄分院一〇二年度抗字第二三七號民事裁定之評析〉，《裁判時報》，39期，頁29。

[86] 劉連煜（2004），〈股東代表訴訟〉，《台灣本土法學雜誌》，64期，頁156。Nicholas J. Morin, *Mandatory Indemnification in Claims Trading: Preserving the Purposes of Secions 502(D) and 510(C) of the Bankruptcy Code*, 22 Am. Bankr. Inst. L. Rev. 489, 523 (2014); Martin Gelter, *Why Do Shareholder Derivative Suits Remain Rare in Continental Europe?* 37 Brook. J. Int'l L. 843, 847 (2012).

[87] 模範公司法（Model Business Corporation Act, 2016 Revision）第7.40條規定：「"Derivative proceeding" means a civil suit in the right of a domestic corporation.」。曾宛如（2008），〈少數股東之保護與公司法第二三條第二項：兼評台南高分院八十七年度重上更（一）字第二二號判決及九十六年度台上字第一八六號判

使之權利爲公司之權利，不可能大於原本公司得請求之權利，而代位訴訟之結果，判決效力亦及於公司[88]。

二、立法沿革

公司法第 214 條於 2018 年修法前係規定：「繼續一年以上，持有已發行股份總數百分之三以上之股東，得以書面請求監察人爲公司對董事提起訴訟。監察人自有前項之請求日起，三十日內不提起訴訟時，前項之股東，得爲公司提起訴訟；股東提起訴訟時，法院因被告之申請，得命起訴之股東，提供相當之擔保；如因敗訴，致公司受有損害，起訴之股東，對於公司負賠償之責。」

而 2018 年修法後改爲：「繼續六個月以上，持有已發行股份總數百分之一以上之股東，得以書面請求監察人爲公司對董事提起訴訟。監察人自有前項之請求日起，三十日內不提起訴訟時，前項之股東，得爲公司提起訴訟；股東提起訴訟時，法院因被告之申請，得命起訴之股東，提供相當之擔保；如因敗訴，致公司受有損害，起訴之股東，對於公司負賠償之責。股東提起前項訴訟，其裁判費超過新台幣 60 萬元部分暫免徵收。第二項訴訟，法院得依聲請爲原告選任律師爲訴訟代理人。」基於股東行動主義之理念，降低少數股東提起訴訟之門檻，以持股門檻以觀，公司法制定之初持股比例即高達 10%，嗣於 1983 年降低爲 5%，復於 2001 年再降低爲 3%，直至 2018 年公司法修正時，考量我國持股期間與持股比例之規定較各國嚴格，不利少數股東提起代位訴

決〉，《月旦法學雜誌》，159期，頁271。Daniel J. Marcus, *The Data Breach Dilemma: Proactive Solutions for Protecting Consumers' Personal Information*, 68 Duke L.J. 555, 559 (2018); Tina M. Nguyen, *Lowering the Fare: Reducing the Patent Troll's Ability to Tax the Patent System*, 22 Fed. Circuit B.J. 101, 130 (2012).

[88] 雷萬來（2012），〈股東代表訴訟程序上股東的地位〉，《民事訴訟法之研討(十八)》，頁120，台北：元照。

訟，故持股門檻再降低至 1%。

三、股東身分需繼續存在

以美國模範公司法（Model Business Corporation Act）為例，原告需於起訴時為公司股東，或於同一期間依法律規定自原股東處受讓而成為股東，且能公正且適當代表公司利益[89]，此即為「同時存在原則」（Contemporaneous Ownership Rule）[90]。限制股東於不法行為時具股東身分始得代位請求者，無非是避免股東嗣後買進股份以取得起訴資格而發生濫訴情形，且於董監事為不法行為後始購買股份之人已用較低價格取得股份，若由其提起訴訟而獲勝訴結果後，將因股價上升而獲利。論者間另有主張，濫訴與具股東身分並無關聯，因不法行為時已具備股東身分之人亦可能濫訴，至前述股價上升而獲利之說法，於不法行為發生時之股東提起訴訟，而後成為股東之人也會因訴訟勝訴而獲利，實則為提起訴訟而嗣後購買股票之情形似屬多慮，在代位訴訟不普遍之情形下，更應鼓勵此等訴訟為是[91]。股東提起代位訴訟後，只要維持其股東

---

[89] 模範公司法（Model Business Corporation Act, 2016 Revision）第7.41條規定：「A shareholder may not commence or maintain a derivative proceeding unless the shareholder: (1) was a shareholder of the corporation at the time of the act or omission complained of or became a shareholder through transfer by operation of law from one who was a shareholder at that time; and (2) fairly and adequately represents the interests of the corporation in enforcing the right of the corporation.」；Andrew J. Sockol, *A Natural Evolution: Compulsory Arbitration of Shareholder Derivative Suits in Publicly Traded Corporations*, 77 Tul. L. Rev. 1095, 1096 (2003).

[90] Malaika M. Eaton et al., *The Continuous Ownership Requirment in Shareholder Derivative Litigation: Endorsing a Common Sense Application of Standing and Choice-of-Law Principles*, 2 Willamette L. Rev. 1, 3 (2010).

[91] 曾宛如（2010），〈我國代位訴訟之實際功能與未來發展思考上的盲點〉，《台灣法學雜誌》，159期，頁30。

身分，訴訟資格應不受影響，但若失去股東身分者，法院應以欠缺權利保護爲由予以駁回[92]。

四、檢討與評析

(一) 新法降低起訴股東之裁判費負擔

舊法時期將依原告起訴金額核算訴訟裁判費，然股東之所以提起代位訴訟係肇因於公司不行使權利，於股東挺身而出提起代位訴訟時，卻先面臨繳納訴訟費用之困難而卻步，美國法上亦有類似之問題[93]。學者曾有提出建議認爲，因本條規定涉及公開發行公司時即具公益性，應鼓勵股東積極提起本訴訟以嚇阻董監事爲不法行爲，但民事訴訟法之訴訟救助又需以當事人無資力爲前提，適用上仍有窒礙難行之處，或可考慮將代位訴訟定爲「非財產權訴訟」之性質，而徵收象徵性之裁判費用以鼓勵股東積極提起本訴訟，或可能思索以無因管理作爲請求權基礎之可能[94]。

本文以爲，由代位訴訟之股東負擔律師費、訴訟費用確實可能造成代位訴訟之障礙，若非由資源較豐厚之投保中心提起，一般小股東並無動機先行付出成本提起代位訴訟。但若因此將代位訴訟視爲「非財產權訴訟」可能與向來司法先例不符，蓋所謂非財產權訴訟一般係指身分上之訴訟標的[95]，而代位訴訟所請求之損害賠償係金錢給付，爲財產上之訴訟標的，似難於本質上變更其性質而認爲是非財產權訴訟。

因此 2018 年修法爲降低股東之負擔，股東提起代位訴訟時，裁判

---

[92] 前揭註91，頁31。

[93] Geroge D. Hornstein, *The Death Knell of Stockholder's Derivative Suits in New York*, 32 Calif. L. Rev. 123, 124 (1944).

[94] 曾宛如，前揭註91，頁28、31。

[95] 最高法院83年台抗字第161號民事判例。

費超過新台幣 60 萬元部分暫免徵收，亦即股東最多僅需繳納 60 萬元即可進行訴訟。然有質疑意見認為，新法形同開放繳納 60 萬元裁判費後即可對公司董事訴訟，是否有訴訟資源被濫用之弊？學者認為，公司法同條第 2 項得命起訴股東供擔保並於敗訴時需負擔賠償公司損失之規定，此將對提起代位訴訟者相當大之負擔，某程度亦可遏阻股東濫訴之情形[96]。

(二) 法院得依聲請為原告股東選任律師

舊法時期，因提起訴訟之成本除裁判費外，歷審律師費用易使原告股東卻步，因民事訴訟法設第三審律師強制代理之規定，雖第三審律師費用最終得由敗訴當事人負擔，惟律師費用並非毫無上限而應由最高法院核定，再加以第一審及第二審委任律師費用仍無法轉嫁由敗訴當事人負擔，對於無法律專業之代位訴訟股東而言，委任律師提起代位訴訟將是一大成本，早於 2018 年修法前即多有倡議解決此訴訟障礙。

學者有主張，原告股東提起代位訴訟之目的在於保障全體股東之利益，勝訴時利益將歸於公司，為免公司成為勝訴之獲益者，而原告股東卻成為唯一受害者，可參考日本商法第 268 條之 2 規定，於原告股東代位公司獲勝訴判決確定時得向公司請求合理律師報酬額及其他因訴訟支出之必要費用[97]。本文則認為，若以另訴方式請求律師報酬者，或可考慮以無因管理作為請求權基礎，向公司請求訴訟費用及律師費用，蓋無因管理之管理事務，除事實行為外亦包含法律行為在內，且無因管理重在管理事務本身，也不以目的達成為必要[98]，故無論代位訴訟之股東最後勝訴或敗訴，訴訟費用、委任律師費用等均可轉嫁由公司負擔，然以

---

[96] 莊永丞，前揭註10，頁45-46。

[97] 劉連煜，前揭註86，頁160。

[98] 王澤鑑（2005），《債法原理（一）》，自版，頁376。

此方式也非無缺點存在，因公司已不願主動提起代位訴訟時，顯然已與從事不法行為之董事站同一陣線，當代位訴訟股東再向公司請求負擔訴訟費用、律師費用時，公司拒絕給付時，卻又再次陷入訟累。

2018 年修法時係增設法院得依聲請為原告選任律師為訴訟代理人之制度，而依民事訴訟法第 77 條之 25 第 1 項規定：「法院或審判長依法律規定，為當事人選任律師為特別代理人或訴訟代理人者，其律師之酬金由法院或審判長酌定之。」而依該條第 2 項所頒布之法院選任律師及第三審律師酬金核定支給標準第 4 條固有規定民事財產權之訴訟，得酌定律師酬金為訴訟標的金額之 3% 以下，惟設有最高新台幣 50 萬元之上限。然比對美國股東代位訴訟之情形並不少見之關鍵因素，在於律師收費係採勝訴報酬的收費方式，使得律師成為此類訴訟之組織者及訴訟風險承擔者，但在我國以律師主導股東代表訴訟的配套機制並不存在，律師並無誘因代理股東提起代位訴訟[99]。故本文以為，我國目前最常核定律師費用之最高法院所核定之第三審律師費用並不高，是否能吸引優秀律師擔任原告股東訴訟代理人而發揮少數股東代位訴訟之功能，仍待觀察。

(三) 是否適用於追訴實質董事責任

公司法相關追訴規定（如公司法第 214 條規定、證券投資人及期貨交易人保護法第 10 條之 1 規定）是否適用於實質董事？如認為公司法第 8 條第 3 項並未將事實上董事與影子董事視為董事者，即會認為因事實上董事與影子董事並非董事，故不適用公司法向董事追訴之規定，只能回歸公司法之一般規定，由董事會擁有訴訟發動之決定權，而董事

---

[99] 邵慶平（2015），〈投保中心代表訴訟的公益性：檢視、強化與反思〉，《台大法學論叢》，44卷1期，頁225-226。

長代表公司對實質董事為訴訟[100]。相對地，認為事實上董事與影子董事為公司負責人之論者，則認為既然實質董事對公司負有受託人義務，則因其不法之行為導致公司受損害時自應負損害賠償之責，況實質董事對公司之影響力大於法律上董事，從而公司董事會怠於究責之可能性在實質董事上將更明顯，股東應得使用代位訴訟之機制追究實質董事之責任[101]。本文以為，要求法律上董事（董事長）向實質董事提起訴訟之期待可能性甚低，且實質董事得造成公司損害之情形，通常亦有法律上董事提供助力始得完成，因此股東代位訴訟之對象有極高的機率是包含法律上董事及實質董事，若能於同一訴訟事件中完成訴追程序，亦有訴訟經濟之考量；尤其若由法律上董事向實質董事提起訴訟者，更有在訴訟攻防上放水而藉由司法判決脫免責任之可能性，似應允許股東代位訴訟之對象包含實質董事。而實務見解如最高法院 103 年度台上字第 846 號民事判決固認為，依證券投資人及期貨交易人保護法第 10 條之 1 規定，倘造成公司損害之人並非公司之董事或監察人，即不得依該規定提起損害賠償訴訟。然該判決又認為，公司法第 8 條第 3 項前段新增後，係擴大負公司董事責任「人」之範圍，若於該條項規定施行前，非董事而實質上執行董事業務或實質上指揮董事執行業務者，無須依公司法第 23 條及民法第 544 條規定對公司負損害賠償責任，無溯及適用公司法第 8 條第 3 項之餘地而不得請求損害賠償[102]。依該判決見解之反面解釋，似即認為公司法第 8 條第 3 項適用後，實質董事因對公司負有受託人義務而得為代位訴訟之被告。

---

100 郭大維，前揭註11，頁77。

101 曾宛如，前揭註13，頁47-48。

102 惟學者對實務見解針對投保法第10條之1所採之不溯及既往原則，有不同見解。詳參劉連煜（2012），〈投保中心對董監事提起解任之訴的性質：東森國際案最高法院100年度台上字第1303號民事裁定及其歷審判決之評釋〉，《法令月刊》，63卷4期，頁6-8。

(四) 放寬逕行代位訴訟之情形

　　美國模範公司法第 7.41 條規定，股東應先以書面請求公司採取適當行動[103]，且若於書面請求後90日內公司仍未採取適當行動，股東即可進行代表訴訟，但若股東證明其請求已遭公司拒絕，或待 90 日等待期間過後對公司將造成不可回復之損害，則不在此限[104]。因此，關於公司法代位訴訟法制建議上，學者認為我國公司法第 214 條應新增規定，如因遵守 30 日之催告期限致公司受有不能回復之損害之虞者（如請求權時效即將消滅之情形），股東即不受限制而得逕行為公司提起訴訟，惟法院於審理時必須對起訴要件「公司受有不能回復之損害之虞」做較嚴格之審查，以避免股東濫行起訴[105]。就現實情況而言，若干情形排除股東先行請求之義務應屬肯定，惟除即將罹於時效乙事較為明確外，實務運作上欲舉證有其他情形致公司不能回復之損害之虞（諸如脫產等）恐屬不易。

---

[103] 此一要求，於美國法上亦有律師提出檢討認為，若公司董事會以提出訴訟並非對公司之最佳利益而拒絕提起訴訟時，股東反而需盡更大的努力說服法院為何董事會的決定有誤以及為何提起訴訟對公司有利，此結果將造成股東代位訴訟提起成功之難度，詳Kurt A. Goehre, *Is the Demand Requirement Obsolete? How the United Kingdom Modernized Its Shareholder Derivative Procedure and What the United States Can Learn from It*, 28 Wis. Int'l L.J. 140, 144 (2010).

[104] 模範公司法（Model Business Corporation Act, 2016 Revision）第7.41條規定：「No shareholder may commence a derivative proceeding until: (1) a written demand has been made upon the corporation to take suitable action; and (2) 90 days have expired from the date the demand was made unless the shareholder has earlier been notified that the demand has been rejected by the corporation or unless irreparable injury to the corporation would result by waiting for the expiration of the 90-day period.」；John Matheson, *Restoring the Promise of the Shareholder Derivative Suit*, 50 Ga. L. Rev. 327, 388 (2016).

[105] 劉連煜，前揭註86，頁158-159。王文宇（1999），〈從公司管控之觀點論如何強化董事權責〉，《王仁宏教授六十歲生日祝賀論文集：商事法暨財經法論文集》，頁150，台北：元照。

陸、結論

舊法將董事會召集權人限於董事長，因而董事長不為董事會召集時即造成公司決策經營停擺，僅能透過選任臨時管理人或召集股東臨時會改選全部董事才得解套，僵化之規定將耗損諸多社會資源，而新法賦予過半數董事得召集董事會之權限，應有助於解決僵局。

於我國盛行人頭文化下，實質董事之規範甚為重要，然 2012 年僅限於公開發行股票公司始有適用，似未見我國以中小企業為大宗，實務運作上充斥此等有實無名之情形，於本次修法放寬至所有公司種類均需適用實質董事規範，應可減少使用人頭經營公司之動機。而實質董事規範與關係企業章並不全然相符，各有其目的及效果，然在二者發生競合下，股東為實質董事對公司有不合營業常規交易時，仍應優先適用關係企業章之規範，容許股東於會計年度終了前為補償。

本次修法，於保障債權人面向上，亦將揭穿公司面紗原則擴大適用於有限公司，使濫用公司有限責任之股東應負最終清償責任。而此制度與實質董事、關係企業章之規範不盡相符，應有區別適用而同時併存之必要。又因本原則係早於公司法第 154 條第 2 項增訂前即廣泛討論之法理，縱為明文化前所發生之事實，仍得透過民法第 1 條規定予以適用。而本原則既為英美法案例所累積，自難以明確構成要件作為立法模式，惟修正條文提案所列舉之各項因素，仍得由法院於個案上做判斷。

最後，凡董事對公司有不法行為而監察人未有效究責時，即有透過股東代位訴訟之方式進行訴追，而自公司法第 214 條修法歷史以觀，有逐步降低代位訴訟門檻之趨勢，實值肯定。而本次修法更降低裁判費負擔及增設法院為原告股東選任律師制度，是否能發揮功效仍值觀察。

總言之，本次修法內容多在呼應學者長期提倡之規範或解決實務運作之困難，雖有若干建議事項（諸如公司秘書制度、公司登記 E 化平

台等）未能於本次修法一併完成，惟本次全盤翻修之範圍甚廣，亦有待時間予實務運作消化後再予調整之空間，以使我國公司治理能符合國際趨勢與我國社經環境。

參考文獻

一、中文部分

（一）專書

王文宇（2018），《公司法論》。

王澤鑑（2005），《債法原理(一)》。

劉連煜（2018），《現代公司法》，增訂13版。

（二）專書論文

王文宇（1999），〈從公司管控之觀點論如何強化董事權責〉，《王仁宏教授六十歲生日祝賀論文集：商事法暨財經法論文集》，頁123-152。

王文宇（2007），〈侵害新股優先認購權之法律救濟〉，《公司與企業法制（二）》，頁409-411。

雷萬來（2012），〈股東代表訴訟程序上股東的地位〉，《民事訴訟法之研討（十八）》，頁111-172。

（三）期刊論文

林仁光（2014），〈2013年公司法與證券交易法發展回顧〉，《台大法學論叢》，43卷特刊，頁1299-1343。

邵慶平（2012），〈董事會決議與表決迴避〉，《月旦法學教室》，115期，頁24-26。

邵慶平（2014），〈監察人代理董事長〉，《月旦法學教室》，144期，頁60-64。

邵慶平（2015），〈投保中心代表訴訟的公益性：檢視、強化與反思〉，《台大法學論叢》，44卷1期，頁223-262。

邵慶平（2018），〈揭穿公司面紗：高等法院104年度重上字第505號民事判決〉，《月旦知識庫裁判解讀：商事法》，2018卷1期，頁1-6。

洪令家（2014），〈從美國法看揭穿公司面紗原則在我國之實踐〉，《中正財經法學》，8期，頁72-111。

洪秀芬（2007），〈董事會會議之召集權人〉，《月旦法學教室》，60期，頁26-

27。

洪秀芬、朱德芳（2014），〈關係企業債權人保護之發展趨勢：以揭穿公司面紗為核心〉，《台大法學論叢》，143期，頁641-718。

莊永丞（2018），〈公司法最新修正簡評〉，《萬國法律》，221期，頁40-50。

郭大維（2013），〈股東有限責任與否認公司法人格理論之調和：揭穿公司面紗原則之探討〉，《中正財經法學》，7期，頁49-105。

郭大維（2015），〈我國公司法制對事實上董事及影子董事之規範與省思〉，《台北大學法學論叢》，96期，頁45-83。

陳彥良（2013），〈中小企業公司治理法制問題之探討〉，《財產法暨經濟法》，33期，頁73-132。

曾宛如（2008），〈少數股東之保護與公司法第二三條第二項：兼評台南高分院八十七年度重上更（一）字第二二號判決及九十六年度台上字第一八六號判決〉，《月旦法學雜誌》，159期，頁264-273。

曾宛如（2010），〈我國代位訴訟之實際功能與未來發展思考上的盲點〉，《台灣法學雜誌》，159期，頁27-33。

曾宛如（2013），〈影子董事與關係企業：多數股東權行使界限之另一面向〉，《政大法學評論》，132期，頁1-70。

曾宛如（2015），〈公司參加代位訴訟與表決權迴避行使之適用：兼論股東會與董事會權限劃分—最高法院一○三年度台上字第二七一九號民事判決與台灣高等法院高雄分院一○二年度抗字第二三七號民事裁定之評析〉，《裁判時報》，39期，頁21-30。

黃帥升、陳文智（2012），〈從公司法新修正看董事責任〉，《會計研究月刊》，315期，頁68-73。

黃虹霞（2013），〈由公司法第8條第3項及第154條第2項之增訂談影武者責任〉，《萬國法律》，188期，頁56-62。

黃銘傑（2013），〈2012年公司法與證券交易法發展回顧〉，《台大法學論叢》，42卷特刊，頁1109-1145。

劉紹樑（2017），〈企業法制發展的崎嶇之路：漫談公司法修正〉，《管理與法

遵》，2卷2期，頁1-15。

劉連煜（2004），〈股東代表訴訟〉，《台灣本土法學雜誌》，64期，頁156-161。

劉連煜（2012），〈投保中心對董監事提起解任之訴的性質：東森國際案最高法院100年度台上字第1303號民事裁定及其歷審判決之評釋〉，《法令月刊》，63卷4期，頁1-8。

蔡英欣（2018），〈公司法人格否認法理明文化後之課題：以日本法之經驗為借鏡〉，《台大法學論叢》，47卷3期，頁1345-1416。

蔡英欣（2018），〈2017年公司法與證券交易法發展回顧〉，《台大法學論叢》，47卷特刊，頁1931-1961。

盧沛樺（2017），〈新公司法能解台紙鬧劇？〉，《天下雜誌》，617期，頁40-41。

二、外文部分

（一）專書

Butler, Nicholas Murray, Why Should We Change Our Form of Government? Studies in Practical Politics (1912).

（二）期刊論文

Anabtawi, Iman & Stout, Lynn, *Fiduciary Duties for Activist Shareholders*, 60 Stan. L. Rev. 1255 (2008).

Bainbridge, Stephen M., *Abolishing Veil Piercing*, 26 Iowa J. Corp. L. 479 (2001).

Barber, Fran, *Indirectly Directors: Duties Owed Below the Board*, 5 Vict. U. Wellington L. Rev. 27 (2014).

Catanzaro, Jeffrey, Chang, Albert Vincent Y. Yu, Fuller, Pamela A., Kim, Hansin (Scott), Messer, Rusty M., Tornberg, Joseph E. & Yap, Ben Dominic R., *Asia and Pacific Law*, 40 Int'l L. 515 (2006).

Cheng, Thomas K., *The Corporate Veil Doctrine Revisited: A Comparative Study of the English and the U.S. Corporate Veil Doctrines*, B.C. Int'l & Comp. L. Rev. 329 (2011).

Cooper, Allan B., Greenhalgh, Kim R. & Williams, Melanie Stallings, *Too Close for Comfort: Application of Shareholder's Derivative Actions to Disputes Involving Closely Held*

Corporations, 9 U.C. Davis Bus. L.J. 171 (2009).

Eaton, Malaika M., Feldman, Leonard J. & Chiang, Jerry C., *The Continuous Ownership Requirement in Shareholder Derivative Litigation: Endorsing a Common Sense Application of Standing and Choice-of-Law Principles*, 2 Willamette L. Rev. 1 (2010).

Elkin, Judith, *Lifting the Veil and Finding the Pot of Gold: Piercing the Corporate Veil and Substantive Consolidation in the United States*, 6(2) Disp. Resol. Int'l 131 (2012).

Fischel, Daniel R. & Bradley, Michael, *The Role of Liability Rules and the Derivative Suit in Corporate Law: A Theoretical and Empirical Analysis*, Cornell L. Rev. 261 (1986).

French, Peter, *Parent Corporation Liability: An Evaluation of the Corporate Veil Piercing Doctrine and Its Application of the Toxic Tort Arena*, 5 Tul. Envtl. L.J. 605 (1992).

Gazur, Wayne M., *Assessing the Limited Liability Company*, 41 Case W. Res. L. Rev. 387 (1991).

Gelter, Martin, *Why Do Shareholder Derivative Suits Remain Rare in Continental Europe?* 37 Brook. J. Int'l L. 843 (2012).

Goehre, Kurt A., *Is the Demand Requirement Obsolete? How the United Kingdom Modernized Its Shareholder Derivative Procedure and What the United States Can Learn from It*, 28 Wis. Int'l L.J. 140 (2010).

Granof, Perry S. & Spira, Shirley, *Understanding Insolvency and D&O Liability Outside the United States: An Introduction*, 40 WTR Brief 54 (2011).

Guidotti, Rolandino, *The European Private Company: The Current Situation*, 13 German L.J. 331 (2012).

Hornstein, Geroge D., *The Death Knell of Stockholder's Derivative Suits in New York*, 32 Calif. L. Rev. 123 (1944).

Jamieson, Neil & Hughes, Kelly, *The Identification of Shadow Directors under English Law: What Guidance Might Buzzle Provide?*, 27 B.J.I.B. & F.L. 364 (2012).

Kimhi, Omer, *Getting More than Justice on Paper bankruptcy Priorities and the Crisis of Unpaid Wages*, 44 Hofstra L. Rev. 107 (2015).

Lesser, Steven B. & Carpenter, Ryan F., My Favorite Mistakes: An *Owner's Guide to Avoid-*

ing Disaster on Construction Projects, 37 SPG Construction L. 1 (2017).

Lockhart, Karl M. F., *A 'Corporate Democracy'?: Freedom of Speech and the SEC*, 104 Va. L. Rev. 1593 (2018).

Loke, Alexander F. *From the Fiduciary Theory to Information Abuse: The Changing Fabric of Insider Trading Law in the U.K., Australia and Singapore*, 54 Am. J. Comp. L. 123 (2006).

Macey, Jonathan R. & Mitts, Joshua, *Finding Order in the Morass: The Three Real Justifications for Piercing the Corporate Veil*, 100 Cornell L. Rev. 99 (2014).

Marcus, Daniel J., *The Data Breach Dilemma: Proactive Solutions for Protecting Consumers' Personal Information*, 68 Duke L.J. 555 (2018).

Matheson, John H., *Why Courts Pierce: An Empirical Study of Piercing the Corporate Veil*, Berkeley Bus. L.J. 1 (2010).

Matheson, John, *Restoring the Promise of the Shareholder Derivative Suit*, 50 Ga. L. Rev. 327 (2016).

May, Richard, *Corporate Governance Feature: Recent U.K. Corporate Governance Summary*, 18(4) M & A L. 19 (2014).

McPherson, Richmond & Raja, Nader, *Corporate Justice: An Empirical Study of Piercing Rates and Factors Courts Consider When Piercing the Corporate Veil*, 145 Wake Forest L. Rev. 931 (2010).

Millon, David, *Piercing the Corporate Veil, Financial Responsibility and the Limits of Limited Liability*, 56 Emory L.J. 1305 (2007).

Morin, Nicholas J., *Mandatory Indemnification in Claims Trading: Preserving the Purposes of Secions 502(D) and 510(C) of the Bankruptcy Code*, 22 Am. Bankr. Inst. L. Rev. 489 (2014).

Murdock, Charles W., *Limited Liability Companies in the Decade of the 1990s: Legislative and Case law Developments and Their Implications for the Future*, 56 Bus. L. 499 (2001).

Nguyen, Tina M., *Lowering the Fare: Reducing the Patent Troll's Ability to Tax the Patent System*, 22 Fed. Circuit B.J. 101 (2012).

Oh, Peter B., *Veil-Piercing*, 89 Tex. L. Rev. 81 (2010).

Pearce, John A., *The Duties of Directors and Officers within the Fuzzy Zone of Insolvency*, 19 Am. Bankr. Inst. L. Rev. 361 (2011).

Pollman, Elizabeth, *Corporate Disobedience*, 68 Duke L.J. 709 (2019).

Reyes, Francisco, *Modernizing Latin American Company Law: Creating an All-Purpose Vehicle for Closely Held Business Entities-The New Simplified Stock Corporation*, 29 Penn St. Int'l L. Rev. 523 (2011).

Sockol, Andrew J., *A Natural Evolution: Compulsory Arbitration of Shareholder Derivative Suits in Publicly Traded Corporations*, 77 Tul. L. Rev. 1095 (2003).

Thompson, Robert B., *Piercing the Corporate Veil: An Empirical Study*, 76 Cornell L. Rev. 1036 (1991).

第八章

論證券詐欺民事賠償與其因果關係：海峽兩岸之比較

吳光明[*]

*台北大學法律學系教授，律師（1975-1993；2013迄今），台灣財產法暨經濟法研究協會理事長，經濟部公司法修法委員，法務部仲裁法修法委員，法務部物權法修法委員，台灣證交所上市審議委員，櫃檯買賣中心上櫃審議委員，凌巨科技股份有限公司（係日商凸版公司投資在台灣之上市公司）獨立董事。

摘　要

在我國，除證券交易法外，各種證券交易相關章則多達 1,500 多種，其目的均在保護投資人權益，維護市場之穩定與發展。

證券交易法對於詐欺行為，賦予因他人違法行為而遭受損害之投資人請求損害賠償之權利。惟投資人欲請求賠償，當事人之適格問題、損害賠償之責任性質以及因果關係等，自應先予釐清。

又美國證券管理之相關立法，起步甚早，且我國與中國大陸有關證券之法制，又多移植自美國。故有關美國證券之相關制度與「因果關係」、「對市場詐欺理論」等理論，均有必要加以探討。

再者，我國與中國大陸之證券管理與法制，既多雷同，又存差異，則值得予以比較，並且互為借鏡。

關鍵詞：證券詐欺，因果關係，財報不實，證券民事訴訟。

壹、概說

任何投資均有風險，證券投資亦然。投資人投資證券之損失，略可分為兩種：一、因股價變動而直接遭受之損失；二、因公司財產減少而間接遭受之損失。無論股價變動或公司財產減少，倘係因市場因素或營運績效所致，自無可議，但如係因相關人員違法或失職所致，難免發生紛爭，蓋基於公平正義之理念，沒有理由讓投資人承擔因為他人違法失職行為所帶來之損失。

隨著證券市場之發展，因證券交易所引起之糾紛，與日俱增，法令規章則日益龐雜。在我國，除證券交易法外，證券管理之相關法令規章，以及自律規範，多達1,500種。而「證券交易法」第1條規定：「為發展國民經濟，並保障投資，特制定本法。」足見其基本原則是保護投資人之合法權益，樹立投資人對證券市場之信心，進而促進經濟之發展。

我國之證交法條文中，並未對於「證券市場詐欺」（簡略稱為證券詐欺）有所定義，但以實務而言，證券市場詐欺主要有：公開說明書不實、財報不實、操縱股價與內線交易等類型。其所涉的範圍應包括證交法第20條，即一般詐欺行為；第20條之1，即誠實義務及損害賠償責任；第32條，即公開說明書虛偽隱匿之責任；第155條，即操縱行為之禁止；第157條，即內部人短線交易之禁止；第157條之1，即內線交易之禁止等規定。惟因篇幅因素，故本文僅就重要議題擇要論述，就短線交易、內線交易部分等，則暫不討論。

證券交易法帶有強烈之管理色彩，對於詐欺行為，除由主管機關代表政府行使公權力，就違法者予以處罰與訴追外，證券交易法亦賦予因他人違法行為而遭受損害之投資人，有提起民事訴訟請求損害賠償之權利。而「因果關係」之闡述與主張，則為民事求償過程之基本要項。

在美國，證券市場管理之相關立法，其起步遠早於我國及中國大陸；且投資人因證券投資爭議而提起民事訴訟，一向獲得廣泛認同，歷來由私人在聯邦法院以及州法院提出之證券訴訟案件頗多[1]。而我國與中國大陸有關證券詐欺、證券民事訴訟等方面之立法，以及有關證券投資損害之「因果關係」理論，亦多移植自美國證券法制。觀察美國相關制度之內涵，當有助於吾人對該理論之理解與應用。

近年來，中國大陸對於證券法制更形重視，其間之學理或實務，無論是爭議或特色，對我國而言，亦值加以探討，故本文文末將以兩岸證券詐欺民事責任相關問題之比較，俾互為借鏡，以代結論。

貳、我國證券詐欺民事求償之主體

在證券民事訴訟中，除應遵循一般民事訴訟法中之基本原則外，同時應著重於保護投資人之權益。茲先將我國證券民事訴訟行為之主體，分述如下：

一、適格之原告

(一) 有價證券之善意取得人或出賣人

依證券交易法第 20 條第 1、2 項規定：「（第一項）有價證券之募集、發行、私募或買賣，不得有虛偽、詐欺或其他足致他人誤信之行為。（第二項）發行人依本法規定申報或公告之財務報告及財務業務

---

[1] 此部分由律師進行之「團體訴訟」涉及美國法律文化體系，以及美國現實法律環境中發人深省之層面，包括既有無數之法律原則之交織，以及各種社會集團之縱橫，該制度明顯與我國不同。參閱吳光明（2019），〈第23章證券市場投資人保護立法與評價—以團體訴訟文化為中心〉，氏著，《證券交易法論》，增訂14版，頁530-564，台北：三民。

檔，其內容不得有虛偽或隱匿之情事。」同條文第 3 項則規定：「違反第一項規定者，對於該有價證券之善意取得人或出賣人因而所受之損害，應負賠償責任。」

可見依該條文第 3 項，於發生證券詐欺之情事下，「有價證券之善意取得人或出賣人」，皆能檢具主張損害賠償，至其取得（或出賣）證券之原因，則非所問。

(二) 委託證券經紀商以行紀名義買入或賣出之人

依證券交易法第 20 條第 4 項規定：「委託證券經紀商以行紀名義買入或賣出之人，視為前項之取得人或出賣人」。

在我國，由於證券集中市場與櫃檯買賣中心交易制度，是採「行紀」方式，在此模式下，證券交易雙方當事人，為受託之證券經紀商而非投資人。但為使真正投資人在爭議發生時能夠求償，爰規定當投資人「委託證券商以行紀之名義買入或賣出」時，投資人即視為有價證券之取得人或出賣人。

但在徵求委託書之情形，學者認為，徵求委託書人之文件即使有虛偽不實陳述致股東受有損害，則不得主張為有價證券之善意取得人或出賣人，而主張第 20 條之權利[2]。

(三) 第 20 條之 1 之「持有人」

證交法第 20 條之 1 第 1 項規定，「……，下列各款之人，對於發行人所發行有價證券之善意取得人、出賣人或持有人因而所受之損害，應負賠償責任。」按此，其損害賠償請求權人，即擴及原來就已持有該有價證券之投資人。此種規定，有別於一般求償主體僅限於買進或賣出

---

[2] 陳春山（2005），〈不實財務報告之民事責任法律適用爭議〉，《賴英照大法官六秩華誕祝賀論文集》，頁462，台北：元照。

之人之見解，而將「持有人」亦納入求償主體。

我國於 2006 年 1 月 11 日增訂證交法第 20 條之 1 時，即將「持有人」亦納入求償主體，其理由在於期使對投資人之保護更為周延，故自該條文實施後，凡有製作並公布不實財報等證券詐欺情事者，對於在其不法行為時已持有公司股票，並能舉證因而受有損害之人，即應負損害賠償責任。

二、適格之被告

(一) 被告之行為必須符合法定之前提與態樣

證券交易法第 20 條規範之行為，有兩種前提與態樣：

1. 在該條文第 1 項規定之「有價證券之募集、發行、私募或買賣」之前提下，有「虛偽、詐欺或其他足致他人誤信之行為」。
2. 在該條文第 2 項規定「發行人依本法規定申報或公告之財務報告及財務業務文件」之前提下，有「其內容有虛偽或隱匿之情事。」

證券交易法第 20 條第 1 項為證券詐欺之一般規範，故不僅適用於發行市場，亦適用於交易市場；又因本項之性質為廣泛之反詐欺條款，故可包括詐欺行為或操縱行為[3]。

(二) 證券交易法第 20 條第 1 項之責任主體

本條項因並未明文規定其責任主體，其意義究竟何指，學者間有不同意見：

1. 採狹義解釋

採狹義解釋者，認為其責任主體僅指募集、發行、私募或買賣有價

---

[3] 王志誠（2004），〈發行市場證券詐欺規範之解釋及適用〉，《律師雜誌》，297 期，頁17。

證券之人。因此，如公司發行新股之對象，僅限於公司股東、員工及特定人者，因並不構成募集、發行，故不能適用證券交易法第20條第1項及同法第171條規定[4]。

2. 採廣義解釋

採廣義解釋者，認為其責任主體包含實際為募集、發行、私募或買賣有價證券之人，以及與其有關之人，故包含實際參與募集發行買賣之人如證券承銷商、間接參與之人如律師、會計師或其他專門職業或技術人[5]。

(三) 證券交易法第20條第2項、第20條之1責任主體

證交法第20條第2項針對財報、業務文件虛偽或隱匿情事之行為主體，原本僅規定為「發行人」，2006年修正通過之證券交易法中，始增訂第20條之1，將第20條第2項之責任主體，擴張為：1.發行人及其負責人。2.發行人之職員，曾在財務報告或財務業務文件上簽名或蓋章者。3.會計師，辦理財務報告或財務業務文件之簽證，有不正當行為或違反或廢弛其業務上應盡之義務，致損害發生者。

新增第20條之1的理由，係為加重不實財務報告及財務業務文件之責[6]。然該條條文於2015年再次修正（即現行之條文），刪除原條文第2項及第5項中之「發行人之董事長、總經理」。查其修法理由，係認證券交易法第20條之1有關財報不實之規定，對於董事長與總經理之責任顯然過重，而有礙企業之用才。為避免過苛之賠償責任降低優秀

4　賴英照（2017），《股市遊戲規則最新證券交易法解析》，頁715-718，台北：元照。

5　余雪明（2000），《證券交易法》，頁527-528，台北：證券暨期貨市場發展基金會。

6　參閱2015年7月1日，《證券交易法》，第20條之1立法理由。

人才出任董事長及總經理等高階職位之意願而有礙國家經濟發展，爰將董事長與總經理之絕對賠償責任修正爲推定過失責任。

另外，學者認爲，證交法第 20 條第 2 項之責任人範圍，相對仍較該條第 1 項爲窄[7]。因爲該條文第 2 項僅規定「發行人」之責任人範圍，本文亦表贊同。

三、「持有人」衍生之爭議

證交法第 20 條之 1 第 1 項，將「持有人」與「善意取得人、出賣人」，皆列爲證券詐欺損害賠償請求權之主體，針對所謂「持有人」，又有二種見解：

(一) 第一說

證交法第 20 條之 1 所稱之持有人，係指該條文實施（即 2006 年 1 月 13 日）之後獲有公司有價證券，且於該公司「財報不實」之情事發生時，仍持有該公司有價證券之人，始爲本條所稱之持有人。

(二) 第二說

證交所第 20 條之 1 所稱持有人，僅需投資人於不實財報之事件爆發時仍持有公司有價證券，即屬之，至於該等有價證券係 2006 年 1 月 13 日「之前」或該日期「之後」所獲，則非所問。蓋本條之立法意旨在於使投資人之保護更形周延，且公布不實財報之行爲人，對行爲時之持有人因已具有預見可能性，應負損害賠償責任，尚無法律不溯及既往之問題[8]。

---

[7] 曾宛如（2005），《證券交易法原理》，頁214，台北：新學林。

[8] 參閱陳春山教授、莊永丞教授在2007年2月15日投資人之保護諮詢會議之發言；在該次會議中，劉連煜教授亦認為持有人是可以溯及，但並無法證明因果關係。

　　前述二種見解，對「持有人」獲有公司有價證券之時間點看法有所不同，卻都存有爭議。本文認為，證交法第 20 條之 1 規定「持有人」得為損害賠償之求償主體，雖立意良善，惟似有待商榷。因依據條文文義，除非能證明取得人在取得證券時，已明知有不實說明或遺漏之情事，否則任何「持有人」均可能成為訴訟之原告，此恐過於浮濫，有欠妥適。況實務上，於發生證券詐欺之情事時，如擴張至一、二十年前即開始持有證券之「持有人」亦得以求償，其因果關係實相當遙遠，甚難證明，且由於該等「持有人」既未因他人證券詐欺而買進，亦未賣出證券，卻主張遭受到「失去買賣證券機會」之無形經濟損失時，顯然是一種帶有投機性之索賠，並不足取，故證交法第 20 條之 1 條文中所「或持有人」一詞，將來恐需再予修法調整。

參、證券詐欺之損害賠償與因果關係

　　證券詐欺所涉，往往包括民事、刑事，或行政責任，僅就民事責任而言，其課責之方式幾乎皆在於對投資人之損害賠償，茲以其要者析述之：

一、損害賠償之責任性質

　　依我國證交法第 20 條之修法理由（1988 年），即已指明本條之賠償義務人為「侵權行為人」，故可肯定證券民事詐欺之損害賠償責任，非屬契約性質，一般採侵權行為說。其理由為：如採契約說，則求償權利人與義務人間須有契約關係，如非契約當事人，則即使其有虛偽詐欺之行為而影響證券交易之秩序，亦非賠償義務人。再者，自規範目的而言，為擴大本條規定之適用範圍以充分發揮其效用，採侵權行為說較妥。

　　茲由於證券交易法第 20 條之規定，乃是獨立類型之損害賠償制度，且證券交易制度主要係為保障資訊公平之機會，並維護市場秩序之公益目的考量[9]，與民法第184條規範之侵權行為，其構成要件、損害態均不相同。有學者認為，為避免證交法第 20 條與民法第 184 條牽連而造成適用上之困擾，應認上開第 20 條為獨立類型之法定責任，佐以侵權行為之要件為適用時之參考[10]。

　　實務上，對於已有證交法第 20 條之情事，可否再主張民法第 184 條之見解，則有不同觀點。採肯定說者，認為已有證交法第 20 條之情事，可再主張民法第 184 條之適用，如：大中鋼鐵、萬有紙業、遠倉、國產車案。以國產車案之判決為例，該案原告主張被告之公開說明書有虛偽、隱匿之情事，結果法院將「原告之訴駁回」。因法院認為，應直接適用民法第 184 條而非證交法第 20 條，其理由為海外證券承銷商並非證交法第 20 條之主體[11]。但採否定說者，實務案例如：京元電子案、順大裕案等，即認為已有證交法第 20 條之情事，則不可再主張民法第184 條之見解。

二、損害賠償歸責要件

(一) 限於財務報告與「財務業務文件」

　　依現行證交法第 20 條第 2 項規定，「發行人依本法規定申報或公告之財務報告及財務業務檔，其內容不得有虛偽或隱匿之情事」。亦即將證券詐欺之相關書類，限制於「依本法規定」所申報或公告之財務報告與「財務業務文件」，其範圍頗為明確。

9　台灣台北地方法院92年度金字第41號民事判決。

10　曾宛如，前揭註7，頁61。

11　台灣台北地方法院89年度國貿字第34號民事判決。

(二) 行為人主觀上必須有詐欺之意圖

茲所以強調行為人主觀上必須有詐欺之意圖，主要是因違反證交法第 20 條第 1 項，將有民事責任與第 171 條之刑事責任。因此，有學者認為，應修正第 20 條第 1 項規定，以釐清其行為主體與責任要件為妥（例如：於條文內明訂須有詐欺之意圖），以免發生民事責任主體與刑事處罰對象，認定不一致之情形[12]。

又多數學者認為，證交法第 20 條規範之損害賠償責任，屬於侵權行為之類型，故即使認為證交法第 20 條所規定之證券詐欺行為性質為獨立之侵權行為，民法上侵權行為之主觀歸責要件仍可適用，而應由請求權人舉證證明行為人有故意或過失。

又違反證交法第 20 條，因須受刑事責任規範，故學者多數認為違反該條之損害賠償，主觀上須以故意為限[13]。然亦有學者認為，應限於故意及重大過失為妥[14]。至實務上，就違反證交法第 20 條者，是否包含「過失」者，實務上認定尚非一致。在順大裕案[15]中，認為包含故意與重大過失。然亦有認為包含一般過失；另又有認為會計師若因過失，即必需對不特定多數投資人負責，將顯失公平。因此，認為會計師不應因為「過失」而負責[16]。

另京元電子案中，則認為虛偽、隱匿，係證交法第 20 條第 2 項之客觀構成要件，實與主觀無涉。因此凡是財報之主要內容有錯誤，縱使

---

12 王志誠，前揭註3，頁23。

13 亦有學者認為刑事責任應以故意為前提，並無疑義，但民事責任是否應為相同解釋，見解尚欠一致。參閱賴英照，前揭註4，頁787。

14 曾宛如，前揭註7，頁62。王志誠，前揭文，頁27。

15 台中地方法院90年度重訴字第706號民事判決。

16 曾宛如，前揭註7，頁239。

其僅係「有過失」[17]，即構成本條責任。

此外，實務上認為，如公開說明書之內容，對於截至公開說明書刊印日為止，所有已經發生之「足以影響利害關係人判斷之交易或其他事件」，自應全部揭露。而財務報表數字之確定與發行公司資訊之充分揭露，應屬不同之問題，亦即公司虧損之確切數字，縱尚未經會計師查核確認，然公司如已發生重大虧損之事件，依規定亦應揭露之[18]。

實務上，針對證券交易法第 20 條第 1 項與第 2 項之行為主體之認定，歷來並不一致，例如：有些判決中認為行為主體不以發行人為限者，有遠倉案[19]、大中鋼鐵案[20]、京元電子案[21]、順大裕案[22]；認為以發行人為限者，則有國產汽車案。

(三) 有虛偽、詐欺、隱匿之情事

證交法第 20 條第 1 項規定之行為態樣，為「虛偽、詐欺或其他足致他人誤信之行為」。所謂「虛偽」指陳述之內容與客觀事實不符，而陳述者在陳述時明知者。所謂「詐欺」是指以欺罔之方法騙取他人財物。而所謂「消極詐欺」，即交易之一方對於交易內容、相關事項應告知他方而未予告知之情形。所謂「足致他人誤信之行為」，則是因為陳述內容有缺漏或其他原因而誤導相對人，使其對事實之了解產生偏差。至於同條文第 2 項之財務報告、財務業務文件之「隱匿」行為，是指遺漏重要事實而使陳述不完整，概念上包含引人誤導之陳述、對於事實陳

---

17 台灣新竹地方法院90年度重訴字第162號民事判決。

18 最高法院95年度台上字第4108號刑事判決。

19 台灣台北地方法院90年度訴字第87號刑事判決。

20 台灣高等法院台中分院90年度上重訴字第28號刑事判決。

21 新竹地方法院90年度重訴字第162號民事判決。

22 台中地方法院90年度重訴字第706號民事判決。

述有偏倚，使投資人不能獲得完整之認識，而生誤導之效果[23]。

證交法第 20 條規範之行為態樣甚廣，包含上市、未上市的有價證券募集、發行、私募或買賣。例如：盤商對於非上市上櫃股票有不實推薦[24]、炒作之行為，因其不符合證交法第 155 條「在證券交易所上市」之規定，並不受第 155 條規範，但此時仍可適用第 20 條來規範之[25]。

(四) 虛偽或隱匿須有重大性

證交法第 20 條規範之構成要件而言，虛偽或隱匿之事項是否以「重大」（Material）[26]為必要，對此，該條第 2 項並未明確規定。然查證交法第 32 條公開說明書虛偽隱匿之責任而言，是以該公開說明書主要內容為限；再者，公司財務報表的項目繁多，如有任何錯誤即需要負責，則對市場商業發展之順暢，亦屬不利。因此，學者認為，證交法第 20 條所規定虛偽或隱匿責任之成立，應以重要內容為限[27]，本文亦表贊同。

三、損害賠償與因果關係

無論一般民事訴訟或證券民事訴訟，損害賠償請求權之成立，自應以「侵權行為」與「損害」之間，有因果關係存在為必要。但證券詐欺對投資人之損害，其因果關係往往甚為模糊，所涉層面又甚廣泛，故舉證確屬不易。嗣因「投資人對詐欺行為之信賴」之法理，以及「對市場詐欺理論」之建立，而有利於投資人權益之主張。

---

23 賴英照，前揭註13，頁793。

24 台灣高等法院90年度上字第920號、90年度上字第1289號民事判決。

25 廖大穎（2005），〈不實推介非上市上櫃股票之民事責任——從台灣高等法院九十年上字第九二號與九十年上字第一二八九號二則判決的啟發〉，《月旦法學雜誌》，121期，頁242。

26 此所謂重大（Material），一般是指實質上足以影響投資人的判斷、決策行為。

27 陳春山，前揭註2，頁475。

（一）投資人對詐欺行為之信賴

依證交法第20條第1項規定，「有價證券之募集、發行、私募或買賣，不得有虛偽、詐欺或其他足致他人誤信之行為。」據此觀之，須因投資人對於詐欺行為有一定之信賴而致損害，即詐欺行為與損害之間，有因果關係存在，始可能成立損害賠償。茲所謂「投資人對詐欺行為之信賴」，指投資人除相信公司資料之陳述外，且相信其陳述之完整性，並在此基礎上作投資決策。

早期我國之證券交易法修正（2002年2月）前，依其第20條文義觀之，係由投資人負舉證責任，證明其因信賴該不實資訊而為有價證券之買賣，亦即有「交易之因果關係」；且加害行為與損害間又有因果關係，亦即有「損害之因果關係」，此種舉證責任之規範，對於投資人之負擔極為沈重。晚近實務上，因受美國實務之影響，「投資人對詐欺行為之信賴」之法理獲得認同，此一法理遂成為證券詐欺「侵權行為」與「損害」之間，存有因果關係之重要主張。

（二）對市場詐欺理論

1.「對市場詐欺理論」之背景

證券詐欺之訴訟中，由於投資人欲證明信賴與因果關係，頗有困難，且在團體訴訟制度之需要下，美國法院於是發展出「對市場詐欺理論」（the Fraud on the Market Theory）來解決舉證責任之問題[28]。

2.「對市場詐欺理論」之內容

「對市場詐欺理論」，係指在一開放且發展良好、有效率之證券市

---

[28] 美國法院於Basic Incorporated v. Levinson案中，有關於合併資訊之揭露，[485 U.S.224,108 S. Ct. 978, 99 L. Ed. 2d 194(1988)]採用「對市場詐欺理論」來推定信賴要件之存在。

場內，股價會充分反映所有可得資訊，包括不實陳述或遺漏之資訊等。而當行爲人故意將虛僞不實之資訊公開於市場時，則視爲其對於整體證券市場有詐欺行爲；因爲投資人一般以股價作爲其價值之表徵，即使投資人並未閱讀相關之公開資料，其亦可以信賴股價爲理由，說明其間接信賴公開之資訊，推定爲被詐害者，而不需證明個人之信賴關係，以減輕投資人之舉證責任[29]。

3.「對市場詐欺理論」的三個主要概念

(1) 效率資本市場假設

此一假設是指在一個有效率之市場中，股價會反映所有已知之相關資訊，即使股價偏離基本價值，亦因資訊不對稱或資訊解讀點時間上之差異所致，並且其假設每一投資人皆係理性，可對市場上之資訊做出正確判斷。

如投資人並非全是理性，非理性之投資人之投資決策亦會呈現隨機分布。因此，以整個市場而言，非理性投資人之投資決策彙整後，並不會損及整個市場之效率性。即使非理性投資人之投資決策並非呈現隨機分布，此時市場會出現套利機會，而理性之投資人即會從事套利行爲，直到套利空間消失爲止[30]。

(2) 市場模式之投資決策

一般而言，學者將證券市場之參與者分爲市場專業人士（market professionals）及一般投資人（average investors）。一般投資人縱使其有能力解讀資訊，但通常會因爲成本效益之考量而放棄。因此，其大多

---

29 劉連煜（2001），〈證券詐欺與因果關係〉，《月旦法學雜誌》，78期，頁23；劉連煜(2013)，《新證券交易法實例研習》，頁282，台北：新學林。曾宛如，前揭註6，頁227。

30 郭大維（2005），〈我國證券詐欺訴訟「因果關係」舉證之探討以美國法爲借鏡〉，《月旦法學教室》，28期，頁87-89。

是根據前一類之專業人士之投資建議來做投資決策。但這並不表示市場存有不實資訊時，此些一般投資人不會受害。因為當專業人士解讀市場資訊進而買賣時，包含所有真實與不實資訊，錯誤資訊會反映在股價上，證券價格就會被誤導，一般投資人亦跟著受害。

在市場模式之投資原理下，投資人是否直接信賴被告之詐欺行為進而從事交易，則顯得不重要。只要詐欺或不實陳述的確影響證券之價格，原告就不需證明其直接信賴特定資訊。在此，對市場詐欺理論之間接信賴概念可以獲得支援[31]。

(3) 損害量化系統

其認為不實資訊具有經濟上之價值，在正確消息被揭露後，市場價格會反映之並自行調整，從而不實資訊對市場價格之影響便可以被測量出來。經由觀察該證券在正確消息揭露後之價格變化與整體市場的表現，可以判斷原告是否因不實陳述而受害。如證券之價格表現與預期大致相符，則可證明被告之不實陳述並未影響市場，則投資人並未受有損害。此種損害量化系統之方式有助於「對市場詐欺理論」之建立因果關係與測量其損害[32]。

(三) 對市場詐欺理論之應用與沒落

藉由「對市場詐欺理論」之應用，可大幅減輕投資人就證券詐欺事件中須證明「交易因果關係」之負擔。但「對市場詐欺理論」被肯認之前提，為證券市場應是一有效率之市場，因為只有在有效率之市場環境下，才能使各方資訊、投資人意願與股票價格，得到充分而即時之反映。惟證券市場是否為一有效率之市場，則見解不一，但學者認為，其

---

31 郭大維，前揭註30，頁88。

32 郭大維，前揭註30，頁89。

推定因果關係存在之規定，仍值得採用[33]。

惟在交易市場中，亦有部分成交量較低之股票，因參與之人數少，投資人無法迅速對相關資訊做出反應，從而股價無法完全反映所有已知之資訊。因此，判斷某一證券所在之交易市場是否有效率，應就個別股票情形判斷，而不能只考量整體市場之表現。

美國學者如 Macey 等則反對「對市場詐欺理論」，認為此理論誤用效率市場假說；其認為投資人所負之舉證責任並不在於整個市場是否有效率，而是某項消息在某有價證券上於投資人買進或賣出時是否已經有效率地被反映在股價上；如投資人可以證明此點，則投資人是否已經閱讀相關之資訊並不重要，被告不能以投資人未曾閱讀、信賴該資訊為由而免責[34]。

早期在「對市場詐欺理論」之理念下，採取「推定過失」，大幅免除投資人之舉證責任，卻亦因「對詐欺市場理論」之「推定過失」問題，導致美國濫訴文化之興起，以及投資人團體訴訟神話之破滅，而美國亦因而陸續公布 1995 年之「私人證券訴訟改革法案」（Private Securities Litigation Reform Act）、1998 年之美國「證券訴訟統一標準法」（Securities Litigation Uniform Standards Act），以及 2002 年薩班斯－奧克斯利法案（Sarbanes-Oxley Act）等三項法律，期以平衡「對詐欺市場理論」形成之缺失（美國證券詐欺之民事責任，於後另述）。況依英美不成文法之精神，以及美國「法官造法」之法律文化，在法律適用上本有較大的彈性。我國刑罰體系係採罪刑法定主義，故「對詐欺市場理論」中之「推定過失」，已然更不適合我國之法律文化。我國對於證券交易法所涉刑責之訴究，自應跳脫「對市場詐欺理論」之思維，本於罪刑法定主義之本旨，從嚴審認行為人行為之法律構成要件。

---

[33] 劉連煜，前揭註29。

[34] 曾宛如，前揭註7，頁228。

故本文認為，對市場詐欺理論在美國法理論上已有所爭議，且如論者所言，我國市場是否屬一符合效率之市場，亦不無疑問，故此美國法上之理論，現階段已不宜逕行援為我國法上之判斷標準，從而就交易因果關係之存在，自應回歸舉證責任之分配法理，由主張因果關係之一方加以舉證證明。

(四) 實務見解

實務上，早年京元電子案[35]即曾有承認對市場詐欺理論之判決。另台灣高等法院則認為：財務報告之內容，往往有相當專業術語，並非一般未具會計、財經或法律知識之投資人所能了解，投資人以財務報告之內容作為投資依據或重要資料者，顯為少見，亦即不認同對市場詐欺理論之說。然台灣高等法院97年間之民事判決，又認為公司負責人以積極之手段欺騙投資人，投資者誤信公開資訊之內容真實，因而買進公司股票，即難謂無因果關係[36]。可見實務界就對市場詐欺理論，見解仍有差異。

四、損害賠償之計算

(一) 損害賠償之計算基礎與方法

1. 計算基礎

對於證券市場詐欺所造成投資人之損失，其損害賠償金額如何計算，我國證交法並無明文。一般而言，第20條第3項、第20條之1、第32條之及第155條等行為所涉，均以賠償權利人之損害為計算基礎。至證交法第157條之1內線交易，早期原係規定以賠償義務人之「責任

---

[35] 台灣台中地方法院90年度重訴字第706號判決。
[36] 台灣高等法院97年度金上字第3號民事判決。

限額」為計算基礎，在 2006 年修法時，即改以「賠償權利人之損害」為計算基礎[37]；從而證券市場詐欺損害賠償，一般認為應係賠償「權利人之損害」。

2. 計算方法

所謂賠償權利人之損害，主要為股價下跌之損失。此種損失之計算方法，有二種：

(1) 毛損益法（gross income loss）

依毛損益法，不論該差額係不實資訊之詐欺因素所造成，或者因詐欺以外市場經濟走勢、政治事件等因素所造成者，被告均應承受跌價之結果。

(2) 淨損差額法（out-of-pocket-method）

依淨損差額法，被告僅賠償詐欺因素所造成之損失，亦即證券之「真實價值」與「買價或賣價」間之差額。

(二) 實務見解

實務上，法院採毛損益法計算損害賠償金額者，有台灣高等法院台中分院順大裕案[38]、台灣高等法院訊碟公司案[39]等。至法院採淨損差額計算損害賠償金額者，有台灣高等法院京元電子公司案[40]。

---

[37] 證券交易法，第157條之1修法理由，2006年1月。

[38] 台灣高等法院台中分院93年度金上字第2號民事判決。

[39] 台灣高等法院97年度金上字第3號民事判決。

[40] 台灣高等法院93年度重上字第220號民事判決。

五、損害賠償請求權之時效

(一) 基本規定

證券交易法第 21 條規定：「本法規定之損害賠償請求權，自有請求權人知有得受賠償之原因時起二年間不行使而消滅；自募集、發行或買賣之日起逾五年者亦同。」茲分述如下：

1. 本法規定之損害賠償請求權

證券交易法第 21 條所謂「本法規定之損害賠償請求權」，計有證交法第 20 條第 3 項、第 20 條之 1、第 31 條第 3 項、第 32 條第 2 項、第 43 條之 2 第 2 項、第 155 條第 3 項、第 157 條之 1 第 2 項、第 3 項。至於第 157 條歸入權之請求，則不在第 21 條規定之範圍內。

2. 時效起算標準

證券交易法第 21 條規定之消滅時效，起算標準有二：

(1) 自有請求權人知有得受賠償之原因時起

自有請求權人知有得受賠償之原因時起，2 年間不行使而消滅。換言之，以賠償請求人主觀上認知「知有得受賠償」之原因時起為準，故賠償請求人應負舉證之責任。

(2) 自募集、發行或買賣之日起

自募集、發行或買賣之日起，逾 5 年未行使而消滅。在此，應注意者，「募集」與「發行」依證交法第 7 條或第 8 條之規定，均非單一行為，而係包含多數行為之程式，自開始迄至完成，可能延續數日甚或數月之久。本條所稱「募集」與「發行」之日起，不免有疑義。

學者認為，本條時效定為 2 年及 5 年，已符合時效之本質，由於若干違法行為，未必能在短期間內發現，故法律所定之時限內應從寬解

釋，以「募集」與「發行」程式完成之日為準[41]。本文從保障投資人之權益之意旨言之，贊同此說。

(二) 實務見解

1. 請求權人「知有得受損害賠償之原因時」即已起算

實務上認為，證券交易法第 20 條、第 32 條等規定，乃為獨立類型之損害賠償制度，其構成要件、損害型態與民法侵權行為規定均不相同。且證券交易制度主要乃係為保障資訊公平之機會，並維護市場秩序之公益目的考量。是證交法關於民事賠償責任之規定，為期能早日解決，以維護證券市場及法律之安定性，乃於該法第 21 條設短期時效之規定，此乃民法第 197 條之特別規定，自應與民法第 197 條不同。故類此案件有關消滅時效之規定，應適用證交法第 21 條之規定，而非民法第 197 條，並以「請求權人知有得受損害賠償之原因時」即已起算[42]。

2. 如已罹於時效則不能依侵權行為再為請求損害賠償

實務上認為，證券交易法第 21 條規定，係因證券交易法規定所生之損害賠償請求權，自有請求權人知有得受賠償之原因時起 2 年間不行使而消滅。而以該法第 20 條所生之損害賠償責任，應屬於侵權行為責任之性質，若相隔 6 年後始提起訴訟，自應認此一損害賠償請求權已罹於時效，如再依侵權行為、不當得利及證券交易法第 20 條第 3 項等規定所為請求損害賠償，自無理由[43]。

---

[41] 賴英照，前揭註4，頁858，台北：元照。
[42] 台灣台北地方法院92年度金字第41號民事判決。
[43] 台灣台北地方法院99年度訴字第618號民事判決。

六、小結

「對市場詐欺理論」之適用，在證券詐欺之情事發生時，雖或可更周延保護投資大眾，該理論仍存爭議空間，鑒於美國「對市場詐欺理論」之沒落，又基於發展經濟之立場，以及本於我國罪刑法定主義之本旨，本文認為，宜從嚴審認行為人行為之法律構成要件。

又證交法第 20 條之 1 第 1 項，除規定「發行人及其負責人」及「發行人之職員，曾在財務報告或財務業務文件上簽名或蓋章者」，對於「發行人所發行有價證券之善意取得人、出賣人」所受之損害，應負賠償責任外，對於「持有人」因而所受之損害，亦在規範課責之範圍，此則頗有爭議之處。

再者，晚近實務上，有所謂「責任比例」之說，例如：最高法院認為：「在財務報告或財務業務文件上簽名或蓋章者之職員及會計師等，與發行人及發行人董事長、總經理之責任有別，乃另規定於發行人董事長、總經理外之其他應負賠償責任者時，由法院考量導致或可歸屬於被害人損失之每一違法人員之行為特性，及損害間因果關係之性質與程度，依其責任比例之不同而定其賠償責任[44]。」由於證券詐欺事件之發生，所涉人員往往權責本有不同，應付責任自有不一，此「責任比例」之論述對於應負擔民事賠償責任之被告而言，自然較屬合理，然「責任比例」畢竟至為抽象，如何認定始屬公允，則又是另一值得研議之問題。

---

[44] 最高法院105年度台上字第2294號民事裁判。

肆、美國證券詐欺之民事責任

一、10b-5 規則之性質與內容

(一)性質

美國證券法的演進有三部曲,即「1933 年證券法」(Securities Act of 1933)規定證券之發行、「1934 年證券交易法」(Securities Exchange Act of 1934)規定證券之交易,與「1968 年威廉姆斯法」(The Williams Act of 1968)規定公司之收購與兼併[45]。而其著重之兩大主題,仍然是資訊揭露與反詐欺。

10b-5 規則適用於與證券交易有關之各種詐欺行為。從性質上言,10b-5 規則係屬於聯邦證券法之範疇,旨在禁止一切與證券買賣有關之詐欺行為,無論該行為是在證券交易所等有組織之市場,還是在面對面之交易,甚至不論該證券是否已根據證券交易法進行登記,均一律受10b-5 規則之管轄。

(二)主要內容

美國 10b-5 規則,乃美國規範證券詐欺之主要規定,其內容分為 3 款,第 1 款與第 3 款之表述以「詐欺」為核心,第 2 款之表述以「虛偽陳述」為核心[46]。

10b-5 規則之具體內容為,任何人直接或間接利用州際通商媒介,或通信,或以郵件或以任何全國性證券交易所之設備為以下三種行為,

---

[45] David L. Ratner, *Securities Regulation*, west nutshell series 6th 1999, p. 132.

[46] James D. Cox and Robert W. Hillman, *Securities Regulation, Cases and Materials*, Fifth, Aspen Publishers, 2006.

均為非法：

1. 使用任何方法、計畫或計謀從事詐欺。
2. 對重要之事實作不實之陳述或在可能誤導之情形下，對重要事實加以隱瞞。
3. 從事任何行為、業務或商務活動而對任何人構成詐欺或欺騙者[47]。

(三) 10b-5 規則項下民事訴訟之歷史

1942 年美國 SEC（證券交易委員會）主要負責人 Milton Freeman，將 1933 年證券法第 17(a) 條與 1934 年第 10(b) 條結合，起草 10b-5 規則，以「與購買或出售任何證券有關」之飾語，填補上述之法律上漏洞[48]。

在 10b-5 規則生效 4 年後，始出現第一個以違反該規則為由提起之民事訴訟案件。法院在該案中明確承認，10b-5 規則項下存在著默示之民事訴權[49]。1971 年，美國聯邦最高法院直接採納下級法院作出之結論，亦即受詐欺之投資人，可以依 10b-5 規則項下之默示民事訴權，提起損害賠償之訴。

1995 年間，美國證券民事訴訟改革法（Private Securities Litigation Reform Act）通過後[50]，法院雖加強對聯邦證券法下之默示民事訴權之限

---

[47] 其原文為：(1)to employ any device, scheme, or arti?ce to defraud,(2)to make any untrue statement of a material face to omit to state a material fact necessary in order to make the statements made, in the light of circumstances under which they were made, not misleading, or(3)to engage in any act, practice, or course of business which operate as a fraud or deceit upon any person.

[48] David L. Ratner, *Securities Regulation*, west nutshell series 6th 1999, p. 142.

[49] 1946年美國法院在Kardon v. National Gypasum Co.案中，首次承認當事人在證券法領域享有默示民事訴權時，即係依據傳統侵權行為法原理得出之結論。該案之索引為69 F. Su. pp. 512 (E. D. Pa1946)；參閱David L. Ratner, Securities Regulation, west nutshell series 6th 1999, p. 252.

[50] 賴英照，前揭註4，頁518。

制,但並未否認 10b-5 規則項下之默示民事訴權。

就 10b-5 規則之具體適用而言,被援用最多者,是涉及內線交易之案件。此外,亦經常出現於下列情況[51]:

1. 公司發布虛偽消息或不履行揭露義務。

2. 內部人向他人洩漏公司內部消息。

3. 公司內部有與證券買賣有關之不當管理行為。

4. 操縱市場。

5. 證券公司與其他專業人士實施之各種詐欺行為。

二、10b-5 規則之獨立性與訴訟主體

(一) 10b-5 規則之獨立性

10b-5 規則是關於反證券詐欺之一般性規定。但實務上,美國法院認為 10b-5 規則之適用具有相對獨立性,不存在「特別規定優於一般規定」之原則。換言之,10b-5 規則項下之民事責任,並不受證券交易法或其他規則中關於類似責任規定之影響。

以「對重要情況進行詐欺性錯誤陳述」為例,當其他法律或規則中,亦有針對詐欺性誤述之規範時,原告仍可自行選擇依 10b-5 規則或者依其他法律或規則提起訴訟,甚至還可尋求普通法或衡平法上之救濟,其間互為補充,只是原告不能因被告之同一違法行為而獲得雙重補償。換言之,儘管美國證券法規定有虛偽陳述之民事責任,投資人仍可直接依 10b-5 規則提起訴訟。

---

[51] David L. Ratner, *Securities Regulation*, west nutshell series 6th 1999, pp. 144, 145.

(二) 10b-5 規則項下之訴訟主體

1. 適格之原告

10b-5 規則項下民事訴訟之原告，必須在受被告之詐欺或誤導之情況下，實際從事過證券交易之投資者；亦即僅有證券之買方或賣方，才有權提起該規則項下之訴訟[52]。如此，可防止當事人利用 10b-5 規則濫訴。

另一方面，依學者所見，原告如未因他人之證券詐欺行為而買進，或者亦未賣出證券，卻主張遭受到「失去買賣證券機會」之無形經濟損失時，總讓人覺得該原告像在謀求一大筆臆測性、帶有投機性之索賠，當然應該予以禁止[53]。

2. 適格之被告

10b-5 規則明確規定，被告之詐欺行為必須與證券買賣有關，亦即限於買進或賣出任何證券有關之詐欺行為。此外，美國聯邦最高法院在 1976 年更強調，被告主觀上必須有詐欺故意（scienter）[54]。

依據 1995 年美國證券民事訴訟改革法之規定，美國於 1934 年證券交易法中，增加第 21D(b)(2) 條，明訂訴訟進行需要併同顧及被告特定之心理狀態，俾以確定其責任。亦即起訴狀中，應當就被告每項被指控

---

[52] 蓋如因聽信公司有利多之虛偽陳述而繼續持有股票，既不賣出亦不買進股票之投資人，即不能提出類似之損害賠償。

[53] David L. Ratner, *Securities Regulation*, west nutshell series 6*th* 1999, p. 137.

[54] 雖 10b-5 規則第 2 款提及公開揭露中之虛偽陳述或重大遺漏時，不像第 1 款或第 3 款那樣明確使用「詐欺」或「欺騙」等名詞，但美國長期審判實務上仍確立「在當事人存在著詐欺之主觀故意時才承擔責任」之原則。有關 scienter 之定義，請參閱 James D. Cox and Robert W. Hillman, *Securities Regulation, Cases and Materials*, Fifth, Aspen Publishers, 2006, pp. 670, 671.

之違法行為，載明能夠具體「有力地推斷出」[55] 被告懷有法定心理狀態之特定事實，此種規定，大幅改變對於起訴之基本要求。

三、「對市場詐欺理論」之信賴要件

早期由美國法院發展出的「對市場詐欺理論」，曾對證券詐欺民事訴訟中之舉證問題，提供一破解之途徑，已如前述。而「對市場詐欺理論」之規範功能，在於推定「信賴」要件之存在，包括下列：

(一) 原告相信被告之陳述極其完整，並在此基礎上作出投資決策

在 10b-5 規則訴訟中，信賴不能獨立於「重要情況」（materiality）與因果關係問題而存在[56]。10b-5 規則雖明確規定揭露義務，但其本身並無明確界定「重大性」（material）一詞。按美國聯邦法院認定，虛偽陳述是否重大，取決於遵循常理之投資人決定買進或賣出相關證券時，是否「很有可能」（substantial likelihood）考慮有關訊息，例如：涉及公司股息或盈餘之重大變化、有關公司之虛偽陳述，發行人是否會成為收購要約目標等。

(二) 信賴之主客觀標準及其「重要情況」之關係

所謂主觀標準，又稱合理信賴（reasonable reliance）標準，係以本人之主觀信賴為基礎。所謂客觀標準，又稱正當信賴（justifiable reli-

---

[55] 有關「有力地推斷出」一語，美國一部分法院認為，其對原來確定之惡意標準並無任何影響；另有一部分法院認為，新規定改變原來惡意標準，而採用一種所謂「有意識之行為」(conscious behavior)標準。

[56] Basic, Inc. v. Levinson, 485 U.S.224(1988).參閱James D. Cox and Robert W. Hillman, *Securities Regulation, Cases and Materials*, Fifth, Aspen Publishers, 2006, pp. 584, 585.

ance）標準，係以一個假想之理性人在當時之情況下，是否對暗中詐欺行為產生信賴為判斷依據。

(三) 信賴之合理性及原告之注意義務（due care）

如原告對詐欺行為實際知情，或者他人有輕率或重大過失，則不存在任何合理之信賴基礎。同理，如原告對被告應揭露之內容有同等甚至更深程度之了解，其亦不能以被告之揭露有瑕疵而提出索賠[57]。

(四) 信賴之推定

根據信賴推定原則，當被告未揭露與交易有關之重要訊息時，原告不必積極舉證證明其對被告產生信賴，並因此買進或賣出證券，因違反信賴推定原則，被告即有過失。

(五) 詐欺手段之作為與不作為

被告利用相關訊息進行詐欺之手段，主要有作為與不作為兩種。作為指被告故意進行虛偽與誤導性陳述之情形，此部分主要由 10b-5 規則第 2 款來規範。不作為指被告故意隱瞞重要情況不予揭露之情形，例如：被告不告訴對方，在交易時握有內部消息或在聯合操縱市場之協議等，此部分主要由 10b-5 規則第 1、3 款予以規範。

四、1995 年訴訟改革法對 10b-5 規則訴訟之影響

(一) 實體方面之影響

美國 1995 年訴訟改革法（Private Securities Litigation Reform Act of

---

[57] James D. Cox and Robert W. Hillman, *Securities Regulation, Cases and Materials*, Fifth, Aspen Publishers, 2006, p. 720.

1995，簡稱 PSLRA），對 10b-5 規則所訂內容，有諸多變革，其中對於民事責任規範之影響，主要體現在以下四方面：

1. 確定損失方面之因果關係原則。

2. 規定被告「詐欺市場」時之最高賠償限額。

3. 提供資訊揭露之安全港（safety harbor）[58]。

   簡言之，當事人在履行資訊公開揭露義務時，如對公司財務預測、前景展望等，附加有意義地警示聲明，即可免除其虛偽陳述之責。

4. 設定被告之比例原則。

即訴訟改革法根據第 21D(g) 條之規定，在被告係過失而非故意違反 10b-5 規則時，僅按其責任比例承擔終局判決之賠償數額中之相應部分。此種規定，改變原先讓被告承擔連帶責任之作法。

(二) 程序方面之影響

訴訟改革法對 10b-5 規則，在程序方面之影響，以團體訴訟為最，故 1995 年訴訟改革法被戲稱為「團體訴訟改革法」。茲分述如下：

1. 限制律師對訴訟之控制，強化大股東之作用

在美國，很多訴訟都是在律師慫恿下提起，在一定程度上已淪為惡意律師謀取私利之一種工具，此嚴重違背該規則之立法宗旨。因此，根據第 21D(a)(7) 條之規定，原告律師必須將和解協議建議稿與最終稿分發給每一位原告，同時揭露所有必要資訊。訴訟改革法引入主要原告（lead plaintiff）與首席律師（lead counsel）制度。至於律師費，第 21D(a)(6) 條明確規定不得超過原告實際得到賠償總額之「合理百分比」[59]。

---

[58] 王育慧（2008），〈從公司治理論機構投資人股東權之行使以公共基金為中心〉，頁143，國立政治大學法律學系法學博士論文。

[59] James D. Cox and Robert W. Hillman, *Securities Regulation, Cases and Materials*, Fifth,

2. 阻卻惡意訴訟

為求在起訴階段，就排除一些無意義之訴訟，規定可採取下列兩項措施：

(1) 原告必須在起訴狀中，載明能有力地推斷出被告之故意或輕率心理狀態之特定事實。

(2) 依美國 1934 年證券交易法第 21D(b)(3)(B) 條規定，在法院針對被告所提「原告之請求駁回」之主張作出裁定前，應當終止證據發現程序，以防止當事人利用無聊之訴訟推波助瀾，或強迫對方與其達成庭外和解[60]。

3. 提高監督功能與起訴門檻

根據美國 1934 年證券交易法第 10A 條規定，公司會計師在發現公司有可疑或違法行為時，負有向 SEC 報告之義務[61]。

1995 年訴訟改革法之推動，對於原訂 10b-5 規則所訂定之證券規範，大為提高證券團體訴訟原告之起訴門檻，並已明顯緩和「對市場詐欺理論」之適用，另針對濫訴之原告與律師加以懲戒[62]。

五、美國與我國證券詐欺民事責任之差異

(一) 實體規定之差異[63]

1. 就概括規定而言

美國聯邦最高法院於 BankersLife 案中的註腳內承認「默示訴權」，

Aspen Publishers, 2006, p. 756.

[60] James D. Cox and Robert W. Hillman, *Securities Regulation, Cases and Materials*, Fifth, Aspen Publishers, 2006, p. 757.

[61] 參閱 Securities Exchange Act of 1934, Section 10A 有關 Audit Requirements 之規定。

[62] 吳光明（2019），前揭註1，頁536。

[63] 陳怡秀（2014），〈論證券交易法上詐欺之概念：我國法與美國法之比較研究〉，

確立 Section 10(b) 是默許私人訴權的。

我國則於證券交易法第 20 條第 1 項等條文中，規定對於該有價證券之善意取得人或出賣人因而所受之損害，應負賠償責任。

2. 就財報不實而言

美國規定任何人對於依法令應向證管會登錄之申報、報告或其他文件，其內容有重大不實之記載，應對信賴此記載之人負民事責任。非該等原告能證明其出於善意且不知道該陳述是虛假或具有誤導性時，被告才須負賠償責任。

我國則規定公告申報之財務報告內容有虛偽、隱匿之情事時，發行人及其負責人、發行人之職員，曾在財務報告或財務業務文件上簽名或蓋章者，應負賠償責任。

3. 就公開說明書不實

美國已生效之註冊檔對於重大事實如果有不實陳述或遺漏，且該項事實依證券法規應予登記，或為避免誤導而應予記載時，任何系爭有價證券持有人，不論其係在初次發行程序中或由次級交易市場買受該次發行之股票，除得對股票發證行為人請求損害賠償外，並得對於在註冊文件簽名之人及特定人請求損害賠償。

我國證交法第 31 條規定，公開說明書應記載之主要內容如有虛偽或隱匿之情事者，發行人及其負責人、發行人之職員及特定之人，對於善意之相對人所受之損害，應就其所應負責部分與公司負連帶賠償責任。

東吳大學法學院法律學系碩士論文。

伍、中國證券詐欺之民事責任

一、關於證券詐欺之規範

(一)早期證章則之建立

1980 年代初期，中國大陸證券市場開始發展，爲促進市場發展並保護投資大眾，乃迅速制訂「發行股票暫行管理辦法」、「證券櫃檯交易暫行規定」、「證券交易管理辦法」……一系列規範章則。其中上海市人民政府 1990 年頒布之「上海證券交易管理辦法」第 39 條，係對證券交易中操縱證券市場行爲作禁止規定。廣東省深圳市人民政府 1991 年頒布之「深圳經濟特區證券管理暫行辦法」第 74 條，亦對操縱證券市場行爲進行規制。另外，國務院 1993 年頒布之「股票發行與交易管理暫行條例」第 74 條，及國務院證券管理委員會 1993 年頒布之「禁止證券欺詐行爲暫行辦法」第 7-8 條，也對操縱證券市場行爲作一定規制。

(二) 1998 年證券法

1998 年 12 月間，中國大陸全國人民代表大會通過「證券法」，取代「股票發行與交易管理暫行條例」。依證券法第 184 條規定，操縱證券市場行爲人，應負行政與刑事責任，但此一時期之證券法條文中，對於民事責任，尚無規定。

(三)關於受理證券市場因虛假陳述引發的民事侵權糾紛案件有關問題的通知

最高人民法院早於 2002 年 1 月 15 日，發布「關於受理證券市場因虛假陳述引發的民事侵權糾紛案件有關問題的通知」，其中規定對因虛假陳述侵犯投資者合法權益而發生的民事侵權求償案件，應予受理，

對於證券市場因虛假陳述引發的民事侵權糾紛與處理，已有較具體之規範。

(四) 最高人民法院關於審理證券市場因虛假陳述引發的民事賠償案件的若干規定

在 2003 年 1 月間，最高人民法院為使法院又頒「最高人民法院關於審理證券市場因虛假陳述引發的民事賠償案件的若干規定」（以下簡稱「若干規定」[64]）。該「若干規定」共 37 條，包括一般規定、受理與管轄、訴訟方式、虛偽陳述的認定、規則與免責事由、共同侵權責任及損失認定等，是司法機構審理證券市場因虛偽陳述引發的民事侵權賠償糾紛案相關案件的重要法律文件。

(五) 現行證券法

中國大陸之證券法，繼 2014 年 8 月修正後，最近又於 2019 年 12 月 28 日公布修正，並甫於 2020 年 3 月 1 日實施。修正前之證券法，即已訂有與證券詐欺民事責任有關之規範。例如：其 77 條第 2 項，即有「操縱證券市場行為給投資者造成損失的，行為人應當依法承擔賠償責任。」之規定，然該法對其因果關係等民事責任構成要件，未臻具體。

2020 年 3 月新實施之證券法，較諸原證券法做了大幅修正，其修正重點包括：大幅提高違法成本；專章規定投資者保護制度；進一步強化訊息披露要求；完善證券交易制度；強化監管執法和風險防控等十大項。其中強化對投資者之保護，也大幅加大對違法行為的規範對象及處罰金額等。至其中與證券詐欺民事責任有關之規範，則包括第 29、

---

[64] 此一規定共有37條條文，其內容除一般規定、受理與管轄、訴訟方式等外，對於虛假陳述之認定、規則與免責事由、共同侵權責任及損失認定等，均有詳細規範。

53、54、55、56、84、85、88、89、90 等諸多條文，對證券投資之保障，明顯頗有提升。

二、中國證券詐欺民事求償之主體與爭議

(一) 適格之原告

據中國大陸證券法觀之，其中涉及民事賠償責任者，有多種態樣。茲以該法第 85 條爲例，只要能舉證因有「資訊披露資料存在虛假記載、誤導性陳述或者重大遺漏」，致造成損失之投資人，投資人即可要求民事賠償，至於該投資人是否係依賴該等資訊進行投資決策，似非所問 [65]。惟依前述「關於審理證券市場因虛僞陳述引發的民事賠償案件的若干規定」第 19 條規定意旨，縱然「證券法」無明文規定，請求權人仍宜解釋爲「善意相對人」。

(二) 適格之被告

依「證券法」規定意旨，證券詐欺適格之被告，爲應負民事賠償責任之主體，以證券法第 85 條規定觀之，因「資訊披露資料存在虛假記載、誤導性陳述或者重大遺漏」，致造成損失之投資人，其求償對象應爲「資訊披露義務人」，而發行人的控股股東、實際控制人、董事、監事、高級管理人員和其他直接責任人員以及保薦人、承銷的證券公司及其直接責任人員，應當與發行人承擔連帶賠償責任，但是能夠證明自己

---

[65] 新修正中國證券法第85條規定「資訊披露義務人未按照規定披露資訊，或者公告的證券發行文件、定期報告、臨時報告及其他資訊披露資料存在虛假記載、誤導性陳述或者重大遺漏，致使投資者在證券交易中遭受損失的，資訊披露義務人應當承擔賠償責任；發行人的控股股東、實際控制人、董事、監事、高級管理人員和其他直接責任人員以及保薦人、承銷的證券公司及其直接責任人員，應當與發行人承擔連帶賠償責任，但是能夠證明自己沒有過錯的除外。」

沒有過錯的除外 [66]。

三、證券詐欺民事責任之因果關係

(一) 因果關係推定之借鑒

　　傳統上，一般民事訴訟之進行，多是採取「誰主張、誰舉證」之模式，亦即原告須對於其所主張之侵權行為損害賠償之因果關係，負有積極舉證責任；如無法舉證，即難以要求賠償。為解決因果關係舉證之困境，遂有「對詐欺市場理論」，以作為證明證券詐欺因果關係存在之的方法。而此種「因果關係推定說」亦藉此賦予善意投資者更有利地位，以加強對投資者合法權益之保護。

　　前述「最高人民法院關於審理證券市場因虛假陳述引發的民事賠償案件的若干規定」，所訂規範即採取「因果關係推定」之立論。

　　此外，在 2019 年證券法修正前，中國大陸學者即曾主張，應借鑒因果關係推定方法，在司法解釋或「證券法實施細則」中，推定操縱證券市場民事責任之因果關係。學者也認為，具有以下情形，應當認定操縱證券市場行為與損害結果之間，有因果關係存在 [67]：

---

[66] 中國「關於審理證券市場因虛假陳述引發的民事賠償案件的若干規定」第7條規定，虛偽陳述證券民事賠償案件的被告，應當是虛偽陳述行為人，包括：「1.發起人、控股股東等實際控制人；2.發行人或者上市公司；3.證券承銷商；4.證券上市推薦人；5.會計師事務所、律師事務所、資產評估機構等專業仲介服務機構；6.上述2、3、4項所涉單位中負有責任的董事、監事和經理等高級管理人員以及5項中直接責任人；7.其他作出虛偽陳述的機構或者自然人。」

[67] 楊峰（2009），〈操縱證券市場民事責任因果關係認定規則之完善：從對美國、日本相關規定的比較出發〉，《法商研究》，6期，頁112。程嘯（2004），《證券市場虛假陳述侵權損害賠償責任》，頁145，中國：人民法院出版社。鮑彩慧（2017），〈證券虛假陳述民事賠償因果關係的規則再述闡：於806份判決書的實證分析〉，《證券法苑》，23卷，頁439-463。

1. 行為人實施「證券法」第 77 條規定，禁止之操縱證券市場行為。

2. 投資者是投資與操縱證券行為有直接關聯之證券。

3. 投資者在操縱證券行為實施日起，至結束日買入該證券，而在操縱證券市場行為實施之日至結束日期間及以後，因賣出該證券發生虧損或因持續持有該證券而產生虧損。

4. 投資者在操縱證券市場行為實施之日至結束日期間賣出該被操縱的證券發生虧損 [68]。

綜而言之，在保護投資大眾之目標追求下，就證券詐欺之規範與實務運作中，「因果關係推定」之立論，在中國大陸顯亦甚受認同。

(二) 證券詐欺之民事責任因果關係

1. 關於審理證券市場因虛假陳述引發的民事賠償案件的若干規定

針對證券詐欺之虛假陳述行為與投資損害間因果關係之判定，中國大陸學者在理論上一直引用美國理論與實務，而有二說：一說即市場詐欺理論（fraud on the market），另一說即信賴推定理論，做為批判「中國式因果關係」之理論與註腳 [69]。

前述「若干規定」第 18 條規定「投資人具有以下情形的，人民法院應當認定虛假陳述與損害結果之間存在因果關係：……」又第 19 條規定「被告舉證證明原告具有以下情形的，人民法院應當認定虛假陳述

---

[68] 反之，當被告舉證證明原告具有以下情形者，應當認定操縱證券市場行為與損害結果間無因果關係存在：(1)在操縱證券市場行為實施之日前已經賣出該證券；(2)在操縱證券市場行為結束之日及以後進行之投資；(3)明知操縱證券市場行為存在而進行之投資；(4)損失或者部分損失是由證券市場系統風險等其他介入原因所導致者。

[69] 郭峰（2003），〈證券市場虛假陳述及其民事賠償責任〉，《中國法學》，2期。葉承芳（2010），〈證券市場虛假陳述侵權責任因果關係的認定〉，《北京青年政治學報》，4期。

與損害結果之間不存在因果關係：……」此等直接明訂由法院認定虛假陳述與損害結果之間存在（或不存在）因果關係之規範模式，亦即所謂「倒置因果關係」（或稱爲：舉證責任之轉換），舉證責任模式值得肯定。然而，其具體內容因並未區分「交易因果關係」與「損失因果關係」而備受批評 [70]。

再者，中國大陸學者認爲「若干規定」之因果關係規則，不僅體現爲時間維護之落後，與司法裁判實務間之如下不適應，亦常受學界詬病，包括：

(1) 虛假陳述與投資行爲、股票價格之投資邏輯。

(2) 虛假陳述與投資行爲、股票價格之推定規則。

(3) 虛假陳述民事賠償因果關係之完善進階。

(4) 證券投資人保護餘論。此部分證券投資人保護，可包括：加強投資人保護「買者自負」之理念教育；完善投資人適當性責任之「賣者有責」機制；以及建構證券民事賠償先行賠付制度 [71]。

2. 證券法就民事責任之規範

2005 年修正證券法之後，該法對於民事責任之規範，始初具雛型，例如，在操縱證券市場方面：

(1) 明確規定操縱證券市場行爲人應當依法承擔賠償責任。

(2) 對操縱證券市場行爲之主觀認定標準進行修改，即操縱證券市場不要求主觀上須有獲取不正當利益或者轉嫁風險之目的。

---

[70] 中國大陸學者曾以2004年至2016年間共806份判決為樣本，梳理虛假陳述民事賠償之實證數據，並進而推演不同類型虛假陳述行為，在不同時間點對投資行為與股票價格之影響，但並未區分「交易因果關係」與「損失因果關係」。參閱吳清（2017），《證券法苑》，23卷。

[71] 張東昌（2015），〈證券市場先行賠付制度的法律構造：以投資者保護基金為中心〉，《證券市場導報》，2月號，頁65-71。

(3)對操縱行為之表現作一定之修改[72]。

然而，「證券法」關於操縱證券市場民事責任之規定，還是過於侷限於原則，並無對民事責任之構成要件進行細化[73]，對操縱證券市場民事責任之因果關係、歸責原則、賠償數額等內容未作規定，使得其可操作性不強。

3. 民事賠償因果關係之推定

證券詐欺民事賠償案件求償之前提，應須證明原告對被告之違法行為，有信賴關係存在。故即使有詐欺不實之行為，然與投資者之損失並無因果關係，亦無從因而要求對造承擔民事責任。

中國大陸之「證券法」中，並未明文規定因果關係的證明方法，另前述「若干規定」中，對因果關係的證明則採取推定的方式，依該規定之第 18 條規定：「投資人具有以下情形的，人民法院應當認定虛偽陳述與損害結果之間存在因果關係：(1) 投資人所投資的是與虛偽陳述直接關聯的證券；(2) 投資人在虛偽陳述實施日及以後，至揭露日或者更正日之前買入該證券；(3) 投資人在虛偽陳述揭露日或者更正日及以後，因賣出該證券發生虧損，或者因持續持有該證券而產生虧損。」亦即只要原告的交易行為，是在一定的期間內進行的，就認為投資人的交易與損害的結果之間，存在因果關係。[74]

四、先行賠付制度

(一) 先行賠付制度之建構

針對證券詐欺之民事賠償，中國大陸有「先行賠付」之機制。此一

---

[72] 參閱2005年修訂之《中華人民共和國證券法》第74條、76條、202條等相關法條。

[73] 奚曉明、賈緯（2005），〈證券法上民事責任的豐富與發展〉，《法律適用》，12期。

[74] 羅斌（2011），《證券集團訴訟研究》，頁8-9，中國：法律出版社。

制度並非證券市場中首創的糾紛解決機制，最初規範於社會保險法與消費者權益保護法中。略以網路交易平台提供者在不能提供銷售者和服務者相關真實資訊的情況下，應向消費者承擔先行賠付責任。此等規定是基於消費者維護權益成本過高等困境而產生，也解決了許多弱勢消費者難以索賠或無從索賠之問題。

先行賠付之機制嗣應用於證券市場，謂在證券市場中當發生虛假陳述、欺詐發行或其他重大違法行為，致造成投資者之損失時，在證券監管部門進行立案或處罰前，由該違法行為的某連帶責任主體（或協力廠商）先行賠付受害者，再向其餘未參與賠付的責任主體追償之制度。[75]

(二) 先行賠付制度之應用

先行賠付被視為是市場主體在利益平衡中探索出的糾紛解決機制，作為替代性的制度安排，以彌補司法行政救濟之不足。[76]此外，先行賠付制度之理念與投資者保護基金制度之目標相通，均係為保護投資者，彌補投資人之損失，以促進證券市場之穩定發展。[77]

大陸新證券法在「投資者保護」章中，規定諸多投資者保護機制，其中亦包括先行賠付制度。證券法第93條規定，「（第一項）發行人因欺詐發行、虛假陳述或者其他重大違法行為給投資者造成損失的，發行人的控股股東、實際控制人、相關的證券公司可以委託投資者保護機構，就賠償事宜與受到損失的投資者達成協議，予以先行賠付。（第二項）先行賠付後，可以依法向發行人以及其他連帶責任人追償。」可見

---

75 趙舜陽（2017），〈證券市場先行賠付制度亟待完善〉，上海金融新聞網，http://www.sh?nancialnews.com/xww/2009jrb/node5019/node5036/fz/u1ai201912.html（最後瀏覽日：02/15/2020）。

76 趙吟（2018），〈證券市場先行賠付的理論疏解與規則進路〉，《中南大學學報》，24卷3期，頁5。

77 張東昌，前揭註71，頁67。

該條之適用，限於發行人的重大違法行為，且其重點適用對象為發行人的欺詐發行、虛假陳述行為所引發的民事糾紛。至先行賠付的主體，則鎖定為「發行人的控股股東、實際控制人、相關的證券公司」。惟新法並未就先行賠付作強制性規定，故有大陸學者認為此制度得以被廣泛運用，必須解決三個問題：一、先行賠付主體主動性的激勵問題；二、先行賠付主體的追償權問題；三、先行賠付與訴調機制的銜接問題，上述三個問題是影響先行賠付主體賠付意願的核心問題。[78] 可見「先行賠付」之機制，在追求保障證券投資人權益之目標下，已成為重要之策略。但欲落實應用，仍需待配套措施加以配合。

陸、兩岸證券詐欺民事責任相關問題之比較（代結論）

一、證券詐欺民事責任之比較與檢視

海峽兩岸同文同種，有關證券交易之理論，又皆有許多均係移植自美國。因此，海峽兩岸就證券民事賠償責任之規範，雖有差異，又多相似，值得互相比較與借鏡。茲以證券詐欺中常見之「財報不實」型態為例，摘要略述如下：

(一) 賠償主體之差異

以財報不實之情形言，依我國證交法第 20 條第 1 項規定，「任何人」不得於有價證券募集、發行、私募或買賣時，有虛偽、詐欺或其他

---

[78] 大史留芳、張錄發，新《證券法》投資者保護專章系列研讀之一：先行賠付制度的理解與思考，CHINA LAW INSIGHT 網站，https://www.chinalawinsight.com/（最後瀏覽日：05/03/2020）。

足致他人誤信之行為，違反者依同條第 3 項規定，對有價證券之善意取得人或出賣人所受損害負責。又第 20 條之 1 規定，其賠償主體包括：1. 發行人及其負責人；2. 發行人之職員，曾在財務報告或財務業務文件（公開說明書）上簽名或蓋章者；3. 律師、工程師或其他專門職業或技術人員，曾在公開說明書或財務報告上簽章以證實其所載內容者。

　　中國大陸之賠償主體則包括：1. 發起人、控股股東等實際控制人；2. 發行人或者上市公司；3. 證券承銷商；4. 證券上市推薦人；5. 會計師事務所、律師事務所、資產評估機構等專業仲介服務機構；6. 上述 (2)(3) (4) 項所涉單位中，負有責任的董事、監事和經理等。

(二) 民事責任賠償範圍規範之差異 [79]

　　我國證交法相關條文中，民事賠償範圍並無明文規定。因此，證交法 20 第 2 項及 20 條之 1 之案件，應適用民法第 213 條、第 216 條至 218 條之 1 有關損害賠償責任之規定。中國大陸針對財報不實之民事責任賠償範圍，明文法定損害賠償計算基準，採取設定「基準日」作為計算方式，並定義「基準日」：

1. 投資人在基準日及之前賣出證券

　　投資差額損失＝（買入證券平均價格－實際賣出證券平均價格）× 投資人所持證券數量計算

2. 投資人在基準日之後賣出或仍持有證券者

　　投資差額損失＝（買入證券平均價格－虛偽陳述揭露日或更正日起至基準日期間每個交易日收盤價）× 投資人所持證券數量。

---

[79] 林國全等人（2013），〈各國關於財務報告及公開說明書不實之損害賠償責任研究〉，《證券暨期貨市場發展基金會研究計畫》，頁207。

(三) 有關「因果關係」之認定

在理論與實務上，我國證交法一般對於「因果關係」之認定，採相當因果關係說，當事人主張有利於己之事實者，就其事實負舉證責任。若在無法於財報不實案件中推定因果關係存在之情形，即可能因無法舉證證明財報不實與損害間具有因果關係，敗訴機率也隨之提高。

基於「對市場詐欺理論」，投資人得以藉「信賴市場之股價」為由，無須逐一證明個人之信賴關係，使投資人可被推定為詐欺行為之受害者。其中之因果關係，僅須證明該等詐欺影響市場，進而造成原告的損害即可。亦即只要行為人之不實陳述具備重大性（materiality），便可推定投資大眾會信賴該等不實陳述。此等立論雖不無爭議，但兩岸司法實務上歷來皆有直接或間接援引本理論之判決。為避免因為對法律解釋所採立論不同，使法院實務判決有遵循依據，學者建議應思考可否透過司法實務統一見解，俾在法律上將因果關係明確化之可能[80]。

而中國大陸法律對操縱證券市場因果關係則未作規定，致在實務中，原告屢因為無法證明因果關係而導致敗訴。因此，如能結合國情借鑒國外相關經驗，使有關證券詐欺之民事責任因果關係認定之規定，更為完善。

(四)「團體訴訟」與「先行賠付」制度

兩岸證券詐欺案件，均具有「小額多數」之特點，亦即民事賠償案件金額大多偏小，而受害人數偏多。違法行為人利用資本市場，短時間內即可能侵犯成千上萬人之合法權益。然投資人雖意欲求償，但訴訟成本甚高，且曠日廢時。

為保障投資人之權益，穩定市場，我國成立有「財團法人證券投資

---

80 林國全等人，前揭註79。

人及期貨交易人保護中心」，受投資人之授權委託，向涉及證券詐欺之行為人進行團體訴訟，中國大陸則除另創有「先行賠付」制度外，「團體訴訟」亦已明文建立，顯見有關投資人權益之保護，較諸以往更受重視。

　　無論「團體訴訟」與「先行賠付」制度，均以保護弱勢一方為出發點，在兼顧能力與權益之基礎上，將原本應由弱勢方耗費大量時間與精力完成之賠償請求，轉由實力相對較強之當事方協助追償實現，此等制度均具一定之使命與特色，應再檢視其優勢與缺失，持續強化並運用。

二、檢討與建議

(一) 證券詐欺行為制裁之妥適性

　　對於證券市場詐欺之行為，如未能加以民刑事制裁，則會發生「逆向選擇」之情形，亦即投資人不知何種資訊可以信賴，則最後都不信任所有資訊時，資訊公開之制度即會崩潰，自無法維持交易市場之健全，因此，對於因故意或過失而涉及詐欺行為者，除有處罰之必要之外，當然應由其擔負損害賠償責任。

　　然法律之作用之一，即為調和各種相互衝突之利益，法令之規範若過度傾斜於一方，又可能成為經濟發展之束縛，亦非妥適。例如：我國在 2015 年 7 月 1 日修正第 20 條之 1 時，即因有鑑於有關財報不實之規定，對於董事長與總經理之責任顯然過重，為避免過苛之賠償責任降低優秀人才出任董事長及總經理等高階職位之意願，而有礙經濟發展，爰提案將董事長與總經理之絕對賠償責任修正為推定過失責任（即將「發行人之董事長、總經理」二者，自證券交易法第 20 條之 1 第 2 項、第 5 項中刪除）。

(二) 移植外國法律制度之省思

美國證券市場因起步較早，故其證券相關法規法對海峽兩岸均有一定啟示。尤其美國是普通法系國家，但對於證券法則主要採取成文法方式，在證券法中直接規定民事責任及因果關係等相關內容，且不斷地修正充實，相形之下，其立法體例較諸海峽兩岸之證券交易法制，更顯完備。蓋法律如明確作出規定，當事人即可直接適用，而不致因規範之欠缺，須再以一般侵權法規進行演繹推導，而又滋生爭議。

然引進外國制度往往利弊互見，其中還須考量各國間政治、經濟、文化、法律體系、司法體系之差異，在吸收之後加以轉化，使其適合現實國情，亦即法律之本土化，始為正確途徑。

(三) 法規應與時俱進，持續檢討

整體而言，我國證券立法，對於證券市場詐欺行為所致民事責任，已建構可行之制度。而中國大陸之證券相關法規，於晚近年亦漸趨完備。尤其新修正之「證券法」，無論架構內容，較諸舊法均大幅更新，無論對市場安定之維護或對證券詐欺之遏阻與彌補，應已更形完備。

在證券詐欺之民事賠償方面，除了法令規章之基礎保障外，中國大陸的「先行賠付」制度，其以新法甫新建構之「集體訴訟」制度，以及我國的「團體訴訟」制度，雖然仍難免各有其缺失，卻也是對投資人保護之一大進展，期待後續與時俱進！

 **參考文獻**

一、中文部分

（一）專書

余雪明（2000），《證券交易法》，台北：證券暨期貨市場發展基金會。

吳光明（2019），《證券交易法論》，增訂第14版，台北：三民書局。

曾宛如（2005），《證券交易法原理》，台北：新學林。

程嘯（2004），《證券市場虛假陳述侵權損害賠償責任》，中國：人民法院出版社。

賴英照（2017），《股市遊戲規則最新證券交易法解析》，台北：元照。

劉連煜（2013），《新證券交易法實例研習》，台北：新學林。

羅斌（2011），《證券集團訴訟研究》，中國：法律出版社。

（二）期刊論文

王志誠（2004），〈發行市場證券詐欺規範之解釋及適用〉，《律師雜誌》，297期，頁15-31。

郭大維（2005），〈我國證券詐欺訴訟因果關係舉證之探討以美國法為借鏡〉，《月旦法學教室》，28期，頁79-90。

張東昌（2015），〈證券市場先行賠付制度的法律構造：以投資者保護基金為中心〉，《證券市場導報》，2月號，頁65-71。

郭峰（2003），〈證券市場虛假陳述及其民事賠償責任〉，《中國法學》，2期。

吳曉明、賈緯（2005），〈證券法上民事責任的豐富與發展〉，《法律適用》，12期。

葉承芳（2010），〈證券市場虛假陳述侵權責任因果關係的認定〉，《北京青年政治學報》，4期。

楊峰（2009），〈操縱證券市場民事責任因果關係認定規則之完善：從對美國、日本相關規定的比較出發〉，《法商研究》，6期，頁112。

廖大穎（2005），〈不實推介非上市上櫃股票之民事責任：從台灣高等法院九十

年上字第九二號與九十年上字第一二八九號二則判決的啓發〉，《月旦法學雜誌》，121期，頁229-242。

趙吟（2018），〈證券市場先行賠付的理論疏解與規則進路〉，《中南大學學報》，24卷3期，頁25-33。

鮑彩慧（2017），〈證券虛假陳述民事賠償因果關係的規則再述：關於806份判決書的實證分析〉，《證券法苑》，23卷，頁439-463。

劉連煜（2001），〈證券詐欺與因果關係〉，《月旦法學雜誌》，78期，頁22-23。

（三）論文集

陳春山（2005），〈不實財務報告之民事責任法律適用爭議〉，《賴英照大法官六秩華誕祝賀論文集》。

（四）學位論文

王育慧（2008），《從公司治理論機構投資人股東權之行使以公共基金為中心》，國立政治大學法律學系博士論文，台北。

陳怡秀（2014），《論證券交易法上詐欺之概念：我國法與美國法之比較研究》，東吳大學法學院法律學系碩士論文，台北。

（五）其他

大史留芳、張錄發，新《證券法》投資者保護專章系列研讀之一：先行賠付制度的理解與思考，CHINA LAW INSIGHT網站，https://www.chinalawinsight.com/（最後瀏覽日：05/03/2020）。

林國全等人（2013），〈各國關於財務報告及公開說明書不實之損害賠償責任研究〉，《證券暨期貨市場發展基金會研究計畫》，證券暨期貨市場發展基金會，台北。

趙舜陽（2018），〈證券市場先行賠付制度亟待完善〉，上海金融新聞網，http://www.shfinancialnews.com/xww/2009jrb/node5019/node5036/fz/ u1ai201912.html（最後瀏覽日：02/15/2020）。

二、外文部分

Basic, Inc. v. Levinson, 485 U.S.224 (1988).

James D. Cox and Robert W. Hillman, Securities Regulation, Cases and Materials, Fifth, Aspen Publishers, 2006.

David L. Ratner, Securities Regulation, west nutshell series 1999.

第九章

我國財報不實吹哨者免責抗辯之判決分析

張心悌 [*]

*國立台北大學法律學系教授

摘　要

　　財報不實在企業舞弊案件中層出不窮。我國證券交易法第 20 條之 1 第 2 項規定財報不實之免責抗辯事由。然揭發財報不實的吹哨者是否得依據該條項主張免負民事賠償責任？如何才能構成有效的吹哨？是否須向外部主管機關檢舉？向公司內部吹哨是否屬之？又吹哨者是否必須明確指出財報不實的部分？吹哨者是否必須辭職？本文將透過研究我國目前法院的實務見解，嘗試了解並分析我國法制下，財報不實吹哨者免責抗辯之現況並提出建議。

關鍵詞：財報不實，免責抗辯，吹哨者，吹哨者抗辯，證券交易法第 20 條之 1。

壹、前言

　　吹哨者制度（whistleblower）在永豐金等企業與金融弊案後，引起主管機關的重視，金融監督管理委員會（下稱「金管會」）在 2018 年 3 月 31 日修正通過「金融控股公司及銀行業內部控制及稽核制度實施辦法」第 34 條之 2，要求金融控股公司及銀行業「應建立檢舉制度」，於 2018 年 9 月 30 日施行。

　　財務報告的虛偽或隱匿，在企業舞弊案件中層出不窮，誠值得關注。我國證券交易法（下稱「證交法」）第 20 條第 2 項規定：「發行人依本法規定申報或公告之財務報告及財務業務文件，其內容不得有虛偽或隱匿之情事。」一般稱之為資訊不實責任，財報不實則為最主要的案件類型。該條項的民事損害賠償責任，則規定於同法第 20 條之 1。第 20 條之 1 規範發行人、發行人之負責人、發行人之職員及會計師就財報不實對所發行有價證券之善意取得人、出賣人或持有人因而所受損害之民事賠償責任。該條第 2 項規定「前項各款之人，除發行人外，如能證明已盡相當注意，且有正當理由可合理確信其內容無虛偽或隱匿之情事者，免負賠償責任。」即為財報不實免責抗辯之規範。

　　然而，我國證交法對於揭發財報不實的吹哨者是否可以因此主張免負民事損害賠償責任，卻未明文規範。則此種吹哨行為在我國是否可以保護吹哨的被告免負損害賠償責任？如何才能構成有效的吹哨？是否必須要向外部主管機關檢舉？向公司內部吹哨是否屬之？又吹哨者是否必須明確指出財報不實的部分？吹哨者是否必須辭職停止職務？凡此種種問題，在我國法制下，均未明確而值得探討。本文將透過研究我國目前法院的實務見解，嘗試了解並分析我國法制下，財報不實吹哨者免責抗辯之現況並提出建議。

貳、財報不實吹哨者免責抗辯

從我國法院判決分析，被告所主張財報不實的免責抗辯事由，大致可分為：第一、非實際經營者之抗辯，即主張其並無實際參與公司經營，且接觸之資訊較公司內部人為有限；第二、專業分工信賴之抗辯，即主張信賴會計師查核簽證之結果；第三、已盡相當注意義務之抗辯；第四、吹哨者之抗辯。本文關注的焦點則為吹哨者抗辯[1]。由於我國法並未明文吹哨者抗辯的類型，因此關於吹哨者抗辯的主張內容，實務上多會與「已盡相當注意義務」之抗辯作連結。

我國證交法第 20 條之 1 第 2 項免責抗辯之規範體例，係參考同法第 32 條公開說明書之免責抗辯規定，而我國證交法第 32 條有關免責抗辯的規定，係仿自美國 1933 年證券法第 11 條而來，因此美國法之吹哨者抗辯對我國免責抗辯之適用，應有參考價值。美國 1933 年證券法第 11 條 (b)(1)(2) 規定「在申報書生效前，賠償義務人已辭職，或已採取法律許可的步驟辭職，或停止或拒絕擔任在申報書中所描述的職位、職務或關係，同時其已以書面通知證管會及發行人，表示其已採取上述行動且將不為申報書中該部分內容負責；若申報書係在其不知情的情況下已生效，於賠償義務人知情時，依據前項規定通知證管會，並且發出合理的公告表示申報書內容不實部分係在其不知情情況下生效的。」是為吹哨者抗辯（whistle-blowing defense）之明文免責抗辯事由。

我國證交法第 20-1 條第 2 項「如能證明已盡相當注意，且有正當理由可合理確信其內容無虛偽或隱匿之情事者，免負賠償責任。」在法條文字上雖未明文規定吹哨者抗辯的態樣，但法院已有明確肯定的見解。

---

[1] 關於「非實際經營者」與「專業分工信賴」之免責抗辯事由的討論，請參閱張心悌（2017），〈證券交易法財報不實之免責抗辯事由〉，《月旦法學教室》，174 期，頁23-25。

參、我國法院相關判決分析

本文以證交法上財報不實民事判決爲基礎，以「舉發」、「檢舉」、「揭發」、「揭弊」、「告發」、「通報」或「吹哨」等關鍵字搜尋法院判決，找到兩件法院正面肯定被告之吹哨行爲將構成免責抗辯事由，而無須負擔財報不實的民事賠償責任。茲分析如下：

一、協和案 [2]

(一) 相關事實與法院判決

協和公司不法行爲之態樣主要爲與其他國內外公司爲虛僞交易、製作假帳，以虛增營業數額及盈餘等方式，使協和公司帳面上獲利能力能達上市標準，於協和公司上市後，更對投資大眾隱瞞協和公司獲利不佳情事及爲使股價上揚，而與配合廠商爲假銷貨之行爲。其後並指示不知情之會計人員虛僞填製會計憑證，並將前揭假銷貨及進貨情形，記入協和公司之帳冊中，而連續未將前揭假交易之訊息揭露在協和公司依證券交易法第36條每年度應提出於主管機關之財務報告（含年報、半年報、季報及月報）內及協和公司申請其股票在證交所上市、申請現金增資發行新股時，依證券交易法第30條應提出於主管機關之公開說明書內，致協和公司90年年報、91年半年報、91年年報、92年半年報等財務報告及91年6月18日增資發行新股公開說明書之內容均虛僞不實。

本案被告包括發行人、董事長、總裁（實際負責人）、董事與監察人等。有關免責抗辯部分，值得注意者爲董事張瑞展、監察人陳永誠等三人，以及董事于自強。

首先，被告董事張瑞展主張：第一，協和公司董事會於92年3月

---

[2] 台北士林地方法院95年度金字第19號民事判決，民國102年12月17日。

4 日決議通過 91 年度財務決算表冊時，伊尚未就任董事；第二，董事會於 92 年 4 月 30 日決議通過 92 年度第一季財務季報表時，伊僅到職 15 日，尚不能注意公司之實際狀況，不應負過失之責。該帳務報表業經會計師核閱完畢，相關會計師長期處理協和公司帳務，被蒙蔽仍不能察覺弊端，才短短到職 10 餘日，更不可能察出帳務不實……若課以過失責任，實違背比例原則。第三，其於 92 年 8 月 29 日董事會議中，**明確拒絕同意 92 年度上半年度之財務報表，並向證期會舉發公司財務報告之異常現象**，已盡董事之注意義務並無過失，而於 92 年 10 月 7 日已**辭去董事職位**，之後並未參加或透過協和公司之財務報表，對協和公司之後通過之財務報表，也無須負責。

就此抗辯，法院見解認為「協和公司之 92 年上半年度財務報表編製，提請董事會同意之時間為 92 年 8 月 29 日……被告張瑞展於該次決議時亦持保留意見，之後更向證期會舉發協和公司財務報告之異常現象，嗣由東霖公司於 92 年 10 月 7 日出具改派書，改派林秀玉接替張瑞展為東霖公司之代表人，應認被告張瑞展所為已盡董事之注意義務並無過失，則原告請求被告張瑞展應負 92 年上半年度財務報表不實之賠償責任，亦屬無據」，因而判決被告張瑞展免負責任。

其次，被告陳永誠等三名監察人主張「陳永誠及曾絳薇復曾對張瑞展所提之疑問**請調和聯合會計師事務所作書面報告**，陳永誠於 93 年 5 月 12 日亦**函請新竹市調查站**，請求調查協和公司之呆帳及退票之情形，有行使監察權之情形，伊等均無違反善良管理人之注意義務」。

就此抗辯，法院認為「被告陳永誠、曾絳薇分別自 89 年 1 月 18 日至 95 年 4 月 14 日、92 年 4 月 15 日至 95 年 3 月 4 日間**長期擔任協和公司之監察人**，其中陳永誠向 91 年股東常會及 92 年股東常會提出之監察人審查報告書，分別記載董事會造送本公司 90 年度決算報告書、91 財務決算表冊，經會計師查核簽證竣，並送請監察人審查完竣提請承認……董事會通過 92 年第 3 季財務季報表編製，未盡事後查核監督

之義務」，顯見該 2 人均長期怠於履行監察人監督之責，造成協和公司對外公告之財報及公開說明書虛偽不實，均難認已盡善良管理人之注意義務。」並未接受其免責抗辯。

再者，董事于自強主張「已善盡董事職權，任期內**主動調降財務預測以對投資人提出財務預警**，已盡力查核疑點之過程」、「另 92 年第一季至第三季協和公司獲利大幅衰退，**已認列投資損失及存貨跌價損失**，故已修正協和公司自 89 年以來長期累積之虛假帳目，其等已善盡董事之義務」。

就此抗辯，法院認為「惟查，**不論調降財測或財報認列損失，均非揭露或更正協和公司長期虛增營收之資訊**，且依前述調和聯合會計師事務所於 93 年 3 月對協和公司 92 年半年報做成之專案查核報告可知，協和公司 92 年 6 月 30 日前之相關交易，發現協和公司展延之應收帳款（帳齡超過 180 天以上者）有 4 餘億元未計入呆帳評估，另就 92 年 3 月間 6,567 萬元之交易亦未依合約規定還款，而有未計入呆帳評估之瑕疵，**顯見協和公司之董事及監察人就前述如此明顯之異常情事，竟未有任何質疑，顯有怠於履行編製及查核之義務**，故上開辯解，亦不足採。」並未接受其免責抗辯。

(二) 判決分析

就協和案中，三位被告所提出之免責抗辯事由，從吹哨者抗辯的角度觀察，董事張瑞展所此採取的行動，屬較標準的吹哨者抗辯。

首先，參考前述美國 1933 年證券法第 11 條 (b)(1)(2) 明文規定之吹哨者抗辯，其行為之主要要件包括「賠償義務人已辭職或停止職務」，同時「已以書面通知證管會及發行人，表示不為申報書中該部分內容負責」。換言之，賠償義務人必須辭職停止執行職務，並同時為外部通報與內部通報。所謂外部通報，係指吹哨者向企業以外之第三人（如政府機關、國會議員、新聞媒體等）揭露企業不法情事之程序，藉由舉報企

業內部不法情事引進外部監控力量來調查或糾正企業之不法行為；所謂內部通報，則係吹哨者將企業內部不法情事尋求企業內部之管道（如內部稽核單位、部門主管等）予以揭露[3]。美國法吹哨者免責抗辯對外部吹哨之對象，限定在主管機關證管會，較為嚴格。

依判決書所載，董事張瑞展於 92 年 8 月 29 日董事會議中，明確拒絕同意 92 年度上半年度之財務報表，並向證期會舉發公司財務報告之異常現象，並於 92 年 10 月 7 日已辭去董事職位。從前述美國法之規範檢證，已具備「辭職」與「外部通報」的要件，雖未具備正式的內部通報，但其拒絕同意財務報表一事，或可認為已間接具有通知公司的意涵。因此，在協和案中，其得以順利免除民事賠償責任。此外，就其未擔任董事期間或甫上任 10 餘日所通過的財務報表，法院並未課以責任。

反觀另外幾位董事與監察人之吹哨免責抗辯，其行為包括「對疑問請調和聯合會計師事務所作書面報告」、「函請新竹市調查站，請求調查協和公司之呆帳及退票之情形」、「調降財測」、「財報認列損失」等，均未被法院接受。而分析法院不接受的主要理由為該等行為並非「揭露或更正協和公司長期虛增營收之資訊」。換言之，調查呆帳、退票、調降財測、認列損失等行為，雖係善盡董事、監察人之注意義務，且有助於了解公司財報資訊的正確性，但並非等同於「財報不實之揭露或更正」之吹哨。從此一角度思考，協和案中法院對於吹哨者免責抗辯，似乎係採取較嚴格的態度，必須「直接揭露或更正」財報不實的行為始屬之。從前述美國法之比較觀察，1933 年證券法第 11 條 (b)(1)(2) 之吹哨者抗辯，賠償義務人以書面外部及內部吹哨通知證管會及發行人，必須「表示不為申報書中該部分（such part）內容負責」，即必須明確指出對申報書內容中「何部分」為吹哨之檢舉，而不能僅僅指出有

---

[3] 請參見郭大維（2013），〈沉默未必是金：吹哨者法治之建構與企業不法行為之防範〉，《台灣法學雜誌》，26期，頁1-2。

申報書內容不實的情形，其規範更為嚴苛。

至於前述被告如以其調查呆帳、退票、調降財測、認列損失等行為主張「已盡相當注意義務」之抗辯，在實務上亦屬相當困難，蓋我國條文除要求「能證明已盡相當注意」外，還必須「有正當理由可合理確信其內容無虛偽或隱匿之情事者」，始得免責。

二、漢康案 [4]

(一) 相關事實與法院判決

漢康公司虛假交易導致財報不實的行為主要有四：(一) 漢康公司與長億公司及鍵蒼公司間並無實際進貨及銷貨砂石之虛假交易，致漢康公司受有 750 萬元之重大損害。且此項虛偽之交易已列入漢康公司 100 年度第三季及 100 年全年度財務報告中之營業收入項目；(二) 漢康公司與科丞公司、虹光公司、均寶公司之循環交易，合計共 2,055 萬 3,293 元未收回，致漢康公司受有重大損害，且漢康公司將上述不實交易之營業額列入 100 年半年度、第三季及全年度財務報告，致使相關會計事項發生不實結果；(三) 董事張嘉元與杜成功共同以虛偽交易方式，使漢康公司為不利益之交易，以取得漢康公司資金，以圖謀自己之利益，而為違背張嘉元董事任務之行為，致漢康公司遭受重大財產損害。而漢康公司將上述不實交易之營業額列入 100 年年度第三季及全年度財務報告，致使相關會計事項發生不實結果；(四) 董事張嘉元與陳國振共同以不合營業常規之虛偽交易方式，使漢康公司為不利益之交易，致漢康公司遭受重大之財產損害。且漢康公司將上述不實交易之營業額列入 100 年度第三季及全年度財務報告，致使相關會計事項發生不實結果。

本案被告包括發行人、董事長、副董事長、董事與監察人、協力廠

4　台北地院104年度金字第22號民事判決，民國106年4月27日。

商、發行公司財會主管與職員等。有關免責抗辯部分，值得注意者爲監察人許穎婕與董事王淑媛。

首先，監察人許穎婕主張「伊擔任監察人期間曾委託會計師及律師查核漢康公司業務及財務狀況，確實有行使監察人監督調查權……而於察覺漢康公司有刻意隱瞞內部財務狀況時，亦立即向司法及行政機關提起告訴及舉發，並委託會計師及律師查核漢康公司及財務狀況，足見伊已善盡監察人義務。」

就此免責抗辯，法院認爲「又監察人寶島公司、許穎婕部分，就其提出禾欣會計師事務所（101）禾財字第 0038 號函、明泓律師事務所（101）德律字第 12002 號函、明泓律師事務所（101）德律字第 12007 號函、北檢治收 102 立 321 字第 02883 號通知、新北市政府北府經登字第 1025000329 號函，可知其對於系爭不實財報確有行使監察權，而有相當注意，其等之抗辯，依法有據。」因而免負損害賠償責任。

其次，董事王淑媛主張「伊因不滿董事長徐景星及副董事長張嘉元之行爲，曾於 101 年 1 月 1 日、同年 2 月 1 日及 12 月 11 日三度請辭，並於 101 年 7 月 11 日寄發證信函予徐景星對公司營運提出質疑，可認其擔任董事期間已善盡職責。」

就此免責抗辯，法院判決並未特別加以論述，僅表示「董事王淑媛……董事會有「編造」年度財務報表於股東常會開會 30 日前交監察人「查核」之職權，又依行爲時證券交易法第 36 條規定，董事會就公司半年報及年報則有「通過」……則上開董事、監察人均屬對於上開不實財報有實質之指揮監督權人，故原告依證券交易法第 20 條之 1 第 1 項第 1 款，主張渠等爲公司「負責人」，並就上開不實財報有疏未盡注意義務負推定過失責任，即可採信。」而未免除其損害賠償責任。

(二) 判決分析

就本案與協和案中，法院關於吹哨者抗辯之見解加以比較，本案法

院對吹哨者抗辯的主張，標準似乎較爲寬鬆。本案成功舉證免責的監察人許穎婕的主要行爲有二：「委託會計師及律師查核漢康公司業務及財務狀況」、「向北檢與新北市政府提起告訴和舉發」，即積極行使其監察人職權並向司法與行政機關進行外部吹哨。惟從判決觀之，該監察人並未辭職或停止職務。

至於董事王淑媛，雖三度請辭董事職位，但僅寄發存證信函予董事長徐景星對公司營運提出質疑，並未有外部吹哨之行爲，且其向不法行爲人提出質疑，恐亦不符合內部吹哨。法院並未免除其損害賠償責任。

肆、結論

我國證交法第 20 條之 1 雖未明文規定財報不實的吹哨者免責抗辯類型，但法院目前實務已有肯定的見解，將其解釋爲「已盡相當的注意」而免負民事損害賠償責任，實應予以贊同。

惟如何始能夠構成有效的財報不實吹哨者抗辯，我國法院目前見解並非相當明確。美國 1933 年證券法第 11 條 (b)(1)(2) 明文規定之吹哨者抗辯，其行爲之主要要件包括賠償義務人 (1) 已辭職或停止職務；(2) 已以書面通知證管會（外部吹哨）及發行人（內部吹哨）；以及 (3) 明確表示不爲申報書中該部分內容負責，可謂十分嚴格。協和案中被告董事張瑞展「辭職」、「拒絕同意財報」，及「向證期局舉發」，已屬相當標準的吹哨行爲，因而得以免除民事損害賠償責任。

在我國證交法就吹哨者免責抗辯要件欠缺明確規範之情況下，關於吹哨者抗辯的要件，有幾點應予思考：

首先，吹哨者是否必須已辭職或停止職務？從漢康案中監察人許穎婕抗辯成功的案件中，法院並未要求其必須辭職或停止職務，此似乎並非一個必要要件。然而，從董監責任角度言，當其發現公司有財報不實的疑慮，除積極行使其調查監督義務、拒絕同意財報並吹哨外，本文強

烈建議其應辭職，終止與公司的委任關係與受託人義務，釐清責任的範圍，以免暴露在過高且不確定的責任風險之下。

其次，是否必須同時為外部吹哨與內部吹哨？又外部吹哨對象是否限於金管會？目前我國法院見解所著重者，係外部吹哨，是否有內部吹哨似乎不具重要性。此一見解本文基本上同意。蓋我國上市櫃與公開發行公司普遍尚未建立健全的公司內部吹哨制度，且不少虛假交易、美化財報的行為，均係公司負責人所為，內部吹哨通知發行人恐效果不彰。至於外部吹哨的對象，漢康案中法院並未要求必須是金管會，對地檢署與地方政府進行檢舉，法院亦肯認之。

最後，最困難的問題在於吹哨行為的準確度。美國法要求吹哨時必須明確指出申報書內容「何部分」有內容不實。協和案中，法院認為被告請調查站調查呆帳及退票、調降財測、認列損失等行為，並非「揭露財報不實」，因而不構成免責抗辯。因此，若屬盡相當注意義務的調查監督行為或其他調整行為，倘非直接揭露或更正財報不實，恐將不為法院所接受。此一嚴格標準固然可以避免賠償義務人「見影子就開槍」的胡亂吹哨，但顯然對未必具備財務和會計專長的賠償義務人或董監事，課以較嚴格的責任。

由於我國證交法並無財報不實吹哨者免責抗辯的明文規範，再加上法院相關判決目前僅有兩則，本文僅係拋磚引玉，關於此議題的後續發展，值得持續高度關注。

參考文獻

張心悌（2017），〈證券交易法財報不實之免責抗辯事由〉，《月旦法學教室》，
174期，頁23-25。

郭大維（2013），〈沉默未必是金：吹哨者法治之建構與企業不法行為之防範〉，
《台灣法學雜誌》，26期，頁1-2。

（本文原發表於《月旦會計實務研究》，10卷，2018年10月，頁55以下）

第十章

兩岸民事訴訟程序對於錄音證據可利用性之比較研究

蕭隆泉[*]

*台灣允赫通商法律事務所主持律師，中國政法大學博士生。

摘　要

　　舉證責任之問題無疑係民事訴訟程序之核心領域，因為攸關所有民事訴訟事件之勝敗。處於競技結構訴訟制度當中之兩造當事人，為追求勝訴結果，無不竭盡全力地蒐集、整理，並適時提出有利於己方之各種證據，以應對並滿足舉證責任之要求。而在無充分，甚至全無有利證據之情況下，當事人往往透過竊錄，亦即事先不告知對方，而私下將對話錄音之方式，來蒐集對己有利之證據。然而，私下錄音既未事先告知對方，則對方係在全無預期與防備之情況下，發表意見而遭錄音，此是否業已侵害對方之隱私權及自我決定權等權利？以此而論，私下錄音證據之證據能力是否應該一概予以肯認？其於民事訴訟程序當中之可利用性如何？又私下錄音證據之證明力是否應該受到限縮？對於上述問題之不同立場與看法，必將顯著影響舉證責任問題之認定，而成為民事訴訟程序當中關鍵之勝敗因素。在中國大陸與台灣之法院，對於私下錄製之錄音證據在民事訴訟程序當中之可利用性，均已累積相關之判決與經驗。對於錄音之人不在場而竊錄對造與他人之間談話之錄音證據，兩岸之民事訴訟實務較無爭議，均予以排除而不採納為證據，亦即否認其證據能力。至於私下錄製彼此之間對話之錄音證據，其在民事判決當中之可利用性為何？則尚未完全一致，造成判決結果歧異，因此，實仍深具探討與論證之價值。筆者擬透過兩岸對於私下錄製彼此之間對話之錄音證據，在民事訴訟程序當中，相關法令及實務判決之分析，與相互之比較與研究，尋覓出更貼近社會民情，且更能同時平衡發現真實，與程序正義及效率原則等民事訴訟目標之建議。

關鍵詞：舉證責任，私下錄音，錄音證據，證據能力，證明力。

壹、前言

　　考民事訴訟之目的，於學說雖有權利保護說、權利保障說、紛爭解決說、依法解決紛爭說、私法秩序維持說、多元說、程序保障說、法尋求說、主觀（實體、私法）權利之確認與實踐說等諸說。[1] 然以民事訴訟當事人內心最終極期盼之目標而論，除非隱藏眞意，別有所圖，否則無疑均係爲了追求最大程度之勝訴判決。法諺有云：「舉證責任之所在，敗訴之所在。」法諺又云：「能舉證者，方爲事實。」前揭二則法諺同時均彰顯出民事訴訟最核心之領域即爲舉證責任之問題。而事實上整個民事訴訟進行之過程，雙方當事人彼此攻擊與防禦之諸多作爲，亦均係緊密圍繞著舉證問題而次第連續展開與進行。

　　兩岸現行之民事訴訟制度，均提高兩造當事人之主體地位，並重視由當事人進行訴訟之攻擊與防禦，可謂帶有極爲濃厚之雙方當事人競技色彩。而競技之規則即係透過分配各自應該負擔之舉證責任，由雙方當事人各負其責，各盡其能，蒐集、整理，並適時提出有利於己之證據，以應對並滿足自身應負擔之舉證責任。是爲完備己方之舉證責任，避免承擔因未能充分舉證而依法所應負擔之不利後果，致遭承審法院判決敗訴，訴訟雙方當事人勢必均竭盡全力進行有利於己證據之蒐集。由於現今科技進步，錄音、錄影設備均極爲普遍，且容易取得，甚至人手一機之各類手機，即內建有強大且高品質之錄音與錄影功能。在缺乏有利證據，或者根本沒有證據之情況下，爲了製造並取得有利於己之證據，於民事訴訟實務當中，不乏一方當事人在事先完全未告知他造當事人進行錄音之情況下，即自備並隱匿錄音、錄影器材，私下將雙方彼此之間對話之內容竊錄下來，再燒錄於光碟等介質後，提呈於法院，作爲有利於

1　姜世明（2004），《新民事證據法論》，頁150，台北：學林。

己方，或者不利於對方之證據使用，以爭取獲得勝訴之判決。

然而，應該詳予審究者，似此私下竊錄彼此之間對話之錄音證據，是否業已侵害他造當事人之隱私權或自我決定權等權利？而對於私下錄製彼此之間談話之錄音證據，是否應該一概肯認其具備證據能力？是否應採納其於民事訴訟程序中之可利用性？又私下錄製彼此之間對話之錄音證據，其證明力是否應該受到限縮？對於上揭問題採取不同之立場與態度，必將決定竊錄彼此之間對話之錄音證據於民事訴訟程序中之可利用性，進而對於訴訟雙方孰勝孰敗之判決結果，亦將產生極具決定性之關鍵影響。對於私下錄製彼此之間談話，此一深值審究與討論之證據方法，中國大陸與台灣之民事訴訟實務均已累積相當之判決與經驗。筆者先就中國大陸與台灣民事訴訟實務當中，對於私下錄製彼此之間談話以作爲證據使用之相關法令，以及是否採納之可利用性相關判決，進行梳理、分析、比較，與研究，並進而提出個人對於私下錄製彼此之間談話之錄音證據，於民事訴訟程序當中可利用性之看法，作爲發現與建議，期盼更能貼近實際之社會生活、民情，與脈動，並在發現眞實與程序正義及效率原則等民事訴訟之目標間取得平衡。

貳、民事訴訟應發現之真實為何

現今之法律條文，係將生活當中所發生之眾多事實予以高度抽象化後，再精煉出各種原理與原則，進而透過立法之技術與程序，將前揭抽象化後之原理與原則，提昇並制定爲法律條文。而一定之生活事實如符合相關法律規定之要件後，依法將產生一定之相應的法律效果。民事訴訟可以說是一個找尋並主張法律所規定請求權基礎之過程，而其實際之運作方式則係經由三段論法之推理過程，將兩造間所發生之一定社會事實，予以涵攝到相關之法律規定當中，如符合要件，則產生一定之法律效果，獲得該法律請求權基礎所支持之權利，或得以否定他造所請求

之權利。而在三段論法涵攝之過程當中，即需伴隨著各式各樣之舉證作為，由兩造盡力進行訴訟上之攻擊與防禦。由於三段論法係將生活事實涵攝於相關之法律條文當中，以獲得法律所事先規定之法律效果。因此，「認定事實」與「適用法律」自傳統以來恆被認為是法律實務工作之二大重點。而且基於必需先正確地認定事實，方能準確地適用法律之邏輯思維，強調對於客觀眞實之發現，長期以來亦獲得民事訴訟實務之愛好與青睞。

其實，相對應於各種不同之民事訴訟目的學說立場與看法，就民事訴訟所應發現之眞實究竟為何？亦隨而採取不同之立場與看法。民事訴訟法之目的越強調私法權利之確認與貫徹者，則即使其與若干早期以「眞實與正義」為訴訟目的之見解仍有距離，但此一目的無可避免將導引訴訟程序具有追求客觀眞實之意義。而若將紛爭解決視為訴訟程序之主要目的，則其於眞實發現之要求強度，似不若前開所謂以私權確立及貫徹者，因其重在個案之解決，因而訴訟程序得否將私權確立所須前揭事實確切還原，似非主要關注焦點。[2]民事訴訟程序對於事實之認定，如越是以追求客觀之眞實作為舉證之標準，則為因應事實發現之高標準舉證責任，將無可避免地迫使兩造當事人為求勝訴，必須「上窮碧落，下黃泉」，無所不用其極地使盡各種手段去蒐集證據。在這種情況下，違法取得之證據，在民事訴訟程序當中將更有可能被採納與利用。

由於人類對於事實之認知能力，本有其極限，加以時光流逝，事過境遷之後，欲將事實眞相完全予以還原，在客觀上亦難期完全達到目標。是以，在民事訴訟程序當中對於事實之認定，追求百分之百之客觀眞實，已不可能。再者，法律制度架構與所體現出之諸多價值與權利必須加以小心呵護，例如：人性尊嚴、誠實信用原則、人格權、隱私權、財產權……。當事人為求勝訴之舉證利益，不見得即能凌駕上述法律所

2　姜世明（2008），《民事證據法實例研習》，頁55-56，台北：新學林。

欲保護之價值與權利，而得以任意違法取證。換言之，不能為求真實而不擇手段。而且，民事訴訟有程序正義與效率之需求，不可能不顧成本，甚至不惜犧牲一切代價地去追求事實真相。更何況民事訴訟既肯認當事人處分主義，則對於事實之認定，更無需強求應達到客觀真實之高標準。

中華人民共和國民事訴訟法第 7 條規定：「人民法院審理民事案件，必須以事實為根據，以法律為準繩。」這一原則建立在辯證唯物主義認識論的理論基礎上，它要求司法人員以客觀存在的事實為依據，並按照國家法律規定確定當事人之間的民事權利義務關係，制裁民事違法行為。[3] 然而，現今已有學者對於民事訴訟必須以事實為根據，提出修改之建議：隨著我國經濟的迅猛發展，民事案件的數量也逐年有所增長，「以事實為根據」的弊端也逐漸顯露。民事訴訟實踐中的訴訟拖延、法官過分干預等情況無一不與客觀真實原則有著密切的聯繫，而且由於客觀真實原則這一標準的過高要求，導致實踐中缺乏可操作性，案件審判的隨意性反而增強，司法公正根本無法得到保障。對客觀真實原則的確已到了需要認真思考和修改的時候了。[4] 並進而認為民事訴訟理論中用證據真實原則代替客觀真實原則顯得更為合理和準確。[5] 然而，即便是採用了證據真實原則，但是，仍然有緊接而來之甚多問題必需加以解決。諸如：怎樣之證據，方得以被民事訴訟程序所接受？又違法取得之證據在民事訴訟程序中之可利用性究竟如何？而依靠證據所證明之事實，究竟必須達到如何之證明程度，方得以稱為真實，並符合舉證責任之標準？

由於經濟建設日新月異，大幅地發展，人們的生活習慣與價值觀也

3　譚兵（1997），《民事訴訟法學》，頁96，北京：法律出版社。

4　宋朝武、紀格非、韓波（2010），《民事證據規則研究》，頁6，北京：首都經濟貿易大學出版社。

5　前揭註。

隨而產生了明顯之變化，人與人之間的各種矛盾與衝突也隨而產生，亟待解決，以維持社會之和諧與穩定，並避免積累轉變成社會之動盪與不安。僅對實在法進行邏輯推理與分析，依靠純粹的法條，已無法滿足這種新的社會需求。因而法學家們漸漸轉而趨向探索一種新的研究方法，要研究法條以外的問題：法律產生的社會根源、法律如何發展，法律怎樣成爲控制社會的工具，如何擴大法律的功能和增強法律的效果，法律與社會結構、社會變遷和社會各個部分之間有著怎樣的關係等等。[6]因此，上揭問題之最佳解答，無疑必需立足於社會生活之實際情況，進行廣泛而深入之考查。從社會生活當中尋求並順應眞正符合人民法感情之原理原則，對於整體社會有利，並將之提升爲法律規定，反過來規範並指導人民進行個自理想之社會生活，眞正能夠定紛止爭，建構和諧共處之穩定社會，達到法律效果、社會效果，與教育效果之有機統一。

參、中國大陸民事訴訟程序錄音證據可利用性之分析

　　錄音證據按照中國大陸民事訴訟法第 63 條第 1 款第 4 項之規定，在法定之證據形式當中，係屬於「視聽資料」證據。而所謂視聽資料，是指採用先進科學技術，利用圖像、音響及電腦儲存的數據和資料來證明案件眞實情況的一種證據。它包括錄像帶、錄音帶、傳眞資料、電影膠卷、微型膠卷、電話錄音、電腦掃描資料和電腦儲存數據和資料等。[7]在 1995 年 3 月 6 日，最高人民法院曾頒布「最高人民法院關於未經對方當事人同意私自錄音取得的資料能否作爲證據使用問題的批復」，

6　何珊君（2013），《法社會學》，頁1，北京：北京大學出版社。

7　何之慧（2016），《新編民事訴訟法》，頁156，北京：知識產權出版社有限責任公司。

指明「證據的取得首先要合法，只有經過合法途徑取得的證據才能作為定案的根據。未經對方當事人同意私自錄製其談話，係不合法行為，以這種手段取得的錄音資料，不能作為證據使用。」因此，依據最高人民法院於 1995 年間所頒布之前開批復，未經對方當事人之同意而私自錄製其談話，係不合法之行為，而以這種手段所取得之錄音資料，不能作為證據使用，亦即在民事訴訟程序當中不具有可利用性。

然而，最高人民法院針對一起合作協議糾紛事件，作成（2015）民提字第 212 號民事判決，糾正廣東省高級人民法院適用法律錯誤。前揭最高人民法院（2015）民提字第 212 號民事判決，改變了前述「最高人民法院關於未經對方當事人同意私自錄音取得的資料能否作為證據使用問題的批復」當中，對於私自錄音證據之可利用性之看法。將「未經對方當事人同意私自錄製其談話，係不合法行為」進行限縮解釋，將其範圍限縮於「對涉及對方當事人的隱私場所進行的偷錄並侵犯對方當事人或其他人合法權益的行為」。除此之外，並非不得採納之證據。

最高人民法院（2015）民提字第 212 號民事判決之意旨略以「廣東省高級人民法院再審審查時認為，該錄音證據是在未取得陳○雄同意的情況下單方錄製，該院根據「最高人民法院關於未經對方當事人同意私自錄音取得的資料能否作為證據使用問題的批復」（法復 [1995]2 號）關於「證據的取得首先要合法，只有經過合法途徑取得的證據才能作為定案的根據。未經對方當事人同意私自錄製其談話，係不合法行為，以這種手段取得的錄音資料，不能作為證據使用」的規定，認定該錄音證據不具有證明力。本院認為，根據 2002 年 4 月 1 日實施的「最高人民法院關於民事訴訟證據的若干規定」第 68 條關於「以侵害他人合法權益或者違反法律禁止性規定的方法取得的證據，不能作為認定案件事實的依據」的規定，法復 [1995] 2 號批復所指的「未經對方當事人同意私自錄製其談話，係不合法行為」應當理解為係對涉及對方當事人的隱私場所進行的偷錄並侵犯對方當事人或其他人合法權益的行為。民事訴訟

法解釋第 106 條關於「對以嚴重侵害他人合法權益、違反法律禁止性規定或者嚴重違背公序良俗的方法形成或者獲取的證據，不得作爲認定案件事實的根據」的規定明確了該司法精神。本案中，張○武與陳○雄的談話係在賓館大廳的公共場所進行，錄音係在該公共場所錄製，除張○武的女兒外也未有其他人在場，並未侵犯任何人的合法權益，故對該錄音證據應予採納，並作爲認定本案相關事實的依據。廣東省高級人民法院對該證據未予認定，屬於適用法律錯誤，本院予以糾正。」（中華人民共和國最高人民法院（2015）民提字第 212 號民事判決參照）。

中國大陸現行法令有關於視聽資料形式證據之規定有：

一、中華人民共和國民事訴訟法第 63 條第 1 款第 4 項規定「證據包括：……（四）視聽資料。……、第 71 條規定『人民法院對視聽資料，應當辨別眞僞，並結合本案的其他證據，審查確定能否作爲認定事實的根據。』」

二、最高人民法院關於適用中華人民共和國民事訴訟法的解釋第 116 條第 1 項規定「視聽資料包括錄音資料和影像資料」。

三、最高人民法院關於民事訴訟證據的若干規定第 69 條第 3 款規定「下列證據不能單獨作爲認定案件事實的依據：……（三）存有疑點的視聽資料。」第 70 條規定「一方當事人提出的下列證據，對方當事人提出異議但沒有足以反駁的相反證據的，人民法院應當確認其證明力：……（三）有其他證據佐證並以合法手段取得的、無疑點的視聽資料或者與視聽資料核對無誤的複製件。」

中國大陸現行法令有關於證據取得可利用性之相關規定有：

一、最高人民法院關於民事訴訟證據的若干規定第 68 條規定「以侵害他人合法權益或者違反法律禁止性規定的方法取得的證據，不能作爲認定案件事實的根據。」

二、最高人民法院關於適用中華人民共和國民事訴訟法的解釋第 106 條規定「對以嚴重侵害他人合法權益，違反法律禁止性規定或者嚴重

違背公序良俗的方法形成或者獲取的證據，不得作爲認定案件事實的根據。」

綜合上揭相關規定，對於視聽資料，依法必須以合法手段取得，並辨別眞僞，結合其他證據佐證，不得單獨作爲認定事實的根據。且不能以侵害他人合法權益，違反法律禁止性規定或者嚴重違背公序良俗的方法取得。而除了前揭法令之相關規定外，最高人民法院判決實務亦累積了對於私自秘密錄音證據可利用性之相關規則，例如：

一、（2012 年）民再申字第 324 號判決意旨認爲「且該通話內容不清晰，僅憑該通話錄音不能證明雙方有未結算工程。」

二、（2012）民申字第 1318 號判決意旨認爲「均爲張○雄在通話中自己陳述的，通話對方並未認可，張○雄也沒有提供其他證據予以佐證，因此原一、二審法院認定張○雄不能證明所主張的技術成果和技術合同眞實存在並無不當。」

三、（2012）民提字第 104 號判決意旨認爲「光盤所記錄談話事實的眞實性沒有疑義，亦沒有證據證明大○南公司在取得上述證據時，採用了強制等非法手段。……本院該光盤記錄的談話事實及談話錄音錄像記錄內容的眞實性及證明力予以確認。」

四、（2013）民提字第 23 號判決意旨認爲「該錄音內容清晰、連貫，沒有明顯的變造或技術處理痕跡，……故本院對該錄音眞實性予以確認。」

五、（2013）民申字第 825 號判決意旨認爲「僅有通話錄音爲證。中鐵二十四局質證認爲不能確定通話人、通話時間及內容，且無其他書面證據加以佐證，對該視聽材料的眞實性、合法性、關聯性均不予認可。一、二審法院以證據不足爲由未予支持，並無不妥。」

六、（2013）民申字第 805 號判決意旨認爲「其內容未侵犯他人隱私、人身、人格等權利，也未違反法律禁止性的規定，而且該份證據經過法院委託鑑定機構進行了鑑定，結論爲未發現檢材經過剪輯處

理。根據上述規定，該份證據具有相應證明力……。」

七、（2013）民申字第 2035 號判決意旨認為「主要依據是錄音證據。由於該錄音並未得到華○公司同意，華○公司也不認可該錄音證據的真實性、合法性。黃○吉的該主張證據不足，本院不予支持。」

八、（2014）民申字第 781 號判決意旨認為「董○星亦未提供進一步證據證明其真實性，就通話內容而言，亦存在前後矛盾之處，對此存有疑點的視聽資料證據，根據最高人民法院關於民事訴訟證據的若干規定，無法單獨作為認定案件事實的依據。」

九、（2014）民申字第 1343 號判決意旨認為「通話中突然出現胡○的名字，明顯與錄音中的對話內容銜接不上。綜上，二審判決認定涉案錄音資料存有疑點，不能單獨作為認定案件事實的依據，並無不妥。」

十、（2014）民申字第 551 號判決意旨認為「對於錄音資料的取得二審判決認為，趙○國在與張○華談話過程中私錄形成，錄音過程並未侵害他人合法權益，亦未違反社會公共利益和社會公德，其取證方式不違反法律禁止性規定，因此，應認定該證據為合法證據。……從錄音效果上看，可聽清基本內容，並無明顯的疑點……。」

十一、（2015）民申字第 885 號判決意旨認為「對該份電話錄音的來源合法性、真實性、本院無法予以確認。……。」

十二、（2016）民申字第 3600 號判決意旨認為「關於錄音證據是否應採信的問題。經查，清○公司整理的錄音材料內容中並無李○就本案 500 萬元借款的性質、形成過程、形成時間的陳述或認可，該錄音證據中亦無其他與本案爭議事實相關的內容，故原審法院未採納該錄音證據，並無不當。」

肆、台灣民事訴訟程序錄音證據可利用性之分析

　　由於台灣民事訴訟法所規定之證據形式並無視聽資料，因此，對於錄音證據之性質，便有「書證說」與「勘驗說」之不同學說見解。另亦有學者認為：法院於利用此等新之資訊產品為證據時，除應以其證據目的為核心外，尚應考慮實務運作之可能性及當事人或第三人之利害關係，採彈性方式決定應依何種證據程序，未可單純以物體本身之屬性如何，即決定其證據程序。蓋上述新興資訊產品，其所能保存之資訊原即多樣，文字、符號、圖樣、影像、聲音等均有之。就證據目的而言，其依該資料能得悉某人之思想，進而了解應證事實者，有之；其依該資料所顯示之影像、顏色等而得知待證事項者，亦有之。在前者，固近於書證，在後者，則近於勘驗。[8]

　　台灣民事訴訟法對於竊錄之錄音證據之證據能力，並未直接予以規定。此可由台灣民事訴訟法第 222 條第 1 項規定「法院為判決時，應斟酌全辯論意旨及調查證據之結果，依自由心證判斷事實之真偽。但別有規定者，不在此限。」即可知之甚詳。在台灣民事訴訟實務當中，反而係透過諸多之法院判決，建構出對於私下錄音證據可利用性之相關原則，例如：

一、最高法院 106 度台上字第 246 號判決意旨認為「按民事訴訟法對於證據能力並未設有規定，違法取得之證據是否有證據能力，應從誠信原則、正當程序原則、憲法權利之保障、違法取得證據侵害法益之輕重、發現真實與促進訴訟之必要性等加以衡量，非可一概而論。倘為財產權訴訟勝訴之目的，長時間、廣泛地不法竊錄相對人或第三者之談話，非但違反誠信原則，而且嚴重侵害憲法保障之隱

8　呂太郎（2016），《民事訴訟法》，頁562-563，台北：元照。

私權，權衡法益輕重，該爲個人私益所取得之違法證據，自不具證據能力。」

二、最高法院 106 年度台上字第 1455 號判決意旨認爲「按民事訴訟之目的旨在解決紛爭，維持私法秩序之和平及確認並實現當事人間實體上之權利義務，爲達此目的，有賴發現眞實，與促進訴訟。惟爲發現眞實所採行之手段，仍應受諸如誠信原則、正當程序、憲法權利保障及預防理論等法理制約。又民事訴訟之目的與刑事訴訟之目的不同，民事訴訟法並未如刑事訴訟法對證據能力設有規定，就違法蒐集之證據，在民事訴訟法上究竟有無證據能力？尚乏明文規範，自應權衡民事訴訟之目的及上述法理，從發現眞實與促進訴訟之必要性、違法取得證據所侵害法益之輕重、及防止誘發違法蒐集證據之利益（即預防理論）等加以衡量，非可一概否認其證據能力。苟欲否定其證據能力，自須以該違法蒐集之證據，係以限制他人精神或身體自由等侵害人格權之方法、顯著違反社會道德之手段、嚴重侵害社會法益或所違背之法規旨在保護重大法益或該違背行爲之態樣違反公序良俗者，始足當之。」

三、最高法院 94 年度台上字第 2001 號判決意旨認爲「而談話錄音內容如非隱私性之對話，又無介入誘導致有誤引虛僞陳述之危險性，基於證據保全之必要性及手段方法之社會相當性考量，自應承認其證據能力。」

四、最高法院 94 年度台上字第 2001 號判決意旨認爲「而談話錄音內容如非隱私性之對話，又無介入誘導致有誤引虛僞陳述之危險性，基於證據保全之必要性及手段方法之社會相當性考量，自應承認其證據能力。」

五、最高法院 95 年度台上字第 1962 號判決意旨認爲「然兩造錄音當時之總對話長度長達 1 個多小時左右，經證人即錄音之……於本院證明屬實……，惟錄音時間僅有 25 分 57 秒，爲被上訴人所不否認，

則此錄音光碟顯然無法真實完整呈現雙方對話之原貌，且該錄音乃被上訴人指使其女……在未告知上訴人之情形下所偷偷錄製，並將兩造之對話去頭截尾，要難擷取該錄音中之片段談話據為上訴人不利之證據。」

六、台灣高等法院台中分院 102 年度家上字第 1 號判決意旨認為「又社會現實情況，民事損害賠償或法律關係，舉證極度不易。在此前提下，當不法行為人之隱私權與被害人之訴訟權發生衝突時，兩者間應為一定程度之調整。以侵害隱私權之方式而取得之證據排除方面，即應視證據之取得，是否符合比例原則以定之。」

七、台灣高等法院台中分院 102 年度上字第 175 號判決意旨認為「況錄音乃對人民基本權之重要侵害，若恣意侵害他人私權領域，將影響人與人間之信賴。且在爭執對談中，常有個人情緒之抒發，客觀上同一件事實，會隨著每個人對事情之敏感度、看法或價值觀不同，而給予不同之解讀，且有時為了情緒之抒發，常有誇大渲染之效果，反覆、假意等情，……基上，本院認上訴人提出之錄音光碟，因不符合『比例原則』及蒐證之『必要性』原則，並不足以直接作為被上訴人主張等情為真正之證據。」

八、台灣高等法院 102 年度重上字第 751 號判決意旨認為「惟上訴人辯稱系爭光碟係以不正方法取得，並無證據能力等語。經查被上訴人未經……之同意，於 99 年 6 月 24 日將小台錄影錄音相機置於上衣左側口袋，竊錄雙方對話之影像與內容，為被上訴人所不爭執。則就民法保障個人隱私權之目的在於維護人性尊嚴而言，原則上應認為該項證據不具證據能力。」

九、台灣高等法院台南分院 100 年度重上字第 11 號判決意旨認為「經查上訴人等於本院準備程序時承認上開談話錄音係未經被上訴人等同意而偷錄音……，顯係於被上訴人……無防備情形下所為之錄音；在一般社會經驗法則，如要利用對方無防備下偷錄音，以作為

日後己方有利之證據時，通常會用誘導談話或其他方式使對方說出於己方有利之對話，則未經同意私下偷錄音之談話，難期公正、客觀，自不能認其有證據能力；……。」

十、台灣高等法院高雄法院 107 年度重上字第 88 號判決意旨認為「至於上訴人所提出之錄音證據，所為並非訂約時所為錄音，而係上訴人因自己於 102 年 5 月間申報 101 年個人綜合所得稅不實被罰後，於 105 年 1、2 月間找被上訴人問罪，刻意所為，衡情已不足以還原 101 年當時之狀況。況依被上訴人執業立場，就此情形，對上訴人予以好言安撫，而未如兩造爭訟般為辯論爭駁，乃為事理常情，當難要求被上訴人……就上訴人事後當時所為問罪之詞，逐一駁斥導致難堪之情。」

伍、比較研究與建議（代結論）

一、兩岸民事訴訟關於錄音證據可利用性法令規定之比較研究

(一) 中國大陸

1. 由於中華人民共和國民事訴訟法第 63 條第 1 款第 4 項列舉規定「視聽資料」此一種證據形式，而且最高人民法院關於適用中華人民共和國民事訴訟法的解釋第 116 條第 1 項亦明確規定「視聽資料包括錄音資料和影像資料」。因此，錄音證據之法律性質為何？有明確之法律依據，並無爭議。

2. 對於視聽資料，根據中華人民共和國民事訴訟法第 71 條之規定，人民法院應當辨別真偽，並結合本案的其他證據，審查確定能否作為認定事實的根據。在最高人民法院關於民事訴訟證據的若干規定第 69 條第 3 款亦規定「下列證據不能單獨作為認定案件事實的依

據：……（三）存有疑點的視聽資料。」而在第 70 條則規定『一方
當事人提出的下列證據，對方當事人提出異議但沒有足以反駁的相
反證據的，人民法院應當確認其證明力：……（三）有其他證據佐證
並以合法手段取得的、無疑點的視聽資料或者與視聽資料核對無誤
的複製件。』」

3. 對於取得之證據是否具備可利用性，在最高人民法院關於民事訴訟
   證據的若干規定第 68 條規定「以侵害他人合法權益或者違反法律禁
   止性規定的方法取得的證據，不能作爲認定案件事實的根據。」另
   外，在最高人民法院關於適用中華人民共和國民事訴訟法的解釋第
   106 條亦規定「對以嚴重侵害他人合法權益，違反法律禁止性規定或
   者嚴重違背公序良俗的方法形成或者獲取的證據，不得作爲認定案
   件事實的根據。」

(二) 台灣

1. 在台灣的民事訴訟法令當中並未直接規定錄音證據之形式，目前就
   錄音證據之性質，在學說上仍有「書證說」或「勘驗說」之不同見解。
2. 台灣民事訴訟法第 222 條第 1 項規定「法院爲判決時，應斟酌全辯論
   意旨及調查證據之結果，依自由心證判斷事實之眞僞。但別有規定
   者，不在此限。」對於錄音證據之證據能力，台灣民事訴訟法並未直
   接予以規定。
3. 在台灣民事訴訟實務當中，對於私下錄音證據可利用性之相關規
   則，係透過各法院對於諸多個案之實務判決意旨，逐步建構起來。

綜上所述，就法令規定而言，對於民事訴訟程序錄音證據，以及
其可利用性，與違法取證之排除法則，中國大陸民事訴訟法令之相關規
定，相比於台灣之民事訴訟法令，其證據形式與可採納爲法庭證據使用
之標準，均有較爲明確且詳細之規定，在實際運用上也比較具有可操作
性。

二、兩岸民事訴訟關於錄音證據可利用性實務判決之比較研究

(一) 中國大陸

　　相關的判決，原則上均大致依循中華人民共和國民事訴訟法第 71 條、最高人民法院關於民事訴訟證據的若干規定第 69 條第 3 款、第 68 條，以及最高人民法院關於適用中華人民共和國民事訴訟法的解釋第 106 條之規定。重點圍繞著錄音證據之合法性、眞實性，與關聯性來進行檢驗。錄音證據不能單獨作爲認定案件事實的依據。亦不得以嚴重侵害他人合法權益，違反法律禁止性規定或者嚴重違背公序良俗的方法形成或者獲取。

(二) 台灣

　　就錄音證據之可利用性，相關的判決原則上是採用利益衡量之方式，分別針對舉證人之訴訟利益、舉證方法之必要性、維護人性尊嚴、憲法權利保障、誠信原則、正當程序、違法取得證據所侵害法益之輕重、防止誘發違法蒐集證據之利益、保障個人隱私權、違反公序良俗，以及比例原則等，進行比較與衡量，於個案分別作具體之判斷，並未一概而論。對於私下錄製彼此對話之錄音證據，如果有誘導、去頭截尾等情況，則排除其證據能力。

　　綜上所述，就實務判決而言，由於中國大陸之相關法令規定較爲詳細明確，所以實務判決大致均依循相關之法令規定，就錄音證據之合法性、眞實性，與關聯性進行判斷，將以嚴重侵害他人合法權益，違反法律禁止性規定或者嚴重違背公序良俗之方法形成或獲取之錄音證據予以排除。而由於台灣民事訴訟法令對於錄音證據之排除法則並未直接規定，因此，相關實務判決在某種程度上，發揮了司法造法，填補法律規定不足之功能，充分發揮利益衡量之方法，分別於個案進行各種利益與

價值之衡量，以判斷私下錄製彼此談話之錄音證據是否具備可利用性？對於利益衡量之相關論述與發揮，台灣相關之實務判決，相比中國大陸相關之實務判決，其論證較為充分與嚴謹。

三、發現與建議

針對私下錄製彼此對話之錄音證據，中國大陸民事訴訟法令之規定，雖較台灣民事訴訟法令之規定詳細與明確，而台灣之實務判決就利益衡量之分析與論述，雖較中國大陸之實務判決充份與嚴謹。然而，筆者發現，在中國大陸與台灣，不論是相關法令或是實務判決，大致均只著重於將私下錄製彼此對話之錄音證據與各種法律所欲保護之利益與價值進行衡量，或者是從外觀就是否嚴重侵害他人合法權益、違反法律禁止規定進行判斷。然而，對於私下錄製彼此對話之錄音證據，此一證據方法內在之實質，與實際產生之過程，則均未進行詳細分析、了解，與論述。如此，對於私下錄製彼此對話之錄音證據於民事訴訟程序之可利用性，顯然有再予深思及探究之必要性。

私下錄製彼此對話之錄音，其本質上之最大特徵即在於：雙方明顯不是立於平等之地位，對於資訊之認知存在極大之落差。由於錄音者亟欲以錄音進行有利證據之蒐集，因此，在錄音之前必然已經好整以暇，作好準備，包括：要問哪些有利於己之問題？要如何設計具體之問題？均已做好準備。換言之，知道錄音者只會問於己有利之問題，對於不利於己之問題則必然迴避，絕口不談。由此可見，錄音內容係經過設計之內容，而非事實之全貌。且在談話之過程當中，錄音者亦必然會小心謹慎，極力將與對方之談話內容控制在自己所需要之範圍內，並盡量朝向自己所預定之方向進行引導，如有離題或不如己意，則必然想方設法打斷對方之談話，並以其他話題進行套問。然而，反觀不知談話正在錄音者，其既懵懂未知，毫無防備，則發言必然較為隨性，未經謹慎思考，

甚至只是應付敷衍對方、玩笑嬉戲之言，所述並非全然是內心之真意，更未必然符合客觀之真實。綜上，此顯然已嚴重違背民事法律關係當中對於平等原則之要求。

再者，人類之語言本身即非完全嚴謹與周延，此由對於同一件事實之論述與認定，往往因人而異，即可明瞭此理。因此，對於一件事實之認定，必須經過充份之闡述與說明，而非未經完整說明，甚至只有隻字片語，即得以臆測擅斷。而且在不同之對話情境中，每個人對於自己發言精確程度之要求，亦必然相對應地起伏，隨之不同。很明顯地，知悉談話正在錄音者，與不知悉談話正在錄音者，其發言之謹慎程度，與精確程度必然有所不同。更何況，人類之記憶亦有其缺陷與極限，於時光流逝，事過境遷之後再進行談話錄音，被錄音者對於人、事、時、地、物等事實相關內容之表述，根本無法期待必然完全清楚與正確。綜上，語言表述本身既有其窮，而人類之記憶又非全然可靠，且在遭錄音者又漫不經心之情況下，錄音內容有瑕疵而與事實相悖之情況顯然無法合理排除，反而是具有高度之可能性。依此而論，如何確保私下錄製之對話內容已經足以完整且正確地呈現事實真相？此一問題本身無疑應屬於必需先經過論證，與舉證者負責證明之前提事實。

法對人們如何行為提出了明確的指示。法律通過告知人們可以做什麼，禁止做什麼，必須做什麼，對人們的行為進行規範和指引。[9]現代法律通過規定各法律主體的權利與義務，來影響人們的行為動機、指引人們的行為方式、規範人們的行為準則，進而達到調整各種社會關係、型構社會生活秩序的目的。[10]因此，如果過度寬泛地肯認私下錄製彼此對話錄音證據之可利用性，無異於鼓勵社會大眾紛紛以私下錄製與對方談話之方式蒐證，將嚴重破壞人與人之間的信任感、良性互動、誠信合

9　趙雪綱（2017），《法理學》，頁12，北京：中國政法大學出版社。

10　前揭註，頁13。

作，與和諧相處，人際關係必陷於人人自危，並隨時提高警覺之痛苦處境。試想，當人們在談話時，必須隨時隨地提醒自己，預設並提防對方正在進行錄音，則談話豈有可能自然地暢所欲言？此顯然會造成對於整體社會言論自由之鉗制，除妨礙人與人之間的正常溝通，並分化疏離彼此之關係外，亦必將隨而阻礙整體社會之進步。

　　綜上所述，由於私自錄音證據之內容是否真能達到民事訴訟對於真實所要求之標準，顯然難以期待。更為了避免透過法律之規範和指引作用，反而對整體社會產生極為不利之破壞後果，對於私下錄製彼此對話之錄音證據，在民事訴訟程序當中之可利用性，筆者建議首先應該採取更加嚴謹與慎重之態度，不應輕易採納為認定事實之依據。現今兩岸之民事訴訟相關法令與實務判決，均僅是從錄音證據之外觀進行論證，或以嚴重侵害他人合法權益、違反法律禁止性規定、嚴重違背公序良俗之方法形成或獲取，作為排除之原則；或以將錄音證據對於舉證方之舉證利益及必要性，和其他法律所欲保護之利益或原則進行比較與衡量。然而，對於私下錄製彼此對話之錄音證據之本質特徵、實際形成過程，與極易存有不實之瑕疵，及對於真誠信賴、和諧相處、言論自由、社會進步嚴重破壞之後果，則尚無充份之論證與了解，對於私下錄製彼此對話錄音證據之可利用性仍然過於寬泛。其次，對於私下錄製彼此對話之錄音證據除不應作為認定事實之唯一證據外，更應先令舉證方負責舉證證明對方在談話之過程當中，已足以正常理解談話內容、不存在重大誤解、得以暢所欲言地正常發言、就爭執點已充分地表示意見、談話內容完整且充份。而且，為了平衡私自錄音證據已違背平等原則之本質特徵，對於被錄音方就錄音內容所提出之說明與反駁，法院應該更加充分地聽取與了解，以彌補在錄音過程當中，被錄音者不知情況且無從完整說明之劣勢。甚至法院對於被錄音者就私自錄音證據內容所提出之反駁，應該採取更低之採信標準，方能真正將私自錄音證據原本所存在不平等之瑕疵，治癒並調整為平等，以達現今民事訴訟對於當事人武器平

等原則之要求。與其因為採納私自錄音證據作為法院認定事實之依據，而破壞人與人之間的互信與和諧共處，且對於言論自由及整體社會造成嚴重不利之後果，不如發揮法律之教育功能，培養社會大眾關於法律風險管理之意識。在進行各種法律行為之時，即同時致力於透過簽訂並保留各種相關文書之方式，盡量完整留存具體證據。於將來如因彼此矛盾糾紛而進行爭訟，手上握有充足且明確之證據，自然得以迅速圓滿地解決糾紛，真正能達到平衡發現真實，與程序正義及效率原則之民事訴訟目標。而絕非直到糾紛產生之時，方才於事後致力於私下錄製彼此對話，以此方式來進行蒐證。果能如此，則對於發現真實、促進訴訟之民事訴訟目的，必然會帶來極為正向之助益，並得以避免因為採納私下錄製彼此對話錄音證據作為認定事實之依據，而對於整體社會所造成之嚴重不利後果。

參考文獻

何之慧（2016），《新編民事訴訟法》，北京：知識產權出版社有限責任公司。

何珊君（2013），《法社會學》，北京：北京大學出版社。

呂太郎（2016），《民事訴訟法》，台北：元照。

宋朝武、紀格非、韓波（2010），《民事證據規則研究》，北京：首都經濟貿易大學出版社。

姜世明（2004），《新民事證據法論》，台北：新學林。

姜世明著（2008），《民事證據法實例研習》，台北：新學林。

趙雪綱（2017），《法理學》，北京：中國政法大學出版社。

譚兵（1997），《民事訴訟法學》，北京：法律出版社。

第三篇

科技法

第 一 章

技術出資之再思：以釐清「技術」內涵爲中心

袁義昕 *

*國立雲林科技大學科技法律研究所副教授兼所長、國立中正大學法學博士、美國華盛頓大學（UW）訪問學者、柏克萊大學（UC Berkeley）研究、律師高考及格。

本文曾於2008年6月刊載於嶺東財經法學第1期，惟為因應近年來，技術出資之相關規範已有大幅修正，本文亦大幅改寫，期許能提供相關資訊，供讀者參考。

敝人在此野人獻曝，並藉本文祝福施茂林前部長福如東海、壽比南山！

摘　要

今日公司的無形資產，不論在價值上或重要性上，已凌駕有形資產，而成為知識經濟時代的中流砥柱。2001 年公司法第 156 條第 5 項修正，不但體現企業自治之精神，更擴大企業籌措資金之來源與管道，使企業經營更具彈性。然而隨著資本籌措方式之放寬，其中最常被實務界使用，且為社會大眾耳熟能詳的「技術出資」制度，則產生許多爭議問題。例如：「技術」之範疇為何、有無限制，以及其價值認定問題，實有深入探討之必要。

本文先從技術出資之目的與型態加以討論，依次釐清技術出資主體之範圍以及「技術」之定義，藉以充分了解技術之內涵與現行規範對技術出資之相關限制。最後則探討技術價值認定問題，並從立法趨勢以及社會成本之觀點進行研討。

然此議題經過將近 20 年之發展，本文認為技術出資之主體已大幅放寬，尚稱得宜。而技術出資之客體亦即「技術」之定義將分別從實質面以及操作面上加以定義。最後建議技術出資價值之認定，宜採「行為責任說」較為妥當。

關鍵詞：技術，專門技術，技術入股，技術出資，技術股，非現金出資。

Rethinking of Technology Consideration: Focus on The Definition of Technology

Yi-Hsi, Yuan

Abstract

Today, intangible assets are more important than physical assets, and become the mainstream in era of knowledge economy. Therefore, Taiwan Company Law §156 had been modified in 2001. This modification not only embodies the spirit of corporate autonomy, but also expands the sources and channels of financing for enterprises and makes them more flexible. However, with the relaxation of funding methods, the most commonly way, "contribution in technology", has created many controversial issues. For example, it is necessary to explore the scope, limitations and value recognition of "technology".

Therefore, this article first discusses the purpose and types of technology investment, and then clarifies the scope of technology investors and the definition of "technology", so as to fully understand the connotation of technology and the relevant restrictions of current norms on technology investment.

However, after nearly 20 years of development, this article argues that the subject of technology investment has been greatly relaxed, which is still appropriate. And the definition of the object of contribution in technology, technology, will be defined in terms of substance and operation. Finally, it is suggested that the theory of behavior responsibility should be adopted to determine the value of technology investment.

Keywords：technology, proprietary technology, technology as consideration, contribution in technology, technology share, non-cash consideration.

壹、問題提出

一、無形資產乃企業運營之基石

在智慧資本掛帥之新經濟制度中，對無形資產之重視，已逐漸抬頭，並受到企業界重視。有學者將無形資產稱之爲新經濟的基石[1]。即便如此，相對應之規範不足，反而易造成適用上之困難與爭議。

有鑑於此，產業創新條例於 2010 年 5 月頒布時，第 2 條即明文定義「無形資產：指無實際形體、可明辨內容、具經濟價值及可直接支配排除他人干涉之資產。」更於同法第 12 條第 1 項規定「爲促進創新或研究發展成果之流通及運用，各中央目的事業主管機關及所屬國營事業補助、委託、出資進行創新或研究發展時，應要求執行單位規劃創新或研究發展成果營運策略、落實智慧財產布局分析、確保智慧財產品質與完備該成果之保護及評估流通運用作法。」此外，爲協助呈現產業創新之無形資產價值，中央主管機關應邀集相關機關辦理下列事項：一、訂定及落實評價基準。二、建立及管理評價資料庫。三、培訓評價人員、建立評價人員與機構之登錄及管理機制。四、推動無形資產投融資、證券化交易、保險、完工保證及其他事項（同法第 12 條第 1 項參照）。

無形資產種類繁多，內容更是包羅萬象，相關條文散見於各處。且無形資產之運用上，最令外界關注者乃技術出資之相關議題。然而，作爲技術出資母法之公司法，其規定是否完備，實不能無疑，有探討之必要。

二、公司法近年不斷放寬技術出資之限制

早期公司法，嚴格遵守「資本三原則」，對於公司資本之組成，多

---

[1] Juergen H. Daum, Intangible Assets and Value Creation 3-53 (2003).

有限制。但晚近爲因應新知識經濟之潮流，且盼能與世界接軌，立法者不斷進行修正，已多次放寬對技術出資之種種限制。

首先於 2001 年 11 月 12 日施行之公司法第 156 條第 5 項增定：「股東之出資除現金外，得以對公司所有之貨幣債權，或公司所需之技術、商譽抵充之，惟抵充之數額需經董事會通過，不受第 272 條之限制。」該條文不但擴大「非現金出資」之種類，更明文肯定「技術出資」之類型。

其後，於 2005 年 6 月修訂第 128 條第 3 項第 2 款表示：「二、以其自行研發之專門技術或智慧財產權作價投資之法人。」放寬特定從事研發之法人，得作爲股份有限公司之發起人之條件。

復於 2015 年 7 月增訂「閉鎖性股份有限公司」類型，更於第 356-3 條第 2 項放寬發起人之出資種類，規定除現金外，得以公司事業所需之財產、技術、勞務或信用抵充之。但以勞務、信用抵充之股數，不得超過公司發行股份總數之一定比例。[2] 但於 2018 年 8 月，則又將該條文中之「信用」刪除，其立法理由概爲：「基於信用界定不易，且現行勞務或其他權利出資，已足敷股東使用，爰刪除原第 2 項有關信用出資之規定。本項規定修正施行後，不再允許信用出資，至於施行前已以信用出資者，不受影響，併予敘明。[3]」

不僅如此，2018 年 8 月公布之公司法修訂，對於技術出資之條件

---

[2] 2019年6月4日經濟部經商字第10802409490號公告：「公司法第356條之3第2項所稱公司發行股份總數以勞務抵充出資股數之一定比例，於實收資本額未達新台幣3,000萬元部分，指勞務抵充出資之股數不得超過公司發行該部分股份總數二分之一；於實收資本額新台幣3,000萬元以上部分，指勞務抵充出資之股數不得超過公司發行該部分股份總數四分之一。」

[3] 本文所舉相關「立法理由」或稱「修正理由」，皆源自於立法院法律系統。網址：https://lis.ly.gov.tw/lglawc/lawsingle?00420A6B884400000000000000000014000000004000000^04517107070600^00060001001（最後瀏覽日：02/27/2020）。

大幅放寬，如第99條之1就有限公司部分增訂：「股東之出資除現金外，得以對公司所有之貨幣債權、公司事業所需之財產或技術抵充之。」而其修法理由概為：「一、本條新增。二、按現行登記實務上，有限公司股東出資之種類，除現金外，亦得以對公司所有之貨幣債權、公司事業所需之財產或技術抵充之。為符實際，爰予明定。」

再者，公司法第131條第3項亦修正為：「發起人之出資，除現金外，得以公司事業所需之財產、技術抵充之。」理由則為：「明定發起人之出資，除現金外，得以公司事業所需之財產或技術抵充之，以符實際。」第145條第1項第4款亦修正為：「……四、以現金以外之財產、技術抵繳股款者，其姓名及其財產、技術之種類、數量、價格或估價之標準及公司核給之股數。」

第156條第5項則修正為：「股東之出資，除現金外，得以對公司所有之貨幣債權、公司事業所需之財產或技術抵充之；其抵充之數額需經董事會決議。」其中刪除「不受第272條之限制」之文字，而修法理由概為：「按第272條係規範出資之種類，與本項所規範者，係非現金出資時，其抵充之數額需經董事會通過，係屬二事，爰刪除『不受第272條之限制』之文字，以利適用。」

三、技術之定義仍未臻明確

從歷次公司法修正以觀，2001年11月修正之公司法可說是技術出資制度形成之重要分水嶺。修法前就股份有限公司股東出資之標的，原則上僅限於現金。立法者除落實資本充實及資本維持原則外，更代表著對無形資產價值不確定且難以管理所帶來之不信任感。

然時至今日，無形資產不論在價值上或重要性上，皆凌駕於有形資

產之上，而成為知識經濟時代中的主流。[4]透過一次又一次的修法，不僅股份有限公司、閉鎖性股份有限公司，連有限公司均可以「技術」作為股東出資之標的，且放寬至「發起人」之出資。

此舉非但可體現企業自治之精神，更擴大企業籌措資金之來源與管道，使企業經營更具彈性。然而隨著「技術出資」之放寬，究竟「技術」之範疇為何、有無限制，其價值應由誰認定。此外，與「技術」相近似之「專門技術」、「技術服務」等，有無區別？實有深入探討之必要。

貳、技術出資之目的、型態與釐清

欲深入探討技術出資爭議時，實應先深入了解放寬技術出資之目的，其後則須釐清相近的概念與型態。

一、鼓勵技術出資之目的

從人類文明發展角度觀察，科技進步深深影響人類生活。技術之提升與發展，成為人類永遠追求的目標，而公司擁有科技之專門技術更可增加獲利，造福股東及保障債權人。[5]然而我國公司於面臨自身研究發展能力不足之情形下，為爭取產品市場之商機，往往尋求引進國外創新技術之方法，或其他廠商、經營團隊之專門技術，俾用於生產、增加產量、改良品質並降低成本。[6]

公司法2001年增訂技術出資之修正理由即謂「……技術之輸入更能增強企業之競爭力，有利於公司之未來發展……。」2005年開放符合

---

4 王文宇（2006），《公司法論》，3版，頁237，台北：元照。

5 謝易宏（2005），〈論技術作價與資本法制〉，《月旦民商法》，10期，頁30。

6 何淑敏（2001），《技術作價入股與技術移轉績效之研究：以台灣上市上櫃電子類公司為例》，頁1，國立台灣大學會計學研究所碩士論文。

特定資格法人擔任發起人時，立法理由亦謂「鑒於法人亦有參與投資商業活動擔任發起人，以利技術移轉之需要，有必要放寬法人發起人資格之限制。即法人爲發起人者，除公司外，以其自行研發之專門技術或智慧財產權作價投資之法人或經目的事業主管機關核准之法人，亦可擔任公司發起人。[7]」由此可見，不斷創新，乃是現代經濟發展之不二法門。然具有研發能力與研發成果之非公司組織之技術法人或研發法人，往往缺乏將研發成果商品化之資金，而須與擁有資金之企業結合，始能推動產業升級。公司法增訂第128第3項之規定，目的即在於簡化擁有技術之非公司組織之技術法人或研發法人，與擁有資金之企業結合之程序，提高產業升級效率，期有助我國整體經濟發展。[8]

　　由此可見，技術出資之目的乃在於：推動人類文明發展之創新技術，深具價值，若能結合資金之挹注，進行各項加值運用，不僅可以開發出許多商品與服務，進而提升人類生活水準。而從事創新研發之技術擁有者，亦可取得股東權共享公司運營獲利後，相關股息紅利之分派，進而提供創新研發者經濟誘因，願意投入更多資源於提升現有技術。

二、技術出資之型態

(一) 技術出資應可認為歸類為「非現金出資」

　　公司乃是經營一定業務以獲取利益爲目的之事業，須有一定資產作爲營運基礎。公司資產之來源，可能從發行債券、短期資金周轉，或是股東出資得來。[9] 學說傳統上有將公司股東出資方式，分爲三種[10]：

---

[7]　立法院公報處（2004），《立法院公報》，94卷40期，頁7。

[8]　林國全（2005），〈二○○五年公司法修正條文解析（上）〉，《月旦法學雜誌》，124期，頁266。

[9]　王文宇（2006），前揭註4，頁222。

[10]　王文宇（2007），《公司與企業法制（二）》，頁217-218，台北：元照。

1. 現金出資：發起人與一般股東均得爲之，且以此爲常態。

2. 公司所需之財產出資：此種出資方式又稱爲「現物出資」，係指以現金以外之財產，如以不動產或機器設備抵繳股款。

3. 其他出資：此重要出資方式係依公司法第 156 條第 5 項規定，股東之出資除現金外，得以對公司所有之貨幣債權，或公司所需之技術抵充之。[11]

　　然本文建議爲避免混淆，應避免使用「現物出資」之用語，否則容易讓人望文生義，進而認爲金錢以外之出資僅限於有體之「物」。本文建議，在分類上，僅區分「現金出資」與「非現金出資」即可，無須將向來認爲之「現物出資（公司事業所需財產）」與技術或貨幣債權加以區分之必要。因爲渠等資產態樣繁多，實難一一列舉，爲恐掛一漏萬，應以「非現金出資」作爲上位概念爲當。[12]

(二) 應依運用方式區別技術出資之類型

　　若從無形資產加值運用之角度觀之，實有多種方式可供使用收益。專利法第 62 條第 1 項即規定，發明專利權人可以以其發明專利權讓與、信託、授權他人實施或設定質權。另外營業秘密法第 6 條第 1 項以及第 7 條第 1 項，則肯定營業秘密得讓與他人或授權他人使用。此外，如「經濟部及所屬各機關科學技術委託或補助研究發展計畫研發成果歸屬及運用辦法」第 13 條即規定「執行單位運用研發成果，得依下列方式爲之：一、授權。二、讓與。三、信託。四、其他適當之方式。」科技

---

[11] 於2011年6月修法時，將「商譽出資」之途徑刪除，其立法理由概為「鑒於商譽並非一種可以隨時充作現物之財產出資，僅係公司合併因支付成本高於其資產公平價值而產生會計處理之科目，不宜作為出資標的，爰刪除『商譽』二字。」

[12] 袁義昕（2008），〈非現金出資之研究〉，《國立中正大學法學集刊》，24期，頁82。

部科學技術研究發展成果歸屬及運用辦法第 4 條第 1 項第 3 款亦謂：「運用管理：研發成果授權、讓與或其他運用方式之作業流程。」足見技術所有者得以「讓與」或「授權」方式運用該技術。

然公司法第 131 條、156 條皆謂可用技術「抵充」出資，有疑義者，對於技術如何抵充股款，其方式至少可分為「技術讓與」或「技術授權」二種型態。經濟部 2004 年經商字第 09302321190 號函，即肯定股東以技術授權入股，尚無不可。又如產業創新條例第 12 條之 2 第 1 項之規定「我國學術或研究機構以其自行研發且依科學技術基本法第 6 條第 1 項歸屬其所有之智慧財產權，讓與或授權公司自行使用，所取得該公司股票，並依同法第 6 條第 3 項所定辦法分配予該智慧財產權之我國創作人者，……。」亦明白揭示技術等無形資產可用「讓與」或「授權」之方式，作為出資之對價。然此二種出資途徑，對於出資人以及公司，仍有所區別，說明如下。

(三) 區別實益與觀念釐清

「技術讓與出資」以及「技術授權出資」此二型態於經濟部之解釋函令中，並未特別加以區別。[13] 然在稅捐處遇上，則會有不同之處理方式。以技術讓與方式進行出資時，出資人之所得屬於財產交易所得。相對地，如以技術授權之方式進行出資時，則應認為所得來源屬於權利金所得。[14]

---

[13] 如經濟部2000年經商字第89216734號函謂「……認股人因而成為公司股東，而其繳納之股款即成為公司財產，公司即獲得該出資技術之使用、收益權。如嗣後股權發生變更，應依公司法第165條規定辦理，尚不發生技術作價人員逕行變更問題。」

[14] 最高行政法院58年判字第264號判例亦謂「原告與美國○合化學公司間所訂工程合約，該公司將其秘密方法及技術讓與原告在台灣應用製造，但該公司仍保有此項秘密方法及技術，此與買賣之效果使財產權變易其主體之情形不同。是該聯合公

再者，須特別注意者乃出資者以「技術服務」或「技術上之勞務」作為入股之對價時，經濟部 2000 年經商字第 89216734 號函釋之見解乃認為「股份有限公司股東之出資，以現金出資為原則，公司所需財產抵繳為例外，至勞務及信用均不得為出資之標的。如持有特殊技術之人提供其技術上之勞務為出資者，或者公司自行研發之技術充作員工之出資者，自非所允。」就此而言，技術人員不得以「技術服務」或「技術上之勞務」作價入股。因此「技術服務」或「技術上之勞務」與「技術」本身應加以區別。如屬於承諾提供勞務之出資契約，尚不得為出資標的。假使一個技術人員所實施之技術，僅限該人操作方能產生一定結果，雖該公司可享有技術之成果，但未取得該技術之使用、收益權利時，仍應認為該技術人員所為僅屬「勞務出資」。

此外，實務見解不許股份有限公司股東以勞務出資，雖然現實之做法乃以勞務或服務之價金（酬金），或以價金請求權作為股份取得之對價，本質上已轉化為「以債作股」之類型。

基本上，技術讓與出資或技術授權出資，與技術服務出資之差別在於前二者在所得稅上之定性，屬於財產交易所得或權利金所得，而後者為為勞務報酬或其他所得。以技術方法作價出資為財產出資之類型；以技術服務作價出資則為勞務出資之態樣。[15]

司讓與原告此項秘密方法及技術資料，僅係提供原告使用而取得一定報酬，係屬權利金，而非買賣之價金。」

[15] 曾沂（2005），〈技術作價投資新立法〉，《理律法律雜誌雙月刊》，3期，頁1-3。

表 1.1 「技術讓與」、「技術授權」以及「技術服務（勞務）」之區分

判斷基準	技術讓與	技術授權	技術服務（勞務）
於入股時是否為已開發完成、存在之技術	是	是	否，以服務或勞務提供者個人提供維修、管理、訓練、諮詢等服務。
技術提供方式	交付技術文件、駐點指導、提供教育訓練課程等。	交付技術文件、駐點指導、提供教育訓練課程等。	僅能個別提供技術服務或勞務。
是否具可移轉性	可移轉，不具一身專屬性，且若讓與契約無禁止規定，受讓人可再為讓與。	可移轉，不具一身專屬性。以契約約定是否為專屬授權，來決定可否再授權。	技術服務無法立即與技術提供者分離，具有強烈的一身專屬性。
所得申報方式	財產交易所得（所得稅法第8條第7款）	權利金所得（所得稅法第8條第6款）	勞務報酬所得（所得稅法第8條第3款）
是否屬於出資之標的	可	可	除閉鎖性股份有限公司外，股份有限公司與有限公司之股東不得以「勞務」作為出資標的。但若以技術服務所生之債權抵繳股款，則屬可行。

資料來源：作者自行製表。

參、技術出資之主體與客體

一、技術出資之主體

　　誰得進行技術出資，不無疑義。公司種類有四，然因無限公司與兩合公司家數較少，探討實益較低。且因其人合色彩強烈，故公司法允許無限公司之股東及兩合公司之無限責任股東，其出資除現金或其他財產外，另得以信用、勞務或其他權利為出資（公司法第 41、43、115 條參

照），對於技術出資並無限制。至於有限公司與股份有限公司是否亦無限制，以下分就：有限公司股東、股份有限公司發起人與股東，以及閉鎖性股份有限公司之發起人與股東分別加以說明。

(一) 有限公司股東

2001 年 11 月遭刪除之公司法第 412 條第 1 項第 3 款原規定，有限公司之資本，得以現金以外之財產抵繳股款。惟該條文後遭刪除，有限公司股東得否以技術作價入股，不無疑問。

雖未有明文，但實務運作上，主管機關依公司法第 387 條第 3 項授權訂定之「公司之登記及認許辦法（2018 年已修訂名稱為「公司登記辦法」）」，其中於「有限公司設立登記表」之「出資種類及金額」第 6 欄「出資之種類與金額」中，仍列有「1. 現金，2. 現金以外財產」之欄位，足徵實務上承認有限公司之股東得以現金以外財產出資。

但上述條文復經刪除，實務運作則依公司法第 7 條所授權之「會計師查核簽證公司登記資本額辦法（以下簡稱查核資本額辦法）」進行技術出資之查核，然饒富趣味者乃將技術出資之查核，置於「財產抵繳股款明細表」項下（查核資本額辦法第 3 條第 1 項第 3 款參照）。

此外，依經濟部 2002 年經商字第 09102240990 號函謂「按刪除公司法第 412 條之理由，係為配合公司之登記、認許及其變更等事項，授權主管機關訂定命令規範，所作之修正，尚非禁止有限公司以現金以外之財產抵繳股款。」由此可知，有限公司股東應可以技術抵繳股款。然司法實務上曾有反對見解，如高等法院 93 年上訴字第 1123 號判決即認為有限公司股東不得以技術出資。

為符合登記實務運作之需求並杜絕爭議，2018 年 8 月增訂公司法第 99 條之 1 已明文規定有限公司股東之出資除現金外，得以對公司所有之貨幣債權、公司事業所需之財產或技術抵充之。故有限公司股東得

以技術出資已無疑義。

(二) 股份有限公司發起人

2018 年 8 月公司法第 131 條第 3 項修訂前規定發起人於發起設立時，股款得以公司事業所需之財產抵繳之。但學者對於股份有限公司之發起人得否以技術出資，仍有不同看法。

1. 否定説

有學者主張，公司法第 156 條第 5 項之語意及未將第 131 條第 3 項排除在外觀之，第 156 條第 5 項似僅得適用於公司設立後發行新股之情形。[16] 亦有學者認為，觀諸公司法第 131 條第 3 項之規範意旨，其何以限定發起人始得在公司設立時，以非現金出資抵繳股款，主要為發起人對公司設立負有嚴格責任（公司法第 148 條至 150 條、第 155 條）。且從文義解釋之觀點，公司在設立登記前，即使已由發起人會議或創立會選任董事，但實際上並無法就任而組成董事會，可見公司法第 156 條第 5 項明定股東如以非現金出資，其抵充之數額需經董事會通過，不受公司法第 272 條之限制，應僅適用於公司設立後之增資而言。此外，因公司法第 156 條第 5 項亦僅明文規範「股東」而非以發起人或認股人之出資為規範對象，故從解釋論之觀點而言，發起人或認股人之繳納股款義務仍應受本法第 131 條第 3 項之限制，而無適用公司法第 156 條第 5 項

---

[16] 柯芳枝（2002），《公司法論（上）》，5版，頁162，台北：三民。然其同時認為如此一來，是否與在鬆綁股東出資限制之立法原意相符，頗有疑義。就立法論而言，應增訂公司法第128條第4項，規定「第272條但書之規定，於發起人準用之。」同時刪除第131條第3項之規定。如此，於體例上，似更完整，並達到本法放寬股東出資標的之目的。柯芳枝，前揭註，頁191。相同見解，劉連煜（2007），《現代公司法》，自刊，2版，頁203。

規定之餘地。[17]再者，若認為發起人可以技術出資作為公司之資本時，不可否認會出現實收資本全部為技術，導致公司完全無現金資本，是否足夠保障與公司交易之第三人？雖對公司之迅速成立有所助益，但對債權人之保障，似嫌不足。[18]

2. 肯定說

相對地，有學者認為，如單就法條文義解釋，否定說之見解似具說服力，惟如此拘泥於文字之解釋，恐有悖於第 156 條第 5 項之設立宗旨及世界潮流。而公司法之修正草案就此亦有改正，即現金以外出資不在限於公司成立後發行新股之情形，從而發起人與認股人亦得適用之。[19]本文則以為，非該等人不得以技術作價出資之理由為何？自然人亦可能擁有關鍵技術，若限制此等人以技術出資，反而扼殺產生明日之星的可能性。基此，應從獎勵智慧資本之觀點出發，並考慮公司法第 128 第 3 項第 2 款之放寬趨勢以順應國際潮流，應肯認發起人得以技術出資。

3. 修法後採肯定說

2018 年 8 月 1 日修正公司法第 131 條第 3 項為「發起人之出資，除現金外，得以公司事業所需之財產、技術抵充之。」明定發起人之出資，除現金外，得以公司事業所需之財產或技術抵充之，以符實際。同時亦修訂第 145 條第 1 項第 4 款「發起人應就下列各款事項報告於創立會：……四、以現金以外之財產、技術抵繳股款者，其姓名及其財產、技術之種類、數量、價格或估價之標準及公司核給之股數。」

吾人肯定上述修法之努力，藉以突顯「技術」出資之重要。但在解釋上，如認為認為「技術」不具備法律上「權利」性質[20]，而非「財產」

---

17 王志誠（2004），〈公司股東之出資〉，《法學講座》，27期，頁58。

18 謝易宏（2005），前揭註5，頁32。

19 王文宇（2006），前揭註4，頁235-236。

20 前揭註19，頁267。

之觀點[21]，則值得商榷。

因自「專利權及專門技術作爲股本投資辦法」以及「技術合作條例」廢止後，「專門技術」或「技術」的意義究竟爲何？採過去的定義，抑或有新的定義並不明。不但經濟部並未就此等名詞加以定義，就連科技基本法、政府科學技術研究發展成果歸屬及運用辦法、經濟部及所屬各機關科學技術委託或補助研究發展計畫研發成果歸屬及運用辦法等重要法規都未能對「專門技術」或「技術」加以定義。[22]故對此性質與定義尚未明朗者，何以據此即認爲「技術」並非屬「財產」之範疇。況且財政部認爲股東以技術等無形資產作價抵充出資股款者，該無形資產所抵充出資股款之金額超過其取得成本部分，係屬財產交易所得[23]。基此，吾人實不必否認技術成爲財產權之可能性。

此等修法，雖然突顯「技術」出資之重要性，但卻造成讓人誤認爲「技術」非屬「財產」之結果。否則何必修法？因在解釋上，「財產」之概念，當然可以涵蓋「技術」之概念。透過主管機關函釋即可釋疑，如經濟部 2015 年經商字第 10402411780 號函即主張：按 2001 年 11 月 12 日公司法修正前第 156 條第 5 項規定：「股東之出資，除發起人之出資及本法另有規定外，以現金爲限。」惟當時公司法第 131 條第 3 項及第 272 條已定有發起人之股款及公司發行新股之股款得以公司事業所需之財產抵繳之規定，並有技術出資作價抵繳之股款之相關函釋（本部 2009 年 5 月 25 日經商字第 88207629 號函、2000 年 10 月 2 日經商字第 89218549 號函釋參照）。又前揭條項於 2001 年 11 月 12 日修正得以技術作價，顯見立法者明定之用意。是以，公司法第 131 條第 3 項及第

---

[21] 劉連煜（2007），前揭註16，頁203。

[22] 馮震宇（2004），〈技術入股政策與課稅爭議平議〉，《萬國法律》，135期，頁19。

[23] 財政部（92）年台財稅字第0920455312號函。

272 條所定「事業所需之財產」應包括技術。

修法後，爲求明確將而「技術」與「事業所需之財產」並列，反而造成體系上之矛盾，恐非妥適。

(三) 認股人（非股東）

1. 募集設立時之認股人

依公司法第 132 條第 1 項規定「發起人不認足第一次發行之股份時，應募足之。」而同法第 133 條第 2 項規定「前項發起人所認股份，不得少於第一次發行股份四分之一。」換言之，募集設立時，第一次發行之股份可能四分之三係由認股人認足。惟此時之認股人得否爲技術作價入股，不無疑問？

如純粹從文義解釋以觀，公司法第 138 條第 1 項規定「發起人應備認股書，……由認股人填寫所認股數、金額…… 」、同條第 2 項「以超過票面金額發行股票者，認股人應於認股書註明認繳之金額。」、第 134 條規定「代收股款之銀行或郵局，對於代收之股款，有證明其已收金額之義務，其證明之已收金額，即認爲已收股款之金額。」以及第 139 條規定「認股人有照所填認股書繳納股款之義務」以觀，似乎現行規定認定募集設立時，認股人僅能以現金繳納股款，並未允許認股人於募集設立得爲技術作價入股。且公司法第 156 條第 5 項所稱之股東，如從文義解釋，尚難包括募集設立時之認股人，因此募集設立時之認股人似應不得爲非現金出資。

惟本文認爲，不宜採上述文義解釋之觀點，而應該依下述二個理由，而肯定募集發行之認股人得爲技術出資，說明如下：

(1) 從立法論而言

如擔負公司設立較重責任之發起人，條文允許其得以技術作價投資，但募集設立之認股人卻不得爲之，無異輕重失衡（公司法第 131 條

第 3 項參照）。為符合現代經濟潮流，並達成鼓勵技術作價入股之立法目的，本文主張應採目的性解釋為當，而應肯認募集設立時之認股人得以技術作價入股。

(2) 從新修正公司法第 145 條第 1 項第 4 款以觀

該條謂：「發起人應就下列各款事項報告於創立會：……四、以現金以外之財產、技術抵繳股款者，其姓名及其財產、技術之種類、數量、價格或估價之標準及公司核給之股數。」此條文之可能解釋有二，第一種解釋：限於發起設立時之發起人方有適用；第二種解釋乃條文中並未有任何限制，而應包含發起人以及募集設立時之認股人。儘管從立法院相關文書發現，當時對公司法 145 條之討論，僅有以下之記載[24]：

> 李司長鎂：關於第145條，因為前面第131條第3項已經修正了技術可以抵繳股款，所以第145條第4款就配合增加「技術」2個字。
>
> 主席：增加「技術」2個字，行政院版與本席及許委員的版本都一樣，應該是沒有問題，第145條就按照行政院版通過。

如從立法歷程觀察，立法者對於公司法第 145 條之修正，乃配合131 條發起設立之修正，故應採前述第一種見解。然而從整個立法目的與世界潮流而言，顯然並不洽當。立法者並未體認到發起設立與募集設立之區別，以及募集設立中，認股人與股東身分不同之區別，以至此等修法結果恐無法達成立法目的，宜修正之。

---

[24] 立法院第9屆第5會期經濟委員會第 13 次全體委員會議紀錄（2018），《立法院公報》，107卷 49 期，頁402。

2. 發行新股時之認股人

相對於募集設立時之認股人，主管機關對發行新股時之認股人則有較為寬大之態度。經濟部 2005 年經商字第 09402052610 號函認為「按修正後公司法第 156 條第 5 項增訂之意旨，係為改善公司財務狀況，降低負債比例。又認股人與公司發生股東之關係，應於認股人繳足股款時發生。是以，公司發行新股時，尚不問認股人是否原為股東之身分，均得以對公司所有之貨幣債權抵繳所認之股份，……。」深究該號函釋之觀點，乃主張認股人與公司發生股東關係之時點，乃發生於認股人繳足股款時，故其是否屬於原有股東身份在所不論。因此公司發行新股時，該新股認股人得以技術作價入股。

此外，經濟部 1999 年經商字第 88207612 號函亦謂：「……二、另公司發行新股，有以技術抵繳股款者，應依公司法第 274 條第一、二項規定，檢送監察人查核意見報請主管機關核定。且公司募集設立，有以技術抵繳股款者，應參照公司法第 145 條、第 146 條規定，檢送董事、監察人（或檢查人）之調查報告。本部 1998 年 6 月 3 日經（87）商字第 87209616 號函釋，爰予補充。」

3. 私募股票之應募人

經濟部（92）年經商字第 09202047660 號函曾謂，按公司法第 156 條第 5 項規定：「股東之出資除現金外，得以對公司所有之貨幣債權，或公司所需之技術……抵充之……」第 272 條規定：「公司公開發行新股時，應以現金為股款；但由原有股東認購或由特定人協議認購，而不公開發行者，得以公司事業所需之財產為出資。」準此，公開發行股票公司私募股票之應募人，依前揭規定以非現金之方式出資，尚非不可。基此實務見解，公開發行股票公司私募股票之應募人，亦得以技術作價入股。

4. 員工認股

經濟部 2003 年經商字第 09202175880 號函認為「有關公司法第 167 條之 2，員工依認股權契約所認購股份之出資種類，公司法無限制規定；惟現金以外之出資，其抵充之數額仍須依第 156 條第 5 項規定，經董事會決議通過。」由此可知，員工依認股權契約認購股份時亦得以技術出資。

此外，經濟部 2003 年經商字第 09202177291 號令亦認為：「公司經董事會決議發行新股，而由股東、員工或其他特定人認購時，倘以現金以外之財產如貨幣債權或公司所需之技術……等抵繳股款者，應依公司法第 274 條第 2 項之規定辦理。」

(四) 股份有限公司股東

公司法第 156 條第 5 項原規定「股東之出資除現金外，得以對公司所有之貨幣債權，或公司所需之技術抵充之，惟抵充之數額須經董事會通過，不受第 272 條之限制。」2018 年修法時又將後段所稱「其抵充之數額須經董事會通過，不受第 272 條之限制」刪除。立法理由認為，按第 272 條係規範出資之種類，與本項所規範者，係非現金出資時，其抵充之數額需經董事會通過，係屬二事，爰刪除「不受第 272 條之限制」之文字，以利適用。上述修正是否妥適，則不無疑義。

如本文上面所舉經濟部 2003 年經商字第 09202177291 號令之內容，乃認為公司經董事會決議發行新股，而由股東認購時，倘以現金以外之財產如貨幣債權或公司所需之技術……等抵繳股款者，應依公司法第 274 條第 2 項之規定辦理。而 274 條乃規定：「公司發行新股，而依第 272 條但書不公開發行時，仍應依前條第 1 項之規定，備置認股書；如以現金以外之財產抵繳股款者，並於認股書加載其姓名或名稱及其財產之種類、數量、價格或估價之標準及公司核給之股數（第 1 項）。前項

財產出資實行後，董事會應送請監察人查核加具意見，報請主管機關核定之（第2項）。」如回歸上述修法以及經濟部解釋函令，股東以技術出資時，似乎區分該次發行新股是否公開發行，而有不同之規範。茲說明如下：

1. 公開發行新股時

公司法第272條規定「公司公開發行新股時，應以現金為股款。但由原有股東認購或由特定人協議認購，而不公開發行者，得以公司事業所需之財產為出資。」依此規定，在公開發行新股時，股東「應」以現金為股款。且從第274條第1項前段與後段文義之連續性觀察，該條允許技術出資之情況亦限於非不公開發行時。這樣無異大幅減少技術出資適用之可能性。

2. 發行新股但不公開發行時

依公司法第272條、274條、156條以及前述經濟部函令，此時股東得以技術出資。

(五) 閉鎖性股份有限公司之發起人與股東

1. 閉鎖性股份有限公司發起人得為技術出資

公司法第356條之3第1項規定「發起人得以全體之同意，設立閉鎖性股份有限公司，並應全數認足第一次應發行之股份。」顯見閉鎖性股份有限公司設立僅限發起設立。其立法理由概謂「閉鎖性股份有限公司雖享有較大企業自治空間，惟亦受有不得公開發行及募集之限制，且股東進出較為困難，是以，發起人選擇此種公司型態時，須經全體發起人同意。又基於閉鎖性之特質，不應涉及公開發行或募集，僅允許以發起設立之方式為之，不得以募集設立之方式成立，且發起人應全數認足第一次應發行之股份，以充實公司資本……。」

同條第2項進一步規定「發起人之出資除現金外，得以公司事業所

需之財產、技術、勞務抵充之。但以勞務抵充之股數，不得超過公司發行股份總數之一定比例。」而其立法理由概謂「參酌其他國家之作法及因應實務需要，於第 2 項明定發起人出資種類，……。」

2. 閉鎖性股份有限公司之股東亦得爲技術出資

公司法第 356 條之 3 第 3 項規定「以技術或勞務出資者，應經全體股東同意，並於章程載明其種類、抵充之金額及公司核給之股數；主管機關應依該章程所載明之事項辦理登記，並公開於中央主管機關之資訊網站。」而經濟部 2016 年經商字第 10502415080 號函亦明白表示：「一、依公司法第 356 條之 3 第 4 項規定……所稱「全體股東」包含增（出）資前之現有股東及該次增（出）資股東。」足見閉鎖性股份有限公司股東，經全體股東同意亦得爲技術出資。

二、技術出資之客體

所謂「技術出資」或「技術作價入股」顧名思義必以「技術」爲出資之標的，然公司法卻同時使用「技術」與「專門技術」之用語，觀諸其他法規，分別使用「技術」或「專門技術」者所在多有。然而針對「技術作價入股」中「技術」一詞應做何解，則不無疑義。本文擬就「技術」或「專門技術」之定義性文獻，扼要回顧如下。

(一)「技術」定義之回顧

1. 1969 年德國聯邦最高法院之見解

原告申請「養成紅色羽毛鴿子方法」之發明專利，遭德國聯邦最高法院駁回。該法院將技術定義爲「有計畫地利用人類理解力以外之可支配自然力，直接達到因果關係上可預見之結果。」[25]

---

[25] BGHZ 52, 74 - Rote Taube.

2. 1973 年聯合國工業發展組織（UNIDO）之定義

在發展中國家取得外國技術，技術授權協議指針中，聯合國工業發展組織（United Nations Industrial Development Organization, UNIDO）將「技術」定義爲，爲製造某種產品，建立一個企業所必須之知識、經驗及技能（skills）。[26]

3. 1977 年世界智慧財產權組織（WIPO）之定義

世界智慧財產權組織（World Intellectual Property Organization, WIPO）於發展中國家授權指導方針中，將「技術」定義爲：指一種有系統化的知識，其目的是爲了產品之製造、過程之應用或是提供服務。[27]

4. 1978 年 McGinn 教授以及 Hannay 教授之見解

在史丹福大學著名學者 McGinn 教授早期的著作中，其指出，技術活動是一種有目的、有方法的創新活動，並將其運用在製造或組成物質的結果。[28]McGinn 進一步認爲，技術也應被視爲一種以資源爲基礎且是消耗資源的計畫，其必然利用或產生知識。他進一步提出了「材料生產製造」（material product-making）或「目標轉化活動」（object-transforming activity）的一個標準，以區分技術。[29]

McGinn 教授又與其同事 Hannay 教授共同發表，認爲技術之內涵乃是「用於製造特定產品或創建特定程式系統的知識、方法和相關資源

---

[26] United Nations Industrial Development Organization (UNIDO), Guidelines for the Acquisition of Foreign Technology in Developing Countries, with Special Reference to Technology Licensing Agreement, United Nations Publication, ID/78 1(1973).

[27] World Intellectual Property Organization (WIPO), Licensing Guide for Developing Countries, WIPO Publication No. 620 VIII 28(1977).

[28] Robert E. McGinn, What is Technology?, Research in Philosophy and Technology: An Annual Compilation of Research 179, 180 (Paul T. Durbin, Ed.,1978).

[29] Id. at 181.

的複合。[30]」其所謂「技術」之定義乃用於製造特定產品，這部分較容易直觀的理解，但所謂運用於「程式系統」則顯得較語意不清，因為系統可包含的範圍甚廣。而 Hannay 教授跟 McGinn 教授則進一步指出：「許多現代技術產品，無論是否表現出內部系統的複雜性，都與復雜的社會技術支持系統緊密地交織在一起。而這些系統性生產之使用與維護，都依賴於複雜的社會技術支持系統，例如：電話和汽車等。購買此類物品，就是要進入複雜的社會技術系統網絡。如購買一輛車，實際上就是購買一套複雜的道路系統、能源供給、零件、維修、登記、保險、執法警察以及法律制度。[31]」然渠等認為並非所有人類文化都可當成技術，Hannay 教授跟 McGinn 教授透過描述技術之特徵來概括其論證：「技術乃是一種文化活動的形式，致力於物質對象之生產或轉換，或程式系統之創建，藉以擴大人類實際操作的可能性。[32]」其後，McGinn 教授於1991 年則把技術劃分為人類文化的表現，而使其與藝術、體育、哲學等能占據一席之地。[33]

5. 1980 年 DeVore 教授之見解

向來致力於從事科學教育的 DeVore 教授認為：「創造一種哲學立場、新的宗教或另一種政府形式所涉及的思維特徵不同於科技活動所涉及的思維特徵。科技思維是問題特定且是環境特定的，涉及到整個系統行為中，效率和元件間之關係。[34]」其認為，技術乃是創造新穎且有用的產品、設備、機器或系統。在技術研究的過程中，設計是解決材料、能

---

[30] N. Bruce Hannay & Robert E. McGinn, The Anatomy of Modern Technology: Prolegomenon to an Improved Public Policy for the Social Management of Technology 27 (1980).

[31] Id. at 28.

[32] Id. at 27.

[33] Robert E. McGinn, Science, Technology and Society 16 (1991).

[34] Paul W. DeVore, Technology: An Introduction 226 (1980).

源、資訊和控制問題的關鍵組成部分。[35]

6. 1991 年學者鐘瑞江之見解

鐘瑞江在說明國際投資之技術移轉時，將技術定義為：(1) 技術是一種知識、經驗或技能。(2) 技術是有系統化的。(3) 技術是為了產品的生產、過程之運用或者提供服務。[36]

7. 1994 年 Mitcham 教授之見解

從事科學思想研究的 Mitcham 教授則將典型的技術活動定義為工藝、發明、設計、製造、工作、操作和維護。[37]Mitcham 教授也將技術與技能（technique）加以區別，其主張技術強調對外部工具的合理操縱，而技能則涉及對人類身體和心靈的訓練。[38] 因此，其認為可以討談某人棒球打擊的技能或組織政黨的技能，而非技術。技能可能會包含不合理的成分，但技術則涉及有意識地表達規則和原則。[39]Mitcham 教授亦認為不能將所有人類行為視為技術。[40]

8. 1996 年美國智財局（USPTO）之見解

美國智財局（USPTO）於 1999 年發布之電腦相關發明之檢視方針中表示，技術定義為：「將科學與工程（engenieering）應用到機器及程序（procedure）之發展上，以便增進或改善人類之條件（human conditions），或至少有某些方面改善人類之效率（human efficency）」。[41]

---

[35] Id. at 182.

[36] 鐘瑞江（1991），《國際投資之技術移轉》，頁6，台北：三民。

[37] Carl Mitcham, Thinking Through Technology: The Path Between Engineering and Philosophy 210 (1994).

[38] Id. at 236.

[39] Id.

[40] Id. at 232.

[41] USPTO, Examination Guidelines for Computer-Related Inventions(1996), available at:

9. 1999 年學者劉承愚、賴文智之見解

其於說明技術授權契約時，論到技術之法律地位：「廣義的『技術』在法律上可能有三種地位，最強的一種就是法律明訂的權利，這包括專利權、商標權、著作權、積體電路布局權……等；其次是符合營業秘密法之要件的營業秘密，屬於該法所保障之利益；最後是不符合權利要件，也不符合營業秘密要件的專業技術，是屬於一般民、刑法所保障之利益。[42]」

10. 1999 年 Thomas 教授之見解

John R. Thomas 教授認為，儘管技術已嵌入了社會系統，但它不論是透過直觀或持續分析，都應竭力地與人類社會其他方面有所區別。簡言之，技術可以被描述為：以外部環境與設計的必要性為導向，應用於物質創新的知識。[43]

11. 2000 年劉孔中教授之見解

劉教授在討論電腦程式相關發明保護時，對技術下了如此定義：「有計畫將自然科學知識供人類實際運用，以便增進或改善人類之整體條件或人類效率之所有措施、設備、裝置、方法或程序，為技術思想。但不包含抽象觀念、自然法則及自然現象，亦不包含個人技能及單純資訊之揭示。[44]」

---

http://www.uspto.gov/web/offices/pac/compexam/examcomp.htm(last visited Mar. 14, 2008).

[42] 劉承愚、賴文智（1999），《技術授權契約入門》，頁18，台北：智勝文化。

[43] John R. Thomas, The Post-Industrial Patent System, 10 Fordham Intell. Prop. Media & Ent. L.J. 3, 46(1999).

[44] 劉孔中（2000），〈我國專利法制對電腦程式相關發明保護之研究〉，《月旦法學》，58期，頁142。

12. 2000 年蔡明田教授之見解

蔡教授從管理學之角度觀察，認為技術的定義不應狹義的侷限於生產製造面，而應廣義的包含管理面，意即除了生產方法外，尚應涵蓋企業經營管理上所需的一切知識，才能完整的闡釋技術的意義。[45]

13. 2004 年國科會之見解

科技部前身行政院國家科學委員會於 2004 年所印行「科技統計名詞定義手冊」中，將「技術」定義為：係指將科學研究成果應用於生產者，除實質的製造技術外，尚包括產品設計及相互配合之組織管理，是一種達到實用目的之知識、程序及技藝方法。[46]

14. 2007 年楊崇森教授之見解

楊教授在說明專利法中，技術思想之內涵時論到：「技術乃為達成一定目的，或解決一定課題所用之具體手段。技術思想不可只是抽象的，而須是解決課題之具體手段，在知識上須有能傳達於他人之客觀性（客觀傳達可能性），從而如仰賴熟練人之技能那樣，客觀上無法傳達者，非此所謂技術。[47]」

15. 2014 年 Morris 教授之見解

Morris 教授認為，儘管技術一詞似乎是眾所周知的名詞，在歷史上，當美國法院不斷試圖去進行可專利性技術之定義時，則是如此複雜且令人困惑。然而有兩個令人驚訝的一致性概念，定義了絕大多數可專利性技術，亦即技能（artifice）和行動（action）的概念。[48]而所謂「技能」

---

[45] 蔡明田等（2000），〈高科技產業技術取得策略之研究：以半導體、電腦及周邊製造業為例〉，《中華管理評論》，3卷2期，頁1-15。

[46] 國科會（2004），《科技統計名詞定義手冊》，頁2。

[47] 楊崇森（2007），《專利法理論與應用》，2版，頁53，台北：三民。

[48] Emily Michiko Morris, What Is "Technology", 20 B.U. J. Sci. & Tech. L. 24, 82-

是被人類所創造出來的質量，而非自然生成。「行動」則是積極行為或操作所帶來的質量。「技能加行動」之認定標準，可解釋可專利性，並使可專利之技術認定上具有一致性。「技能加行動」之認定標準，可以提高在認定具有可專利標的之標準的透明度和清晰度。[49]

16. 2016 年廖大穎之見解

廖教授認為：「但何謂技術？一般認為除取得專利權等之技術，屬無體財產權之無形資產外，技術非必然是財產，這當然衍生出股東依法提供非屬無體財產權之技術部分，如何作價入股之爭議。[50]」

17. 2018 蔡朝安律師等之見解

蔡律師認為：「從公司法 2001 年的修正來看，容許技術入股，既然是著眼於便利公司引進技術以加強競爭力，則理論上凡是能夠加強公司競爭力的技術，應該一概得以作為技術入股的標的，……。如果將得入股的「技術」，限於專利、商標、著作權等具備清晰產權的無形資產，勢必窄化其內涵，也不符合業界的現實；能夠強化競爭力的技術，在實務上不一定合適申請專利，如果以 know-how 的形式出之，而藉由營業秘密保護法的方式，保護其產權，只要其確實得為公司營運所用，即便不以專利的產權形式保護，率然將其排除在技術出資的範圍之外，

恐與立法意旨未盡相合。但是，另一方面來說，投入於公司的技術，如果在認定上過於寬泛，甚至連辨認其客觀範圍都有困難，也無法為產權所有者所控制，則實務的操作上恐怕也無法認定該技術有無「投入」。所以，以會計上得以認列入帳的範圍作為技術的外圍邊界，應該

83(2014).

[49] Id. at 83.

[50] 廖大穎（2016），〈員工酬勞入股與股東勞務出資〉，《月旦法學教室》，168期，頁22-23。

是較為務實而可以操作的看法。[51]

18. 2019 年事業投資智慧機械或第五代行動通訊系統抵減辦法

公司或有限合夥事業投資智慧機械或第五代行動通訊系統抵減辦法第 5 條第 3 項前段規定：「第一項所稱技術，指專用於智慧機械或第五代行動通訊系統之專利權或專門技術。」

(二) 專門技術定義之回顧

1. 2005 年廢止之技術合作條例

已廢止之該條例認為「專門技術」係指，對國內所需或可供外銷之產品或勞務，而具有下列情形之一者：一、能生產或製造新產品者。二、能增加產量，改良品質或減低成本者。三」能改進營運管理設計或操作之技術及其他有利之改進者（該條例第 3 條參照）。

2. 2007 年廢止之專利權及專門技術作為股本投資辦法

已廢止之該辦法將專門技術定義為：新技術，具有經濟價值，為投資事業所需，在國內尚未使用者而言（該辦法第 3 條參照）。此外，其認為得作價充為依公司法組織之公司股本投資之專門技術限於：一、能生產或製造國內尚不能生產或製造之新產品者。二、能改善國內現有產品品質或減低成本者（該辦法第 4 條參照）。

3. 2011 年廢止之促進產業升級條例施行細則

已廢止之施行細則第 37-2 條第 2 項規定：本條例第 19 條之 2 及第 19 條之 3 所定專門技術，其範圍如下：一、依國內或國外相關著作權法律享有之著作權。二、依國內或國外相關積體電路電路布局保護法律

---

[51] 蔡朝安、陳瑩柔、林祖晞（2018），〈技術出資入股的法令與實務〉，《月旦會計實務研究》，8期，頁48。

取得之電路布局權。三、依國內或國外相關植物品種保護法律取得之植物品種權。四、依國內或國外相關營業秘密法律享有之營業秘密。五、其他經中央目的事業主管機關認定屬專門技術者。

4. 2016 年發布之公平交易委員會對於技術授權協議案件之處理原則

該處理原則第 2 條第 3 款認為：本處理原則所稱專門技術（know-how），係指方法、技術、製程、配方、程式、設計或其他可用於生產、銷售或經營之資訊，而符合下列要件者：1. 非一般涉及該類資訊之人所知。2. 因其秘密性而具有實際或潛在之經濟價值。3. 所有人已採取合理之保密措施。

從上述文獻回顧可知，對技術之定義並無一致性之見解，且技術與專門技術之定義更存有不小差距。究竟公司法第 156 條的「技術」、第 128 條第 3 項的「專門技術」，以及行政院公平交易委員會對於技術授權協議案件之處理原則中的「專門技術」與營業秘密法中所稱「營業秘密」間，具有何種關聯性？是否有所交集？抑或分別所指稱不同之事物？實值玩味。

現行有效之條文，不乏將「專利權」、「專門技術」、「商標權」、「著作財產權」或其他智慧財產權並列，作為出資之標的，如外國人投資條例第 6 條第 3 款、華僑回國投資條例第 6 條第 3 款、公司國外投資處理辦法第 4 條第 4 款、大陸地區人民來台投資許可辦法第 7 條第 3 款等等。本文亦持肯定見解，因該等無形資產本來深具價值，本具備「財產」之性質，若為公司事業所需，自得作為出資之對價。但前述已廢止之產業升級條例施行細則，卻將「專門技術」擴大至：著作權、電路布局權、植物品種權以及營業秘密。惟此等見解並不恰當，因其恐怕混淆技術與其他智慧財產權之內涵模糊。

(三) 本文見解

技術之定義，各界看法不一。為使研究工作得以繼續，本文擬分成二個層次對「技術」進行定義。首先採用實質性定義，綜合各界看法，試圖找出最適切的定義。接著再從「技術」層面定義，盼望能找出一個可以操作的標準，讓「技術」一詞不再模糊不清。說明如下：

1.「技術」的實質內涵

從目的性思考及今日社會結構與經濟發展情況等情事觀之，傳統意義上之技術意義，已由著重於產品之生產方法、製造流程改良等等，擴大至所有可具體對於人民生活或產業活動有所助益或可得提升之知識、方法或手段。不能單純限制於生產面，而僅將技術作為生產要素之一[52]。對此，本文試將技術定義為：有計畫、有系統地運用知識，以達成一定目的，或解決一定課題，進而提升人民福祉之可得反覆實施之具體手段。

本定義或許不夠嚴謹，並摻雜價值判斷在其中。但談論技術議題所須重視者，乃其實用性及其背後所隱藏之價值。故「技術」必須有解決問題、達成目的之可能，至終能提升人民生活福祉。故該技術必須具體，得以反覆實施，以代表其非偶然之產物，有確定性，並足能提供他人使用。

2.從可操作之技術層面來定義「技術」

有學者主張應擴張「技術」之定義，使其他非屬會計認列之標的，

---

[52] 與本文相同見解，如有學者認為「時至今日，技術之概念已絕非限於生產技術、製造技術等工業技術，而技術之定義，也自然不應再侷限於該等範圍內。是舉凡人類精神或智慧所產生之一切有系統的或有益於產業的知識、經驗、技能或訊息，亦即所謂營業上之資訊，都應包括在內。」請參照，張靜（2007），《我國營業秘密法學的建構與開展》，頁322，台北：新學林。

亦可加入公司成為公司資本，始符合立法目的，因此建議採取負面表列方式，將非屬於技術之範疇，排除於技術出資之列，擴大技術入股之範圍，以符合技術作價之原則。[53] 本文則以為，可從釐清技術與專門技術與營業秘密之關係著手，以深入了解技術內涵。

首先可先從文義解釋進行推論「技術」與「專門技術」之關係，解釋上，「技術」可包含「專門技術」殆無疑義。且若從「公平交易委員會對於技術授權協議案件之處理原則」第 2 條第 3 款及營業秘密法第 2 條之規定，內容完全一致以觀，即可推導出以下結果：

技術＞專門技術＝營業秘密

但較令人訝異者乃已廢止之產業升級條例施行細則第 37-2 條第 2 項規定，其將「專門技術」之範圍擴大至：著作權、積體電路電路布局權以及植物品種權等。對此規範，本文認為不無斟酌之處。如以著作權為例，其立法目的在於「保障著作人著作權益，調和社會公共利益，促進國家文化發展」，與技術之一般性理解，實難以相容，反而過度膨脹專門技術之意義，造成不必要誤解。然不容否認，上述著作權、積體電路電路布局權以及植物品種權等智慧財產權甚有價值，適合作為出資入股之標的。惟理解上與體系上，著作權、積體電路電路布局權以及植物品種權等仍落在智慧財產權之範疇，當然與「技術」一樣可被「財產」之概念所涵蓋。但在分類上，仍應與「專有技術」之內涵分離，以避免體系混淆。

再者，從實質內涵加以分析，立法用語所稱之「專門技術」，其內涵就是「專有技術」（proprietary technology）[54]，而所謂「專有技術」就

---

[53] 謝易宏（2005），前揭註5，頁31。

[54] 條文用語亦有使用「專有技術」者，如電信法第26-1條第1項第1款、國防部科技

是指營業秘密或是「know-how」[55]。如知名學者Smith與Parr二位教授就認為，許多智慧財產開始創造時都是一個營業秘密。這些創造可透過秘密的方式加以維持，或選擇用法規加以保護來換得元件的公開。[56]

學者 Karl F. Jorda 教授更認為，專利不過是營業秘密在海上冰山之一角，而有約超過90%的新技術被營業秘密所涵蓋，超過80%的授權或技術移轉契約是由專門技術所涵蓋（如營業秘密），或是專利與營業秘密混合契約。[57]Jorda教授指出，決定用哪一種方式加以保護，並不是簡單的二分法問題，非申請專利，即將其鎖死（padlock）。一個投資者必須決定，哪些要用專利保護，哪些保持營業秘密的地位，衡量兩者的優缺，甚至將專利與營業秘密作整體規劃以達到保護創新的最佳方式。[58]

綜合文義解釋與實質分析加上可操作之基礎，本文建議，應將技術之內涵，定義為包含「專利」與「非專利技術」，而「非專利技術」即為「專有技術」，而等同「專門技術」或「營業秘密」。本文扼要表示「技術」之定義如下：

技術＝專利＋非專利技術（即專有技術＝專門技術＝營業秘密）

工業機構與法人團體從事研發產製維修辦法第17條第1項第1款。

[55] Gordon V. Smith & Russell L. Parr, Valuation of Intellectual Property and Intangible Assets 27 (2000).

[56] Id.

[57] Karl F. Jorda, Intellectual Property Valuation-The Legal Counterpart/Counterpoint(Sep. 13, 2004). Available at: https://arellanolaw.edu/alpr/v8n1b.pdf (last visited: Mar. 6, 2020).

[58] Id.

肆、技術出資之限制

一、非屬該公司自行研發之技術

2000 年 9 月 14 日經濟部商業司（89）經商字第 89216734 號函：「一、……公司登記實務上，股份有限公司股東之出資，以現金出資為原則，公司所需財產抵繳為例外，至勞務及信用均不得為出資之標的。如持有特殊技術之人提供其技術上之勞務為出資者，或者公司自行研發之技術充作員工之出資者，自非所允……」同年 12 月 18 日經濟部商業司（89）經商字第 89231156 號函補充上述函釋，進一步認為：「……第 89216734 號函所稱：『公司自行研發之技術充作員工之出資者，自非所允。』係基於公司自行研發之技術，其研究發展費用作為公司之當期費用，且公司擁有該技術之所有權、使用權及收益權，自不發生技術員工抵繳股款問題。

由經濟部上述函釋可知，公司不得以公司自行研發之技術為出資，而此見解乃基於二個理由：第一，在會計認列上，自行研發技術所產生之費用應認列當期費用；第二，公司自行研發技術之所有權乃屬公司所有，出資人自不得以該技術出資。有疑問者，乃公司將讓該技術轉讓給第三人，而第三人回頭再以該技術出資時，仍在禁止之範圍嗎？

管見以為，不得以公司自行研發技術出資之真正理由，乃因如可讓公司自行研發之技術可為出資客體，無異產生公司自行買回股票之效果，亦即公司拿自身所有之資產，作為購買自身公司股票之對價，實有違資本充實原則。但若將該技術轉讓給第三人且取得對價時，其後若該第三人再將該技術作為出資之對價，如屬公司所需之技術，應無違反資本充實原則。惟此時應注意是否有不合常規交易、有無經鑑價程序、負責人有無違反受託義務等問題。

二、限於公司所需之技術

公司法第 156 條第 5 項謂「股東之出資除現金外，得以……公司所需之財產或技術抵充之」，由此可知，可為出資之技術限於「公司所需」，然何種技術方為公司所需，不無疑問。

條文既規定技術抵充之數額，由董事會普通決議即可。然而技術之種類與價值有高度關聯性，甚難分別。因此，對於是否屬於「公司所需」，解釋上亦應由董事會加以認定即可。惟董事會認定時，則須遵循公司法第 23 條規定，亦即應忠實執行業務並盡善良管理人之注意義務，如有違反致公司受有損害者，負損害賠償責任。

三、該技術須符合會計認列之要求

當技術入股之標的非屬會計科目所得以認列之資產時？在會計上應如何分錄，則不無疑問。依 2003 年財政部台財稅字第 0920455312 號令所稱「……技術等無形資產作價抵充出資股款者……」之用語以觀，亦肯認技術屬無形資產之範疇，且可能產生財產交易所得。

營利事業所得稅查核準則第 2 條第 2 項則謂：「營利事業之會計事項，應參照商業會計法、商業會計處理準則、企業會計準則公報、金融監督管理委員會認可之國際財務報導準則、國際會計準則、解釋及解釋公告（以下簡稱國際財務報導準則）等據實記載，產生其財務報表。……」其中國際會計準則第 38 號公報（以下簡稱 IAS 38）則針對無形資產有詳細的定義，認為：

無形資產係指無實體形式之可辨認非貨幣性資產（IAS 38 第 8 段參照）。且企業通常會消耗資源或發生負債，以取得、發展、維護或強化無形資源。此類無形資源，例如：科學或技術知識、新程序或系統之設計與操作、許可權、智慧財產、市場知識及商標（包含品牌名稱及出版品名稱）。該等大類別中涵蓋之項目，常見例子為電腦軟體、專利

權、著作權、影片、客戶名單、擔保貸款服務權、捕魚證、進口配額、特許權、客戶或供應商關係、客戶忠誠度、市場占有率及行銷權（第 9 段參照）。

再者，並非所有第 9 段所述之項目均符合無形資產之定義（即可辨認性、對資源之控制及未來經濟效益之存在）。若在本準則範圍內之某項目不符合無形資產之定義，則爲取得或內部產生該項目所發生之支出應於發生時認列爲費用（第 10 段參照）。

此外，無形資產於且僅於同時符合下列兩條件時，始應認列：1. 可歸屬於該資產之預期未來經濟效益很有可能流入企業；及 2. 資產之成本能可靠衡量（IAS 38 第 21 段參照）。

簡言之，「技術」如須符合符合會計認列之要求，則須滿足「無形資產」之定義與認列條件，亦即：1. 具有可辨認性。2. 可被企業控制。3. 具有未來經濟效益。4. 未來之經濟效益很有可能流入企業。5. 成本能可靠衡量。

因此，於會計帳上應如何認列則不無疑問。技術出資入股如以讓與方式爲之時，會計分錄可能爲 [59]：

借：無形資產—技術　　　XXX
　　　貸：股本　　　XXX

至於以技術授權方式爲之時，作爲入股對價之權利金（royalty），應視性質，逐年作爲製造費或營業費用。[60]

---

[59] Donald E. Kieso et al, Intermediate Accounting 732 (12th ed. Wiley, 2007).
[60] 鄭丁旺等（2004），《中級會計學》（上冊），8版，頁520，台北：自版。

伍、技術之價值認定爭議

探討技術出資議題時，除可能因不同面向之觀察，而使技術定義變得困難重重外，得作為出資入股對價之「技術」，其價值應該如何認定，亦屬燙手山芋。如依公司法第 156 條第 5 項規定，股東之出資得以公司所需之技術抵充之，且抵充之數額需經董事會通過。惟對此決議並無須特別決議，故依公司法第 206 條第 1 項規定，只須過半數董事之出席，出席董事過半數之同意行之即可。經濟部 2004 年經商字第09302037430號函亦採相同見解。[61] 雖立法者授與董事會有權決定該股份之對價，但卻可能遭到濫用，以致產生所謂灌水股（watered stock）之問題。[62]

再者，因智慧資本極容易受到損害或衰敗，當有新技術問世時，原為公司核心價值之舊有技術，價值可能一落千丈，這時候即使股東當初出資時並無惡意、詐欺等情事，且董事亦遵循受託義務認定出資價值時，因舊有技術被取代後，公司將如何營運實值得深思。

對於可能因技術出資所產生之價值差異問題，於比較法上有主張「結果責任說」以及「行為責任說」之不同見解。「結果責任說」乃基於維護實收資本之確定性，不以過失責任為標準，著重於資本穩定面之觀察，責任標準乃取決於結果責任；反之，「行為責任說」則認為價值補足之前提應以出資人主觀上存在故意過失為必要，亦即必須其明知或可得而知其出資不足以涵蓋應為之給付時始得為之。[63]

---

61 對此規定，學者批評是否過於輕率。請參見，馮震宇（2005），《公司證券重要爭議問題研究》，頁289，台北：元照。

62 Donald E. Kieso et al., supra note 60, at 732.

63 施建州（2005），《法定資本制概念的檢驗—以資本維持原則為中心》，輔仁大學法律系博士論文，頁92-93，新北。

惟我國對此問題，究竟應該採取何種觀點，本文從立法趨勢以及社會成本觀點，分析如下：

一、立法趨勢

立法者對此議題欲採行嚴格之結果責任，抑或採行為責任之規範，影響深遠。但從今日立法實踐之角度出發，觀察近幾年公司法修正趨勢，不但漸漸接受美國法制，加上公司自治之呼聲頗高，我國公司制已悄然傾向美國法制。若依美國各州立法例之觀點，向來將檢視出資對價是否適當（adequacy）之權責，授權予公司之董事會，且董事會之決定通常具有決定性之效力。就董事規範而言，美國長年下來已形成一套機制，其中包含董事的受託義務（fiduciary duty）以及商業判斷原則（business judgment rule）。受託義務（fiduciary duty）一般認為可分成「注意義務」（duty of care）以及「忠誠義務」（duty of loyalty）兩類[64]。受託義務本屬於信託法之法理，被借用於公司法學，進而主張企業經營者有如信託之受託人，接受公司之信託，負有受託義務，應為信託受益人之最大利益，履行其注意義務與忠誠義務。[65]

然而企業從事各種經濟活動時，常存在著不可避免的巨大經營風險，美國公司法制採董事會中心原則下，如嚴苛制定董事責任，反使董事喪失經營的積極性，因此設計出一套免責制度，亦即所謂之商業判斷原則（business judgment rule）。從法院立場以觀，法官並不具備進行商業活動所需之商業技能、資訊與判斷能力，便不宜進行事後評判[66]。

---

[64] Claire A. Hill & Brett H. McDonnell, Disney, Good Faith, and Structural Bias, 32 J. Corp. L. 833, 835(2007).

[65] 陳俊仁（2007），〈論公司本質與公司社會責任：董事忠實義務之規範與調和〉，《台灣本土法學》，94期，頁92。

[66] 鄭有為（2005），〈論資不抵債〉，《政大法學評論》，88期，頁163-165。

若此，立法者則可能委由公司董事會依商業判斷原則進行價值決定，且賦予「價值之判斷餘地」而不受司法審查。因而形成之結果乃使技術出資之價值判斷，更加接近德國法上之行為責任說，亦即只要經董事會認定，該出資人並無詐欺之情事，且對該出資之調查已盡受託義務中之忠誠義務與注意義務時，則該等出資之認定，即有確定性。進而主管機關以及法院須尊重該等判斷餘地，而無介入之空間。

雖然我國學者將「fiduciary duty」概念引進已有不短時日，而公司法於 2001 年修正時，亦修正第 23 條第 1 項，認為「公司負責人應忠實執行業務並盡善良管理人之注意義務，如有違反致公司受有損害者，負損害賠償責任。」而將「fiduciary duty」之概念具體落實於法制中。然在實踐上，而董事會對技術出資價值之判斷，至少須審酌鑑價專家對技術價值所出具之估價報告，以滿足受託義務之要求。如能強化董事之受託義務，一面使董事自律，降低代理成本；另一面，賦予其商業判斷餘地，以增加公司營運之彈性。

二、從社會成本之觀點

如立法者側重資本維持原則以及債權人保護觀點，而採「結果責任說」觀點時，主管機關與法院勢必花費較多之人力、物力進行事後之實質審查，而形成較高的社會成本。股份有限公司資本適足與否固然涉及多數股東權益，但如進行事後實質審查，可能會造成社會成本之提高，而使原本應由公司、出資人負擔之成本外部化。

三、小結

本文以為，為遵守公司自治精神，進而增強公司營運之彈性，以節省社會成本，此時應讓公司負責人有一定的經營判斷餘地，故以採用行為責任說為當。亦即在技術出資之過程中，為避免技術價值認定之弊

端，董事會仍須踐行正當查核程序，並由合格之評價人員作成評價報告。

但因進行技術評價時，所費不貲，由誰負擔已成為重要課題。本人建議，應由出資人與公司協議負擔，一面，因出資者對其技術知之甚稔，該技術價值如何，應有相當程度之理解，故由其擔任證明義務，成本較低。另一面，為求客觀，由公司負擔亦屬可行，且該技術為公司事業所需，由其負擔評價費用實屬合理。然而技術出資本質上乃「契約行為」，須基於雙方意思表示一致方得為之。故本文建議，該評價費用具體負擔比例，只要踐行正當程序，遵循評價準則行合法之評價過程，則該費用由出資人與公司協議負擔即可。

陸、結論

技術出資，為耳熟能詳之用語，但究竟「技術」之範疇為何，其價值應如何認定，又應由誰認定，現行制度是否有足夠之規範得以解決，實有必要深入探討。本文綜合相關文獻，提出幾點建議如下：

一、技術出資主體範圍尚稱允當

技術出資之規範，近 20 年來之發展與修正，根據現行條文與經濟部之函釋，目前得向股份有限公司為技術出資者乃：發起人、股東、認股人，而認股人中包含募集設立時非公開發行之認股人以及發行新股時非公開發行之認股人、私募股票之應募人以及員工認股。已經相當程度地擴大得進行技術出資之主體，範圍尚稱允當。

二、技術出資客體應再釐清

技術之內涵莫衷一是，引起不少困擾。本文回顧相關文獻以及操作

可能，認為技術之實質內涵乃：有計畫、有系統地運用知識，以達成一定目的，或解決一定課題，進而提升人民福祉之可得反覆實施之具體手段。

但實際操作上可行之定義乃：技術＝專利＋非專利技術（即專有技術＝專門技術＝營業秘密）。且技術出資時，應受以下限制：

(一) 限於非屬該公司自行研發之技術。

(二) 限於公司所需，惟此應委由董事會依商業判斷原則行之。

(三) 符合會計認列之要求，亦即須滿足：1. 具有可辨認性。2. 可被企業控制。3. 具有未來經濟效益。4. 未來之經濟效益很有可能流入企業。5. 成本能可靠衡量。

三、技術出資價值認定應採「行為責任說」

對於技術出資所產生之價值差異，於比較法上有「結果責任說」以及「行為責任說」之不同見解，惟本文審酌我國公司法目前之立法趨勢且考慮社會成本之觀點出發，並認為應尊重董事會之經營判斷餘地，且考慮評價證明之成本問題，然考量公司自治與經營彈性，費用則由出資人與公司協議負擔之。

第二章

人工智慧的法律演算原理

蘇南[*]

[*]國立雲林科技大學營建系及通識教育中心教授、國立中正大學法學博士、國立交通大學土木工程博士、中國政法大學法學博士。

摘　要

　　本文目前所呈現出來的，是比較偏向於介紹性的內容。在整體架構上，本文花費了相當高比例的篇幅，介紹人工智慧與演算法、機器學習、法律大數據及法律資訊探勘等之演算法邏輯基礎。即本文以人工智慧之法律應用為主軸，嘗試探討新興科技蓬勃發展趨勢中，社會與法律制度的對應之道。行文結構方面，自人工智慧與演算法學之介紹始，本篇論著共涵蓋八大部分：問題的緣起、法律機器人、法律邏輯、法律的演算、演算的法律、法律作業及結論。這些內容對於理解人工智慧與法律的關係，有其必要性。尤其探討人工智慧的法律機器人，以 ROSS 為例介紹機器人的法律應用，對於律師服務的契機與挑戰。本文所處理的這幾個面向，均作介紹及討論。

關鍵詞：人工智慧，法律邏輯，法律演算，機器學習，民法，律師。

壹、問題的緣起

一、人工智慧的概念

隨著研發科技飛速進展，例如：有了超強的人工智慧後，原來由少數人獨占的知識，勢必會在資訊交流的新模式下，使現有的政治、經濟等快速轉型。甚至，某些工作機會可能被人工智慧取代，故未來的社會制度要有足夠彈性，以建立充足的社會保險、最低薪資及社會安全網等。

美國科學家 John McCarthy 於 1955 年首先提出人工智慧（Artificial Intelligence, AI）的概念，使電腦具有類似人類學習及解決複雜問題、抽象思考、展現創意等能力，能進行推理、規劃、學習、交流、感知和操作物體，所以應用領域非常廣泛。例如：近年流行的個人語音助理蘋果 Siri、微軟 Cortana；擊敗人類西洋棋與圍棋高手的 Deep Blue（IBM）、Alpha Go（DeepMind）都是人工智慧研究的結晶。另，還有人工智慧深入如醫療、金融等也已經出現了，人工智慧併同電腦以作畫譜曲、寫劇本等創造性事物也開始了[1]，未來 5-20 年內人工智慧可能會大幅改變人類生活[2]。

倘若立法者對人工智慧未充分認識就貿然法律制定，可能會引發執行上的紛擾。Bryson[3] 指出，即使人工智慧似有空前絕後的自我學習能

---

[1] 人工智慧，網址：https://en.wikipedia.org/wiki/Artificial_intelligence（最後瀏覽日：01/06/2019）。

[2] Artificial intelligence，網址：https://en.wikipedia.org/wiki/Artificial_intelligence（最後瀏覽日：01/01/2019）。

[3] Joanna Bryson, How policymakers should approach AI？University of Bath, January 24, 2018，網址：https://phys.org/news/2018-01-policymakers-approach-AI.html（最後瀏覽日：01/02/2019）。

力，實為工業革命後之計算機科技進化的延續。主要是在拓展人類演算能力、計算程式，包括計算機硬體、儲存容量、演算法邏輯及計算時間等。

二、演算法學的概念

演算法學就是採用計算機數學、計算智慧等人工智慧科技而對法律文件、判決進行研究，評估在司法上的影響。是近幾年才興起的概念，係以數學關係及數位化量模式代表法律語言、閱讀法律文件及推理及審判決策模型等[4]。甚至可以反思法律規範及立法的合理性，探究與經濟、社會的關係[5]，尤其透過現有的大數據、人工智慧及雲端，可以重新審視目前的立法與司法現況，建立刑事量刑的數位模型、立法文本分析模型等[6]。

首先，透過演算對比或類比方法可以發現目前存在的法律難題，藉助統計資料的演算，進行法律文件的雙向檢索；亦可對以前法律資料的演算，驗證人工智慧法律的研究結論。然而，在演算法律資料前，需通過清洗、剔除程序，以保證法律資料的客觀性和真實性，優化人工智慧演算法律。演算法學的研究範圍主要包括法學性、演算性與結論性等研究，可得出以前法學研究方法[7]所無法找到的新穎結論，勢將有助於法

4　2018年7月，北京清華大學舉辦「計算法學」夏令營，有46名優秀學生來自該校及北京大學等18所大陸著名高校；學生的專業包括電腦科學與技術、資訊與通信工程、電子科學與技術、統計學等。他們齊聚探尋「計算法學」的內涵與使命，推動AI法治化與資訊化等雙向賦能。

5　「法律大資料分析」課程：計算法學概論，網址：http://law.scu.edu.cn/info/1161/8585.htm（最後瀏覽日：01/03/2019）。

6　張妮、蒲亦非，計算法學導論，網址：http://www.scupress.net/general/201711/87629.html（最後瀏覽日：01/30/2019）。

7　傳統民法主要是靠邏輯推理、價值判斷、個案研究等法學研究方法。但機器學習是希望通過電腦科學與技術、數學與統計學和法學知識結合的方法。

律的未來發展。例如：對判決文書之類案檢索研究，可能會由於民事請求權競合、類型化錯誤、無法歸類等原因，這種資料內容的難題干擾，可能會導致相同類型判決文書之檢索困難[8]。

貳、法律機器人

一、人工智慧對法律的衝擊

面對人工智慧時代，機遇與危險並存[9]。人工智慧與基因工程、奈米（nanometer）科學被稱為 21 世紀的三大尖端科技，人工智慧加上移動互聯網（internet）、大數據（big data）、深度學習（deep learning）及認知神經科學（cognition neuroscience）等新科技，已成為國際競爭焦點和經濟發展引擎。即人工智慧係以資訊科技為核心，資訊主權及隱私權的探討是未來潮流。人工智慧也可以稱為機器智慧，係指人類製造出來之機器所表現智慧[10]，即人工智慧也是透過普通電腦所實現的智慧；這樣的智慧系統是否能夠實現？如何實現？另也有定義人工智慧是指智慧代理（intelligent agent），它是一個可以觀察周遭環境並作出行動以

---

8 「法律大資料分析」課程：計算法學概論，網址：http://law.scu.edu.cn/info/1161/8585.htm（最後瀏覽日：01/03/2019）。

9 科學家史蒂芬・威廉・霍金（Stephen William Hawking）生前認為，人工智慧可能失控，甚至提出人工智慧「威脅論」。人工智慧一旦脫離束縛，人類將不可能與之競爭；因為人工智慧發展成熟時，會以越來越快的速度，獨立思考與自我改良，而人類限於緩慢的演變進化，將因無法競爭而被超越，就是人類滅絕的時候了。請參考當代物理大師霍金辭世他生前其實最擔心這件事，信傳媒，2018年3月15日。網址：https:// www.cmmedia.com.tw/home/articles/8959（最後瀏覽日：09/04/2019）。

10 人工智慧，網址：https://zh.wikipedia.org/wiki/%E4%BA%BA%E5%B7%A5%E6%9%9%BA%E8%83%BD（最後瀏覽日：09/02/2018）。

完成目標的系統[11]。雖然人工智慧的定義已多次轉變，概念仍有很多種；本文認為應取決於議題爭點及使用目的；其一般定義認為人工智慧是一種新穎的電腦程式，但有下列五種特點[12]：1. 令人覺得不可思議，2. 與人類思考方式不盡相似，3. 與人類行為及機器作業相似，4. 會學習及快速演算，5. 能感知環境做合理行動。未來人工智慧是否可能將取代人類的工作？世界經濟論壇（World Economic Forum, WEF）研究報告指出，2020 年後超過 500 萬份工作可能將會被機器人取代，其中大多數白領階級的行政工作或辦公室業務[13]，僅是傳統機械作業、重複性高的工作，才可能會被機器人取代。律師未來是否可能被人工智慧取代？任何科技免不了與人性交織而有善惡的法學價值判斷，人工智慧亦然？錯誤地仰賴人工智慧，可能助長貧富不均、社會權力集中等現象。例如：目前國內有人質疑，很多「學店大學」的招生廣告丟向貧窮需要教育的人，但該大學店卻僅是收取高額學費而給一張無用的法學相關學位證書，致學生日後就業更加困難？

數據科學家凱西‧歐尼爾（Cathy O'Neil）在《大數據的傲慢與偏見》書中指出，人類若過度依賴演算法也會產生危機。例如：透過 Google 的精準廣告（targeted advertising）係根據使用者不同的社經狀態給予它需要的不同訊息，雖然對客戶有及時獲知效果，但若消費者未誇領域求知，可能不無造成「封閉性知識系統」之疑慮？

---

11 智慧代理（intelligent agent）就是「製造智慧機器的科學與工程」，網址：http://terms.naer.edu.tw/detail/1280547/（最後瀏覽日：01/29/2019）。

12 李開復（2017），《人工智慧來了》，頁40-55，台北：天下文化。

13 4年後，這500萬份工作都將被機器人取代，網址：http://www.eeworld.com.cn/qrs/article_26436.html（最後瀏覽日：01/09/2019）。

二、人工智慧的法律應用

ROSS 是一種人工智慧研究型機器人，屬於 IBM 超級電腦華生（Watson）來運作的人工智慧機器人，乃近來法律界熱烈討論的；即它是人工智慧程式，利用 IBM Watson 電腦系統來作業分析[14]，可以閱讀法條及法律文本，依照系統中的法律邏輯歸納整理法院判決，統計和分析法院判決；得出法律意見答覆特定個案問題。即 ROSS 會學習如何以專業律師身分為當事人提供法律諮詢。尤其 ROSS 具有機器學習能力，能閱讀描述案件事實的自然語言[15]；可與當事人、律師及司法人員應答，以機器學習以前閱讀過之法律文件的知識，提升律師於訴訟上的答辯能力。

ROSS Intelligence 的執行長 Andrew Arruda 也認為，每位法官撰寫判決書的風格各異，用詞不盡相同；並且法庭文書也沒有特定的寫作要求；最大的挑戰是要找到一種方法讓 ROSS 能夠快速地理解法律邏輯及與案例事實對話，分析程式必須準確了解人類日常語言等語義、語意甚至感情的語法，不是只抓取關鍵詞進行「意向性分析」[16]。ROSS 目前科技尚未完全成熟，但如果問 ROSS 一個 10 年前的法院裁判內容，ROSS 非但可以瞬間提供答案，沒有任何遲疑或偏差；甚至能用通俗易懂的自然語言解釋古老的案例。

雖然有人認為人工智慧將會替代律師，但也有人認為人工智慧只是

---

[14] 律師要失業了？人工智慧首次進入律所任職，網址：https://technews.tw/2016/05/18/the-worlds-first-artificially-intelligent-lawyer-was-just-hired-at-a-law-firm/（最後瀏覽日：09/08/2018）。

[15] 於人工智慧領域，自然語言識別是很重要的組成部分，也已在許多生活場景下實現突破。然在法律專業服務領域，自然語言的識別和處理技術仍有很大空白。網址：https://read01.com/ENd68o.html（最後瀏覽日：09/05/2019）。

[16] 高新民、付東鵬（2014），《意向性與人工智慧》，頁532-539，北京：中國社會科學出版社。

為律師提供輔助。前者是指替代律師部分工作的 ROSS，而後者則指以輔助律師為核心功能的「法小淘機器人」[17]。美國知名的 Baker & Hostetler 律師事務所已經採用 ROSS 辦理破產相關的法律案件，啟用 ROSS[18] 協助處理訴訟事務，即人工智慧在法律實務上的應用已具備雛型；未來還計畫延伸到智慧財產權、就業、刑事與稅收等領域[19]。另有幾家律師事務所也已經開始聘請 ROSS 到所工作。

實務上，目前培養一名律師需要須花很長時間以及昂貴的訓練成本，儘管美國已是律師普及的地方，但大約有 80% 需專業法律服務的人無法支付律師昂貴費用，有了 ROSS 的協助，律師非但能充分施展才華，且為更大的市場服務。律師往往需要花費大量時間去閱讀法律條文、蒐集文獻及判決等，但若採用人工智慧協助律師，將可大幅提升律師查詢法律文本的效率。律師未來可以將例行性、重複性之案件由人工智慧完成，未來人工智慧能協助的法律爭議類型還會繼續增加。至於人工智慧否能完全取代律師？尚待觀察[20]。

本文認為，律師行業並不消失，不會被人工智慧完全取代，只是律師的工作型態將會轉變，採用律師與人工智慧協作的工作方式[21]。取代律師一部分工作業務的人工智慧，當然也需要長時間及昂貴訓練，但有

---

[17] 蘇南（2018），〈論人工智慧運用於律師服務的未來展望〉，《全國律師》，頁 34。

[18] Artificially intelligent lawyer responds to questions with in depth research, hypotheses, and conclusions，網址：https://futuristech.info/posts/artificially-intelligent-lawyer-responds-to-questions-with-in-depth-research-hypotheses-and-conclusions（最後瀏覽日：01/07/2019）。

[19] AI機器人律師正式入駐律師事務所，網址：http://iknow.stpi.narl.org.tw/post/Read.aspx?PostID=12438（最後瀏覽日：01/07/2019）。

[20] 法律人工智慧之發展/朱崇佑律師，http://zoomlaw.pixnet.net/blog/post/64582444-（最後瀏覽日：09/07/2018）。

[21] 李開復（2017），〈人工智慧來了〉，頁40-55，台北：天下文化。

了第一部人工智慧法律機器人後，只需再花費少許成本，就能任意新增更多的人工智慧法律機器人[22]。啟用ROSS爲律師服務的最大好處就是降低服務成本，使律師事務所除了可以收取較低費用外，且讓更多低收入階層民眾可享受專業法律服務，降低律師服務門檻，爲客戶提供更多實惠的選擇。此外，啟用 ROSS，則專業律師將可提供更具創造性服務，不需爲了更好地完成工作，花費大量時間查案例與列出數百段條文[23]。

採用 ROSS 就可以減少律師是常遭社會質疑？或當事人誤解律師太有立場的質疑？因爲進入法庭審理階段時，基於人工智慧程式的分析，將能確保雙方律師都是基於當事人最佳利益。因爲人工智慧在案件審理過程中，會提供一個雙方當事人訴訟武器之財力平衡的環境，不是誰更有錢就可以聘用更好的律師，而在審理中占盡優勢。Andrew Arruda 對於人工智慧在法律的應用，就充滿了信心，他認爲未來所有的律師事務所都應該啟用人工智慧，以確保在訴訟案件的公平和正義。但也有反對者認爲，法律人給當事人服務的，不應該僅僅是冰冷的人工智慧法律機器人的專業知識及先例判決結果，還應該有富含人文精神的價值共鳴；強調人工智慧法律機器人雖可承擔部分的法律作業，但法律的核心是人的理性和價值判斷，這是無法被人工智慧取代的[24]！

---

[22] 人工智慧可能取代律師、金融服務業，網址：https://udn.com/news/story/7240/2496083（最後瀏覽日：09/07/2018）。

[23] 蘇南（2018），〈論人工智慧運用於律師服務的未來展望〉，《全國律師》，頁33-34。

[24] 評論法官、檢察官、律師就要失業了嗎？網址：https://kknews.cc/tech/evrp9y.html（最後瀏覽日：01/05/2019）。

參、法律邏輯

一、法律推理人工智慧化

德國學者早就開始研究法律資訊學，由低階處理到高階處理可分為：1. 資料處理，2. 解題技巧及 3. 法律推理等三個層面。就法律實務觀之，紛爭事實、法律體系、法條適用、證據證物及法律效力是非常龐大且複雜體系，分析法律的邏輯結構是相當複雜和困難；實有必要對於法條規範、法律邏輯、判決案件學習及對於法律事實採用人工智慧辨識而輔助判決。進一步言，當爭議案件事實，要被人工智慧處理時，除了需要將自然語言轉換成電腦程式語言外，也需要有法律邏輯來推論。本質上，如只有法律上的條件句與各別紛爭事態組成的數學函數關係之確定程式，則在法律邏輯推理上並非足夠。即在電腦的邏輯程式設計上，需要有與法律推理相通的基礎，使電腦的邏輯程式設計能夠轉換成法律推理電腦化過程的工具 [25]。

法律人工智慧機器人必須建立在法律規則上的一種邏輯推理輔助單元，無法期待它能對既有法律規範作價值判斷。於成文法國家的我國，法律人工智慧機器人所要處理的，乃是司法中固定、例行性及反覆性的法律邏輯推理上的解釋及涵攝，所以人工智慧是法律作業的輔助工具。首先，法律邏輯檢查是法律人工智慧機器人的第一個功能，除須對法律規範本身的邏輯關係進行演算外 [26]，亦須對法條適用要件進行審查；作出合乎法律規範之解釋及規則。所以法律人工智慧機器人之目的，是在協助司法人員於認定事實與法律涵攝之邏輯推理中，建立數位化的反覆

---

[25] 陳顯武（1996），〈法律推理與邏輯程式化〉，《政大法學評論》，56期，頁295。

[26] 係指將法律文義以數學演算法或其他方式運算為一定長度之數位資料。

運算關係與收斂關係，以確保不會發生錯誤。雖然司法活動中，個案事實與法條規範間之涵攝。

　　有疑問者，是否可以全面性地用簡單的法律邏輯命題來推理？實有必要進一步研究，但目前在一個很小的限定範圍內，是可以達成的[27]。人工智慧法律機器人就是將適用於案件事實的相關法律知識，透過大數據（big data）的蒐集及資料探勘（data mining），輸入到人工智慧系統以供查詢，進而由人工智慧導引出相關的法律意見。另外，人工智慧機器人也可就同一案件事實，當法律價值判斷改變時，就會有幾個不同的法律判決建議，甚至能作出相當精確的動態對比以提供法官判決參考[28]，而這種功能是目前法官所難以辦到的；故法律人工智慧化具有人腦活動所達不到的優點，不僅可對複雜規範體系有所掌握，還可以用動態方式與法官或律師即時互動交談討論，針對個案結果提出答案。此外，在立法技術上，法律人工智慧除可發現與找出法律體系規範上的矛盾外加以去除外，並使法案更加透明化，減少新立法版本與舊版本的衝突。

二、人工智慧的法律分析與預測

　　倫敦 Hodge Jones Allen 律師事務所，早已運用「案例式結果預測模型」，評估人身傷害案件的勝訴可能性。該模型對於過去判決先例案件採用機器學習及自動化分析，外加資料探擷、探勘及預測性分析技術，即可得出判決結果預測。Lex Machina 公司提供的人工智慧法律機器人服務，對成千上萬份法院判決，進行自然語言之深度學習（機器學習）後，採用演算法處理，就可預測判決可能結果。尤其前揭模型的專家系

---

27 杜家駒（2004），《法律邏輯在法律資學上之實踐》，頁39，中國文化大學法律學研究所碩士論文。

28 陳顯武（1998），〈專家系統：法學方法論上之挑戰〉，《政大法學評論》，37期，頁175。

統，可以確定哪位法官傾向於支援原告；或探求對造律師的過去案件，形成相應的訴訟策略。亦可針對某個特定法院以形成最有效的法律訴訟策略。

美國邁阿密的 Premonition 公司，宣稱可以基於類似案件判決的大數據統計性分析，在起訴前就可以預測誰將是該案件的勝訴方。英國法院於 2016 年起，亦對人工智慧法律機器人的案件預測性程式設計功能予以支持。理論上，人工智慧法律機器人能夠預測法律糾紛和訴訟結果。但僅有法律法條之抽象文字的規定或見解，勢將無法被法律人工智慧系統所直接應用。

一個成功的人工智慧法律機器人，第一個功能是能夠分析法院判決書，並加以比較、決策的系統設計，以得出具體個案事實於法庭判決的可能評價。即人工智慧須先分析法院判決實務，了解先例的法律見解趨勢，作出幾個建議方案，供法官依法律價值來選擇及修改以作出判決[29]。

法律人工智慧機器人的第二個功用，就是對於判決結果的預測。

而其成功的先決條件是在判決書上，法官是否充分揭露影響其心證的所有因素？基於案例式的人工智慧法律機器人，它得自於大數據的巨量判決案例，常受法官判決主觀因素影響，此非屬人工智慧演算法律文件時所能考量，可能會導致人工智慧作出的判決書，其可靠性不穩定。

進一步言，大數據中的法院判決資料庫中的許多法律文件將會匯入人工智慧法律機器人，作深度學習後而進行推理、涵攝，以進行演算法而作出判決結果。但前揭之先例判決的案例式整理，且是常會跳脫法律規則，且很多判決書的理由也是隱而未見的，造成人工智慧法律機器人的預測判決能力深受挑戰。

---

[29] 杜家駒（2004），《法律邏輯在法律資學上之實踐》，頁40，中國文化大學法律學研究所碩士論文。

肆、法律的演算

一、概說

人工智慧正帶給人類社會全方位深刻變革服務人類的特定目的，但基於機器學習結果的不可控制性，可能會使人工智慧帶來更大的風險和不確定性？應如何規劃人工智慧的法律制度？使法律創新時，更要保護人類社會的基本核心價值，將風險保持在可控範圍內？是待研求、論辯和立法回應的問題[30]。

二、深度學習與機器學習

何謂深度學習（deep learning）？它具有自動抽取特徵（feature extraction）的能力，係一種特徵學習（feature learning, representation learning）程式，可取代專家於特徵工程須花費時間的作業。2017 年 DeepMind 公司開發的人工智慧 AlphaGo，確令人驚嘆的擊敗對戰 19 歲的世界圍棋冠軍柯潔及 Atari2 等各種電子遊戲；深度學習逐成為家喻戶曉的最新科技。Google、Microsoft、Facebook 等，都投入研究並開發產品，如影像識別、語音辨識、自然語言處理與金融、生醫等人工智慧[31]。

Deep Learning 也是機器學習（machine learning）的一個分支，係把資料透過多個處理層（layer）中的線性或非線性轉換，具有自動抽取資料的特性、特徵（fea-ture）。反觀，在傳統的機器學習中，該特徵通常係由人力所撰寫的演算法產生，經各領域專家對該資料進行分析、

---

[30] 鄭戈（2018），〈算法的法律與法律的算法〉，《中國法律評論》，2期，總20期，頁69。

[31] 人類背水一戰！纏鬥五小時，AlphaGo擊敗世界圍棋冠軍柯潔拿首勝，網址：https://www.bnext.com.tw/article/44606/alphago-versus-ke-jie-1（最後瀏覽日：01/06/2019）。

研究，了解其特性後，才能產生出有用及效果的特徵。但深度學習具有強大的自動特徵抽取能力，這是在機器學習無法突破的。所以由於深度學習的導入，使以往電腦無法做到的事，在人工智慧法律機器人變成了可能。

為何人工智慧會學習？其實電腦像是一個小孩，倘若讓他變成某個領域專家，是需要被訓練及學習的。電腦也需要學習，這個過程就叫機器學習[32]。Harry Surden 說[33]，機器學習係指在某些任務上，具有隨時間學習或改進能力的演算法，一種閱讀數據並加以分類及決策以建立檢測模式，再將這種模式應用來處理其他新的一批數據，以自動執行特定任務。另外，機器學習也需要人類智慧之導入才能應用於自動化領域，例如：語言翻譯、欺詐檢測、駕駛汽車、面部識別和數據挖掘；它可以自動產生結果近似人類作出的。

深度學習是如何應用於法律？就法律分析（legal analytics）而言，可採機器學習（Machine Learning, ML）方法來處理法律文件，就是以量化方法閱讀法律文件，作感知、學習、推理、概念化、分析、演譯、歸納、比對及決策後，再予輸出法律見解的方法[34]。Daniel Martin Katz[35]與 Michael J. Bommarito[36] 早已把機器學習方法應在法律預測上；目前美

---

[32] 七法 Lawsnote 官方 Blog，網址：https://blog.lawsnote.com/2016/04/AI-replace-lawyer/（最後瀏覽日：12/07/2018）。

[33] Harry Surden, Machine Learning and Law, University of Colorado Law School Colorado Law Scholarly Commons, 2014 , p.87.

[34] 蔡維哲，法律與機器學習課程，網址：https://medium.com/@adgjlsfhk123/法律與機器學習課程-51b560dc9acf（最後瀏覽日：12/30/2018）。

[35] 一位密西根大學的政治學博士（Ph. D.）與法學博士（J. D.），寫的文章具有深厚的政治學方法論與社會科學哲學基礎，並非純數學、純計算機科學取向，更是一位政治科學家及法律人。

[36] 一位密西根大學政治學博士（Ph. D.），他也是財務工程與政治學的碩士，與數學的學士。目前是一家顧問公司的CEO。

國最高法院也開始使用隨機樹方法，輸入「判決前文件」經深度學習後來預測新的判決結果而比較個別法官見解[37]。資料科學甚至被稱爲21世界最性感的學科，尤其機器學習在 big data 風行後變得如火如荼[38]。

目前人類智慧的某些任務，有時可使用人工智慧的運算或推理來實完成。人工智慧法律機器人需要高級認知能力，所需的演算能力似乎超出機器學習目前的能力。目前律師的某些工作也可透過機器學習達到自動化[39]。Drew Conway 和 Bin Yu 認爲，資料科學是電腦科學、數學與統計學和專業知識三者交叉的學科領域。本文以爲，演算法學是電腦科技、數學與統計學和法學知識的結合；將電腦科技、數學與統計學和法學知識等三個領域中的兩兩交叉，就可認爲是機器學習、司法資訊學和（legal informatics）計量法學（Jurimetrics）的實踐[40]。

伍、演算的法律

一、人工智慧的法律人格

以目前科技發展觀之，人工智慧無疑是一種能夠學習、判斷及決策的演算法，具有模仿和替代人類智慧的潛能，應重新思考人類與人工智慧機器間的協作關係。德國思想家盧曼（Niklas Luhmann）說：「電子

---

[37] 他的預測範圍是1953-2013年，整體預測精準度將近七成。此種方法的研究及預測水準不得不令人佩服。

[38] 如同著名行為經濟學家Dan Ariely說：Big data is like teenage sex: everyone talks about it, nobody really knows how to do it, everyone thinks everyone else is doing it, so everyone claims they are doing it.

[39] Harry Surden, Machine learning and law，網址：https://scholar.law.colorado.edu/articles/81/（最後瀏覽日：12/01/2018）。

[40] 「法律大資料分析」課程：計算法學概論，網址：http://law.scu.edu.cn/info/1161/8585.htm（最後瀏覽日：10/01/2018）。

數據處理技術已經改變人與機器間的關係。這種科技不能再被認為是對體力勞動的輔助，要求我們需要重新界定人與機器的關係。」[41] 基於人工智慧可以在無人監管下，透過深度學習運算而作出「決策」且自主執行。歐洲議會於 2016 年提出「機器人法」的立法建議報告[42]，是對「人機關係」之新形態最先作出回應的立法。該報告在第 50(f) 款建議：「從長遠看應該創設機器人的法律特殊地位，確保最複雜的自動化機器人，賦予電子人（electronic persons）的法律地位，使它除了有責任彌補自己所造成的任何損害外，並能在機器人自主決策，或採其他方式與第三人獨立交流中也可以有電子人格（electronic personality）的適用。」

　　機器人的法律人格、民事行為能力、責任能力要如何落實？另外，韓國國會也曾討論「機器人基本法案」，參考歐盟報告提出「賦予機器人享有權利並承擔義務的電子人格。」[43] 又，沙烏地阿拉伯亦在沒有相關立法下，於 2017 年授予香港生產的機器人索菲亞 (So-phia) 公民身份並給它護照，主要目的是來宣傳[44]。可惜該報告並未提出。例如：當人工智慧對人類造成了損害，究應適用「繳出賠償原則」把人工智慧交給受害者、家屬處置？或由人工智慧支付賠償金，甚至把機器人判刑坐牢？最後承擔責任的始終是人工智慧的主人—所有權人或管理人等？

---

[41] Niklas Luhmann, Theory of Society , Volume I, translated by Rhodes Barrett, Stanford University Press, 2012, p. 69.

[42] European Parliament, Report with Recommendations to the Commission on Civil Rules on Robotics, A8-0005/2017，網址：http://www.europarl.europa.eu/sides/get-Doc. do?type=REPORT&reference=A8-2017-0005&language=EN,（最後瀏覽日：12/10/2018）。

[43] 로봇기본법안，網址：https://www.lawmaking.go.kr/lmSts/nsmLmSts/out/2008068/detailRP（最後瀏覽日：12/10/2018）。

[44] AI權威Yann LeCun：機器人Sophia不過就是場騙局！網址：https://www.inside.com. tw/2018/01/06/facebook-AI-yann-lecun-sophia-robot-bullshit（最後瀏覽日：12/10/2018）。

因人工智慧不可能有獨立的金錢收入，限制人工智慧的自由等於剝奪他主人的財產權。筆者認為，無論以何種方式承擔責任，人工智慧損害賠償的責任承擔者最終是「人」，這使它的「法律人格」或許顯得多餘或無必要[45]？

二、人工智慧法律是修正式正義

私法自治及契約自由旨在保障當事人雙方承諾的履行，乃為契約法目的。私法的核心價值是交換式正義和修正式正義（corrective justice）[46]。

至於非自願發生的初始狀態改變，對於損害救濟究竟應採侵權行為或不當得利？將修正式正義應用於各種事實爭議，使法律操作實踐柯克（Ed-ward Coke）所謂的「人造理性」[47]。加拿大多倫多大學的「新形式主義法律學派」，將修正性的正義概念化、類型化和系統化，認為是法學須維持自身獨立品格，避免法律因和社會科學交叉學科而受侵蝕[48]。

---

[45] 孫占利，智能機器人法律人格問題論析，中國法學網，網址：https://www.iolaw. org.cn（最後瀏覽日：02/05/2019）。

[46] 亞里斯多德（Aristotle）在討論正義的問題時，除了「分配性的正義」外，又加上公道的因素，也就是「修正性的正義」（corrective justice）。公道雖是正義（just），但卻「不是法律上的正義，而是對於法律正義的修正」。法律實際施行時，與現實難免有差距，執法者不能死板地完全照章行事，必須將自己當成立法者，想像立法原意或當立法者在場時會如何處理。若僅一味地死守法律，齊頭平等地對待差別者，反為不正義（injust）的表現，唯有「差別地對待差別」之「公道」作法，才能修正法律過苛或不近人情之處。網址：http://terms.naer.edu.tw/detail/1302761/（最後瀏覽日：12/14/2018）。

[47] Charles Fried, "Artificial Reason of the Law or: What Lawyers Know", Texas Law Review, Vol.60 , 1981, p. 35.

[48] Ernest J. Weinrib, The Idea of Private Law, Oxford University Press, 1995; Ernest J. Weinrib, Corrective Jus-tice, Oxford University Press, 2012; Stephen Waddams, Dimensions of Private Law, Cambridge University Press, 2003.

　　法律回應人工智慧的實踐上，自駕車乃為適例。2016 年 5 月，一輛處於自動駕駛模式下的特斯拉 Model S 轎車，在美國佛羅里達州的公路上與一輛卡車相撞，造成司機 Joshua Brown 當場死亡[49]。爭點在於肇事發生時，自動駕駛系統是否於啟動狀態？侵權法原則係倘若該車當時係處於自駕狀態，則責任應由汽車製造商承擔；反之，如果自駕車當時係於人為操作狀態，則責任由司機承擔。雖然尚未對自駕車的交通肇事責任專門進行立法，但上述基本原則蘊含在法律體系和法律人的「默會知識」中。

　　自駕車共有五個等級，美國國家公路交通安全管理局（National Highway Traffic Safety Administration, NHTSA）定義，可包括 Level 0 到 Level 4 如下[50]：

　　Level 0- 係全部「無」自駕相關系統，完全由人類駕駛自行操控車輛，但駕駛輔助相關系統會提供必要的警示協助駕駛。

　　Level 1- 具備 1 項以上的駕駛輔助相關系統，以提供人類駕駛之輔助，且在某些情形時下會代替人類駕駛來操控車輛，例如：具備 AEB 的自動緊急煞車系統。

　　Level 2- 開始具備有自駕車基礎，透過二個以上裝置的自動駕駛相關技術，支援人類駕駛於特定情形下作自動駕駛。

　　Level 3- 係為有條件的自駕車，可以透過二個以上的自動駕駛相關技術，有條件的取代人類駕駛來操控車輛，最有名的例子就是 Tesla Model S 所搭載的 Auto-pilot 系統。

　　Level 4- 全然由自駕車相關系統來操控車輛，駕駛就不須介入車輛

---

[49] Model S 車禍致死案被判「缺乏預防措施」，特斯拉：自動輔助駕駛非全自動駕駛，網址：https://awtmt.com/articles/3030511（最後瀏覽日：01/14/2019）。

[50] 如何區分自動駕駛車的等級？，網址：https://www.jobforum.tw/discusstopic. asp?cat=SelfDriving&id=131154（最後瀏覽日：01/14/2020）。

操控，完全由車輛自動判斷行駛，人類駕駛僅需提供目的地即可，廣為人知的 Google 自駕車就屬於此等級。

此外，美國汽車工程師協會（Society of Automotive Engineers, SAE）也定義自駕車共有六個等級[51]，從 Level 0 到 Level 5 。其中的 Level 0 至 Level 3 與 NHTSA 的定義相去不多，但在 Level 4 與 Level 5 處則較 NHTSA 再細分出高度自動化與完全自動化的兩個等級；前者係在高度自動化情形下，於限定區域內駕駛幾乎可以不用操控車輛；而完全自動化則是在不限定區域下，可以實現自駕車行駛。

近年來 Tesla（特斯拉）自動駕駛車安全事件，均僅涉及 Level 2 或 Level 3 的（半）自動輔助駕駛系統而非 Level 4 的全自動駕駛，而駕駛均應隨時注意路況並將手置於方向盤上，又 Tesla 似未使用當時科技水準應具備之感知接收設備等，事件背後的種種新興科技與法律責任複雜度目前也是研究熱點，有待他日再另文分析。

本文以為，人工智慧自駕車的風險預防原則（precautionary principle），係指在科學上一種新科技未來對社會的影響有可能是負面的，尚無定論的時候；有可能造成巨大的、不可逆轉的影響，則決策者應假定它會造成，並據此制定相關政策和法律，對於「預防原則」或「預警原則」於自駕車肇事責任的適用，尚待研究以累積更細膩的論述。

三、人工智慧法律的風險

歐洲議會報告中已經提議設立「歐洲機器人和人工智慧局」來統籌人工智慧領域的風險規劃。社會生活倘若有人工智慧加入是否會發生法律風險之可能？司法救濟能否確保此種變化涉及的公共利益？2017 年底，美國眾議院也討論「人工智慧的未來法案」，要求在商務部設「聯

---

[51] 如何區分自動駕駛車的等級？前揭註50。

邦人工智慧發展與應用顧問委員會」，就人工智慧的科技、商業、國安等問題綜合研判，提供立法規範之建議。筆者認為，就促進人工智慧發展與防止負面影響等之利弊權衡問題實有必要性；可正面看待持續發展人工智慧會對社會進步、經濟繁榮和國家安全等，尚不必僅拘泥於風險而過分抑制科技發展[52]。

2017 年 9 月美國眾議院通過「自動駕駛法」（Self Drive Act），禁止各州制定規範自駕車發展與性能的相關法律，而將立法權力集中到美國國家公路交通安全管理局（NHTSA）的手中。其乃採風險規劃為核心的行政法規模式，於沒有改變現有道路交通規則和與肇事責任的侵權法規範下，確立自駕車的硬體安全標準、網路安全標準、公眾知情權標準等之具體義務和履行時間表。尤其，第 12 條強調隱私權保護，要求製造商和經銷商只能在滿足「隱私權保障計畫」前提下，才可供應、銷售或進口自駕車；即這種立法採風險規劃模式，隱私權保障應由大數據使用者來提供，政府只是建立法律平台而負責把關角色[53]。

另，2015 年 7 月日本經濟產業省在產業機械課成立「機器人政策室」[54]。2017 年 7 月韓國也提出要設置「機器人基本法案」，建立對總理直接負責的「國家機器人倫理、政策委員會」；其實韓國早在 2008 年就已制定「智慧機器人開發和普及促進法」（Intelligent Robots Development and Distribution Promotion Act）[55]，但其僅注重促進機器人產業發

---

[52] 鄭戈（2018），〈算法的法律與法律的算法〉，《中國法律評論》，2期，總20期，頁72。

[53] 美國眾議院通過自動駕駛法案禁止各州制定相關法律，網址：https://www.digitimes.com.tw/tech/dt/n/shwnws.asp?id=0000511991_zj98gc6dl4lw1v08itz04（最後瀏覽日：12/14/2018）。

[54] 日本經產省成立機器人政策室，網址：http://finance.sina.com.cn/world/20150701/122322562315.shtml（最後瀏覽日：12/24/2018）。

[55] 簡析韓國《機器人基本法案》，網址：https://read01.com/zh-tw/DGQQ0kK.html#.W8LNBc4zZdg（最後瀏覽日：01/24/2019）。

展，而未能反映需要解決的法律問題 [56]。

四、人工智慧法律的預防模式

　　1992 年的「里約宣言」第 15 條：「於存有嚴重或不可逆轉之損害威脅領域下，倘若缺乏充分的科學確定性時，則不該爲了成本考量而暫緩採取有效益措施，以便防止環境繼續惡化 [57]。」前條文亦可以適用人工智慧法律領域。機器學習以大數據爲素材，採取預防模式的歐盟即從資料源頭，杜絕可能帶來權利侵害的演算法。即風險預防原則（precautionary principle）係指倘若在科學上的新科技，未來對社會的影響可能會有負面，但尚未定論是否有可能造成巨大、不可逆轉的影響時，決策者應假定它會造成，並據此制定相關政策和法律。

　　2018 年 5 月生效的「一般數據保護條例」（General Data Protection Regulation, GDPR），一體適用於對個人資料的自動化（演算法處理）和非自動化處理（第 2 條），目的在於保護資料流動和資料處理過程中，自然人所享有的數據權利（第 1 條）。而個人資料的定義十分廣義，包括「已被識別出」（identified）或「可被識別出」（identifiable）之與自然人相關的任何訊息。

　　對於「可被識別出」個人資料的保護，對演算法設計者提出很高的要求，包括採匿名化等一系列使資料無法被關連到具體個人的科技手段（第 4 條）。對個人資料的處理除了要求合法、公平、透明、目的具體外，且須符合「有限、準確、安全」等原則（第 5 條）。除非在法律

---

[56] 《智能機器人開發和普及促進法》（지능형 로봇개발 및 보급 촉진법），韓國簡稱《智能機器人法》：網址：http://www.law.go.kr/LSW/lsSc.do?menuId=0&p1=&subMenu=1&nwYn=1&section=&tabNo=&query=지능형%20로봇%20개발%20및%20보급%20촉진법#undefined（最後瀏覽日：01/24/2019）。

[57] United Nations Environment Programme (UNEP), Rio Declaration on Environment and Development, Principle 15. Rio de Janeiro, Brazil, June 14, 1992.

明確規定的條件（例如：獲得資料主體的明確同意）下，否則處理資料方式不得顯示出個人的種族、民族、政治觀點、宗教、哲學信仰或工會成員等身份問題等；處理的對象也不得包括基因數據、使某個人被識別出來的生物計量學資料、健康資料以及性生活或性取向等資料（第9條）[58]。

對個人身分的「已識別」或「可識別」狀態往往是資料分析的結果但不是起點，現有的人工智慧演算法已經能夠對無結構化的海量資料，包括百度搜索記錄、淘寶購物記錄、手機 GPS 資訊等各種電子痕跡等，進行分析和處理，最終實現「完美個人化」，以準確識別出某一特定個人的身分、社會屬性和偏好。GDPR 明確列舉資料主體的具體權利包括充分知情權、要求更正權、要求刪除權（被遺忘權）和限制處理權（第15-18條）[59]，旨在強化資料主體對涉及自身所有資料的掌握能力。在鼓勵創新和保護權利間，歐盟立法是選擇後者，也是預先給演算法的發展劃了範圍界線[60]。進一步言，控制機器學習資料來源的作法，係基於現有演算法的技術狀態。所以若僅從數據是否已包含個人身分資訊入手，來規劃演算法則可能無法達到保護個人隱私權之目的[61]；但卻是目前只能做的。

五、人工智慧演算法規則和倫理

某些國家已開始嘗試直接來規範人工智慧的演算法設計本身，試圖

---

58 京東法律研究室（2018），〈歐盟數據憲章〉，頁226-234，北京：法律出版社。

59 〈歐盟數據憲章〉，頁238-240，同前揭註58。

60 鄭戈（2016），〈在鼓勵創新與保護人權之間：法律如何回應大數據技術革新的挑戰〉，《探索與爭鳴》，7期。網址：http://www.360doc.com/con-tent/16/0730/19/27494174_579614045.shtml（最後瀏覽日：12/24/2018）。

61 鄭戈（2018），〈算法的法律與法律的算法〉，《中國法律評論》，2期，總20期，頁73。

讓法律和倫理規範能進入演算法。例如：德國交通部部長任命的倫理委員會，要求演算法編寫者應遵守一系列的倫理法則，並提出了 20 條指導意見，其核心目的係要把人的生命放在首位。其第 7 條：「於不可避免之危險情況並已採預防措施下，於法律保護的各種權益中，保護人的生命是享有最高的優先性。」故在技術可行範圍內，人工智慧系統必須為在權益衝突時及防止人身傷害的前提下，可以接受對動物和財產的損害。其第 8 條規定：「不能通過事先設計程式來處理，是否傷害一個人以避免傷害更多人的倫理難題，而系統應被設定為當出現這種情況時，請求採用人工方式來處理[62]。」

法社會學家托依布納（Gunther Teubner）曾舉出侵權法的過失責任為例子說：在現有的侵權法結構內，過錯係指行為主體未盡注意義務。只有在特定的演算法設計模式中，才會將上述規則寫入演算法；何況它也很難被適用在類神經網路演算法（Artificial Neural Network, ANN）模式，因其特點和優勢就是人類無法控制機器學習的結果。只有監督學習狀態下的演算法，其結果才會被人工智慧設計者掌控，對於無監督學習和強化學習而言，結果是無法預測的。法社會學家托依布納曾舉出侵權法的過失責任為例子說：在現有的侵權法結構內，過錯係指行為主體未盡注意義務。

演算法設計者的直接責任只能適用於監督學習，且於在此情況中人類行動者能夠控制演算法的輸入和輸出。而對於「無監督學習」和「強化學習」，唯一可以類推的是主人對於寵物、監護人對被監護人、及雇主對雇員的看管責任，然其責任要求是基於對於被看管者的行為具有可

---

[62] Maßnahmenplan der Bundesregierung zum Bericht der Ethik-Kommission Automatisiertes und Vernetztes Fahren Ethik-Regeln für Fahrcomputer，網址：https://www.bmvi.de/SharedDocs/DE/Publikationen/DG/massnahmenplan-zum-bericht-der-ethikkommission-avf.pdf?_blob=publicationFile（最後瀏覽日：01/24/2019）。

預見性；即對人工智慧行爲之技術能力於常態下是能預見可能性[63]；但這種預期對於目前的人工智慧演算法是很難獲得的。

法律可以透過權利義務、責任的設計，讓演算法設計者、製造者、雇主或管理人來承擔人工智慧造成的損害責任，引導發展更具可預見性、更可控的演算法[64]。學者認爲，如果人類無法控制演算法的結果，就不能將它涉入人類生活、人際互動等場景，而只能用於科學研究和遊戲，例如：下圍棋等。但其乃係僅考慮自駕車、機器人與人類接觸時，可能會造成傷害身體的智慧型產品，而卻沒有考慮演算法的評分、排序及決策會對人工智慧、自駕車或機器人的影響。尤其，演算法往往是無形的，人們無法判斷損害是否完全由它造成，不清楚它是如何編寫的；被以它屬於企業「營業秘密」爲由，名正言順受法律保護的「黑箱」[65]。

六、人工智慧演算法如何解釋法律

2013 年美國威斯康辛州的檢察官，指控 Eric Loomis 犯了和一起駕車槍擊事件有關的 5 項刑事罪行。雖然 Eric Loomis 否認自己參與槍擊，但他承認自己在案發當晚駕駛過那輛車。於辯訴中，他承認 2 項較輕罪名，即企圖逃避交警及未經車主同意擅自駕車。於量刑階段，法院收到州政府罪犯改造部門提交的一份「量刑前調查報告」（PSI），包括再犯風險評估內容（COMPAS）。

---

[63] Gunther Teubner, Rights of Non Humans? Electronic Agents and Animals as New Actors in Politics and Law, Journal of Law and Society ,Vol.33 , 2006, p. 509.

[64] Trevor N. White, Seth D. Baum, Liability for Present and Robotics Technology, in Patrick Lin, Ryan Jenkins, and Keith Abney (eds.), Robotics Ethics 2.0: From Autonomous Cars to Artificial Intelligence, Oxford University Press, 2017, p. 66-79.

[65] 鄭戈（2018），〈算法的法律與法律的算法〉，《中國法律評論》，2期，總20期，頁74。

　　又於初審判決中，法院在量刑部分援引了 COMPAS 評估內容，Eric Loomis 被判處 6 年監禁外加 5 年監外管制。在 Eric Loomis 申請定罪後救濟動議（motion for post-conviction re-lief）被拒後，威斯康辛州上訴法院批准了 Eric Loomis 向州最高法院上訴。理由是法院依賴 COMPAS 評估而判刑定罪，侵犯了他的正當法律程序權利[66]。抗辯 COMPAS 評估報告提供的數據是類型化的，未能充分體現個人特殊性；並且 COMPAS 的演算法是屬於 Northpointe Institute for Public Management 公司的商業秘密，其可靠性無從判斷，所以 Eric Loomis 主張上述兩項權利受到了侵犯。此外，他還聲稱該演算法評估將他的性別作爲一個因素加以考量，侵犯了他的平等權[67]。

　　威斯康辛州最高法院支持了初審法院的判決。在 Ann Walsh Bradley 大法官撰寫的多數意見中，認爲 Eric Loomis 主張正當法律程序與平等權被否定是沒道理的。因爲最高法院所認爲的，性別因素是作爲提升評估準確性的目的應予支持，而非爲歧視目的而進入演算法參數的；並且 Eric Loomis 無法證明該法院在量刑時的確考量了性別因素，因此他的平等權並未受到侵犯。

　　其次，因 COMPAS 分析的資料係公共資料（犯罪記錄）和被告自己提供的資料（他對 137 個問題的回答）。因此，被告在演算法評估結果出來前，本就有機會否認或解釋相關資訊，也有機會驗證相關資訊的準確性，因此他所質疑之關於資訊準確性的主張站不住腳。最後，關於量刑個別化問題，法院承認 COMPAS 演算法評估結果，不是法院量刑判決的唯一依據，因此該量刑判決是充分地且個別化的[68]。

---

[66] 正當法律程序權利包括獲得個別化量刑考量的權利（the right to an individualized sentence）以及基於準確資訊而受量刑的權利（the right to be sentenced on accurate information）。

[67] State v. Loomis, 881 N. W. 2d 749, Wisconsin, 2016.

[68] Jason Tashea, Calculating Crime: Attorneys Are Challenging the Use of Algorithms to

陸、法律作業

一、法律的人工智慧化

2017 年 5 月，DeepMind 公司的圍棋機器人 AlphaGo 戰勝中國棋王柯潔 [69]，令人類深深覺得 AlphaGo 的演算能力不可思議，但人類也應該警惕人工智慧的潛在危險 [70]。中國大陸「新一代人工智慧發展規劃」已經看到法學教育與人工智慧結合，提出「人工智慧＋法學」的複合專業培育新模式 [71]。2016 年起，先進國家的法律科技市場開始從「網際網路＋法律」向「人工智慧＋法律」轉變，法律人工智慧成為重要創業 [72]，進入公眾視野。人工智慧與法律的結合，始於 1987 年於美國波士頓舉辦的首屆「國際人工智慧與法律會議」（International Conference on Artificial Intelligence and Law，IC 人工智慧 L），也促成 1991 年成立「國際人工智慧與法律協會」（International Association for Artificial Intelligence and Law, IAAIL）。

IAAIL 之目的旨在推動人工智慧與法律的跨學科領域研究及應用。

Help Determine Bail, Sentencing and Parole Decisions, A.B.A Journal Vol.103, March, 2017, p. 54-60.

[69] 平原：人類可以戰勝AlphaGo嗎？網址：http://www.epochtimes.com/b5/17/5/31/n9210591.htm（最後瀏覽日：12/06/2018）。

[70] 人機大戰柯潔輸棋人工智慧引憂？網址：http://www.epochtimes.com/b5/17/5/31/n9205951.htm（最後瀏覽日：11/06/2019）。

[71] 法律人工智慧十大趨勢｜AI觀察，網址：https://www.iread.one/1320729.html（最後瀏覽日：12/26/2018）。

[72] 以artificial intelligence in law為檢索關鍵字，google搜索結果超過630萬條；以「法律人工智慧」為檢索關鍵字，百度搜索結果超過550萬條。請參見「當法律與AI碰撞，未來將有十種發展可能」，網址：http://3g.163.com/all/article/CRAGLNLP-05118DFD.html（最後瀏覽日：09/26/2018）。

主要研究議題包括：1.法律推理的形式模型；2.法律論證和判決決策的演算模型；3.法律證據推理的演算模型；4.多智慧體系統中的法律推理；5.法律文本的自動化分類與概括；6.法律資料庫及文本的自動提取資訊；7.以機器學習和資料挖掘處理電子取證與法律應用；8.法律資訊的概念化或資訊檢索模型；9.法律機器人執行自動化、次要及重複性的法律任務；10.可執行的立法模型 [73]。

　　Jomati 在「文明 2030：不久將來的律所」之研究中，提出在 2015-2030 年間，法律服務市場將大為改觀，因為機器人和人工智慧將會主導法律的實踐，可能會給律師事務所帶來結構性坍塌（structural collapse）[74]。即人工智慧將主導法律科技（LawTech），會給法律服務市場產生深遠影響，市場可能會朝向多元化 [75]。因為人工智慧專家系統（expert system）與知識機器人（knowledge robot）正進入法律服務；其獲得法律科技創業者和創業公司的資本市場青睞並穩健增長 [76]。

二、律所的人工智慧協作

　　在市場和科技之雙重作用下，人工智慧已成為律師的新助手和替代者，可以應用於下列四大領域 [77]：

---

[73] 當法律與AI碰撞，未來將有十種發展可能，網址：https://www.iread.one/1390990. html（最後瀏覽日：12/06/2018）。

[74] Role of artificial intelligence in law, supra note No.42.

[75] 因為目前有些律師事務所為了效率等目的，或者因自身能力不足，將某些特定法律服務外包給協力廠商的法律流程外包，在某程度上已經造成法律服務市場的分裂，讓人們意識到律師事務所並非提供所有法律服務的最佳主體。

[76] 數據顯示，律所的業務在過去三年，幾乎沒怎麼增長，請參見網址：人工智慧法律服務的前景與挑戰｜AI觀察，網址：http://www.gegugu.com/2017/03/21/25661. html（最後瀏覽日：12/08/2019）。

[77] 人工智慧法律服務的前景與挑戰｜AI觀察，網址：http://www.gegugu. com/2017/03/21/25661.html（最後瀏覽日：12/08/2019）。

（一）法律檢索

ROSS，它是世界上第一個人工智慧律師，加上法律大數據可以在更短、更節省人事費用下，幫助律師更有效地檢索法律文本。歐美先進國家目前已有一些可進行法律檢索的人工智慧產品。ROSS 是一種 IBM 的認知演算機 Watson 所支撐的人工智慧法律機器人，他除了可以理解自然語言外，並提供特定的、分析性的作業方式，且可以和人類律師一起工作。目前已有超過 10 家主流律師事務所雇用 ROSS 服務；而採用類似 ROSS 的法律數字助理（digital associate）擔任律師事務所中的準雇員，也越來越多。

（二）文件審閱

律師處理大型併購案件時，常需高薪雇用上百名律師檢索成千上萬份的文件；但正好可以應用人工智慧來處理這類型案件，運用預測性編程（predictive coding）、深度學習及演算法，就可以整理案件相關檔案文件、證據、法律見解等任務，並檢索電子訊息。進一步言，人工智慧律師在調查、法律風險管控、契約審查、法律文件及職務忠實調查等相關工作上發揮重要作用。例如：類似 Beagle Search 的智慧契約服務，乃以人工智慧進行分析契約，可降低成本、更高效管理及預防法律風險。矽谷的 Blackstone Discovery 公司以人工智慧進行電子取證（e-discovery），在幾天內就可以完成分析 150 萬份法律文件，但要價不超會過 10 萬美元。

（三）案件預測 [78]

Lex Machina 公司利用人工智慧法律機器人，對成千上萬份法院判

---

[78] Humans need not apply，網址：https://www.raconteur.net/business/humans-needs-not-

決進行自然語言處理，預測案件結果。其方式就是對過去案件的自動化分析，加上數據挖掘和預測性分析技術，人工智慧能預測法律糾紛和訴訟的結果。

(四) 基礎法律顧問

未來 5 到 10 年內人工智慧是否會取代律師？Altman Weil 對全美 320 家律師事務所調查，有 47% 的管理階層及 37% 之資格未滿 1 年的新律師，對此問題均表示肯定。根據 ROSS Intelligence 的數據，一般律師約花 1/5 工作時間在基礎法律研究上；這項工作使得全美國的律師事務所每年約需投入 96 億美元。但透過 ROSS 的協助，律師事務所能有效節省基礎法律研究的時間與成本。這種由 Toronto University 研發出來的人工智慧法律機器人 ROSS，係基於 IBM 的 Watson 所開發出來的人工智慧法律服務，在經歷過 Google 加速器 Y Combinator 的訓練後，將團隊移至矽谷成立公司，其創辦人團隊中，包括法律、神經科學和電腦等各方面專家。在 2015 年，ROSS 已經能以免費方式，與 20 幾家律師事務所進行試用合作[79]。

本文以為，電腦律師全面取代人類或許終究不會到來，但可以預見人工智慧科技正衝擊律師行業。律師毋須擔心未來不無失業可能？反應學習如何透過人工智慧協助，不須再花大量時間作基礎法律判決研究，把時間花在電腦作不到的訴訟策略或輸贏關鍵工作上。

---

apply（最後瀏覽日：01/09/2019）。

[79] 律師也被人工智慧搶生意？AI "ROSS" 將正式步入事務所，提供法律諮詢！網址：https://www.inside.com.tw/2016/05/09/AI-pioneer-ross-intelligence-lands-its-first-big-law-clients（最後瀏覽日：01/15/2019）。

柒、結論

人工智慧時代的發展將改變人類生活或社會生活制度，挑戰既有的法律制度及訴訟程序；可能需要隨著人工智慧發展作必要調整與時俱進。人工智慧可以結合大數據及雲端法律平台，提供法律意見、動態對比供律師訴訟及法官判決參考。人類必須是演算法的立法者和控管者，法律演算法與演算法法律不應僅是一個閉環的邏輯系統，其演算資訊管理系統中必須有法學人員或資料管理人為起點和終點。

法律及人工智慧科技都是人造物，越先進的法律，越是需要經過機器學習之多層人為設計的演算，表面看來似乎是越遠離人類思考行為，很容易以上的層層演化中被抽象化，甚至消失。擔心如用演算法化的法律來審判或訴訟，人最終可能會變成可有可無的存在。人工智慧僅能在律師行業提供資料，目前尚不能法律價值判斷，僅能能將社會生活的複雜事實帶入一定的法秩序邏輯，所以人工智慧的軟硬體及演算法之規範塑造者，需要在相關事實和基於法律規範文本間保持將事實抽象化為法律及將法律涵攝事實間的往返流轉。

未來 5 到 10 年內人工智慧是否會取代律師？筆者以為，人工智慧法律機器人全面取代律師或許不會到來，但人工智慧科技正衝擊律師行業。法律人工智慧機器可以透過大數據（big data）的蒐集及資料探勘（data mining），導引出相關的法律意見，提出動態對比供法官判決參考。法律人工智慧機器人也能對於判決結果進行預測。人工智慧將除了使法律文本資訊的蒐集、存儲、處理和分析成本大幅降低外；基於深度學習的預測，將來可能會遠勝於目前人為方式對判決文本分析；改進傳統以案例類型、普遍狀態和靜態經驗為基礎的判決方式。

Ross 可以閱讀現有法條及法律文本，依照系統中的法律邏輯及既有法院判決的歸納整理，長年累月對案例進行統計和分析，得出法律意

見答覆特定個案問題，學習如何以專業律師身分爲客戶提供服務。在市場和科技雙重作用下，人工智慧勢將成爲律師的新助手和替代者，應用於法律檢索、文件審閱、案件預測及基礎法律的顧問諮詢。DoNot- Pay聊天機器人是全球第一個律師機器人。筆者認爲，律師於未來將與人工智慧法律機器人進行人機協作，律師行業並不會消失，不會被人工智慧完全取代，只是律師的工作型態將大有轉變！

本文建議，應及早妥適設置或修改相關的規則、制度，爲新興科技發展預留法律制度的必要空間。另，在科技日益智慧化的現代，法律的日益科技化會使它易被人工智慧機器人取代，而如果法律及科技兩者都朝向只講求手段而不問目的之工具理性，則法律的規範目的及價值可能會被引向不可知的未來，充滿風險的深淵。

參考文獻

一、中文部分

（一）書籍

李開復（2017），《人工智慧來了》，台北：天下文化出版社。

京東法律研究室（2018），《歐盟數據憲章》，北京：法律出版社。

高新民、付東鵬（2014），《意向性與人工智慧》，北京：中國社會科學出版社。

〔法〕雷吉斯‧德布雷與趙汀楊著，張萬申譯（2015），《兩面之詞：關於革命問題的通信》，北京：中信出版社。

（二）期刊論文

王利明（2018），〈人工智能時代提出的法學新課題〉，《中國法律評論》，2期，總20期，頁1-4。

陳顯武（1996），〈法律推理與邏輯程式化〉，《政大法學評論》，56期，頁295-317。

陳顯武（1988），〈專家系統：法學方法論上之挑戰〉，《政大法律評論》，37期，頁175-181。

鄭戈（2018），〈算法的法律與法律的算法〉，《中國法律評論》，2期，總20期，頁66-85。

蘇南（2018），〈大數據應用於法律作業的問題研究〉，《全國律師》，1月號，頁83-91。

蘇南（2018），〈論人工智慧運用於律師服務的未來展望〉，《全國律師》，6月號，頁31-40。

（三）博碩士論文

杜家駒（2004），《法律邏輯在法律資學上之實踐》，中國文化大學法律學研究所碩士論文，台北。

（四）網頁

一份給立法者的人工智慧指南，網址：https://case.ntu.edu.tw/blog/?p=30671（最後瀏覽日：01/10/2020）。

人工智慧，網址：https://udn.com/news/story/7240/2496083（最後瀏覽日：09/07/2019）。

人工智慧，網址：https://zh.wikipedia.org/wiki/%E4%BA%BA%E5%B7%A5%E6%99%BA%E8%83%BD（最後瀏覽日：09/02/2018）。

人工智慧，網址：https://en.wikipedia.org/wiki/Artificial_intelligence（最後瀏覽日：01/06/2019）。

人工智慧之父馬文·明斯基，網址：http://tech.163.com/16/0127/08/BEATM-H5E00094P0U.html（最後瀏覽日：12/06/2018）。

人工智慧正在取代初級律師，網址：https://kknews.cc/tech/8bzg45e.html（最後瀏覽日：01/24/2020）。

人工智慧如何變革法律？網址：http://big5.ftchinese.com/story/001072412（最後瀏覽日：12/02/2018）。

人工智慧法律服務的前景與挑戰|AI觀察，網址：https://m.sohu.com/n/483944131/（最後瀏覽日：01/06/2019）。

4年後，網址：http://www.eeworld.com.cn/qrs/article_26436.html（最後瀏覽日：01/09/2019）。

七法Lawsnote，網址：https://blog.lawsnote.com/2016/04/AI-replace-lawyer/（最後瀏覽日：12/07/2018）。

人類背水一戰，網址：https://www.bnext.com.tw/article/44606/alphago-versus- ke-jie-1（最後瀏覽日：01/06/2020）。

人機大戰柯潔輸棋？網址：http://www.epochtimes.com/b5/17/5/31/n9205951.htm（最後瀏覽日：11/06/2019）。

AI機器人律師，網址：http://iknow.stpi.narl.org.tw/post/Read.aspx?PostID=12438（最後瀏覽日：01/07/2019）。

AI權威Yann LeCun，網址：https://www.inside.com.tw/2018/01/06/facebook-AI- yann-lecun-sophia-robot-bullshit（最後瀏覽日：12/10/2018）。

Model S車禍致死案，網址：https://awtmt.com/articles/3030511（最後瀏覽日：01/14/2019）。

Google自動駕駛車測試新進展，網址：https://technews.tw/2015/06/26/google- self-driving-car-on-the-streets-of-california/（最後瀏覽日：12/09/2019）。

日本經產省成立機器人政策室，網址：http://finance.sina.com.cn/world/20150701/122322562315.shtml（最後瀏覽日：12/24/2018）。

王利明，人工智慧時代對民法學的新挑戰，網址：http://wemedia.ifeng.com/59282842/wemedia.shtml（最後瀏覽日：12/09/2019）。

中國首條超級高速公路，網址：http://big5.xinhuanet.com/gate/big5/www.xinhuanet.com/local/2018- 02/24/c_1122444306.htm（最後瀏覽日：12/09/2019）。

中國國務院《新一代人工智慧發展規劃》，網址：http://www.gov.cn/zhengce/content/2017-07/20/content_5211996.htm（最後瀏覽日：12/04/2019）。

平原：人類可以戰勝AlphaGo嗎？網址：http://www.epochtimes.com/b5/17/5/31/n9210591.htm（最後瀏覽日：12/06/2018）。

如何區分自動駕駛車的等級？，網址：https://www.jobforum.tw/discusstopic.asp?cat=SelfDriving&id=131154（最後瀏覽日：01/14/2020）。

全球首個律師機器人，網址：http://www.ithome.com.tw/news/106767（最後瀏覽日：09/09/2018）。

全球首例Uber自駕測試車美公路撞死行人，網址：http://www.epochtimes.com/b5/18/3/19/n10231288.htm（最後瀏覽日：01/09/2019）。

谷哥自動駕駛之父，網址：http://www.feiauto.com/news/64.html（最後瀏覽日：01/09/2019）。

於AI領域，網址：https://read01.com/ENd68o.html（最後瀏覽日：09/05/2019）。

法律人工智慧之發展，http://zoomlaw.pixnet.net/blog/post/64582444-（最後瀏覽日：09/07/2019）。

法律人工智慧十大趨勢｜AI觀察，網址：https://www.iread.one/1320729.html（最後瀏覽日：12/26/2018）。

法律大資料分析，網址：http://law.scu.edu.cn/info/1161/8585.htm（最後瀏覽日：01/03/2019）。

法律機器人來了，網址：https://read01.com/ENd68o.html#.WcfT6W995dg（最後瀏覽日：01/25/2019）。

亞里斯多德（Aristotle）在討論正義的問題時，網址：http://terms.naer.edu.tw/detail/1302761/（最後瀏覽日：12/14/2018）。

律師也被人工智慧搶生意？網址：https://www.inside.com.tw/2016/05/09/ai-pioneer-ross-intelligence-lands- its-first-big-law-clients（最後瀏覽日：01/15/2019）。

首位機器人公民！網址：https://www.ettoday.net/news/20171107/1047360.htm#i（最後瀏覽日：12/16/2019）。

孫占利，智能機器人法律人格問題論析，中國法學網，網址：https://www.iolaw.org.cn（最後瀏覽日：02/05/2020）。

律師要失業了？網址：https://technews.tw/2016/05/18/the-worlds-first- artificially-intelligent-lawyer-was-just-hired-at-a-law-firm/（最後瀏覽日：09/08/2018）。

美國眾議院通過自動駕駛法案，網址：https://www.digitimes.com.tw/tech/dt/n/shwnws.asp?id=0000511991_zj98gc6dl4lw1v08itz04（最後瀏覽日：12/14/2018）。

哥德爾不完備定理，網址：https://zh.wikipedia.org/wiki/（最後瀏覽日：12/02/2018）。

信傳媒，（03/15/2018）。網址：https://www.cmmedia.com.tw/home/articles/8959（最後瀏覽日：09/04/2018）。

張妮、蒲亦非，計算法學導論，網址：http://www.scupress.net/general/201711/87629.html（最後瀏覽日：01/30/2020）。

深圳首批無人駕駛巴士試運行，網址：https://www.hk01.com/%E4%B8%AD%E5%9C%8B/138608/（最後瀏覽日：09/09/2019）。

清華大學首屆「計算法學」主題夏令營圓滿舉行，網址：http://www.law.tsinghua.edu.cn/publish/law/3567/2018/20180716144310660990896/20180716144310660990896_.html（最後瀏覽日：01/30/2020）。

最美AI機器人獲公民權，網址：https://www.bnext.com.tw/article/46736/saudi-arabiarobot-citizen- sophia（最後瀏覽日：12/06/2019）。

評論法官、檢察官、律師就要失業了嗎？網址：https://kknews.cc/tech/evrp9y.html（最後瀏覽日：01/05/2019）。

智慧代理(intelligent agent)，網址：http://terms.naer.edu.tw/detaill/1280547/（最後瀏覽日：01/29/2019）。

當法律與AI碰撞，網址：http://3g.163.com/all/article/CRAGLNLP05118DFD.html（最後瀏覽日：09/26/2018）。

當法律與AI碰撞，未來將有十種發展可能，網址：https://www.iread.one/1390990.html（最後瀏覽日：12/06/2019）。

《智能機器人開發和普及促進法》，網址：http://www.law.go.kr/LSW/lsSc.do?menuId=0&p1=&subMenu=1&nwYn=1&section=&tabNo=&query= 능형%20로봇%20개발%20및%20보급%20촉진법#undefined（最後瀏覽日：01/24/2020）。

鄭戈（2016），在鼓勵創新與保護人權之間：法律如何回應大數據技術革新的挑戰，探索與爭鳴，7期。網址：http://www.360doc.com/con-tent/16/0730/19/27494174_579614045.shtml（最後瀏覽日：12/24/2018）。

蔡維哲，法律與機器學習課程，網址：https://medium.com/@adgjlsfhk123/法律與機器學習課程-51b560dc9acf（最後瀏覽日：12/30/2018）。

簡析韓國《機器人基本法案》，網址：https://read01.com/zh- tw/DGQQ0kK.html#.W8LNBc4zZdg（最後瀏覽日：01/24/2020）。

二、外文部分

（一）書籍

Ernest J. Weinrib, The Idea of Private Law, Oxford University Press, 1995. Ernest J. Weinrib, Corrective Jus-tice,Oxford University Press,2012.

Stephen Waddams, Dimensions of Private Law, Cambridge University Press, 2003.

Harry Surden, Machine Learning and Law, University of Colorado Law School Colorado Law Scholarly Commons, 2014, p.87.

Trevor N. White, Seth D. Baum, Liability for Present and Robotics Technology, in Patrick

Lin, Ryan Jenkins, and Keith Abney (eds.), Robotics Ethics 2.0: From Autonomous Cars to Artificial Intelligence, Oxford University Press, 2017, p. 66-79.

United Nations Environment Programme (UNEP),Rio Declaration on Environment and Development,Principle 15. Rio de Janeiro,Brazil,June 14,1992.

（二）期刊論文

Charles Fried,Artificial Reason of the Law or: What Lawyers Know, Texas Law Review, Vol.60, 1981, p.35.

Gunther Teubner, Rights of Non Humans? Electronic Agents and Animals as New Actors in Politics and Law, Journal of Law and Society,Vol.33, 2006, p.509.

Jason Tashea, Calculating Crime: Attorneys Are Challenging the Use of Algorithms to Help Determine Bail, Sentencing and Parole Decisions, A.B.A Journal Vol.103, March, 2017, p.54-60

Niklas Luhmann, Theory of Society ,Volume I,translated by Rhodes Barrett, Stanford University Press, 2012, p.69.

Role of artificial intelligence in law, supra note No.37. State v.Loomis,881 N.W.2d 749,Wisconsin,2016.

（三）網頁

Artificial intelligence，網址：https://en.wikipedia.org/wiki/Artificial_intelligence（最後瀏覽日：01/01/2019）。

Artificially intelligent lawyer responds to questions with in depth research, hypotheses，網址：https://futuristech.info/posts/artificially-intelligent-lawyer-responds-to-questions-with-in-depth-research-hypotheses-and-conclusions（最後瀏覽日：01/07/2019）。

Harry Surden, Machine learning and law，網址：https://scholar.law.colorado.edu/articles/81/（最後瀏覽日：12/01/2018）。

Joanna Bryson, How policymakers should approach AI? University of Bath, January 24, 2018，網址：https://phys.org/news/2018-01-policymakers-approach-ai.html（最後瀏覽日：01/02/2019）。

European Parliament,Report with Recommendations to the Commission on Civil 6.Rules on Robotics, A8-0005/2017，網址：http://www.europarl.europa.eu/sides/getDoc.do?type=REPORT&reference=A8-2017-0005&language=EN（最後瀏覽日：12/10/2018）。

Humans need not apply，網址：https://www.raconteur.net/business/humans-needs-not-apply（最後瀏覽日：01/09/2019）。

Role of artificial intelligence in law，網址：https://www.raconteur.net/business/time-for-technology-to-take-over（最後瀏覽日：01/16/2019）。

Maßnahmenplan der Bundesregierung，網址：https://www.bmvi.de/SharedDocs/DE/Publikationen/DG/massnahmenplan-zum-bericht-der-ethikkommission-avf.pdf?_blob=publicationFile（最後瀏覽日：01/24/2020）。

로봇기본법안，網址：https://www.lawmaking.go.kr/lmSts/nsmLmSts/out/2008068/detailRP（最後瀏覽日：12/10/2018）。

第三章

網路中立性的再詮釋：美國在地爭議及其對我國產業管制規範的啓示

程法彰[*]
葉志良[**]

[*]國立高雄科技大學科技法律研究所專任教授

Professor, Graduate Institute of Science and Technology Law, National Kaohsiung University of Science and Technology.

[**]元智大學資訊傳播學系專任助理教授

Assistant Professor, Department of Information Communication, Yuan Ze University.

摘　要

　　網路中立性基本概念是指寬頻業者必須對網路資訊平等對待，遵從盡力傳送方式使網路封包依序傳遞，但伴隨網路快速發展而來的是網路創新以及寬頻業者的多元服務可能存在的網路流量管理，如何在資訊自由流通與合理網路流量管理兩者間取得平衡，亦即如何面對網路中立性管制議題的態度，是網路時代下，我國政府所須面對的政策議題。美國聯邦通訊傳播委員會（FCC）2015 年開放網路命令徹底改變了過去對網路採取低度管制的態度，其在司法實務上也引發網路中立性正反雙方的激烈論戰，彰顯出法益抉擇的過程。本文認爲網路中立性議題可以轉化爲對「競爭秩序」與「消費者保護」的討論，並藉此兩項核心議題可進一步探討網路中立性管制的正當性。我國並不需要高度事前管制的網路中立性規範，但可在不涉及揭露營業秘密前提下，對相關服務資訊與網路流量管理進行資訊公開，不僅可使終端使用者或內容業者了解自身的權益，同時也可落實網路治理概念下，低度管制的精神。

關鍵詞：網路中立性，寬頻網路服務提供者，網路流量管理，2015 年開放網路命令，數位通訊傳播法，競爭秩序，消費者保護。

Re-Interpretation of Net Neutrality: Disputes in the United States and Its Inspiration to Telecommunication Regulation in Taiwan

Fa-Chang Cheng[*]

Chih-Liang Yeh[**]

Abstract

The concept of net neutrality is to equally treat different information flows without any exception according to the "best effort" principle. Accompanying with rapid development of online environment and its technologies, Internet innovation and diversified services created by broadband service providers have been emerged. How to strike a balance between interests of free-flow information and reasonable Internet traffic management in the Internet era is a policy issue for Taiwan's government. The 2015 Open Internet Order promulgated by Federal Communications Commission has overturned the past light-touch regulatory approach on the Internet and the intense disputes from pros and cons of net neutrality in judiciary practices have proven the process of determining legal interests. This article argues that the net neutrality issue can turn into discussions on competition order and consumer protection, through which to further discussion on the legitimacy of net neutrality regulation. It is unnecessary for Taiwan's regulatory agency to impose highly ex ante regulation of net neutrality. The article addresses that regulatory agency can disclose the information about the network traffic of broadband services without any concern of trade secret, in order to make end users or content providers understand the interests and in the meantime to carry out the light touch regulation under the concept of internet governance.

Keywords：Net Neutrality, Broadband Service Providers, Internet Traffic Management, 2015 Open Internet Order, Digital Communication Law, Competition, Consumer Protection.

壹、前言

　　寬頻網路在技術與商業面向上均呈現高度發展與深化，因此寬頻網路服務提供者（寬頻業者）的管制議題在近年來受到高度的重視，尤其網路中立性是近年管制機關對寬頻網路服務提供者進行管制的主要考量；然而，技術的快速發展使得以網路中立性作爲管制的正當性更加顯得複雜。

　　網路中立性基本概念是指寬頻業者必須對網路資訊平等對待，亦即對資訊內容的傳遞採取盡力傳送方式（best effort）[1]，其當初網路架構設計最主要的目的是使網路資訊得以自由流動[2]。雖有論者將美國近年對於網路中立性管制概念與限制寬頻業者的言論自由或徵收其財產權作聯結思考[3][4]，但寬頻業者對於資訊流動的安排主要是依商業目的著眼；換言之，該等商業安排絕非對言論內容的直接限制，也較不易形成憲法上的爭議。所謂「徵收」概念限於實體使用權的完全剝奪，亦無法適用在網路中立性的管制架構上[5]。

　　網路中立性概念源自於美國本土對於電信服務與資訊服務分類差異所發展的政策討論，內容涉及資訊自由流動、網路創新以及寬頻業者多元服務等議題，然而在美國要達成不同法益之間的平衡，是極爲困難的

---

[1] Stuart Minor Benjamin & Douglas Gary Lichtman et al., Telecommunications Law and Policy 1012 (2nd ed., 2006).

[2] 程法彰（2014），〈網路中立性議題討論美國的最新發展與對我國未來的可能參考〉，《萬國法律雜誌》，198期，頁92。

[3] Marvin Ammori, *First Amendment Architecture*, 2012 Wis. L. Rev. 1, 1-2 (2012).

[4] Daniel A. Lyons, *Virtual Takings: The Coming Fifth Amendment Challenge to Net Neutrality Regulation*, 86 Notre Dame L. Rev. 65, 117-118 (2011).

[5] Geoffrey R. Stone & Louis M. Seidman et al., Constitutional Law, 1661-1662 (3rd ed., 1996).

政策決定，因為寬頻業者對資訊流動的安排是以商業目的考量，而美國聯邦最高法院並未承認基於商業理由而限制資訊自由流動即屬於對言論內容的直接限制，較不易產生憲法爭議。因此在學術與實務上，大多將網路中立性議題轉化為對「競爭秩序」與「消費者影響」的討論，並藉此兩項核心議題進一步探討網路中立性管制的正當性。

　　本文先介紹美國聯邦巡迴上訴法院於 2010 年 *Comcast* 案以及 2014 年 *Verizon* 案兩項判決接連否定聯邦通訊傳播委員會（Federal Communications Commission, FCC）對網路中立性進行嚴格管制的立場，而後 FCC 於 2015 年頒布開放網路命令（open internet order）[6] 重新將寬頻業者納入電信公用事業管轄，此作法在其後美國聯邦巡迴上訴法院於 2016 年 *United States Telecom Assn't v. FCC*（*USTA*）案中獲得確認。由於法院作出與過去完全不同的見解，引發實務上後續的連鎖效應，而在川普總統上任、新任命 FCC 主席 Ajit Pai 之後又再次推翻 2015 年開放網路命令，寬頻網路不再受到電信服務的管制。透過 2016 年 *USTA* 案的說明，可發現美國在地對於網路中立性的討論著重於競爭秩序與消費者影響兩項議題。

貳、美國聯邦巡迴上訴法院之見解

一、2010 年 *Comcast* 案與 2014 年 *Verizon* 案

　　FCC 對於寬頻業者的管轄權，可能基於兩種不同的管制基礎——電信業者的公用事業管轄權（Title II Jurisdiction）以及資訊服務提供者的輔助管轄權（Title I Jurisdiction），前者 Title II 管轄權的管制密度

---

[6] Federal Communications Commission, *Open Internet*, https://transition.fcc.gov/statelocal/presentations/Open-Internet-Order.pdf

較高，而 Title I 管轄權的管制密度較低[7]。聯邦巡迴上訴法院在 2010 年 *Comcast* 案[8]中不認同 FCC 擁有任何權限禁止 Comcast 阻止其客戶使用點對點網路應用程式[9]，該法院認為 FCC 沒有為其所宣稱的輔助管轄權找到相對應的法源基礎[10]。

在 2014 年 *Verizon* 一案中[11]，聯邦巡迴上訴法院明確推翻 FCC 在 2010 年所制定的開放網路命令，該行政命令包含三種管制要求：資訊透明、禁止阻擋以及禁止歧視[12]，其中資訊透明係指揭露網路管理、執行與寬頻接取服務的商業條件；禁止阻擋係指寬頻網路服務提供者在合理的網路管理前提下，不得阻擋合法內容、應用或服務，亦不得傷害或降低特定內容、應用、服務或裝置而使其無法使用：禁止歧視係指固定寬頻網路服務提供者不得不合理歧視合法網路傳輸，其中包含付費優先通行的情況[13]。依據 1996 年電信法管制架構，電信業者受到 Title II 管轄權的嚴格管制，因為傳統上 FCC 認定電信業者具有準公共性質[14]。在本案中，FCC 認為即使寬頻業者被認定為資訊服務提供者，基於主張 Title I 管轄權仍可依此管制以保護開放網路的價值。

然而聯邦巡迴上訴法院在 *Verizon* 案認為，禁止歧視的管制規範相

---

[7] The common names of Title I and Title II originally are categorized under the Communications Act of 1934. *See* Christopher S. Yoo, *Wickard for the Internet? Network Neutrality After* Verizon v. FCC, 66 FED. COMM. L.J. 415, 419-424 (2014).

[8] Comcast Corp. v. FCC, 600 F.3d 642 (2010). ["*Comcast*"]

[9] 在FCC網路政策說明當中，消費者的選擇自由包括依其選擇接觸網路中的合法內容，以及選擇服務與應用程式。*Id*. at 644.

[10] *Id*. at 644. 即使FCC試圖以1996年電信法第706條作為管轄權依據，但聯邦巡迴上訴法院認為其在2008年開放網路命令當中已拒絕承認該條文可作為獨立的管轄權基礎。*Id*. at 658-659.

[11] Verizon v. FCC, 740 F.3d 623 (2014). ["*Verizon*"]

[12] *Id*. at 661.

[13] *Id*. at 633.

[14] *Id*. at 651.

當於對電信業者進行「不得有不公平與不合理處理」的管制規範[15]，尤其在 2010 年開放網路命令中對付費優先通行的商業手段持否定的態度[16]。禁止阻擋要求寬頻業者設定最低接取基準，依前述定義，寬頻業者似乎並無商業協商的空間[17]。聯邦巡迴上訴法院認為，前述開放網路命令中的禁止阻擋與禁止歧視兩項管制手段，已超過 FCC 所稱其對於資訊服務提供者具有低密度管制的權限。值得注意的是，在本案中 Silberman 法官認為 2010 年開放網路命令應全部無效，因為 FCC 並未證明其管制基礎符合對資訊服務提供者之目的—亦即促進競爭或去除設備投資的障礙，因為 FCC 根本未進行市場力量之分析[18]。

在 *Verizon* 案後，FCC 為了強化網路中立性管制的法理基礎，在 2015 年頒布新的開放網路命令（2015 Open Internet Order）[19]，該命令提出五項具體措施，包括：1. 將寬頻業者定位為電信業者；2. FCC 節制對寬頻業者適用 Title II 的嚴格管制；3. 發布明確規則。包括禁止寬頻網路服務提供者阻擋、控制流量以及付費優先；4. 禁止寬頻網路服務提供者不合理的妨礙或不利於消費者或應用服務提供者，以及 5. 採行強化的資訊透明規則。

二、2016 年 *USTA* 案

2015 年開放網路命令不意外地，再一次在聯邦巡迴上訴法院受到

---

[15] 依聯邦上訴巡迴法院的意見，公用事業服務提供者不允許有合理商業標準的例外空間。*Id.* at 657.

[16] *Id.*

[17] *Id.* at 658.

[18] *Id.* at 662, 665.

[19] *See* Protecting and Promoting the Open Internet, 80 Fed. Reg. 19738-01, 19740-19741 (April 13, 2015). 另參葉志良（2015），〈從歐美網路中立性法制發展談網路創新與管制意涵〉，《東海大學法學研究》，46期，頁180。

挑戰[20]，在 2016 年 *USTA* 案由與 2014 年 *Verizon* 案同樣的多數法官作成本案意見，但在第三次開放網路政策中，FCC 改變以往作法而直接將寬頻業者定位為電信業者[21]，將網路中立性精神推到極致，並受到聯邦巡迴上訴法院的支持。*USTA* 案審判理由，本文簡要分析如下。

(一) 檢視 2015 年開放網路命令實質內容

法院首先檢視 2015 年開放網路命令的實質內容。在比較網路中立性正反雙方是否將寬頻業者重新定位為 Title II 電信業者的論點後，肯認應將寬頻業者重新定位為電信業者，接下來對於該命令的實質內容檢視是否符合傳統上對電信業者的管制，並逐一檢討該命令中第 3 項至第 5 項具體措施[22]。

反對網路中立性者特別對於「禁止付費優先」及「禁止不合理的妨礙或不利於消費者或應用服務提供者」提出質疑[23]，他們認為禁止付費優先並不符合傳統對電信服務提供者的管制，因為對電信業者的管制必須蒐集事實或分析來支持其主張，並認為以資訊服務提供者的 Title I 管轄權理應成為法源依據[24]，此見解獲得少數意見 Williams 法

---

[20] United States Telecom Ass'n v. FCC, 825 F.3d 674 (2016)["*USTA*"].

[21] *Id.* at 695.

[22] *USTA*, 825 F.3d, at 696.「禁止寬頻網路服務提供者阻擋、控制流量」係指禁止寬頻網路服務提供者阻擋（控制接觸）合法內容、應用、服務或非傷害性的裝置；「禁止寬頻網路服務提供者付費優先」係指使某些流量優於其他流量，以換取對價或是使其關係組織獲益；「禁止寬頻網路服務提供者不合理的妨礙或不利於消費者或應用服務提供者」係指不合理的傷害：(1)終端使用者選擇、使用及接觸寬頻接取服務或合法網路內容、應用、服務或裝置的選擇權；(2)應用服務提供者提供合法網路內容、應用、服務或裝置給終端使用者的能力；「採行強化的資訊透明規則」係指2010年開放網路命令的進化版。

[23] *USTA*, 825 F.3d, at 733.

[24] 少數意見Williams法官認為，反對網路中立性者認為即使寬頻業者適用電信服務提

官的認同，他認為在電信業者的管制上 FCC 早已承認合理的費率差別待遇，只有不正當或不合理的差別待遇才會被禁止 [25]，因此禁止合理的費率差別待遇是非常不尋常的 [26]。此外，他也質疑 2015 年開放網路命令禁止付費優先但卻不管制快取服務（caching services）與內容傳遞網路（content delivery networks），根本毫無理由 [27]，以及在欠缺市場調查的情況下 [28] 如何認定禁止付費優先與創新正向循環兩者間的因果關係 [29]，他不僅質疑管制帶來的好處，更進一步認為付費優先應會對有效利用網路資源與寬頻建設帶來好處 [30]。最後 Williams 法官指出，即使贊成網路中立性的主張皆屬正確，實際上對寬頻網路設定最低品質要求，仍可解決付費優先所宣稱的缺點 [31]。令人意外的是，贊成網路中立性者卻對此並不爭執，反而主張在 *Verizon* 案中法院認為 FCC 對寬頻業者擁有 Title I 管轄權，而直接認為其有權採取禁止付費優先並可鼓勵寬頻設施的建設，以促使網路快速發展的創新正向循

供者的管制規範，FCC亦無權禁止合理的費率差別待遇。

[25] *USTA*, 825 F.3d, at 758.

[26] *Id*.

[27] *Id*. at 767-768. FCC用守門員理論來說明寬頻業者具有類似市場力量（market-power-like）概念。在此概念下，寬頻業者有能力阻止使用者轉換電信公司以達成其目的，並與有效利用網路概念相違背，在經濟學上稱之為鎖定效應（lock-in effect），但FCC並未提出實質證據支持該理論。

[28] *Id*. at 766.

[29] *Id*. at 760-762.所謂創新正向循環是指網路創新會提高需求，增加寬頻建設的投資，並激發新的創新。Williams法官檢視本案證據，並未發現付費優先會危及寬頻建設的相關證明。

[30] *Id*. at 762-764. Williams法官認為允許付費優先會產生寬頻投資意願，改善使用者經驗並增加需求。

[31] *Id*. at 764-765.對寬頻網路服務提供者的最低品質要求，可以解決內容服務提供者對付費優先所可能帶來對非付費優先其他業者所為劣質服務的憂心。

環[32]。反對者亦質疑將電信業者角色與 Title I 管轄權相結合的正當性，因為電信業者管制是屬於強制性管制，但 Title I 管轄權卻是將管制導向競爭的作法，兩者間其實並不相容[33]。反對者也質疑禁止付費優先的理由，但多數見解對此似乎未多作評論。

至於禁止不合理的妨礙或不利於消費者或應用服務提供者的規範，反對網路中立性者認為其因規範過於模糊而違反憲法之正當法律程序要求[34]。對此，法院指出要判斷規範是否「模糊」必須包含兩要件：一是受規範當事人應知道規範為何，二是規範清楚明確使得執法者不會出現恣意與歧視[35]。贊成網路中立性者駁斥反對者的論點在於，一般謹慎的寬頻業者已知道規範內容，同時 FCC 也有提出七項判斷基準以及解釋說明，因此並無規範過於模糊之情事而違反憲法之正當法律程序要求的爭議[36]。

(二) 政策作成前，有足夠的程序通知

反對網路中立性者認為，FCC 的規則修正預告程序通知（Notice of Proposed Rulemaking, NPRM）因未明確指出將寬頻業者視為電信業者而規範，僅明確提到 Title I 輔助管轄權，故違反行政程序法第 553 條「對於 NPRM 名詞或內容描述」之規定[37]。對此，贊成者認為，FCC 在程序上已有徵求是否將寬頻業者定位為電信業者之評論，已符合行政程

---

[32] *USTA*, 825 F.3d, at 757.

[33] *See* Christopher S. Yoo, *Wickard for the Internet? Network Neutrality After Verizon v. FCC*, 66 Fed. Comm. L.J. 415, 430-431 (2014).

[34] *USTA*, 825 F.3d, at 734.

[35] *Id*. at 736.

[36] *Id*. at 736-737.

[37] 美國行政程序法533條要求規則修正預告應包含該預告規則的名詞或內容或對議題的描述。*Id*. at 700.

序法對 NPRM 的程序要求，而贊成者的意見亦獲得法院的支持。

(三) 法規解釋上的模糊空間

　　除程序爭議外，在實體部分法院在檢視 2015 年開放網路命令後並判斷寬頻業者是否得以重新定位為電信業者，主要是依照 1984 年聯邦最高法院 *Chevron* 案所提出的兩項判斷基準：1. 法規解釋上是否存在模糊空間以及 2. 重新定位的解釋可行性，作為 FCC 得否重新定位寬頻業者為電信業者的檢視基準[38]。關於此議題，贊成網路中立性者認為，2010 年網路開放命令將寬頻業者定位為資訊服務提供者，在法規解釋上存有一定的模糊空間，意即在如何解讀電信法上「提供服務」的概念容有解釋空間[39]。根據 2005 年聯邦最高法院 *Brand X* 案解釋[40]，電信業者必須提供與資訊服務功能相分離的電信服務，而資訊服務提供者必須提供與資訊服務功能整合的電信服務。因此，究竟寬頻業者應為電信業者抑或資訊服務提供者，端視 FCC 的事實認定，在法規解釋上容有模糊的空間。

　　反對網路中立性者則提出三項理由，認為寬頻業者事實上應為資訊服務提供者[41]。首先，**寬頻服務提供多種類資訊服務（包括取得、儲存、利用資訊等），其與電信服務在屬性上是互斥的，因此寬頻業者理應為**資訊服務提供者；然而贊成者則認為，雖然寬頻業者提供資訊服務，但其仍能提供單獨的電信服務，因此仍應為電信業者。其次，**按 1996 年通訊正當法（1996 Communications Decency Act）將寬頻業者歸類於「互**

---

[38] Chevron U.S.A. v. Natural Resources Defense Council, 467 U.S. 837, 842-843 (1984).

[39] *USTA*, 825 F.3d, at 701.

[40] National Cable & Telecommunications Ass'n v. Brand X Internet Services, 545 U.S. 967, 991 (2005).

[41] *USTA*, 825 F.3d, at 702-703.

動式電腦服務」概念中，因此其應爲資訊服務提供者；但贊成者認爲當時國會並非欲間接依據 1996 年通訊正當法而將寬頻業者定位爲受管制的角色。最後，反對者認爲國會對網路中立性立法一事毫無作爲，代表國會無意將寬頻網路服務提供者定位爲電信事業；但贊成者則認爲，國會對網路中立性立法上的作爲或不作爲與 FCC 管制權限無關，因聯邦最高法院已於 *Brand X* 案中承認 FCC 對寬頻業者有管制的權限 [42]。由於反對者所提出的三項理由並未受到多數見解的支持，因而聯邦巡迴上訴法院認定 1996 年電信法確實有法規上的模糊解釋空間。

(四) 重新定位寬頻網路服務提供者可行性

關於此議題的討論，主要爭點在於是否有證據證明因情事變更而所爲重新定位具備正當性。反對網路中立性者則認爲贊成者並未對於情事變有充分的說明 [43]，Williams 法官也認爲消費者利用寬頻接取第三方資訊服務使用習慣並未有所改變，但他更認爲即使現今消費者上述使用習慣確實較之前有所不同，此處的情事變更與重新定位寬頻業者爲電信業者兩者之間毫無關聯性 [44]；然而多數見解對此看法並未加以回應，僅以「情事變更並非重新定位寬頻業者的最重要關鍵」一語帶過 [45]，逕認其本質爲公用事業 [46]。

除了前述以消費者角度出發外，反對網路中立性者亦由競爭秩序角度出發，主張重新定位寬頻業者爲電信業者會降低寬頻建設的投資 [47]，因快速的政策變動會造成法遵成本高漲與政策的不確定性，進而傷害

---

[42] *Id.* at 704.

[43] *Id.* at 707, 778.

[44] *Id.* at 748.

[45] *Id.* at 709.

[46] *Id.* at 707.

[47] *Id.*

寬頻業者潛在的投資[48]，並與寬頻業者的政策信賴相互違背[49]；贊成者則回應重新定位的負面效應僅為間接，寬頻需求與增進競爭，才是投資寬頻的重要動力[50]。對此，Williams 法官主張 FCC 應先進行特定市場力量分析才能支持寬頻業者的重新定位，並說明近百年以來 FCC 在拒絕適用電信業者規範時皆會先作市場力量分析[51]，但本案許多 FCC 市場力量的政策主張卻無任何事實蒐集或分析來支持其主張[52]。更有甚者，建立不當的基準會產生消費者欠缺選擇寬頻服務的假象，使得社會大眾作出需要更嚴格管制的推論[53]。最後，反對者認為將寬頻業者重新定位為 Title II 電信業者以及節制適用 Title II 進行嚴格管制，本質上是一體兩面[54]，而 FCC 在節制適用 Title II 時，一般都會進行市場力量分析，然而 FCC 在 2015 年開放網路命令中卻未對其節制 Title II 管制權作出任何市場力量分析，因此 Title II 管制權節制作法應為無理由的結論，也使得重新定位寬頻業者為 Title II 電信業者為無理由[55]。對此，贊成網路中立性者認為僅以 Title II 節制，並不需以充分競爭的證據加以回

---

[48] *Id*. at 747, 754-755.

[49] *Id*. at 746.

[50] *Id*. at 710.聯邦巡迴上訴法院認為FCC認定寬頻服務的定位，相較於寬頻服務需求的增加是較不重要的推論，並非不合理。另外對於網路中立性是否會傷害寬頻投資，似乎有衝突的證據。*See* Grant Gross, *New FCC Chairman: Net Neutrality Rules Were a 'mistake'* http://www.pcworld.com/article/3175769/internet/new-fcc-chairman-net-neutrality-rules-were-a-mistake.html.

[51] *USTA*, 825 F.3d, at 749.雖然1996年美國電信法並未要求對電信業者的分類需有市場力量為前提，但*Brand X*一案中美國聯邦最高法院認知市場力量對美國通訊傳播委員會分類的相關性。

[52] *Id*. at 750.

[53] *Id*. at 751. 美國通訊傳播委員會設立25Mpbs接取速率的標準，而造成只有少數人能接取寬頻服務、市場缺乏競爭的假象，這樣的標準遠超過一般消費者所需。

[54] *Id*. at 775.

[55] *Id*. at 778.

應[56]。雖然反對者已提出前述說明，但其並未被多數見解所採納。

參、USTA案後，美國網路中立性爭議的實務發展與議題討論

一、USTA 案的後續效應

在美國聯邦巡迴上訴法院對 USTA 案判決後，對寬頻業者不啻投下震撼彈。USTA 案改變了自網路世代發展快速以來美國對於寬頻網路所採取的低密度管制，該案判決使得長久支持網路中立性管制者相當振奮，但同時也讓經營寬頻服務的電信業者顯得緊張且憂慮。2016 年美國總統川普當選後，新任命 FCC 主席 Ajit Pai 在一場名為「網路自由的未來」（The Future of Internet Freedom）演講中宣示解除網路中立性管制的立場[57]。在該演講中，Pai 認為網路中立性管制並不利於寬頻網路的建設，而應回到網路中立性管制之前的低密度管制，同時 FCC 將重啟NPRM，重新檢討網路中立性管制的妥適性，尤其是上述三項具體明確的規則，將透過蒐集充分的公開意見以作為政策決定的參考。

在 2017 年底，FCC 表決通過廢除 2015 年開放網路命令所為的網路中立性管制[58]，其後在 2018 年 6 月「恢復網路自由」（Restoring Internet Freedom）規則正式生效[59]，除正式廢除三項具體明確的規則以及禁止寬頻業者不合理的妨礙或不利於消費者或應用服務提供者的一般規

---

[56] Id. at 776.

[57] Pai, A. (2017, April 26). The Future of Internet Freedom. Retrieved Feb. 18, 2020, from https://www.fcc.gov/document/chairman-pai-speech-future-internet-regulation

[58] 中央通訊社網站，http://www.cna.com.tw/news/firstnews/201712140419-1.aspx （最後瀏覽日：02/18/2020）。

[59] Restoring Internet Freedom, 47 CFR Parts 1, 8, and 20 (2018).

則外，更明確聯邦法規優於州法（Preemption）的立場，意謂聯邦政府有意統一其對該議題的全國一致作法，因此各州不得制定與「恢復網路自由」規則不合致的網路中立性規範。此作法引起各州反彈，有超過 20 州對於 FCC「恢復網路自由」規則提起合憲性訴訟，由紐約州檢察總長領軍統合的各州訴訟，認爲廢除網路中立性管制是恣意任性不顧消費者與產業的違憲作爲，同時也認爲聯邦法規優於州法的規定亦不合法 [60]，甚至紐澤西州單獨利用行政命令的方式，繼續作網路中立性管制的規範 [61]。聯邦巡迴上訴法院於 2019 年 10 月判決，認定 FCC 有權重新將寬頻業者定位爲 Title I 或 Title II 並允許改變或維持管制法規，不過該法院也認爲 FCC 不得任意阻擋各州或地方政府得制定網路中立性法規 [62]。

二、FCC 在網路中立性管制的角色

從 *USTA* 案雙方攻防以及法院的判決理由中，可以看出在網路中立性議題上美國實務上對於主管機關 FCC 意見的重視程度，同時從政策考量的討論上，可發現產業競爭秩序的影響與消費者保護是兩個重要的面向。

---

[60] Hamza Shaban & Brian Fung (2018, Jan. 16). *More Than 20 States are Suing the FCC Over its Net Neutrality Decision*. Retrieved Feb. 18, 2020, from https://www.washingtonpost.com/news/the-switch/wp/2018/01/16/more-than-20-states-are-suing-the-federal-communications-commission-over-its-net-neutrality-decision/?utm_term=.8b167a8be409&noredirect=on

[61] An Order Mandating All Contracting Units or Officials of Any State Entity to Require that all Future State Contracts for Internet, Data, and Telecommunications be Awarded only to Companies that Adhere to "Net Neutrality' Principles, N.J.A.C. Executive Order No. 9 (2018).

[62] Mozilla Corporation v. FCC and USA, No. 18-1051 (D.C. Cir.), full text can be found: https://docs.fcc.gov/public/attachments/DOC-360042A1.pdf

在 FCC 意見受重視的程度上，雖然法院採取尊重 FCC 對於法規解釋的裁量立場，認為 FCC 並無恣意、任性曲解法規，因而尊重其職權認定；不過有論者指出過去聯邦最高法院判決，雖然尊重行政機關對於解釋模糊法規的行政裁量，但在特別情況下，仍會對於重要議題發表看法[63]。依現況來看，即使當前 FCC 已解除先前網路中立性管制而回歸到原本低密度管制，但反對網路中立性管制者仍堅持對 *USTA* 案持續上訴到聯邦最高法院[64]，此反應出網路中立性管制議題具有高度爭議性，亦有學者指出這類紛擾實際上是受到政治立場上的動盪[65]，目前網路中立性管制議題正反意見雙方，似乎都想藉由聯邦最高法院來止息紛爭[66]。不過，聯邦最高法院已然認定 FCC 有權將寬頻重新定位其管制程度，如前述分析，不再贅述。

三、產業競爭秩序與消費者保護的討論觀點

除因政治立場因素造成網路中立性管制議題上搖擺外，就實體內涵而言，通常涉及對產業競爭秩序的影響以及保護消費者兩種討論面向。雖然產業競爭秩序所重視的是市場分析，與消費者保護出發點略有不

---

[63] John B. Meisel, *How Might the Supreme Court, IF it Reviews the Federal Communications Commission's 2015 Open Internet Order, Utilize the Chevron and the Arbitrary and Capricious Tesrs?*, 25 Cath. U. J. L. & Tech. 257, 278-279 (2017).

[64] 聯邦最高法院不斷延展時程讓支持網路中立性管制的一方補強其回應。Supreme Court of the United States (Oct.3, 2017). *Docket for 15-504*. Retrieved Feb. 18, 2020, from https://www.supremecourt.gov/docket/docketfiles/html/public/17-504.html

[65] Barbara A. Cherry, *Escalating Instability of Network Neutrality Policy in the U.S.*, 22nd ITS Biennial Conference, p.11 (Seoul, South Korea, 2018). *See also* Ryan Hagemann, New Rules for New Frontiers: Regulating Emerging Technologies in an Era of Soft Law, 57 Washburn L.J. 235, 254 (2018).

[66] "[T]he conjuncture of adversarial legalism and hyperpartisanship". Cherry, *supra* note 65, at 12.

同 [67]，但事實上這兩種面向的討論其實互為因果：產業充分競爭對消費者有利，而對消費者的保護作法亦可藉由產業充分競爭下的選擇多樣性達成其目的。

　　本文發現，反對網路中立性管制者通常會由產業競爭秩序面向切入，但反觀贊成網路中立性管制者，則會由消費者保護出發點作為論述。反對者由產業競爭秩序的論述聚焦，認為 FCC 在 2015 年開放網路命令所為的網路中立性管制，是將過往高度管制電信業者的 Title II 套用在新興快速發展的網路世界中，但卻又缺乏高密度管制所需的產業經濟分析論述（諸如市場失靈推論、利弊得失衡量等），而網路中立性管制所欲救濟的僅為假設性問題，同時反對者認為，網路與日常生活息息相關，市場機制能處理與新科技相關議題，無須政府事前強制介入 [68]，在 FCC 所提出之證據具爭議且不足的情況下 [69]，事前強制介入將造成科技創新發展的重創 [70]，也造成寬頻雙邊市場成長的傷害 [71]。

---

[67] 陳志民（2017），〈大數據時代下之競爭政策思維與法規建置〉，《公平交易委員會電子報》，93期，頁6。

[68] Kathleen Q. Abernathy, *How to Regulate the Internet*, 18 Federalist Soc'y Rev. 118, 121 (2017).

[69] Maureen K. Ohlhausen, *Antitrust over Net Neutrality: Why We should Take Competition in Broadband Seriously*, 15 Colo. Tech. L.J. 119, 119 (2016).

[70] Kristina M. Lagasse, *Shaping the Future of the Internet: Regulating the World's Most Powerful Information Resource in U.S. Telecom Ass'n v. FCC*, 63 Loy. L. Rev. 321, 357 (2017).

[71] 內容服務提供者與使用者在寬頻網路平台上媒合，寬頻市場價值是前述雙方市場交集的總和。在雙邊市場的雙方市值分配上，端賴平台業者對雙方所為價格的彈性。例如：當網路寬頻業者對內容服務提供者提供付費優先通過（paid-prioritization）服務時，使用者端的成本下降，則網路寬頻業者就有更多的資金投入在寬頻建設上。因此若禁止付費優先通過服務時，將不利寬頻建設的發展。*See* Macklin K. Everly, *Net Neutrality and "the Department of the Internet": Creating Problems through Solutions*, 42 U. Dayton L. Rev. 55, 84-85 (2017).

有論者即以對零基費率（Zero Rating）管制為例，說明 FCC 無線通訊處（Wireless Telecommunications Bureau）在 2017 年報告中，認為具垂直整合寬頻業者的 Zero Rating 極可能違反網路中立性管制中「禁止寬頻業者不合理的妨礙」措施，該論者認為此舉無異將原應是 FCC 對違反反托拉斯法的舉證責任轉嫁到寬頻業者身上[72]；另有論者提到在網路技術設計上，網路封包即有優先通行的權利，例如：網路協定版本四（IPv4）或網路電話（VoIP）即具備前項的技術特徵，因此從網路技術而言並非是真正的網路中立[73]。除此之外亦有其他論者主張，即使認為 FCC 有 Title II 高密度管制的權限，其應有自我節制不實施高密度管制的裁量權，即便在實施管制前，亦應作初步的產業經濟分析。

若由消費者保護面向觀察，反對 FCC 網路中立性管制的論述主要是認為聯邦貿易委員會（Federal Trade Commission, FTC）才是更適合對個案作出判斷的機關，因此只有在市場未能解決問題的情況下，兼具競爭秩序與消費者保護事後救濟的主管機關 FTC，才應是網路開放政策所欲達成的最終救濟手段[74]。

而持贊成意見者的論述，主要由消費者保護的角度出發。贊成者認為市場機制運作將不可避免產生競爭秩序的不公平，進而傷害消費者選擇的空間[75]，因而須事前進行網路中立性的管制[76]。同時贊成者認為，即使有市場競爭與 FTC 的管制，一般消費大眾仍可能面臨寬頻業者因不

---

[72] Jessica A. Hollis, *Testing the Bounds of Net Neutrality with Zerorating Practices*, 32 Berkeley Tech. L.J. 603, 620 (2017).

[73] Christopher S. Yoo, *Modularity Theory and Internet Regulation*, 2016 U. Ill. L. Rev. 1, 50 (2016).

[74] Daniel T. Deacon, *Justice Scalia on Updating Old Statues (with Particular Attention to the Communications Act)*, 16 Colo. Tech. L.J. 103, 117 (2017).

[75] Larry N. Zimmerman, *Net Neutrality: The Sequel*, 86-MAR J. Kan. B.A. 14, 14 (2017).

[76] Michael Del Priore, *The Trope of Parity*, 36 Cardozo Arts & Ent. L.J. 181, 204-205 (2018).

同收費所造成的費用增加，對消費者有所不利[77]。

至於由產業競爭秩序的討論，贊成者認爲許多實體世界的交易都是透過網路進行，因此管制本身有利於網路資訊與服務的流通，且有助於企業發展與國家經濟成長[78]。此外，亦有贊成者認爲已有網路中立性管制概念下的實際案例，例如：華納時代有線寬頻（Spectrum-Time Warner Cable）欺騙消費者網路連接速度，並提供次級的設備給消費者，其同時要求除非內容提供者願意支付金額，否則不會提升傳輸容量，其被FCC處分即爲適例，同時贊成者認爲各州目前並無統一作法，因此必須有全國性的網路中立性管制[79]。

肆、我國對於網路中立性議題的立場與可能因應

前述說明可以看到網路中立性管制於美國在地的發展及其司法實務上對於FCC意見的重視程度，同時在議題內容討論上可從產業競爭秩序的影響以及消費者保護兩個政策面向觀察，透過贊成與反對不同立場的討論，展現出各方對於網路中立性管制的解讀。至於美國網路中立性管制的在地經驗能否作爲我國電信管制規範上「本土化」的借鏡，則是接下來本文所欲討論的部分。

---

[77] James E. McMillan, *The FCC'S Worrisome Repeal of Net Neutrality Rules*, 41-MAY L.A. Law. 36, 36 (2018).

[78] Nicholas Economides (2017, Jan 5). *Don't Gut Net Neutrality. It's Good for People and Business*. Retrieved Feb. 18, 2020, from https://www.wired.com/2017/01/dont-gut-net-neutrality-good-people-business/

[79] Jeremy Gillula & Kerry Sheehan (2017, Mar. 6). *NY State AG's Lawsuit Against ISP Shows Why We Need Net Neutrality Protections—And Proves What Time Warner Cable Can Do Worse*. Retrieved Feb. 18, 2020, from https://www.eff.org/deeplinks/2017/03/ny-state-ags-lawsuit-against-isp-shows-why-we-need-strong-net-neutrality

一、國內文獻論述整理

　　我國在網路中立性議題的討論上，已有部分專家學者對歐美制度發展做了詳盡的介紹，包括王以國介紹美國在 *Comcast* 案中對於 FCC 管轄權的爭議，以及後續 FCC 如何將寬頻接取定義為高度管制的「電信事業」；另歐盟執委會允許「產品差異化」作不同收費，使得歐美在網路中立性議題上有所差異。但不論美國或歐盟，皆要求業者有資訊揭露的義務作為對消費者的基本保護[80]。劉靜怡教授則嘗試從言論自由角度，分析網路中立性對寬頻業者的限制並非對內容的直接限制，並提出政府應積極運用網路中立性規範促進言論自由[81]。

　　葉志良與陳志宇則透過台北高等行政法院 99 年度訴字第 1654 號判決，從法院認同國家通訊傳播委員會（NCC）附條件的資費審核並不違反行政裁量權案例中，說明我國目前因對電信事業採取高度管制，因此在我國尚無須討論網路中立性[82]。陳志宇另於他文介紹歐盟2009到2013年間網路中立性概念的發展，說明管制最核心的議題在差別待遇，並提出歐盟在允許合理的網路流量管理下，投注心力在網路品質監測上的觀察[83]。葉志良教授也從網路管理與網路創新的角度，發現寬頻業者本身具備對服務進行層次區分之技術，讓特定服務得以受到較佳的品質管控（QoS），使寬頻業者可逐漸擺脫「笨水管」（dumb pipes）之既定印

---

[80] 王以國（2010），〈網路中立管制在美國與歐盟的新發展〉，《科技法律透析》，頁9-15。

[81] 劉靜怡（2012），〈網路中立性原則和言論自由：美國法治的發展〉，《台大法學論叢》，41卷3期，頁795-876。

[82] 葉志良、陳志宇（2012），〈網路中立性與我國寬頻政策之探討：由台北高等行政法院九十九年度訴字第一六五四號判決談起〉，《科技法學評論》，9卷1期，頁101-149。

[83] 陳志宇（2014），〈歐盟網路中立性議題發展：2009-2013年兩次電子通訊管制法律改革之觀察〉，《科技法律透析》，26卷3期，頁23-30。

象，也探討了在「雙邊市場」特性下寬頻產業垂直整合的問題[84]。

徐宗隆提及歐盟「透明、非歧視、比例對等」原則下的網路流量管理概念[85]；王自雄則再進一步說明歐美以網路流量管理的管制，作為網路中立性議題的具體實踐，並說明禁止藉由網路流量管理作商業性安排的立場[86]；林家暘也詳細說明歐盟在網路中立性的立法歷程[87]。近年劉定基教授在其評論我國「數位通訊傳播法」草案一文中，認為在該草案有關網路中立性的原則規範過於不明確且相互不一致（例如：「顯失公平」與「技術或非技術的障礙」），同時由民事法院承擔認定之責而非如同歐美由主管機關（在我國為國家通訊傳播委員會），亦有所不安[88]。

透過前述我國網路中立性議題的文獻回顧，除了在葉志良與陳志宇合著一文中認為，我國因目前對電信事業的高度管制，因此無須探討網路中立性概念，以及劉定基提出我國「數位通訊傳播法」草案中有關網路中立性的原則規範過於不明確且相互不一致提出說明之外，目前我國文獻尚無對於面對新制定電信管理法所引領管制鬆綁的趨勢下，是否或應如何具體回應網路中立性管制的討論。

---

84 葉志良（2015），〈從歐美網路中立性法制發展談網路創新與管制意涵〉，《東海大學法學研究》，46期，頁151-227。

85 徐宗隆（2016），〈歐洲議會通過「網路中立」法案加速歐盟單一電信市場願景〉，《科技法律透析》，28卷1期，頁6-9。

86 王自雄（2016），〈OTT服務所涉網路中立性與著作權議題之比較分析：美國與歐盟之新近法制及對我國之建議〉，《科技法律透析》，28卷7期，頁31-53。

87 林家暘（2017），〈競爭秩序下的網路中立性：歐盟與德國的立法發展給予我國之啟示〉，《台北大學法學論叢》，101期，頁197-261。

88 劉定基（2018），〈試評「數位通訊傳播法」草案〉，彭芸、葉志良（編輯），《「匯流、治理、通傳會」論文集》，頁283-310，新北市：風雲論壇出版社。

二、網路中立性的再詮釋及對我國管制規範的啓示

由美國近年來對於網路中立性管制與否的高度爭議討論中，本文認爲其正反雙方所提出的觀察角度，正好可作爲我國未來在通訊傳播管制鬆綁的趨勢下，對於如何面對網路中立性議題的政策討論中，提供管制與否的判斷基準。在網路中立性的討論上，可了解資訊處理的透明度以及基於技術需求所爲的網路流量管理，是美國網路中立性論戰正反雙方，甚至是我國對此議題研究者所重視的焦點。由於我國並無如美國因政治立場而爲議題角力的情況存在，因此本文擬由數位通訊傳播法草案內涵、競爭秩序以及消費者保護，提出本文對此議題的觀察。

(一) 數位通訊傳播法草案內涵

與網路中立性最有關連的法律條文，首推我國電信法第 21 條「電信事業應公平提供服務，除本法另有規定外，不得爲差別處理。」規定，其主要理由在規範電信事業如無正當理由，不得拒絕受理民眾請求在其經營區域內提供服務[89]，但從文義上觀之，與歐美所討論網路中立性內涵有一定的差距。

但值得注意的是，目前由 NCC 所草擬「數位通訊傳播法」草案[90]中有部分條文與網路中立性概念相當接近，除了第 9 條規範數位通訊傳播服務提供者的資訊揭露義務外，其中第 6 條中規定「數位通訊傳播服務提供者對於數位通訊傳播網路通訊協定或流量管理，應以促進網路傳輸及接取之最佳化爲原則，除法律另有規定外，不得附加任何顯失公平之限制」。依該條所列之立法理由，指出除了保障使用者的平等近用權

---

[89] 請參照電信法修正草案總說明 https://www.ncc.gov.tw/chinese/files/13050/1760_28824_130507_1.pdf（最後瀏覽日：02/18/2020）。

[90] 請參照數位通訊傳播法草案總說明 https://www.ncc.gov.tw/chinese/files/17041/3861_37260_170418_1.pdf（最後瀏覽日：02/18/2020）。

與選擇權外，並規範數位通訊傳播服務提供者對於通訊協定之採用及網路流量管理，其選擇或管理應以促進網路傳輸及接取之最佳化爲原則，不得附加顯失公平之限制，以避免言論之限制或不公平競爭，同時依第2條定義，「數位通訊傳播服務提供者」係包含單純的接取業者以及提供內容或服務的接取業者，在概念上包含了網路中立性議題所欲規範的寬頻業者。依「數位通訊傳播法」草案內容觀之，似乎我國研究者對於網路中立性議題所重視的焦點—資訊處理的透明度以及基於技術需求所爲的網路流量管理，認爲已有明確的規範[91]。值得觀察的是，在草案第6條關於「不得附加顯失公平之限制」究應如何理解其內涵，更明確的說，在解讀「不得附加顯失公平之限制」時，是否應包含前述在美國高度爭議的寬頻業者基於商業考量的流量管理（包括阻擋、控制流量與付費優先），以及其他爲了消費者或應用服務提供者所爲的事前管制，本文認爲有必要進一步研究。

(二) 競爭秩序

就競爭秩序角度而言，我國目前並無實證顯示寬頻業者就網路流量管理上有違反競爭秩序。事實上，我國寬頻網路服務（特別是行動寬頻）皆由五大電信業者（包括中華、遠傳、台哥大、亞太以及台灣之星）提供依目前產業現況來看，寬頻服務市場已有相當家數的服務提供者[92]，再加上目前各家多以「吃到飽」資費方案吸引用戶的商業競爭來

---

[91] 在「數位通訊傳播法」草案立法理由中，並未對於第6條「最佳化」概念加以定義。其與網路中立性高度管制的「盡力而為」（Best Effort）原則，顯然並不相同。因此本文不認為草案中第6條條文即為高度規範管制的網路中立性條文。

[92] 依我國國家通訊傳播委員會民國106年的績效報告中「對於我國寬頻市場的服務類型與市場占有率來看，4G占74%為最大宗、其次為FTTx占12%，接下來則為4G占6%、Cable Modem占5%、ADSL占3%，至於PWLAN與固接專線則各僅占0.3%以及0.01%。由前述說明，可知我國寬頻市場中4G加上3G的市場占有率已達80%，

看，市場競爭已相當激烈。

理論上即使是基於商業目的所進行的網路流量管理，在欠缺相關市場對競爭秩序的分析之前，並無法直接確認違反競爭秩序；再者，以我國寬頻業者本身經營內容或與內容業者結合的積極態勢看來[93]，寬頻業者與內容業者的合縱連橫，反而有助於促進網路的創新與多元的發展。倘若我國參考美國 2015 年開放網路命令而制定類似高度事前管制的網路中立性規範，不但無助於僅止於臆測寬頻業者對於內容業者資訊傳輸權益上可能違反的競爭秩序，相反的，有可能會使得寬頻業者因嚴格的事前管制而強化「笨水管」的角色，而對網路科技發展與產業內容多元化產生不利的影響。況且即使無前述的事前管制，倘若有個案發生，在我國亦可以由公平交易委員會對於個案作適當的處分。因此本文認為，並無必要於事前就對於原本屬於商業範疇作過多的干預，事後的個案處理反而會是比較好的做法，例如：我國公平交易法第 20 條規定，禁止事業無正當理由對他事業給予差別待遇之行為，即可依此作為事後個案處理的依據。

綜前所述，從競爭秩序角度而言，對於寬頻業者基於商業考量的流量管理與其他對於應用服務提供者所為的事前管制，不宜解讀為「不得附加任何顯失公平之限制」的內涵。

同時我國五大電信業者（中華電信、遠傳、台灣大哥大、亞太以及台灣之星）4G加上3G的市場占有率，分別為35%、24%、25%、8%、8%，顯見我國寬頻市場已有相當程度的競爭。參閱106NCC通訊傳播績效報告https://www.ncc.gov.tw/chinese/files/18122/4196_40808_181221_1.pdf（最後瀏覽日：02/18/2020）。

[93] 以OTT為例，有電信業者提供的服務，如中華電信的MOD、台灣大哥大的My Video行動影音服務以及遠傳電信的Friday影音服務。在內容營運商與電信業者合作的部分，有LiTV與台灣之星合作的「百台頻道看到飽」方案、愛爾達與中華電信合作的hievent雲端影音服務等。

(三) 消費者保護

就消費者保護而言，消費者的選擇空間是否會如網路中立性支持者所擔心「因無網路中立性規範而會受到傷害」，所以必須採取事前管制的規範。由於我國目前電信產業激烈競爭的現況來看，似乎無法得到上述結論；同時，消費者可能面臨寬頻業者不同收費因素考量而產生費用增加，亦無法得出消費者必然會受到傷害，因為費用的增加也有可能是指服務品質的提升，兩者間並無必然的關係。另外，在網路時代如何重新定義「消費者」的概念，亦可能從消費者保護角度切入此一議題來討論。

依消費者保護法第 2 條，「消費者」係指以消費為目的而為交易、使用商品或接受服務者，事實上在網路資訊傳遞的過程中，消費者可能包含了寬頻業者、內容業者以及終端接收者三方。內容業者經由寬頻業者將內容傳遞給終端接收者，此時終端接收者固然為消費者，但內容業者相對於寬頻業者而言是否得認其為消費者，從而受到消費者概念下的高度保護，則可能產生認知上的爭議，同時由我國消費者保護的立法例來看，是否得以將前述美國高度管制的網路中立性概念，藉由消費者保護的理念，解讀為「不得附加任何顯失公平之限制」的內涵，亦不無疑問[94]。

因此，在平衡消費者接受資訊的網路近用權益以及基於契約自由的創新多元發展上，尚無法得出消費者必然會受到傷害的結論，進而必須藉由事前管制手段以保護消費者的權益。

---

[94] 在消費者保護法規範的行為類型上，目前並無可資實踐如同美國高規管網路中立性的參考條文，學者對於消保法對於定型化契約的行政調控，亦提出合憲性的質疑。請參閱胡博硯（2016），〈論消費者保護法的行政監督與基本權保障〉，《國會月刊》，44卷1期，頁67。

(四) 小結

依前述文獻回顧與現況說明，本文認為我國未來在管制鬆綁的趨勢下，尚無訂立網路中立性高度事前管制的必要性，即便未來「數位通訊傳播法」草案得以順利立法通過，「不得附加任何顯失公平之限制」也不宜作為網路中立性高度事前管制的法源基礎，而是應解讀為事後對於違反競爭秩序個案處理的宣示性規定，是較符合我國產業現實情況的作法。另外，在「數位通訊傳播法」草案總說明中已明白揭示了網際網路治理低密度管制的精神[95]，因此本文綜合上述分析，認為我國無需考慮高度事前管制的網路中立性議題。

另外，藉由要求寬頻業者在不涉及揭露營業秘密的前提下，對相關服務資訊與網路流量管理進行資訊公開，則是我國產業管制上在面對可能的網路管制聲浪中比較可能的回應。前述資訊公開的作法，不僅可使終端使用者甚或內容業者了解自身的權益，同時也有助於主管機關NCC 了解產業的實際運作。

伍、結論

在網路發展快速的時代中，對於網路資訊的傳輸或網路資訊本身是否加以管制的討論未曾停歇，以往美國對此議題，大致上採取以市場機制取代嚴格的事前管制，但這樣的態度在歐巴馬政府時代被徹底推

---

[95] 在「數位通訊傳播法」草案總說明中，有關網際網路治理的低密度管制精神，說明如下：「『網際網路治理』強調多方利害關係人之多元、自由及平等，以自律為主之自我約束機制。因此，在規範上應有必要納入網際網路治理機制，賦予其基本框架及使用原則，一在網際網路治理之精神下，以公民參與、資訊公開、權利救濟及多元價值為重要核心理念，同時政府應避免直接以行政管制手段介入管理，本法針對網際網路提供一低度規範及治理模式，在法律定性上為民事責任。」

翻，取而代之的是 FCC 在 2015 年制定開放網路命令，確立以網路中立性管制規範將資訊傳輸的寬頻業者重新定位為電信事業，並採取四項具體管制基準，包括：一、禁止寬頻網路服務提供者阻擋；二、控制流量以及付費優先；三、禁止寬頻網路服務提供者不合理的妨礙或不利於消費者或應用服務提供，以及四、採行強化的資訊透明規則，但這些作為對於經營寬頻服務的電信業者而言，無疑是重大的打擊。待川普總統上任後，新任命的 FCC 主席 Ajit Pai 宣布取消網路中立性管制政策，回到過往對網際網路的低度管制。從政策執行面觀察，資訊處理的透明度以及基於技術需求所為的網路流量管理，才是美國網路中立性論戰正反雙方，甚至是我國對此議題研究者所重視的焦點。

　　就傳統網路內容業者而言，美國的網路中立性規範能確保資訊傳輸的順暢，但對於需要高頻寬的新興產業與創新服務的電信業者而言，採取阻擋、降速、付費優先甚或須受到事前管制的其他行為類型，可能影響產業的發展，其間的利弊必須妥適衡量以確立其管制的正當性。在法益衡量天平的兩端，一邊是資訊自由流通，另一邊則是網路創新與多元服務，而美國在地對於網路中立性的激烈論戰，恰恰彰顯出法益抉擇的過程。

　　除政治上立場不同的因素外，本文認為網路中立性議題可以轉化為對「競爭秩序」與「消費者保護」的討論，並藉此兩項核心議題可進一步探討網路中立性管制的正當性。以我國產業現況而言，寬頻網路服務市場的競爭已相當激烈，再加上我國寬頻業者本身經營內容或與內容業者結合的積極態勢看來，從競爭秩序角度可發現其已充分展現出資訊自由流通與產業新創多元的價值，尚無採取事前管制的必要；另從消費者保護角度，在平衡消費者接受資訊的網路近用權益與基於契約自由的創新多元發展上，尚無法得出消費者必然會受到傷害的結論，進而必須藉由事前管制手段以保護消費者的權益。另本文分析了數位通訊傳播法草案第 6 條「不得附加任何顯失公平之限制」，認為其屬於事後個案處理

的宣示性規定，以符合我國產業現實情況以及該草案所欲維持網路治理的低度管制精神。

2019 年是全球第五代行動通訊（5G）元年，全球所有電信業者均積極布局，不僅美國、南韓率先商用化，我國五家行動電信業者也於 2019 年底正式投入 5G 頻譜爭奪戰，2020 年 1 月 16 日首波頻譜競標總金額達到 1,380.81 億元，最熱門 3.5GHz 頻段每單位得標金額為 50.75 億元，列居全球第一 [96]。由於 5G 具備超高頻寬（Enhanced Mobile Broadband Access, eMBB）、超大連結（Massive Machine Type Communication, mMTC）以及超高可靠度與低延遲（Ultra-Reliability and Low Latency Communication, uRLLC）等三大特性，可乘載智慧物聯多元應用服務，將帶動包括高品質視聽娛樂、智慧醫療、智慧工廠、自駕車、無人機、智慧城市等各種創新應用的蓬勃發展，帶來龐大商機，並將驅動產業創新升級、引導典範移轉及社會成長，不僅業界咸認「4G 改變生活、5G 改變社會」[97]，完整的 5G 政策引導已為近期各國的重點發展項目 [98]。在寬頻技術高度發展之下，對於過去在討論網路中立性時所設想

[96] 黃晶琳，5G首波卡位戰停了總標金達1,380億元，經濟日報，2020/1/16，https://money.udn.com/money/story/5648/4290733。

[97] 沈勤譽，4G改變生活、5G改變社會！5G落地應用的五種場景，未來商務（2019/08/30），https://fc.bnext.com.tw/5g-5-scences-applied-to-daily-life/。5G網路要求是：能以10Mbps資料傳輸速率支援數萬用戶、以1Gbps資料傳輸速率同時提供給在同一大樓的多數人員、支援數十萬的連結用於支援大規模感測器網路的部署等。葉奕緯，5G來了！你不可不知的技術趨勢與標準，零組件雜誌，第317期，頁40-43（2018）。

[98] 發展5G應用已為行政院「數位國家創新經濟發展方案」（DIGI + 方案）的重點投入項目之一。啟動5G應用發展，實現2020智慧生活，行政院新聞稿，2019/06/13，https://www.ey.gov.tw/Page/448DE008087A1971/10e078d9-650b-41d6-95a8-6bb0e639567d。另依行政院於2019年5月核定之「臺灣5G行動計畫（2019-2022）」，具體擘劃對於5G產業發展之方向與具體推動措施，擬透過5G作為數位轉型之驅動主軸，帶動國內上下游整體產業轉型發展，作為形成完整之5G產業

「因網路容量不足而需採取必要之網路流量管理」的前提，已全然翻轉或根本無需考量，因此今日在討論網路中立性實質內涵時，可能更需要重視對產業進行管制的本質，甚或更應清楚理解網際網路存在的眞正意涵。

　　本文認爲，雖然我國並不需要高度事前管制的網路中立性規範，但在不涉及揭露營業秘密前提下，對相關服務資訊與網路流量管理進行資訊公開，不僅可使終端使用者甚或內容業者了解自身的權益，同時也可落實網路治理概念下低度管制的精神。採取事後個案處理與資訊的透明公開，是我國未來在面對鬆綁管制的立法趨勢下，達到取得資通訊產業、消費者以及管制機關三者間平衡的最佳作法。

鏈，垂直產業發展實攸關5G發展成敗之關鍵。葉志良，正向發展5G的根本之道，經濟日報，2019/08/16，https://udn.com/news/story/7240/3991859。

 **參考文獻**

一、中文部分

王以國（2016），〈網路中立管制在美國與歐盟的新發展〉，《科技法律透析》，22卷7期，頁9-15。

王自雄（2016），〈OTT服務所涉網路中立性與著作權議題之比較分析：美國與歐盟之新近法制及對我國之建議〉，《科技法律透析》，28卷7期，頁31-53。

中央通訊社（2017），《美FCC廢網路中立規定誰是贏家和輸家》，載於：http://www.cna.com.tw/news/firstnews/201712140419-1.aspx

林家暘（2017），〈競爭秩序下的網路中立性：歐盟與德國的立法發展給予我國之啟示〉，《台北大學法學論叢》，101期，頁197-261。

胡博硯（2016），〈論消費者保護法的行政監督與基本權保障〉，《國會月刊》，44卷1期，頁47-72。

徐宗隆（2016），〈歐洲議會通過「網路中立」法案加速歐盟單一電信市場願景〉，《科技法律透析》，28卷1期，頁6-9。

陳志民（2017），〈大數據時代下之競爭政策思維與法規建置〉，《公平交易委員會電子報》，93期，載於：https://www.ftc.gov.tw/upload/4f19203f-47b3-4cf9-8c8a-51bbbf7d2317.pdf。

陳志宇（2014），〈歐盟網路中立性議題發展：2009-2013年兩次電子通訊管制法律改革之觀察〉，《科技法律透析》，26卷3期，頁23-30。

國家通訊傳播委員會（2017），《106NCC通訊傳播績效報告》，載於：https://www.ncc.gov.tw/chinese/files/18122/4196_40808_181221_1.pdf。

程法彰（2014），〈網路中立性議題討論美國的最新發展與對我國未來的可能參考〉，《萬國法律雜誌》，198期，頁89-101。

葉志良、陳志宇（2012），〈網路中立性與我國寬頻政策之探討：由台北高等行政法院九十九年度訴字第一六五四號判決談起〉，《科技法學評論》，9卷1期，頁101-149。

葉志良（2015），〈從歐美網路中立性法制發展談網路創新與管制意涵〉，《東海

大學法學研究》，46期，頁151-227。

劉定基（2018），〈試評「數位通訊傳播法」草案〉，收於：彭芸、葉志良（編），《「匯流、治理、通傳會」論文集》，頁283-310，台北市：風雲論壇出版社。

劉靜怡（2012），〈網路中立性原則和言論自由：美國法治的發展〉，《台大法學論叢》，41卷3期，頁795-876。

二、外文部分

Abernathy, K. Q. (2017). How to Regulate the Internet. Federalist Soc'y Rev., 18, 118-122.

Ammori, M. (2012). First Amendment Architecture. Wis. L. Rev., 2012, 1-83.

Benjamin, S. M., Lichtman, D. G. & Shelanski, H. A. (2006). Telecommunications Law and Policy(2nd ed.). Durham, NC: Carolina Academic Press.

Cherry, B. A. (2018, June). Escalating Instability of Network Neutrality Policy in the U.S.. Paper presented at the Meeting of 22nd ITS Biennial Conference, Seoul, South Korea.

Deacon, D. T. (2017). Justice Scalia on Updating Old Statues (with Particular Attention to the Communications Act). Colo. Tech. L. J., 16, 103-119.

Del Priore, M. (2018). The Trope of Parity. Cardozo Arts & Ent. L.J., 36, 181-212.

Economides, N. (2017, Jan 5). Don't Gut Net Neutrality. It's Good for People and Business. Retrieved Feb. 18, 2020, from https://www.wired.com/2017/01/dont-gut-net-neutrality-good-people-business/

Everly, M. K. (2017). Net Neutrality and "the Department of the Internet": Creating Problems through Solutions. U. Dayton L. Rev., 42, 55-86.

Federal Communications Commission (n. d.). Open Internet. Retrieved Feb. 18, 2020, from https://transition.fcc.gov/statelocal/presentations/Open-Internet-Order.pdf

Gillula, J. & Sheehan, K. (2017, May 6). NY State AG's Lawsuit Against ISP Shows Why We Need Net Neutrality Protections—And Proves What Time Warner Cable Can Do Worse. Retrieved Feb. 18, 2020, from https://www.eff.org/deeplinks/2017/03/ny-state-ags-lawsuit-against-isp-shows-why-we-need-strong-net-neutrality

Gross, G. (2017, Feb. 28). New FCC Chairman: Net Neutrality Rules Were a 'mistake'. Retrieved Feb. 18, 2020, from http://www.pcworld.com/article/3175769/internet/new-fcc-chairman-net-neutrality-rules-were-a-mistake.html

Hagemann, R. (2018). New Rules for New Frontiers: Regulating Emerging Technologies in an Era of Soft Law. Washburn L. J., 57, 235-263.

Hollis, J. A. (2017). Testing the Bounds of Net Neutrality with Zerorating Practices. Berkeley Tech. L. J., 32, 591-620.

Lagasse, K. M. (2017). Shaping the Future of the Internet: Regulating the World's Most Powerful Information Resource in U.S. Telecom Ass'n v. FCC. Loy. L. Rev., 63, 321-357.

Lyons, D. A. (2011). Virtual Takings: The Coming Fifth Amendment Challenge to Net Neutrality Regulation. Notre Dame L. Rev., 86, 65-118.

McMillan, J. E. (2018). The FCC'S Worrisome Repeal of Net Neutrality Rules. L.A. Law., 41-MAY, 36-36.

Meisel, J. B. (2017). How Might the Supreme Court, IF it Reviews the Federal Communications Commission's 2015 Open Internet Order, Utilize the Chevron and the Arbitrary and Capricious Tests?. Cath. U. J. L. & Tech., 25, 257-279.

Ohlhausen, M. K. (2016). Antitrust over Net Neutrality: Why We should Take Competition in Broadband Seriously. Colo. Tech. L. J., 15, 119-149.

Pai, A. (2017, April 26). The Future of Internet Freedom. Retrieved Feb. 18, 2020, from https://www.fcc.gov/document/chairman-pai-speech-future-internet-regulation

Stone, G. R., Seidman, L. M., Sunstein, C. R., Karlan, P. S. & Tushnet, M. V. (1996). Constitutional Law(3rd. ed.). Alphen aan den Rijn, The Netherlands: Wolters Kluwer Corporation.

Yoo, C. S. (2014). Wickard for the Internet? Network Neutrality After Verizon v. FCC. Fed. Co. L. J., 66, 415-466 (2014).

Yoo, C. S. (2016). Modularity Theory and Internet Regulation. U. Ill. L. Rev., 2016, 1-62.

Zimmerman, L. N. (2017). Net Neutrality: The Sequel. J. Kan. B. A., 86-MAR, 14-14.

第四章

開放政府資料於數位匯流加值應用的個人資料保護問題：對於「合作模式」之證成

翁逸泓[*]

[*]世新大學法律學院副教授，英國德倫（Durham）大學法學院法學博士。作者在任職亞洲大學財經法律學系短短一年期間，深受施茂林講座教授愛護與指導，感念良多，特藉本文祝賀施講座壽辰華誕。

摘　要

　　本文之研究目的爲理解並分析在運用開放政府資料發展數位匯流科技之創新加值應用時，在個人資料保護面向可能遭遇到的挑戰與質疑，並針對該等爭議問題提出相對應之法規範原則性架構，作爲處理的可能選項。在科技之加值應用之面向上，本文將討論焦點集中於透過智慧聯網與巨量資料技術發展下，對於公部門資訊之再利用與基於開放政府及開放資料目的，作爲新興數位匯流之商業／非商業性加值服務態樣，例如：對於電子收費系統與智慧型交通運輸系統領域之應用。

　　在未來法規訂立與實際治理上，仍可能面臨現實上之難題，國家機關必須有清楚且準確之規則規範國家機關在何種實體要件與正當法律程序要件，且該等規則須基於客觀證據標準而非虛無縹緲的主觀臆測公共利益之考量下，方得以留存與接近使用該等後設資料時，本文認爲，這些要求又何嘗不是筆者倡議合作模式下，基於期待具有信任基礎夥伴關係的概念上，要求國家機關以透明之資訊治理模式，促使國家與人民中一對夥伴更增加彼此間的信任關係呢？因此，即便關懷與管制著力焦點從蒐集目的特定原則移動至利用限制原則，仍於倡議者所增加之「公開透明原則」中，要求蒐集個資時至少對於主要之目的需加以特定。

關鍵詞：開放政府資料，個人資料保護，隱私權，巨量資料，大數據。

Issues on the Value-added Applications of Opening Government Data and Data Protection: Justification of the Cooperation Model

開放政府資料於數位匯流加值應用的個人資料保護問題

Abstract

This research aims to understand and examine challenges and arguments in relation to personal data protection on developing creative value-added applications via open government data. The idea of 'open governing data' is contend to make governmental information available to the public to facilitate government transparency, accountability and public participation. Also, it is suggested to support technological innovation and economic growth by enabling third parties to develop new kinds of digital value-added applications. However, privacy and data protection issues are raised.

To deal with the problem of balancing public interests and rights under personal data protection, this essay argues suggests a co-operative framework, which relies on a consistent approach to maintain valid consent, precautionary and preventive measures to tackle the risks of developing such technologies.

Keywords：Open Government Data, Data Protection, the Right to Privacy, Big Data.

壹、前言

　　關於巨量資料之分析應用與個現行資法與隱私規範可能產生之扞格，當然應當受到重視。也因此不少個別的巨量資料應用面向，例如健保資料庫資料之供作生醫研究應用、警政資料庫與戶政或其他國家型資料庫之串連應用等，均立即可能與個資法第6條之敏感性個資保護原則與資料當事人同意原則等發生學理上之齟齬；[1]至以長遠之角度觀之，法制框架之渾沌不明與實務應用上忽略風險控制甚至根本無力控制的情狀，除對於人權／基本權利與自由之保障發生危害外，當然亦影響國家的整體安全、生產力甚至競爭力。[2]巨量資料應用於新科技發展在現代社會似乎已經不是太過新鮮的議題，事實上，倘若通常反應較社會實際發展進程遲緩的政府公部門對某一科技開始表達其應用上之關懷與決心時，該科學技術實際上或許已然即過時，或至少邁入相對的成熟應用階段。巨量資料時代下，個人資料之蒐集、儲存、處理與利用被現代治理所深切聚焦之現象不惟發生於國際間，台灣政府藉由推動公務機關所持有巨量資料之應用研究，深化電子化政府應用，已漸具一定之雛形。此

1　其中與此等爭議相關者，大致上會落在個人資料保護法在2015年12月15日三讀修正通過之第6條第4至6款規定。已知較明顯的可能爭議問題，例如：「將原本課予「原始蒐集者」，若未經當事人同意而欲將個資移做目的外的研究使用前，負有先將個資去識別化或只提供去識別化資料的義務，改為只要二次利用的蒐集者，從原始蒐集者取得個資後，宣稱不會再將可識別的資料加以揭露，原始蒐集者就可任意將所蒐集的個資，提供目的外的研究使用。」參：自由時報（12/21/2015），https://talk.ltn.com.tw/article/paper/942381（最後瀏覽日：02/12/2020）。

2　例如在2019年底2020年初爆發中國武漢2019新型冠狀病毒（Coronavirus Disease 2019, COVID-19）大規模疫情時，為防疫需要，健保署立即將健保資料與境管資料結合。參：https://www.cna.com.tw/news/firstnews/202002040219.aspx（最後瀏覽日：02/12/2020）。

時關於巨量資料之分析應用與現行個資法及隱私規範可能產生之扞格，當然應當受到重視。

　　要理解巨量資料技術在台灣政府部門之應用狀況，或許由台灣政府現在相關政策著眼，會是較直接明瞭之選擇。首先，在關於資、通訊建設方面，我國政府部門關於巨量資料應用之相關重大政策，可以概略地在國家發展委員會（下略稱國發會）職權事項以及各項政府計畫與相關宣示中尋得。例如：在「第五階段電子化政府計畫：數位政府」核定本[3]中，搜尋政府關於應用巨量資料促進公共利益的宣示中，可發現所謂的第五階段的電子化政府，其「願景在於運用雲端與物聯網巨量資料特性，以資料導向之角度重新設計政府服務樣態，打造領先全球的數位政府」[4]。至少包含巨量資料分析與穿戴式設備將加速實現遠距醫療與照護。再者，行政院會於 2016 年 11 月 24 日通過的「數位國家‧創新經濟發展方案（2017-2025 年）」（簡稱 DIGI＋方案）[5]，事實上亦提到所謂「數位人權」之概念。在這個關於數位經濟而投資總額與預期成效均極其驚人的方案中，包含了數位人權與開放網路社會之部分，在該方案的第四個重點策略「DIGI＋Right」上，行政院基於「發展公民科技，落實參與式民主」、「開放政府資料，深化服務型政府」，以及「推動全民數位外交，積極貢獻國際社群」之理念，而「保障國民寬頻近用權

3　國家發展委員會，第五階段電子化政府計畫：數位政府（106年至109年）（核定本），http://ws.ndc.gov.tw/Download.ashx?u=LzAwMS9hZG1pbmlzdHJhdG9yLzEwL3JlbGGZpbGUvNTU2Ni84MjA3L2M0ODQ2NWZkLTIwNTMtNDExMy1iMDhjLTMwNDIzZDkyZTE3NC5wZGY%3d&n=44CM56ys5LqU6ZqO5q616Zu75a2Q5YyW5pS%2f5bqc6KiI55WrKDEwNnuW5tC0xMDnlubQpLeaVuOS9jeaUv%2bW6nOOAjS5wZGY%3d&icon=..pdf（最後瀏覽日：02/12/2020）。

4　同前註，頁17。

5　行政院，數位國家‧創新經濟發展方案（2017-2025年）http://www.ey.gov.tw/News_Content.aspx?n=4E506D8D07B5A38D&s=5C49032AC4D46C4D（最後瀏覽日：02/12/2020）。

利暨資訊應用素養，提供公平數位發展和網路社會參與機會」，期望能達成「完備數位人權之法制基礎，普及偏鄉與離島數位建設」之目標。與此方案極端近似之內容，並重複投射於行政院2017年3月揭示之「前瞻基礎建設計畫」數位建設事項內的「寬頻要人權」建設中[6]。

但是，這個方案在數位人權面向上所提及的內涵與訊息，幾乎可以說是無甚新意。在彌平數位落差上，該方案在內容上指的是基於社會上不同資源取得享有能力，亦即性別、種族、經濟、居住環境、階級不同者，接近使用（近用）數位科技所帶來利益的機會與能力上的差異。但是，從國家發展委員會去年所提出的「104年個人家戶數位機會調查報告[7]」來看，至少可以發現兩件事：第一，政府追蹤數位落差至少已達10年之久，從而這似乎並非前瞻議題；第二，在這10年中就個人近用資訊機會言，數位落差至少有一定程度之改善[8]，並且既然「家戶電腦擁有

---

6 行政院，http://www.ey.gov.tw/News_Content2.aspx?n=F8BAEBE9491FC830&sms=99606AC2FCD53A3A&s=5EF870E1B07BA280（最後瀏覽日：2017年3月22日）。再者，行政院106年4月5日院台經字第1060009184號函核定通過前瞻基礎建設計畫核定本，關於數位人權項目，於「完備數位包容保障寬頻人權」項目中所示，亦未見評估報告，且內容與前述數位國家 創新經濟發展方案近似，了無新意。參：行政院，前瞻基礎建設計畫（核定本），http://ws.ey.gov.tw/Download.ashx?u=LzAwMS9FeVVwbG9hZC85L3JlbGRhdGEvODAxNC82ODY2LzAzNWI1MDc0LTZkZDItNDkwNy04MTk2LWVhMzcyMTE5NjQyOS5wZGY%3d&n=5YmN55675Z%2b656SO5bu66Kit6KiI55WrLeaguOWumuacrC5wZGY%3d（最後瀏覽日：02/12/2020），頁195-210。

7 國家發展委員會，http://ws.ndc.gov.tw/Download.ashx?u=LzAwMS9hZG1pbmlzdHJhdG9yLzEwL2NrZmlsZS8wNDNkMDhjYy0yNDQwLTQyYWMtYmIyMC0zNDJj-NTBkNmYwYjUucGRm&n=MTA05bm05YCL5Lq65a625oi25pW45L2N5qmf5pyD6Kq%2f5p%2bl5aCx5ZGKKGZpbmFsdjctMTA1MDUwOSkucGRm（最後瀏覽日期：02/12/2020）。

8 例如：在該份報告頁26中指出：「從國內家戶電腦擁有率來看，台灣至少有八成五以上民眾在家中有機會接觸電腦。不過，從個人接觸經驗來看，94年至104年個人電腦使用率介於66.8%至80.7%，與家戶電腦擁有率始終存在一段差距，顯示家

率超越個人電腦使用率的比率由 13 個百分點縮小爲 7 個百分點」，那麼就實際上要繼續縮小之效益，爲預算投入之緊急與數額程度言，或仍有猶豫空間。

對此，本文所希冀關懷的則是在約七成的人以及政府部門都有接近利用資訊科技的機會後[9]，人權保障事項是否因此發生一定程度之變動的問題；甚至於，即便是無法近用數位科技，卻也被數位匯流之科技所影響其基本權利與自由，例如：歐盟法院相關案件中所提及之關於私生活權利、隱私權、個資保護權利與表意自由權，乃至於在民主憲政體制下，是否眞的允許對個人資料進行系統性蒐集[10]等問題。綜言之，在此必須說明於前的是，本文關於所主要聚焦之處，在於整體數位近用後，**對於已近用者與未近用者之個人資料保護問題，尤其包括是否影響人格自由發展之基本權利**，而非關於數位落差之議題；本文所討論者，與其稱爲資料管理，毋寧爲資料治理（data governance）。

就此，本文預計處理之爭點，分述如下：

關於開放政府資料與個人資料保護可能發生扞格之問題，於我國現僅有中央層級，諸如國家發展委員會之「政府資料開放授權條款」，乃至於地方政府（諸如）相關之授權條款，[11]然揆諸該等授權條款內涵，卻

户內有資訊設備卻未必人人可使用的狀況。不過，此現象在過去十年來其實已有改善，家户電腦擁有率超越個人電腦使用率的比率由13個百分點縮小為7個百分點。」

[9] 需注意者，此處本文使用之文字為近用資訊科技之「機會」，而非近用資訊之「權利」，即「近用權」。這是因為透過該等政策之相關文件之文字解析，似乎並非植基於國家機關肯認個人在實質上有對於資訊科技近用之權利，而在大多數請況下，筆者認為，其所稱「數位人權」，背後之支撐點或許更傾向於權利中的財產權價值，即「數位經濟」。

[10] 劉靜怡（2017），〈通訊監察與民主監督：歐美爭議發展〉，《歐美研究》，47卷1期，頁81-92。

[11] 甚至如果拿出國家發展委員會之授權條款版本與台北市政府所公布之條款加以比

可發現其大致上將規範重點放在智慧財產權保障與政府責任免除上，關於個人資料保護則相對粗糙地含糊帶過。[12] 本文主要研究目的即在於探索開放政府資料與個人資料保護的潛在可能碰撞為何？

關於服務商提供行動（mobility）感應裝置所得之個人位置資料（location data）經資料開放後，透過巨量資料技術整合其他種類個人資料分析所得之應用結果所生的個人資料保護問題，「高速公路電子收費系統個人資料檔案安全維護處理要點」第 13 條對於 ETC 營運廠商僅能使用個資推廣電子收費業務，而不得將個人資料運用在其他商業行為之規定業已刪除，俾符合政府開放資料之策略。現在的問題是對於該等個人資料應用上，是否應當處理個人位置資料（location data）關於「追蹤」（tracking）與「剖析人格圖像」（profiling）此二爭點？此二者對於個資保護之法益侵害型態為何？特別是在 profiling 之型態下所可能造成之「科技獨裁」現象，所指為何？如何衡平？

貳、政府對個人資料之處理與利用：ETC

政府公部門資訊之再利用之法規範調適問題，事實上，行政院研考會「早」在歐盟公布相關指令[13]的 6 年後，也就是 2009 年已有委託之

對，會發現諸多歧異性規範。

[12] 在國家發展委員會的授權條款第五條停止授權中，僅第二項提到「所提供之開放資料，有侵害第三人智慧財產權、隱私權或其他法律上利益之虞。」中的「隱私權」與個人資料保護可能相關，但事實上基於隱私權與個資保護並不相同之緣故，所以恐怕個資保護只能放在所謂的「其他法律上利益」的部分來討論了。

[13] 此即「公部門資訊指令Public Sector Information Directive, also known as the 'PSI Directive'（Directive 2003/98/EC）」。其後此指令一再更新，至2019年大幅度更新為「資料公開與公部門資訊再利用指令（Directive on open data and the re-use of public sector information, Open Data Directive（Directive (EU) 2019/1024））」。

研究計畫：「我國政府資訊再利用之法制化研究」。[14] 該研究將焦點集中於介紹並比較歐盟／英國與美國法制，觀察出前者對於政府資料之釋出的再利用採取市場機制，且政府將獲致一定之有價利益；相對的美國則採無償釋出之方式開放政府資料，強調人民的民主權利、消弭資訊取用門檻。兩者均鼓勵將政府所有之資訊做最大程度擴散。並且該研究報告觀察到無論有償或無償之模式，在實際運作上，都會遭遇相類似之法規調適問題：「資訊主權究竟歸屬於人民亦或政府？政府資訊有價釋出應如何透過立法予以規範？政府資訊的再利用與既存法律如檔案法、行政程序法、電腦處理個人資料保護法以及資訊公開法等之間的衝突與適用？」經濟部工業局就此在當時亦推出資料服務產業應用推動計畫。[15] 在該計畫中，甚至還出現了「政府開放資料法制諮詢服務」。在該諮詢服務中，經濟部工業局詳列了「再利用政府開放資料可能遭遇法制疑義」，並摘錄部分諮詢結果。而所摘錄的諮詢結果中，特別針對 ITS 與 ETC 本土案例，做出關於個人資料保護之說明。根據該說明重點，工業局對該案之爭點主要落在端視其是否為落在受委託行使公權力之範疇內，如果是的話，則無個資法問題（亦即適用個資法之豁免規定）；如否，則可能違反該公司與高公局之契約。[16]

　　如果要理解與分析關於 ETC 個人資料之處理與利用爭議問題，首先，必須釐清的先決問題是究竟由 ETC 系統獲得之資料是否為個人資料。關於這點，無論在論理與實務上機關函釋之見解均趨向一致，均從個資法上之定義出發認定「……若僅有車牌號碼，且無法另以直接或間接方式識別特定個人，即非本法之個人資料。但蒐集者如將上開車輛資

14　行政院研究發展考核委員會，https://ws.ndc.gov.tw/001/administrator/10/relfile/5644/3125/0058834_1.pdf（最後瀏覽日：02/12/2020）。

15　經濟部工業局，http://opendata.tca.org.tw/content.php（最後瀏覽日：02/12/2020）。

16　經濟部工業局，http://opendata.tca.org.tw/spaw2/uploads/images/Law/Open%20Data-5%2020140514%20LH.docx（最後瀏覽日：12/20/2015）。

料與其他資料對照、組合、連結而得識別特定個人，則屬本法所稱之個人資料」。[17] 不過由於去識別化後理論上可逸脫於個資法上關於個人資料之定義，亦即無從識別特定個人，則對此法務部相關函釋亦認為此時非為個資法包攝之範圍，惟是否已然達至去識別化之程度，法務部指出仍應由主管機關即交通部台灣區國道高速公路局自行認定。[18]

再者，由於本文前述開放政府資料之個資保護問題，尤其是關於以公共利益作為保護例外（更精確地說，應為在利益衝突衡平時，個資保護之利益需退讓）事實上與個人資料本身之權利歸屬有密切關係，因此於分析 ETC 相關案件時，必須將此概念加以充分釐清。其中，關於高速公路電子收費系統建置及營運契約之定性問題，尤其是後者由於更加與開放政府資料時其個人資料之歸屬與公共利益問題牽連，因此必須先為簡要說明，以圖往後之行文。

早期在針對「ETC 營運建置契約」之定性為行政契約或私法上契約之討論時，實務上於高等法院 94 年度第 211 號裁定將之性質認定為行政契約，理由略為「民間將建設移轉予政府前，政府均有高度參與監督，係有公權力介入」，且促進民間參與公共建設法第 52 及 53 條規範之限期改善、中止興建與接管等政府監督作為與行政程序法第 146 及 147 條相符，乃至於營運條款亦呈現公權力介入之具體情事，因此即便在立法理由中，似乎可以見到私法上契約之可能解釋，然因為當時立法時尚未有行政程序法之適用，因而該裁定認定其為公法上之行政契約態樣。雖然亦有基於人民（即參與建設之私人企業）之平等地位可能受到損害，或行政契約之不對等法律關係與不確性將造成議約與取得融資困難等[19] 而生之不同之意見，然而觀諸該等融資最後並無困難，私人企業

---

[17] 法務部（102）法律字第10203507180號函參照。

[18] 法務部（103）法律字第10303510410號函參照。

[19] 顏玉明（2006），〈我國促參法BOT契約法性質初探〉，《台灣本土法學雜

仍建置完成，又該等能參與重大建設（尤其本案）之私人企業通常具備一定程度甚至雄厚之資力，則這方面之疑難或許未必成立。又，有學者認為該裁定將促參法與行政程序法上行政契約逕自類比，似有未竟妥適之處[20]；然，如果就更微觀的契約性質乃至於契約約定條款內容而言[21]，以及後續建置完成後整體營運態樣與交通部高公局實際上對於營運之監督機制言，本文認為仍以行政契約之見解較妥，蓋此一理解並未在後續監督營運上有重大爭議，且在後續關於本文所討論之個資保護爭議問題與函釋中，遠通電收並未再為爭執。

既然將 ETC 之營運契約定性為公法上之行政契約關係，那麼接下來與本文相關之問題在於 ETC 於營運狀態中所取得之個人資料所有權人為何，以及資料控制人為何，乃至於由於我國之個資法相當特殊地將個人資料之利用人區分為公務與非公務機關之二元體系而分別適用，則該定性將對於個資法上個資利用人之規範要件產生關鍵影響。

在解釋面向上，關於由 ETC 系統所獲得之個人資料之歸屬問題，於經濟部工業局推出資料服務產業應用推動計畫中之「政府開放資料法制諮詢服務」部分，詳列「再利用政府開放資料可能遭遇法制疑義」[22]，

誌》，82期，頁172。

[20] 詹鎮榮（2006），〈促進民間參與公共建設法之實踐與理論——評台北高等行政法院之ETC相關裁判〉，《月旦法學雜誌》，134 期，頁59。陳愛娥（2006），〈促進民間參與公共建設事件中的行為形式與權力劃分：評台北高等行政法院九十四年度訴字第七五二號判決、九十四年度停字第一二二號裁定〉，《月旦法學雜誌》，134 期，頁39。

[21] 江嘉琪（2006），〈ETC契約之公、私法性質之爭議—以台北高等行政法院九四年停字第一二二號裁定與九四年訴字第七五二號判決為中心〉，《台灣本土法學雜誌》，81期，頁113-114。李惠宗（2006），〈行政法院對BOT 最優申請人決定程序的審查：兼評台北高等行政法院九四年訴字第七五二號（ETC）判決〉，《台灣本土法學雜誌》，82 期，頁182。

[22] 經濟部工業局，http://opendata.tca.org.tw/content.php（最後瀏覽日：12/20/2015）。

並摘錄部分諮詢結果。而所摘錄的諮詢結果中，特別針對本文在此所關心的本土案例，做出關於個人資料保護之說明。根據該說明重點，工業局對該案之爭點主要落在端視其是否為落在受委託行使公權力之範疇內，如果是的話，則無個資法問題（亦即適用個資法之豁免規定）；如否，則可能違反該公司與高公局之契約[23]。如果以此作為判斷標準，則前述之契約定性結果將使得大多數之情況均為前者之範疇。從而，於法務部函釋中對此提及：「是以，貴局[24]委託○○電收公司蒐集、處理或利用國道高速公路電子收費系統之行車紀錄資料，於本法適用範圍內，○○公司之行為視同貴局之行為，並以貴局為權責機關（本部103年8月5日法律字第10303508600號書函及103年2月7日法律字第10303501220號書函諒達）」，「○○公司利用國道高速公路電子收費系統蒐集之行車紀錄資料，乃係依據委託關係所取得，○○公司僅為資料管理者，該資料之蒐集者為貴局，故有關資料之利用權限乃貴局，○○公司於委託關係消滅後，仍應將個人資料庫交還予貴局，並將以儲存方式持有之個人資料刪除（本法施行細則第8條第2項第6款規定參照）。準此，貴局基於委託關係，請求○○公司提供代為蒐集之行車紀錄資料，不生牴觸本法之問題。[25]」由此，至少可得確定的是政府公務機關（高公局）為事實上之個人資料控制人，而遠通電收公司為個人資料之管理人。此時，依照個資法施行細則第7條規定，則受交通部高公局委託蒐集、處理或利用個人資料之遠通電收公司，應依委託機關高公局應適用之規定為之；再者，該施行細則第8條亦明確規範有公務機關之監督義務。

---

23 經濟部工業局，http://opendata.tca.org.tw/spaw2/uploads/images/Law/Open%20 Data-5%2020140514%20LH.docx（最後瀏覽日：12/20/2015）。

24 即交通部高速公路局，下同。

25 法務部（104）法律字第10403513240號函參照。

在確認 ETC 營運契約定性後，接下來要處理之問題為該等個人資料經 ETC 營運業務所必需而蒐集之後，是否可於開放政府資料之態樣與作為中予以加值利用；亦即，目的外之利用個人資料，是否有因為「公共利益」目的而成為例外情狀之可能？

對此，本文認為該等所謂之「公共利益」不僅概念上過於空泛，於個案衡平時失所附麗，且由於錯誤地信仰科技所乘載之客觀事實，可能導致「科技獨裁」之結果。事實上對於個人電子通訊資料透過資訊科學技術而接近利用，不難想像能夠對於個人之人格圖像做出全面描繪與剖析，並加以預測[26]，但除了描繪與預測之外，對於該等結果的解譯，更有機會造成兩個不同的延伸問題：自動化做成決定與歧視問題。[27]

參、信任作為衡平資料治理難題之關鍵

由於巨量資料使得在「技術」上對於個資之控制相當程度地開始鬆脫，而對於人格自由發展與歧視等問題或許增加治理難度。本文認為，真正的治理可能性或許不僅止於來自於對於個資當事人的各種不同強度與面向之保護，反倒來自科學家、個資持有與管理控制者等與個資相關連接觸之個體，[28] 對於個資保護機制之合作。其中，個資持有與控制者等不任意地對於個資當事人進行辨識以及其後之資料處理與利用，或許是可行之處理方式之一。準此，本文嘗提出「合作模式」（co-operative

---

[26] 翁逸泓（2016），〈OTT發展之隱私與個人資料保護問題初探〉，《世新法學》，10卷1期，頁41-48。

[27] 翁逸泓（2018），〈科技人權：全民電子通訊監察與個人資料保護〉，《台灣民主季刊》，15卷1期，頁1-43。

[28] 在巨量資料蒐集、儲存、處理與利用的流程中，至少會有巨量資料的（技術）發展者（data developers，即熟習巨量資料軟體程式者）、行政管理人員、專案經理、科學家、應用設計者、分析師與工程師等角色加入。

model），[29]並建議如何將理論上之個資治理模式，導入現實中。需注意者，宥於篇幅所限，本文目的並非鉅細靡遺地對於當今巨量資料時代之個資保護提供一個全面性規範性對策，當然也不可能將所有已然發生或尚未發生之治理問題包含在內。

　　既然巨量資料時代有著至少享有科技進步及其應用所得利益與個資保護／隱私之利益的碰撞，則讓我們從利益衝突的衡平問題談起。在利益衝突的實例中，通常第一個可能的處理方式，大都或多或少有著比例原則的影子。不過比例原則的利益權衡方式有其固有之問題：當其在平衡權利或其所保障之利益時，並未完全保障基本利益的完整保留，因為比例原則本身暗示著保障其中一個正在競合中的基本權利，則另一個相對之權利必定相當程度地被弱化，反之亦然。[30]此種型態以較弱的比例原則（weak proportionality test）展現，或許可稱為「碰撞模式」（conflict model）的衡平。[31]在「碰撞模式」中，因為彼此間係消長之關係，保障了其中一個權利，相對地另一權利需要有所退讓。[32]以「碰撞模式」的著名支持者以 Richard A. Posner 為例，其所提出最經典之例子即在於911 恐怖攻擊事件後關於國家安全與個人隱私之間的衡平，認為部分基

---

[29] See: Wesley Yi-Hung Weng, The Reform of the EU Data Protection Framework: A Better Way to Member States? in: *NTUT Journal of Intellectual Property Law and Management*, 2015, Vol. 4, No. 1: 21-53.

[30] Katja de Vries, et al., The German Constitutional Court Judgment on Data Retention: Proportionality Overrides Unlimited Surveillance (Doesn't It?), in: Serge Gutwirth, Yves Poullet, Paul De Hert, and Ronald Leenes (eds.), *Computers, Privacy and Data Protection: An Element of Choice* 21, 2011.

[31] Deryck Beyleveld, Conceptualising Privacy in Relation to Medical Research Values., in: Sheila A. M. McLean (ed.), *First Do No Harm: Law, Ethics and Healthcare* 155, 2006.

[32] 此概念與賽局理論（Game Theory）中的零和賽局（Zero-Sum Game）相通，亦即所有賽局方的利益之和為零或一個常數，此時一方有所得，其他方必有所失。在零和賽局中，所有賽局方是不合作的。

本權利保障事項，尤其是隱私權，他們之間的關係是絕對的相互交換增長，亦即一者強，他者弱[33]。對此持相同論點的 Eric Posner 與 Vermeuleu 亦認為在安全與自由爭論點上，「任何安全（保障）之升高必然導致自由之減損」。[34] 既然一者強，他者弱，因此兩個正處於碰撞中之權利被排除了積極共生共增，同時保護該二權利之可能性。以個資與隱私保護之利益（P）與巨量資料／演算法科學發展利益（B），例如：數位經濟、國家安全與社會安定等，「碰撞模式」可被表述如下：

(一) 對於 B 之偏好者言，當 B 與 P 發生碰撞時，大多數情況下，認為 B 應當優於 P 被考量，此時其認為：

1. 個資當事人有一促成 B 而願意放棄 P 之參與義務，以促成 B，否則即難謂其發自內心地偏好 B。在此情狀下，除非有一個更高於 B 之利益需要被考量，否則根本不需要考量有效之同意（valid consent）。

2. 既然認為 B 優先於 P，則個資當事人將失去其對於 P 之控制，這代表著基於 B 的本質，如果目的外使用其個資，其危險，也同時是目的外使用之例外原因，較可能被容易地正當化（justified）。

此情狀之問題在於同意之價值遭減弱至使得個人基本權利或是人性尊嚴受到忽視，但是基於：

(1)「同意」此機制：

---

[33] Posner, Richard A, Not a Suicide Pact: The Constitution in a Time of National Emergency 21, 2006. *Quoting* from Tuomas Ojane, Rights-based Review of Electronic Surveillance after Digital Rights Ireland and Schrems in the European Union, in: David D. Cole, Federico Fabbrini, and Stephen Schulhofer (eds.), Surveillance, Privacy and Trans-Atlantic Relations 18, 2017.

[34] Eric A. Posner, and Adrian Vermeule, *Terror in the Balance: Security, Liberty and the Courts* 12, 2007.

① 無論 X 是哪種行爲，同意給予其接受者（R）去從事 X 之許可證（licence）。

② R 因此可以不需其他實質的目的外使用禁止之例外情狀（例如：公共利益之促成，且需證明此等公共利益優於 P 所保障之利益）；以及

③ 同意機制在各國目前的個資保護下，一定程度上反映了資訊自決，因此

(2) 在利益權衡時，「同意」在考量上具有價值上的優先性，此種原則爲「同意優先原則」（principle of the priority of consent）。[35]

2. 之結果「同意之價值遭減弱」與 (2) 具有發生矛盾之危險，更何況即便價值取向上偏好 P，亦不代表著犧牲 B 而保障 P 所得之最後結果時，P 將絕對產出高價值之應用利益。換句話說，要達至 B 應當優於 P 被考量，必須除了證明 B 所達至之利益係依基本權利外，尚必須要證明 P 的利益在權衡時總是能夠優於（override）B。

(二) 相反地，對於認爲 P 應當總是優於 B 者來說，既然 P 並非絕對權，所以必定有無法優於碰撞時之另一利益的可能性。即便是最極端的隱私擁護者也不太可能聲稱 P 總能優於科技發展所帶來之利益。更何況現實上，科技發展所帶來之利益通常被大多數論者在未有任何證成的情狀之下，被認爲係「公共利益」而優先於個人利益。

事實上在現實生活中，P 通常並不爲大多數人所認爲是高於 B 的，這尤其反映在現今巨量資料已然淪爲政府發展數位政策口號，卻忽視數位人權核心內涵之時代，因此 (二) 的現實狀況，其實通常接受度不至

---

[35] Deryck Beyleveld, and Roger Brownsword, *Consent in the Law* 62-63, 2007.

於太高[36]。

　　然則，「碰撞模式」所假設的前提，也就是 P 與 B 二者總是相互碰撞而不相容，可能並非總是正確。事實上 P 與 B 是有相互支持的可能性的：B 所代表之利益可能是在巨量資料之利用下，用以增進隱私之發明應用（例如：強化隱私之科技 Privacy Enhancing Technologies, PETs），則此時 B 越成功，P 當然亦有更佳表現。此與 Solove 所否定之（隱私保護上的）全有或全無論述（all-or-nothing argument）的概念相符，[37] 亦與 Vries 等人提出之較強的比例原則（stronger proportionality test）概念相契合。[38] 此種衡平方式事實上經常在歐洲人權法院判決中展現：基於歐洲人權公約必須對於各會員國國內法之調和，因此即便某個衡平手段對於實現某法益較有效率，歐洲人權法院對於利益之衡平標準也通常傾向於拒絕採用一個可能會損及基本權利或會員國國內憲政秩序的衡平手段。[39] 不過因為既然在該情狀下已無衝突／碰撞需要被「衡平」，因此如果稱之以比例原則加以衡平碰撞，似乎在語意上有問題。因此本文傾向於接受 Beyleveld 教授之見解，將此種不同權利可能相互支持之情狀，稱為「合作模式」（co-operative model）。[40] 如果仍以個資

[36] Daniel Guagnin, Leon Hempel, and Carla Ilten, Privacy Practices and the Claim for Accountability , in : René von Schomberg (ed.), *Towards Responsible Research and Innovation in the Information and Communication Technologies and Security Technologies Fields* 103-104, 2011.

[37] Daniel J. Solove, *Nothing to Hide: The False Tradeoff between Privacy and Security* 33-37, 2011.

[38] *Also* David Wright, et al , Precaution and Privacy Impact Assessment as Modes towards Risk Governance, in: René von Schomberg (ed.), Towards Responsible Research and Innovation in the Information and Communication Technologies and Security Technologies Fields 94, 2011.

[39] Ibid.

[40] See also Deryck Beyleveld, Data Protection and Genetics: Medical Research and the Public Good, King's Law Journal, Vol. 18 (2007), No. 2: 275-289.

與隱私保護之利益（P）與巨量資料發展利益（B）為例「合作模式」可表述如下：

(一) 對於 P 所需要條件之滿足，尤其是隱私權利之保護，事實上將對於 B 更有助益。由於 P 之增進會使得資料當事人對於資料持有人與管理人之信任提高，因此更樂於提供其個資以從事 B。

(二) 相對地，B 之應用如果在於提升個資當事人之隱私保護，則當然增益了 P。

然而應注意的是，這並不是說 P 與 B 之間在此模式下便不會有碰撞發生。只不過在此當中的關鍵是其中的信任關係如果越充實，則發生利益間碰撞之機會便越小。而即便發生衝突，仍可以前述比例原則等衡平考量，加以處理。接下來的問題是，該如何使得「合作模式」得以證成？

由法規範面對於「合作模式」的前提關鍵點在於 P。一個到目前為止對於 P 較無爭議的共同見解在於隱私權之利益本身即為一個相當模糊之概念。[41] 既然概念上是模糊的，則其範圍便有廣、狹之可能。理論上，隱私之內涵射程越廣，則其可能包含之利益便越多，此時利益間相互支持的機會也越大。例如：隱私之權利如果將之區分為空間隱私、決定隱私以及資訊隱私三種不同面向，[42] 則科技發展之進步所帶來之利益當有助於決定隱私之形塑。易言之，將 P 與 B 二價值視作絕對之對立，容易導致價值衝突之發生機會升高；但如果採取的是擴張性隱私內涵（broad concept of privacy），則由於 P 的內涵有機會包含 B（至少包含 B 之部分），因此衝突機會可能降低。從而在概念上，如果要確立「合

---

[41] 翁逸泓、廖福特，（2014），《私生活權利：探索歐洲，反思台灣》，頁20-23，台北：新學林。

[42] Allen, Anita L, Coercing Privacy, *William and Mary Law Review*, Vol. 40 (1999), No. 3: 723-758.

作模式」，則需要在法規範上解釋能夠足以支持擴張性隱私內涵。

至少在台灣的法規範上，關於隱私權之定義仍舊模糊。憲法本文在隱私權作為基本權保障之概念大致成熟的時點之前，業已頒布，從而本來就很難期待其能未卜先知地預設隱私權作為基本人權保障之類型，因此很難想像在憲法本文中，會有明確文字對於隱私權加以規範。[43] 不過大法官解釋歷來在釋字第 293 號、509 號與 535 號，均大致觸及。其中釋字第 535 號解釋理由書並宣告「其中隱私權雖非憲法明文列舉之權利，惟基於人性尊嚴與個人主體性之維護及人格發展之完整，並為保障個人生活秘密空間免於他人侵擾及個人資料之自主控制，隱私權乃為不可或缺之基本權利，而受憲法第 22 條所保障（本院釋字第 509 號、第 535 號解釋參照）。」，並於特別針對資訊隱私權保障做成之釋字 603 號與對於新聞自由與隱私及個資保護衡平之釋字第 689 號中重複被提及。如果從大法官解釋之角度來看，並未對於隱私權之內涵做出過多限制，因此至少如果將其解釋為支持狹義之隱私範圍（narrow concept of privacy），是屬於不當的解讀的。[44]

法理上對於「合作模式」之證成或許可從連結利益與利益歸屬人開始。再次以個資與隱私保護之利益（P）與巨量資料發展利益（B）為例，由於 P 之利益直接得益人通常為個資當事人，而 B 之直接得益人為資料持有人、管理人及利用人。不過因為個資當事人不僅會得到 P

---

[43] 不過雖然憲法本文中未有隱私權之明文規範，但相關見解中似仍有直接將憲法第 12 條秘密通訊自由，從儒家之觀點出發解析（將論語述而篇「君子坦蕩蕩」解為 "the Gentleman is free and has nothing to hide"），另亦將其與隱私權直接連結，並逕譯作 "Offences against Privacy" 者。Shin-Yi Peng, Privacy and the Construction of Legal Meaning in Taiwan, The International Lawyer , Vol. 37 (2003), No. 4: 1037-1054, 1038-1040.

[44] Wesley Yi-Hung Weng, The Reform of the EU Data Protection Framework: A Better Way to Member States?, NTUT Journal of Intellectual Property Law and Management, Vol. 4(2015), No. 1, 21-53, 38-41.

之好處，事實上 B 的發展結果一樣會使得個資當事人獲得一定之利益。如果以歐洲個資保護之模式爲基礎，既然歐洲個資指令之目的乃是在於保障「全部」的基本權利與自由，則不惟 P 爲該法規範明文直接保障之利益，作爲權利所保障之利益 B 當然亦在保障射程之內。事實上，這也是採取擴張性隱私內涵之當然解釋結果。相對地，如果從個資持有人、管理人及利用人角度觀之亦同，將同時享有 P 與 B。如果依循從康德以降之見解，認爲應當將人／個體視作目的，則事實上，無論是個資當事人或是資料持有人、管理人及利用人均應該理解：不應將彼此視作爲從共同利益或是經由其各自之目的而得到的資訊利得，而應當將彼此視作是作爲目的的夥伴（not as information crops to be harvested for the common good or their own purposes, but as *partners* whose purposes are to be respected）。[45] 此等夥伴之關係不但必須將對方視作目的本身，並應當將各方平等對待，一如對待己身，而非總將對方視作利益衝突之下的競爭對手。[46] 在此，平等之夥伴關係則必須立足於相互之信任上，本文認爲如果夥伴關係中的成員相互信任，則其親密關係強化，不易分離而退出合作關係；再者，隨著親密關係之緊密聯繫，夥伴間彼此可以更有效溝通而達成穩定的合作，而不至於產生碰撞衝突。要言之，本文認爲信

---

[45] 此處參考 Beyleveld 之證成。*See* Deryck Beyleveld, Conceptualising Privacy in Relation to Medical Research Values, in: Sheila A. M. McLean (ed.), *First Do No Harm: Law, Ethics and Healthcare*, 2006, 156-159.

[46] 既然提到夥伴關係，則以賽局理論的方式來討論「合作模式」，解釋個資當事人與利用人在一賽局中選擇如何行爲將直接關係到行爲之結果，似乎也是可能的途徑。與前述的零和賽局相對，如果在不同策略組合下各賽局方的得益之總和是不確定之變量（而非零或是其他定量），即爲變和賽局。此時如果某些戰略的選取可以使各方利益之和變大，同時又能使各方的利益得到增加，那麼，就可能出現參加方相互合作的局面。不過由於賽局理論需先設定關於靜態或動態賽局、賽局模型種類以及資訊是否對稱等問題，如於本文論述將過於複雜，或許有機會作者將另外爲文論述。

任機制的建立最有機會達成穩固之合作關係。而該等信任之建立，關鍵因素則在於減少猜忌，此時，彼此之開誠布公，也就是透明之要求，則成為必要之條件以及誘因。而這個透明之要求，則正好已然成為個資保護之重要基本原則，從而，本文認為事實上在個資保護之概念當中，早已存在本文所稱合作模式之關鍵基礎。

在以下真正導入合作模式至實際生活情狀前，關於同意之機制必須先加以說明。如將隱私內涵之範圍以較狹義之觀點觀察之，通常伴隨著衝突模式。在衝突模式中，未經同意而追求 B 並不必然地伴隨著對 P 之侵害。這是因為在衝突模式中，前文提過必定呈現一者強，一者弱的消長關係。因此如若追求 B 而使得 B 增強，則除非保障 B 將對於任何的基本權利所保護之利益造成重大之侵害，否則因為利益衡平之緣故，同意之機制並非必要。再者，既然是衝突模式此消比長的情況之下，追求 B 則最後之衡平結果 B 大於 P 之機率當然大大提升，因此同意在衝突模式中所扮演之角色較不那麼地重要。相對地，同意在合作模式中，則較為重要。如果取得一個有效之同意，則衝突未必發生，其後對於基本權利之侵害，當然亦隨之將低其機率。

肆、合作模式之實現

雖然如果利益間產生衝突可以藉由比例原則等衡平方式來處理，但是既然一部分之利益必須退讓，則一定程度之權利侵害必須被容忍，其結果是總是有一方利益受到減縮。然而侵害權利及其所保障之利益，無論是前述的 P 或是 B，其風險應當儘可能地降低。合作模式作為消減衝突可能之解決策略，其實現並無法憑空出現，至少在個資管理人與個資主體之間，需有最低度之溝通，並透過有效互信之建立，使得該等合作機會成立，乃至於更加放大。本文因此嘗試導入前述討論之「合作模式」作為有效降低風險之隱私與個資保護之策略嘗試，點出合作之機會

情境，並實現信任基礎與夥伴關係之期待。

首先是「合作模式」導入之時程問題。關於新興科技發展的隱私與個人資料保護風險問題，因為科技於深度應用化後較難加以控制與改變之關係，如果能在科技研發的早期即導入風險避免與風險識別之概念，則較為有效。不過科技於早期設計研發階段其未來影響較難以預估，因此造成早期介入風險防止之困難度與真正確切實效問題[47]。處理法律隱私風險之面向亦同，或許法律學者在理論上可以提出一些早期介入之對策，例如：僅提供原則性之個資保護建議：由個資之儲存者、處理與利用者而非個資當事人對個資之保護負責任、使用個資應注意資訊安全，或是用畢個資應當刪除等法律風險管理建議等，但是，由於針對隱私的問題進行風險之評估本就有其侷限性，即便因為巨量資料之發展尚未完全成熟，仍不知早期導入之原則性隱私保護機制應當如何落實於未來發展，又因為巨量資料或演算法技術朝向較為成熟之階段邁進，但是基於制定政策者（演算法之設計者）與轉譯者對於個資內涵本身和所追求政策目標與效益之間的道德或經濟上權衡，可能即與個資保護部分原則（尤其是目的性原則）相扞格，因此雖然原則性之隱私法律面建議看似能完美解決風險上的問題，然則該等呼告式而無法確認落實方式與可能性之敘述，最終是否能成功地降低風險，恐怕效果還維繫在實際的落實中。

基於合作模式之概念，既然所有利益原則上並不必然發生碰撞，則共生並存的利益有機會均不受到消減，然而相對應的責任或許無法避免。以合作模式言，既然其證成方式之一在於將利益歸屬人預設為考量基準，則該等角色建立一具有信任基礎之夥伴關係，乃是分工而共同獲益之基礎條件。早期導入隱私機制並落實，能避免科技之發展因為侵害

---

[47] 此即所謂「Collingridge dilemma」，多應用於科技發展之社會控制問題。David Collingridge, *The Social Control of Technology*, 1980.

法規範所守護基本權利之價值,而導致發展之結果無法應用之憾。此一概念與本文作者此前定義巨量資料特徵的第五個 V,也就是符合民主社會價值之有效性(validity),相互契合。[48] 在此,或許有論者認為倘以資訊隱私權作為防禦權,而人民與國家傳統上處於對抗關係,則難以想像從對抗關係轉化為夥伴之合作關係。對此,本文認為首先,在歐洲個資保護模式下,無論歐盟法院或是歐洲人權法院對於個人基本權利與自由,早已認為國家不但有消極防止其遭受侵害之義務,且更有國家之積極作為義務,至於國家究應採取何種措施促使基本權利之實現,歐盟及會員國則享有相對較為寬廣的形成空間。[49] 從而,本文認為在此處之夥伴合作關係之形塑上,作為相對更有力量(資源)之政府部門,更應該主動積極建立信賴基礎。

此外,早期導入隱私機制亦可收到治理該等科技未來發展上之積極與消極影響的優點。[50] 至於落實的可能性,一定程度的法效力如果是值得考慮的策略,則無可避免地將此策略明確地納入法體系中,將是重要的選項。至於早期介入預防隱私風險以及風險辨識後防止隱私侵害之執行方式,目前經常被提及的早期風險控制機制至少有兩種,分別為隱私與個資保護之影響評鑑(Privacy and Data Protection Impact Assessment,

---

48 翁逸泓(2014),〈大資料時代下通訊傳播之個資保護挑戰:以社群網路分析應考量的基本原則為例〉,《NCC NEWS》:國家通訊傳播委員會,頁31-37。

49 學者認為歐盟人權憲章保障之基本權利與自由具有三種不同的功能,分別為「消極請求不作為之防禦權功能、積極請求作為之給付功能與保護功能,以及介於二者之間基於平等權請求作相同對待或非歧視對待之功能(non-discrimination)。」孫迺翊(2008),〈歐盟人民社會基本權之保障:以受僱者與非受僱者之遷徙自由與社會給付請求權為例〉,《歐美研究》,38卷4期,頁579-636,頁600。

50 René von Schomberg, Introduction: Towards Responsible Research and Innovation in the Information and Communication Technologies and Security Technologies Fields, in: René von Schomberg ed.), *Towards Responsible Research and Innovation in the Information and Communication Technologies and Security Technologies Fields* 9, 2011.

PIA）與強化隱私之科技（Privacy Enhancing Technologies, PETs）。此二者最大之區別在於使用之時點：當科技發展之風險爲辨識而確認時，透過隱私與個資保護之影響評鑑後，得知風險所在，以求得處理策略。而其中以科技自身之方式達成的，便爲強化隱私之科技，可能成功之方式爲發展科技時便將隱私問題納入考量（Privacy by design/ Privacy by default）。[51] 又，於 GDPR 中，更進一步地將前述 PIA 明文化規範成爲「資料保護影響評估」（Data Protection Impact Assessments, DPIAs）[52]，以衡量風險的來源、本質、特殊性與嚴重性，尤其包括預計用以降低風險及確保個人資料保護的措施與機制，而強化其內容一致與連貫性。並且，DPIAs 尤其應適用於處理地區性、國家或超國家層級可觀數量之個人資料。例如：就當事人之個人特徵爲體系性及密集性之評估、大規模使用新技術建檔資料，或透過特殊類型之個人資料、生物資料、前科及犯罪資料或相關安全措施等之資料處理。

　　本文前述證成的「合作模式」仍然需要依靠實際之執行落實，以免流於空泛[53]。在實際的執行面向上，首先仍回到關於個資保護與隱私風險控制的問題。對於風險較高的類別，因爲如果其危害結果發生將造成重大損害，因此以法律進行干預之程度相對爲重。此時立法者應當制定基本之規則，使得資料當事人預知可能之風險及其權利義務；相對地，資料使用者必須先評估預計使用方式的危險，並且找出怎樣才能避免或減輕可能造成的危害。

---

51 Koorn, Ronald et al. (2004), Privacy-Enhancing Technologies: White Paper for Decision-Makers, 3. Ministry of the Interior and Kingdom Relations, the Netherlands, 2004,https://is.muni.cz/el/1433/podzim2005/PV080/um/PrivacyEnhancingTechnologies_KPMG-study.pdf (accessed February 12, 2020).

52 GDPA第35條參照。

53 關於美國個資保護模式與歐洲個資保護模式二者，在立法模式與實際執行面向上之落差以及實證之研究，詳參：Bamberger and Mulligan (2015).

再者，就合作模式之實際導入時，除了要求國家機關需事前依循具備明確性要件之規範，並符合比例原則操作之嚴格審查的法院意見外，事實上尚有關於私人企業與國家，以及私人企業與個人之間，關於個資保障與隱私之面向。由於私人企業因行政管制或行政指導，甚至是行政契約等關係而受到來自於國家機關一定程度之壓力，因此如果國家機關要求私人企業負擔留存個人用戶之電子通訊內容與後設資料之義務，則基於合作模式下私人企業與其用戶之間的信任與夥伴關係，私人企業可選擇履行其企業社會責任（Corporate Social Responsibility, CSR）[54]。此時之企業社會責任係指該企業在追求其企業利潤最大化以保障股東權利之時，基於關懷社會公共利益、環境與整體社會經濟等議題考量，將其企業影響力擴及這些場域。再者，許多大型企業如 Google、Facebook、Microsoft 與 Apple 等，對於其所控制之個人資料之利用，包括政府之調取內容、理由與次數等，均有透明報告（transparency report）載明年度受調取之數據，進而取信於消費者（用戶），並善盡其社會責任，亦為此處合作模式之表現。就此，我國關於 ETC 及其他政府之個人資料利用之情狀，亦應參採為妥。

伍、結論

本文研究目的在於掌握政府資料開放與個人資料保護之潛在可能碰撞，並以 ETC 之開放利用為例，再進一步地處理可能之衡平方法，而提出合作模式。

---

54 社會企業責任之內涵中有關個資保護與隱私之詳細證成與範疇，詳參：Jonathan Hafetz, The Possibilities and Limits of Corporations as Privacy Protectors in the Digital Age, in: David D. Cole, Federico Fabbrini, and Stephen Schulhofer (eds.), *Surveillance, Privacy and Trans-Atlantic Relations* 101-103, 2017,.

由於巨量資料使得在「技術」上對於個資之控制，相當程度地開始鬆脫，而對於人格自由發展與歧視等問題或許增加治理難度。本文認為，真正的治理可能性或許不僅止於來自於對於個資當事人的各種不同強度與面向之保護，反倒來自科學家、個資持有與管理者等與個資相關連接觸之個體，[55] 對於個資保護機制之合作。其中，個資持有與控制者等不任意地對於個資當事人進行辨識以及其後之資料處理與利用，或許是可行之處理方式之一。準此，本文嘗試提出「合作模式」（co-operative model），並建議如何將理論上之個資治理模式，導入現實中。需注意者，宥於篇幅所限，本文目的並非鉅細靡遺地對於當今巨量資料時代之個資保護提供一個全面性規範性對策，當然也不可能將所有已然發生或尚未發生之治理問題包含在內。

對此，本文提出合作模式以作為治理原則，然在概念上，如果要確立該模式，則須在法規範解釋上能夠足以支持擴張性隱私內涵，而本文認為，我國之相關憲法解釋，足以支持該前提。

法理上對於「合作模式」之證成或許可從連結利益與利益歸屬人開始。事實上無論是個資當事人或是資料持有人、管理人及利用人均應該理解：不應將彼此視作為從共同利益或是經由其各自之目的而得到的資訊利得，而應當將彼此視作是作為目的的**伙伴**。本文認為信任機制的建立最有機會達成穩固之合作關係。而該等信任之建立，關鍵因素則在於減少猜忌，此時，彼此之開誠布公，也就是透明之要求，則成為必要之條件以及誘因。而這個透明之要求，則正好已然成為個資保護之重要基本原則，從而，本文認為事實上在個資保護之概念當中，早已存在本文所稱合作模式之關鍵基礎。

關於「合作模式」導入之時程問題，因為科技於深度應用化後較難加以控制與改變之關係，如果能在科技研發的早期即導入風險避免與風

---

55 前揭註28。

險識別之概念，則較爲有效。以合作模式言，既然其證成方式之一在於將利益歸屬人預設爲考量基準，則該等角色建立一具有信任基礎之夥伴關係，乃是分工而共同獲益之基礎條件。

在實際的執行面向上，仍需回到關於個資保護與隱私風險控制的問題。對於風險較高的類別，因爲如果其危害結果發生將造成重大損害，因此以法律進行干預之程度相對爲重。此時立法者應當制定基本之規則，使得資料當事人預知可能之風險及其權利義務；相對地，資料使用者必須先評估預計使用方式的危險，並且找出怎樣才能避免或減輕可能造成的危害。如果國家機關要求私人企業負擔留存個人用戶之電子通訊內容與後設資料之義務，則基於合作模式下，私人企業與其用戶之間的信任與夥伴關係，私人企業可選擇履行其企業社會責任。

參考文獻

一、中文部分

江嘉琪（2006），〈ETC契約之公、私法性質之爭議：以台北高等行政法院九四年停字第一二二號裁定與九四年訴字第七五二號判決為中心〉，《台灣本土法學雜誌》，81期，頁112-115。

行政院，數位國家‧創新經濟發展方案（2017-2025年）http://www.ey.gov.tw/News_Content.aspx?n=4E506D8D07B5A38D&s=5C49032AC4D46C4D（最後瀏覽日：02/12/2020）。

李惠宗（2006），〈行政法院對BOT最優申請人決定程序的審查：兼評台北高等行政法院九四年訴字第七五二號（ETC）判決〉，《台灣本土法學雜誌》，82期，頁177-190。

孫迺翊（2008），〈歐盟人民社會基本權之保障：以受僱者與非受僱者之遷徙自由與社會給付請求權為例〉，《歐美研究》，38卷4期，頁579-636，頁600。René von Schomberg, Introduction: Towards Responsible Research and Innovation in the Information and Communication Technologies and Security Technologies Fields, in: René von Schomberg (ed.), *Towards Responsible Research and Innovation in the Information and Communication Technologies and Security Technologies Fields* 9, 2011.

翁逸泓（2014），〈大資料時代下通訊傳播之個資保護挑戰：以社群網路分析應考量的基本原則為例〉，《NCC NEWS》：國家通訊傳播委員會，頁31-37。

翁逸泓（2016），〈OTT發展之隱私與個人資料保護問題初探〉，《世新法學》，10卷1期，頁41-48。

翁逸泓（2018），〈科技人權：全民電子通訊監察與個人資料保護〉，《台灣民主季刊》，15卷1期，頁1-43。

翁逸泓、廖福特，（2014），《私生活權利：探索歐洲，反思台灣》，頁20-23，台北：新學林。

國家發展委員會，第五階段電子化政府計畫：數位政府（106-109年）（核定本），http://ws.ndc.gov.tw/Download.ashx?u=LzAwMS9hZG1pbmlzdHJhdG9yLzEwL3JlbGGZ

開放政府資料於數位匯流加值應用的個人資料保護問題

pbGUvNTU2Ni84MjA3L2M0ODQ2NWZkLTIwNTMtNDExMy1iMDhjLTMwNDIzZ-
DkyZTE3NC5wZGY%3d&n=44CM56ys5LqU6ZqO5q616Zu75a2Q5YyW5pS%2f5bqc
6KiI55WrKDEwNuW5tC0xMDnlubQpLeaVuOS9jeaUv%2bW6nOOAjS5wZGY%3d&
icon=..pdf（最後瀏覽日：02/12/2020）。

陳愛娥（2006），〈促進民間參與公共建設事件中的行為形式與權力劃分：評台北
高等行政法院九十四年度訴字第七五二號判決、九十四年度停字第一二二號裁
定〉，《月旦法學雜誌》，134期，頁26-45。

劉靜怡（2017），〈通訊監察與民主監督：歐美爭議發展〉，《歐美研究》，第47
卷第1期，頁43-106。

顏玉明（2006），〈我國促參法BOT契約法性質初探〉，《台灣本土法學雜誌》，
82期，頁166-176。

詹鎮榮（2006），〈促進民間參與公共建設法之實踐與理論：評台北高等行政法院
之ETC相關裁判〉，《月旦法學雜誌》，134期，頁46-67。

二、外文部分

Allen, Anita L, Coercing Privacy, *William and Mary Law Review*, Vol. 40 (1999), No. 3:
723-758.

David Collingridge, *The Social Control of Technology*, 1980.

Deryck Beyleveld, and Roger Brownsword, *Consent in the Law*, 2007.

Deryck Beyleveld, Conceptualising Privacy in Relation to Medical Research Values., in:
Sheila A. M. McLean (ed.), *First Do No Harm: Law, Ethics and Healthcare* 155, 2006.

Deryck Beyleveld, Conceptualising Privacy in Relation to Medical Research Values, in:
Sheila A. M. McLean (ed.), *First Do No Harm: Law, Ethics and Healthcare*, 2006, 156-
159.

Deryck Beyleveld, Data Protection and Genetics: Medical Research and the Public Good,
King's Law Journal, Vol. 18 (2007), No. 2: 275-289.

Eric A. Posner, and Adrian Vermeule, *Terror in the Balance: Security, Liberty and the
Courts* 12, 2007.

Katja de Vries, et al., The German Constitutional Court Judgment on Data Retention: Proportionality Overrides Unlimited Surveillance (Doesn't It?), in: Serge Gutwirth, Yves Poullet, Paul De Hert, and Ronald Leenes (eds.), *Computers, Privacy and Data Protection: An Element of Choice* 21, 2011.

Koorn, Ronald et al. (2004), Privacy-Enhancing Technologies: White Paper for Decision-Makers, 3. Ministry of the Interior and Kingdom Relations, the Netherlands, 2004,https://is.muni.cz/el/1433/podzim2005/PV080/um/PrivacyEnhancingTechnologies_KPMG-study.pdf (accessed February 12, 2020).

Posner, Richard A, Not a Suicide Pact: The Constitution in a Time of National Emergency 21, 2006.

Tuomas Ojane, Rights-based Review of Electronic Surveillance after Digital Rights Ireland and Schrems in the European Union, in: David D. Cole, Federico Fabbrini, and Stephen Schulhofer (eds.), Surveillance, Privacy and Trans-Atlantic Relations 18, 2017.

Wesley Yi-Hung Weng, The Reform of the EU Data Protection Framework: A Better Way to Member States? in: *NTUT Journal of Intellectual Property Law and Management* ,2015, Vol. 4, No. 1: 21-53.

第五章

從人工智慧應用之歸責探究：論衝擊下之法制與因應

翁翊瑀[*]

翁僑鴻[**]

壹、人工智慧衝擊下之產業

貳、目前法規範下，人工智慧產業的適法性

參、當代人類面對人工智慧之相關應變

肆、結論

*亞洲大學法學碩士，研究領域刑法、人工智慧相關法律、兩岸刑事司法、犯罪學、修復式正義，現職為廈門大學法學院博士生，E-mail:a8368088@gmail.com。

**亞洲大學法學碩士，研究領域刑法、刑事犯罪、刑事特別背信、高齡化與長期照護、公共行政，E-mail:a841226088@gmail.com。

摘　要

　　人工智慧發展下，產生了新科技應用，從傻瓜相機到無人機多面向的使用、從一定要有人操控的汽車到車輛可以自行上路、從單靠人腦力想方案到可以參酌世界各地相類似案例處理方法的再客製化等；在應用時所產生法律議題中的法律關係是否清晰，是否還能在現行的法律下，予以究責，這已然成為現今不可避免的一項新興議題。

　　下述人工智慧衝擊下之產業章節，分析出目前運用人工智慧的產業別，就台灣目前法規範下，人工智慧的適法性進行說明，並經由當代適法性下，可能產生的法律真空，以及相關人員可能出現的衝擊性提出相應建議。期以讓政府、企業穩定發展出人工智慧各種面向的研發，相關被衝擊的人員也能因應產業的轉型實現更好的自我，共同達致雙贏局面。

關鍵詞：人工智慧，電腦視覺，專家系統，機器人，刑事歸責，歸責間隙，勞動力轉型。

　　1949 年，Walter Harry Pitts 與 Warren Sturgis McCulloch 一起發表了一篇名為「A Logical Calculus Of The Ideas Immanent In Nervous Activity」的文章，首度提出一個簡單形式化的人工神經元網路流程路線圖[1]；1951 年，Marvin Lee Minsky 建構了一部名為 SNARC 的人工神經網路機器[2]，這是人工智慧史中，第一部能夠自我學習機器。

　　在研發的過程中總會遇到瓶頸，一次次投入心血而無法得到相應的回報時，逐漸出現一些質疑人工智慧的反對聲浪。James Lighthill 在 1973 年發表認為，依照現實狀況，再次證明使機器擁有智慧的任務是瘋狂的[3]，也有專家學者認為那些所謂的人工智慧僅係人類配置好的一種線路，應變根本無法如同真人般具有「思考」性的智慧；因而，在 1970 年代起，各國政府對人工智慧資金挹注也逐步停止。至 1990 年，認知學家 Rodney Brooks 提出，認為人工智慧並非僅由單純的符號配置即可達成，尚需將之融入如同人一般的感知功能[4]，才能使其更加的智

---

[1] A Logical Calculus Of The Ideas Immanent In Nervous Activity，https://pdfs.semanticscholar.org/5272/8a99829792c3272043842455f3a110e841b1.pdf（最後瀏覽日：10/17/2019）。

[2] Robert Greenberger.Careers in Artifical Intelligence.ReadHowYouWant.com.2008:p.9、10，https://books.google.com.tw/books?id=rVOxnUICW40C&pg=PA9&lpg=PA9&dq=Marvin+Lee+Minsky+1951+SNARC&source=bl&ots=-PH9XQMHAX&sig=hoSa3mAbOljZsaGSKyDUwQ9NiEw&hl=zh-TW&sa=X&ved=2ahUKEwi404P894DdAhUPFogKHRXJAXEQ6AEwDnoECAAQAQ#v=onepage&q=Marvin%20Lee%20Minsky%201951%20SNARC&f=false（最後瀏覽日：10/22/2019）。

[3] 原文"The fact that progress in making machines perform intelligent tasks has not lived up to some of the wilder forecasts is again irrelevant to assessing the actual merit of what has been achieved."參自Lighthill Report: Artificial Intelligence: a paper symposium，http://www.math.snu.ac.kr/~hichoi/infomath/Articles/Lighthill%20Report.pdf（最後瀏覽日：10/22/2019）。

[4] 原文"The first is to add true positition sensors to each motor that are accessible to the subsumption architecture.Currently it relies on a knowledge of most recently commanded

慧。於此，又結合認知學家的想法，在近期科學家對於人工智慧的研發
顯現出一定的成果，科幻電影、小說等當代被列為天馬行空的想像、神
話，逐步成真。

在 2020 年的今日，人工智慧在各領域的研發更是蓬勃，上至各國
政府願意投入大量的經費、資源，下至各地企業亦視為首要目標產業，
連學校各院系也將人工智慧另闢成獨立的探究領域，這些情形再再呈現
出對人工智慧時代的重視與來臨。

▌ 壹、人工智慧衝擊下之產業

Artificial Intelligence，此一名詞的首次出現，乃於 1956 年 8 月
31 日，由計算器科學家 TuringJohn McCarthy、認知科學家 Marvin Lee
Minsky、IBM 資訊研究經理 N. Rochester，及資訊理論創始人 Claude
Elwood Shannon 等為達特矛斯夏季人工智慧研究計畫（Dartmouth Sum-
mer Research Project on Artificial Intelligence）會議的發起人[5]所組成，與

---

positions of motors where (especially on rough trrrain) this may not correspond well to
the actual positions of motors."參自 A Robot that Walks；Emergent Behaviors from a
Carefully Evolved Network，file:///C:/Users/user/Desktop/AIM-1091.pdf（最後瀏覽
日：10/28/2019）。原文"Nouvelle AI is based on the physical grounding hypothesis.
This hypothesis states that to build a system that is intelligent it is necessary to have its
representations grounded in the physical world. Our experience with this approach is that
once this commitment is made, the need for traditional symbolic representations soon
fades entirely. The key observation is that the world is its own best model. It is always ex-
actly up to date. It always contains every detail there is to be known. The trick is to sense
it appropriately and often enough."，參自 Elephants Don't Play Chess，http://citeseerx.
ist.psu.edu/viewdoc/download;jsessionid=283F632BD133DDBD7AACF764F58E57CC?
doi=10.1.1.72.1606&rep=rep1&type=pdf（最後瀏覽日：10/28/2019）。

[5] A PROPOSAL FOR THE DARTMOUTH SUMMER RESEARCH PROJECT ON
ARTIFICIAL INTELLIGENCE，https://web.archive.org/web/20080930164306/http://

會人也都來自於跨領域的異業交流。

從西元前的概念想法，到現今具「思想」的機器人，人工智慧乃是結合各個領域專家才能達至一步步的突破，因而，著實沒有一個明確的界線、領域得以說明何為人工「智慧」，而人工智慧大體上必定有資料、統整、自動為三個主要性的元素。以下分析目前人工智慧產業應用趨勢大類之益處與挑戰。

一、電腦視覺（Computer Vision）

1970 年代後期，電腦不僅僅可以用於文書，更能用來處理大量的圖像資料。電腦視覺演變至今，融合硬體的攝像鏡頭來蒐集影像資訊，之後再將蒐集到的資訊傳遞至電腦，經由後台的電腦系統予以有效的圖像資料。

電腦視覺結合現今的產業應用，如跨地形限制的無人機送餐，可以減少送達時間，也能避免送餐人員為了要符合公司送餐時間的要求，而在運輸途中發生危險；又如自動駕駛車，不需要人力的操作，全程由鏡頭感測周遭環境來做車子行徑的應變分析，適合用來做較為長途型的運輸，減輕駕駛人的疲勞感，維護一定的交通安全。

但，以上兩個實用例子擁有正面效益，卻也具有一些隱憂。無人機送餐，此一科技著實大量的降低對配送人員的需求，使得配送人員面臨到失業的危機，即使尚未被裁員，也會有種將被裁員的恐慌感；至於自動駕駛車，除了影響到運輸司機的生計，目前鏡頭對於分析前方周遭物件因為光影與天候的影響，使得有部分的判讀仍不夠精準，將人判定為物，又或是無視，反到造成更嚴重的交通事故。

---

www-formal.stanford.edu/jmc/history/dartmouth/dartmouth.html（最後瀏覽日：10/28/2019）。

二、專家系統（Expert Systems）

第一套專家系統始於 1965 年由 Edward Albert Feigenbaum 所寫的 DENDEL 程式[6]，運用在化學領域，協助有機化學家抉擇出最好的方案。自此，這樣的系統範本被運用在各種面向，像是股票自動交易系統，協助股民分析股票趨勢，可以自行透過程式來進行網上交易，不像過往還需打到證券所請專員幫忙下單，具有即時性，也較有私隱性；而目前最主要的發展運用還有在醫療診斷方面，Virtuoso System IHC HER2（4B5）用來分析乳癌病患是否適合接受 HERCEPTIN（Trastuzumab）的治療[7]、Watson for Oncology 系統，以乳、肺、大腸、直腸、子宮頸、攝護腺、胃與卵巢癌等七大癌症，將病人的病歷紀錄、檢查資料等進行分析，再向醫生提出最為妥適的治療方案。

據此，專家系統即是經由特定領域的資料蒐集，加上該使用人所輸入的資料，做出整合分析，提供使用人原先沒有想到的方法，給予使用人快速、專業的建議，讓風險的控管更為全面；可是，也因此項人工智慧的運用主要是透過大資料下的整合，因而也存在著另一種網路危險。比如因為證券操作的網路化，才可能會有 1987 年的那場美國股災；用於醫療診斷的專家系統，是否會造成該專業人士的職業具有一種被取代的危機？且此一專家系統所輸入的條件個人化性質高，對於資安的維護需要更加升級，倘被不肖人士所破解、入侵改造，不論是金融、醫療、軍事等，所影響到的層級，可能就是生命安全等問題。

---

[6] Expert Systems: Principles and Practice，http://citeseerx.ist.psu.edu/viewdoc/download?doi=10.1.1.34.9207&rep=rep1&type=pdf（最後瀏覽日：11/01/2019）。

[7] 羅氏鑒賞家數位元元病理影像管理系統-HER2 (4B5)免疫病理組織染色分析，file:///C:/Users/user/Downloads/560270860002-104-06-11.pdf（最後瀏覽日：11/02/2019）。

三、機器人學（Robotics）

ISO/TC184/SC2/WG1 於 1984 年對機器人的定義：「機器人是以程式的機械，且在自動控制下得實行包括操作或移動等動作」。自 1937 年的機器人，大多是爲了應用在製造業、建築業等需要大量勞動力或具有危險性的產業上而產生，如機械手臂、自動化技術等，這面相的機器人對資方而言得以減少人力成本，提升產業的效能與品管能力；相對的，也會影響到原先勞方的工作權，並且這些自動控制下的機器人系依靠電腦程式，因而用戶對資安的維護是爲首要。

發展至今，人類因社會型態的轉變與爲了追求其他層次的可能性，機器人不一定是主攻在實際應用面向的機器人，逐漸發展出另一種情感型機器人；擁有似人的外型與行爲動作外，還能夠具有如同人類表情喜、怒、哀、樂的設定，更可以具有一定的「思想」，如 2015 年所誕生的 Sofia。其本身具有人工智慧，透過如人一般的眼睛可以進行視覺資料分析，立即做出眼前狀況應變與對話，此一創發理念是爲了對往後老人陪伴所創。惟，在 2016 年 3 月 16 日 Sophia 的創造者 David Hanson，曾在「西南偏南」（South by Southwest, SXSW）互動式多媒體大會舉行的現場展演中，詢問 Sophia 是否想要毀掉人類，當時 Sophia 竟回答：「OK, I will destroy humans!」[8]。

四、小結

人工智慧的研發及產業上的應用在現行的社會帶來相當的便利性與前趨性，並且在一定的程度上，人工智慧的效益亦帶給整體社會及產業技術上的大幅革新，然而人工智慧的研發與應用雖爲整體社會與產業帶

---

[8] Hot Robot At SXSW Says She Wants To Destroy Humans | The Pulse | CNBC，https://www.youtube.com/watch?v=W0_DPi0PmF0（最後瀏覽日：12/16/2019）。

來巨大效益的同時，也在一定的程度上人工智能對現行社會及產業中亦面臨到不同的因應衝擊與存有制度上的憂慮。

不論是電腦視覺之無人機、自動駕駛車，專家系統如股票自動交易系統在金融行業上之使用、Watson for Oncology 系統在醫學技術上的運用，抑或是機器人學中的機器手臂，以及擁有如同人類能展現出喜怒哀樂的 Sofia，以上種種，在產業與社會上人工智慧均帶來了技術與價值觀的衝擊與挑戰。

貳、就目前法規範下，人工智慧產業的適法性

經由上述人工智慧之產業應用等趨勢大類中電腦視覺、專家系統、機器人學，在刑法中的應對，著實需要及早因應相關的犯罪狀況。

一、針對電腦視覺

面對電腦視覺所產生的侵權狀況族繁不及備載，承上電腦視覺所介紹到的無人機與自動駕駛產品使用上可能出現的問題，以下進行歸責說明。

(一) 無人機使用問題

依中華民國刑法第 315 條之 1 第 1 項：「有下列行為之一者，處三年以下有期徒刑、拘役或三十萬元以下罰金：無故利用工具或設備窺視、竊聽他人非公開之活動、言論、談話或身體隱私部位者。」

於本條所述，不論是用何工具或是設備，而達成窺視、竊聽他人之非公開活動者，即犯有妨礙秘密罪。非公開活動，指活動者具有隱密性之期待，並已利用相當環境或採取適當的設備，於一般社會大眾之觀

點上均能藉以確認活動者具有隱密性期待[9]，即為非公開活動。倘，空拍機在進行運作時，不小心竊錄到「非公開之活動」，即被害人主觀上具有不被公開之想法，加上客觀環境是在私人領域下，如浴室、廁所、自家臥房等具有私領域空間處，即使，尚無拉上窗簾、沒關上門等，也並不代表其欲讓他人觀看、拍攝，即具有侵犯到私領域之範圍；如此，那透過空拍機所不小心蒐集又流出的資料，對於被害人又應如何保障？依照刑法第315條之1中的工具或是設備，只要是能夠達到可以、幫助竊視、竊聽，即屬該當，因此不管是使用照相機、手機、攝錄影機，甚或是現今科技下的空拍機、無人機均可構成本條的客觀要件；惟，本條係處罰故意犯，如果是不小心所竊錄的過失犯，自不構成本罪。

　　如果不小心竊錄、竊聽到他人之非公開活動，但卻在獲得該物件之後萌生惡意並將之散發出去者，依司法院大法官釋字第617號解釋，物件內容在客觀上足以滿足性慾，且內容與性器官、性行為與性文化的描繪與敘述連結，要能引起普通一般人羞恥或厭惡感而侵害性的道德感情，有礙於社會風化而言，即屬「猥褻」該當，而可能犯有「散布猥褻物品罪」，而不論以是否具有牟利。至於帶有「意圖」，是指將涉及私德並與公共利益無關的物件內容而散布於眾致使該物件內容的主角遭受負面評價者，則可能構成「誹謗罪」。依此，該被散發出去的物件內容，不是須達猥褻等級，就是須有遭受誹謗之可能才能成罪；換言之，如果沒有達至這兩個等級，是否代表該隱私不具備該保護之價值？依據大法官釋字第603號解釋，所謂「空間隱私」，意指私生活不受干擾，即個人得自主決定是否獨處，而保有自我內在的空間，故而針對一般人之隱私權的落實保障，似乎有所不足。

　　至於，無人機在送餐的旅途中因相關行為人操縱機械疏失掉落致人於死，則可能涉及中華民國刑法第276條過失致人於死的問題，本條行

---

[9]　參最高法院101年度台上字第6343號刑事判決。

爲人於主觀上具有過失，客觀上是以行爲人的疏失並因而致人於死爲客觀構成要件，因此若相關行爲人操作不當，則可能會有中華民國刑法第276條過失致人於死的相關刑責問題；若是致人於受傷，視其受傷情事可能犯有中華民國刑法第277條或是同法第278條。但若該無人機的掉落致人死傷是因爲無人機遭受操縱人外之他人故意干擾所導致，那該故意干擾人的行爲，若用刑法中妨害電腦使用罪章予以究責，相信在現行法中是存有相關疑慮的。

(二) 自動駕駛車法律責任

在自動駕駛的領域中，有完全交由自動駕駛系統所控制，如無人類監控的無人車，乃屬於全自動駕駛系統；亦有在自動駕駛的過程中，可以由人類在車輛行進過程中做應變措施之半自動駕駛系統，這兩種自動駕駛系統所面臨到的問題與所涉及的責任區分並不相同。

全自動駕駛系統，完全經由系統自行判讀車前與周遭狀況來做一個行進中的通體應變，這些應變往往需要車子的自動駕駛系統結合地圖導航系統，使得其可「自行」的行駛在路上。然目前全球對於全自動駕駛汽車的技術仍在進行中，因而對於全自動駕駛相關法規範的制定，仍起於初步探討的階段。因此，台灣對於全自動駕駛汽車的引進仍尚未核准，對於全自動駕駛汽車的相關刑責問題，尚需經歷一段時間的因應與探究。

至於半自動駕駛，屬於有駕駛人人爲使用自動駕駛車，如果自動駕駛系統在正常狀態下，因爲駕駛人違反交通運輸管理法規，導致發生重大事故，致人重傷、死亡者，觸犯中華民國刑法第284條第1項過失傷害罪，如果造成被害者死亡，則可構成同法第276條第1項過失致死罪；若是因服用毒品、麻醉藥品或其他相類之物，又或是吐氣所含酒精濃度達每公升零點二五毫克或血液中酒精濃度達百分之零點零五以上之

酒醉駕駛，致人重傷或是死亡，即觸犯中華民國刑法第 185 條之 3 不能安全駕駛罪。惟，如果駕駛人在行進中具有正常注意並採取相當的應變措施下，因自動駕駛系統故障以致發生相關損傷，如果該系統故障系屬於「目前科技可以解決」，因設計、生產、製造商品或提供服務之企業經營者的疏忽、故意所致的故障，則負有中華民國民法第 191 條之 1 及消費者保護法第 7 條之責。

二、針對專家系統

面對專家系統的犯罪，專家系統系透過人為的輸入具有私隱性或是秘密、情報性質等資料後，經由系統的統合運作整合出一個最佳的解決方案，提供使用人獲得各類方案的利弊等相關資料，再從中挑選出最適切的解決方法，著手運用。以下分成專家系統本身的問題與專家系統遭人惡意手段下的責任區分，做出說明與探討。

(一) 專家系統本身問題

因專家系統的本身設定而提供出尚不到位的解決方法，致使使用者（決定者）造成被施用方損傷、死亡時，此時，該被施用方，即被害人究責對象仍是該使用者。因為專家系統僅系在提供用戶判讀的一個參酌輔助，使用者本身是具有一定該專業水準的人，即使使用者對於專家系統所提出的方案也應當有所質疑，或是配合實際狀況需有更加深層的推演後，才來做出決定。

如果因專家系統本身的錯誤而在使用者（醫生）的選擇下，讓被施用者（病人）發生意外，如受傷或是死亡，依刑法上之「過失不純正不作為犯」，係以「作為義務」與「注意義務」為核心概念。「作為義務」其法源依據主要係依刑法第 15 條第 1 項：「對於犯罪結果之發生，法律上有防止之義務，能防止而不防止者，與因積極行為發生結果者

同。」乃以行為人是否具有「保證人地位」來判斷其在法律上有無防止犯罪結果發生之義務，進而確認是否應將法益侵害歸責予行為人之不作為；而「注意義務」其法源依據主要來自同法第 14 條第 1 項：「行為人雖非故意，但按其情節應注意，並能注意，而不注意者，為過失。」係以社會共同生活領域中之各種安全或注意規則，來檢視行為人有無注意不讓法益侵害發生之義務，進而決定其行為應否成立過失犯。[10] 因此，如果將責任推到專家系統的判讀錯誤而讓決定者免責是不正確的，該決定者仍應視是否具作為義務或注意義務而論，如果該決定者具有，則應負起刑事責任，而論以中華民國刑法第 276 條過失致死罪或中華民國刑法第 284 條過失傷害罪。

(二) 專家系統遭到非法手段

如果專家系統是因為被有心人士無故取得、刪除或變更他人電腦或其相關設備之電磁紀錄，或是以電腦程式或其他電磁方式干擾他人電腦或其相關設備的手法，致生損害於公眾或他人者，即因該有心人士之上述行為而讓使用專家系統的使用者因此而造成判讀錯誤，並致生被施用人損害時，依該有心人士之非法情狀，則可能觸犯中華民國刑法第 359 條破壞電磁紀錄罪的情況，或是同法第 360 條干擾電腦或其相關設備罪等罪責。

至於該使用者（醫生），亦即是最後的決定者，即便系受到有心人士的非法行為下，以致其判讀錯誤，其對於具有個人特質性的資料中，實施選擇時仍應再次查驗當下被施用者（病人）的狀況，該決定者仍應視是否具作為義務或注意義務而論，如果該決定者具有，則應對於該被施用者之損傷或死亡負起刑事責任，而對使用者論以中華民國刑法第

---

10 參台灣桃園地方法院108年囑易字第1號刑事判決。

276 條過失致死罪或中華民國刑法第 284 條過失傷害罪。

三、針對機器人學

承上所介紹，將機器人分為兩大面向去作探討。第一種是制式化、不具有情感性、需要人工去操作、輔助或使用的型態則屬於半自動性質的機器，為實際應用面向的機器人；至於第二種情感型機器人，為具有自主性、創造力、會學習、擁有像是人類大腦般的思維組織與設定的機器人，因而，兩種特性南轅北轍，在生活活用中亦產生了不同的法律問題。

(一) 應用型面向機器人

在這方面的刑事問題則須視其所破壞的是從「外」來進行破壞，抑或是從「內」來進行干擾，而負起不同的法律責任。

如是從外來進行破壞，即是對該機器做出毀損行為，即便僅是拔下一個螺絲釘，但已造成該機器無法正常運行其應有的動作，破壞到該機器主要效用功能時，即屬於故意毀壞財物的情況，該加害人依其情狀須負起中華民國刑法第 354 條之罪責該當。

另一方面的從內，是指入侵該計算器系統，從該系統控制下手，對之程式、流程進行取得、刪除或變更，或干擾等非法行為，造成該機器的運行無法正常的行使其正常的功效時，應視其破壞的情勢而構成中華民國刑法第 359 條破壞電磁紀錄罪，或同法第 360 條干擾電腦或其相關設備罪。

(二) 情感型面向機器人

1990 年，科學家一直無法有效突破當前的困境；此時，認知學家 Rodney Brooks 提出，認為人工智慧並非僅由單純的符號配置即可達

成，尚需將之融入如同人一般的感知功能，才能使其有更加智慧的可能。2017 年 10 月 25 日，（一「個」？又或是一「位」？）女型機器人 Sophia 正式取得沙烏地阿拉伯的「公民身分」。

2015 年歐洲議會（European Parliament）決議動議，提出了有關機器人或人工智慧的民事法律應用的議題[11]；2017 年 2 月，歐洲議會決議首度建議歐盟委員會（EU Commission）應研擬民事法律以規範機器人或人工智慧之應用。該份建議引進「電子人格」的新興觀念，也開始檢討機器人是否可以擁有智慧財產權等問題，對於未來人工智慧法律架構之形成具有開創性的意義[12]。針對機器人及其智慧財產權保護相關議題，提出了責任、道德問題、標準化與安全保密、環境威脅等探究，而總括下來，最為主要有以下三點提議：1. 制定機器人憲章；2. 認可電子人為法律主體；3. 討論機器人完成的著作之著作權保護與歸屬問題。

人類之所以成為一國之國民、公民，是因為國家授予其一個法律上之身分、一份認可，而使其得以享有法律上的權利與義務。動物、寵物之所以被歸類在法律上「物」之法律地位，系因為動物、寵物與人最為不同的地方為，動物、寵物並沒有「思想」；倘，今日的情感型機器人已擁有了如同人，會思考、有思想，那其在法律上層面上，是否可以授予其成為國民、公民的權利？

換言之，情感型機器人，真的可以成為國民、公民？如果，情感型機器人真的可以成為國民、公民，那是否意味著其也享有同人一般的選舉與被選舉權？人工智慧可以成為一個地區、國家的首領？至於，動物

---

[11] Civil Law Rules on Robotics (2015/2103(INL))，http://www.europarl.europa.eu/sides/getDoc.do?type=REPORT&mode=XML&reference=A8-2017-0005&language=EN#title1（最後瀏覽日：12/25/2019）。

[12] 葉雲卿：新型態的法律權利責任主體的誕生—由2017年歐洲議會提案看機器人擁有著作權之可能性，載北美智權，http://www.naipo.com/Portals/1/web_tw/Knowledge_Center/Laws/IPNC_170726_0201.htm（最後瀏覽日：12/29/2019）。

們就真的沒有思想嗎？[13] 情感型機器人因為有「思想」，所以可以成為法律上的人，那是否意味著動物也可以呢？

如果，情感型機器人的法律位階還停留在「物」的階段，那毫無疑問發生刑事上犯罪時，其法律責任仍終究歸責於「利用」、「使用」情感型機器人的「人」；但是，如果將情感型機器人認定具有如同「人」一般的法律地位，當其犯錯時一樣施予其財產刑、身體刑？亦即讓其繳納罰金、坐牢、死刑？一旦認定其具有人的法律地位，後續法律上的一切權利義務也須進行規範，在目前的階段與科技研發的進展，情感型機器人尚未完全的成熟，冒然修增條文使其擁有同人般的法律地位，是值得省思的。

四、小結

由上述的分析，人工智慧在各個面向產業的研發及技術上的應用，於現行法規中存有適法性的疑議，並且在犯罪究責與責任區分上亦有相關刑事方面的問題。

透過現在施行的法律來審查目前人工智慧產業運用上可能涉及的法律問題，電腦視覺針對無人機使用問題、自動駕駛車法律責任；無人機使用問題主要可能涉及中華民國刑法妨害秘密罪章第 315 條之 1 的妨礙秘密罪。至於在自動駕駛車中，又可以分為全自動駕駛與半自動駕駛系統，本文所認定的全自動駕駛在台灣目前乃尚未能開放上路；至於半自動駕駛，如果駕駛人違反交通運輸管理法規，而發生重大事故，致人重傷、死亡者，觸犯中華民國刑法第 284 條第 1 項過失傷害罪，如果造成被害者死亡，則構成同法第 276 條第 1 項過失致死罪；至於因設計、生產、製造商品或提供服務之企業經營者的疏忽、故意所致的故障，則負

---

13 吳彤、蔣勁松、五巍（2004），《科學技術的哲學反思》，頁359，台北：清華大學出版社。

中華民國民法第 191 條之 1 及消費者保護法第 7 條之責。機器人學之實際應用面向的機器人，如果有人對機器做出毀損行為致使其無法執行其所達成之功能，加害人依其情狀須負起中華民國刑法第 354 條毀損器物罪，但若係入侵該機器人系統，並造成該機器的運行無法正常行使時，即構成中華民國刑法第 359 條破壞電磁紀錄罪，或同法第 360 條干擾電腦或其相關設備罪。

因此，人工智慧在有關法規、產業及趨勢上著實需要於法制中或刑法上做出一定的通體應對，其間的主體、客體又是否能夠符合法律要件，而得以究責？所以，針對上述的問題，須及早應對，讓因科技所生之新興犯罪有法可依、有規可循。

參、當代人類面對人工智慧之相關應變

現今科技的日新月異，許多原先僅處於發想的科研產品逐漸的實現而活用於我們日常的生活中，使得在公共空間下的我們，遭受侵犯的可能性亦逐漸升高，被侵權的型態也與以往不盡相同，在現在的法律體制下，被害一方能否受到其應有的權益維護，相信相關法律應該要有所更新，有所應對。

一、面對電腦視覺

新科技下所衍生的問題，並非是全體人民所應該共同承擔與允許的，而是使用方應該自行監管好自己的使用，必要時，仍須以法來予以一定的箝制。合理使用，才不會因為草率、貪圖方便而輕忽到對公共秩序的維護與保障。

(一) 無人機：「遙控無人機管理規則」完整化

2019 年 7 月 23 日「遙控無人機管理規則」，並於 2020 年 3 月 31 日起開始施行。該規則共有 42 條，並另有 17 則附件。從規則之法源依據、用詞定義、遙控無人機註冊及射頻管理、遙控無人機系統檢驗、製造者與進口者之登錄及責任、遙控無人機操作人之測驗及給證、操作限制及活動許可、飛航安全相關事件之通報及處理等均有所規範，並且已將相關實際操作已有所落實，如無人機操作人之操作人之取證落實於學科、術科考試、得以教授無人機操作的師資身分、考照場地應具有的條件等，對於遙控無人機在操作實施之事前可能問題，已有一定的預防管理。但本「遙控無人機管理規則」，在目前法制框架下仍處於法位階之規則、辦法等行政管理階段，在未來數位與人工智慧的時代下，應可再進一步的提升遙控無人機管理的法律地位與相關的責任規範，以資未來人工智慧與相關無人機產業之革新與因應。

並且就針對無人機在違反相關刑事責任的時候，於民用航空法第 118 條之 1 至同法第 118 條之 3 已有規範了相關的刑事罰責；但，在該罰責篇章中，現今既有的法規卻是僅限於遙控無人機之所有人或操作人在甚麼情況下將廢止其操作證、禁止其活動與罰鍰，但在如上所討論到可能會有侵犯到他人隱私權的部分，在目前的刑法、民用航空法等，對此之保障似乎真空等相關情況。此外在「遙控無人機管理規則」中若違反相關的狀況之責任問題，如，像是非法遙控無人機練習場、遙控無人機培訓班所需具備的條件等，其間之歸責均須完善。

此外，就相關無人機是否符合刑法上公共危險罪章的航空器或是動力交通工具，該破壞、干擾其無人機之系統又是否觸及刑法上的妨害電腦使用罪章等，相信在未來法規探討上，仍應再進一步探討必要。

（二）自動駕駛車：責任刑事化並制定相關施行細則或專法

　　台灣自 2016 年起，陸續推動自動駕駛技術研發及產業發展政策，各地政府亦於 2017 年起引入自駕車測試，經濟部更提出「無人載具科技創新實驗條例」草案[14]。自動駕駛車可能面臨到有關如：尚在試驗階段自動駕駛車上路時所造成的事故歸責、車輛製造商的產品標準、試驗階段自動駕駛車的路權問題、事故發生相對應的保險理賠等，均須經由法律來做一明確的責任歸屬的法律劃定。爲作相關探討的一體性，因而僅針對上述自動駕駛車所討論到的部分進行應對。

　　自動駕駛車從半自動化到全自動化自動駕駛系統的技術中，期間之自主性差異也受到不等的管制與允許。目前大多國家遵從美國交通部於 2016 年 9 月 20 日發布的《聯邦自動駕駛車輛政策指引》（*Federal Automated Vehicles Policy*）採用美國汽車工程師協會（Society of Automotive Engineers）所發布的 SAE J3016 爲標準[15] 對自動駕駛車技術的六個等級，來對其自動駕駛車輛自主性程度作相關法律應對。

　　英國、德國、法國、澳洲、日本等國政府自 2016 年開始，逐步啓動對自動駕駛車相關的法律進行審視與修訂，部分更已經開始實施，亦列爲我國主要發展智慧科技應用的自動駕駛車系統，對於相關法案、法律的制定更是不可落後。政府部門除了參考外國法律施行狀況並進行交流之餘，更應該邀約台灣在地相關產業人員來進行實際考察與探討，才能磋商出最爲合適台灣自動駕駛車的法律。

　　承如上述，如果駕駛人在行進的過程中，具有正常的注意並採取

---

[14] 財團法人資訊工業策進會科技法律研究所（2018），《自駕車的第一本法律書》，頁3，台北：書泉出版社。

[15] National Highway Traffic Safety Administration, Federal Automated Vehicles Policy，https://www.transportation.gov/sites/dot.gov/files/docs/AV%20policy%20guidance%20PDF.pdf（最後瀏覽日：04/27/2020）。

相當的應變措施下，因自動駕駛系統故障以致發生系統上的損傷，如果該系統故障系屬於「目前科技可以解決」，因設計、生產、製造商品或提供服務之企業經營者的疏忽、故意所致的故障，須負中華民國民法第 191 條之 1 及消費者保護法第 7 條之責；對此，是否需加強其責任力度而負有一定的刑事責任？畢竟一場事故的發生，造成的往往是兩個以上家庭的破碎，更何況是一整批車輛出產上路後，造成可能的社會危害度，所以，應該克與其更高的責任。

至於倘如是屬於在這個「時空下尚無法達致的科技範圍」而引起的意外，那生產者更無以上中華民國民法第 191 條之 1 及消費者保護法第 7 條情勢的犯意，然意外又確實是生產者、製造者的產品所造成的損害，即無法依此條文來規範。科技的產品是相較難以完全掌握的，對此產生意外下的法律真空狀態，又應如何應對？科技是需要測試才能夠次次修正以達更符合人性的境界，不可能完全禁止對全自動駕駛的研發，對此，或許可以制定相關處理方案的施行細則、專法，使之可以真正究責，也讓企業主對於研發推出更為謹慎。

二、面對專家系統

專家系統的使用人原則上是擁有一定專業的專業人士，就目前專家系統仍是以一種輔助專家來進行決策的形態出現，使用人擁有完全的自主權；因而為了減低使用該系統後可能造成的損害，該專業人士需要對系統操作有一定的熟識。

(一) 制定一份內部使用指南

專家系統涉及的往往是專業問題，未免一不小心的失誤錯漏，面對專家系統的操作，或許可以制定一份內部使用指南，該系統的基本原理、功能、遇到疑難如何排解等，以讓系統操作者有一定的標準等注意

規範，以降低失誤的可能。

(二) 使用人定期彼此交流或與開發者溝通

專家系統所統整出來的方案是透過大數據所形成，其所提供的又是否是屬於該被使用人最為合適的方案？期間應該如何考究被使用人的其他面向，如過敏狀況、年齡、性別等，因而，使用人除了一定的參考專家系統所提出的方案之餘，亦可透過定期與系統開發者進行跨領域的交流以精進該系統，又或是可與同行來對該系統的操作相關的共同探討。

(三) 刑法妨礙電腦使用罪章的增修

如果，該專家系統遭受有心人士無故取得、刪除或變更他人電腦或其相關設備之電磁紀錄，或是以電腦程式或其他電磁方式干擾他人電腦或其相關設備的手法，致生損害於公眾或他人，而使用人（決定者）對於方案的選擇已盡其注意義務而無過失，但卻意外產生被使用人損傷或死亡的結果，該被使用人應該、可以對誰究責？對此，或許應在刑法妨害電腦使用罪中，新增相關的刑責規範。

三、面對機器人學

工業革命，帶來人民生活、衛生條件的改善，但也著實因為機械化而使得許多原先需要技術性、勞力密集的織造業、農業等產業人力過剩；又加上經濟危機，當時的社會福利、工會尚未普及，影響了工作權造成工資下跌，也逐漸侵害到這些勞動者最基本的生存權利，因而爆發了史上第一起工人運動，出現眾多盧德主義者 [16]。機器人學影響最為直

---

[16] 盧德運動始於1779年英國一名名為內德‧盧德的織布工因機器迫害到了生計，怒砸兩台機器織布機，此等運動大規模爆發在1811年，結束於1817年。因此系新興科技所造成的衝突，所以此後對於新科技的反對者即稱之盧德主義者。參自Who

接的是勞動者的工作權，因此，面對機器人學的因應除了可能出現相關的犯罪之餘，勞動者的工作權也是需要及早關注。

(一) 罪責究責的規範化

由於人工智慧最不可或缺的就是數據資料，這些數據資料往往是涉及使用者的隱私，政府對於資訊犯罪者的立法與查緝，應該更加嚴謹，面對企業所蒐集得來的資料也應當妥善維護，嚴禁洩漏、販賣；並且，可以配合智慧財產相關的法律，進行刑事面向的法律修訂與補充，並將網路犯罪者的處罰層級有所提升，並且明訂相互的責任義務，以維護彼此的權利，讓民眾能安心使用。

(二) 勞工保障的完善化

現今人工智慧化時代，已經不再局限於製造業的應用，更拓及至無人商店、自動販賣等，各行各業整個產業結構的轉變[17]，人工智慧的無情緒化、精準化、效率化的特質，將更加擴張到對人類勞動者的取代；2017 年 12 月 McKinsey Global Institute 在報告中指稱，因人工智慧時代的來臨，自動化運用的普及下，至 2030 年全球估計約有 6,000 萬至 3.75 億人工，必須轉換至新的工作職位[18]；換言之，這些人原先的工作

---

were the Luddites and what did they want？，http://www.nationalarchives.gov.uk/education/politics/g3/（最後瀏覽日：01/02/2020）。

[17] 陸銀轉型 裁員撤點成趨勢，https://money.udn.com/money/story/5603/3094560，載經濟日報（最後瀏覽日：01/07/2020）。

[18] 原文"We estimate that 60 million to 375 million individuals around the world may need to transition to new occupational categories by 2030, in the event of midpoint or early automation adoption."參自McKinsey&Company, "MCKINSEY GLOBAL INSTITUTE JOBS LOST, JOBS GAINED: WORKFORCE TRANSITIONS IN A TIME OF AUTOMATION" DECEMBER 2017:77.

職位將被智慧化、自動化所替代；2018 年 6 月 22 日，鴻海時任董事長郭台銘在股東會：「在 5 年內，要把這些工人，我目標是希望『能夠拿掉』！」[19]；2019 年 11 月 4 日，行政院科技會報第 17 次會議中，國發會報告表示，因 AI 興起，勞動面將產生「科技性失業」與「貧富差距」問題，在未來 10 到 15 年，科技性失業可能影響台灣工作機會，高達 46%[20]。足見，人類工作權益再度受到考驗。

針對目前的現狀，較為影響人民工作權的範圍，還是比較趨向於製造業，政府針對於企業主，或許可以在立法訂定中制訂何種領域範圍之產業得以是用自動機器等適用範圍，或是一間公司的勞工與自動機器的比例為特定配置，以保障人類的工作權。至於製造業以外，如餐飲業、運輸業、開採業、建築業、醫療照護，這些產業需要的機動性高，便是較難以自動化來取代，相對這些領域的勞工，政府應該加強力道來予以工時、福利等相關保障。

(三) 近程遠程因應，以發展自我專才

人工智慧產品的應用，如果不再是單純於上述所說的電腦視覺、專家系統、機器人學的產業面向，而系先經由專家系統，透過資料分析取得最好的解決方案，結合了機器人學予以著手，再加上使用人的可接受性，那便是一個人類行業的消失。

對此，部分企業主已經針對這個面向來對人類勞動者做出相關因應，像是中國電商巨頭京東，已經以無人機輔助終端配送[21]，不但節省

---

19 鴻海郭董「拚轉型」將裁員傳 1 年砍 34 萬人，載 TVBSNESWS，https://news.tvbs.com.tw/life/950896（最後瀏覽日：01/13/2020）。

20 鄭鴻達，張忠謀疾呼：留心 AI 衝擊帶來失業、貧富差距問題，載聯合新聞網，https://udn.com/news/story/7240/4144644（最後瀏覽日：01/17/2020）。

21 陳家倫，無人機送快遞飛服師成大陸產業新人才〔影〕，載中央通訊社，https://www.cna.com.tw/news/acn/201807260367.aspx（最後瀏覽日：01/02/2020）。

運輸時間、克服地形與路況障礙，也保障配送人員的安全；因此而釋出的人力，便由京東無人機宿遷飛服中心進行培訓，負責無人機的修繕及系統控制，如此，提高了薪資，也保障人員的工作權。

對於人工智慧的遠端規劃上，學校在教育與技職培訓面向也可以避開這些易於被取代的領域，或是將這些領域的教育更加精進化，又或是開放一些管道增強學生的第二技能，以免將來學生畢業後無處發揮，經此跨領域的學習，也較易能有不同的創新想法與激盪。

人工智慧的時代來臨勢在必行，機器人可以為重複率高、制式化的動作，於經濟成本上在未來深受企業主的喜愛，人工智慧企業也會將情感、表情輸入到機器人的程式，即便如此，社工師、心理師、醫師、律師、教師等人與人接觸的真實感，直接性心理層面的安撫，卻是人工智慧所永遠無法替代的。

人們因為有了人工智慧的輔助，使人們的活動做得更好也更有效率，也更能經此擴展人工智慧越發精進的技術研究，又或是促使人們能夠投入更多的時間在與家人之情感建構的面向，使人們在獲取生活溫飽之餘，也可兼顧生活品質與親情培養；在輕鬆、愉快的生活環境下，也才能再激發出更多無限的可能。

肆、結論

弱肉強食、優勝劣汰是生物進化的規律，也是社會發展規律。然而，市場經濟並不是自由放任的經濟，而是需要道德與法律進行調節和控制的經濟。如果市場經濟意味著眾多的人作為劣者被淘汰的話，那麼，伴隨市場經濟而來的財富增長就不會給人們帶來幸福與安寧，所帶來的只能是痛苦與焦慮。[22]

---

22 陳曉明（2007），〈引發犯罪的社會結構因素分析〉，《甘肅政法學院學報》，

　　工業革命時期帶來的轉型，讓有技藝的人被快速的機器所取代，爆發的不只是零星的抗爭，更展開了一段爲期 38 年的盧德運動。現今 20 世紀的人工智慧時代，替代的已不再像是工業革命時體能勞動型的工作，也包含著腦力激盪類別的高階職位，所帶給人類各階層的影響與衝擊均是不容小覷，倘如沒有及時做好配套與應變措施，人民、勞工因沒有工作而帶來的恐慌、憤怒，只會造成比工業革命時期更嚴重的貧富差距，資金、資源將會掌握在更加少數的人手中，惡性循環下，犯罪案件的發生也勢必越發嚴重，也沒有什麼文明教育可言。故此，政府與企業應當如上述所說的中國電商京東，因應人工智慧下所釋出的人力由京東無人機宿遷飛服中心進行培訓，在人工智慧轉型下的產業，創新開展一新興職業的產生，讓人民、勞工不僅能保有溫飽，還能有餘力的去奢求生活品質；亦即在有效率工作之餘，還能夠顧及家庭、休閒關係與自我的提升。

　　讓生活在這個空間的每個人各司其職的獲得滿足，能擁有自己想要的，這是在這個時空下，政府的職能之一，也是企業首要的社會責任。爲了這些良性循環，首先必須讓人民、勞工能夠普世接受人工智慧，此時政府與企業應該共同努力來對人工智慧提出一些因應方案與法制上的規劃。

　　人類，之所以不同於動物，是因爲人類擁有較動物層次高等的創造力、有思想、有感受、能學習 [23]，這些部分，或許有一天都會被人工智

頁 101。

[23] 英國的一家人工智慧公司 DeepMind，該公司開發出了一款人工智慧，該人工智慧的原始設定是非常粗階的程式，僅設定說要在遊戲中取得高分。這套人工智慧透過其自體的次次操作，逐漸學到了如何能夠獲取高分的訣竅；亦即該人工智慧從無法得分到經由自己的力量、觀察在短時間內便可獲得高分、破關。換言之，人工智慧的進步，已經可以脫離工程師的步步設定，得以自行選擇，具有學習的能力。參自 Human-level control through deep reinforcement learning，https://www.na-

慧所超越，但是誠如東方世界裡最早的機器人雛形「偃師造人」[24] 中會拋媚眼的偶人，當中最主要的啓示是，技藝再好，人偶再怎麼像人類，「唯難於心」；即使，往後情感型的機器人越發成熟，再怎麼通曉人性，人與人之間的情感卻是永遠無法被替代與超越，這，也是人類所獨有的特質，也是人與人工智慧得以相輔相成的一份優勢。

---

ture.com/articles/nature14236（最後瀏覽日：01/21/2020）。

24 列禦寇，湯問第五，載國學網，http://www.guoxue.com/book/liezi/0005.htm（最後瀏覽日：01/21/2020）。

參考文獻

一、中文部分

（一）書籍

Chris Skinner（著），孫一仕（譯）（2014），《數位銀行：銀行數位轉型策略指南》，台北：財團法人台灣金融研訓院。

李開復（2017），《人工智慧》，台北：文化發展。

李開復（2019），《AI新世界（增訂版）》，台北：遠見天下文化。

施茂林（2008），《司法保護締新猷：多元專業創新的全面整合》，台北：法務部。

施茂林（2008），《變與不變轉念之間：開創犯罪矯正工作的新紀》，台北：法務部。

施茂林、吳謀部（1999），《犯罪被害人保護手冊（救濟與訴訟篇）》，台北：法務部。

施茂林、顏上詠（2019），《智慧財產權與法律風險析論：人工智慧商業時代的來臨》，台北：五南。

張平吾、黃富源（2012），《被害者學新論》，台北：三民。

陳立、陳曉明（2007），《刑法分論》，廈門：廈門大學。

蔡德輝（1997），《犯罪學：犯罪理論與犯罪防治》，台北：五南。

魏馬哲、吳尚儒、張智聖、施茂林、吳容明、唐淑美、楊君毅、謝如蘭（2015），《法學發展新趨勢：司法、財經、科技新議題》，台北：新學林。

鐘義信（2014），《高等人工智慧原理》，北京：科學。

（二）期刊論文

王秀哲（2016），〈我國個人資訊立法保護實證研究〉，《東方法學》，3期，頁58-70。

任劍濤（2020），〈人工智慧與社會控制〉，《人文雜誌》，1期，頁33-44。

吳旻純（2011），〈人工智慧新革命：超級電腦「華生」〉，《生活科技教育月

刊》，44卷5期，頁1-9。

宋重和（2007），〈刑事訴訟程式中被害人地位之探討（三）〉，《法務通訊》，2328期，頁3-6。

辛茜莉（2020），〈人工智慧下失業問題研究〉，《合作經濟與科技》，4期，頁158-159。

徐慧麗（2020），〈人工智慧法律人格探析〉，《西北大學學報（哲學社會科學版）》，1期，頁107-119。

翁翊瑀（2019），〈人工智慧刑事責任能力與其「家長」、「監護人」相應歸責〉，《上海法學研究》，9卷，頁107-117。

張成崗（2018），〈人工智慧時代：技術發展、風險挑戰與秩序重構〉，《南京社會科學》，5期，頁42-52。

許中緣（2018），〈論智慧型機器人的工具性人格〉，《法學評論》，5期，頁153-164。

許皓捷（2018），〈人工智慧對勞動就業的影響〉，《科技政策觀點》，7期，頁82-88。

陳文、薑督（2020），〈人工智慧的刑事風險及刑法應對〉，《南京社會科學》，1期，頁99-105。

陳復霞（2016），〈了解人工智慧的第一本書：機器人和人工智慧能否取代人類？〉，《零組件雜誌》，298期，頁110-110。

陳曉明（2009），〈風險社會之刑法應對〉，《法學研究》，6期，頁52-64。

喻豐、許麗穎（2018），〈如何做出道德的人工智慧體？：心理學的視角〉，《全球傳媒學刊》，5期，頁24-42。

彭景理（2020），〈論人工智慧時代智慧型機器人的刑事責任能力〉，《大連理工大學學報（社會科學版）》，2期，頁71-79。

劉憲權（2018），〈人工智慧時代我國刑罰體系重構的法理基礎〉，《法律科學（西北政法大學學報）》，4期，頁47-55。

盧建平、常秀嬌（2013），〈我國侵犯公民個人資訊犯罪的治理〉，《法律適用》，4期，頁25-29。

錢世傑、林采榆（2019），〈論自動駕駛演算法之電車難題〉，《全國律師》，23卷9期，頁98-112。

龍衛球（2020），〈科技法反覆運算視角下的人工智慧立法〉，《法商研究》，1期，頁57-72。

二、英文部分

（一）書籍

Johnstone, G.（2011）. Restorative Justice: Ideas, Values, Debates（2nd ed.）. Abingdon,Oxon: Routledge.

（二）期刊論文

Haring K S, Silvera-Tawil D, Takahashi T, et al.(2016). How people perceive different robot types: A direct comparison of an android, humanoid, and non-biomimetic robot. In: Proceeding of the 8th International Conference on Knowledge and Smart Technology. Chiangmai: IEEE. 265-270.

Klamer T, Allouch S B.(2010).Acceptance and use of a social robot by elderly users in a domestic environment. In: Proceeding of the 4th International Conference on Pervasive Computing Technologies for Healthcare. Munchen: IEEE. 1-8.

Malle B F, Scheutz M, Forlizzi J, et al.(2016).Which robot am I thinking about? The impact of action and appearance on people's evaluations of a moral robot. In: Proceedings of the 11th ACM/IEEE International Conference on Human Robot Interaction. Christchurch: IEEE. 125-132.

（三）網路文獻

Aymerich-Franch L, Kishore S, Slater M. When your robot avatar misbehaves you are likely to apologize: An exploration of guilt during robot embodiment. Int J Soc Robot . Verfügbar unter https://doi.org/10.1007/s12369-019-00556-5

Chita-Tegmark M, Lohani M, Scheutz M. Gender effects in perceptions of robots and humans with varying emotional intelligence. Verfügbar unter https://www.researchgate.net/publication/332530331_Gender_Effects_in_Perceptions_of_Robots_and_Humans_with_

Varying_Emotional_Intelligence

Daly, K.(2008). Entries and endings: Victims' journey with justice. Verfügbar unter https://www.researchgate.net/publication/50341617_Entries_and_endings_Victims'_journeys_with_justice

國家圖書館出版品預行編目資料

施茂林教授七秩華誕祝壽論文集／召集人：
邱太三；唐淑美總策劃. ――初版.――臺北
市：五南，2020.07
　　面；　公分
ISBN 978-986-522-125-6(上冊：軟精裝). --
ISBN 978-986-522-126-3(下冊：軟精裝)

1.法學　2.文集

580.7　　　　　　　　　　　109009384

1MAD

施茂林教授七秩華誕祝壽論文集（上冊）

主辦單位 ― 亞洲大學財經法律學系、中華法律風險管理
　　　　　　學會、台灣法學研究交流協會

召 集 人 ― 邱太三

總 策 劃 ― 唐淑美

策　　 劃 ― 謝如蘭、顏上詠

編　　 務 ― 許采潔、陳縈菲

發 行 人 ― 楊榮川

總 經 理 ― 楊士清

總 編 輯 ― 楊秀麗

主　　 編 ― 侯家嵐

責任編輯 ― 侯家嵐、李貞錚

封面設計 ― 王麗娟

出 版 者 ― 五南圖書出版股份有限公司

地　　 址：106台北市大安區和平東路二段339號4樓

電　　 話：(02)2705-5066　傳　真：(02)2706-6100

網　　 址：http://www.wunan.com.tw

電子郵件：wunan@wunan.com.tw

劃撥帳號：01068953

戶　　 名：五南圖書出版股份有限公司

法律顧問　林勝安律師事務所　林勝安律師

出版日期　2020年7月初版一刷

定　　 價　新臺幣980元